# 한·중·일 비교회사법

양 동 석 저

법 영 사

# 머 리 말

대학에서 회사법을 가르치기 시작한지 어느새 30년이 지나고 있다. 그동안 국가와 사회, 조선대학교의 혜택을 입고 미국, 일본, 독일 등에서 그 나라의 회사법을 공부할 수 있는 기회를 가질 수 있었다. 그리고 최근에는 중국의 회사법과 경제발전에 대하여 깊은 관심을 가지고 중국학자들과 교류를 하고 있다. 언제부터인가 한·중·일 3국의 회사법을 비교하며, 회사법 해설서를 쓰고 싶다는 생각을 가지고 있었다. 그러나 학문이 일천하고 타고난 재주가 없는 나로서는 생각만을 가지고 있었을 뿐이었고 집필을 시작하기는 쉽지 않은 일이었다.

첫발을 내딛기가 더욱 두려웠던 이유는 종래 출판된 선배제현의 비교할 수 없이 훌륭한 연구업적들이 너무 많았고, 수시로 변하고 있는 3국의 기업법제를 소화하기가 매우 힘들었기 때문이었다. 그 외에도 법조인 양성을 위한 법학교육이 로스쿨 중심으로 변함에 따라 법학을 가르치는 방법도 종래와는 완전히 다른 모습으로 변하였고, 세계경제여건의 변화에 따라 각국의 기업법제도와 그 연구방법도 대폭적인 변모를 거듭하고 있어서 그 작업이 어려웠기 때문이었다.

마침 한국연구재단에서 저술지원을 한다기에 지원을 하게 되었고, 지원 대상으로 선정되어 이 저술 작업을 시작할 용기를 내게 되었다. 그러나 한 권의 저서를 출판해 보겠다는 소망과 지원을 받게 되었다는 나의 기쁨은 순간의 물거품이 되었고, 작업의 시작과 동시에 인생의 가장 큰 아픔과 절망을 겪어야 했던 상황을 맞게 되었다. 불의의 사고로 아내와 이승의 이별을 했고 아이들에게 씻을 수 없는 깊은 상처를 낸 아버지가 되었기 때문이다. 탈고를 하면서 지난 3년을 회고하면 다시 두 눈에 눈물이 맺히는 것을 느낀다.

설상가상으로 2011년도에는 회사법제정 이래 가장 큰 규모의 개정이 있었다. 개정안이 상정 된지 오래되었기 때문에 지체할 수 없어서 시작한 작업의 대부분이 무용지물이 되었고, 원고의 대부분을 수정하지 않고는 출판할 수 없게 되었다. 몇 번이나 이 작업을 포기하고 싶다는 생각을 하였지만, 아내와의 약속인 것 같기도 하고 이 것 말고는 내가 무었을 할 수 있는가 하는 생각도 들어서 진전도 없으면서 자판만을 만지작거리며 세월을 보낸 것이 오늘에 이르렀다.

이해하기 어렵고 해결하기 곤란하여 난감해 할 때는 선배제현의 훌륭한 연구와 학문적 업적이 길잡이가 되어주었고 나를 위로해주고 채찍질해 주었다. 우리나라 뿐만 아니라 일본, 중국의 저명한 학자들에게 학문적 신세를 또 지게 되었다. 방대한 작업을 나 혼자만의 힘으로 수행한다는 것은 도저히 불가능하다는 것을 새삼 느낀다. 특히 우리나라의 정찬형 교수님, 이철송 교수님, 최준선 교수님의 저서는 이 작업의 체제와 내용을 정하는 길잡이가 되어 주었고, 일본의 酒卷俊雄, 尾崎安央, 石山卓磨 교수님과 중국의 趙旭東 교수님께도 큰 은혜를 입었다. 이 자리를 통하여 재삼 감사와 존경을 올리며 그 분들의 명예에 혹시라도 누가되지 않을까 걱정스러운 심정을 금할 수 없다.

회사법은 살아서 숨 쉬며 인류의 역사와 함께 끊임없이 발전을 거듭하고 방대해지는 하나의 살아있는 법이다. 미래의 어느 시점에서도 완성은 없을 것이고 세계 각국의 회사법이 상호간에 영향을 미치며 거대한 생물체로 진화를 거듭해 갈 것으로 예상된다. 나는 현 시점에서 선배제현의 업적에 의지하여 빙산일각을 더듬어 보았을 뿐이다.

본서에서는 회사법 안에서도 우리나라에서 크게 선호되는 주식회사법을 중심으로 다루었고, 기타 유한회사, 유한책임회사, 합명회사, 합자회사에 대하여는 개념 정도를 소개하는 형식으로 구성하였다. 본서의 특징이라고 할 수 있는 한·중·일 3국의 비교도 대부분 주식회사제도에 관한 것이다. 3국간에 교류, 상호투자, 현지법인설립 등의 문제는 거의 주식회사 형태를 이용할 것이기 때문이다. 그리고 판례에 관한 자료는 번호를 표기하는 것으로 대신하고 그 전문을 인용하지 않았으며, 학설에 대해서도 대부분은 취지만을 중심으로 소개함으로써 본서의 분량을 최소화 하였다. 인터넷이나 e-book 등의 발달로 쉽게 그 내용을 확인할 수 있기 때문이기도 하다.

본서의 출판에 있어서 용기를 주고 지원을 해 준 한국연구재단과 조선대학교 담당자께 감사드린다. 그리고 큰 이익이 예상되는 것도 아닌데 회사의 여러 가지 어려운 사정에도 불구하고 출판을 결정해준 법영사 사장님과 고호균 과장께 감사를 올린다. 그밖에도 원고를 정리하고 교정 작업을 도와준 대학원생 김림호, 김동엽, 김형호, 김세권군과 박승남 박사, 주수익 박사 및 김재형 교수께 감사드린다. 일일이 거론할 수 없지만 본서의 초교를 도와준 법학과 3학년, 4학년 학생들에게도 고맙게 생각하며 장래 무궁한 발전이 있기를 기원한다.

끝으로 평생을 뒷바라지 하다가 이승을 먼저 떠나간 아내의 영가가 아미타 부처님의 서방정토에 왕생하기를 기원하며, 엄마를 잃고도 굳세게 자기 길을 걷고 있는 두 딸, 병들고 약해진 몸을 끌고도 나만을 걱정하고 있는 아버지와 장모님, 그리고 아내의 뒤를 이어 나의 건강과 재기를 빌어주는 송연옥 여사, 사고 직후부터 정신적 질곡에서 벗어나도록 염려하며 함께해준 이상은 박사, 김재두 박사, 그 외에도 모두 거론할 수 없지만 나의 건강과 회복을 염려해준 모든 분들께 감사를 드리며, 남은 기간 동안 더욱 학문에 정진할 것을 약속드린다.

2012. 6.

조선대학교 연구실에서

저자 양 동 석

# 참고문헌

## 【국내서】


| [저　　자] | | [인용약어] |
|---|---|---|
| 권기범, | (제2판)현대회사법론, 삼지사, 2005 | [권기범] |
| 강위두, | (전정판)회사법, 형설출판사, 2000 | [강위두] |
| 김정호, | (제4판)상법강의(상), 법문사, 2005 | [김정호] |
| 김건식, | 회사법역구1, 2, 소화, 2010 | [김건식] |
| 박상조, | (제2보증판)회사법신론,형설출판사, 1999 | [박상조] |
| 서헌제, | 사례중심체계 회사법, 법문사, 2000 | [서헌제] |
| 손주찬, | (제15보정판)상법(상), 박영사, 2004 | [손주찬] |
| 이기수·유진희·이동승, | 회사법, 박영사, 2002 | [이기수 외] |
| 이철송, | (제20판)회사법강의, 박영사, 2012 | [이철송, 회] |
| 이범찬, | (개정)상법강의, 삼영사, 1985 | [이범찬] |
| 양동석, | 중국회사법, 진원사, 2007 | [양동석, 중국회사법] |
| ———, | 기업의 지배구조와 기관구조,<br>조선대학교출판부, 2006 | [양동석, 지배구조] |
| 임홍근, | 회사법, 법문사, 2001 | [임홍근] |
| 정동윤, | (제7판)회사법, 법문사, 2001 | [정동윤] |
| 정찬형, | 상법강의(상), 박영사, 2012 | [정찬형, 상] |
| 채이식, | (개정판)상법강의(상), 박영사, 1996 | [채이식] |
| 최기원, | (제11개정판)신회사법론, 박영사, 2001 | [최기원] |
| 최준선, | (제7판)회사법, 삼영사, 2012 | [최준선, 회] |

## II. 국외서


| [저 자] | | [인용약어] |
|---|---|---|
| 石山卓磨, | 現代會社法剛毅(第2版), 成文堂, 2009 | [石山卓磨] |
| 龍田 節, | 會社法大要, 有斐閣, 2007 | [龍田 節] |
| 酒卷俊雄·尾崎安央, | 新會社法, 青林書院, 2006 | [酒卷俊雄·尾崎安央] |
| 江頭憲治郎, | 株式會社法(第3版), 有斐閣, 2009 | [江頭憲治郎] |
| 前田ひとし, | 會社法入門(第11판補訂版), 有斐閣, 2008 | [前田] |
| 馮果·彭眞明, | 企業公司法, 中國法制出版社, 2007 | [馮果·彭眞明] |
| 赵旭東, | 新公司法講義, 人民法院出版社, 2005 | [赵旭東] |


## III. 활용된 저자논문


양동석, "2011년 개정상법상의 이사의 의무와 책임", 「기업법연구」 제26권 제1호, 한국기업법학회, 2012.

______, "한·중·일 회사법제의 비교연구", 「기업법연구」 제24권 제1호, 한국기업법학회, 2010.

______, "한·중 회사법상 이사의 책임과 대표소송에 관한 연구", 「법학논총」 제17집 제3호, 조선대학교 법학연구원, 2010.

______, "출자총액제한제도 폐지와 지배구조개선을 위한 보완대책", 「법학논총」 제16집 제2호, 조선대학교 법학학연구원, 2009.

______, "NAFTA의 투자에 관한 조항과 한·중·일의 투자협정 비교연구", 「기업법연구」 제23권 제2호, 한국기업법학회, 2009.

______, "중국의 기업법제 개혁과 지배구조의 개선", 「상사판례연구」 제20집 제3권, 한국상사판례학회, 2007.

______, "주식회사 자본관련제도 개선에 관한 연구", 「기업법연구」 제21권 제3호, 한국기업법학회, 2007.

______, "출자총액제한제도의 문제점과 대체방안",「기업법연구」 제20권 제3호, 한국기업법학회, 2006.

______, "이사와 회사간의 어음거래와 상법 제398조 적용", 「기업법연구」 제20권 제2호, 한국기업법학회, 2006.

______, "Current Corporate Governance Structure in Korea (1)", 「기업법연구」 제19권 제2호, 한국기업법학회, 2005.

______, "Current Corporate Governance Structure in Korea (2)" 「기업법연구」 제19권 제3호, 한국기업법학회, 2005.

______, "Current Corporate Governance Structure in Korea (3)" 「기업법연구」 제19권 제4호, 한국기업법학회, 2005.

______, "Current Corporate Governance Structure in Korea (4)" 「기업법연구」 제20권 제1호, 한국기업법학회, 2006.

______, "투명성 확보를 위한 기업경영기관의 개선", 「기업법연구」 제17집, 한국기업법학회, 2004.

______, "대표소송에 있어서 회사의 피고이사측 보조참가", 「기업법연구」 제18권 제2호, 한국기업법학회, 2004.

______, "집행임원의 역할과 법적 지위", 「상장협연구」 제48호, 한국상장회사협의회, 2003.

______, "일본상법상 이사의 책임제한과 분할책임론", 「기업법연구」 제14집, 한국기업법학회, 2003.

______, "무액면 주식제도의 도입에 관한 연구", 「기업법연구」 제15집, 한국기업법학회, 2003.

______, "집행임원제도 도입의 필요성", 「21세기 한국상사법의 진로」, 우홍구박사 정년기념논문집, 2002

______, "자기주식취득의 제한에 관한 고찰", 「기업법연구」 제9집, 한국기업법학회, 2002.

______, "2001년 상법개정에 따른 1인회사의 설립인정과 남용대책", 「민사법연구」 제9권, 대한민사법학회, 2001.

______, "1인회사의 설립과 유한책임의 제한", 「비교사법」 제8권 제1호, 한국비교사법학회, 2001.

______, "사외이사제도의 운영현황과 활성화 방안", 「기업법연구」 제8집, 한국기업법학회, 2001.

______, "경영판단원칙의 수용 가능성", 「기업법연구」 제7집, 한국기업법학회, 2001.

______, "임원제도도입에 따른 법적문제", 「상사법연구」 제20권 제2호, 한국상사법학회, 2001.

______, "회사채의 발행제도", 「법학논총」 제6집, 조선대학교 법학연구원, 2000.

______, "기업의 지배구조개선을 위한 주주대표소송", 「상사법연구」 제19권 제2호, 한국상사법학회, 2000.

______, “회사 지배구조개선과 경영감독기관”, 「상사법연구」 제18권 제3호, 한국상사법학회, 2000.

______, “대표소송활성화와 이사의 책임경감”, 「비교사법」 제9권 제4호, 한국비교사법학회, 2000.

______, “중소규모회사와 주주대표소송”, 「기업법연구」 제6집, 한국기업법학회, 2000.

______, “이사회의 활성화 방안”, 「기업법연구」 제4집, 한국기업법학회, 1999.

______, “기업의 사회적 책임”, 일석 박상조교수 화갑기념논문집 간행위원회, 1998.

______, “대주주와 소수주주간의 법적문제”, 「비교사법」 제5권 제2호, 한국비교사법학회, 1998.

______, “미국회사법상 소수파주주의 보호”, 「기업법연구」 제3집, 한국기업법학회, 1998.

______, “독일의 Linotype사건판결과 지배주주의 충실의무”, 「법학논총」 제4권, 조선대학교 법학연구원, 1998.

______, “의결권 대리행사 권유제도의 문제점과 그 대책”, 「상장협연구」 제37호, 한국상장회사협의회, 1998.

______, “독일 유한회사의 현상과 과제”, 「법학논총」 제3집, 조선대학교 법학학연구원, 1997.

______, “코퍼레이트 가버넌스와 감사제도”, 「상사법연구」 제15권 제2호, 한국상사법학회, 1996.

______, “미국, 독일, 일본의 코퍼레이트 가버넌스 비교”, 「상사법학」 제2집, 한국기업법학회, 1996.

______, “감사회와 사외감사제도”, 「법학논총」 제1집, 조선대학교 법학연구원, 1995.

______, “일본의 대소회사구분입법에 관한 문제점 연구”, 「상사법연구」 제14집, 한국상사법학회, 1995.

______, “韓國の一人會社とその設立論”, 「사회과학연구」 제17집, 조선대학교 사회과학연구소, 1994.

______, “폐쇄회사의 지배와 결의권구속계약 ”, 「사회과학연구」 제16집, 조선대학교 사회과학연구소, 1993.

______, “1990년 일본 개정상법연구”, 「사회과학연구」 제14집, 조선대학교 사회과학연구소, 1991.

______, “의결권대리행사와 위임장 권유”, 「사회과학연구」 제13집, 조선대학교 사회과학연구소, 1990.

______, "주식회사의 지배", 「사회과학연구」 제12집, 조선대학교 사회과학연구소, 1989.

______, "이사의 회사에 대한 책임", 「사회과학연구」 제11집, 조선대학교 사회과학연구소, 1988.

______, "미국 회사법의 발달과 그 특성", 「통일문제연구」, 조선대학교 통일문제연구소, 1987.

______, "이사의 의무와 책임", 「사회과학연구」 제10집, 조선대학교 사회과학연구소, 1987.

______, "주주총회 결의의 하자에 관한 소", 「사회과학연구」 제9집, 조선대학교 사회과학연구소, 1986.

______, "감사제도", 「통일문제연구」, 조선대학교통일문제연구소, 1985.

______, "회사의 능력", 「사회과학연구」 제1집, 조선대학교 사회과학연구소, 1982.

# 차 례

## 제 1 편 회사법 통칙

### 제 1 장 회사의 개념



### 제 2 장 회사의 종류

## 제 3 장 회사의 능력



# 제 2 편 주식회사

## 제 1 장 주식회사의 의의와 본질

## 제2장 주식회사의 설립

## 제 3 장 주식과 주주

# 제 5 장 자본금의 변동

## 제 6 장 정관의 변경



## 제 7 장 회사의 회계

# 제8장 사 채

# 제 9 장 기업조직의 재편

## 제10장 해산·청산

# 제 1 편

# 회사법 통칙

# 제 1 장 회사의 개념

종래 우리 상법 제169조는 "회사라 함은 상행위 기타 영리를 목적으로 하여 설립한 사단을 이른다."라고 규정하고, 제171조 제1항에서는 "회사는 법인으로 한다."라고 규정함으로써 회사는 영리성, 사단성, 법인성을 요소로 하였다. 즉 회사는 영리를 목적으로 하는 사단법인이라고 할 수 있었다. 그러나 2011년 개정상법 제169조는 "이 법에서 회사란 상행위나 그 밖의 영리를 목적으로 하여 설립한 법인을 말한다."라고 규정하여 회사의 개념에서 사단성을 삭제하고, 종래의 제169조와 제171조의 개념을 통합하였다.

주식회사, 유한회사, 유한책임회사에서는 1인회사를 인정하고 있고, 단체의 실질이 재산의 결합으로서 재단성이 있다. 그리고 합명회사와 합자회사는 단체의 실질이 조합이기 때문에 종래 회사의 사단성에 관하여 많은 논의가 있었다. 그래서 일단 사단성을 회사의 개념에서 삭제함으로써 그 논의를 입법적으로 해결하게 되었으나 합명회사와 합자회사는 여전히 복수사원을 요구하고 있고, 모든 회사는 복수사원을 전제로 하며 또 모든 회사는 법인이므로 그 본질이 영리사단법인이라는 범주에서 논의가 제기될 수 있을 것이다. 따라서 본 장에서는 종래의 사단성에 관한 논의와 함께 영리성, 법인성을 고찰한다.

## 1. 사단성

사단이란 일정한 목적을 위하여 결합된 사람의 단체를 말하며, 종래 회사의 요소로서 사단성은 인적회사와 물적회사 간에 약간의 차이가 있었다. 사단은 재단과 비교되는 개념이고 또 조합과도 비교되는 개념이다. 그럼에도 불구하고 우리 상법상 인적회사(합명, 합자회사)는 그 실질이 조합인데 사단이라 하였고, 물적회사(주식, 유한, 유한책임회사)는 그 실질이 재단과 유사한데 사단이라고 하였다. 일본에서는 2005년 회사법을 제정하면서 회사는 사단으로 한다는 종래의 상법규정을 이어받지는 않았지만 여전히 회사는 사단이라고 이해하는 것이 통설이다.[1)]

---

1) 이철송, 회, 40면.

### (1) 인적회사

인적회사의 사원은 원칙적으로 전원이 회사의 업무집행을 담당하고 중요사항은 만장일치로 의사를 결정하며, 회사 채무에 대해서는 사원전체가 무한책임을 지게 된다. 따라서 인적회사는 출자자들의 기능적 결합체이고, 그 실체는 조합이라고 볼 수 있다. 그래서 상법은 이들의 내부관계에 대하여 상법과 정관에 다른 규정이 없는 한 민법의 조합에 관한 규정을 준용한다(§195, §269).

이와 같이 인적회사의 실질이 조합임에도 불구하고, 상법에서 사단이라고 할 때 그 의미를 어떻게 설명할 것인가에 대하여 인적 결합설, 형식적 사단설, 실질적 사단설 등의 견해가 있었다.

### (2) 물적회사

물적회사는 재산(자본)의 결합으로서 재단성이 있지만, 회사의 총의적 의사결정 기구로서 주주총회가 있고, 구성원으로부터 독립된 집행기관이 있다. 이것은 사단으로서의 특성이지만 자본적 결합체이기 때문에 일반 사단법인이나 인적회사와는 다른 특성이다. 특히 주식회사에서는 구성원의 개성이 희박해지며, 법적지위도 균등한 비례적 단위인 주식으로 정형화되므로 민법상의 사단법인이 갖는 사단성과는 다르게 된다. 물적회사의 경우 1인회사의 설립(§288, §543)과 존속이 인정되기 때문에 종래 사단성에 관한 설명이 애매했으나, 1인회사는 일시적 과도적 현상이며 예외적 현상이라고 보았었다.[1)]

이와 같이 물적회사의 사단성은 민법상 사단법인의 사단성과도 다르고 예외적 현상도 중대하여 상법 제169조에서 규정하는 사단성이라는 것은 실익도 없고 오히려 이론적 모순을 초래하였다. 따라서 2011년 개정상법은 동조의 규정에서 사단성을 삭제하여 입법적인 해결을 한 것이다.[2)]

### (3) 1인회사

1) **입법적 변천** 우리나라는 종래부터 주식회사와 유한회사의 사원이 1인으로 된 때를 해산사유로 하지 않았고(§517)[3)] 2001년 상법개정시에 1인만의 발기

---

1) 양동석, “1인회사의 설립과 유한책임의 제한”, 비교사법 제8권 제1호, 674면 이하.

2) 양동석, 상게 논문, 680면 이하.

3) 대판 1996.9.20, 66다1187, 1188.

인이 설립도 할 수 있게 하였다(§288, §543①). 2011년 상법개정을 통해 새로 도입된 유한책임회사도 마찬가지로 1인 사원의 설립이 인정되고, 설립 후 사원이 1인이 된 때도 해산사유로 하지 않았다(§287의38).[1)]

이들 물적회사의 경우 사람의 단체라는 의미의 사단성과 그 개념은 무너지고, 회사는 영리활동의 근본이 되는 자본적 결합체이므로 재단과는 달리 구성원을 갖는 단체라는 의미가 있다고 할 것이다.

2) **법률관계** 복수사원의 존재를 전제로 하는 회사법의 규정들을 1인회사에 적용할 때는 많은 부분이 수정되어야 한다.

① **주주총회 관련규정** 주주총회의 소집절차에 관한 규정은 1인회사에는 적용되지 않는다. 즉 소집권한 없는 자에 의한 소집, 소집결정을 위한 이사회결의의 하자 등이 있더라도 1인주주가 참석하여 이의 없이 결의한다면 적법한 주주총회의 결의가 있다고 본다.[2)] 실제로 총회를 개최한 사실이 없고 1인주주에 의하여 결의가 있었던 것처럼 의사록이 작성되어 있더라도 특별한 사정이 없는 한 결의가 있었던 것으로 볼 수 있다[3)]. 1인주주이자 대표이사인 사람이 동의하였다면 영업양도에 있어서 주주총회의 특별결의(§374①1호)에 대신할 수 있다.[4)]

② **이사의 자기거래** 1인 주식회사에 있어서 1인주주가 이사인 경우에, 이사가 회사와 거래하는 때에는 제398조에 의하여 이사회의 승인을 받아야 하는 가에 대하여 긍정설과 부정설이 대립한다. 긍정설은 회사의 재산은 모든 회사채권자에 대한 담보가 되므로 1인주주라 하더라도 회사와 이해관계가 일치한다고 볼 수 없으므로 제398조에 따라 이사회의 승인을 받아야 한다고 본다.[5)] 이에 대하여 부정설은 이 경우에 회사의 이익과 1인주주의 이익이 일치하고 또 상법 제398조의 기본취지가 회사의 이익을 보호하기 위한 것이므로 제398조는 적용되지 않는다고 한다.[6)]

생각건대 1인주주가 이사의 자격을 겸한다고 할지라도 1인주주의 이익과 회사의 이익은 구별되어야 하고, 회사의 이익은 주주뿐만 아니라 회사의 채권자의 이익과도 관련되므로 긍정설이 타당하다고 본다. 다만 이사가 1인 또는 2인만 있는

1) 양동석, "일본의 대소회사구분입법에 관한 문제점 연구", 상사법연구 제14집, 14면 이하.

2) 대판 1966.9.20, 66다1187·1188; 동 1968.2.20, 6다1979·1980.

3) 대판 1976.4.13, 74다1755.

4) 대판 1976.5.11, 73다52.

5) 정찬형, 상, 441면; 이철송, 회, 41면; 손주찬, 430면; 채이식, 377면; 이기수 외, 70면.

6) 정동윤, 17면, 442면; 최기원, 481면; 대판 1992.3.31, 91다16310.

회사의 경우에는 자기거래는 주주총회의 승인을 요하므로 제398조의 적용을 받지 않고 자기거래를 할 수 있다.

③ 의결권의 제한　　주주총회의 의안에 대해 특별한 이해관계가 있는 주주는 의결권을 행사할 수 없지만(§368④, 예컨대 제409조에 의하여 감사선임의 경우 100분의 3 이상을 가진 주주의 의결권), 1인 회사의 경우에는 무의미한 것이 된다.

④ 정관상 주식양도제한에 관한 규정　　정관의 규정으로써 주식을 양도하기 위하여 이사회의 승인을 받도록 할 수 있지만(§335①), 이사가 1인 또는 2인만 있는 1인회사의 경우에는 주주총회(§383④, §335②)가 무의미하므로 동조의 적용은 없다고 할 것이다. 따라서 1인주주는 임의로 주식을 양도할 수 있다.

⑤ 업무상 배임과 횡령　　종래의 판례는 1인주주이자 대표이사인 자가 범죄적인 방법으로 회사에 손해를 가한 경우에는 회사의 손해는 1인주주의 손해라고 보고 배임죄의 성립을 부인하였다.[1] 그러나 회사의 손해는 주주의 손해이기도 하지만 채권자의 손해이기도 하기 때문에 1인주주라 하더라도 회사와의 이해의 일치성은 인정할 수 없다. 따라서 현재의 판례는 1인주주가 의무를 위배하여 회사에 손해를 끼친 경우에는 배임죄의 성립을 인정하며,[2] 1인주주가 회사의 재산을 횡령한 경우에는 횡령죄의 성립을 인정하고 있다.[3]

⑥ 법인격부인의 법리　　1인회사의 경우 회사재산과 주주의 개인재산이 구별되지 않고 혼융되는 등 법인격이 형해화 되는 경우가 많을 것이므로 법인격부인의 법리가 적용될 소지가 크다. 후술하는 법인격부인의 법리에서 상세히 설명한다.

## 2. 법인성

### (1) 의 의

상법은 우리나라의 모든 회사에 대하여 법인격을 부여하여 법인으로 하고 있다(§169). 그러므로 회사는 법인으로서의 권리능력을 갖게 되어 사원으로부터 독립하여 권리와 의무의 주체가 될 수 있고, 사원은 회사의 재산에 대하여 직접적인 권리를 갖지 못한다. 즉 한 사원이 전 주식을 취득했다고 하더라도 주주의 자격

---

1) 대판 1974.4.23, 73도2611.

2) 대판 1983.12.13, 82도2330; 동 2005.10.28, 2005도4915.

3) 대판 1999.5.23, 89도570.

으로 회사재산의 인도를 청구할 수 없다.[1] 이 점이 공동기업 형태에서 조합을 이용하는가(구성원의 공동행위, 공동소유), 회사를 이용하는가(구성원이 아닌 법인의 행위, 법인의 소유)의 차이점이다.

회사에 법인격을 부여할 것인가의 여부는 권리와 의무의 귀속주체에 관한 문제이고 그 나라의 입법정책에 따라 다르다. 우리나라는 일본이나 프랑스와 같이 모든 회사를 법인으로 한다. 그러나 독일은 합명, 합자회사에 대해서는 법인격을 인정하지 않으며, 미국은 company, corporation 이라는 명칭을 쓰는 회사는 법인으로 하고 partnership, limited partnership 명칭을 쓰는 회사는 법인으로 하지 않는다. 중국도 주식회사, 유한책임회사는 법인으로 하고 합명, 합자회사에 해당하는 것은 조합기업으로 하고 있다.

법인은 ① 법인명의로 권리의무의 주체가 되고 ② 소송당사자가 되며 ③ 법인의 재산에 대해서는 법인을 채무명의로 하는 것에 의해서만 강제집행 할 수 있고 사원명의의 채무에 의하여 강제집행 하는 대상이 되지 않으며 ④ 법인의 채권자에 대해서는 법인재산만이 책임재산이 되고 사원의 재산은 책임재산이 되지 않는 등의 속성을 갖는다. 합명회사와 합자회사는 법인의 속성이 희박하고 주식회사에 있어서 가장 뚜렷하다.

우리나라와 같이 조합적 실체를 갖는 단체를 법인으로 한다면 그 단체의 모든 법률관계에 법인이론을 적용하는 것은 무리이다. 그래서 상법은 조합적 실체를 갖는 합명회사와 합자회사의 법률관계에 대하여 대외적 법률관계와 재산소유에 대하여 법인이론을 적용하고, 대내적 관계에 있어서는 민법의 조합에 관한 규정을 준용함으로써 문제를 해결하고 있다(§195).

### (2) 법인격부인이론

1) 의 의　　법인격부인이론이란 회사가 사원으로부터 독립된 실체로서 존재하지 못할 경우에 회사와 특정 제3자간의 법률관계에 한하여 법인격을 제한함으로써 회사와 사원을 동일시하는 것이다. 즉 회사가 자기의 채무를 변제할 자력이 없는 특정한 경우에 회사와 사원간의 분리원칙을 배제하여 회사의 책임을 사원에게 물음으로써 구체적으로 타당한 해결을 도모하는 것이다. 법인격부인이론은 회사가 법인격을 남용하거나 주주가 유한책임 제도를 남용하는 경우에 그 폐단을 시정하기 위한 것이다.

---

1) 대판 1959.5.7, 4290민상496.

회사는 사원과 별개의 독립된 인격자이지만, 회사라는 형식을 빌렸을 뿐이고 실제로 사업은 어느 주주 개인의 사업과 다름이 없는 경우에는 회사의 법인격이 제3자에 대한 책임을 회피하기 위하여 이용되는 결과가 된다. 이와 같이 법인격이 남용되는 것을 막기 위하여 최저자본금제도, 해산명령제도, 법인격남용제도 등이 이용된다. 그러나 2011년 개정상법은 최저자본금제도를 폐지하였으며, 해산명령제도는 법인격을 절대적으로 소멸시키는 것으로서 기업의 유지이념에 반할 수 있다. 따라서 법인격을 필요한 경우에 부분적으로 또는 일시적으로 부인하는 법인격부인이론이 발전하였다.

그러나 이 이론은 실정법상의 제도가 아니고, 주식회사의 기본원칙인 유한책임제도에 대한 중대한 예외를 만들어내는 것이므로 그 적용요건, 적용범위 등을 정하는데 문제가 많다. 이 제도는 미국의 판례에 의하여 형성, 발전되어 온 것으로서 오늘날 영국, 독일, 일본 등 많은 나라에서 인정되고 있다.

**2) 이론적 근거와 사법이론의 보충성** 법인격부인이론의 인정에 있어서 우리나라의 학설은 민법의 신의성실의 원칙[1] 또는 권리남용금지의 원칙[2]에서 이론적 근거를 구하거나, 법인격의 개념에 내재하는 한계[3]라는 견해로 나누어진다. 그러나 법인격부인이론은 일반대중의 신뢰를 보호할 필요가 있다고 할 것이므로 신의성실의 원칙에서 찾는 것이 타당하다고 본다.

우리나라의 학설은 법인격부인이론이 종래의 사법이론으로 해결될 수 없는 경우에 한하여 보충적으로 적용되어야 한다고 본다.[4] 그러나 법인격부인이론은 다른 사법이론과 명백히 상충되지 않는 한 적용될 수 있는 이론으로 보아야만 법인격이나 유한책임원칙이 남용되는 것을 구체적으로 시정할 수 있을 것으로 생각한다.[5]

**3) 요 건** 판례가 들고 있는 객관적 요건은 두 가지가 있다. 하나는 지배의 요건이고 다른 하나는 재산의 혼융이라는 요건이다. 지배의 요건이란 회사가 그 자체의 독자적인 의사 또는 존재를 상실하고, 지배주주가 자신의 사업의 일환으로서 회사를 운영하고 있다고 볼 수 있을 정도로 완전한 지배력을 행사하고 있을 것이 요구된다. 즉 회사가 독립된 인격체로서의 존재의의를 상실했다고 볼 수 있어야 법인격이 부인될 수 있다.[6] 둘째로 회사의 재산과 업무, 대외적 기업활동

---

1) 이철송, 회, 46면.
2) 정동윤, 33면.
3) 정찬형, 상, 446면.
4) 정동윤, 28~29면; 이철송, 회, 48면.
5) 정찬형, 상, 445면.
6) 대판 2001.1.19, 97다21604.

등이 지배주주의 그것들과 구분되어 있지 않고 혼융되어 주체를 구분할 수 없게 된 상태이다. 그리고 회사가 사업의 성질이나 규모 등에 비하여 과소자본을 가지고 사업을 하는 경우에는 법인격이 부인될 경우가 많을 것이나, 어느 정도가 적절한 자본인가에 대하여 기준을 제시하기가 어려울 것이므로 법원은 구체적 사건에서 추가적으로 고려해야 할 요건으로 본다.[1]

법인격부인이론을 적용하기 위한 이상의 요건은 그 채무를 회사가 부담하는 시기에 갖추어야 한다.[2] 그리고 판례는 법인격을 부인하기 위해서는 회사의 법인격이 지배주주에 대한 법률적용을 회피하기 위한 수단으로 함부로 사용되거나 채무면탈이라는 위법한 목적달성을 위하여 회사제도를 남용하는 등의 주관적 의도 또는 목적이 있어야 한다고 본다.[3] 그러나 주관적 남용의사를 요한다면 입증의 곤란함으로 법인격부인론의 효용을 반감시킬 것이고 채권자를 보호할 필요성은 주주의 주관적 남용의사와 무관하게 생겨날 것이므로 주관적 요건은 필요하지 않다고 보는 것이 타당할 것이다.[4]

#### 4) 적용범위

① **계약에 대한 적용** 법인격부인이론은 회사의 거래(계약)상의 채무를 주주에게 부담시키는 것이 가장 전형적일 것이다. 그러나 법인격부인이론을 적용할 요건에 대하여 상대방(원고)의 인식 또는 상대적 인식이 있고, 합리적으로 조사했더라면 발견했을 경우에는 법인격을 부인할 정당성이 없다고 할 것이다.[5]

② **불법행위에 적용** 회사가 제3자에게 부담하는 불법행위책임도 법인격부인을 통해 주주에게 귀속시킬 수 있는가에 대하여 미국에서는 광범위하게 이를 인정하고 있다. 우리나라에서도 위험도가 높은 사업을 소자본의 회사로 수행하는 자에 대하여 일반대중의 신뢰를 보호할 필요가 있다고 할 것이므로 법인격부인이론을 적용할 필요가 있다고 본다.[6] 그러므로 법인격부인이론이 신의칙을 근거로 삼는다고 하더라도 모순되지 않을 것이다.

③ **법인격부인론의 역적용** 채무자가 강제집행을 면탈하기 위하여 회사를

1) 이철송, 회, 54면.
2) 대판 2008.9.11, 2007다90982.
3) 대판 2006.8.25, 2004다26119.
4) 이철송, 회, 55~56면.
5) 정찬형, 상, 445면.
6) 이철송, 회, 51~52면; 정동윤, 30면; 정찬형, 상, 445면.

설립하거나 회사에 출자한 경우, 주주의 채무를 회사로 하여금 이행시키기 위하여 법인격부인이론을 적용할 수 있다고 본다.[1)]

5) 적용효과 및 기판력·집행력 전술한 바와 같이 법인격이 부인되면 회사의 법인격이 완전히 소멸하는 것이 아니라 문제된 특정사안에 관해서만 회사와 지배주주의 법인격이 동일한 것으로 취급된다. 따라서 회사의 채무는 바로 주주의 채무로 인정되며, 당연히 이에 부수된 권리, 기타의 반대급부들도 주주에게 귀속하게 된다.

그러나 회사에 대한 판결의 기판력이 주주에게 확장되는 것은 아니므로 주주에 대하여 강제집행을 하려면 다시 집행권원(채무명의)을 얻어야 한다. 다만 회사와 사원 개인이 완전히 동일한 실체법상의 지위에 있다면 회사에 대한 기판력 및 집행력이 사원에게 미친다고 한다.[2)]

## 3. 영리성

(1) 회사는 상행위 기타 영리를 목적으로 한다. 따라서 영리성은 회사설립의 동기이며 존재의 목적이다. 회사가 상행위를 영리의 목적으로 하면 상사회사(당연상인)가 되고, 그 이외의 것을 영리의 목적으로 하면 민사회사(의제상인)가 된다. 그러나 양자는 모두 상인으로서 상법의 적용대상이 되는 것은 같다.

(2) 영리를 목적으로 한다는 것은 회사가 영리사업을 경영하여 이익의 귀속주체가 되는 것만으로는 부족하고, 그 이익을 다시 사원에게 분배할 의사가 있어야 한다(우리나라 통설). 사원에게 이익을 분배한다는 뜻은 회사가 영리활동을 통하여 이익을 얻고 그 이익을 사원에게 이익배당, 잔여재산의 분배 등의 방식으로 분배하는 것이다.[3)]

따라서 영리를 추구하려는 의사만 있으면 영리성이 인정되는 개인상인과 다르며, 단체의 내부적 활동에 의하여 구성원에게 직접 이익을 주는 협동조합이나 상호회사 등과 다르다.[4)] 그리고 구성원이 없는 재단법인이나 이익분배의 의사가 없는 공법인은 회사가 될 수 없다.

---

1) 권기범, 46면; 최기원, 55면. 반대의견: 이철송, 회, 51면.

2) 정찬형, 상, 446면; 정동윤, 34~35면; 이철송, 회, 50면; 최기원, 60면; 대판 1995.5.12, 93다44531.

3) 정동윤, 11면; 정찬형, 상, 437~438면.

4) 이철송, 회, 43면; 최준선, 회, 23면.

(3) 회사의 정관상의 목적사업이 영리사업이면 이에 부수하여 비영리사업을 하는 것은 가능하다. 그러나 정관상의 목적사업이 영리사업이지만 실제로 비영리사업만을 경영하는 경우 이를 회사로 볼 수 있는가에 대하여 학설은 입장을 달리한다. 이 경우 이를 회사로 보는 견해도 있지만[1] 타당하지 않고, 회사는 영리사업에 부수하여서만 비영리사업을 하거나 기부행위를 할 수 있는 것으로 보아야 할 것이다.[2]

## 4. 기 타

### (1) 상인성

회사는 영리성을 갖기 때문에 당연히 상인성이 있으며, 태생적 상인이다. 따라서 반드시 상호를 선정하여야 하고, 상호에는 회사의 종류에 따라 합명회사, 합자회사, 유한책임회사, 유한회사, 주식회사 등의 문자를 써야 한다. 그리고 특정 사업부류에 대해서는 은행, 보험 등 사업의 종류도 표기하여야 한다.

### (2) 준칙성

회사는 주무관청의 허가나 면허를 요하지 않고 상법 회사편에 따라서 설립되므로 설립에 주무관청의 허가를 필요(민 §32)로 하는 비영리법인과 구별된다. 특히 민법에서는 영리를 목적으로 하는 사단(민사회사)은 상사회사의 설립조건에 좇아 이를 법인으로 할 수 있으며, 모두 상사회사에 관한 규정을 준용한다고 규정하고 있다(민 §39).

---

1) 정동윤, 11면; 채이식, 378면.

2) 정찬형, 상, 438면; 이기수 외, 67면.

# 제2장 회사의 종류

## 제1절 총 설

종래 상법전 제3편에서 규정하고 있는 회사의 종류는 합명회사, 합자회사, 주식회사, 유한회사 네 종류만 인정하고 있고, 회사의 설립은 준칙주의에 의하고 있다. 그러나 2011년 개정상법은 유한책임회사제도를 도입함으로써(§§287의2~287의45) 다섯 종의 회사형태를 인정하게 되었다.

2011년 개정상법은 새로운 기업형태의 도입,[1] 회사설립의 편의 제고, 소규모회사를 발기설립 하는 경우 정관에 대한 공증의무 면제, 다양한 종류의 주식 도입, 주식 및 사채의 전자등록제 도입, 소수주식의 강제매수제도, 소규모 주식회사의 주주총회 소집절차 간소화, 주주총회 전자투표제도 도입, 이사의 자기거래 승인 대상 확대, 회사의 사업기회 유용금지제도 신설, 집행임원제도 도입, 소규모회사의 감사선임의무 면제, 상법상 회계 관련 규정과 회계기준의 조화, 법정준비금제도 개선, 배당제도 개선, 사채제도 개선, 유한회사에 관한 각종 제한규정을 철폐하였다. 본 장에서는 각국에서 인정하고 있는 회사의 종류와 그 특징을 고찰한다.

최근 인적자산을 적절히 수용할 수 있도록 공동기업 또는 회사형태를 취하면서 내부적으로는 조합의 실질을 갖추고 외부적으로는 사원의 유한책임이 확보되는 기업형태에 대한 수요가 늘어나고 있다.[2] 따라서 2011년 개정상법도 합자조합제도와 사원에게 유한책임을 인정하면서도 회사의 설립·운영과 기관구성 등의 면에서 사적자치를 폭넓게 인정하는 유한책임회사제도를 도입함으로써 사모투자펀드나 벤처기업 등 새로운 기업형태에 대한 수요에 부응할 수 있게 하였다.

---

1) 합자조합 도입(상법개정안 §§86의2~86의10) 및 유한책임회사제도 도입(상법개정안 §§287의2~287의31).

2) 최기원, 482면.

**《일본과 중국회사법상 회사의 종류》**

일본에서는 신회사법 시행 전의 회사형태로 주식회사, 유한회사, 합명회사, 합자회사 네 종류가 있었지만, 현행 회사법(2005년 신회사법)은 우선 주식회사와 지분회사로 대별하고, 주식회사가 종래의 유한회사를 포섭하는 것으로 하였다.[1] 그리고 합명회사와 합자회사는 지분회사에 포함시키고 합동회사를 도입하였다. 이상의 세 종류의 회사를 지분회사로 하여 통일적으로 규제하고 있다.

이에 대하여 중국회사법은 2005년 전국인민대표대회 상무위원회 제18차 회의에서 전문을 개정하였으며, 회사법상의 회사로서는 유한책임회사와 주식유한회사(股份有限公司) 등 두 종류를 규정하고 있다.[2] 우리나라의 합명회사나 합자회사, 일본의 지분회사에 속하는 회사형태는 인정하지 않고 조합기업으로 하고 있다.

우리나라 상법상의 회사형태와 일본의 2005년 신회사법상의 회사형태 및 중국의 2005년 公司法에 의한 회사형태를 비교하여 살펴본다.

## 제 2 절 인적회사형태

### 1. 합명회사

#### (1) 의 의

합명회사[3]는 2인 이상의 무한책임사원만으로 구성되고 자본의 결합보다는 인적결합에 중점을 두는 회사이다. 사원은 회사의 채권자에 대하여 직접, 연대, 무한책임을 부담하며 직접 업무집행을 담당하는 점에 특색이 있다. 법적으로는 사단법인이지만 내부적으로는 조합과 유사하고 개인기업과도 유사하다.[4] 따라서 민법의 조합규정이 준용되며, 인적신뢰와 노동력의 보충을 필요로 하는 중소기업에 적합한 회사형태이다.

---

1) 石山卓磨, 423面.

2) 馮果 彭眞明, 181~183面, 206~208面.

3) 합명회사라는 명칭은 사원 전원의 이름이 상호 중에 표시된다는 것을 의미하는 프랑스어(Societe en nom collectif)에서 유래되었으나, 오늘날 상호 중에 사원의 성명을 사용하여야 할 필요는 없다.

4) 정찬형, 상, 531~532면; 본 항은 양동석·박승남, "한·중·일 회사법제의 비교연구", 기업법연구 제24권 제1호, 173면 이하를 인용함.

특히 합명회사 형태는 know-how 및 기술의 자본화를 가능하게 하며, 당사자들의 광범위한 사적자치가 인정되므로 다양한 경제관계와 수요에 적응할 수 있고, 또 상거래상의 유동성과 신속성 및 사원의 책임의식이 강하다는 장점이 있다.[1] 일본에는 이와 같은 장점을 활용하기 위하여 약 2만개의 합명회사가 있다. 감사법인이나 변호사법인 등도 이와 유사한 조직을 하고 있다. 특히 三井合名會社와 같이 재벌본사에도 이용되고 있다.[2]

### (2) 설립과 설립의 하자

합명회사는 소수인의 단체이고 사원이 무한책임을 지므로 설립에 있어서 주식회사와 같은 복잡하고 엄격한 절차는 요구되지 않는다. 이로 인하여 2인 이상의 자가 정관을 작성하고(§178) 설립등기를 함으로써 성립한다(§172). 즉 주식회사와 같이 사원확정절차, 출자이행절차, 기관구성절차 등을 별도로 요구하지 않고 정관작성만으로써 실체형성절차가 종료한다. 합명회사의 설립절차에 중대한 하자가 있는 경우에는 법률관계의 획일적 확정과 거래의 안전을 위하여 설립무효의 소(§184①)와 취소의 소(동조②)를 청구할 수 있을 뿐이며, 제소권자 및 제소기간 등에 제한이 있다.

설립무효의 원인으로써 객관적 원인은 정관의 절대적 기재사항 불비, 합명회사의 본질이나 강행법규 위반, 설립등기가 무효인 경우 등이 있다. 주관적 원인은 사원의 심신상실, 의사표시의 하자 등이 있다. 그리고 설립취소의 원인은 금치산자가 설립행위를 하거나 미성년자, 한정치산자 등이 법정대리인의 동의를 얻지 않고 설립행위를 하는 것, 사기 또는 강박에 의하여 설립행위를 하는 등 주관적 사유에 의하여 생긴다. 사원이 채권자를 해할 것을 알고 회사를 설립한 때에는 채권자는 그 사원과 회사에 대한 소로 회사의 설립취소를 청구할 수 있다(§185).

설립무효의 소는 회사성립일로부터 2년 내에 소에 의해서만 주장할 수 있으며 제소권자는 사원으로 한정되고, 피고는 회사이다. 설립취소의 소는 회사성립의 날부터 2년 내에 무능력자, 하자있는 의사표시를 한 자, 그 대리인 또는 승계인에 한하여 제소할 수 있다(§184②). 원고승소판결의 효력은 대세적 효력과 불소급효가 특징이며, 원고가 패소한 경우에는 그와 같은 효력이 없고 악의 또는 중대한 과실이 있는 때에만 회사에 대하여 연대하여 손해배상책임이 있다(§191).

---

1) 최기원, 상, 1207면.

2) 龍田 節, 10面.

* 정관의 절대적 기재사항(§179) : ① 목적, ② 상호, ③ 사원의 성명·주민등록번호·주소, ④ 사원의 출자의 목적과 그 가격 또는 평가의 표준, ⑤ 본점 소재지, ⑥ 정관작성 연월일
* 설립등기사항(§180) : 위의 ①, ②, ③, ⑤ 및 지점을 둔 때는 그 소재지, 사원의 출자의 목적, 재산의 출자에는 그 가격과 이행한 부분, 존립기간 기타 해산사유를 정한 때에는 그 기간 또는 사유, 회사를 대표할 사원을 정한 경우에는 그의 성명, 주민등록번호, 주소 그리고 수인의 사원이 회사를 대표할 것을 정한 때에는 그 규정

### (3) 출자와 사원의 지위

합명회사의 재산은 사원의 출자에 의하여 이루어지며, 사원은 자연인(무능력자 포함)이어야 한다(§7). 따라서 조합, 상속공동체, 권리능력 없는 사단, 법인 등은 사원이 될 수 없다(§173). 출자는 금전 기타의 재산뿐만 아니라 노무 및 신용으로도 할 수 있다(§222, §195). 사원이 대외적으로 무한책임을 지기 때문에 탄력성을 인정하는 것이다.[1)]

사원의 지위는 지분이라는 형태를 취하며, 지분은 사원이 회사에 대하여 갖는 각종의 권리·의무의 기초가 되는 개념이다. 출자액에 의한 지분의 크기는 다르지만 한 사원의 지분은 하나이다. 지분을 전부양도하면 양도사원은 퇴사하지만 일부만을 양도하면 지분이 작아질 뿐 사원의 지위는 상실하지 않는다. 양도지분을 종래의 사원이 양수하면 사원의 지분은 커지며, 외부자가 양수하면 새로운 사원의 입사가 된다. 지분의 양도는 다른 사원 전원의 승낙을 필요로 한다(§204). 물론 총사원의 동의로써 새롭게 출자하고 합명회사에 가입할 수도 있다(§179 3호).

### (4) 업무집행권과 대표권

합명회사는 원칙적으로 각 사원이 회사의 업무를 집행하고(§200①) 회사를 대표한다(§207). 그러나 정관으로 1인 또는 수인이 업무집행을 하도록 정한 경우에는 다른 사원의 업무집행권은 없으며, 업무집행사원이 회사를 대표한다. 정관 또는 총사원의 동의로써 수인이 공동으로 회사를 대표할 것을 정할 수 있다(§208①). 사원이 업무를 집행함에 있어 현저하게 부적임하거나 중대한 의무에 위반한 행위가 있는 때에는 법원은 사원의 청구에 의하여 업무집행권한의 상실을 선고할 수 있다(§205①). 모든 사원이 업무집행권을 갖는 경우에는 다른 사원은 이의를 제기할

---

1) 최기원, 1213면.

수 있으며, 수인의 업무집행사원이 있는 경우에도 다른 업무집행사원은 이의를 제기할 수 있다. 이 경우에는 업무집행권이 있는 사원의 과반수 결의에 의하여야 한다(§200②). 업무집행권이 없는 사원은 회사의 업무와 재산상태를 감시할 수 있는 업무감시권이 있다(§195, 민 §710).

### (5) 입사와 퇴사

상속이나 양도와 같이 지분을 승계하는 경우도 있지만 사원이 퇴사하면 지분은 반환될 수 있으며(§222), 이 경우 회사의 재산이 줄어들 수 있으나 전사원이 무한책임을 지기 때문에 채권자에게 특히 불리하다고 보지 않는다.[1] 이는 회사재산을 분배할 수 있는 것과 같다. 손익분배의 비율은 각 사원의 출자액에 비례하지만 정관으로나 총사원의 동의로써 달리 정할 수도 있다(§195, 민 §711).

정관으로 회사의 존립기간을 정하지 아니하거나 어느 사원의 종신까지 존속할 것을 정한 때에는 사원은 영업년도 말에 한하여 퇴사할 수 있다. 다만 6월 전에 예고하여야 한다(§217①). 그러나 사원이 부득이한 사유가 있는 때에는 언제든지 퇴사할 수 있다(동조②). 사원은 정관에 정한 사유의 발생, 총사원의 동의, 사망, 금치산, 파산, 제명의 경우에도 퇴사한다(§218). 사원이 사망한 경우에도 상속인이 자동적으로 권리의무를 승계하여 사원이 되는 것은 아니다(§219①).

우리나라와 일본은 자치적 범위가 가장 넓고 각 사원이 회사업무를 집행하기 때문에 소수사원 보호문제가 크지 않으며, 무한책임사원만으로 구성되기 때문에 채권자보호문제도 중요하지 않은 회사형태로서 거의 동일한 합명회사 형태를 인정하고 있다.

**《일본 회사법상 합명회사》**

일본은 종래 우리나라의 회사형태와 동일한 체제를 갖추고 있었으나 2005년 신회사법을 제정하면서 회사를 주식회사와 지분회사로 분류하고 합명회사, 합자회사, 합동회사를 지분회사에 편입하였다. 합명회사는 그 출자의 종류나 액에 관계없이 회사 채권에 관하여 회사의 채권자에게 직접, 연대, 무한책임을 지는 사원으로만 구성되는 일원적 회사(일회 §576②)로서 우리나라의 경우와 같다.

사원은 원칙적으로 회사의 업무를 집행하는 권한과 회사를 대표하는 권한을 갖는다(일회 §590, §599). 따라서 개인기업의 공동경영과 같은 실태를 가지고 있고, 자본적 결합이라기보다는 오히려 가족적 또는 동지적 결합의 공동기업형태라고 할 수 있으나[2] 회사법은 사원이 1인이 되는 경우에도 존속을 인정한다(일회 §641 4호).

---

1) 龍田 節, 9面.

회사의 내부관계는 정관자치가 광범위하게 인정되고 있으나(일회 §590②, §591⑥ 등), 정관변경 등의 중요사항의 결정은 총사원의 동의를 요한다(일회§ 637).

총사원의 동의가 있으면 퇴사도 인정되므로(일회 §607) 회사의 재산보다 사원의 개성이 중시되고, 설립시에 사원이 되려는 자가 정관을 작성하고 전원이 서명 또는 기명날인하여 설립등기를 함으로써 성립한다(일회 §579). 정관에는 사원의 성명, 주소 및 출자에 관한 정함을 두어야 하며, 출자도 재산출자에 한하지 않고 노무출자, 신용출자도 인정되지만(일회 §576①6호), 반드시 설립 시에 이행될 필요도 없다(일회 §580). 이 사원의 지위를 지분이라고 하며, 지분을 양도하기 위해서는 다른 사원 전원의 승낙을 필요로 하고(일회 §585①) 상속인도 당연히 사원이 되지 않는다(일회 §607 3호).

## 《중국 회사법상 합명회사》

어떤 기업형태에 법인격을 인정할 것인가의 문제는 그 나라의 입법정책에 의할 것이지만, 중국에서는 조합기업형태로서 合伙企業法을 제정하였으나 우리나라나 일본의 경우와 같이 법인격이 있는 합명회사나 합자회사를 인정하지 않는다.

중국의 조합기업은 자연인·법인 기타 조직이 조합기업법에 의하여 중국 내에서 설립한 보통조합기업과 유한조합기업을 말한다(合伙企業法 §2). 보통조합기업은 보통조합원(무한책임을 지는 조합원)으로 구성하며 사원은 조합기업의 채무에 대하여 다른 정함이 없으면 무한연대책임을 진다. 유한조합기업은 보통조합원과 유한조합원으로 구성하며, 보통조합원은 조합채무에 대하여 무한연대책임을 지고 유한조합원은 납입한 출자액으로써만 조합기업의 채무에 대하여 책임을 진다.[1] 국유독자회사, 국유기업, 상장회사 및 공익성 사업단위, 사회단체는 보통조합원(무한책임을 지는 조합원)이 되지 못한다(동 §3).

보통조합기업의 조합원은 금전, 현물, 지적재산권, 토지사용권 또는 기타 재산권으로 출자할 수 있으며 노무출자도 가능하다. 조합원은 조합계약에서 약정한 출자방식, 출자액수 및 납부기한에 따라 출자의무를 이행하여야 하며, 법정방법에 따라 재산권을 이전해야 한다. 조합의 지분양도는 다른 조합원 전원의 동의를 얻어야 하며, 지분양도는 동일한 조건에서 다른 조합원의 우선양수가 인정된다(동 §§20~25).

업무집행에 대하여 각 조합원들은 동등한 권리를 가지며, 조합계약 또는 전체 조합원들의 결의에 따라 1인 또는 수인의 대표를 둘 수 있다. 대표를 둘 경우 다른 조합원들은 업무를 집행하지 않으며 경영상황을 감독할 수 있을 뿐이다(동 §§26~29). 이익배당과 결손분담은 조합계약에 따라 처리하며, 약정이 없는 경우에는 조합원의 협의에 의하여 결정한다. 협의도 불가능한 경우에는 조합원이 실제로 납입한 비율에 따라 배당과 분담을 결정하고, 비율확정도 불가능한 경우에는 조합원의 평균으로 한다(동 §33). 조합원은 전체 조합원의 일치된 동의를 얻어 새로 가입할 수 있으며(동 §43), 탈퇴사유(동 §48)와 전체 조합원의 일치된 동의로써 제명할 수 있는 사유(동 §49)도 정하고 있다.

---

2) 酒卷俊雄·尾崎安央, 25面; 양동석·박승남, 전게 한·중·일 회사법제의 비교연구, 178면 이하.

1) 馮果 彭眞明, 349面 以下.

## 2. 합자회사

### (1) 우리나라의 합자회사

합자회사는 무한책임사원이 될 자와 유한책임사원이 될 자로 조직되는 회사로서 이종의 사원으로 구성되는 특징이 있다.[1] 이원적인 구성원으로 조직된다는 점에서 익명조합과 유사한 기능을 갖지만, 합자회사는 사단법인이고 익명조합은 법인격이 없는 조합이기 때문에 근본적인 차이가 있다. 또한 유한책임사원을 갖기 때문에 합명회사와 구별되기도 하지만 무한책임사원을 갖는다는 점에서 합명회사와 같이 인적회사에 속하며, 그 실체가 조합적인 성질을 갖는다.[2] 따라서 상법은 합자회사에 관한 규정이 있는 경우를 제외하고는 합명회사에 관한 규정을 준용한다(§269).

합자회사는 자본적 결합에서 출발하였으며, 그 경제적 기능은 대기업에는 적합하지 않고 중소기업에 적합한 형태이다. 일본에는 현재 8만개 이상의 합자회사가 있으며, 제2차 세계대전 이전에는 三菱합자회사가 三菱은행, 三菱상사, 日本郵船 등의 주식을 과반수 소유하고 많은 기업을 지배하였고, 住友 본사도 1937년 주식회사로 재편하기 전에는 합자회사의 형태를 취하였다.[3]

합자회사는 무한책임사원이 될 자와 유한책임사원이 될 자가 각각 1인 이상 이어야 하며, 이들이 정관을 작성하고 설립등기를 함으로써 성립한다. 정관기재사항, 등기사항은 합명회사의 경우와 같으나(§§179~180), 각 사원의 책임이 유한인가 무한인가 구별을 해야 하는 점이 다르다(§270, §271①). 합자회사가 지점을 설치하거나 이전할 때는 지점 또는 신지점 소재지에서 제1호, 제3호부터 제5호까지의 사항을 등기하여야 한다. 다만 무한책임사원만을 등기하되 회사를 대표할 사원을 정한 경우에는 다른 사원은 등기하지 아니한다(§271②).

무한책임사원의 출자는 합명회사의 사원과 같으며, 유한책임사원의 출자는 금전 기타의 재산만으로 할 수 있다(§272). 무한책임사원은 자연인이어야 하지만 유한책임사원은 조합, 회사 기타 법인도 될 수 있다.

업무집행권은 정관에 다른 정함이 없는 한 각 무한책임사원에게 있으며(§273),

---

1) 기능자본가와 지분자본가로 표현하는 견해도 있다(이철송, 회, 153면).

2) 정찬형, 상, 569면; 양동석·박승남, 전게 한·중·일 회사법제의 비교연구, 179~181면.

3) 龍田 節, 11面.

정관 또는 총사원의 동의로 유한책임사원에게도 업무집행에 대한 권리뿐만 아니라 의무까지 지도록 할 수 있고, 지배인이나 부분적 포괄대리권을 가진 사용인으로 선임할 수 있을 것이다.[1] 유한책임사원은 업무집행에 참여하지 못하지만 회계장부, 대차대조표 기타 서류를 열람할 수 있고 회사의 업무와 재산 상태를 검사할 수 있는 감시권이 있다(§277). 정관 또는 총사원의 동의로 무한책임사원 중에서 회사를 대표할 자를 정하지 않는 한 무한책임사원 각자가 회사를 대표하며(§269, §207), 유한책임사원은 회사를 대표하지 못한다(§278).[2]

유한책임사원의 금치산이나 사망의 경우에도 퇴사원인이 되지 않으며, 그 상속인이 지분을 승계할 수 있다(§283①, §284). 지분의 양도는 유한책임사원의 경우는 무한책임사원 전원의 동의를 얻어야 하며(§276) 무한책임사원의 경우는 다른 무한책임사원의 동의가 있어야 한다(§269, §197).

합자회사의 경우에는 총사원의 동의에 의한 정관변경으로 유한책임사원이 무한책임사원이 되고 반대로 무한책임사원이 유한책임사원으로 될 수 있다. 이 경우에는 입사와 퇴사에 해당할 것이다(§282, §213, §225).

### 《일본 회사법상 합자회사》

합자회사는 합명회사와 같은 무한책임사원과 회사채권자에 대하여 출자액을 한도로 직접, 유한책임을 지는 유한책임사원으로 구성되는 이원적 조직의 회사이다(일회 §576③, §580②). 각 사원은 업무를 집행할 권한을 가지며(일회 §590), 정관으로 업무집행사원을 정한 때에는 그자가 원칙적으로 회사를 대표한다(일회 §599).

특히 합자회사는 자본제공자와 노무제공자를 결합하여 회사를 쉽게 형성하는 경제적 목적이 있고, 유한책임사원이 퇴사하여 무한책임사원만 남게 되는 경우에는 당해 회사는 합명회사가 되기 위하여 정관을 변경한 것으로 간주한다(일회 §639①). 또한 합자회사의 무한책임사원이 퇴사하여 유한책임사원만 남게 되면 당해 회사는 합동회사가 되기 위하여 정관을 변경한 것으로 간주한다(동조②). 이와 같이 우리나라 보다 기업을 유지하기 위하여 훨씬 유연한 태도를 취하고 있으며, 기타 조직과 책임 등은 우리나라의 경우와 비슷하다.

### 《중국 회사법상 합자회사》

합명회사에서 설명한 바와 같이, 중국의 조합기업 가운데 유한책임조합이 법인격은 없으나 우리나라와 일본의 합자회사의 경우와 같이 이원적으로 조직된다.

---

1) 최기원, 1247~1248면; 정찬형, 상, 571~572면; 정동윤, 788면. 이에 대한 부정설은 이철송, 회, 179면.

2) 이는 강행법규이다(대판 1966.1.25, 65다2128).

유한조합기업(有限合伙企業)은 2인 이상 50인 이하의 조합원으로 구성하며, 적어도 1인 이상의 무한책임을 지는 보통조합원이 있어야 한다(중회 §61). 유한책임조합원은 금전 및 재산출자를 할 수 있을 뿐이고 노무는 출자할 수 없다(중회 §64). 보통조합원이 조합의 업무를 집행하며 조합계약으로 그 보수와 보수인출방식을 정할 수 있다. 유한책임조합원은 조합의 업무를 집행하지 않으며 대외적으로 조합을 대표하지 못한다(중회 §§67~68). 조합계약에 별도로 약정한 경우를 제외하고 보통조합원(무한책임조합원)이 유한조합원(유한책임조합원)으로 전환하거나 유한조합원이 보통조합원으로 전환하는 경우 전체 조합원의 동의를 얻어야 한다(중회 §82). 유한조합기업에 규정이 없으면 보통조합기업에 관한 규정을 준용한다(중회 §60).

## 제 3 절 물적회사형태

### 1. 유한회사

#### (1) 의 의

유한회사는 주식회사의 변종으로서 자본은 다수의 균등 액으로 분할되고, 모든 사원은 그가 인수한 출자가액으로써 회사에 대하여 출자의무를 질 뿐 회사채권자에 대하여 아무런 책임을 지지 않는 회사의 형태이다. 원래 독일에서 창안된 제도로서 주식회사와 조합 사이의 차이를 극복하기 위한 제도였으며,[1] 종래 일본과 우리나라에서 계수하였으나 일본은 최근 이 제도를 주식회사에서 흡수하여 현존하지 않는 제도가 되었다. 주식회사와 달리 인적요소가 가미된 비교적 소수의 사원에 의한 중소규모의 기업에 적합한 형태이다.[2] 우리나라에서는 자산유동화에 관한 법률에 따라 유동화전문회사는 유한회사이어야 한다(§17).

유한회사는 주식회사의 경우와 같이 자본, 출자, 사원의 유한책임이라는 특성이 있다. 종래 사원의 총수가 50인을 초과하지 못하도록 제한되고, 그 지분의 양도도 제한되었으나, 2011년 개정상법은 이러한 규정들을 삭제하여 사원수의 제한을 두지 않으며, 종래와 같은 사원총회의 결의를 필요로 하지 않고 지분을 자유롭게 양도할 수 있게 되었다. 다만 정관으로 지분양도를 제한할 수는 있다(§556).

---

1) 양동석, 독일 유한회사의 현상과 과제, 조선대 법학논총 제3집, 87~105면.

2) 최기원, 1182면.

### (2) 자본단체로서의 특성

유한회사는 사원의 출자에 의한 자본을 중심으로 하는 물적회사이므로 자본금의 총액은 정관의 절대적 기재사항이고(§543② 2호, 자본확정의 원칙), 그 증감은 정관변경의 절차에 의한다(§584 이하, 자본불변의 원칙). 그리고 유한회사의 사원은 회사의 채권자에 대하여 출자가액을 한도로 유한책임을 지므로 회사의 자본은 회사채권자에 대한 유일한 담보이다. 따라서 자본에 해당하는 재산은 현실적으로 유지되어야 하기 때문에 현물출자와 설립 후 재산양수, 설립비용 등 변태설립사항에 대한 규제(§544), 출자의 전액납입(§548), 현물출자 등에 관한 회사성립시의 사원의 연대책임(§550) 등을 두고 있다. 유한회사는 모든 사원이 간접유한책임을 지기 때문에 채권자를 보호하기 위한 방안으로서 종래 최저자본금 등이 필요하였지만(최저자본금 일천만원), 폐쇄성 때문에 일반 공중으로 부터 자본조달을 할 필요가 없으므로 수권자본제도는 인정되지 않았다. 그러나 2011년 개정상법은 최저자본금에 관한 내용을 삭제하였으며, 1좌의 금액도 100원 이상으로 하였다.

### (3) 소규모폐쇄성의 특성

또한 유한회사는 폐쇄적·비공개적 성질이 있기 때문에 상법은 주식회사보다 공시주의 및 법원의 간섭을 완화하고 있다. 따라서 대차대조표 등의 공고를 요구하지 않으며, 변태설립사항에 대해서도 검사인 등의 조사가 없다.

1) **설 립** 설립절차나 조직이 간단하여 주식회사의 경우에 인정되는 모집설립은 인정되지 않고, 발기설립에 해당되는 방법만 인정된다(§543). 그러므로 사원을 공모하지 못하며(§589②), 설립경과에 대한 조사절차가 없고, 정관의 규정으로써 사원의 출자좌수가 확정되므로(§543②4호) 사원의 출자인수권만 인정된다(§588). 유한회사는 폐쇄성 때문에 사채발행도 허용되지 않는다(§600②).

2) **사 원** 설립시 또는 증자시의 현물출자, 재산인수와 관련하여 자본결함이 있거나 출자미필액이 있는 경우에는 설립당시의 사원은 연대하여 이를 전보할 책임이 있다(§550, §551, §593). 각 사원은 출자좌수에 따라 지분을 갖지만 지분에 관하여 주식회사의 주권과 같이 지시식 또는 무기명식의 증권을 발행하지 못한다(§555).

3) **사원총회** 사원총회는 이사가 소집하며 임시총회는 감사도 소집할 수

있다(§571①). 총회소집통지는 1주 전에 서면통지를 하거나 각 사원의 동의를 받아 전자문서로 통지할 수 있으며, 총회의 소집에 관하여 통지내용이나 소집장소는 주식회사의 경우와 같다(동조②, ③). 총사원의 동의로써 사원총회의 소집절차를 생략할 수 있고(§573), 3% 이상의 지분을 갖는 자에게 소수사원권이 인정되며 서면결의도 가능하다(§577).

사원총회의 결의는 정관 또는 상법에 다른 정함이 있는 경우 외에는 총사원의 의결권의 과반수를 가지는 사원이 출석하고 그 의결권의 과반수로써 하여야 하며 (§574), 각 사원은 정관으로 다른 정함이 없으면 출좌 1좌마다 1개의 의결권을 갖는다(§575). 총사원의 동의가 있으면 서면결의를 할 수 있다(§577①). 그러나 영업의 양도, 양수, 임대 등 제374조 제1항에 해당하는 행위나 사후설립행위를 하려면 제585조에 따른 특별결의가 있어야 한다(§576).

**4) 이사와 감사** 유한회사의 업무집행기관과 회사 대표기관은 이사이며, 이사의 임기는 무제한이고 1인 또는 수인의 이사를 둘 수 있으나(§561) 이사회제도는 인정되지 않는다. 수인의 이사가 있는 경우 사원총회는 회사를 대표할 이사를 선정하여야 하며, 정관 또는 사원총회는 수인의 이사가 공동으로 회사를 대표할 것을 정할 수 있다(§562). 이사와 회사 간의 소에 있어서는 사원총회는 회사를 대표할 자를 선정하여야 하며, 수인의 이사가 있는 경우 업무집행의사결정은 이사 과반수의 결의에 의한다(§564①).

이사의 자기거래승인은 감사가 있는 경우에는 감사가 하고, 감사가 없는 경우에는 사원총회가 한다(§564③). 유한회사의 사원에게는 유지청구권과 대표소송권이 주어진다(§564의2, §565).

감사는 주식회사와 달리 1인 또는 수인을 둘 수 있도록 하여 임의기관으로 하고 있으며(§568①) 감사위원회제도는 인정되지 않는다. 감사는 언제든지 회사의 업무와 재산상태를 조사할 수 있고 이사에 대하여 영업에 관한 보고를 요구할 수 있다(§569).

**5) 정관변경 등** 유한회사의 정관변경은 사원총회에서 총사원의 반수 이상이며 총사원의 의결권의 4분의 3 이상을 가지는 자의 동의로 결의한다(§585). 주식회사와 달리 자본금액은 정관기재사항으로서 그 증감은 정관변경사유이고, 수권자본제도, 사채발행(§600②, §604①)이나 건설이자배당 등은 인정되지 않는다. 2011년 개정에서 자본금 증가의 결의, 자본금 증가의 경우 출자인수권의 부여, 사원의 출자인수권, 출자인수의 방법, 자본금 증가의 등기와 효력 등에 관하여 제

586조부터 제596조를 개정하였다.

### 《일본 회사법상 유한회사》

일본법에서는 종래 유한회사법이 단행법으로 존재하였고 우리나라와 같은 유한회사를 인정하고 있었으나 신회사법 아래서는 유한회사가 존재하지 않으며, 따라서 유한회사를 설립하는 것은 불가능하다. 대신에 회사법이 주식회사의 원형으로서 정하고 있는 것은 종래의 주식회사보다 기관구성이나 조직이 단순하고 제약이 훨씬 적은 것이다. 회사법에서 유한회사 제도를 폐지하였지만 주식회사 내부에 다양한 유형이 있으므로 선택의 폭이 넓어졌다.[1)]

일본에서는 2004년까지 190만개의 유한회사가 있었지만 신회사법 시행 이후 모두 주식회사가 되었고(특례유한회사), 사원은 주주로, 지분은 주식으로 변경되었다(회사법 시행에 따른 관계법률 정비 등에 관한 법률 §2). 이것들이 주식회사가 되었기 때문에 상호 가운데 유한회사라는 명칭을 썼던 것은 정관변경으로 주식회사라는 문자를 쓰는 것으로 변경하고, 특례유한회사에 대하여 해산등기, 신상호의 주식회사에 대하여 설립등기를 함으로써 주식회사로 변하였다(일회 §§45~46).

주식회사로 이미 변경되었기 때문에 이후에는 유한회사의 특례는 적용되지 않으며, 당연히 주식회사에 관한 법이 적용된다. 따라서 이사의 임기, 이사회와 감사의 설치, 회계감사인의 설치, 감사회의 필요성 등이 회사의 규모와 함께 고려되어야 한다. 그리고 종래 유한회사의 정관에 기재되어 있던 자본총액, 출자1구의 금액, 사원의 성명과 주소, 각 사원의 출자좌수 등은 기재가 없는 것으로 된다(일회 §5 ①). 사원명부는 주주명부가 된다((일회 §8).

## 2. 유한책임회사

2011년 개정상법은 유한책임회사를 새롭게 도입하고 있다. 이 회사형태는 미국의 Limited Liability Company(LLC)를 모형으로 하여 내부적으로는 조합적 성질과 광범위한 사적자치를 인정하고(인적회사와 유사성), 외부적으로는 모든 사원이 유한책임을 지는 것이 인정된다(물적회사와 유사성). 이 제도의 도입배경은 최근 인적자산의 중요성이 높아지고 인적 자산을 적절히 수용할 수 있도록 공동기업형태 또는 회사형태를 취하면서 내부적으로 조합의 실체를 갖추고 외부적으로는 사원의 유한책임이 확보되는 기업 형태에 대한 수요가 증가함에 따라 사원에게 회사의 설립, 운영과 기관구성 등의 면에서 사적자치를 폭넓게 인정하는 유한책임회사를 신설함으로써 사모투자 펀드와 같은 펀드나 벤처기업 등 새로운 기업형태에

1) 龍田 節, 14面.

대한 수요에 부응하는 것이다.[1])

**《 유한책임회사와 합명회사의 비교 》**

유한책임회사의 경우에는 1인회사가 가능하며, 자본금의 액이 정관의 절대적 기재사항이고 또 등기사항이다. 그리고 업무집행자는 정관의 기재사항이고 등기사항이며, 신용이나 노무출자가 불가능하다. 정관으로 사원이 아닌 자를 업무집행자로 정할 수 있으며 법인도 업무집행자나 대표자가 될 수 있다. 사원은 회사채권자에 대하여 유한책임을 지고 회사의 회계에 관하여 특별한 규정이 있으며 대표소송이 적용된다.

이에 비하여 합명회사의 경우에는 사원이 1인이 된 경우에는 해산사유이고, 자본금이라는 개념이 존재하지 않으며, 출자는 신용과 노무출자도 가능하다. 회사는 합명회사의 사원이 될 수 없고 따라서 합명회사의 업무집행사원이나 대표자가 될 수 없다. 대표소송제도가 적용되지 않으며, 회계에 관한 특별한 규정도 없다.

**《 유한책임회사와 유한회사의 비교 》**

유한책임회사의 경우에는 자본금이 균일한 비례적 단위로 분할되지 않으며, 변태설립에 관한 규정이 없고 설립시의 현물출자 등의 부족재산가격이나 출자불이행에 관한 규정이 없다. 지분의 양도에 다른 사원의 동의를 요하며, 유한책임회사는 자기지분의 전부 또는 일부를 양수하지 못하며 그 지분을 취득한 때는 소멸하게 된다. 기관구성에 있어서 사원총회나 감사가 없고 업무집행자의 성명과 주소가 정관의 절대적 기재사항이고 법인도 업무집행자가 될 수 있는 특칙이 있다. 업무집행자가 자기 또는 제3자의 계산으로 회사의 영업부류에 속한 거래를 하거나 동종영업을 목적으로 하는 다른 회사의 업무집행자, 이사 또는 집행임원이 되기 위해서는 사원 전원의 동의를 받아야 하며, 회사와 자기거래를 위해서는 다른 사원의 과반수 결의를 얻어야 한다. 업무집행사원이 아닌 사원에게는 감시권을 인정하고 업무집행사원이 회사를 대표한다. 총사원의 동의가 있는 경우에는 해산할 수 있다.

이에 비하여 유한회사의 경우에는 자본금이 출자좌수로 분할되고 1좌의 금액을 100원 이상으로 하며, 변태설립사항에 대한 규정이 있고, 현물출자 등의 부족재산가격이나 출자의 불이행에 대해서는 전보책임에 관한 규정이 있다. 유한회사 사원은 지분을 자유롭게 양도할 수 있으며, 일정한 사유가 있는 경우에는 자기지분의 취득도 가능하고 이것을 처분하거나 소각할 수 있다. 기관구성에 관하여 사원총회가 있으며, 감사를 둘 수 있고, 법인이 이사가 될 수 있는지에 대하여 찬성하는 견해가 있다. 이사가 자기 또는 제3자의 계산으로 회사의 영업부류에 속한 거래를 하거나 동종영업을 목적으로 하는 다른 회사의 업무집행자, 이사 또는 집행임원이 되기 위해서는 사원총회의 승인이 있어야 하고, 자기거래를 위해서는 감사가 있으면 감사의 승인, 감사가 없는 때에는 사원총회의 승인을 받아야 한다. 이사에 대하여 위법행위유지청구권과 대표소송이 인정되며, 이사가 회사를 대표하고 수인의 이사가 있는 경우에는 사원총회에서 회사대표자를 선임한다. 회사의 해산은 사원총회의 특별결의를 필요로 한다.

---

1) 국회상법개정안 의안 원문(의안 11092), 2~3면; 양동석·박승남, 전게 한·중·일 회사법제의 비교연구, 183~188면.

### (1) 설 립

유한책임회사를 설립하기 위해서는 사원은 정관을 작성하고 각 사원이 기명날인하거나 서명하여야 한다(§§287의2~287의3). 정관에는 목적, 상호, 사원의 성명 등(§179 1~3호, 5호, 6호), 사원의 출자목적 및 가액, 자본금의 액, 업무집행자의 성명(법인인 경우 명칭) 및 주소를 기재하여야 한다(§287의3 1~4호). 사원은 주식회사의 주주와 같이 금전 기타 재산만으로써 출자할 수 있고 신용이나 노무를 출자할 수 없으며, 현물출자의 경우에는 주식회사의 경우와 같다(§287의4①, ③). 회사 성립 이전에 출자를 전부 이행하여야 한다(동조②). 주식회사의 경우와 같이 설립 시에 출자를 모두 이행하여야 한다(동조③).

유한책임회사는 본점소재지에서 상법 제287조의5에서 정한 사항을 등기함으로써 성립되며, 설립의 무효와 취소에 관해서는 제184조부터 제194조가 준용된다(§287의6).

### (2) 내부관계

유한책임회사의 사원의 책임은 그 출자금액을 한도로 한다(§287의7). 사원은 다른 사원의 동의를 받지 아니하면 그 지분의 전부 또는 일부를 타인에게 양도할 수 없으며, 업무를 집행하지 않는 사원은 업무집행사원 전원의 동의로써만 지분을 양도할 수 있다. 다만 업무집행사원이 없는 경우에는 사원 전원의 동의를 받아야 한다(§287의8). 이에 대하여 정관으로 달리 정할 수 있다(동조③). 그러나 유한책임회사는 그 지분의 전부 또는 일부를 양수할 수 없으며, 만약 지분을 취득하는 경우에는 그 지분은 소멸한다(§287의9).

업무집행자는 사원 전원의 동의를 받지 아니하고는 자기 또는 제3자의 계산으로 회사의 영업부류에 속한 거래를 하지 못하는 경업금지의무를 지며, 같은 종류의 영업을 목적으로 하는 다른 회사의 업무집행자, 이사 또는 집행임원이 되지 못하는 겸직금지의무를 진다. 이상의 경업금지의무와 겸직금지의무를 위반한 경우에는 제198조 제2항부터 제4항까지의 규정을 준용한다(§287의10). 업무집행자는 다른 사원 과반수의 결의가 있는 경우에만 회사와 자기거래를 할 수 있다(§287의11).

정관의 변경은 정관에 다른 규정이 없는 경우 정관을 변경하려면 총사원의 동의가 있어야 하며, 회사의 내부관계에 관하여 정관이나 법에 다른 규정이 없으면 합명회사에 관한 규정을 준용한다(§287의16, §287의18).

유한책임회사는 정관으로 사원 또는 사원이 아닌 자를 업무집행자로 정하여야 하며, 2인 이상을 공동집행자로 정한 경우에는 전원의 동의로써 업무를 집행한다(§287의12). 법인이 업무집행자인 경우에는 그 법인은 직무를 행할 자를 선임하고 그 자의 성명과 주소를 다른 사원에게 통지한다(§287의15). 업무집행자가 아닌 사원은 회계장부, 대차대조표 기타의 서류를 열람할 수 있고 회사의 업무와 재산상태를 조사할 수 있는 유한회사 사원의 감시권에 관한 규정이 준용된다(§287의14).

### (3) 외부관계

주식회사에 비하여 기관의 구성을 자유롭게 할 수 있으며, 이익배당이나 의결권의 행사도 반드시 지분의 비율에 따르지 않고 다르게 정할 수 있다. 업무집행자는 회사를 대표하며 업무집행자가 2인 이상인 경우에는 회사를 대표할 자를 따로 정하거나 공동으로 대표하게 할 수 있다(§287의19). 회사를 대표하는 업무집행자가 그 업무집행으로 타인에게 손해를 입힌 경우에는 회사는 그 업무집행자와 연대하여 배상할 책임이 있다(§287의20). 회사와 사원(업무집행자 포함)간의 소송에 있어서 회사를 대표할 사원이 없는 경우에는 다른 사원 과반수의 결의로 대표할 사원을 선정하여야 한다(§287의21). 업무집행자에 대하여 대표소송을 제기할 수 있다(§287의22, §403 이하 준용).

### (4) 사원의 입사와 퇴사

유한책임회사는 정관을 변경함으로써 새로운 사원을 가입시킬 수 있으며, 정관을 변경한 때 가입의 효력이 발생한다. 다만 납입 또는 출자가 완료되지 않은 경우에는 납입 또는 출자를 이행한 때 사원이 된다(§287의23①, ②).

사원의 퇴사에 관해서는 정관으로 달리 정하지 아니하는 경우에는 합명회사 사원의 퇴사에 관한 제217조 제1항을 준용한다(§287의24). 사원의 퇴사 및 사원이 사망한 경우의 권리승계, 사원의 제명에 관해서는 합명회사의 규정을 준용한다(§§287의25~287의27). 퇴사사원은 퇴사시의 회사재산 상황에 따라 금전으로 지분의 환급을 받을 수 있으며, 정관으로 달리 정할 수 있다(§287의28). 유한책임회사의 채권자는 사원에게 환급하는 금액이 제287조의37에 따른 잉여금을 초과하는 경우에는 그 환급에 대하여 회사에 이의를 제기할 수 있으며, 이에 관하여는 제232조를 준용한다(§287의30).

### (5) 회계와 잉여금의 분배

업무집행자는 결산기마다 대차대조표, 손익계산서, 그 밖에 회사의 재무 상태와 경영성과를 표시하는 것으로서 대통령령으로 정하는 서류를 작성하여야 하며, 이들 서류를 본점에 5년간, 그 등본을 지점에 3년간 갖추어 두어야 한다(§287의33, §287의34①). 사원과 채권자는 영업시간 내에는 언제든지 이 서류들의 열람과 등사를 청구할 수 있다(§287의34②).

유한책임회사는 사원이 출자한 금전이나 그 밖의 재산의 가액을 자본금으로 하며, 정관변경의 방법으로만 자본금을 감소할 수 있다(§287의35, §287의36①). 회사는 대차대조표상의 순자산액으로부터 자본금의 액을 뺀 액(잉여금)을 한도로 하여 잉여금을 분배하여야 하며(§287의37①), 이를 위반한 경우에는 회사의 채권자는 분배받은 자에 대하여 회사에 반환할 것을 청구할 수 있다(동조③). 잉여금은 정관에 다른 규정이 없으면 각 사원이 출자한 가액에 비례하여 분배한다(동조④).

### (6) 해산, 조직변경

유한책임회사는 존립기간의 만료, 총사원의 동의, 합병, 파산, 법원의 명령 또는 판결(§287의38 1호, §227 1~2호, 4~6호) 및 사원이 없게 된 경우(상§287의38 2호)의 하나에 해당하는 사유로 해산한다. 존립기간의 만료, 총사원의 동의에 의하여 해산하는 경우에는 사원의 일부 또는 전부의 동의로써 회사를 계속할 수 있다(§287조의40). 회사의 합병에 관해서는 합명회사의 합병에 관한 규정이 준용된다(§287의44).

유한책임회사는 총사원의 동의에 의하여 주식회사로, 주식회사는 총주주의 동의로써 유한책임회사로 조직변경 할 수 있다(§287의43). 이 경우에는 채권자보호절차를 밟아야 한다(§287의44, §232조, §§604~607).

**《일본 회사법상 합동회사》**

일본에서는 1990년 이후 기업의 창업보다 폐지율이 상승하였고 경제 불황이 지속되어 왔기 때문에 경제활동을 활성화하기 위하여 중소기업의 창업을 촉진하게 되었다. 이 요청에 따라 주식회사나 유한회사보다 유연성을 풍부하게 하는 기업형태로서 미국의 Limited Liability Company를 모델로 합동회사(일본판 LLC)가 법제화된 것이다.[1)]

동 회사는 모든 사원이 정관에 기재한 출자액을 한도로 회사채권자에 대하여 간

1) 酒卷俊雄·尾崎安央, 25~26面: 2005년 회사법에 도입된 형태로서 지분회사의 일종이다.

접책임을 지는 유한책임사원만으로써 구성되는 회사이며, 회사재산이 중시되고 자본금은 등기하며 설립등기 시까지 출자가 이행되어야 하는(전액납입제도) 회사형태이다. 따라서 채권자보호절차 없이는 자본을 감소할 수 없고, 이익을 초과하는 배당은 있을 수 없다. 위법한 배당이나 잉여금을 초과하는 출자의 반환에는 업무집행사원과 수령한 사원은 연대책임을 지며, 회사채권자는 수령한 사원에게 반환을 강제할 수 있다(일회 §§628~631). 특히 사원의 퇴사에 의하여 지분을 반환할 때는 자본금 감소의 경우와 같이 채권자보호절차를 밟아야 한다(일회 §§635~636).[1]

회사의 업무집행이나 대표는 지분회사의 일반적인 경우와 같으며, 특별한 정함이 없는 경우에는 전체사원이 경영에 관여한다. 이 경우에는 전체사원의 이름을 업무집행사원 및 대표사원으로 등기해야 한다(일회 §914 6~7호).

일본의 경제계는 합동회사에 대하여 법인세 과세대상으로 하지 않고 사원에게 직접 과세하는 것을 전제로 하여 도입을 희망하였으나, 세무당국은 예외조치를 인정하지 않았다.

## 《중국 회사법상 유한책임회사(有限責任公司)》

### 1. 설 립

유한책임회사는 중국 회사법 가운데서 가장 중요한 회사의 형태이다.[2] 유한책임회사란 중국 회사법에 의하여 설립되고 법률이 규정하는 일정한 수의 사원의 출자로 구성되며, 개개의 사원은 그가 납입한 출자액을 한도로 하여 회사에 대하여 책임을 지고 회사는 전부의 자산으로써 회사의 채무에 대하여 책임을 지는 기업법인이다.[3]

유한책임회사는 물적회사와 인적회사의 성질을 갖는다. 유한책임회사는 조합과 주식회사의 특징을 살렸기 때문에 자금의 결합과 사원 상호간의 신뢰를 회사신용의 기초로 삼는다. 또한 회사의 폐쇄성에 관한 명문규정은 없으나 사원의 수는 50인 이하의 주주여야 한다는 제한이 있고(중회 §24), 출자총액은 전부 발기인이 인수하며(중회 §28) 공개적으로 사원을 모집하거나 주권과 같은 유가증권을 모집할 수 없다. 회사가 성립한 후 출자자는 출자증명서를 받아야 하며, 사원의 출자증명서는 주식회사의 주식과는 달리 자유로이 양도할 수 없다. 사원의 지분양도는 다른 사원의 동의를 거쳐야 하고 경영상황 및 재무장부는 공시할 의무가 없다.[4]

유한책임회사의 설립절차는 주식회사에 비해 간단하고 조직기관의 설치는 임의적이며 사원이 경영관리에 참여한다. 즉 유한책임회사의 경우에는 발기설립만 있으며, 설립계약의 체결이나 정관제정, 출자이행 모두를 설립자가 장악한다. 그리고 1인 이상 및 2인 이하의 감사를 둘 수 있기 때문에 기관구성에 융통성이 있다.

---

1) 酒卷俊雄·尾崎安央, 25~26面: 주식회사의 경우와 같이 채권자보호를 위한 철저한 규정을 두었다.

2) 赵旭東, 297面.

3) 양동석, 중국회사법, 313면.

4) 赵旭東, 299면.

유한책임회사의 등록자본금은 회사등기기관에 등기한 전체 주주[1)]가 납입을 약정한 출자금액이다. 전체주주가 최초로 출자하는 금액은 등록자본금의 20% 이상이어야 하고 최저한정액(인민폐 3만 위안)에 미달해서는 안된다. 그 잔액에 대해서는 회사설립일 부터 2년 이내에 납입하여야 한다. 다만 투자회사일 경우에는 5년 이내에 납입할 수 있다(중회 §26). 출자는 화폐가 원칙이지만 현물, 지적재산권 등 가격환산이 가능하고 법에 의하여 양도할 수 있는 것은 법이 출자를 금지하는 것이 아닌 한 가격으로 환산하여 출자할 수 있다. 그리고 화폐출자액은 등록자본금의 30% 이상이어야 한다(중회 §27). 주주는 출자금을 납부한 후 법에 의하여 설립된 검증기관의 출자검증을 거친 후 주주 전원이 지정한 대표 또는 공동대리인이 회사등기신청서, 정관, 검증증명서 등 서류를 제출하고 설립등기를 하여야 한다(중회 §29, §30). 설립을 위하여 출자한 비화폐재산의 실제가격이 회사정관에 규정된 가격보다 현저히 적은 것을 회사설립 후에 발견하였을 경우에는 출자주주는 차액을 추가납부 하여야 하고 다른 주주는 이에 대하여 연대책임을 지며(중회 §31), 회사가 설립된 이후 주주는 출자금을 인출하지 못한다(중회 §36).

### 2. 기 관

유한책임회사의 주주회(股東會)는 전체 주주들로 구성하며, 회사의 권력기구로서 경영방침과 투자계획 결정, 비종업원대표인 이사·감사의 선임과 해임, 보수 등의 결정, 재무예산·결산 심의, 이익배당안 등의 심의·비준, 자본금의 증자·감자, 회사채권발행의 의결, 합병·분립·해산·청산 결정, 정관개정 등을 결정할 권한을 갖는다. 주주회의 서면회의가 인정되며, 이사회가 설치된 경우에는 이사회가 주주회를 소집하고 이사장이 주재한다. 이사회가 없는 경우에는 집행이사가 주주회를 소집하고 주재한다(중회 §41). 주주회의를 소집할 때는 회의를 소집하기 15일 전에 전체주주에게 통지하여야 한다(중회 §42).

주주회 회의는 정관에 달리 정함이 없는 경우에는 주주가 출자비율에 따라 표결권을 행사하며, 정관을 개정하거나 자본금의 증자 또는 감자를 결의하거나 합병, 분립, 해산 또는 조직변경을 결의할 경우에는 반드시 3분의 2 이상의 표결권을 가진 주주가 결의하여야 한다(중회 §43, §44).

유한책임회사의 이사회(董事会)는 3명 내지 13명의 이사로 구성하며, 2개 이상의 국유기업 기타 국유투자주체가 투자하여 설립한 유한책임회사의 이사회는 반드시 종업원대표가 있어야 하고, 기타 유한책임회사는 종업원대표를 둘 수 있다(중회 §45). 이사회결의는 보통결의와 특별결의가 있으며, 전자는 과반수결의를 요구하고 후자는 3분의 2 이상의 이사가 동의하여야 한다. 매 1인의 이사는 하나의 의결권을 갖는다. 주주가 비교적 적고 규모가 작은 유한회사는 집행이사 1명을 두고 이사회를 설치하지 않을 수 있다. 그리고 집행이사는 회사의 경리를 겸할 수 있다(중회 §51).

감사는 회사의 재무와 이사 및 고급관리자의 회사업무집행을 감독하는 책임자로서 주주와 종업원이 담당해야 하고, 회사의 이사와 고급관리자는 겸직하지 못한다.

---

1) 중국은 유한책임회사의 사원도 주주(股东)라고 칭한다.

감사회를 설치하는 경우에는 3인 이상의 감사로써 구성하며, 소규모 회사의 경우에는 감사회를 설치할 수 있다. 감사회는 주주대표와 종업원대표를 반드시 포함해야 하며, 종업원대표는 전체 감사의 3분의 1 이상이어야 하고 종업원회의, 종업원대표회의 기타 형식을 통해 회사 종업원들의 민주선거에 의하여 선출되어야 한다(중회 §52). 그리고 회사내부에서 관리, 정책결정기능에 종사하고 회사의 경영활동과 경제효율에 대하여 직접적으로 책임을 지는 고급관리자 즉 총재, 부총재, 비서, 총경리, 수석재정관 등 미국법상의 officer제도를 둔다(중회 §217, §50 등).

### 3. 주식양도

중국 회사법 제72조는 유한회사의 주주 상호간에는 그 전부 또는 일부를 양도할 수 있다고 규정함으로써 주식자유양도의 원칙을 수용한다. 그러나 동조 제2문에서는 주주가 주주 이외의 자에게 지분을 양도할 경우에는 반드시 다른 주주의 과반수 동의를 받도록 조건을 가하고 있다. 유한회사의 인적신뢰관계의 특징을 구현하고 주주간의 상대적 안정성을 유지하려는 취지이다.[1] 또한 동조 제3문에서는 주주의 동의를 거쳐 양도하는 지분이 동일한 조건일 경우 주주가 우선매수권을 갖는다고 규정함으로써 인적성질의 특징을 표현하고 있다(주주의 우선매수권제도). 이 제도는 동법 제73조에서 인민법원이 법률이 규정하는 강제집행절차에 따라 주주의 지분을 양도하는 경우 회사의 전체 주주에게 통지하여야 하며, 다른 주주는 우선인수권을 갖고 다른 주주가 통지일로부터 20일 내에 우선인수권을 행사하지 않을 경우 이 권리를 포기한 것으로 간주한다고 규정하고 있다(주식양도의 특수형식).

또한 동법 제75조의 규정에 의하면 회사가 연속 5년간 이익배당을 하지 않았거나 회사가 합병, 분리, 주요재산을 양도하는 경우, 해산사유가 발생하였으나 주주회의에서 계속 존속하도록 결의한 경우에는 주주회의 결의에 반대한 주주는 회사가 합리적인 가격으로 그 지분을 인수할 것을 청구할 수 있다(주식양도의 특수형식). 동법 제76조는 자연인주주가 사망한 후 그 합법적인 상속자는 주주자격을 계승할 수 있지만 회사정관에 별도의 정함이 있으면 예외로 한다고 규정한다. 상속인이 다른 주주의 요구에 만족 되는가 또는 다른 주주와 화목하게 지낼 수 있으며 상속으로 인하여 주주의 수가 법정제한을 초과하지 않는가 하는 문제를 해결하기 위한 조치이다.[2]

유한책임회사는 1인회사가 성립 또는 존속하는 것을 인정하므로 1인의 자연인 주주나 하나의 법인주주만 있는 유한책임회사가 있을 수 있다. 중국 회사법 제62조는 1인유한책임회사의 조직기관(이사회를 설립하지 않고 1인의 집행이사만 선임)과 동법 제65조 이하에서는 국유독자회사(법인주주만 있는 1인유한책임회사)에 관하여 규정하고 있다.

중국에서는 최근 많은 국유기업이 유한책임회사 형식을 채택하여 회사체제를 변경하였다. 국유기업의 주식제 시행 및 개편에도 유한책임회사조직이 간편하고 내

---

1) 양동석, 중국회사법, 348면.

2) 양동석, 중국회사법, 354면.

부적 조화가 좋으며, 증권시장의 관련조건을 필요로 하지 않기 때문이다.[1] 특히 합자기업법은 중외합자경영기업의 법률형식을 유한책임회사로 규정하였으며, 사영기업잠행조례는 유한책임회사를 사영기업의 일종으로 규정하였다.

### 3. 주식회사

주식회사에 관한 설명은 본서의 주된 내용으로서 별도의 장에서 설명한다.

## 제 4 절 다른 기준에 의한 회사의 분류

### 1. 내국회사와 외국회사

설립준거법에 의하여 내국회사와 외국회사로 구별할 수 있다. 한국법에 준거하여 설립된 회사를 내국회사라 하고, 외국법에 준거하여 설립된 회사가 외국회사이다. 상법전에 외국회사에 관한 규정이 있지만 이로 인하여 외국회사가 상법상의 회사인 것은 아니다.[2]

외국회사는 다른 법률의 적용에 있어서 법률에 다른 규정이 있는 경우 외에는 우리나라에서 성립된 동종 또는 가장 유사한 회사로 본다(§621). 외국회사가 우리나라에서 영업을 하고자 하는 때에는 우리나라에서의 대표자를 정하고 영업소를 설치하여야 하며 영업소의 설치에 관하여 우리나라에 설립된 동종회사 또는 가장 유사한 회사의 지정과 동일한 등기를 하여야 한다(§614①, ②). 외국에서 설립된 회사라도 우리나라에 그 본점을 설치하거나 우리나라에서 영업할 것을 주된 목적으로 하는 때에는 우리나라에서 설립된 회사와 동일한 규정에 의하여야 한다(§617).

### 2. 일반법상의 회사와 특별법상의 회사

일반법상의 회사는 상법에 의하여 설립·존속되는 회사로서 상법만이 적용된다. 특별법상의 회사는 일반특별법상의 회사와 특정특별법상의 회사가 있는데 전자의

1) 양동석, 중국회사법, 320면.
2) 정찬형, 상, 454면.

예로서는 은행법의 적용을 받는 각종 은행, 보험업법의 적용을 받는 각종 보험회사 등이 있고 후자의 예로서는 한국가스공사법에 의하여 설립된 한국가스공사 등이 있다.

## 3. 인적회사와 물적회사

회사를 학설상 사회학적 형태로 구분한 것이다. 회사의 대내관계에서 사원의 개성이 농후하고 대외관계에서 사원이 누구냐 하는 인적요소를 중시하는 회사를 인적회사라고 하고, 이에 반하여 대내관계에서 사원의 개성이 희박하고 대외관계에서 물적요소를 중시하는 회사를 물적회사라고 한다. 우리 상법상 합명회사는 인적회사의 전형이고 주식회사는 물적회사의 전형이며, 합자회사, 유한회사, 유한책임회사는 인적회사와 물적회사의 중간형태이다. 인적회사는 사적자치가 이루어지고, 내부규정은 임의법규에 의하는 것이 많지만 물적회사의 경우에는 강행법규에 의하고 있다.

일본에서는 인적회사를 지분회사, 물적회사를 주식회사로 구분한다.

## 4. 개인주의적 회사와 단체주의적 회사

사원자격과 집행기관의 자격이 동일한가 다른가에 따라 구분하는 것이다. 사원자격과 집행기관의 자격이 동일한 자기기관(소유와 경영의 일치)을 갖는 회사형태를 개인주의적 회사라고 하고, 사원자격과 집행기관의 자격이 분리된 제3자 기관(소유와 경영의 분리)을 갖는 회사형태를 단체주의적 회사라고 한다. 인적회사와 물적회사를 다른 각도에서 구별한 것이다.

## 5. 지배회사와 종속회사

어느 회사가 다른 회사를 계약이나 자본참가 등으로 지배하는 경우에 지배회사와 종속회사가 발생한다. 모자회사는 지배회사와 종속회사의 한 형태이며, 자회사의 모회사 주식취득을 제한하기 위하여 상법에서 정의한 것이다. 즉 다른 회사의 발행주식의 총수의 100분의 50을 초과하는 주식을 가진 회사의 주식은 제342조의 2 제1항에서 정한 경우를 제외하고는 취득할 수 없다.

## 6. 내자회사 · 외자회사 · 합작회사 · 다국적 회사

회사의 자본이 내국자본인 경우를 내자회사, 외국자본인 경우를 외자회사, 내국자본과 외국자본이 합쳐진 경우를 합작회사(joint venture corporation)라고 한다. 그리고 동일한 자본이 여러 나라에서 동종영업을 위하여 출자되고 이 자본으로 별개의 다수의 회사가 설립되어 그 회사들이 서로 모자회사 등으로 연결되어 있는 경우를 다국적 회사라고 한다.

## 7. 상장회사와 비상장회사

증권시장에 상장된 증권을 발행한 회사를 상장회사(법인)라 하고(자금 §9⑮1호), 상장회사를 제외한 회사를 비상장회사(법인)라고 한다(동항 2호). 특히 주권 및 주권과 관련된 증권예탁증권이 증권시장에 상장된 회사를 주권상장회사(법인)라 하고 이를 제외한 회사를 주권비상장회사(법인)라 한다(동항 3~4호).

증권시장에는 유가증권시장과 코스닥시장이 있다. 유가증권시장이란 채무증권, 지분증권 등 자금법 제4조 제2항에서 열거한 증권의 매매를 위하여 개설하는 시장이고, 코스닥시장이란 자금법 제4조 제2항에서 열거한 증권 중 유가증권시장에 상장되지 아니한 것으로서 대통령령이 정하는 것을 매매하기 위하여 개설하는 시장이다(자금 §9⑬ 1~2호). 그리고 상장이라 함은 한국거래소가 특정 유가증권에 대해 자신이 개설한 공개시장에서 매매할 수 있음을 인정하는 것이고, 상장조건의 심사 및 관리를 위하여 증권상장규정을 두고 있다(자금 §30①). 상법상 상장회사에 대한 특례규정은 위의 상장된 회사에 적용된다(§542의2 이하).

## 8. 기업집단 · 계열회사 · 지주회사(공정거래법에 의한 분류)

기업집단이란 동일인이 일정한 기준에 의하여 사실상 그 사업내용을 지배하는 회사의 집단이며(공정 §2 2호), 계열회사란 둘 이상의 회사가 동일한 기업집단에 속하는 경우에 이들 회사 간의 관계를 계열회사(동조 3호)라고 한다. 지주회사란 주식(지분)의 소유를 통하여 국내회사의 사업내용을 지배하는 것을 주된 사업으로 하는 회사로서 자산총액이 대통령령으로 정하는 일정규모 이상의 회사를 말한다(공정 §2의1 2호).

## 9. 공공적 법인

공공적 법인이란 국가기간산업 등 국민경제상 중요한 산업을 영위하는 법인으로서 대통령령으로 정하는 상장법인이다(자금 §152③). 국영기업의 민영화 계획에 따라 일부 특정인이나 외국 자본에 의해 지배되는 것을 방지하고, 정부소유주식에 대한 배당금을 근로자 등 저소득층 주주에게 배당하고 장기간 주식보유자에게 무상주를 발행할 수 있게 하기 위하여 도입된 개념이다.[1]

1) 이철송, 회, 88~89면.

# 제 3 장 회사의 능력

## 1. 회사의 권리능력

회사는 법인이므로 일반적으로 권리와 의무의 주체가 될 수 있는 일반적인 권리능력을 갖는다. 그러나 회사는 자연인과는 다르기 때문에 다른 특성이 있다.

### (1) 성질에 의한 제한

회사는 자연인에게만 인정되는 친족권, 생명권, 신체상의 자유권, 상속권 등을 향유할 수 없다. 그러나 유증을 받을 수는 있다. 회사는 육체적 노무와 인적 개성을 중시하는 지배인 등 상업사용인이나 합명회사의 사원, 합자회사의 무한책임사원은 될 수 없으나, 주식회사, 유한회사, 유한책임회사의 사원 및 합자회사의 유한책임사원, 그리고 대리인은 될 수 있다. 또한 명예권, 상호권 등을 향유할 수 있다.

회사가 주식회사의 이사가 될 수 있는가에 대하여 이를 긍정하는 견해,[1] 부정하는 견해,[2] 그리고 업무를 담당하는 이사는 될 수 없고 업무를 담당하지 않는 이사는 될 수 있다는 견해가 있다.[3] 생각건대 이사와 감사는 인적 개성을 중시하고 자연적 의사결정을 하는 기관이며, 일반적으로 직무를 집행하는 기관이므로 이사와 감사는 자연인만이 될 수 있다고 보아야 할 것이다(부정설 찬성).

### (2) 법령에 의한 제한

법률에 의하여 회사의 법인격이 부여되므로 법률에 의하여 그 법인격을 제한할 수 있을 것이다(민 §34). 상법은 "회사는 다른 회사의 무한책임사원이 되지 못한다."(§173)고 규정하고 있다. 회사가 다른 회사의 무한책임사원이 되어 다른 회사

1) 정동윤, 47~48면; 강위두, 177~178면; 프랑스 회사법과 영국 회사법.

2) 이철송, 회, 71~72면; 정찬형, 상, 459면; 최기원, 77면; 독일 주식법.

3) 정희철, 상, 290~291면; 손주찬, 446면.

의 운명에 자기의 운명을 좌우하게 할 수 있기 때문이며, 회사가 다른 회사의 업무집행기관이 되지 못하도록 하기 위해서이다. 다만 자본시장법은 회사도 투자합자회사의 무한책임사원이 될 수 있는 예외를 두고 있다(자금 §214①).

청산회사의 권리능력은 청산의 목적범위 내로 제한되며(§542① 등), 파산회사는 파산의 목적범위 내에서 존속한다(회파 §328).

그리고 특정한 회사는 특별법에 의하여 겸업 기타의 특정행위가 제한되는 경우가 있다(은행법 §38 2호, 보험업법 §§10~11, 상호저축은행법 §18의2 등). 이에 대하여 특별법에 의한 권리능력의 제한이라고 보는 견해와 단속법규로 보는 견해가 대립한다. 생각건대 권리능력제한설에 의하면 그에 위반한 거래는 권리능력 없는 자의 행위이므로 무효로 해야 할 것이다. 그러므로 이러한 규정들은 행정규제목적에 의한 단속법규로 보아야 할 것이고, 그 제한의 위반도 사법상의 효력에 영향을 미치지 않는다고 보아야 할 것이다.[1)]

### (3) 목적에 의한 제한

1) 의 의 회사는 정관에 목적을 기재하여야 하고, 이 목적은 등기사항이다(§179①, §180, §289①1호, §317②1호). 그래서 회사는 정관소정의 목적범위 내에서만 권리능력을 갖는 것인가에 대하여 문제가 있다. 이 문제는 법인은 정관소정의 목적범위 내에서 권리와 의무의 주체가 된다는 민법의 규정(민 §34)이 회사에 대해서도 적용 또는 유추적용 되는지 여부에 관한 문제이다. 상법은 이와 같은 제한규정을 두지 않을 뿐만 아니라 민법 제34조를 준용하지도 않는다. 회사에 목적에 의한 제한을 인정한다면 목적 외의 행위는 권리능력 없는 자의 행위가 되어 절대적으로 무효이고, 제한을 부정한다면 목적 외의 행위라도 효력에는 영향이 없을 것이다.

2) 학 설

① 제한설 회사에 대하여도 민법 제34조를 유추적용 하여 회사의 권리능력을 정관상의 목적범위 내로 제한하는 견해이다. 논거로서는 a. 민법 제34조는 법인일반에 공통적으로 적용하는 원칙이고, b. 사원의 출자는 설립목적에 따라 사용되어야 하므로 사원을 보호하며, c. 회사는 일정한 목적을 위하여 법인격이 부여되므로 그 범위 내에서 권리능력을 갖는 것은 당연하다는 것이다. 정관과 등기

---

1) 대판 1987.12.8, 86다카1230; 정동윤, 48면; 이철송, 회, 73면; 최기원, 78면; 최준선, 회, 52면; 정찬형, 상, 459~460면.

에 의하여 공시되므로 능력을 제한함으로써 발생되는 거래의 불안정을 예방할 수 있다고 본다.[1)]

② 제한부정설 목적에 의한 제한을 부정하며 회사의 권리능력을 광범위하게 인정하여 거래의 안정을 구하려는 견해이다. 그 논거로서는 a. 상법은 민법 제34조를 준용하는 규정이 없고, b. 정관과 등기에 의하여 목적이 공시되지만 제3자가 확인하기 어렵고 확인하더라도 그 행위가 목적범위 내인가 아닌가를 판단하기가 어려우며, c. 비교법적으로도 목적범위 내로 권리능력을 제한하는 것을 철폐되고 있다는 것이다.[2)]

생각건대 민법 제34조는 비영리법인에게만 적용하며, 사원의 이익보다는 거래상대방인 제3자의 이익보호를 중시하는 것이 상법의 이념에 합치하므로 제한부정설이 타당하다고 본다.

3) **판례의 입장** 우리나라의 판례는 제한설에 입각하면서 거래의 안전을 위하여 목적범위를 폭 넓게 해석하고 있다.[3)] 결국 판례의 입장은 무제한설과 같은 결과를 가져온다.

4) **정관상 목적의 기능** 제한설에 의하면 정관상의 목적은 회사의 권리능력을 제한하는 기능을 하므로 상대방의 선의·악의를 불문하고 무효가 된다. 그러나 무제한설에 의하면 회사의 목적을 정관에 기재하고 등기까지 해야 하는 이유는 무엇인가에 대하여 의문이 있다. 이 경우의 정관상 목적은 회사기관의 권한을 내부적으로 제한하는 기능을 하며 회사가 추진할 사업의 방향을 정하는 것이고, 회사와 거래를 하고자 하는 자에게 그 거래가 회사의 사업범위 내인가를 확인하도록 하는 의미가 있다. 따라서 이사 등이 정관상의 목적에 위반되는 행위를 한 경우에는 회사 또는 주주는 그 행위자에 대하여 손해배상을 청구할 수 있으며(§399, §402, §403 등), 상대방이 악의인 경우에는 권리남용이나 신의칙(민 §2)으로 대항할 수 있을 것이다.[4)]

---

1) 정희철, 293면; 강위두, 179면.

2) 정동윤, 51면; 손주찬, 449면; 최기원, 507면; 이철송, 회, 74면; 정찬형, 상, 461면.

3) 대판 1968.5.21, 68다46; 동 1975.12.23, 75다1479; 동 1987.12.8, 86다카1230; 동 1999.10.8, 98다2488.

4) 정찬형, 상, 463~464면; 이철송, 회, 78면; 손주찬, 450~451면; 정동윤, 52면.

## 2. 의사능력과 행위능력

회사의 의사는 주주(사원)총회, 대표이사 등의 법정기관에 의하여 결정되고, 기관을 구성하는 자연인의 의사를 기초로 해서 스스로 행위능력을 갖는다. 그러므로 회사에는 자연인과 같은 의사능력의 유무의 문제는 없다. 대표기관의 대외적 행위는 대표행위이며, 대표행위는 곧 회사의 행위로서 3인격자 간의 법률관계인 대리와 구별된다. 다만 대표에 관하여 입법기술상 대리에 관한 규정을 준용하고 있을 뿐이며, 대표기관은 업무처리에 있어서 상업사용인과 같은 대리제도를 이용할 수 있다.

## 3. 불법행위능력

회사의 행위능력이 인정된다면 당연히 불법행위능력도 인정된다고 할 것이다. 그러므로 대표기관이 불법행위를 하게 되면 이는 곧 회사의 불법행위가 되어 회사가 손해배상책임을 지게 된다. 회사의 불법행위에 관하여 상법은 특별한 규정을 두고 있다. 즉 회사를 대표하는 사원이 업무집행으로 인하여 타인에게 손해를 가한 때는 회사는 그 사원과 연대하여 배상할 책임이 있는 것으로 규정하여 피해자를 보호하고 있다(§210, §269, §287의20, §389③, §567).[1] 회사가 피해자에 대하여 그 손해의 전부 또는 일부를 배상하였을 때는 회사는 대표기관 개인에 대하여 구상할 수 있다.[2] 회사와 대표기관의 연대책임은 부진정연대책임이며, 대표기관의 책임이 불법행위책임[3]인가 피해자를 보호하기 위한 특별책임[4]인가에 대하여 학설이 분기한다. 대표기관은 회사와 공동불법행위책임을 진다는 판례[5]도 있으나 회사의 불법행위능력을 인정하는 한 회사의 대표기관이 불법행위책임을 또 진다는 것은 타당하지 않으므로 대표기관은 피해자를 보호하기 위하여 상법상 특별책임을 진다고 보아야 할 것이다.

대표기관이 아닌 임원 또는 사용인이 회사의 업무집행과 관련하여 불법행위를

1) 대판 1980.1.15, 79다1230(불법행위의 고의뿐만 아니라 과실이 있는 경우도 같다).

2) 정동윤, 55면; 정찬형, 상, 465면.

3) 정찬형, 상, 465~466면; 정동윤, 55면.

4) 이철송, 회, 79면.

5) 대판 2003.3.11, 2000다48272.

한 때는 회사가 사용자책임을 진다(민 §756).

## 4. 공법상의 능력

회사는 소송상 당사자능력(민 §34, §51)과 소송능력을 갖고(민소 §64, 형소 §27), 행정소송제기권 및 납세의무 등 공법상의 권리능력을 갖는다.

# 제 2 편

# 주식회사

# 제 1 장 주식회사의 의의와 본질

회사법상 주식회사의 정의에 관한 규정은 존재하지 않지만 주식회사는 주주의 출자에 의한 자본금을 가지고, 자본금은 균일한 단위인 주식에 의하여 분할되며, 모든 주주는 그가 인수한 주식의 인수가액을 한도로 회사에 대해서만 책임을 지는(유한책임) 회사이다. 따라서 주식회사의 기본적이고 본질적인 특색은 주식과 유한책임이며, 유한책임의 원칙에 따라 자본금제도가 설치되기 때문에 이것이 주식회사의 부차적인 또 하나의 특색이 되고 있다. 주식회사는 전형적인 물적회사로서 사원의 개성이 중시되지 않는 순수한 자본단체이다.

## 1. 자본금

### (1) 자본금의 의의

주식회사는 전형적인 물적회사로서 자본의 결합에 특질이 있다. 자본금은 회사에 대하여는 성립의 기초가 되며, 존속 중 회사가 보유하여야 할 순재산의 기준으로서 추상적·불변적인 계산상의 수액을 의미하는 점에서, 회사가 현재 보유하고 있는 순재산이며 회사의 경영 상태나 물가의 변동에 따라 항상 변동하는 구체적·가변적인 재산과 구별된다. 그리고 주주에 대하여는 출자액을 의미하며 책임의 한도를 나타내는 것이다. 주주의 회사에 대한 권리는 각자의 출자가 자본금에서 차지하는 비율(지주율)에 따라서 결정된다. 또한 자본금은 회사가 보유해야 할 재산의 기준이므로 회사의 채권자에 대해서는 회사의 신용 및 담보능력을 나타내는 기능을 한다.

자본금은 회사가 발행한 주식의 액면총액이므로 앞으로 발행할 주식의 액면총액을 의미하는 수권자본과 구별된다.[1]) 또 경제상의 자본에는 기본자본, 부가자본, 외래(타인)자본이 있는데 상법상의 자본금은 기본자본에 해당하고, 준비금은 부가

---

1) 정찬형, 상, 611면; 정동윤, 74면.

자본에, 사채는 외래자본에 해당한다.

주식회사의 자본금은 액면주식을 발행할 경우 발행주식의 액면총액으로 한다(§451①). 이에 대한 예외로서 상환주식의 상환(§345), 회사가 보유하는 자기주식의 소각(§343 단서)이 있다. 회사가 무액면주식을 발행할 경우 회사의 자본금은 주식 발행가액의 2분의 1 이상의 금액으로서 이사회(§416 단서, 주주총회)에서 자본금으로 계상하기로 한 금액의 총액으로 한다. 이 경우 주식의 발행가액 중 자본금으로 계상하지 않은 금액은 자본준비금으로 계상한다(동조②). 회사의 자본금은 액면주식을 무액면주식으로 전환하거나, 무액면주식을 액면주식으로 전환함으로써 변경할 수 없다(동조③).

### (2) 자본금의 규모

자본금은 금액으로 표시되는데, 정관의 기재사항은 아니고 등기사항에 불과하다(§317②2호). 주식회사의 최저자본금에 관하여 1984년 개정법에서 정함을 두었으나 2009년 제329조 제1항을 삭제함으로써 폐지되었고, 최고자본금에 대하여는 제한이 없다. 주식회사의 자본에 관한 입법례는 회사의 설립시에 자본총액에 해당하는 주식의 인수를 요하는가의 여부에 따라 총액인수제도(확정자본주의)와 수권자본제도(창립주의)가 있다. 우리 상법은 원칙적으로 수권자본제도에 따른 입법을 하고 있으며(§289①, §416), 비록 제289조 제2항(설립시 발행하는 주식의 총수는 발행예정주식 총수의 4분의 1 이상이어야 한다는 규정)은 폐지하였지만 순수한 수권자본제도에 따른 입법은 아니고 총액인수제도(확정자본주의)를 가미하고 있다(§295, §303).

**《 최저자본금 》**

우리나라는 1984년 개정상법에서 주식회사의 남설을 방지하기 위하여 주식회사의 자본금이 5천만 원(유한회사의 경우는 1천만 원) 이상이 되어야 한다는 최저자본금제도를 두어 왔으나, 회사설립을 촉진하려는 명분으로 2009년에 폐지하게 되었다. 일본에서는 주주의 유한책임 대가로 채권자 보호를 위하여 1천만 엔 이상의 최저자본금을 법정하였으나,[1] 중소기업의 창업을 촉진하여 경제 활성화를 도모하려는 정책에 따라 최저자본금제도가 폐지되었다. 따라서 한국에서는 100원 회사, 일본에서는 1엔 회사의 설립이 이론상으로는 가능하게 되었다. 중국의 경우 주식회사의 최저자본금은 종래 1천만 위엔에서 5백만 위엔(유한회사는 3만 위엔)으로 낮추었으며, 주식회사로 하여금 보편적인 투자형식을 통하여 투자자들에게 더욱 많은 선택의 기회를 주도록 하였다.

---

1) 양동석, "1990년 일본개정상법연구", 조선대 사회과학연구 제14집, 26~28면.

### (3) 자본금에 관한 원칙

주식회사의 자본에 관하여는 다음과 같은 3원칙이 있다.

1) **자본금확정의 원칙** 이 원칙은 회사의 설립시에 자본이 정관에 의하여 확정되고, 또 그 자본에 대한 주식인수도 확정되어야 한다는 것이다. 자본의 규모를 미리 확정하여 공시함으로써 회사의 신용과 예측가능성을 부여하기 위함이다. 이 원칙은 총액인수제도에 따른 입법에서는 정확하게 일치하지만, 우리 상법은 '회사의 설립 시에 발행하는 주식의 총수'는 정관의 (절대적) 기재사항으로 하며(§289①5호), 또 이렇게 발행된 주식에 대하여는 전부 인수와 납입이 되어야 한다는(§289, §305) 규정을 두고 있다. 따라서 우리 상법에서도 수권자본제도에 따라 입법하고 있으나, 이 한도에서 자본확정의 원칙이 유지되어 있다고 볼 수 있다.

**《 총액인수제도와 수권자본제도 》**

총액인수제도는 대륙법계 국가의 입법례이며, 자본이 정관의 기재사항이고 회사의 설립시에 자본총액에 해당하는 주식의 인수를 요하는 제도이다. 설립시에 자본적 기초를 확보하여 채권자 보호에 중점을 두는 장점이 있으나 설립과 자본조달에 유연성이 없는 단점이 있어서 오늘날 대륙법계 국가에서도 이 제도를 완화하고 있다.[1)]

수권자본제도는 영미법계 국가의 입법례이며, 자본은 정관의 절대적 기재사항이 아니고 설립시에는 수권주식 총수 중 일부만 인수되어도 회사설립이 가능하며, 성립 후 자금조달의 필요에 따라 이사회만의 결의로써 신주를 발행할 수 있는 제도이다. 설립과 자본조달의 탄력성이 있으나 자본적 기초가 확실하지 못하여 채권자 보호에 소홀할 수 있는 단점이 있다.

2) **자본금유지의 원칙**(충실의 원칙) 자본유지의 원칙은 회사는 자본에 상당하는 순재산을 항상 유지해야 한다는 원칙으로서, 회사채권자를 보호하기 위한 것이다. 그러나 회사의 재산은 상황에 따라 변동하는 것이므로 자본금액에 상당하는 재산이 현실로 회사에 보유되고 있지 않는 경우에는 잉여금의 배당 등 재산이 부당하게 유출되는 것을 금지한다는 원칙이다.

이 원칙은 주주의 유한책임제도 아래서 채권자를 보호하기 위한 것으로서 상법상 이 원칙을 반영한 규정은 매우 많다. 즉 납입기일에 있어서의 전액납입 또는 현물출자의 전부이행(§295, §305, §421, §425), 현물출자 기타 변태설립사항의 엄격한 규제(§299, §310, §313, §314, §422), 발기인과 이사의 인수 및 납입담보책임(§321, §428),

1) 정찬형, 상, 615면.

주식의 할인발행의 제한(§330), 자기주식의 취득 및 질취(質取)의 제한(§341, §341의 2), 법정준비금의 적립(§458, §459), 이익배당의 제한(§462) 등이다.

3) **자본금불변의 원칙** 이 원칙은 일단 확정된 자본을 임의로 변경시키지 못하고, 자본의 변경을 위해서는 엄격한 법적 절차를 요한다는 원칙이다. 그런데 우리 상법은 수권자본제도를 채택하여 자본의 증가는 이사회의 결의만으로 가능하도록 하여(§416) 엄격한 법적 절차를 요하지 않고 자본의 감소에만 엄격한 법적 절차를 요하고 있으므로(§§438~446), 자본불변의 원칙은 자본감소의 경우에만 해당한다. 따라서 자본불변의 원칙도 결국 회사의 재산유지에 있으므로 우리 상법의 해석으로서는 자본불감소원칙으로 수정된다.

## 2. 주 식

주식회사는 정관으로 정한 경우에는 주식의 전부를 무액면주식으로 발행할 수 있다. 다만 무액면주식을 발행하는 경우에는 액면주식을 발행할 수 없다. 액면주식을 발행할 경우에는 자본금은 주식으로 분할되고 각 주식의 금액은 균일하므로(주식평등의 원칙, §329②), 자본과 주식과의 관계에서 주식은 자본의 구성단위가 된다. 따라서 상법상의 자본금은 액면주식을 발행할 경우(1주의 액면가액 × 발행주식수)가 된다(§451①). 주식은 자본의 비율적 단위이므로 금액으로 표시된다.

그러나 회사가 무액면주식을 발행할 경우 회사의 자본금은 주식발행가액의 2분의 1 이상의 금액으로서 이사회(§416단서, 주주총회)에서 자본금으로 계상하기로 한 금액의 총액으로 한다. 이 경우 주식의 발행가액 중 자본금으로 계상하지 않은 금액은 자본준비금으로 계상한다(동조②). 회사의 자본금은 액면주식을 무액면주식으로 전환하거나, 무액면주식을 액면주식으로 전환함으로써 변경할 수 없다(동조③).

주식회사에 있어서 사원의 법률상의 지위인 주식이 이와 같이 균등하게 세분화된 비율적 단위 형식을 취하는 이유는 개성이 없는 다수인이 쉽게 회사에 참가할 수 있도록 하는 기술적 요청에 의한 것이고(대중자본의 집중수단), 회사의 법률관계를 간명하게 처리할 수 있게 하는 것(법률관계의 처리수단)이며, 사원의 지위를 원활하게 양도할 수 있도록 하는 것(투하자본의 회수수단)이다.

## 3. 주주의 유한책임

주주는 회사에 대하여만 그가 가진 주식의 인수가액을 한도로 출자의무를 부담할 뿐(§331), 그 밖의 회사채권자 등에는 아무런 책임을 지지 않는다. 주주의 출자의무는 엄밀하게 말하면 회사의 성립 전 또는 신주의 발행 전에 이행이 확보되므로 주식인수인으로서 의무이지 주주의 의무는 아니라고 할 수 있다. 주주의 이러한 책임은 회사에 대해서만 지는 책임이라는 점에서 간접유한책임이므로, 합자회사의 유한책임사원이 회사채권자에 대하여 책임을 지는 직접유한책임과 구별된다.

주식회사의 역사상 출자자의 책임을 한정함으로써 출자자가 안심하고 기업에 출자할 수 있도록 정책적으로 입법되었고 그 결과 증권시장과 자본주의 발전에 크게 기여하였다. 그러나 이 제도는 회사 채권자에 있어서는 매우 위험한 제도이므로 회사법은 회사 채권자보호를 위하여 각종의 제도를 두고 있다. 왜냐하면 소규모 폐쇄회사가 난립하고 그곳에서는 거대사업 목표를 위해서가 아니고 주주의 책임회피 수단으로서 주식회사제도가 악용되고 있기 때문이다. 그러므로 주주가 직접 경영을 담당하는 1인회사와 같은 경우에는 유한책임이 제한되는 경우가 있게 될 것이다.[1)]

대규모 공개회사도 자회사를 통하여 이익은 흡수하지만 책임은 회피하는 사례도 있다. 주주의 이러한 유한책임은 주식회사의 본질에 관한 것이므로 정관 또는 주주총회의 결의로 이 원칙을 파괴할 수 없다. 그러나 주주가 사후에 개별적으로 포기하는 것은 무방하다. 따라서 이 경우에는 주주 개개인의 동의로 주주에게 회사 채무를 부담시키거나,[2)] 인수가액 이상의 추가출자를 시키는 것이 가능하다.

---

1) 양동석, 전게 1인회사의 설립과 유한책임의 제한, 684면 이하.

2) 동지: 대판 1983.12.13, 82도735; 동 1989.9.12, 89다카890.

# 제2장 주식회사의 설립

## 제1절 총 설

### 제1 주식회사 설립의 특색

주식회사의 설립은 회사법이 정하는 절차에 따라 주식회사라는 법인을 성립시키는 것으로서, 그 성립과정은 실체형성절차와 설립등기를 통한 법인격 취득절차로 구성된다. 실체형성절차에서 각종 회사의 설립절차의 특색이 나타나는데, 주식회사 설립의 특색은 정관작성 후 설립등기 이전에 사원확정, 자본출자, 기관의 구성을 위한 여러 가지 절차가 필요하다는 것이다.

즉 주식회사의 설립사무를 담당하는 특수한 지위의 발기인(§288, §289)이 있고, 주식회사의 사원(주주)은 정관의 작성과는 별도의 주식인수절차에 의하여 확정(§293, §302) 되며, 회사성립 전에 자본을 확보하기 위하여 주식인수에 따른 출자이행절차(§295, §§303~307)가 있어야 하고, 제3자 기관에 의하여 운영되므로 회사성립전의 기관구성(이사, 감사 등), 선임절차(§296, §312), 설립경과에 대한 엄격한 조사(§§289~300, §§313~314)절차, 발기인 등 설립 관여자의 엄격한 책임(§§321~327). 주식회사의 설립절차에 관한 규정은 모두 엄격한 강행규정(통설)으로 하는 것 등이다.

### 제2 주식회사 설립의 방법

(1) 주식회사 설립의 방법에는 회사의 설립시에 발행하는 주식의 인수방법에 따라 발기설립과 모집설립이 있다. 발기설립이란 설립시에 발행하는 주식의 전부를 발기인만이 인수하여 회사를 설립하는 방법을 말하고(§295 이하), 모집설립이란 설립시에 발행하는 주식 중 그 일부는 발기인이 인수하고 나머지 주식은 주주를 모집하여 인수시키고 회사를 설립하는 방법을 말한다(§301 이하).

(2) 발기설립과 모집설립은 설립시에 발행하는 주식의 인수방법 이외에도 다음과 같은 설립절차상(납입해태의 효과·기관구성의 방법) 및 설립경과 조사 상에서 큰 차이가 있다(§§296~316).

1) 발기설립의 경우 납입의 해태는 채무불이행의 일반원칙(민 §389, §390, §544)에 의하여 처리되며, 이사·감사의 선임은 발기인의 의결권의 과반수로써 결정한다(§296). 이에 반하여 모집설립의 경우 납입의 해태에 관하여는 실권(失權)절차가 인정되고(§307), 이사·감사의 선임은 창립총회에서 하게 된다(§312).

2) 설립경과에 대하여 원칙적으로 이사·감사가 조사하고(§298①, §313①), 예외적으로 변태설립사항은 법원이 선임한 검사인이 하는 점(§298④, §310①)은 발기설립과 모집설립이 같다.

그러나 발기설립의 경우에는 이사·감사의 조사보고는 발기인에게 하고(§298①) 변태설립사항을 조사하기 위하여 이사는 법원에 검사인의 선임을 청구하며(§298④) 변태설립사항이 부당한 때의 변경은 법원이 하게 된다(§303). 이에 반하여 모집설립의 경우에는 이사·감사의 조사보고는 창립총회에 하고(§313①) 변태설립사항을 조사하기 위하여 발기인이 법원에 대하여 검사인의 선임을 청구하며(§310①), 변태설립사항이 부당한 때의 변경은 창립총회가 하게 된다(§314).

변태설립사항이 있는 경우에 법원에서 선임한 검사인이 이에 대한 검사를 하는 것이 원칙이지만 발기인에게 특별한 이익을 주거나 보수 기타 설립비용을 지출하는 행위는 공증인의 조사, 보고로 갈음하고, 현물출자나 재산인수를 하는 경우에는 목적재산에 대한 감정인의 감정으로 대체할 수 있다(§299의2).

### 《일본과 중국 회사법상 주식회사 설립방법》

일본의 주식회사 설립방법은 우리나라와 같으며, 원래 발기설립은 소규모 주식회사나 대기업이 자회사를 쉽게 설립할 수 있는 방법이고, 모집설립은 다수의 주식을 모집해야 하는 대기업의 설립방법이었으나 현실적으로는 발기설립이 널리 이용되고 있는 실정이다.[1] 중국의 경우에는 주식회사 설립방법으로서 발기설립과 모집설립이 있고 그 내용은 우리와 같으나, 유한책임회사의 경우에는 모집설립을 이용할 수 없다.[2]

---

1) 石山卓磨, 71面.

2) 양동석, 중국회사법, 374면.

## 제 3 발기인·발기인조합·설립중의 회사

### 1. 발기인

#### (1) 의 의

주식회사의 설립절차는 발기인이 정관을 작성하는 것부터 시작한다. 발기인은 실질적으로 회사의 설립사무에 종사한 자를 의미하나, 형식적으로는 정관에 성명, 주민등록번호, 주소 등이 기재되고, 발기인으로 기명날인 또는 서명을 한 자(§289 ①)를 의미한다. 발기인은 형식적인 의미에서 파악되어 그의 권한과 책임이 부여되므로 실제로 설립사무에 종사하였더라도 정관에 발기인으로 기명날인 또는 서명을 하지 않은 자는 발기인이 아니고, 반대로 실제 설립사무에 종사하지 아니하였더라도 정관에 발기인으로 기명날인 또는 서명을 한 자는 발기인이 되어 법률상의 권한과 책임을 지게 된다.[1)]

이러한 발기인은 대외적으로 설립중의 회사의 기관으로서 활동하고, 대내적으로는 발기인 조합의 구성원으로서 회사의 설립사무에 종사한다. 주식회사에서는 다른 회사와는 달리 정관에 의하여 사원이 확정되지 않으므로 설립사무를 담당할 자가 필요하며, 자본충실의 책임을 지고 설립과정에서 제3자에게 가한 손해에 대하여 책임을 지게 하기 위하여 발기인제도가 필요하다.[2)]

#### (2) 자격 및 수

발기인은 주식회사의 인적구성요소로서 적어도 1주 이상을 인수하여야 하며, 발기인이 직접 정관을 작성하고 주식을 인수하여 만들어내는 설립 중 회사의 원시적 구성원 및 집행기관이다. 발기인이 복수로 존재하면 발기인 조합의 조합원으로서 지위를 갖는다. 발기인의 자격에 대하여 아무런 제한이 없다. 따라서 법인도 발기인이 될 수 있고 무능력자도 발기인이 될 수 있으며 내외국인의 차별도 없다. 그러나 발기인은 실제로 회사의 설립사무에 종사하는 자이므로 법인이나 무능력자는 사실상 발기인으로 활동하는데 여러 가지 문제점이 있다고 보아야 할 것이다.

---

1) 한국과 일본의 통설; 이철송, 회, 173면; 정찬형, 상, 621~622면; 石山卓磨, 72面; 日大判 昭和 7.6.29. 民集 11卷 12号, 1257面.

2) 이철송, 회, 217~218면.

발기인의 수는 종래 7인에서 3인으로 감소되었으나 2001년 개정상법은 다시 1인 이상이면 회사를 설립할 수 있도록(§288) 발기인 수에 관한 규정을 폐지하였다.

**《일본과 중국 회사법상 발기인의 수》**

발기인의 자격과 수에 대하여 우리나라와 일본은 동일한 명문규정을 두고 있다. 종래 주식회사의 남용으로 인한 책임의 범위를 넓게 하며, 설립시부터 자본을 분산시키기 위하여 7인 이상의 발기인을 필요로 하였으나 현행법은 우리나라나 일본 모두 1인 이상의 발기인이 회사를 설립할 수 있도록 하였다.[1]

이에 비하여 중국은 반드시 2인 이상 200인 이하의 발기인이 있어야 한다고 신회사법이 규정하고 있다. 중국이 2인 이상으로 한 것은 회사설립을 쉽게 하기 위한 것이고 200인 이하로 한 것은 발기인이 법률규정을 기피하는 것을 방지하고 회사 설립을 규범화하기 위한 것이다.[2]

### (3) 권 한

발기인의 권한에 대하여 우리나라에서는 아래와 같이 세 가지의 학설이 있다.

1) **제1설** 발기인은 회사의 설립 그 자체를 직접적 목적으로 하는 행위만을 할 수 있으므로, 개업준비 행위는 예외적으로 법정의 요건을 갖춘 재산인수만을 할 수 있다는 견해이다(§290 3호). 발기인의 권한남용으로 인하여 설립되는 회사의 부담을 방지하려는 입장이다.[3]

2) **제2설** 발기인은 회사의 설립을 위한 행위와 설립을 위하여 법률상·경제상 필요로 하는 행위를 할 수 있으나, 개업준비행위는 예외적으로 법정의 요건을 갖춘 재산인수(§290 3호) 만이 인정된다고 본다. 따라서 법정의 요건을 갖추지 않은 재산인수는 원칙적으로 회사에 대하여 효력이 생기지 않는다고 본다.[4]

3) **제3설** 발기인은 회사설립에 필요로 하는 법률상·경제상의 모든 행위를 할 수 있으므로, 이에는 회사성립 후의 개업을 위한 개업준비행위도 포함된다는 견해이다. 이 설에 의하면 발기인의 재산인수(§290 3호)는 개업준비행위로서 원래 발기인의 권한에 속하는 행위라고 볼 수 있으나, 이는 특히 위험성이 많으므

---

1) 양동석, 전게 1990년 일본 개정상법연구, 25면.

2) 양동석, 중국회사법, 377면.

3) 이철송, 회, 224면.

4) 정희철, 상, 365면; 이기수 외, 402, 408면.

로 이의 남용을 방지하기 위하여 상법이 이를 제한하고 있다고 한다.[1)]

생각건대 제1설과 제2설은 설립 중 회사의 권리능력이나 발기인의 권한을 엄격하게 해석하여 설립 단계에서 회사의 재산적 기초를 확보하려는 데 중점을 두는 입장이고, 제3설은 발기인의 권한을 넓게 해석하여 설립 중 회사의 편의와 거래의 안전에 중점을 두고 있다. 제3설은 회사의 자본충실을 해할 우려가 있으므로 제1설이 타당하다고 본다. 제1설과 제2설은 차이가 없고 표현의 차이만 있다는 견해도 있다.

#### (4) 의무 · 책임

발기인은 회사의 설립사무와 관련하여 여러 가지의 의무와 책임을 부담한다. 즉 의무로는 정관에 기명날인함과 동시에 적어도 1주 이상의 주식을 인수해야 할 의무(§293) · 의사록작성의무(§297) 등이 있고, 책임으로는 주식의 인수 및 납입담보책임(§321) · 임무해태로 인한 손해배상책임(§322) 등이 있다.

### 2. 발기인조합

#### (1) 의 의

주식회사의 설립을 위하여 발기인이 2인 이상 있는 경우 발기인 상호간에는 정관작성에 앞서 회사의 설립을 목적으로 하는 계약이 존재하게 된다. 이러한 계약의 형태는 조합계약이고, 그 계약에 의하여 성립하는 조합이 발기인조합이다. 발기인조합의 성질은 민법상의 조합이므로 조합에 관한 민법의 규정이 적용된다(통설). 이와 같이 발기인조합을 인정하는 이유는 회사설립을 목적으로 하는 수인간의 합의를 인정하고 그의 업무집행방법(발기인의 과반수로써 의사결정)과 대외적인 책임(각 조합원이 분할하여 직접책임)을 규율할 필요가 있기 때문이다.[2)] 그러나 발기인이 1인인 경우에는 발기인조합이 존재하지 않는다.

발기인조합은 회사가 설립되어 목적이 달성되었을 때 소멸하거나, 회사 설립이 불가능하게 됨으로써 소멸한다. 주식회사의 설립절차는 이러한 발기인조합의 업무집행으로 진행된다. 따라서 발기인조합은 정관작성 등 회사의 설립사무를 담당하는 권한을 갖는다.

---

1) 정동윤, 145면; 정찬형, 상, 623면.

2) 이철송, 회, 218~219면; 정찬형, 상, 624면.

### (2) 발기인 및 설립중의 회사와 관계

발기인은 발기인조합의 구성원이고 설립중의 회사의 기관이므로, 발기인이 하는 회사의 설립행위는 발기인조합계약의 이행행위이며 또한 설립중의 회사의 기관의 활동이 된다.[1] 발기인은 발기인조합의 지시에 따라 설립 중 회사의 기관으로서 업무를 집행한다. 따라서 발기인의 행위가 발기인조합을 위한 것인지, 설립 중 회사를 위한 것인지 또는 자기 자신을 위한 것인지 명확하지 않을 경우에는 당사자의 의사에 의하여 판단하여야 할 것이다.

발기인조합의 설립행위가 어느 정도 진행되면 설립중의 회사가 성립하게 되고 양자는 형식적으로 별개의 존재로서 구별되는데, 보통 회사의 성립(설립등기) 시까지 병존한다. 왜냐하면 발기인조합은 발기인 상호간의 내부적인 계약관계로서 개인법상의 존재이나, 설립중의 회사는 사단법상의 존재로서 회사법적 효력을 갖는 점에서 구별되기 때문이다. 따라서 발기인조합은 그 자체로서 설립중의 회사 및 성립 후의 회사와 직접적인 법적 관계를 갖지 못하지만, 설립중의 회사는 성립 후의 회사와 직접관련을 갖는다.[2]

## 3. 설립중의 회사

### (1) 의 의

설립중의 회사란 정관작성으로부터 설립등기에 이르기까지 어느 정도 회사로서의 실체가 형성된 미완성의 회사를 말한다. 설립중의 회사라는 개념은 설립과정에서 발기인 내지 설립중의 회사의 기관이 취득한 권리의무가 성립 후의 회사에 이전되는 관계를 설명하기 위하여 대륙법계의 회사법에서 인정하는 개념이다.[3] 설립 중 회사와 성립된 회사는 법인격 유무의 차이가 있을 뿐 실질적으로 동일한 존재이므로, 회사설립을 위하여 발기인이 설립 중 회사의 기관으로서 한 행위는 성립된 회사에 효력을 귀속시킬 수 있으며, 이로 인하여 발생한 권리와 의무는 특별한 이전절차를 거치지 않고도 당연히 성립된 회사에 귀속한다. 그러나 인적회사의 설립절차는 간단하기 때문에 이에 관한 논의의 실익이 적다.

---

1) 정찬형, 상, 624면; 정동윤, 142면.

2) 정찬형, 상, 624면; 이철송, 회, 218~219면.

3) 대판 1994.1.28, 93다50215; 이철송, 회, 222면.

### (2) 법적 성질

설립중의 회사의 법적 성질에 대하여 우리나라에서는 조합도 아니고 사단도 아니며 법인도 아닌 회사법상의 특수한 성질의 단체라고 보는 소수설도 있으나,[1) ] 통설·판례는 회사설립을 목적으로 하는 권리능력이 없는 사단으로 보고 있다.[2)]

설립 중 회사에도 근본규칙(정관)이 있고, 인적구성원으로서 발기인 및 주식인수인이 있으며 발기인을 기관구성원으로 볼 수 있기 때문에 권리능력 없는 사단의 요건을 갖추었다고 볼 수 있다.

### (3) 성립시기

설립중의 회사의 성립시기에 대하여 우리나라에서는 정관작성시라는 견해, 정관이 작성되고 발기인이 1주 이상의 주식을 인수한 때라고 보는 견해,[3)] 발행주식총수가 인수된 때라고 보는 견해가 있다. 성립시기에 관한 논의는 발기인이 한 대외적 행위의 효력이 언제부터 설립 중 회사에 귀속하는가를 해결하기 위한 실익이 있다. 이에 대하여 일부의 주식인수에 의하여 사원의 일부가 확정된 때를 설립중의 회사의 성립시기로 보는 두 번째의 견해(통설·판례)가 가장 타당하다고 생각한다.[4)]

### (4) 법률관계

#### 1) 기 관

① 창립총회는 모집설립의 경우에만 있는 기관으로서, 소집절차 등에 관하여 주주총회에 관한 많은 규정을 준용하고 있다(§308②). 그러나 그 결의방법에 관하여는 "출석한 주식인수인의 의결권의 3분의 2 이상이며 인수된 주식총수의 과반수에 해당하는 다수"로 특별히 규정하고 있다(§309). 이러한 창립총회는 회사의 설립에 관한 모든 사항을 결의할 수 있다(§308②는 §361을 준용하지 않음).[5)]

---

1) 정동윤, 141면.

2) 대판 1970.8.31, 70다1357; 최기원, 560면; 정찬형, 상, 625면; 이철송, 회, 224면.

3) 통설·판례(대판 1994.1.28, 93다50215 외).

4) 정찬형, 상, 626면; 이철송, 회, 221~222면; 최기원, 561면.

5) 정찬형, 상, 626면; 정동윤, 131면.

② 대내적으로 설립중 회사의 업무를 집행하고, 대외적으로 설립중의 회사를 대표하는 기관은 발기인이다. 모든 발기인은 각자 이와 같은 대표권을 갖는데, 발기인조합계약 등에 의하여 특정한 발기인을 대표발기인으로 선임할 수는 있다고 본다.[1) 발기인(발기설립의 경우) 또는 창립총회(모집설립의 경우)가 선임한 이사·감사는 설립중의 회사의 감사기관이지 업무집행기관이 아니다(§313 참조). 설립중의 회사의 업무집행기관인 발기인은 그의 권한범위 내에서 회사의 설립에 필요한 모든 행위(예컨대 정관작성·신주인수절차·출자이행절차·기관구성절차 등)를 할 권리의무를 갖는다. 발기인의 업무집행은 원칙적으로 발기인 전원의 과반수로써 결정하여야 하나(민 §706②), 중요한 업무(§291) 또는 기본구조의 변경(예컨대 정관변경·발기인의 변경 등)에 관한 사항은 발기인 전원의 동의에 의하여 결정하여야 한다.

③ 설립중의 회사의 감사기관은 발기인(발기설립의 경우) 또는 창립총회(모집설립의 경우)가 선임한 이사·감사이며, 그의 권한은 설립에 관한 사항을 조사하여 발기설립의 경우에는 발기인에게 또는 모집설립의 경우에는 창립총회에게 보고하는 일이다.

2) 능 력 설립중의 회사의 법적 성질을 권리능력이 없는 사단으로 보면 설립중의 회사에는 권리능력이 없는 것이 당연하다. 민법에서는 권리능력 없는 사단의 내부관계와 외부관계를 사단의 입장에서 설명하고, 내부관계는 사원총회의 다수결에 의하여 의사를 결정하고 외부관계는 사원총회에서 선임된 집행기관이 업무를 집행한다고 본다.

그러나 설립중의 회사는 회사설립절차를 진행하기 위한 제한된 목적을 가지고 한시적으로 존재하며, 발기인이 업무를 집행하고 회사설립을 위한 한정된 법률행위만을 하기 때문에 민법상의 권리능력 없는 사단에 관한 법리는 설립중의 회사에 적용될 여지가 없다.[2) 우리 민사소송법은 권리능력이 없는 사단의 당사자능력을 인정하고(민소 §52) 또 부동산 등기법은 등기능력을 인정하고 있다(부등 §30). 설립중의 회사에도 당연히 이러한 능력이 인정될 것이며, 위의 능력 외에도 그 목적인 설립활동에 필요한 범위 내에서는 위와 같은 특별법의 규정을 유추하여 그의 능력을 인정할 수 있다고 본다.[3) 따라서 설립중의 회사는 은행과의 예금거래능력·어음능력 등을 갖는다고 본다.

---

1) 정찬형, 상, 627면; 손주찬, 552면.

2) 이철송, 회, 225면.

3) 정찬형, 상, 627면; 정동윤, 144면.

3) 책 임  설립중의 회사가 제3자에 대하여 부담하는 채무에 대하여 법인격이 없는 설립중의 회사가 부담한다고 볼 수는 없다. 그리고 주식인수인은 설립중의 회사가 부담하는 채무에 대하여 자기가 주식을 인수한 가액의 범위 내에서만 책임을 진다고 본다. 따라서 주식인수인이 출자의무를 이행하면 그 이상 아무런 책임을 지지 않는다. 결국 발기인이 설립중의 회사의 채무에 대하여 개인적으로 연대하여 무한책임을 지는 것으로 보아야 한다.[1] 우리 상법은 회사불성립의 경우에만 설립에 관한 행위에 대하여 발기인의 연대책임을 규정하고 있으며(§326), 회사가 성립한 경우의 발기인의 책임(§321, §322①)에 대하여 회사에 대한 책임과 제3자에 대한 책임(§322②)으로 나누어 규정하고 있다.

### (5) 권리·의무의 이전

설립중의 회사의 법적 성질을 권리능력이 없는 사단이라고 보면, 설립중의 회사의 명의로 취득한 권리의무는 설립중의 회사에 총유(또는 준총유)의 형식으로 귀속하였다가(민 §275, §278) 성립 후의 회사에 별도의 이전행위 없이 귀속하게 된다(통설). 이는 대륙법계의 법 체제에서 설립중의 회사와 성립 후의 회사를 실질적으로 동일하게 보는 동일성설의 입장이다.

이 때 발기인의 권한남용으로 인한 성립 후의 회사의 이익을 보호하기 위하여 발기인의 행위의 효력이 성립 후의 회사로 이전되기 위해서는 다음의 요건이 구비되어야 한다.

첫째로 형식적인 면에서 발기인은 설립중의 회사의 명의로 행위를 하여야 한다. 만일 발기인이 자기 개인명의로 행위를 하거나 발기인조합명의로 행위를 한 경우에는 그 행위의 효력은 별도의 이전행위가 없이는 성립 후의 회사에 귀속하지 않는다.[2] 둘째로 실질적인 면에서 발기인은 설립중의 회사의 기관으로서 그의 권한범위 내에서 행위를 하여야 한다. 발기인의 권한범위를 넘는 행위를 성립 후의 회사가 추인할 수 있는지 여부에 대하여 부정설[3]과 긍정설[4]이 있다.

생각건대 발기인의 권한을 제한하는 것은 성립 후의 회사를 보호하기 위한 것이므로 성립 후의 회사가 주주총회의 특별결의를 통하여 폐해여부를 판단하여 추인한다면 성립 후의 회사뿐만 아니라 계약의 상대방도 만족할 수 있을 것이다.

---

1) 정찬형, 상, 628면; 정동윤, 148~149면.

2) 대판 1994.1.28, 93다50215; 손주찬, 552면; 이철송, 회, 222면; 정찬형, 상, 629면.

3) 정동윤, 114면; 이철송, 회, 221~222면.

4) 정찬형, 상, 630~631면.

따라서 긍정설이 타당하다고 본다. 그러나 추인할 수 있다고 하더라도 창립총회는 아직 회사가 미완성 상태이므로 설립 후의 회사를 보호하기 위해서는 추인을 결정할 수 없다고 본다.[1]

# 제2절 실체형성절차

## 제1 정관의 작성

### 1. 정관의 의의

주식회사를 설립하기 위하여 우선 정관을 작성하고 발기인이 기명날인 또는 서명하여야 한다. 정관이란 회사가 제정한 자치법규로서 실질적으로는 회사의 조직과 활동에 관한 근본규칙을 말하고, 형식적으로는 이러한 근본규칙을 기재한 서면 또는 전자적 기록을 말한다. 정관의 성질에 관하여 계약의 성질을 갖는다고 보는 견해도 있으나[2] 주식회사는 단체성이 강하고 법인격을 갖기 때문에 자치법규로서 성문법을 보충하는 효력을 갖는다고 보아야 할 것이다.[3] 주식회사의 정관은 1인 이상의 발기인이 작성하여야 하고(§288), 발기인 전원이 이에 기명날인 또는 서명하여야 한다(§289). 설립당시에 작성한 정관을 후의 변경정관과 비교하여 원시정관이라고 한다. 원시정관은 회사의 설립관계를 명확히 하기 위하여 공증인의 인증을 받아야 한다(§292). 다만 자본금액이 10억원 미만인 회사를 설립하는 경우에는 공증인의 인증 없이 가능하다.

---

1) 동지: 정찬형, 상, 631~632면; 정희철, 371면; 채이식, 409면. 이견: 그 행위가 이사회 또는 대표이사에 의한 경우에는 이의 결정으로 추인해야 한다는 견해, 정진세, "회사 설립중의 개업준비행위", 고시연구 통권 제256호, 116면; 平出慶道, "開業準備行爲", 新商法演習 會社(1), (有斐閣, 1979), 36面.

2) 정동윤, 회, 106면.

3) 최기원, 회, 565면; 이철송, 회, 10면; 정찬형, 상, 469면.

## 2. 정관의 기재사항

### (1) 절대적 기재사항(§289①)

1) 목 적 회사사업의 업종을 확인할 수 있을 정도로 구체적으로 기재하여야 한다. 주주에게는 출자의 동기가 되고 회사의 권리능력의 기준이 되거나(제한설의 경우), 회사기관의 권한남용 여부의 기준이 된다(무제한설의 경우). 회사는 상행위 기타 영리를 목적으로 하기 때문에 영리와 무관한 것은 목적이 될 수 없으나 목적사업이 여러 개인 것은 무방하다.

2) 상 호 상호는 회사의 동일성을 표시하는 명칭이며, 반드시 주식회사라는 문자를 사용하여야 한다(§19). 그리고 특별법에 의해 인허가를 받은 영업은 상호에 업종까지 표시해야 한다.

3) 회사가 발행할 주식의 총수 이는 수권주식총수(발행예정주식총수)이며, 이에 1주의 액면가액을 곱하면 수권자본이 된다.

4) 액면주식을 발행하는 경우 1주의 금액 1주의 금액은 100원 이상이어야 하고(§329④), 균일하여야 한다(동조③). 1998년 개정상법은 주식의 분할을 자유롭게 하고, 신주발행시 기업자금조달의 편의를 돕기 위하여 1주의 금액을 100원 이상으로 대폭 인하하였다. 2011년 개정상법은 무액면주식을 발행할 수 있게 함으로써 기업자금조달의 편의를 더욱 돕고자 하였으며, 무액면주식을 발행하는 경우 본 호는 적용되지 않는다.

5) 회사의 설립시에 발행하는 주식의 총수 회사의 자본적 기초와 신주발행을 위한 이사회의 수권범위를 명백히 하려는 취지이다. 회사가 설립된 후에 발행하는 주식의 수는 정관의 기재사항이 아니다.

6) 본점의 소재지 회사의 본점소재지는 회사의 주소가 되며(§171②), 최소독립행정구역으로 표시하면 된다. 지점의 설치·이전 또는 폐지는 이사회의 결의사항이다(§393①).

7) 회사가 공고를 하는 방법(§289③~⑥) 회사의 공고는 관보 또는 시사에 관한 사항을 게재하는 일간신문에 하여야 한다. 다만 회사는 그 공고를 정관으로 정하는 바에 따라 전자적 방법으로 할 수 있다. 회사는 제3항에 따라 전자

적 방법으로 공고할 경우 대통령령으로 정하는 기간까지 계속 공고하고, 재무제표를 전자적 방법으로 공고할 경우에는 제450조에서 정한 기간(2년간)까지 계속 공고하여야 한다. 다만 공고기간 이후에도 누구나 그 내용을 열람할 수 있도록 하여야 한다. 회사가 전자적 방법으로 공고를 할 경우에는 게시 기간과 게시 내용에 대하여 증명하여야 하며, 전자적 공고에 관하여 필요한 사항은 대통령령으로 정한다.

8) **발기인의 성명·주민등록번호 및 주소** 발기인의 책임을 명백히 하는 것은 회사의 이해관계인에게 중요하므로 이를 정관의 절대적 기재사항으로 한 것이다. 회사가 발기인이면 법인의 명칭과 본점을 기재하여야 한다.

**《일본과 중국 회사법상 정관기재사항》**

정관의 절대적 기재사항에 관하여 일본 회사법은 회사의 목적, 회사의 상호, 본점 소재지, 설립시에 출자된 재산의 가액 또는 그 최저액, 발기인의 성명(명칭) 및 주소, 발행예정주식총수의 여섯 가지를 규정하고 있다.

중국 회사법에 의하면 절대적 기재사항과 상대적 기재사항을 구별하지 않고, 회사의 명칭과 주소, 회사의 경영범위, 회사의 설립방식, 회사의 주식총수 및 1주의 금액과 등록자본, 발기인의 성명(명칭) 및 인수하는 주식의 수 그리고 출자방식과 기일, 이사회의 구성과 직권 및 의사규칙, 회사의 법정대표자, 감사회의 구성과 직권 및 의사규칙, 이익배당방법, 회사의 해산사유 및 청산방법, 회사의 통지와 공고방법, 주주총회가 결의할 필요가 있다고 인정하는 기타사항으로서 상당히 포괄적인 열두개의 항목을 두고 있다.

## (2) 상대적 기재사항

상대적 기재사항은 기재하지 않더라도 정관자체의 효력에는 영향을 미치지 않지만 만약 그것을 기재하지 않으면 아무런 효력도 발생되지 않는 사항이다. 상대적 기재사항은 상법의 여러 곳에 규정되어 있다(§344②, §346①, §357, §361, §383③, §387, §390②, §416, §418, §463, §517①). 특히 중요한 상대적 기재사항은 설립시에 자본충실을 기하기 위하여 반드시 정관에 기재하도록 규정하고 있는 변태설립사항(위험한 약속)이다(§290).

이러한 변태설립사항은 그것이 남용된 경우 회사의 재산적 기초를 약화시켜 주주나 회사 채권자의 이익을 해할 염려가 있으므로 위험한 약속이라고 불리며, 반드시 정관에 기재하도록 하고 법원이 선임한 검사인에 의하여 엄격한 검사를 받도록 하고 있다(§299①, §310). 그리고 주식청약서에도 기재하도록 한다(§302②2호),

이러한 변태설립사항을 정관에 기재하지 않았거나 또는 정관에는 기재하였으나 검사인 등에 의한 검사를 받지 않은 경우에는 원칙적으로 무효라고 본다.

이러한 변태설립사항에는 다음과 같은 것이 있다.

1) 발기인이 받을 특별이익(§290 1호)　　발기인이 받을 특별이익과 이를 받을 자의 성명은 정관에 기재하여야 그 효력이 발생한다. 발기인이 받을 특별이익이란 발기인이 위험을 부담하고 회사를 설립한 공로로서 발기인에게 부여되는 보상을 말한다. 즉 특별이익은 이익배당·잔여재산분배·신주인수에 대한 우선권, 회사설비이용에 대한 특혜, 회사제품의 총판매권 부여, 발기인으로부터 원료의 총구입권의 약속 등이다. 그러나 자본충실의 원칙에 반하는 이익(예: 무상주 또는 공로주의 교부, 납입의무의 면제 등), 주주평등의 원칙에 반하는 이익(예: 주주총회결의에 대한 이의권, 동의권 등) 또는 단체법의 원칙에 반하는 이익(예: 이사, 감사 기타 임원의 지위 약속) 등은 이에 포함되지 않는다.

발기인에게 부여된 이러한 특별이익은 일단 부여된 뒤에는 이익의 성질과 정관의 규정에 반하지 않는 한 양도 또는 상속의 대상이 될 수 있으며, 주주의 지위와 분리된다. 회사성립 후에는 발기인이 그 권리를 포기하지 않는 한 정관변경으로도 박탈할 수 없다.

2) 현물출자(§290 2호)　　현물출자를 하는 자의 성명과 현물출자의 목적인 재산의 종류·수량·가격과 이에 대하여 부여할 주식의 종류와 수를 정관에 기재하여야 그 효력이 발생한다.

현물출자는 특정재산의 확보, 주식회사로의 조직변경, 특허의 공업화 등을 위하여 금전 이외의 재산으로 하는 모든 출자이다. 주식회사에서는 금전출자가 원칙이나 예외적으로 현물출자가 가능하다. 현물출자를 상법이 변태설립사항으로 규정한 것은 출자목적물이 과대평가되어 회사 설립시부터 자본에 결함이 생겨 회사채권자를 해하는 것을 방지하고, 또 현물출자자에게 부당하게 많은 주수(株數)를 배당함으로 인하여 금전출자한 주주를 해하는 것을 방지하기 위한 것이다.

현물출자의 목적은 금전 이외의 재산으로서 양도 가능하고 대차대조표의 자산의 부에 기재할 수 있는 것이면 어떤 것이든 가능하다. 즉 동산, 부동산, 채권, 사채권이나 주권 등의 유가증권, 특허권 등의 무체재산권, 상호, 영업의 전부 또는 일부, 영업비밀 등이 현물출자의 목적물이 될 수 있다.

현물출자의 이행은 납입기일에 출자의 목적인 재산을 인도하고, 등기·등록 기타 권리의 설정 또는 이전을 요하는 경우에는 이에 관한 서류를 완비하여 교부하여야 한다(§295②, §305③). 현물출자 된 재산은 설립중의 회사에 귀속하고, 회사성립 후에 특별한 이전절차 없이 회사의 재산이 된다. 그러나 등기할 서류의 교부만으로는 출자재산이 설립중의 회사에 귀속된다고 할 수 없고, 회사설립 후 등기이전청구권 또는 물권적기대권만 취득하게 될 것이므로 입법적 보완이 필요하다.[1)]

현물출자의 불이행이 있는 경우에는 민법상 채무불이행의 일반원칙에 의하여 강제집행을 할 수 있으나(민 §389), 이행불능의 경우에는 민법상 일반원칙에 의하여 그에게 손해배상을 청구할 수 있음은 물론(민 §390, §544) 정관을 변경하여 설립절차를 속행할 수 있다.

3) **재산인수**(§290 3호) 발기인이 회사의 성립을 조건으로 하여 회사를 위하여 특정인으로부터 일정한 재산을 양수하기로 약정하는 경우에는 그 재산의 종류·수량·가격과 그 양도인의 성명을 정관에 기재하여야 그 효력이 발생한다. '회사성립 후에 양수할 것을 약정한다' 함은 발기인이 설립될 회사를 위하여 회사의 성립을 조건으로 하여 발기인이나 주식인수인 또는 제3자로부터 일정한 재산을 매매의 형식으로 양수할 것을 약정하는 개인법상의 계약을 의미한다.

재산인수는 회사의 설립자체를 위한 행위가 아니고 개업 준비행위의 일종이지만 설립 후의 원활한 영업활동을 위하여 예외적으로 인정하고 있다. 다만 현물출자의 탈법행위로 악용되는 것을 방지하기 위하여 상법이 변태설립사항으로 규정한 것이다. 또 재산인수가 탈법행위로서 악용되는 것을 방지하기 위하여 상법은 다시 사후설립(회사의 설립 후 2년 내에 그 성립 전부터 존재하던 고정재산을 자본의 20분의 1 이상에 해당하는 대가로써 취득하는 계약을 하는 경우에는 주주총회의 특별결의를 요한다, §375)을 규정하고 있는 것이다.

현물출자는 재산인수 및 사후설립과 서로 유사하면서도 다르다. 즉 현물출자는 단체법상의 출자행위이지만 재산인수는 개인법상의 거래행위이며, 한편 재산인수는 회사성립 전의 계약이나 사후설립은 회사성립 후의 계약이라는 점에서 양자는 근본적으로 차이가 있다.

재산인수는 변태설립사항이므로 반드시 원시정관에 기재되어야 그 효력이 발생하며, 정관에 기재되지 아니한 재산인수의 효력은 원칙적으로 무효가 되므로 회사뿐만 아니라 계약의 상대방도 그 무효를 주장할 수 있다. 성립 후의 회사가 예외적으로 추인할 수 있는지 여부에 대하여 다수설은 정관에 규정이 없는 재산인수의 추인을 인정하면 이는 상법 제290조 제3호의 취지를 무의미하게 하여 결과적으로 재산인수의 탈법행위를 인정하는 것이 되고, 또 자본충실에 관한 절차상의 규정은 다수결의 원리로 그 적용을 배제할 성질이 아니라는 이유로, 정관에

---

1) 이철송, 회, 234~235면.

규정이 없는 재산인수는 주주총회의 특별결의가 있는 경우에도 절대적으로 무효라고 한다.[1] 다수설이 타당하다고 생각한다. 그러나 소수설은 발기인이 권한범위의 행위를 한 경우와 같이 성립 후의 회사는 주주총회의 특별결의로써(§374 유추적용) 이를 추인할 수 있다고 한다.[2]

4) 설립비용 등(§290 4호) 회사가 부담할 설립비용과 발기인이 받을 보수액도 변태설립사항으로서, 이를 정관에 기재하여야 그 효력이 발생한다. 설립비용이란 발기인이 회사의 설립절차 실행을 위하여 지출한 비용을 말한다. 예컨대 납입금 보관은행의 수수료, 정관·주식청약서 등의 인쇄비, 주주모집을 위한 광고비, 설립사무소의 임대료 등이 이에 해당한다. 그러나 회사의 개업 준비를 위하여 지출한 공장·건물·집기·원료 등의 구입비는 개업 준비비용으로서 이에 포함되지 않는다(통설).[3] 개업 준비를 위한 금전차입도 설립비용이 아니므로 이에 포함될 수 없다.[4] 설립비용은 회사의 자본으로 지출하여야 하지만, 이와 같이 변태설립사항으로 규정한 것은 발기인이 권한을 남용하여 과다한 비용을 지출하는 것을 방지하려는 것이다.

발기인이 받을 보수란 발기인이 회사의 설립사무에 종사한 노동의 대가를 말하는 것이다. 이는 설립 중 회사의 기관으로서 제공한 노무의 대가이므로 설립 중 회사가 부담하는 일시적 급료이고, 성립 후의 회사가 부담하는 특별이익과 구별되며, 또한 설립비용에도 포함되지 않는다.[5]

정관에 기재하지 않거나 기재 액을 초과하여 지출한 설립비용은 발기인 자신이 부담하여야 하며, 회사에 대하여 구상할 수 없다고 본다. 그리고 회사와 발기인 간의 외부관계에 속하는 사항으로 설립비용이 지급되지 않은 경우에 이를 누가 부담할 것인가의 문제가 있다. 이에 대하여 학설이 대립하지만[6] 정관에 규정된 설립비용은 당연히 회사가 부담하지만, 정관에 규정되지 않은 설립비용은 회사가 제3자에게 지급하고 회사가 이를 추인하지 않는 한 발기인에게 구상할 수 있다고 본다(회사전액부담설).[7]

---

1) 정동윤, 114면; 이철송, 회, 236~237면; 손주찬, 608~609면; 최기원, 160면.

2) 대판 1992.9.14, 91다33087; 정찬형, 상, 638면.

3) 정찬형, 상, 638면; 정동윤, 114면; 이철송, 회, 237~238면; 이기수 외, 162면; 채이식, 410면.

4) 대판 1965.4.13, 64다1940.

5) 정찬형, 상, 638면; 정동윤, 115면; 이철송, 회, 238면.

6) 이에 대한 학설로는 회사전액부담설, 발기인전액부담설(최기원, 163면), 회사·발기인 중첩부담설(손주찬, 560면) 등이 있다.

7) 정동윤, 115~6면; 이기수 외, 163면; 정찬형, 상, 639면.

**《일본과 중국 회사법상 변태설립사항》**

일본 회사법에서도 변태설립사항을 상대적 기재사항으로 하고 있다. 현물출자자의 성명, 명칭, 당해재산 및 가액, 그로 인하여 배당하는 설립시 발행주식수, 종류주식을 발행하는 회사를 설립하는 경우에는 설립시 발행주식의 종류, 종류마다의 수(일회§ 28 1호), 회사 성립 후 양수할 것을 약속한 재산, 그 가액, 그 양도인의 성명, 명칭(동조 2호), 회사 성립에 의하여 발기인이 받을 보수 기타의 특별이익, 그 발기인의 성명, 명칭(동조 3호), 회사가 부담할 설립비용(동조 4호)이다. 설립비용의 귀속에 대하여 일본에서는 회사와 발기인 부담설, 회사전액부담설, 발기인전액부담설, 회사와 발기인의 중첩책임설이 있다.

그러나 중국 회사법은 변태설립사항에 관하여 따로 정하고 있지 않다.

### (3) 임의적 기재사항

정관에는 이상의 절대적, 상대적 기재사항 외에도 강행법규, 선량한 풍속 기타 사회질서 또는 주식회사의 본질에 반하지 않는 한 기재할 수 있는데, 이를 임의적 기재사항이라고 한다. 임의적 기재사항의 예로는 지점의 소재지, 주권의 종류, 명의개서절차, 주주총회의 소집시기 및 장소, 이사·감사의 수, 영업연도 등이 있다.

## 제2 기타의 실체형성절차

주식회사는 정관작성 후 설립등기 이전에 주식발행사항의 결정·주식인수·출자이행·기관구성 및 설립경과조사 등의 실체형성절차를 필요로 한다. 그 가운데 주식발행사항의 결정절차를 제외한 나머지는 회사의 설립방법이 발기설립이냐 모집설립이냐에 따라 차이가 있다.

### 1. 주식발행사항의 결정

회사의 설립시에 발행하는 주식의 총수(§289①5호)와 액면주식을 발행하는 경우 1주의 금액(§289①4호)은 반드시 정관에 의하여 정하여지지만, 그 이외의 구체적인 주식발행사항은 정관에 특별히 규정된 바가 없으면 발기인이 구체적으로 이를 정하여야 한다. 그 내용은 주식의 종류와 수, 액면주식의 경우에 액면 이상의 주식을 발행할 때에는 그 수와 금액, 또 무액면주식을 발행할 경우에는 주식의 발행가액과 그 금액 중 자본금으로 계상하는 금액(§291 각 호) 등이다.

주식발행사항에 관하여 발기인 전원의 동의를 얻지 못하면 설립무효의 사유가 되며, 발기인 전원의 동의는 설립등기신청시에 첨부서류로 증명되어야 한다. 회사 성립시의 자본형성이라는 중요성 때문에 발기인 전원의 동의를 요하며,[1] 신주발행시에는 이사회에서 과반수 출석과 출석이사 과반수 찬성으로 하는 점에서 차이가 있다. 위의 사항을 제외한 나머지 사항(예컨대 주식의 청약기간, 납입기일, 납입취급은행 등)은 발기인의 과반수의 다수결로써 정한다(통설).

**《일본과 중국 회사법상 주식발행사항 결정》**

일본 회사법도 우리나라의 경우와 같이 발기설립과 모집설립의 방법을 인정하고 있으므로, 발기인은 전원의 동의로써 설립방법을 선택할 수 있다. 일본 회사법은 발기설립의 경우에 발기인이 배당받을 설립시에 발행하는 주식의 수, 발기인이 배당받은 주식과 교환하여 납입할 금액, 성립 후 회사의 자본금 및 자본준비금에 관한 사항은 발기인 전원의 동의를 얻어야 한다고 정하고 있다(일회 §32①1~3호). 또한 이익배당의 내용이 다른 종류주식을 발행할 것을 정관으로 정한 경우에는 발기인 전원의 동의로써 그 내용을 정하여야 한다(동조②). 그리고 모집설립의 경우에는 공모나 연고모집이 모두 가능하지만 설립시의 모집주식의 수, 모집주식의 납입금액, 납입기일 또는 기간, 일정한 기일까지 설립등기가 되지 않을 경우 인수취소에 관한 내용 등에 관하여 발기인 전원의 동의를 얻어야 한다(일회 §58①1~4호).

이에 대하여 중국 회사법에서도 주식회사 설립방식으로서 발기설립과 모집설립을 인정하고 있으나(중회§ 78), 주식발행사항의 결정에 관하여는 회사법에서 특별한 규정을 두고 있지 않다.

## 2. 주식인수절차

### (1) 발기설립의 경우

발기설립의 경우에는 회사의 설립시에 발행하는 주식의 총수를 발기인이 인수하는 것인데, 발기인은 반드시 서면에 의하여 주식을 인수하고 설립등기 신청시에 이를 첨부하여야 한다(§293). 주식회사의 경우에는 주식인수 이외의 방법으로는 직접출자 할 수 없다.[2] 발기인의 주식인수 사실을 대내외적으로 증명하기 위하여 서면에 의한 주식인수를 요구하므로 서면에 의하지 않는 주식인수는 무효이

1) 이철송, 회, 239~240면.

2) 대판 1966.1.18, 65다880·881.

다. 이러한 발기인의 주식인수의 법적 성질은 합동행위설(통설)[1]과 입사계약설[2]이 대립한다. 그러나 설립중 회사의 성립시기가 정관을 작성하고 발기인이 주식의 일부를 인수한 때라고 본다면 합동행위설이 타당할 것이다.

발기인의 주식인수의 시기에 관하여 정관작성 전후를 불문한다는 견해[3]도 있지만, 설립중 회사의 성립시기와 관련해 보면 정관작성과 동시 또는 그 이후라고 보아야 할 것이다.[4]

### (2) 모집설립의 경우

모집설립의 경우에도 발기인은 반드시 1주 이상의 주식을 주주의 모집 전에 인수하고(§301전단, §293), 남은 주식을 인수할 자를 모집하여 인수시킨다(§301후단). 모집주주의 수나 모집주주가 인수할 주식의 수에 관해서 제한이 없으나, 발기인의 주식인수와는 다른 점이 많다.

**1) 모집방법** 주주의 모집방법은 제한이 없으므로 공모이든 연고모집이든 관계가 없으며, 다만 50인 이상의 다수인을 상대로 공모할 때는 일반투자자를 보호하기 위하여 자본시장법에 따라 금융위원회에 신고하는 등 별도의 절차에 따라야 한다(자금 §119 이하). 모집설립의 경우에는 발기인은 회사의 개요와 청약의 조건을 기재한 주식 청약서를 반드시 작성하여야 하고(§302②), 모집주주는 주식 청약서에 의해서만 청약하여야 한다(동조①).

**2) 인 수** 모집설립에 있어서 주식의 인수는 주식을 인수하고자 하는 자의 청약과 발기인의 배정에 의하여 성립한다. 주식인수의 청약에 대하여 발기인은 배정방법을 미리 공고하지 않은 이상, 누구에게 배정할 것인지 몇 주를 배정할 것인지 자유로이 배정할 수 있다(배정자유의 원칙). 주식인수의 청약에 대하여 배정이 있으면 주식의 인수가 성립하는데, 이때에 청약자는 인수인이 되어 배정받은 주식의 수에 따라서 인수가액을 납입할 의무를 부담한다(§303). 모집설립의 경우 주식인수의 법적 성질은 입사계약이라고 보기 때문에(이설 없음) 발기인이 인수하는 것과는 성질을 달리한다.

**3) 청 약** 주식인수의 청약은 앞에서 설명한 바와 같이 청약서에 인수할

---

1) 정찬형, 상, 641면; 정희철, 374면: 손주찬, 566면: 이기수 외, 170면.
2) 이철송, 회, 240~241면; 정동윤, 119면.
3) 최기원, 562면; 정희철, 374면; 채이식, 412면.
4) 정동윤, 119면; 이철송, 회, 241면; 이기수 외, 170면; 정찬형, 상, 641면.

주식의 종류와 수, 주소를 기재하고 기명날인 또는 서명하여야 한다(§302①). 청약은 부합계약의 성질을 가지며, 일반적으로 청약과 동시에 청약증거금을 납입한다. 가설인명의 또는 타인의 승낙을 얻지 않고 타인명의로 하는 경우도 있는데, 이때에는 실제로 청약을 한 자(명의차용자)가 주식인수인이 되어 납입책임 등을 부담한다(§331①). 그러나 타인의 승낙을 얻어 타인명의로 주식을 청약하고 그 후 그 타인에게 주식이 배정된 경우에는 누가 주식인수인이 되는가에 대하여 명의대여자가 주식인수인이라고 보는 형식설과 명의차용자가 주식인수인이라고 보는 실질설이 있다. 이에 대하여 통설과 판례[1]는 실질설에 따르고 있다. 법률행위의 일반이론에 비추어 보나 실질적 투자자를 보호할 필요가 있는 점에서 볼 때 실질설이 타당하다고 본다.[2] 그런데 이때에 어느 설을 따르더라도 상법의 규정에 의하여 명의대여자와 명의차용자는 연대하여 주금액을 납입할 책임을 부담한다(§332②).

4) 청약의 하자 주식인수는 청약과 배정이라는 의사표시로 이루어지는 법률행위이므로 의사표시에 관한 민법의 일반원칙이 적용될 것이다. 그러나 주식인수는 단체법상의 행위로서 개인법상의 행위와는 다르기 때문에, 의사표시자의 보호에만 치중할 수 없고 주식인수의 청약의 효력을 가능한 한 확보하기 위하여 상법은 이에 관한 몇 가지의 특칙을 두고 있다. 이러한 특칙으로는 ① 청약자가 비진의표시를 하고 발기인이 이를 알았거나 또는 알 수 있었을 경우에도 그 청약은 유효하다(§302③). ② 회사성립 후 또는 주식인수인이 창립총회에 출석하여 권리를 행사한 후에는 주식청약서상의 요건흠결을 이유로 주식인수의 무효를 주장하거나, 착오(민 §109) 또는 사기·강박(민 §110)을 이유로 주식인수를 취소할 수 없도록 규정(§320)하고 있다.

주식인수가 무효 또는 취소되더라도 회사설립의 무효로는 연결되지 않는다. 주식회사에 있어서 주주의 개성은 중요하지 않으며, 이러한 흠결에 대하여 발기인이 자본충실의 책임을 지기 때문이다.

5) 배 정 주식인수의 청약에 대해 발기인은 전술한 바와 같이 배정방법을 미리 공고하지 않은 이상, 누구에게 배정할 것인지 몇 주를 배정할 것인지 자유로이 배정할 수 있다(배정자유의 원칙). 발기인은 설립중 회사의 기관으로서 청약자의 납입능력, 주주간의 세력균형 등을 고려하여 배정할 필요가 있기 때문에 배정자유의 원칙을 채택하였다.[3]

---

1) 대판 1998.4.10, 97다50619; 동 2004.3.26, 2002다29138 외.

2) 정찬형, 상, 643~644면; 이철송, 회, 205면; 정동윤, 125면; 이기수 외, 175면.

3) 이철송, 회, 247면; 정찬형, 상, 645면.

청약에 대하여 배정이 있으면 주식인수가 성립하고, 청약자는 인수인이 되어 배정받은 주식에 대하여 인수가액을 납입할 의무를 진다(§303).

**《일본과 중국 회사법상 주식의 인수》**

일본 회사법에서도 우리나라의 경우와 같이 배정자유의 원칙(일회 §60①)을 인정하기 때문에 발기인은 청약자 중에서 배정 받을 자를 자유롭게 정하고, 청약한 주식수보다 적게 배정할 수도 있다. 실제로는 사업설명서나 모집서류 등에 기재된 배당방법에 따라 배당한다. 발기인은 납입기일 또는 납입기간 초일까지 청약자에게 배당 주식수를 통지해야 하며(동조②), 청약자는 이에 따라 인수인이 된다(일회 §62 1호).

중국 회사법은 발기설립의 경우(중회 §81)에 발기인이 서면형식으로 회사정관에 규정된 주식의 인수를 확인하도록 하고 있으며, 주금의 납입은 최초출자액은 등록자본금의 20% 이상이어야 하며, 2년 내에 분할납입을 허락한다. 모집설립의 경우에는 발기인 개인의 인수주식의 수에는 제한이 없으나(1주만의 인수도 가능함), 발기인 전체는 회사주식 총수의 35% 이상을 인수하여야 한다(중회 §85). 발기설립의 경우와 달리 모집설립의 경우에는 발기인이 분할납입할 수 없다.

## 3. 출자이행절차

### (1) 발기설립의 경우

발기인이 설립시에 발행하는 주식총수를 인수한 때에는 그 발기인은 지체 없이 각 주식에 대하여 그 인수가액의 전액을 납입하여야 한다(전액납입주의, §295①). 이 때 발기인의 인수가액의 납입은 확실을 기하기 위하여 은행 기타 금융기관과 납입장소에 하여야 한다(§295①). 발기인이 정한 이러한 납입금 보관은행 등은 법원의 허가가 있는 경우에만 변경될 수 있다(§306). 또한 이러한 납입금 보관은행 등은 발기인 또는 이사의 청구가 있는 때에는 그 보관금액에 관하여 증명서를 교부할 의무가 있고, 이는 설립등기 시에 첨부할 서류이다. 이와 같이 증명한 보관금액에 대하여는 납입의 부실 또는 그 금액의 반환에 관한 제한이 있음을 이유로 하여 회사에 대항하지 못한다(§318①, ②). 상법의 이와 같은 규정은 납입금의 소재를 분명히 하고 납입에 따른 부정행위(가장납입행위 등)를 방지하여 자본충실을 기하기 위해서이다.

발기인이 현물출자를 하는 경우에는 그 발기인은 납입기일에 지체 없이 출자의 목적인 재산을 인도하고, 등기·등록 기타 권리의 설정 또는 이전을 필요로 하는 경우에는 이에 관한 서류를 완비하여 교부하여야 한다(§295②). 즉 등기·등록에 필요한 협력의무를 완전히 이행하여야 한다.

발기인이 주식을 인수하고 출자를 이행하지 않는 경우에는 실권제도가 없으므로 채무불이행의 일반원칙에 따라 그 이행을 강제하든가(민 §§389~390) 또는 회사불성립의 결과가 된다. 이를 간과하고 회사의 설립등기가 이루어진 경우에는 납입불이행부분이 근소하면 발기인 전원이 연대하여 납입담보책임을 지고, 납입불이행부분이 상당한 경우에는 설립무효가 될 것이다.

### (2) 모집설립의 경우

발기인은 주식 총수가 인수된 때에는 지체 없이 주식인수인에 대하여 각 주식에 대한 인수가액의 전액을 납입시켜야 한다(전액납입주의, §305①). 납입은 실제로 금전을 제공하는 행위이므로 주식인수인은 주금납입에 관하여 종래에는 상계로써 회사에 대항할 수 없었으며(§334), 대물변제나 경개(更改) 등도 허용되지 않았으나, 2011년 개정상법은 이를 삭제하였다. 또한 어음이나 수표 등으로 납입되었을 때는 지급인에 의하여 지급되었을 때 유효하게 납입된 것으로 본다.[1)]

주금의 납입은 주식청약서에 기재된 은행 또는 기타 금융기관에 하여야 하므로(§305②, §302②9호) 발기인은 주식청약서에 납입장소를 기재하여야 하며, 이러한 납입장소는 법원의 허가가 있는 경우에만 변경될 수 있다(§306). 납입금의 보관은행 등은 발기설립의 경우와 같이 발기인 또는 이사의 청구가 있는 때에는 그 보관금액에 관하여 증명서를 교부할 의무가 있고, 이 보관증명서는 설립등기를 신청할 때 첨부서류이며 이와 같이 증명한 보관금액에 대하여는 납입의 부실 또는 그 금액의 반환에 관한 제한이 있음을 이유로 하여 회사에 대항하지 못한다(§318①, ②). 납입금 보관자는 보관하고 있는 납입금을 회사의 설립 후에 회사에 반환하여야 한다.[2)]

주식인수인이 납입하지 않은 때에는 발기인은 일정한 기일을 정하여 납입을 최고하고, 그 기일 내에 납입하지 않으면 실권한다는 뜻을 주식 인수인에게 통지하여야 한다(§307①). 실권된 주식에 관하여는 새로 인수인을 모집하거나 발기인이 모두 인수할 수도 있다. 이와 같은 실권절차와는 별도로 주식인수인에 대하여 손해배상을 청구할 수도 있다(동조③). 이러한 실권절차에 의하지 않고는 주금납입이 없다고 하여 주식인수인의 권리가 상실되는 것이 아니다.[3)]

---

1) 대판 1977.4.12, 76다943.

2) 정찬형, 상, 647면.

3) 서울고판 1979.6.21, 78나3263; 이철송, 회, 204면.

**《일본과 중국 회사법상 출자의 이행》**

일본 회사법은 한국의 경우와 달리 발기설립의 경우에도 출자를 이행하지 않은 발기인에게 일정한 기일까지 납입하지 않으면 실권한다는 최고를 하고, 이 통지를 받은 발기인이 새로 지정된 기일까지 출자를 이행하지 않을 경우에는 주주가 될 권리를 상실한다(일회 §36). 모집설립의 경우에 발기인이 정한 기일 내에 지정된 은행 등의 납입취급 장소에 전액을 납입해야 하며, 이 납입을 하지 않을 경우에는 주주가 될 권리를 상실하고(당연상실), 재모집은 하지 않는다(일회 §63). 모집설립의 경우 은행 등 납입취급기관의 보관증명책임은 우리와 같고, 증명한 보관금은 회사가 성립한 후 회사에 대하여 반환하여야 한다(日最判).

이에 대하여 중국 회사법은 발기설립의 경우 발기인은 인수주식을 확인한 후 즉시 출자를 납입하여야 하며, 화폐나 기타 실물, 지적재산권, 토지 사용권 등 화폐로 그 가치를 산정할 수 있고 법에 따라 양도할 수 있는 비화폐 재산으로 출자할 수도 있다. 비화폐 재산으로 출자하는 경우에는 재산의 이전절차를 밟아야 한다. 발기인이 출자금을 납부하지 않는 경우 발기인 협의에 따라 위약책임을 져야 한다(중회 §84, §27). 모집설립의 경우 주식인수인은 인수증을 작성한 후 인수대금을 대리 수납하는 은행에 납입해야 하며, 은행은 협약에 따라 인수대금을 수납보관하고 납입보관증명서를 교부할 의무가 있다(중회 §89).

## 4. 기관구성절차(임원의 선임)

### (1) 발기설립의 경우

발기설립의 경우에는 출자이행절차가 완료된 때에 발기인은 지체 없이 인수한 주식 수에 따른 의결권의 과반수로써 이사와 감사(감사위원회를 설치한 경우에는 감사위원)를 선임하여야 한다(§296①). 발기인의 임원 선임행위는 설립중 회사의 구성원(출자자)으로서 하는 것이므로, 의사록을 작성하여 의사의 경과와 그 결과를 기재하고 기명날인 또는 서명하여야 한다(§297).

### (2) 모집설립의 경우

모집설립의 경우에는 출자이행절차가 완료된 때에 주식인수인으로 구성되는 창립총회에서 이사와 감사를 선임한다(§312). 창립총회는 발기인이 소집하고(§308①) 출석한 주식인수인의 의결권의 3분의 2 이상이며 인수된 주식총수의 과반수에 해당하는 다수로써 결의한다(§309). 창립총회는 설립중 회사의 의사결정기관으로 성립 후 회사의 주주총회에 해당하므로 주주총회에 관한 많은 규정들이 준용된다

(§308②). 주주총회의 특별결의 요건보다 강화하여 결의의 신중을 기하도록 하고, 발기인의 영향력을 견제한다.

창립총회에서 선임된 이사들은 정관에서 달리 정한 바가 없으면 이사회를 열어 대표이사를 선임하여야 한다.[1)]

### 《일본 회사법상 이사, 감사의 선임》

첫째, 발기설립의 경우 발기인이 출자이행을 완료한 후 지체 없이 최초로 이사, 감사, 회계감사인, 회계참여가 될 자를 각각을 선임하여야 한다(일회 §38 각 항). 정관으로 설립시의 이사, 감사, 회계감사인, 회계참여 등을 정한 경우에는 출자가 완료된 후에 선임된 것으로 간주한다(동조③). 이사회 설치회사를 설립하는 경우에는 이사 3인 이상, 감사회 설치회사를 설립하는 경우에는 감사가 3인 이상이어야 한다(일회 §39①, ②).

설립할 때 임원의 선임은 발기인의 의결권 과반수에 의하는 것은 우리와 동일하지만(일회 §40①), 발기인이 이사의 전부 또는 일부의 선임에 의결권을 행사할 수 없는 종류의 주식을 인수한 경우에는 설립시 이사 선임에 대하여 의결권을 행사할 수 없다(동조④). 비공개회사의 설립시에는 이사, 감사 선임권부종류주식(일회 §108 ① 9호)을 발행한 경우에는 의결권의 과반수로써 설립시의 이사, 감사를 선임한다(일회 §41①, ③)

주식회사가 성립할 때까지 이미 선임된 임원 등의 해임은 발기인의 의결권의 과반수로써, 감사의 해임은 의결권의 3분의 2 이상으로써 가능하다(일회 §43①, ②). 발기인이 이사의 전부 또는 일부의 선임에 의결권을 행사할 수 없는 종류의 주식을 인수한 경우에는 해임의 경우에도 의결권을 행사할 수 없다(동조③,④).

둘째, 모집설립의 경우 이사, 감사 등의 선임은 창립총회의 결의에 의하며(일회 §88), 회사 성립 전까지 해임할 수 있다(일회 §91). 2인 이상의 이사를 선임할 때는 주식인수인은 창립총회의 5일 전까지 발기인에 대하여 누적투표를 실시할 것을 청구할 수 있다(일회 §89①, ②).

### 《중국 회사법상 이사, 감사의 선임》

주식회사의 발기설립시에 발기인은 제1회 출자금을 납입한 후에 이사회와 감사회를 선출하여야 한다고 규정하고 있지만(중회 §84)[2)], 어떤 선임절차를 거쳐야 하는지에 관하여 명확한 규정은 없다. 주식회사가 모집설립의 방식을 택한 경우에는 발기인은 주금이 완납된 날로부터 30일 내에 발기인 및 인수인으로 구성되는 창립총회를 소집하여야 한다. 창립총회는 주식총수의 과반수를 대표하는 발기인 및 주식인수인들이 출석하여야 하며, 출석한 의결권의 과반수로써 이사회 구성원과 감사회 구성원을 선출한다(중회 §91).

---

1) 정찬형, 상, 650면; 이철송, 회, 252면; 이기수 외, 171면.

2) 이사와 감사를 선출하여 이사회와 감사회를 구성하여야 한다는 의미.

## 5. 설립경과조사절차

### (1) 발기설립의 경우

1) 이사와 감사는 취임 후 지체 없이 회사의 설립에 관한 모든 사항이 법령 또는 정관에 위반되지 않는지 여부를 조사하여 발기인에게 보고하여야 한다(§298①). 이사와 감사 중 발기인이었던 자, 현물출자자 또는 회사성립 후 양수할 재산의 계약당사자인 자는 설립경과조사 및 보고에 참가하지 못하며(동조②), 이사와 감사의 전원이 이에 해당하는 때에는 이사는 공증인으로 하여금 이러한 조사와 보고를 하도록 하여야 한다(동조③). 조사결과 설립에 관해 위법하거나 정관에 위반한 사항이 있는 경우에는 이를 시정하여 설립절차를 속행할 수 있으나, 치유할 수 없는 하자가 있는 경우에는 회사가 설립될 수 없을 것이다.

2) 변태설립사항이 있는 경우에는 이사의 청구에 의하여 법원이 선임한 검사인이 변태설립사항을 조사하여야 한다(§298④본문). 그러나 이 경우에도 법원의 관여를 피할 수 있는데, 발기인이 받을 특별이익과 보수, 설립비용의 경우에는 공증인의 조사와 보고로 갈음할 수 있고, 현물출자와 재산인수의 경우에는 감정인의 감정으로 이에 갈음할 수 있다(동항 단서, §299의2). 실제로는 발기인들이 보다 간편한 공증인의 조사와 감정인의 감정을 택하고 있기 때문에 법원이 선임하는 검사인 제도는 사문화하고 있다.[1)]

3) 검사인은 변태설립사항과 현물출자 이행사항을 조사하여 법원에 보고하고(§299①), 조사보고서의 등본을 각 발기인에게 교부하여야 한다(동조③). 다만 현물출자나 재산인수의 재산총액이 자본금의 5분의 1을 초과하지 아니하고 대통령령으로 정한 금액을 초과하지 않는 경우와 현물출자나 재산인수의 재산이 거래소에서 시세가 있는 유가증권인 경우로서 정관에 적힌 가격이 대통령령으로 정한 방법으로 산정된 시세를 초과하지 아니하는 경우, 기타 이에 준하는 경우에는 검사인의 조사와 법원에 보고하는 것은 적용되지 않는다(동조②). 이 보고서에 사실과 다른 사항이 있는 때에는 발기인은 법원에 그 설명서를 제출한다(동조④). 회사의 설립절차를 간편하게 하기 위하여 2011년 개정상법이 신설한 것이다.

---

1) 이철송, 회, 250~251면.

법원은 검사인(공증인, 감정인 포함)의 조사보고서와 발기인이 제출한 설명서를 심사하여 변태설립사항이 부당할 경우에는 이를 변경하여 각 발기인에게 통고할 수 있다(§300①). 발기인과 이사는 이 변경처분에 따라 정관을 변경하고 회사를 계속하든지 주식의 인수를 취소할 수 있다(동조②). 법원의 통고가 있은 후 2주 내에 주식의 인수를 취소한 인수인이 없는 때에는 정관은 법원의 통고에 따라 변경된 것으로 본다(동조③).

### (2) 모집설립의 경우

모집설립의 경우 설립경과조사도 원칙적으로 이사·감사가 하고(§313) 그 결과를 창립총회에 보고하여야 한다. 이사나 감사가 발기인 등 제척사유에 해당하는 경우는 발기설립의 경우와 같다. 예외적으로 변태설립사항이 있는 경우 발기인은 법원에 검사인의 선임을 청구하여야 하고, 법원이 선임한 검사인은 조사보고서를 창립총회에 제출하여야 한다(§310). 공증인의 조사보고와 감정인의 감정으로 갈음할 수 있는 점은 발기설립의 경우와 같다.

창립총회에서 변태설립사항이 부당하다고 인정하는 때는 이를 변경할 수 있으며, 이에 불복하는 발기인은 주식인수를 취소하거나 정관을 변경하여 회사설립절차를 계속할 수 있다(§314①, ②).

**《일본 회사법상 설립경과조사》**

발기설립의 경우 이사(감사설치회사는 이사 및 감사)는 선임 후 지체 없이 설립경과(일회 §46①에서 열거하는 사항)를 조사하여 각 사항이 법령, 정관에 위반하거나 부당한 사항이 있다고 인정한 때에는 발기인에게 그 뜻을 통지하여야 한다(동조②). 그리고 위원회를 설치하는 회사의 경우에는 이사는 그 뜻과 내용을 대표집행임원에게 통지하여야 한다(동조③).

모집설립의 경우 이사는 선임된 후 지체 없이 설립경과를 조사하여 그 결과를 창립총회에 보고한다(일회 §93①, ②). 이사의 전부 또는 일부가 발기인인 경우에는 창립총회는 이상의 조사를 할 자를 선임할 수 있다. 선임된 자는 필요한 조사를 하고 그 결과를 창립총회에 보고하여야 한다(일회 §94①, ②). 창립총회에서 변태설립사항의 변경결의가 있는 경우, 이 변경에 반대하는 주주는 결의 후 2주 이내에 한하여 주식의 인수를 취소할 수 있다(일회 §97).

변태설립사항의 조사에 관해서는 우리나라의 경우와 같다.

**《중국 회사법상 설립경과조사》**

발기설립의 경우(중회 §84)나 모집설립의 경우(중회 §90) 모두 법에 따라 설립된 검증기구의 검증을 받도록 하고 있으나, 회사법상 그 검증기구와 검증절차에 관하여 명확한 규정이 없다.

## 6. 가장납입

(1) 주금의 납입은 현실적으로 하여야 하는데, 실제로는 납입이 없이 납입을 가장하여 설립등기를 하는 것이 가장납입이다. 가장납입행위는 자본확정 및 충실의 원칙을 해하여 회사의 재산적 기초를 위태롭게 하거나, 선의의 주주나 채권자의 이익을 부당하게 해할 염려가 있다. 은행 등에게 납입금을 보관하게 하는 것이나 가장납입과 관련한 자들을 형사처벌하는 것은 가장납입을 예방하기 위한 것이다. 가장납입행위에는 납입은행과 결탁하여 하는 공모가장납입, 납입은행과 결탁 없이 일시 타인으로부터 자금을 차용하여 납입하고 회사성립 후 즉시 인출하여 변제하는 차입가장납입 및 양자의 절충형태가 있다.

(2) 공모가장납입은 실제로 납입이 없는 것이므로 당연히 무효이다. 다만 가장납입의 정도가 근소한 경우에는 발기인이 납입담보책임을 지기 때문에 그 무효가 치유될 수 있을 것이다. 상법은 공모가장납입을 방지하기 위하여 납입금 보관은행 기타 금융기관은 납입금 보관증명을 발행하여(§318①) 증명한 보관금액에 대해서는 납입의 부실 또는 그 금액의 반환에 제한이 있음을 이유로 하여 회사에 대항하지 못한다고 규정하고 있다(동조②). 다만 자본금 총액이 10억원 미만인 회사를 제295조 제1항에 따라 발기설립하는 경우에는 위의 증명서를 은행이나 그 밖의 금융기관의 잔고증명서로 대체할 수 있다(동조③).

가장납입을 공모한 발기인, 이를 알고 있었던 발기인은 임무해태로 인한 손해배상책임을 회사에 대하여 지며, 악의 또는 중대한 과실이 있는 경우에는 제3자에 대해서도 책임을 진다. 또한 발기인, 이사, 감사 등의 행위자와 이에 응한 납입금 취급은행 임직원이나 이를 중개한 자도 납입가장죄에 의하여 처벌된다(§628).

(3) 이러한 형태의 가장납입은 금융기관의 위험이 크기 때문에 현실로 행해지기 어렵다. 실제로 빈번히 이용되는 가장납입의 형태는 차입가장납입이다.[1] 차입가장납입이 있을 경우 상법은 명확한 규정을 두고 있지 않기 때문에 실무적으로 어떻

---

1) 이철송, 회, 255면.

게 처리할 것인가의 문제가 있다. 차입가장납입에 의한 회사설립은 형식적으로는 주금의 납입이 있었으나 실제로는 납입된 것이 없기 때문에 이를 무효라고 본다.[1] 판례는 이에 대하여 진실한 납입의사유무는 주관적인 문제이고 실제로 금원의 이동에 따른 현실의 불입이 있는 것이라고 하여 회사설립을 유효라고 본다.[2]

(4) 차입가장납입을 주도한 발기인과 이사 등은 회사에 대하여 불법행위로 인한 손해배상책임을 지며, 회사가 주주의 납입금을 체당한 것으로 보고 회사는 주주에게 상환을 청구할 수 있다고 보아야 할 것이다.[3] 또한 발기인과 이사 등은 처음부터 주금납입의 의사가 없이 납입금보관증명을 받아 설립등기를 하였기 때문에 상법상의 납입가장죄와 형법상의 공정증서원본부실기재죄 및 동 행사죄의 책임을 진다.

또한 발기인대표가 개인자격으로 납입을 맡을 은행으로부터 납입금에 해당하는 금액을 대출받아 주금납입을 하고, 회사성립 후 회사가 그 은행으로부터 납입금을 반환받아 발기인대표이었던 자에게 빌려주어 그가 은행차입금을 변제하게 하는 양자의 절충형태가 있는데, 실질적으로 공모가장납입의 변형으로서 상법의 규정을 탈법하는 행위이므로 납입으로서의 효력을 부정하여야 할 것이다.[4]

### 《일본과 중국 회사법상 가장납입》

일본에서도 회사설립의 경우에 납입이 가장되는 경우가 많고 특히 개인 기업이 주식회사로 조직을 변경하는 경우에 많이 나타난다.[5] 납입가장행위로서는 우리의 경우와 같이 공모가장납입(預合), 차입가장납입(見金), 이들의 절충형태 세 종류가 있다. 預合에 의한 주식의 납입은 무효로 해석되고, 발기인, 이사 등이 預合에 의한 가장납입을 한 경우 또는 이에 응한 자도 5년 이하의 징역 또는 500만엔 이하의 벌금 또는 이들을 병과 할 수 있다. 見金에 대해서 유효인가 무효인가 문제도 우리나라의 경우와 같이 유효설, 무효설이 분기하지만 무효로 보는 견해가 다수설이다. 혼합형태에 의한 가장납입에 대해서 일본의 판례는 납입무효의 입장이고, 이로 인한 설립등기는 공정증서원본부실기재, 동 행사죄에 해당한다고 본다.[6] 모집설립의 경우에 납입취급금융기관이 납입금 보관증명서를 발행한 경우 보관증명책임이 발생하는 것은 우리나라의 경우와 같다(일회 §64②).

---

1) (통설) 이철송, 회, 211면. 반대의견: 정찬형, 상, 648면.
2) 대판 1997.5.23, 95다5790; 동 1998.12.23, 97다20649 등.
3) 대판 2004.3.26, 2002다29138 등.
4) 정찬형, 상, 648~649면.
5) 石山卓磨, 98面.
6) 日最決 昭和40.6.24, 刑集 19卷 4号, 469面.

이에 대하여 중국의 회사법은 주식인수와 납입에 관한 사항, 발기인의 자본충실책임 및 차액보충책임 등을 명문화 하고 있지만 가장납입에 대해서는 명문규정을 두지 않고 있다.

# 제3절 설립등기

## 제1 설립등기의 의의와 시기

회사는 설립등기에 의하여 성립되며(§172), 설립등기는 국가기관이 회사설립을 위한 법정요건을 심사함으로써 부실한 회사설립을 방지하는 장치이다. 주식회사의 설립등기는 발기설립의 경우 변태설립사항이 없으면 이사, 감사의 조사·보고가 종료한 날, 변태설립사항이 있으면 검사인(공증인·감정인)의 변태설립사항 조사·보고 후 또는 법원의 변태설립사항 변경처분 후 2주간 내에, 모집설립의 경우에는 창립총회 종결 후 또는 창립총회에 의한 변태설립 사항 변경 후 2주간 내에 하여야 한다(§317①).

설립등기는 대표이사가 신청하며, 신청서에는 일정한 서류를 첨부하여야 한다(상등 §80). 설립등기를 해태하면 과태료의 제재를 받으며(§635① 1호), 설립등기를 위하여 주식의 납입, 현물출자의 이행, 기타 변태설립사항 등에 관하여 법원이나 창립총회에 부실보고를 하거나 사실을 은폐하면 형벌의 처벌을 받는다(§625 1호).

## 제2 등기사항

등기사항은 회사의 내용을 공시할 목적으로 정책적으로 정하여지는 것으로서 다음과 같다. ① 회사의 목적, 상호, 발행예정주식총수, 액면주식을 발행하는 경우 1주의 금액, 본점소재지, 공고하는 방법, ② 자본금의 액, ③ 발행주식총수, 그 종류와 각종 주식의 내용과 수, ④ 주식양도에 관하여 이사회의 승인을 받도록 한 때에는 그 규정, ⑤ 주식매수선택권을 부여하도록 정한 때에는 그 규정, ⑥ 지점의 소재지, ⑦ 존립기간이나 해산사유를 정한 때는 그 기간 또는 사유, ⑧ 이익소각에 관한 사항, ⑨ 전환주식에 관한 사항, ⑩ 사내이사, 사외이사, 그 밖에 상무에 종사하지 아니하는 이사, 감사 및 집행임원의 성명과 주민등록번호·주소, ⑪ 회사를 대표할 이사 또는 집행임원의 성명·주민등록번호 및 주소, ⑫ 공동대표이사 또는 공동집행임원에 관한 사항, ⑬ 명의개서 대리인을 둔 때에는 그 상호 및 본점소재지, ⑭ 감사위원회를 설치한 때에는 감사위원회 위원의 성명 및 주민등록번호 등이다(§317②).

그리고 지점의 설치·이전도 등기사항이며, 위 사항 중 변경이 있는 때는 변경등기를 하여야 하고, 중요사항은 지점에서도 등기하여야 한다(동조③).

## 제 3 등기신청시의 첨부서류

발기인은 설립등기신청 시에 다음의 서류를 첨부하여야 한다(상등 §80 1~11호).

① 정관, ② 주식의 인수를 증명하는 서면, ③ 주식청약서, ④ 발기인이 정한 주식발행사항을 증명하는 서면, ⑤ 이사와 감사 및 검사인이나 공증인의 조사보고서와 그 부속서류, 감정인의 감정서와 그 부속서류, ⑥ 검사인의 보고에 관한 재판이 있는 경우에는 그 등본, ⑦ 발기인이 이사, 감사를 선임한 경우에는 이에 관한 서면, ⑧ 창립총회의 의사록, ⑨ 이사, 대표이사, 감사의 취임승낙을 증명하는 서면, ⑩ 명의개서 대리인을 둔 경우에는 그 계약을 증명하는 서면, ⑪ 주금의 납입을 맡은 은행 기타금융기관의 납입금 보관에 관한 증명서이다.

## 제 4 설립등기효력

주식회사는 설립등기에 의하여 법인격을 취득하고 회사로 성립한다(§172). 이것은 설립등기 본래의 효력으로서, 제3자의 선의·악의를 불문하고 등기만으로 대항력이 발생하는 점에서 상업등기의 일반적 효력(§37)과 구별된다(상업등기의 특수적 효력 중 창설적 효력). 이러한 설립등기의 효력에 의하여 설립중의 회사(및 발기인조합)는 소멸하고, 설립중의 회사가 취득한 권리와 의무는 당연히 성립된 회사로 이전하며 주식인수인은 주주가 된다.

그리고 설립등기를 하여 회사가 성립하면 주식인수인은 주식청약서의 요건흠결을 이유로 인수의 무효를 주장하거나, 착오 또는 사기·강박을 이유로 그 인수를 취소하지 못한다(§320①). 또한 주권발행이 허용되고(§355①, ②), 권리주양도의 제한(§319②)이 해제되는 부수적 효력이 발생된다.

### 《일본 회사법상 설립등기》

주식회사는 본점 소재지에서 설립등기를 함으로써 성립하며, 발기인이나 주식인수인은 주주가 된다. 이 주주가 될 수 있는 권리(권리주)의 양도는 성립 후의 회사에 대항할 수 없다(일회 §50①, ②).

발기설립의 경우에는 설립등기시에 주금납입취급기관이 발행하는 납입보관 증명서를 첨부할 필요가 없고, 납입이 있었음을 증명하는 서면(예금잔고증명서 등)만 첨부하면 된다(일상등 §47②).[1] 주금납입취급기관에는 자본충실책임을 과하지 않는다. 그러나 모집설립의 경우는 은행 등의 납입취급기관이 납입금보관증명서 발급의무와 증명서 발급은행의 보관증명책임을 지는 것(일회 §64①, ②)은 회사설립시에 자본충실을 기하기 위한 특별한 법정책임으로서 우리 상법의 경우와 같다. 납입취급기관이 보관증명책임을 지고 납입되지 않은 금액을 회사에 반환한 경우에는 납입하지 않았던 주주에게 구상할 수 있고, 회사가 그 주주에게 갖는 주금납입청구권을 대위한다고 본다.[2]

주식회사의 설립등기로써 회사가 성립된 후에는 민법상의 심리유보 및 허위표시는 주식인수의 의사표시에 적용되지 않으며(일회 §51①), 발기인은 착오, 사기, 강박을 이유로 하여 무효나 취소를 주장할 수 없다(동조②)는 내용도 우리나라의 경우와 같다.

### 《중국 회사법상 설립등기》

중국회사법에 의하면 발기설립의 경우 회사의 이사회와 감사회를 선거한 후 이사회는 회사등기기관에 회사의 정관, 검사기관이 한 검사증명, 법률 및 행정법규가 규정하는 기타 문건을 보고하여 설립등기를 신청하도록 한다. 모집설립의 경우에는 이사회가 창립총회 종결 후 30일 이내에 회사등기기관에 등기신청서, 창립총회의 회의록, 회사정관, 출자검사증명서, 법정대표자, 이사와 감사의 임명문건 및 신분증명서, 발기인의 법인자격증명서 또는 자연인 신분증명서, 회사주소증명을 제출하여 설립등기를 신청하도록 한다. 주식을 공개 발행하는 경우에는 국무원 증권감독관리부문의 비준문건도 회사등기기관에 제출하여야 한다(중회 §93).

주식회사의 자본충실을 위하여 주식을 공모할 때는 은행과 주식대금 대리수납협의를 체결하고, 은행은 협의에 따라 주식대금을 대리수납 보관하며 주금을 납입하는 인수인에게는 영수증을 발급하고 관계기관에 수금증명서를 제출한다(중회 §89). 주식대금이 완납된 후에는 법에 따라 설립된 검증기구의 검증을 받아야 하며, 검증기구는 검증증명서를 발급해야 한다(중회 §90).

---

1) 우리나라도 2005년 상법개정을 통하여 자본금 10억 미만의 회사를 발기설립할 경우에는 납입금보관 증명서를 잔고증명서로 대체할 수 있도록 하였다(§318③).

2) 大隅·今井, 239面.

# 제 4 절 설립하자

주식회사의 설립절차에 하자가 있는 경우 설립의 효력이 문제가 되지만, 합명회사, 합자회사 및 유한책임회사, 유한회사에서와는 달리 설립취소의 소나 주관적 무효원인은 존재하지 않고(§184, §269, §552 참조) 설립무효의 소(§328)만 인정된다. 즉 주식회사 설립절차의 객관적인 하자(강행규정의 위반, 주식회사 본질에 반하는 경우)가 있는 경우에만 설립무효의 소를 제기할 수 있다.

## 1. 설립무효의 원인

주식회사의 설립무효의 원인에 대하여 상법에는 규정이 없으므로, 학설은 주주의 주관적 원인(의사무능력·비진의 의사표시 등)은 무효원인이 아니고 객관적 원인만을 무효원인으로 보고 있다. 따라서 주식회사의 설립이 전술한 바와 같이 강행법규나 주식회사 본질에 반하는 경우에만 설립무효의 원인이 된다.[1] 예를 들면 설립목적이 위법하거나 사회질서에 반할 때, 정관의 절대적 기재사항의 불비 또는 허위로 기재된 때, 발기인의 기명날인(서명)이 없거나 또는 공증인의 인증이 없거나 무효인 때, 주식인수와 납입의 흠결이 현저하여 발기인의 자본충실 책임만으로써는 회사설립을 인정할 수 없을 때, 창립총회가 없거나 결의가 무효인 때, 설립등기가 무효인 때 등이다.

## 2. 설립무효의 소

주식회사의 설립무효의 원인이 있는 경우에는 민법상 무효주장의 일반원칙과는 달리 반드시 소로써만 주장할 수 있고(무효주장방법의 제한), 원고는 주주·이사 또는 감사이며(제소권자의 제한), 설립무효의 소는 회사성립의 날로부터 2년 내에만(제소기간의 제한) 제소할 수 있도록 하였다(§328①). 이와 같이 엄격하게 제소를 제한한 것은 회사의 설립과정에 이해관계인이 많으므로 법률관계를 획일적으로 처

1) 정찬형, 상, 656면; 정동윤, 154면; 이철송, 회, 266면.

리하고 기존상태를 보호하기 위한 취지이다. 설립무효의 소의 피고는 회사이다.

관할은 본점소재지의 지방법원이며(§186), 소가 제기되면 회사는 지체 없이 공고하여야 한다(§187). 수개의 소가 제기된 때에는 법원은 병합심리(§188) 하여야 하며, 법원은 재량기각을 할 수 있다(§189).

## 3. 판결의 효력

주식회사의 설립무효의 소에 관한 그 밖의 절차 및 판결의 효력에 관해서는 합명회사의 설립무효의 소에 관한 규정이 준용된다(§328②). 무효판결이 확정되면 회사설립이 무효라는 형성력이 발생하며, 판결의 효력은 소의 당사자뿐만 아니라 제3자에게도 미치는 대세적 효력이 있으나(§190), 소급효는 없다(동조 단서). 소급효가 없으므로 회사설립시부터 무효판결확정시까지 사실상의 회사가 인정되어, 회사는 제3자에 대하여 계약상의 권리를 가지고 의무를 부담할 뿐만 아니라 불법행위, 부당이득 등에 의해서도 의무를 부담한다.

이 때 주주의 회사에 대한 권리나 발기인 및 이사의 회사 또는 제3자에 대한 책임도 적법하게 설립된 회사의 경우와 같다. 판결이 확정되면 본점과 지점에서는 이를 등기하여야 하며(§192), 회사는 해산에 준하여 청산한다. 무효의 사유가 특정 사원에 한정된 경우에는 다른 사원 전원의 동의로 회사를 계속할 수 있다(§194①).

원고패소판결에는 대세적 효력이 없으며, 패소원고에게 악의 또는 중대한 과실이 있는 경우에만 회사에 대하여 연대하여 손해배상책임을 진다(§191).

### 《일본과 중국 회사법상 설립의 하자》

일본 회사법도 설립등기가 완료되어 외관상 유효하게 성립하면 법률관계의 안정을 위하여 설립무효의 소의 제도를 두고 있다. 그러나 주식회사의 경우에 설립취소나 주관적 원인에 의한 설립무효를 인정하지 않고 오직 객관적인 무효의 원인이 있는 경우에만 설립무효의 소를 제기할 수 있게 한 것은 우리나라의 경우와 같다. 설립무효의 소의 제소기간이 회사 성립일로부터 2년이고, 제소권자도 제한을 하여 감사를 제외하고 우리나라의 경우와 같다.

원고가 승소하여 설립이 무효가 되면 대세적 효력이 있으므로 법률관계를 획일적으로 확정하며, 소급효를 부정한다. 따라서 우리나라와 같이 사실상의 회사 개념이 발생하며, 이미 발생한 회사, 주주 및 제3자간의 권리의무관계는 영향을 받지 않고 장래를 향해서만 효력을 상실한다(일회 §839).

중국의 회사법에는 설립무효에 관한 특별한 정함이 없다.

# 제 5 절 설립에 관한 책임

주식회사의 설립절차는 복잡하기 때문에 부정이나 잘못이 있기 쉽고, 처음부터 사기의 목적으로 회사를 설립하여 주식인수인 또는 회사 채권자를 해할 수 있다. 따라서 상법은 설립사무를 담당한 발기인과 이사, 감사, 검사인에 대하여 엄격한 책임(민사책임, 형사책임, 과태료)을 인정함으로써 준칙주의의 결함을 보완하고 있다.

## 제 1 발기인의 책임

### 1. 회사가 성립한 경우

#### (1) 회사에 대한 책임

1) 자본충실책임

① **의 의** 회사가 성립한 경우에 발기인은 회사의 설립시에 발행하는 주식에 대하여 인수담보책임과 납입담보책임을 진다. 즉 인수와 납입에 흠결이 있거나 자본구성에 결함이 있으면 회사는 설립될 수 없을 것이므로 설립단계에서는 전부인수와 전액납입주의를 채택하고 있지만(§295, §305), 이를 실현하기 위하여 다시 발기인에게 이를 보완할 수 있는 책임을 지우는 것이다. 상법은 발기인의 자본충실책임을 통하여 설립무효를 방지하고 이해관계인의 기대에 부응한다.

(가) 인수담보책임 발기인은 회사설립시에 발행하는 주식으로서 회사 성립 후에 아직 인수되지 아니한 주식이 있거나, 주식인수의 청약이 취소된 때에는 이를 공동으로 인수한 것으로 본다(§321①). 이 때 인수되지 아니한 주식이란 주식청약서 위조 등으로 인수를 가장한 경우, 발기인의 과실로 인하여 인수가 없는 주식이 생긴 경우 등을 의미하며, 그 밖에 주식인수인의 의사무능력·허위표시 또는 무권대리 등에 의하여 주식인수가 무효로 된 경우를 포함한다. 그러나 주식인수인은 비진의의사표시(§302③) 또는 주식청약서의 요건흠결(§320①)을 이유로 주식인수의 무효를 주장하거나 사기, 강박, 또는 착오를 이유로 하여 그 인수를 취

소하지 못한다. 이 경우에는 발기인의 인수담보책임도 발생할 여지가 없다.

주식인수의 청약이 취소된 경우란 행위무능력이나 파산법상의 부인권 행사, 사해행위를 이유로 주식인수인 또는 그의 채권자가 주식인수를 취소한 경우를 의미한다. 그러나 주식인수인은 착오·사기·강박을 이유로 하여 주식인수를 취소할 수 없으므로(§320①), 이 경우에도 발기인의 인수담보책임이 발생할 여지가 없다.

발기인은 이때에 인수가 의제된 주식에 대하여 납입담보책임도 부담하므로(§333①), 이를 엄격히 말하면 인수 및 납입담보책임이라고 말할 수 있다.

(나) 납입담보책임　　발기인은 회사성립 후에 아직 인수가액의 전액의 납입을 완료하지 아니한 주식이 있는 경우에는 발기인은 이를 연대하여 납입할 의무를 부담한다(§321②). 회사설립시에 발행하는 주식이 모두 인수되었으나 납입이 안 된 부분이 있어 발기인이 책임을 지는 것으로서, 인수가 안 된 부분에 대하여 발기인이 공동으로 인수하고 납입의 책임을 지는 인수담보책임과 구별된다.

**② 기 능**　　설립시에 발행하는 주식 중에서 인수 또는 납입을 완료하지 아니한 주식이 있으면 원칙적으로 설립무효의 원인이 된다고 하겠으나, 인수나 납입이 없는 주식의 수가 근소한 경우까지 설립무효의 원인으로 한다면 이는 국민경제상의 손실이 클 것이다. 따라서 상법은 이러한 경우에는 발기인에게 자본충실의 책임을 지도록 하여 지금까지 진행된 설립절차의 효력도 유지시키고자 한다. 그러므로 인수 또는 납입이 없는 주식의 수가 상당하여 발기인이 자본충실책임을 질 수 없는 경우에는 당연히 회사설립무효의 원인이 되는 것이라고 보아야 할 것이다(통설). 이러한 점에서 볼 때 발기인의 자본충실의 책임은 보충적이고 부수적인 것이다.[1]

**③ 성 질**　　발기인의 자본충실책임은 무과실연대책임이고(異說 없음), 자본충실을 위해 상법이 인정하는 특별한 법정책임으로서 총주주의 동의로도 면제하지 못한다. 따라서 주식이 인수되지 아니 하거나 주식인수가 무효 또는 취소되는데 과실을 요하지 않는다.

**④ 내 용**　　상법은 발기인이 인수담보책임을 부담하는 경우에는 발기인이 이를 공동으로 인수한 것으로 본다(§321①후단). 따라서 발기인 전원은 공동인수인이므로 인수된 주식에 대하여 공유관계가 성립하고(민 §262 이하), 연대하여 주금을 납입할 책임을 부담한다(§333①).

1) 정찬형, 상, 659면; 정희철, 384면; 손주찬, 588면; 이철송, 회, 259면; 최기원, 585면.

주식을 공유하는 자는 그 중의 1인을 주주의 권리를 행사할 자로 정하여야 한다(§333②). 이러한 발기인의 인수담보 책임의 발생 시기는 원칙적으로 회사의 성립시이고, 예외적으로 회사성립 후 주식인수를 취소한 경우는 그 취소시이다.

상법은 또 발기인이 납입담보책임을 부담하는 경우에는 발기인은 연대하여 그 납입을 하여야 한다고 규정하고 있다(§321②후단). 이 경우에는 인수담보책임을 지는 경우와는 달리 발기인이 주주가 되는 것이 아니고, 원래 그 주식을 인수한 인수인이 주주가 된다. 그러므로 주식인수인이 납입책임을 부담하여야 하지만 발기인과 주식인수인은 납입에 관하여 부진정연대채무를 진다. 어느 한 발기인이 납입을 하면 원래의 주식인수인의 채무를 변제한 것이 되므로 당연히 주식 인수인에 대하여 구상권을 행사할 수 있음은 물론(민 §481), 다른 발기인에 대하여도 그의 부담부분에 대하여 구상권을 행사할 수 있다(민 §425). 납입담보책임의 발생 시기도 인수담보 책임과 같이 회사의 성립시 또는 성립 후이다.

**⑤ 현물출자의 경우** 현물출자의 불이행이 있는 경우에도 발기인의 자본충실의 책임이 인정될 수 있는지에 대하여 학설이 대립한다.[1] 긍정설은 대체가능한 현물출자 또는 회사의 사업수행에 불가결한 것이 아닌 현물출자의 경우에는 금전으로 환산하여 발기인에게 자본충실의 책임을 인정하려는 견해이다. 이에 대하여 부정설은 현물출자는 개성이 강한 것으로서 타인이 대체이행을 하는 것이 곤란하고 또 상법은 금전출자의 납입과 현물출자의 이행을 달리 표현하고 있으므로(§295, §305①), 현물출자의 불이행에 대하여 발기인의 자본충실책임을 부정하려는 견해이다.

우리나라에서는 부정설이 다수의 견해이며, 발기인이 자본충실책임을 이행하고도 개성적 성질이 강한 현물출자 불이행 때문에 사업에 지장이 있는 경우에는 설립무효의 원인이 있다고 해야 할 것이므로 부정설이 타당하다.

**⑥ 이행청구** 발기인의 자본충실책임은 대표이사가 그 이행을 청구할 수 있다. 그러나 소수주주도 회사를 위하여 대표소송을 제기할 수 있다(§324, §§403~406). 발기인이 임무를 해태하여 회사에 손해가 발생한 경우에는 발기인에 대한 자본충실책임의 이행청구가 있더라도 그에 대하여 또 손해배상을 다시 청구할 수 있다(§321③).

**⑦ 책임의 소멸** 발기인의 자본충실책임은 회사의 성립시부터 10년의 시

---

1) 부정설: 최기원, 504면; 손주찬, 640면; 정찬형, 상, 660면; 최준선, 회, 164면. 긍정설: 이철송, 회, 260면; 이기수 외, 438면; 정동윤, 4162면.

효기간의 경과로 소멸한다. 그러나 회사의 자본충실과 채권자보호를 위하여 총주주의 동의로도 면제할 수 없다.

### 2) 손해배상책임

① **의 의** 발기인이 회사의 설립에 관하여 그 임무를 해태한 때에는 그 발기인은 회사에 대하여 연대하여 손해를 배상할 책임이 있다(§322①). 발기인의 회사에 대한 손해배상책임은 발기인이 설립중의 회사의 기관으로서 선량한 관리자의 주의로써 설립사무를 집행할 의무를 지고 있기 때문이다. 따라서 발기인이 설립중 회사에 대하여 손해배상책임을 지는 것을 동일한 실체인 성립 후의 회사에 대하여 책임지도록 전환한 것이다.[1] 예컨대 발기인이 주식을 공모하면 액면초과금액을 얻을 수 있었음에도 불구하고 액면금액으로 가족, 친지 등에게 배정하여 회사의 이익을 해친 경우 등이 이에 해당한다.

이사와 감사가 설립경과에 관한 사항(§298①, §313①)의 조사를 해태하여 회사에 대하여 손해배상책임을 부담하고, 발기인도 임무해태를 하여 회사에 대하여 손해배상책임을 부담하는 경우에는 발기인과 이사 및 감사는 연대하여 회사에 대하여 손해를 배상할 책임이 있다(§323).

발기인의 이러한 손해배상책임은 회사가 성립한 경우에만 발생하고, 회사가 불성립한 경우에는 발생하지 않는다. 그러나 회사가 성립한 후 설립무효가 확정된 경우에도 일단 발생한 발기인의 책임은 소멸하지 않는다(§328②, §190). 손해배상의 범위는 발기인의 임무해태와 상당인과관계가 있는 모든 손해이다.

② **성 질** 발기인의 임무해태로 인한 손해배상책임은 발기인과 회사 사이에는 어떤 계약관계도 없으므로 채무불이행책임이 아니고 또 발기인에게 위법성을 요구하지 않으므로 불법행위책임도 아니다. 발기인은 설립중 회사의 기관으로서 선관주의의무를 다하지 않는 데 대하여 상법이 특별히 인정하는 법정책임이다. 또한 이 책임은 과실책임으로서 무과실연대책임인 자본충실책임과 다르다. 따라서 발기인의 이 책임은 총주주의 동의에 의하여 면제될 수 있다(§324, §400). 발기인의 자본충실책임(인수 및 납입담보책임)은 무과실책임이므로 발기인의 과실유무에 불문하고 전원이 연대하여 부담하는 책임임에 반하여(§321②), 발기인이 회사에 대하여 부담하는 손해배상책임은 과실 있는 발기인만이 연대하여 부담하는 책임이다.

---

1) 최기원, 613면.

③ **이행청구** 이러한 손해배상책임도 자본충실책임과 같이 대표이사에 의하여 추궁되거나 또는 소수주주에 의한 대표소송에 의하여 추궁될 수 있다(§324, §§403~406).

④ **책임의 소멸** 발기인의 손해배상책임은 총주주의 동의로 면제할 수 있으며, 10년의 시효기간의 경과로 소멸한다.

**《일본 회사법상 발기인의 책임》**

발기인, 이사, 감사가 주식회사 설립에 있어서 임무를 해태한 때에는 회사에 대하여 연대하여 손해배상책임을 지고(일회 §53①, §54), 총주주의 동의로써만 면제할 수 있도록 하였다(일회 §55). 현물출자나 재산인수의 목적인 재산가액이 정관에 기재한 가액에 현저히 부족한 경우에는 발기인과 이사는 회사에 대하여 연대하여 부족액 지급책임을 지며(일회 §52①), 변호사 등의 증명자도 연대하여 책임을 진다(일회 §52③). 이 의무도 총주주의 동의로써만 면제할 수 있도록 하였다(일회 §55).

발기설립의 경우 발기인, 이사가 현물출자나 재산인수에 관하여 검사역의 조사를 거친 경우나 직무를 행함에 있어서 주의를 태만히 하지 않았음을 증명한 경우에는 부족액 지급책임을 지지 않는다(동조②). 다만 발기인 등이 현물출자나 재산인수의 양도인인 경우에는 이에 해당되지 않는다. 이에 대하여 모집설립의 경우에는 발기인, 이사가 현물출자나 재산인수에 관하여 검사역의 조사를 거친 경우에만 부족액 지급책임이 없다(일회 §103①). 그리고 설립시에 모집주식의 인수인이 실질적인 거출금액의 불공평으로 손해를 입은 경우에는 발기인, 이사 전원이 무과실 연대책임을 진다.[1)]

**《중국 회사법상 발기인의 책임》**

주식회사의 발기인은 설립과정의 주도적 집행자이기 때문에 회사설립을 위하여 전력을 다하도록 상응하는 법률상의 책임을 부과하고 있다. 특히 회사에 대한 책임으로서는 자본충실책임과 회사에 대한 손해배상책임이다. 중국 회사법 제94조는 주식회사 설립 후 발기인이 회사정관의 규정에 따라 출자금을 완납하지 않았을 경우에는 보충 납입하여야 하며 기타 발기인은 이에 대하여 연대책임을 진다(납입담보책임). 그리고 주식회사 설립 후 출자된 비화폐 재산의 실제가격이 회사정관에서 정한 가격보다 현저하게 미달되는 것을 발견한 경우에는 그 재산을 출자한 발기인은 차액을 보충납입하여야 하며, 기타 발기인은 이에 대하여 연대책임을 진다(차액보충책임). 이 자본충실책임은 회사법상의 법정책임이고, 무과실연대책임으로서 주주 또는 발기인의 약정을 통하여 변경할 수 없으며, 회사의 정관이나 주주총회의 결의로도 면제할 수 없다.

중국 회사법 제95조 3문의 규정에 의하면, 발기인이 회사 설립과정에서 과실로

1) 石山卓磨, 107面; 江頭, 105面.

인하여 회사의 이익에 손해를 끼치게 된 경우에는 회사에 대하여 손해배상책임을 진다(회사에 대한 손해배상책임). 발기인은 보수청구권 등 일련의 권리를 가지는 반면 회사의 설립사무에 대하여 선량한 관리자의 주의를 다해야 한다. 발기인이 그 의무를 해태하거나 권한을 부당하게 행사하여 회사가 손해를 입으면 발기인은 그 손해를 배상하여야 하는 과실 책임을 지게 된다.[1] 또한 동법 제84조 2문은 발기인이 정관상의 출자를 이행하지 않는 경우 발기인 계약에 따라 위반책임을 진다고 규정하고 있다.

## (2) 제3자에 대한 책임

**1) 의 의** 발기인이 악의 또는 중대한 과실로 인하여 그 임무를 해태한 때에는 그 발기인은 제3자에 대하여도 직접 연대하여 손해를 배상할 책임을 진다(§322②). 예컨대 발기인이 정관의 기재 없이 재산인수계약을 체결하였는데 그 계약이 무효가 되어 제3자가 손해를 입은 경우 등이다.

발기인은 불법행위가 없으면 원칙적으로 제3자에 대하여 직접 손해배상책임을 지지 않을 것이지만, 상법은 발기인에게 불법행위가 없음에도 불구하고 제3자를 보호하기 위하여 악의 또는 중대한 과실이 있는 경우에 한하여 직접 손해배상책임을 인정하고 있다. 악의나 중과실은 발기인의 임무해태에 있으면 되고 제3자의 손해에 있을 필요는 없다. 그러나 경과실의 경우에는 책임을 지지 않기 때문에 일반불법행위보다 발기인의 책임을 경감시켰다고 볼 수 있다. 발기인의 기관적 지위와 설립사무의 복잡성을 고려하여 발기인을 보호하기 위한 입법적 고려이다.

**2) 성 질** 발기인이 직접 제3자에게 손해배상책임을 지는 것의 법적 성질에 관하여 이를 불법행위책임의 일종이라고 보는 불법행위책임설과, 상법이 인정하는 특수한 손해배상책임이라고 보는 법정특별책임설이 있다. 통설인 법정특별책임설에 의하면 발기인의 행위가 동시에 불법행위의 요건을 충족하면 손해배상청구권과 불법행위로 인한 손해배상청구권의 경합을 인정하게 된다.[2]

**3) 제3자의 범위** 제3자는 회사 이외의 자로서 주식인수인, 회사채권자 등을 당연히 포함하지만, 주주가 포함될 것인가에 대하여 학설은 나뉘어 있다. 즉 주주를 포함하지 않는다는 견해와 주주 또는 주식인수인을 포함하는 견해가 있다. 회사가 발기인의 책임을 반드시 추궁한다는 보장도 없고, 제3자를 널리 보호

1) 양동석, 중국회사법, 394면.

2) 최기원, 614면; 이철송, 회, 262면; 정동윤, 165면; 정찬형, 상, 662~663면.

하는 것이 상법 제322조 제2항의 입법취지라는 점에서 볼 때 제3자의 범위에 주주도 포함된다고 보는 다수설이 타당할 것이다.[1]

**《일본과 중국 회사법상 발기인 등의 제3자에 대한 책임》**

일본 회사법은 발기인, 이사, 감사는 직무를 행함에 있어 악의 또는 중대한 과실로 인하여 제3자에게 손해를 끼친 때는 당해 손해에 대하여 배상책임을 진다고 하여 우리와 동일한 규정을 두고 있다(일회 §53②, §54). 이에 대하여 중국 회사법은 발기인의 제3자에 대한 책임을 명문으로 규정하고 있지 않다.

## 2. 회사가 불성립한 경우

### (1) 의 의

발기인은 회사가 성립하지 못한 경우에도 그 설립에 관한 행위에 대하여 연대책임을 지고(§326②), 회사의 설립에 관하여 지급한 비용을 부담한다(동항). 발기인이 회사설립을 위하여 절차를 진행하였으나 설립등기에 이르지 못한 경우를 불성립이라고 한다. 책임을 지는 발기인은 정관에 발기인으로서 기명날인 또는 서명한 자이다. 회사가 성립하지 못한 경우에도 발기인에게 위와 같은 책임을 지우는 이유는 주식인수인 및 설립중의 회사와 거래관계를 가진 채권자를 보호하기 위한 것이며 발기인 이외에는 다른 책임귀속의 주체가 없기 때문이다.

### (2) 내 용

회사불성립은 회사가 법률상은 물론 사실상으로도 성립하지 못한 경우를 의미하므로, 회사가 일단 성립하였다가 무효판결이 확정된 경우에는 불성립이 아니다. 발기인이 지는 책임의 내용은 주식인수인에 대하여 청약증거금 또는 주식납입금 반환의무, 회사의 설립에 필요한 거래 행위에서 발생한 채무이행을 위한 의무 등이 있다(설립행위에 대하여는 발기인의 권한 참조).

### (3) 성 질

발기인은 원래 설립중의 회사의 기관으로서 활동하여 온 자이므로, 회사불성립의 경우에 개인적으로 책임을 져야 할 이유는 없다. 그럼에도 불구하고 상법은

1) 손주찬, 592면; 정동윤, 164면: 최기원, 593면; 이철송, 회, 262~263면; 이기수 외, 190면.

발기인에 의한 경솔한 회사설립을 막기 위하여 이러한 책임을 정책적으로 인정하고 있으므로, 발기인의 이러한 책임의 법적 성질은 상법이 인정하는 특수한 책임(법정책임)이라고 할 수 있다(불성립의 경우에도 설립중 회사 인정). 또한 발기인의 이러한 책임은 무과실연대책임이다.

**《일본과 중국 회사법상 발기인의 제3자에 대한 책임》**

일본 회사법은 회사가 불성립한 경우, 발기인은 주식회사 설립행위와 지출한 비용에 관하여 과실유무를 불문하고 연대하여 책임을 진다(일회 §56). 따라서 발기인 전원은 연대하여 주식납입금, 청약증거금, 현물출자재산 등을 반환하여야 한다.

중국 회사법도 회사가 불성립할 경우 발기인은 설립행위로 인한 채무와 비용의 부담, 주식납입금반환과 이에 대한 이자지급에 대하여 연대하여 책임을 진다고 규정하고 있다(중회 §95).

## 제2 이사·감사·검사인·공증인·감정인의 책임

이사와 감사는 설립중의 회사의 감사기관으로서 설립경과를 조사하여 발기설립의 경우에는 발기인에게, 모집설립의 경우에는 창립총회에 설립경과에 대하여 조사, 보고할 의무를 진다(§298①, §313①). 그러므로 이사와 감사가 이러한 임무를 해태하여 회사 또는 제3자에게 손해를 입힌 때에는 이를 연대하여 배상할 책임을 진다(§323).

이 경우에 발기인도 회사 또는 제3자에 대하여 손해배상책임을 지는 때에는 발기인·이사·감사는 연대하여 손해를 배상할 책임을 진다(§323). 이사와 감사의 제3자에 대한 챔임의 발생요건에 대하여 상법에는 명문규정이 없으나, 발기인의 제3자에 대한 책임과의 균형상 악의 또는 중대한 과실이 있는 경우에만 진다고 본다.[1)]

상법에는 규정이 없으나 법원이 선임한 검사인에 갈음하여 변태설립사항을 조사·평가하는 공증인이나 감정인의 책임은 이들이 회사에 의하여 선임되는 점에서 상법 제323조를 유추적용 하여 이사·감사의 경우와 동일하게 해석하여야 할 것이다.[2)]

이사, 감사, 공증인, 감정인의 임무해태에 관한 입증책임은 손해배상을 청구하

---

1) 정찬형, 상, 664면; 최기원, 617면; 정동윤, 168면; 이기수 외, 193면; 이철송, 회, 264면.

2) 정찬형, 상, 664면; 이철송, 회 264면(상법 제322조 및 제323조와 같은 규정이 공증인, 감정인의 책임에 대비해서 마련되어 있지 않아 입법의 불비라고 한다); 정동윤, 168면.

는 회사 또는 제3자가 진다. 그리고 이들의 책임은 과실책임이므로 총주주의 동의에 의하여 면제할 수 있다(§324, §400①).

법원이 선임한 검사인은 변태설립사항과 현물출자의 이행사항을 조사할 임무를 가진다(§299, §310). 이러한 검사인이 악의 또는 중대한 과실로 인하여 그 임무를 해태한 때에는 회사 또는 제3자에 대하여 손해를 배상할 책임이 있다(§325). 법원이 선임한 검사인은 악의 또는 중과실이 있는 경우에만 회사에 대하여 손해배상책임을 지기 때문에 발기인·이사·감사의 회사에 대한 책임의 발생원인과 다르다.

법원이 선임한 검사인은 회사가 선임한 것이 아니므로 회사 또는 제3자와 직접 법률관계가 없기 때문에 책임을 질 이유가 없으나, 주식인수인과 채권자를 보호하기 위하여 상법이 정책적으로 특별히 인정하는 특수한 법정책임이다.

## 제 3 유사발기인의 책임

발기인이 아니더라도 주식청약서 기타 주식모집에 관한 서면에 성명과 회사의 설립에 찬조하는 뜻을 기재할 것을 승낙한 자는 유사발기인으로서 발기인과 동일한 책임을 진다(§327). 그러나 발기인과 같이 회사설립에 관한 직무권한이 없으므로 임무해태로 인한 발기인의 책임(§322)은 없다고 본다.[1] 따라서 유사발기인은 회사가 성립한 경우에는 회사에 대하여 자본충실의 책임(§321)을 지고, 회사가 불성립한 경우에는 주식 인수인에 대하여 납입금 및 증거금의 반환 책임을 진다(§326).

책임추궁을 위하여 소수주주의 대표소송이 인정된다.

**《일본과 중국 회사법상 유사발기인의 책임》**

일본 회사법에 의하면 모집설립의 경우, 주식모집의 광고 기타 당해 모집에 관한 서면이나 전자적 기록에 자기의 성명(명칭) 및 회사의 설립에 찬조하는 뜻을 기재하거나 기록할 것을 승낙한 자는 발기인으로 간주되어 발기인 등의 책임 및 무과실 전보책임에 관한 규정이 적용된다(일회 §103②). 즉 현물출자 등의 목적물가액 부족액전보책임, 임무해태로 인한 회사와 제3자에 대한 책임, 회사불성립시의 책임 등이다.

이에 대하여 중국 회사법은 유사발기인 등의 책임에 관하여 별도의 정함을 두지 않는다.

---

1) 정찬형, 상, 666면; 정동윤, 167면; 이철송, 회, 265면; 이기수 외, 193면; 최준선, 회, 170면.

# 제 3 장 주식과 주주

## 제 1 절 주 식

### 제 1 주식의 의의

주식회사의 사원인 주주가 회사에 대하여 출자자로서 갖는 지분을 주식이라고 하며, 인적회사의 지분과 그 뜻이 같다. 지분이라는 의미가 사원의 지위와 자본의 경제적 비율의 뜻을 포함하고 있는 것처럼 주식이라는 말에도 자본의 구성단위라는 뜻(§329②, §464)과 주주의 회사에 대한 지위(주주권)를 뜻하는(§335 등) 법률상 두 가지의 뜻이 있다. 그러나 사원이 출자액에 따라 크기는 다르지만 한 개의 지분을 갖는 인적회사와는 달리 주식회사의 자본은 균등한 비율적 단위로 세분화되는데(지분복수주의) 이는 대중을 주주로 참여시켜 대자본을 형성하고, 그의 지위를 증권화 하여 투하자본을 쉽게 회수할 수 있도록 유통성을 도모하려는 의미를 갖는다. 그러므로 주식은 주식회사의 두 개의 실질적 요소인 물적 요소와 인적 요소를 결합시키는 개념이다. 이러한 주식의 소유자가 주주이며, 주주권을 표창하는 유가증권을 주권(株券)이라고 한다.

#### 1. 자본금의 구성단위

##### (1) 자본금의 구성단위

자본금은 상법에 다른 규정이 있는 경우 외에는 발행주식의 액면총액을 의미한다(§451①). 무액면주식을 발행하는 경우에는 액면주식을 발행할 수 없으나(§329①), 액면주식을 발행하는 경우에는 이를 주식으로 분할하여야 하는데(동조②), 그 단위인 주식도 금액으로 표시된다. 주금액에 대하여 상법은 두 가지 제한을 두고 있는데, 하나는 1주의 금액의 최저액을 100원으로 한 것이고(동조③), 다른 하나는 1주의 금액의 균일을 요구하고 있는 것이다(동조②).

회사가 무액면주식을 발행하는 경우 회사의 자본금은 주식발행가액의 2분의 1 이상의 금액으로서 이사회에서 계상하기로 한 금액의 총액으로 한다. 주식의 발행가액 중 자본금으로 계상하지 아니하는 금액은 자본준비금으로 계상한다(§451②). 그리고 정관으로 정하는 바에 따라 액면주식은 무액면주식으로, 무액면주식은 액면주식으로 전환할 수 있다(§329④). 그러나 이 경우에도 회사의 자본금은 변경할 수 없다(§451③). 따라서 우리 상법상 자본의 일부분을 표창하지 않는 무상주는 인정되지 않는다.

### (2) 주식의 불가분성

이와 같이 주식은 지분의 단위를 이루고 있으므로 주식을 단위 미만으로 다시 세분하거나 또는 그 주식이 표창하는 권리를 분해하여 의결권, 이익배당청구권 등만을 별도로 타인에게 양도할 수 없다(주식불가분의 원칙). 그래서 상법은 1주에 미달하는 단주가 생기는 경우 처리방법을 특별히 규정하고 있다(§443①). 그러나 단위주식을 세분하여 여러 사람에게 귀속시킬 수 없지만, 단위주식 그 자체를 수인이 공유하는 것은 상관이 없다(§333). 공동인수나 공동상속의 경우가 있기 때문이다. 주식을 공유하는 경우에는 주주의 권리를 행사할 자 1인을 정하여야 한다(동조②).

### (3) 주식의 분할·병합

주식분할의 경우도 주식을 단위주 미만으로 세분화 하는 것이 아니고, 단위자체를 인하하여 종래보다 작은 단위를 만드는 것이므로 주식불가분의 원칙과 충돌하는 것이 아니다. 즉 종래의 1주를 2주로 하는 경우와 같이 회사재산은 물론 자본도 증가하지 않고 발행한 주식 수만을 증가시키는 것이다. 주식의 분할은 단위주 시가가 상승하여 거래가 불편할 때 시가를 낮추기 위한 경우, 합병절차를 간소화하기 위한 경우, 회사들이 자기주식의 액면가를 일치시키기 위한 경우 등에 이용한다.[1)]

회사는 주주총회의 특별결의로 주식을 분할할 수 있으며(§329의2①), 분할 후 액면주식 1주의 금액은 100원 이상으로 하여야 한다(동조②). 그리고 주식병합에 관한 제440조부터 제444조의 규정은 주식분할의 경우에 준용한다(동조③).

---

1) 정동윤, 180; 정찬형, 상, 669면; 이철송, 회, 434면.

주식의 병합이란 수 개의 주식을 합하여 종래의 주식 수를 감소시키는 경우로서 주식분할에 대응하는 개념이다. 주식의 병합은 자본금 감소를 위하여 이용된다.

## 2. 주주의 지위(권리의무)

주식은 법인인 회사와 사원인 주주와의 사이의 권리와 의무의 기초인 사원의 지위나 자격(사원권)을 의미한다. 주주의 권리는 공익권과 자익권으로 분리할 수 있으며, 주식과 분리하여 양도, 입질, 압류할 수 없고 주식을 양도하면 주주의 권리는 양수인에게 이전한다. 그리고 사원권의 크기는 주주가 갖는 주식의 수에 따른다.

### (1) 주식의 법적 성질

주식의 법적 성질에 대하여 사원권설, 사원권부인설, 채권설, 주식회사 재단설 등이 있지만 우리나라에서는 사원권설 이외의 다른 견해에 따르는 주장은 없다.[1] 사원권설에 의하면 주식회사는 사단법인이므로 주식은 이 사단법인에 대한 권리와 의무의 기초인 사원의 지위를 뜻하며, 주주에게는 사원권(주주권)이 있다고 보는 견해이다. 그 사원권(주주권)의 내용은 주주의 회사에 대한 권리의무를 근거 짓는 법률관계로서 이익배당청구권, 잔여재산분배청구권 등의 자익권과 의결권, 대표소송 제기권 등의 공익권으로 나눌 수 있다.

### (2) 주주권의 내용

주주는 주주권이라는 사원권을 근거로 하여 회사에 대하여 여러 가지 권리를 갖는다. 그리고 주주의 권리는 주식의 취득으로써만 발생하는 것이며, 주식과 분리되어 양도되거나 담보의 목적이 될 수 없고, 시효에 걸리지도 않는다. 다만 구체적인 사안에서 채권적 권리로 특정된 경우에만 주주의 지위와 분리될 수 있을 뿐이다.

주주권의 내용은 주주가 회사로부터 경제적 이익을 받는 권리와 이를 확보하기 위한 권리의 두 가지로 분류될 수 있는데, 이를 자익권과 공익권이라고 하며, 후술한다. 주주의 권리는 법률에 의하여 부여되는 것이므로 법률에 의하여 제한될 수 있으나, 그 외에는 정관의 규정이나 주주총회의 결의, 이사회의 결의에 의하여 제한될 수 없다.

---

1) 정동윤, 175~178면; 정찬형, 상, 671면.

**《일본과 중국 회사법상 주식》**

일본의 회사법상 주식에 대한 의미나 본질에 관한 이해는 우리와 같다. 그러나 중국 회사법에 의하면 광의의 주식은 주식회사가 발행한 주식과 유한회사의 출자를 포함하며, 협의의 주식은 주식회사가 발행한 엄격한 의미의 주식만이 주식이다. 그러므로 유한회사의 지분도 주식이고, 출자자도 주주이며, 사원총회도 주주총회, 출자증서도 주권 등으로 부르고 있으나, 주식회사의 주식과는 매우 다르다.

## 제 2 주식의 종류

주식회사는 자금조달의 편의와 주식의 원활한 유통, 경영권의 보장 등을 위하여 내용이 상이한 다양한 주식을 발행할 수 있다.

### 1. 액면주식 · 무액면주식

액면주식이란 1주의 금액(§289①4호)이 정관과 주권(§356 4호)에 표시되는 주식을 말한다. 발행된 주식의 액면금 총액은 자본금이 되며(§451), 회사는 자본거래에서 발생한 잉여금을 대통령령으로 정하는 바에 따라 자본준비금으로 적립하여야 한다(§451, §459①). 상법은 회사설립시에는 자본충실을 위하여 주식의 액면미달발행을 금지하지만(§330), 성립 후 신주발행시에는 자금조달을 위하여 엄격한 조건 아래서만 액면미달발행을 허용하고 있다(§451). 그리고 종래에는 액면주식만을 인정하고 1주의 금액은 100원 이상으로하고 있었으나, 2011년 개정상법은 무액면 주식제도를 도입하였다. 자본시장법에 의하여 설립된 투자회사는 그 이전부터 무액면주식을 발행할 수 있었다(자금 §196①).

무액면주식이란 1주의 금액이 정관 및 주권에 표시되지 않고 주권에 주식의 수만이 표시되는 주식이다. 따라서 주권에는 자본에 대한 비율만이 표시된다. 회사는 주식을 발행할 때마다 발행가를 결정하고 그 중 일부만을 자본에 계상한다. 개정상법에서는 회사가 무액면주식을 발행하는 경우 회사의 자본금은 주식발행가액의 2분의 1 이상의 금액으로서 이사회에서 계상하기로 한 금액의 총액으로 한다. 주식의 발행가액 중 자본금으로 계상하지 아니하는 금액은 자본준비금으로 계상한다(§451②). 이러한 무액면주식은 1912년 미국의 뉴욕주법에서 처음 채택하였으며 오늘날은 거의 대부분의 주에서 채택하고 있다.

액면주식은 주가가 하락하여 할인발행을 할 때 여러 가지의 제약이 따르기 때문에(§417) 그 절차도 복잡하고, 회사의 신용도 떨어지게 되지만 무액면주식의 경우에는 할인발행 문제가 발생하지 않고 발행가의 일부를 잉여금으로 활용할 수 있는 장점이 있다.[1)]

**《일본과 중국 회사법상 액면, 무액면주식》**

일본에서는 과거 액면주식제도와 무액면주식제도를 병용해 왔었으나, 2001년 액면주식제도를 폐지하고 무액면주식제도로 통일하였다. 그리고 회사설립시의 주식발행, 통상의 신주발행 등과 같이 발행가액이 인식되는 경우에는 발행가액의 2분의 1을 자본에 산입하게 하고, 주식분할이나 흡수합병 등의 경우와 같이 발행가액이 인식되지 않는 경우에는 발행주식이 증가하더라도 자본을 증가시킬 필요가 없도록 하였다.

중국 회사법 제128조는 주식의 발행가액은 액면금액대로 할 수 있고, 액면금액을 초과할 수 있지만 액면금액보다 낮아서는 안 된다고 규정하고 있다. 그러므로 중국 회사법이 규정하는 주식은 액면주식이며 액면미달발행은 허락되지 않는다. 회사법에도 액면미달발행절차에 관한 규정이 없다.

## 2. 기명주식 · 무기명주식

기명주식이란 주주의 성명이 주권과 주주명부에 기재되는 주식이고, 무기명주식은 주주의 성명이 주권과 주주명부에 기재되지 않는 주식이다. 우리 상법은 원칙적으로 기명주식을 발행하도록 규정하고 있으며(§357①), 무기명주식은 정관에 정함이 있는 경우에 한하여 예외적으로 발행할 수 있다.

그러나 법령에 의해 대한민국 국민만으로 조직할 주식회사와 대한민국 국민만으로 조직할 것을 조건으로 하여 특별한 권리를 가진 주식회사는 무기명주식을 발행하지 못한다(상부 §4). 한편 무기명주식이 발행된 경우에도 그러한 주식의 주주는 언제든지 무기명주식을 기명주식으로 변경하여 줄 것을 청구할 수 있다(§357②). 기명주식이든 무기명주식이든 주권의 교부만으로써 주식의 양도가 가능하다(§336①).

기명주식의 주주는 주주명부에 의하여 쉽게 인식할 수 있으나 무기명주식의 주주는 주주명부로 파악할 수 없고, 주권에 의해서만 파악할 수 있으므로 양자의 관리방법이 다르다. 즉 주주총회 소집에 있어서 기명주식의 경우는 회사가 통지를 하지만 무기명주식의 경우는 공고를 하여야 하고(§363③), 회사에 대한 권리행

1) 양동석 · 이영주, "무액면 주식제도의 도입에 관한 연구", 기업법연구 제15집, 198면 이하.

사에 있어서 전자의 경우는 주권소지가 필요 없고 인적 동일성만 확인하면 되지만(회사에 비치된 주주명부가 있기 때문), 후자의 경우에는 주주가 주권을 회사에 공탁하여야 한다(§358). 그리고 전자의 경우에는 주권불소지가 가능하며, 입질의 경우에 약식질과 등록질이 인정되고(§340), 주식의 이동을 파악하기가 쉽다. 그러나 후자의 경우는 주권불소지가 인정되지 않고, 입질의 경우에도 주권을 교부하는 방법 밖에 없으며 주식의 이동이 쉽게 파악되지 않는다. 또한 정관의 규정으로 주식의 양도를 제한하는 회사의 경우에는 무기명주식은 의미가 없다.

**《중국 회사법상 기명주식과 무기명주식》**

중국 회사법에 의하면 회사가 기명주권이나 무기명주권을 발행할 수 있으나, 발기인이나 법인에게 발행하는 주권은 기명주권이어야 하고, 주권에는 발기인, 법인의 명칭 또는 성명을 기재하여야 하며 별도의 상호나 대표자의 성명으로 기명하여서는 안 된다(중회 §130). 회사가 기명주권을 발행할 때는 주주명부를 비치하고 법정사항을 기재하여야 하지만, 무기명주권을 발행할 때는 회사는 그 주권의 수, 번호 및 발행일자를 기재하여야 한다(중회 §131).

## 3. 종류주식

### (1) 의 의

종류주식이란 이익배당 또는 잔여재산의 분배, 주주총회에서 의결권의 행사, 상환 및 전환 등에 관하여 내용이 다른 주식을 의미한다(§344①). 회사가 종류주식을 발행할 때는 정관으로 종류주식의 내용과 수를 기재하여야 한다(동조②). 종류주식은 회사의 자금조달을 쉽게 하기 위하여 주식투자를 유인할 목적으로 재산적 권리에 차등이 있거나 의결권 등에 차등이 있는 주식 등으로 구분한다. 따라서 주주권의 표시방법이 다른 기명주식이나 무기명주식, 액면금액의 유무에 따르는 액면주식 또는 무액면주식은 주주의 권리내용과 무관한 것이므로 종류주식이라고 할 수 없다.

### (2) 발 행

회사가 종류주식을 발행하는 때에는 정관으로 그 내용과 수를 기재하여야 하며(§344②), 주식청약서, 신주인수권증서, 주주명부, 주권 등에 기재하고 등기하여야 한다. 정관에 다른 정함이 없는 때에도 주식의 종류에 따라 신주의 인수, 주식의 병합·분할·소각 또는 회사의 합병·분할로 인한 주식의 배정에 관하여 특수하게 정할 수 있다(동조③). 정관의 정함에 따라 설립시에는 발기인 전원의 동의로(§291 1호), 설립 후에는 이사회의 결의(§416 1호)로 구체적 발행사항을 정하여야 한다.

### (3) 종류주주총회

종류주식 주주의 종류주주총회의 결의에 관하여는 제435조 제2항을 준용하므로(§344④), 출석한 종류주주의 의결권의 3분의 2 이상의 수와 그 종류의 발행주식 총수의 3분의 1 이상의 수로써 하여야 한다. 이에 관하여 후술한다.

### (4) 종 류

**1) 이익배당, 잔여재산분배에 관한 종류주식** 회사가 이익배당에 관하여 내용이 다른 종류주식을 발행하는 경우에는 정관에 그 종류주식의 주주에게 교부하는 배당재산의 종류, 배당재산의 가액의 결정방법, 이익을 배당하는 조건 등 이익배당에 관한 내용을 정하여야 하며(§344의2①), 회사가 잔여재산의 분배에 관하여 내용이 다른 종류주식을 발행하는 경우에는 정관에 잔여재산의 종류, 잔여재산의 가액결정방법, 그 밖에 잔여재산분배에 관한 내용을 정하여야 한다(동조②).

**〈배당 또는 분배의 순위가 다른 종류주식의 예〉**

① 우선주 우선주는 분배 또는 배당에 관하여 우선적 지위가 인정된 주식으로서, 보통 이익배당 우선주에 대해서는 연 몇 퍼센트 배당 또는 정기예금 최고 이자율 등으로 배당률을 정한다. 우선주가 우선적 배당을 받고 다시 보통주 배당에 참가할 수 있는지 여부에 따라 참가적 우선주(participating shares)와 비참가적 우선주(non-participating shares), 당기에 이익이 부족하여 이익배당을 받지 못하면 차기에 이월시킬 수 있는지 여부에 따라 누적적 우선주(cumulative shares)와 비누적적 우선주(non-cumulative shares)로 나눈다. 회사는 이들을 서로 조합하여 다양한 우선주를 발행할 수 있다.

② 보통주 보통주는 전술한 우선주와 후술하는 후배주의 기준이 되는 주식이다.

③ 후배주 후배주란 우선주에 반대되는 주식으로서 이익배당이나 잔여재산 분배에 관하여 열후한 지위가 인정된 주식으로서 보통주보다 저율의 배당을 받거나 무배당인 경우가 많다.

④ 혼합주 어떤 권리에 대해서는 우선적 지위가 인정되고, 어떤 권리에 대해서는 열후한 지위가 인정되는 주식이다. 위의 후배주와 혼합주는 우리나라에서 거의 이용되지 않는다.[1)]

---

1) 정찬형, 상, 683면.

2) **의결권배제, 제한에 관한 종류주식** 회사가 의결권 없는 종류주식이나 의결권이 제한되는 종류주식을 발행하는 경우에 정관에 의결권을 행사할 수 없는 사항과, 의결권 행사 또는 부활의 조건을 정한 경우에는 그 조건 등을 정하여야 한다(§344의3①). "의결권이 없는 주식"이란 정관에서 주주총회의 모든 의결권이 없다고 규정하는 것이고, "의결권이 제한되는 주식"이란 정관에서 이사 선임에 관한 주주총회에서 의결권이 없다고 규정하는 것과 같은 것이다.[1]

의결권을 배제하거나 제한하는 종류주식의 총수는 발행주식총수의 4분의 1을 초과하지 못한다. 의결권이 없거나 제한되는 종류주식이 발행주식총수의 4분의 1을 초과하여 발행된 경우에는 회사는 지체 없이 그 제한을 초과하지 않도록 하는 필요한 조치를 취해야 한다(§344의3②). 소수의 의결권 있는 주주가 회사를 지배하는 폐단을 방지하기 위하여 둔 규정이다. 다만 주권상장법인의 경우에는 발행주식 총수의 2분 1을 초과하지 않는 범위에서 무의결권주식을 발행할 수 있다(자금 §165의15①, ②).

의결권이 배제 또는 제한된 주식(§344의3①, §369②, ③)의 수는 총회의 결의에 관하여 발행주식총수에 산입하지 아니한다(§371①). 그러므로 이러한 주식을 가지는 주주에게는 주주총회 소집통지에 관한 규정이 적용되지 않으며(§363⑧), 주주총회 소집청구도 할 수 없다(§366, §542의6①). 그러나 이사 등의 위법행위유지청구권, 대표소송제기권, 이사 등의 해임청구권, 회계장부열람청구권, 검사인선임청구권 등은 행사할 수 있다.[2] 의결권이 배제 또는 제한된 주식의 주주라고 할지라도 종류주주총회, 창립총회, 이사 등의 책임면제나 조직변경을 위하여 총주주의 동의를 요하는 경우, 회사의 분할계획서 또는 분할합병계약서 승인총회의 경우에는 의결권을 행사할 수 있다.

3) 주식의 상환에 관한 종류주식

① **의의 및 발행** 회사는 정관으로 정하는 바에 따라 회사의 이익으로써 소각할 수 있는 종류주식을 발행할 수 있다. 이 경우 회사는 정관에 상환가액, 상환기간, 상환방법과 상환할 주식의 수를 정하여야 한다(상환청구권이 회사에 있음, §345①). 그리고 회사는 정관으로 정하는 바에 따라 주주가 회사에 대하여 상환을

---

1) 2011년 개정 전에는 우선주에 대해서만 의결권 없는 주식을 인정하고 우선적 배당을 받지 못하는 동안에는 의결권이 부활되도록 하였으나, 개정상법에 의하면 보통주에 대해서도 의결권 없는 주식으로 할 수 있다.

2) 정찬형, 상, 684면; 정동윤, 201면; 최기원, 237~238면.

청구할 수 있는 종류주식을 발행할 수 있다. 이 경우 회사는 정관에 주주가 회사에 대하여 상환을 청구할 수 있다는 뜻, 상환가액, 상환청구기간, 상환방법을 정하여야 한다(상환청구권이 주주에게 있음, 동조③).

제345조의 제1항과 제3항에서 규정하는 주식은 종류주식(상환과 전환에 관한 것은 제외함)에 한정하여 발행할 수 있도록 함으로써 종래 이익배당 우선주에 한하여 상환주로 할 수 있었던 것을 개정상법은 종류주식으로 확대하고 있다(동조⑤).

② 상환절차  제345조의 제1항 및 제3항에 의하여 상환주식을 발행한 경우 회사는 주식취득의 대가로 현금 외에 유가증권(다른 종류주식 제외)이나 그 밖의 자산을 교부할 수 있다. 다만 이 경우에는 그 자산의 장부가액이 제462조의 배당가능이익을 초과할 수 없다(동조④). 배당가능이익은 대차대조표 상의 순자산액에서 자본금액, 자본준비금과 이익준비금의 합계액, 그 결산기에 적립해야 할 이익준비금액, 대통령령으로 정하는 미실현 이익을 공제한 액이다(§462①). 회사는 상환기간이 도래해도 배당할 수 있는 이익이 없으면 상환할 수 없으므로 회사는 매년 이익의 일부를 상환적립금으로 적립해 가는 것이 보통이다.[1)]

제345조 제1항(회사 상환주식)의 경우 회사는 상환대상인 주식의 취득일부터 2주전에 그 사실을 그 주식의 주주 및 주주명부에 적힌 권리자에게 각각 통지하여야 한다. 다만 그 통지는 공고로써 갈음할 수 있다(§345②). 동조 제1항과 제3항의 주식에 대하여 이사회 결의로써 실효절차를 종료하면 상환의 효력이 발생한다(§343①). 상환주식 상호간에는 주식평등의 원칙이 적용되어야 하며, 주식불가분의 원칙에 따라 주금액의 일부상환은 불가능하다.[2)]

③ 상환의 효력  상환은 자본감소절차에 의한 주식소각이 아니므로 상환된 주식 수만큼 발행주식 수는 감소되지만 자본금이 감소되는 것은 아니다. 상환된 주식 수만큼 주식을 재발행할 수 있는지에 대해 학설이 분기한다. 이에 대하여 상환된 주식 수만큼의 상환주식을 다시 발행하는 것은 정관규정 유무에 불구하고 불가능하다고 보며, 다만 보통주로 재발행하는 것은 정관에 정함이 있는 경우 가능하다고 본다.[3)]

#### 4) 주식의 전환에 관한 종류주식

① 의의 및 발행  회사가 종류주식을 발행하는 경우에는 정관으로 정하는

1) 정찬형, 상, 686면.
2) 이철송, 회, 292면.
3) 정찬형, 상, 688면.

바에 따라 주주는 인수한 주식을 다른 종류의 주식으로 전환할 것을 청구할 수 있다. 이 경우 전환조건, 전환의 청구기간, 전환으로 인하여 발행할 주식의 수와 내용을 정하여야 한다(§346①). 이 경우에 원시정관뿐만 아니라 정관의 변경으로도 정할 수 있으며, 정관의 정함이 없이 한 전환주식 발행은 무효이다. 전환주식은 전환권이 회사에게 인정되는 경우도 있고, 주주에게 인정되는 경우도 있다.

보통주에 대한 배당률이 낮고 시세가 저조할 경우에는 전환권이 있는 우선주를 인수하였다가 회사사정이 호전되어 배당률이 높아지게 되면 전환권을 행사하여 보통주를 소유하게 된다. 따라서 주주모집이 용이하여 회사가 자금조달의 편의를 도모할 수 있게 된다.[1]

이 경우에 이사회는 주주 및 주주명부에 적힌 권리자에게 다음 각 호의 사항을 따로 통지하거나 공고하여야 한다. 통지 또는 공고해야 할 사항은 a. 전환할 주식, b. 2주 이상의 일정한 기간 내에 그 주권을 회사에 제출하여야 한다는 뜻, c. 그 기간 내에 주권을 제출하지 않을 경우에는 그 주권이 무효가 된다는 뜻 등이다.

정관으로 종류주식의 수와 내용을 정한 경우 새로 발행할 주식의 수는 전환청구기간 또는 전환의 기간 내에는 그 발행을 유보하여야 한다(동조④).

② 발행절차 전환권이 회사에게 있는 전환에 관한 종류주식을 발행한 경우에는 정관에 일정한 사유가 발생할 때 회사가 주주의 인수주식을 다른 종류의 주식으로 전환할 수 있음을 정할 수 있다. 이 경우 회사는 전환의 사유, 전환의 조건, 전환기간, 전환으로 인하여 발행할 주식의 수와 내용을 정하여야 한다(동조②).

전환권이 주주에게 있는 전환에 관한 종류주식을 발행할 경우에는 정관에 전환조건, 전환청구기간, 전환으로 인하여 발행할 주식의 수와 내용을 정하여야 한다(동조①).

이상의 전환에 관한 종류주식을 발행한 경우에는 주식청약서 또는 신주인수권증서에 다음 사항을 적어야 한다. 즉 a. 주식을 다른 종류의 주식으로 전환할 수 있다는 뜻, b. 전환의 조건, c. 전환으로 인하여 발행할 주식의 내용, d. 전환청구기간 또는 전환의 기간(§347) 등이다. 그리고 주권에 기재하여야 하고(§356 8호), 이를 등기하여야 한다(§317②7호). 전환으로 인하여 신주식을 발행하는 경우에는 전환전의 주식의 발행가액을 신주식의 발행가액으로 한다(§348).

③ 전환의 청구 전환권이 주주에게 있는 전환에 관한 종류주식의 전환을 청구하고자 하는 자는 전환청구기간 내에 청구서 2통에 전환하고자 하는 주식의

1) 정찬형, 상, 689면; 이철송, 회, 294면.

종류와 수 및 청구년월일을 기재하고 기명날인 또는 서명하여 주권을 첨부하여 회사에 제출하여야 한다(§349①, ②). 이 청구권은 형성권이므로 전환을 청구한 때 전환의 효력이 발생한다(§350①).

전환권이 회사에게 있는 전환에 관한 종류주식의 전환을 청구하고자 할 경우에는 이사회는 전환할 주식, 2주 이상의 일정한 기간 내에 전환주식의 주권을 회사에 제출하여야 한다는 뜻, 주권의 제출기간 내에 제출하지 않으면 그 주권이 무효로 된다는 뜻 등을 결정하여 통지 또는 공고하여야 한다(§346③). 통지 또는 공고하고 그 기간이 끝난 때에 효력이 발생한다(§350①).

④ **전환의 효력발생** 주식의 전환은 주주가 전환을 청구한 경우에는 그 청구한 때에, 회사가 전환을 한 경우에는 이사회가 주주에게 2주 이상의 기간을 정하여 그 주권을 회사에 제출하도록 통지 또는 공고하고 그 기간이 끝난 때에 효력이 발생한다(§350①). 주주명부폐쇄기간이나 기준일에 전환된 주식의 주주는 그 기간 중의 총회의 결의에 관하여 의결권을 행사할 수 없다(동조②). 그러나 의결권이 있는 주식이 의결권 없는 주식으로 전환된 경우에는 이 기간 중에 종전의 의결권을 행사할 수 있다.

전환에 의하여 발행된 주식의 이익배당에 관하여는 상법은 특칙을 두고 있다. 이 경우 신주에 대한 이익배당에 관하여는 주주가 전환청구를 한 때 또는 주권을 제출하도록 통지 또는 공고한 때가 속하는 영업년도의 말에 전환된 것으로 본다(동조③1문). 그러나 정관으로 정하는 바에 따라 직전영업년도 말에 전환된 것으로 할 수 있다(동항 2문).

⑤ **전환의 등기** 주식의 전환으로 인한 변경등기는 전환을 청구한 날 또는 주권을 제출하도록 통지 또는 공고한 기간이 끝난 날이 속하는 달의 마지막 날부터 2주 내에 본점 소재지에서 하여야 한다(§351).

⑥ **전환의 효과** 전환을 청구한 때 또는 전환주식의 주권제출기간이 끝난 때 종래의 전환주식은 소멸하고 신주식이 발행되는 효과가 발생한다.

전환주식의 전환이 고가인 우선주를 저가인 보통주로 전환하는 경우(하향전환)에는 주식수가 증가하므로 액면주식의 경우에는 자본금의 증가가 있게 된다. 그러나 이와 반대의 경우(상향전환)에는 자본금이 감소하게 되어 상법상 자본감소의 절차를 거치지 않게 되어 무효가 된다.[1)]

전환에 의하여 소멸된 전환주식의 수만큼 다시 그 주식을 발행할 수 있는가에

1) 정찬형, 상, 692면; 정동윤, 200면; 이기수 외, 218면. 반대견해: 이철송, 회, 300면.

대하여 어떠한 형태로도 재발행할 수 없다고 보는 소수설과 전환으로 인하여 소멸된 수만큼 전환권이 없는 다른 주식으로 발행할 수 있다고 보는 다수설이 있다. 이에 대하여 회사는 전환권이 이미 행사되었기 때문에 소멸된 수만큼의 전환주식을 재발행할 수 없다고 보는 것이 타당하다고 본다.[1)]

## 《일본 회사법상 주식의 종류》

### 1. 서 설

주식회사는 발행할 모든 주식의 내용으로서 정관으로 주식의 양도와 취득에 관해 회사의 승인을 요하는 것(양도제한주식), 주주가 회사에 대하여 주식의 취득(매수 또는 이익소각)을 청구할 수 있는 것(취득청구권부 주식), 일정한 사유의 발생을 조건으로 하여 회사가 당해주식을 취득할 수 있는 것(취득조항부 주식)을 정할 수 있다(일회 §107①1~3호).

그리고 주식회사는 아래의 사항에 관하여 내용이 다른 두 종류 이상의 주식을 발행할 수 있다. 즉 ① 이익배당, ② 잔여재산의 분배, ③ 의결권제한주식, ④ 양도제한주식, ⑤ 취득청구권부 주식, ⑥ 취득조항부주식, ⑦ 전부취득조항부종류주식, ⑧ 거부권부종류주식, ⑨ 이사, 감사선임권부종류주식이다. 다만 위원회 설치회사와 공개회사는 ⑨의 종류주식은 발행할 수 없다.

### 2. 각종의 주식

#### (1) 우선주, 후배주, 트레킹 주식 등

**1) 의 의** 이들은 이익배당이나 잔여재산분배에 관하여 내용이 다른 종류의 주식을 발행할 경우에 인정된다. 우선주, 보통주, 후배주 및 혼합주에 관한 내용은 우리나라의 경우와 같다. 배당 우선주도 배당 가능한 이익이 없거나 주주총회가 무배당 결의를 한 경우에는 배당을 하지 않으며, 참가적, 비참가적 우선주 또는 누적적, 비누적적 우선주에 관한 것도 우리나라의 경우와 같다.

트레킹 주식(tracking stock)이라는 것은 회사의 특정사업이나 완전자회사의 업적에만 가치가 연동하도록 설계된 특정사업에 연동하는 주식이다. 이 종류의 주식은 해당 사업 분야의 업적이 나빠지면 다른 주식에게 고율의 배당이 되더라도 배당이 전혀 없거나 적은 금액이 배당될 수도 있다. 또한 해당 사업 분야의 업적이 좋더라도 회사로서는 분배 가능한 이익이 없으면 배당할 수 없다. 따라서 배당 우선주라고 할 수 없다.

**2) 정관으로 정하는 사항** 이익배당에 관하여 내용이 다른 두 종류 이상의 주식을 발행할 경우, 당해 종류주주에게 교부할 배당재산의 가액결정방법, 이익금 배당조건, 배당취급방법, 발행 가능한 종류주식의 총수를 정관으로 정하여야 한다(일회 §108②1호). 잔여재산 분배에 관하여 내용이 다른 두 종류 이상의 주식을

---

1) 정동윤, 200면; 이철송, 회, 301면; 손주찬, 629면.

발행할 경우에는 주주에게 교부할 잔여재산 가액의 결정방법, 잔여재산의 종류, 그 분배에 관한 취급내용 및 이 종류주식의 발행 가능한 총수를 정관으로 정한다(동조②2호).

### (2) 의결권제한주식

1) 의 의 　이에는 주주총회 결의사항 전체에 의결권이 전혀 없는 완전무의결권주식과 결의사항의 일부에만 의결권이 없는 의결권제한주식이 있다. 종류주식 발행회사가 공개회사인 경우, 의결권제한주식의 수가 발행된 주식총수의 2분의 1을 넘을 때는 회사는 지체 없이 2분의 1 이하로 내리기 위한 조치를 취해야 한다(일회 §115).

의결권제한주식은 그 주식이 의결권을 갖는 결의사항에 관해서는 소수주주권을 행사할 수 있지만(총회소집청구권, 주주제안권, 검사인선임청구권 등), 의결권을 행사할 수 없는 결의사항에 관해서는 소수주주권을 행사할 수 없다.

2) 정관으로 정하는 사항 　이 종류의 주식을 발행하기 위해서는 정관으로 ① 총회에서 의결권을 행사할 수 있는 사항, ② 종류주식에 관하여 행사조건을 정한 경우에는 당해조건, ③ 발행 가능한 종류주식의 총수를 정해야 한다(일회 §108②3호). 주주총회 특별결의에 의한 정관변경으로 보통주를 의결권제한주식으로 할 수 있다(일회 §309②11호, §466).

### (3) 양도제한주식

1) 의 의 　양도제한주식은 양도취득에 관하여 회사의 승인을 요구하는 주식이고, 모든 주식이 이에 해당할 경우와 일부의 주식만 이에 해당하는 경우가 있다.

2) 정관으로 정할 사항 　이 종류주식을 발행할 경우에는 정관으로 ① 이 종류주식의 발행 가능한 총수, ② 당해주식의 양도취득에 관하여 회사의 승인을 요하는 뜻, ③ 일정한 경우 회사의 승인이 있는 것으로 간주할 경우 그 뜻과 경우를 정해야 한다(일회 §108②4호).

### (4) 취득청구권부주식

1) 의 의 　이것은 종래 의무상환주식(주주가 회사에 대하여 매수 또는 이익소각을 청구할 수 있는 주식)과 전환예약권부주식을 통합한 것으로서, 주주가 회사에 대하여 당해 주식의 취득을 청구하면 회사가 이것을 취득할 것을 약속한 주식이다. 이 주식은 주주가 회사에 대하여 매수선택권을 갖는 주식이고 회사에 의한 매수가 보장되므로, 주주의 출자나 회사의 자금조달이 용이하다. 모든 주식뿐만 아니라 일부에도 취득청구권을 부여할 수 있고, 금전 외에 다른 종류주식, 타사(모회사나 자회사 등)의 주식, 신주예약권, 기타 재산도 취득대가가 될 수 있다.

주주는 취득대가인 재산의 장부가격이 주식취득을 청구하는 날의 회사의 이익배당 가능액(일회 §461②)을 초과할 때는 회사에 대하여 취득을 청구할 수 없다(일회 §166①).

2) **정관으로 정할 사항** 회사가 모든 주식을 취득청구권부주식으로 할 경우에는 정관으로 아래의 사항을 정해야 한다(일회 §107②2호). 즉 주주가 회사에 대하여 그가 갖는 주식의 취득을 청구할 수 있는 뜻, 주식 1주와 회사가 교부할 회사의 사채, 신주예약권, 신주예약권부사채, 주식 외의 재산, 취득청구기간 등에 관한 사항이다.

회사가 종류주식으로서 취득청구권부주식을 발행할 경우에는 정관으로 이상의 사항 외에도 회사가 다른 주식을 교부할 때는 그 종류, 종류마다의 수 또는 그 산정방법, 그리고 취득청구권부주식의 발행가능종류주식총수를 정해야 한다(일회 §108②5호).

### (5) 취득조항부 주식

1) **의 의** 이것은 일정한 사유발생을 조건으로 하여 회사가 이 주식을 강제적으로 취득할 수 있는 주식이다. 회사는 모든 주식을 균일한 내용의 취득조항부주식으로 하거나 또는 일부 주식에만 이 조항을 부여할 수도 있다. 이것은 회사가 매수선택권을 갖는 주식이므로 호감이 가지 않는 주주로부터 강제적으로 취득하여 경영권을 확보할 수도 있다. 취득대가에 관하여 금전 외에도 주식, 사채, 신주예약권, 신주예약권부사채 등을 교부할 수 있다. 이 경우에는 취득청구권부주식의 경우와 같다(일회 §170⑤). 일정한 사유란 주식의 상장결정 등 구체적 사실 외에도 일정한 날의 도래 등이 있다.

2) **정관에서 정할 사항** 회사가 모든 주식을 취득조항부주식으로 할 경우에는 다음 사항을 정하여야 한다(일회 §107②3호). 즉 ① 일정한 사유가 발생한 날에 회사가 당해 주식을 취득하는 뜻과 그 사유, ② 회사가 특별히 정한 날의 도래, ③ 주식의 일부를 취득할 때 그 뜻과 일부의 결정방법, ④ 취득대가로 교부하는 것이 당해 회사의 사채, 신주예약권, 신주예약권부사채, 주식 등일 경우 각각 그 내용, 수, 산정방법 등이다.

회사가 종류주식의 하나를 취득조항부주식으로 할 경우에는 상기 각 사항 외에도 회사의 다른 주식을 교부할 때는 그 주식의 종류, 종류마다의 수, 산정방법 그리고 발행가능종류주식총수를 정하여야 한다(일회 §108②6호).

### (6) 전부취득조항부종류주식

1) **의 의** 이것은 취득조항부주식과는 달리 미리 취득사유를 정하지 않고, 주주총회의 특별결의로써 회사가 그 종류주식을 취득할 수 있는 주식이다. 종류주식의 일종을 전부 소각하는 것이므로 회사자체의 존립에는 문제가 발생하지 않지만 그 유용성에 대해서는 의문이 제기되기도 한다.

2) **정관에서 정할 사항** 이 종류주식을 발행하기 위해서는 취득대가의 결정방법, 주주총회의 결의조건, 이 종류주식의 발행가능총수를 정관에서 정하여야 한다(일회 §108②7호).

회사가 이 종류주식의 전부를 취득하기 위해서는 주주총회의 특별결의로써 ① 취득대가가 당해 회사의 주식일 때는 그 종류, 수, 수의 산정방법, ② 취득대가가 당해 회사의 사채, 신주예약권, 신주예약권부사채, 주식 외의 재산일 경우에는 각각 그 내용, 수, 산정방법 등, ③ 주주에 대한 취득대가의 배당사항, ④ 취득일 등을 정하여야 한다(일회 §171①). 이상의 정함이 있는 경우 ① 주주총회 이전에 회사에 반대통지를 하거나 주주총회에서 반대한 주주, ② 당해 총회에서 의결권을 행사할 수 없는 주주는 총회일 부터 20일 내에 법원에 종류주식의 취득가격을 결정을 청구할 수 있다(일회 §172①).

### (7) 거부권부종류주식

1) **의 의** 거부권부종류주식이란 회사가 주주총회, 이사회, 청산인회에서 결의해야 할 사항에 관해서 그 결의 외에 당해 종류주식의 주주로 구성되는 종류주주총회의 결의도 필요로 하는 주식이다. 즉 주주총회, 이사회, 청산인회의 결의에 대하여 거부권이 부여된 주식이다.

2) **정관에서 정할 사항** 이 종류주식을 발행할 경우에는 정관으로 이 종류주식의 발행가능총수(일회 §108②) 및 종류주주총회에 관하여 ① 결의를 필요로 하는 사항, ② 결의를 필요로 하는 조건을 정할 때는 그 조건을 정해야 한다.

### (8) 이사, 감사 선임권부종류주식

1) **의 의** 이것은 위원회설치회사와 공개회사를 제외하고 모든 주식양도제한회사에서 종류주주총회가 이사, 감사를 선임할 수 있는 주식이다. 이 주식을 발행할 경우 이사와 감사는 각 종류주주총회에서 선임하고 전체의 주주총회에서는 선임하지 않는다(일회 §347①, ②).

2) **정관에서 정할 사항** 이 종류의 주식을 발행할 경우에는 정관으로 발행가능총수, 종류주주총회에서 ① 이사, 감사의 선임 및 그 수, ② 다른 종류주식과 공동선임에 관한 사항 등, ③ 위의 ①이나 ②의 변경과 변경조건, 변경내용 등, ④ 기타 법무성이 정하는 사항을 정해야 한다. 이사, 감사가 회사법이나 정관에서 정한 원수를 결하고 있거나 이들을 선임할 종류주주가 존재하지 않는 경우에는 종류주주단위에서 이사와 감사를 선임하는 뜻의 정관규정은 폐지된 것으로 본다(일회 §112).

### 《중국 회사법상 주식의 종류》

중국 회사법상 인정된 주식의 종류는 기명주식과 무기명주식뿐이고(중회 §131), 국무원은 회사가 이 법에 규정된 주식 이외의 기타 종류주식을 발행하는데 별도의 규정을 할 수 있다(중회 §132)고 규정한다. 주식의 발행가격은 액면주식만을 발행하고(중회 §128), 액면금액을 초과할 수 있지만 액면미달주식이나 무액면주식을 발행할 수는 없다.

회사가 발기인, 법인에게 발행하는 주식은 기명주식이어야 하고, 주권에는 발기인 성명 또는 법인의 명칭을 기재하여야 하고 상호나 대표자의 성명을 기재하지 못하도록 하였다(중회 §130).

## 제 2 절 주주(주식의 소유자)

### 제 1 주주의 의의

주주는 주식회사의 사원을 말하며, 자본의 구성단위인 주식을 취득함으로써 사원이 된다. 주주가 될 수 있는 자격에는 원칙적으로 제한이 없으므로 자연인, 법인을 불문하며, 행위능력의 유무도 묻지 않고, 수에도 제한이 없으므로 1인 주주도 인정된다. 다만 특별법에서 주식취득에 관한 제한을 두고 있는 경우가 있다(자금 §172, 공정 §7①).

### 제 2 주주의 종류

주주의 종류는 일반적으로 주식의 종류에 따라 분류되는데, 이 외에도 주식소유의 수량에 따라 대주주·소주주(소액주주), 자연인이냐 법인이냐에 따라 개인주주·법인주주, 주주명부에 소유자 명의인가 타인명의인가에 따라 실질주주·명의주주 등으로 분류된다. 주식소유의 목적에 따라 투자주주·투기주주·경영자주주 등으로 나누기도 한다.

**《중국의 주주분류》**

중국에서는 투자주체를 표준으로 하여 국가가 국유자산으로 주식회사에 투자하여 형성한 주식은 국가주, 법인인 회사가 주식회사에 대하여 투자한 주식은 법인주, 사회 개인투자자가 주식회사에 투자한 주식은 사회공공주, 외국투자자가 소지하는 중국 주식회사의 주식은 외자주라고 한다. 이러한 주식 가운데서 주권 2급시장에서 자유롭게 양도할 수 있는 사회공중주 등은 유통주식이라고 하고, 국가주와 같이 2급 시장에서 자유롭게 양도할 수 없는 주식은 비유통주라고 한다.

주식을 인수하는 화폐에 따라 중국 국내의 대륙투자자가 인민폐로 인수하고 거래하는 주식을 A주식, 외국과 홍콩, 마카오, 대만지역 투자자가 외화로 인수, 매매할 수 있는 주식 또는 국내 거주자가 합법적으로 소유하는 외화로 거래할 수 있는 주식은 B주식이라고 한다. 그리고 인민폐로 액면가를 표기하고 홍콩달러로 인수, 거래할 수 있으며, 외국과 홍콩의 투자자들만 구매하는 것은 H주식, 뉴욕에서 상장, 비준되면 N주식, 싱가포르에서 상장, 비준되는 것은 S주식이라고 한다.

## 제 3 주주의 권리의무

### 1. 주주의 권리

#### (1) 의 의

주주의 권리란 주주가 회사에 대하여 가지는 권리로서 주식의 개념의 하나인 주주권을 의미한다. 이러한 주주의 권리는 주주의 지위를 전제로 생기는 것이고 주식의 취득과 별개의 원인에 의하여 취득될 수 없다. 이 권리는 포괄적이고 추상적인 권리로서 주식의 취득에 의하여 취득되고, 주식과 분리하여 그 자체로서 양도 또는 담보의 목적이 될 수 없으며, 또 시효에도 걸리지 않는다. 그러나 이러한 주주의 권리 중 자익권인 이익배당청구권 등은 주주총회의 이익배당에 관한 승인에 의하여(§449①, §446의2①) 구체화 되고 채권적 권리로 특정된다. 주주의 이러한 권리는 주주권에서 유출되지만 이와는 분리되어 일반채권과 같이 양도 또는 압류의 대상이 된다. 주주의 권리는 법률에 의해서 부여되는 것이므로 법률이 유보하지 않는 한(예를 들면 신주인수권 제한, §418②), 정관규정이나 주주총회의 결의에 의하여 제한할 수 없다.

#### (2) 종 류

##### 1) 자익권 · 공익권

① **자익권** 자익권은 회사로부터 경제적 이익이나 기타 편익을 받는 것을 목적으로 하는 권리로서 다시 출자금에 대한 수익을 위한 권리와 출자금의 회수를 위한 권리로 분류된다.

전자에 속하는 권리 중 대표적인 것은 이익배당청구권이며, 이것을 보완하는 권리로서 중간배당청구권(§462의3), 신주인수권(§418) 등이 있다. 후자를 위한 권리 중 대표적인 것은 잔여재산분배청구권(§538)이고, 이 외에 주식매수청구권(§335의6, §360의5, §360의22, §374의2, §522의3, §530의11②)과 주식양도자유의 원칙(§335①본문), 주권교부청구권(§355), 명의개서청구권(§337②) 등이 있다.

② **공익권** 공익권은 회사경영에 참가할 것을 목적으로 하거나 이와 관련하여 경영을 감독하기 위한 권리이다. 경영참여를 위한 권리에는 주주총회에서의

의결권(단독주주권, §§368~369), 주주제안권(소수주주권, §363의2, §542의5②) 및 집중투표청구권(소수주주권, §382의2, §542의7) 등이 있다.

그리고 경영감독을 위한 권리는 다시 단독주주권과 소수주주권으로 분류된다. 소수주주권으로서 회사의 해산판결청구권(§520①)은 발행주식 총수의 100분의 10 이상을 요구하고, 주주총회소집청구권(§366, §539②, §546의6③), 주주제안권(§363의2①), 이사·감사의 해임청구권(§385의②, §415, §539②, §542의6③), 회계장부열람청구권(§466, §542의6④), 업무와 재산상태를 조사하기 위한 검사인선임청구권(§467, §542의6①) 등은 발행주식 총수의 100분의 3 이상을 요구한다. 그리고 이사·청산인의 위법행위유지청구권(§402, §542②§, 546의6⑤), 이사·감사에 대한 손해배상청구 및 이익공여금지위반의 경우 이익반환에 관한 대표소송권(§403, §415, §467의2④, §546의6⑥)은 발행주식 총수의 100분의 1 이상을 요구한다.

상법이 소수주주권 형태로 경영간섭을 허용한 것은 다수파 주주의 전횡을 막고, 한편 개별 주주에 의한 주주권 남용을 방지하기 위해서이다. 그리고 권리의 성질상 영세한 주주의 권리는 실익이 없기 때문에 경영의 효율성을 위하여 소수주주권으로 하고 있다.

단독주주권으로서는 설립무효소권(§328), 주식교환무효소권(§360의14), 주식이전무효소권(§360의23), 총회결의취소의 소권(§376), 총회결의무효·부존재확인소권(§380), 신주발행유지청구권(§424), 신주발행무효소권(§429), 감자무효소권(§445), 합병무효소권(§529), 분할무효소권(§530의11①) 등이 있다.

2) **단독주주권·소수주주권** 이는 주주의 권리행사의 방법에 의한 구별이다. 단독주주권은 각 주주가 지주수(持株數)에 관계 없이 1주를 소유하는 주주라도 단독으로 행사할 수 있는 권리로서, 자익권은 전부 단독주주권에 속하고 공익권도 대부분 단독주주권에 속한다. 이에 비하여 소수주주권은 발행주식 총수의 일정비율의 주식을 가진 주주만이 행사할 수 있는 권리로서, 공익권의 일부에 대하여 인정되고 있다. 상세한 내용은 전항에서 설명한 바와 같다.

상장회사의 경우에는 비상장회사보다 소수주주권의 요건을 완화하고 있으며, 대규모 회사의 경우에는 이 요건을 다시 2분의 1로 크게 완화하고 있다. 상장회사의 경우 주식의 분산으로 인하여 소수주주권의 요건충족이 어려워서 경영통제수단이 되지 못하기 때문에 이와 같이 요건을 완화한 것이다.

<표-1> 소수주주권의 요건에 관한 일반규정과 특례규정의 대비표[1)]

| 사 항 | 일반규정 | 특례규정 |
|---|---|---|
| 주주제안권 | 100분의 3 | 1,000분의 10 |
| 대표소송 | 100분의 1 | 1만분의 1 |
| 이익공여관련대표소송 | 100분의 1 | 1만분의 1 |
| 불공정인수관련대표소송 | 100분의 1 | 1만분의 1 |
| 발기인책임추궁대표소송 | 100분의 1 | 1만분의 1 |
| 청산인책임추궁대표소송 | 100분의 1 | 1만분의 1 |
| 집중투표청구 | 100분의 3 | 100분의 1 |
| 이사·감사해임청구 | 100분의 3 | 1만분의 50 |
| 청산인해임청구 | 100분의 3 | 1만분의 50 |
| 유지청구 | 100분의 1 | 10만분의 50 |
| 회계장부열람권 | 100분의 3 | 1만분의 10 |
| 주주총회소집 | 100분의 3 | 1,000분의 15 |
| 업무검사권 | 100분의 3 | 1,000분의 15 |
| 해산판결청구권 | 100분의 10 | - |

## 《일본 회사법상 주주권》

자익권은 모두 단독주주권이고, 공익권 가운데 의결권은 단독주주권이다. 경영자에 대한 감독, 시정권은 단독주주권과 소수주주권으로 나누어진다. 소수주주권은 다수파 주주의 다수결 남용과 경영자의 전횡저지 및 전체 주주의 이익을 위하여 법정되어 있다. 소수주주권의 요건은 의결권만을 기준으로 하는 것과 의결권과 주식수를 기준으로 병용하는 것, 그것에 보유기간을 가미하는 것 등 종류가 다양하다. 예를 들면 주주총회 소집권(일회 §297①)은 공개회사의 경우 총주주 의결권의 100분의 3 이상의 의결권을 계속하여 6개월 전부터 보유하고 있을 것, 주주제안권(일회 §303②)은 공개회사인 이사회설치회사에서는 총주주 의결권의 100분의 1 이상의 의결권 또는 300개 이상의 의결권을 6개월 이상 계속하여 보유하고 있을 것, 총회 검사인선임 청구권(일회 §306②)은 공개회사인 이사회설치회사에서는 총주주 의결권의 100분의 1 이상의 의결권 또는 300개 이상의 의결권을 6개월 이상 계속하여 보유하고 있을 것 등이다. 그리고 업무검사인선임권(일회 §358①)과 회계장부열람권(일회 §433①)은 총주주 의결권의 100분의 3 이상의 의결권 또는 발행주식총수의 100분의 3 이상의 주식보유, 회사해산판결청구권(일회 §833①)은 총주주 의결권의 10분의 1 이상의 의결권 또는 발행된 주식총수 10분의 1 이상의

1) 이철송, 304면 표.

주식을 보유할 것, 임원의 해임의 소의 청구권(일회 §854①)은 총주주 의결권의 100분의 3 이상의 의결권 또는 발행주식 총수의 100분의 3 이상의 주식을 6개월 전부터 계속하여 보유할 것 등이다. 종류주주총회의 경우에도 소수주주권에 관한 규정이 준용된다(일회 §325).

**《중국 회사법상 주주권》**

주주권은 행사목적을 근거로 자익권과 공익권으로, 주주의 권리를 행사할 수 있는 주식의 수에 따라 단독주주권과 소수주주권으로, 주주권의 성질을 표준으로 고유권과 비고유권으로 나눈다. 자익권은 모두 단독주주권이고 공익권 중 회의참가권, 의결권은 단독주주권이지만, 임시주주총회 소집청구권(회사주식을 10% 이상 소유한 주주, 중회 §101③), 주주총회 회의의 소집과 주재(10% 이상의 주식을 연속 90일 이상 보유한 주주, 중회 §102), 주주제안권(회사의 3% 이상의 주식소유, 중회 §103) 등은 소수주주권이다.

3) **고유권·비고유권** 이는 주주의 의사에 반하여 박탈할 수 있는지 여부에 의한 구별이다. 즉 고유권은 정관의 규정 또는 주주총회의 결의에 의하여 회사가 일방적으로 박탈할 수 없는 권리로서, 예를 들면 주주의 의결권(§369), 이익배당청구권(§464) 등이다. 비고유권은 정관의 규정 또는 주주총회의 결의에 의하여 회사가 일방적으로 박탈할 수 있는 권리이다. 현행 상법상 주주의 권리에 관한 규정은 모두 강행법규이므로, 고유권·비고유권의 문제는 입법에 의하여 해결되고 있다.

## 2. 주주의 의무

### (1) 출자의무

주주는 회사에 대하여 그가 가진 주식의 인수가액을 한도로 하는 납입의무만을 부담한다(§331). 주주는 회사에 대하여 인수가액의 전액을 납입하여야 하고(전액납입주의), 이러한 납입은 회사성립 전 또는 신주발행의 효력발생 전에 전부 이행되어야 하므로(§295, §305, §421①, §423) 엄격히 말하면 이러한 출자의무는 주식인수인으로서의 의무에 해당된다고 본다. 그러나 회사성립 후에도 주식인수인이 납입하지 않은 경우나, 이사와 통모하여 현저하게 불공정한 발행가액으로 주식을 인수한 자는 극히 예외적으로 주주의 자격으로 출자의무 또는 추가출자의무가 있을 뿐이다.

주주의 이러한 출자는 재산출자에 한정되고 인적회사에서 인정되는 노무출자 또는 신용출자는 환가성이 없어서 자본충실을 해할 수 있으므로 인정되지 않는다. 그리고 재산출자는 금전출자가 원칙이고 현물출자는 예외적으로만 인정된다. 종래 납입에 관하여 상계로써 회사에 대항할 수 없다(§334)는 규정은 실질적으로 자본충실을 해하지 않는 한 회사가 하는 상계나 상호 합의에 의한 상계(예컨대 대출채권을 출자로 전환하는 경우 등)[1]가 필요하였으므로[2] 2011년 개정상법은 이 규정을 폐지하였다. 그리고 신주인수인은 회사의 동의가 있으면 납입채무와 회사에 대한 채권을 상계할 수 있다(§421②).

회사는 주주의 주금납입의무를 대위변제할 수 없으며, 납입의 이행에 대물변제도 허용되지 않는다. 또한 어음이나 수표로 납입한 경우에는 변제를 위하여 교부한 것이 되고 어음, 수표가 실제로 지급된 때 납입이 이루어진 것으로 보아야 한다.[3]

### (2) 유한책임

주주는 회사에 대하여 주식의 인수가액을 한도로 출자의무만을 부담할 뿐 그 이상 회사에 출연할 책임을 지지 않는다. 즉 회사가 채무초과상태에 빠지더라도 회사의 채권자에게 직접유한책임을 지지 않고, 인수가액의 범위 내에서 간접유한책임을 진다. 이것을 주주유한책임의 원칙이라고 하는데, 이는 주식회사의 본질적인 요소이므로 정관 또는 주주총회의 결의로 또는 제3자와의 약정으로 이와 달리 정할 수 없는 강행법적 제도이다. 따라서 회사는 이를 가중할 수도 없고, 주주에 대한 납입청구권을 포기하거나 감경할 수도 없다.[4]

그러나 주주는 유한책임의 원칙을 포기하고 회사 채무를 부담하거나 추가출자를 할 수도 있다.[5] 다만 주주의 유한책임의 예외로서 상장법인을 제외한 회사의 재산이 회사가 납부할 국세징수에 부족한 때에는 납세의무 성립일 현재 발행주식총수의 100분의 50을 초과하여 소유한 과점주주는 그 부족액에 대하여 제2차 납세의무를 진다. 그리고 법인격부인의 법리가 적용되는 경우에도 유한책임원칙의 예외가 될 수 있다.

---

1) 이철송, 회, 310~311면(회사는 주식인수인에게 채무를 부담하고 있다는 사실증명서류, 출자전환 확인서 등 필요하다).

2) 이철송, 회, 310~311면; 정찬형, 상, 697면.

3) 이철송, 회, 309~311면.

4) 정찬형, 상, 698면; 이철송, 회, 310면; 대판 1963.10.22, 63다494

5) 대판 1989.9.12, 89다카890.

**《일본과 중국 회사법상 주주의 의무》**

일본 회사법상 주주의 의무로 인정되는 것은 주주의 유한책임의 전제 아래 주식의 인수가액을 한도로 출자의무만을 부담하기 때문에 우리나라의 경우와 같다.

중국 회사법상 주주의 의무는 회사정관준수의무(중회 §11), 유한책임을 전제로 하여 법과 정관에서 정하는 출자의무 및 출자를 반환받지 않아야 할 의무(중회 §36, §92, §201) 등이 있다. 그리고 중국 회사법 제21조는 회사의 지배주주, 실제지배인, 이사, 감사, 고급관리자는 관련관계를 이용하여 회사의 이익을 해쳐서는 안되며, 이에 위반하여 회사에 손해를 끼치면 배상책임을 부담한다고 규정하여 지배주주의 회사에 대한 의무를 명문화 하였다.

## 3. 주주평등의 원칙

### (1) 의 의

주식의 귀속자인 주주는 회사에 대한 법률관계에서 그가 가지고 있는 주식 수에 따라 평등한 권리를 가지는 것이다. 주주의 평등은 각 주주가 가지는 주식에 따른 평등을 의미하므로 주주평등의 원칙은 주식평등의 원칙이라고 할 수 있다.[1) 주주의 평등에는 절대적 평등과 비례적 평등이 있는데, 전자는 모든 주주에게 소유주식에 상관없이 동등한 권리를 부여하는 것이고, 후자는 소유주식에 비례하여 권리를 부여하는 것이다. 주식회사의 경우에는 주주가 다수이고 주주 상호간에 인적 신뢰관계가 없으므로 자본 단체적 성격[2)]에서 비롯된 비례적 권리가 본질적인 원칙이다.

또한 주주의 평등은 동일한 내용의 주식에 관하여 동일한 취급을 하여야 한다는 원칙이므로 동일한 내용의 주식 간에는 소유주식의 비율에 따라 다른 취급을 하게 된다. 이 원칙은 다수결의 원칙으로부터 소수주주를 보호하고 또 이사 등의 자의적 회사경영으로부터 주주들을 보호하는 역할을 한다.

### (2) 주주평등원칙의 내용

주주평등의 원칙은 결국 자본의 구성단위인 주식의 균등성과 종류성을 근거로 하는 자본적 평등을 뜻하고, 그 평등의 내용은 권리의 행사·의무의 이행 등에 관하여 기회가 균등하게 주어져야 한다는 기회의 평등, 주주는 지주수에 따라 주주권을

---

1) 정동윤, 회, 185면; 정찬형, 상, 673면; 이철송, 회, 242면.

2) 이철송, 회, 306~309면.

갖는다는 비례적 평등 및 주식의 종류에 따른 종류적 평등[1]을 의미한다.

### (3) 주주평등원칙의 예외

주주평등의 원칙에 대한 예외는 법이 인정하는 경우에만 가능하고, 정관의 규정이나 주주총회의 결의로도 이를 배제할 수 없다. 법이 인정하는 예외로는 ① 이익배당·잔여재산 분배, 의결권 등에 관하여 내용이 다른 종류주식을 발행한 경우(§344①, ②), ② 종류주식이 발행된 경우 정관에 다른 정함이 없는 경우에도 주식의 종류에 따라 신주의 인수, 주식의 병합·분할·소각 또는 회사의 합병·분할로 인한 주식의 배정에 관하여 특수한 정함을 한 경우(§344③), ③ 단주처리의 경우(§343), ④ 감사선임의 경우(§409②), ⑤ 주주권이 소수주주권으로만 인정되는 경우(§363의2, §366①, §382조의2, §385②, §§402~403, §415, §466, §467, §467의2, §520 등) 등에는 주주평등의 원칙이 적용되지 않는다. 그러나 예외에 해당하는 주식 상호간에는 주식평등의 원칙이 지켜져야 한다.

### (4) 평등원칙 위반의 효과

주주평등의 원칙은 강행법적 성격의 기본원칙이므로 회사와 주주간의 법률관계에서 주주를 평등하게 대우하도록 회사를 구속하는 것이므로, 이에 위반한 정관의 규정·주주총회의 결의·이사회의 결의 또는 대표이사의 업무집행 행위는 회사의 선의·악의를 불문하고 원칙적으로 모두 무효가 된다. 그러나 이러한 위반행위에 의하여 손해를 받은 주주의 동의가 있으면 예외적으로 무효가 치유된다고 본다.[2]

**《일본 회사법상 주주평등의 원칙》**

주식회사는 주주를 그가 갖는 주식의 내용 및 수에 따라 평등하게 취급하는 원칙이라고 명문의 규정을 두고 있다(일회 §109①). 이 원칙은 정의와 형평의 이념에 따라 당연히 요청되는 것이고, 지배주주의 자본다수결의 남용과 경영자의 자의적인 권한행사 및 전횡으로부터 소수주주를 보호하기 위한 기능에 의의가 있는 것으로 해석한다. 그러나 주주평등의 원칙은 명문규정으로써 내용이 다른 각종의 주식을 인정하는 것을 부인하지 않으며, 비공개회사에서는 이익배당, 잔여재산분배, 의결권 등에 관하여 주주마다 다른 취급을 할 수 있도록 정관으로 정할 수도 있다(동조②). 그리고 강행규정이나 주식회사의 본질 또는 공서양속에 반하지 않는 한 1인 1의결권, 사원전원 동액배당 등 정관으로 속인적인 권리에 차이를 둘 수 있다(동조③).

---

1) 정동윤, 185면.

2) 대판 1980.8.26, 80다1263.

# 제3절 주권과 주주명부

## 제1 주 권

### 1. 의의와 성질

주권이란 주주의 회사에 대한 지위인 사원권을 표창하는 유가증권이다(사원권적 유가증권). 주권은 주식회사라는 사단관계를 기초로 하여 발행되는 유가증권이므로, 유가증권의 법리뿐만 아니라 사단의 법리에 의해서도 지배된다. 따라서 주식의 양도를 위하여 반드시 주권을 교부해야 하며, 기명주권의 권리행사는 소지하지 않아도 가능하지만, 무기명주권은 권리행사를 위하여 주권을 회사에 반드시 공탁하여야 한다. 주권은 완전유가증권인 어음이나 수표와 달리 비설권증권성, 요인증권성, 완화된 요식증권성, 비문언증권성, 비상환증권성을 갖는 불완전유가증권이다.

**《일본과 중국 회사법상 주권》**

일본 회사법은 종래 주식회사로 하여금 원칙적으로 주권을 발행하게 하였으나, 현재는 정관의 정함에 따라 주권을 발행하지 않을 수 있다. 대규모 상장회사의 주권발행비용과 중소규모 회사의 주권 불발행이라는 현실을 고려한 조치이다. 주권의 성질에 관해서는 일본 회사법이나 중국 회사법이 우리나라의 경우와 같이 유가증권으로서 요인증권, 비설권증권, 비문언증권, 요식증권 등으로 본다.

### 2. 종 류

상법상 규정된 주권의 종류에는 기명주권과 무기명주권이 있다. 주주의 성명이 표시된 주권을 기명주권, 표시되지 않은 주권을 무기명주권이라고 하며, 이것은 기명주식과 무기명주식을 주권을 기준으로 하여 본 것일 뿐 그것과 동일한데, 이는 전술한 주식의 종류에서 설명한 바와 같다. 우리나라에서는 기명주권이 원칙이고, 실제에 있어서 많이 이용되고 있다.

기명주권과 무기명주권은 양자 모두 무기명증권의 경우와 같이 주권의 교부만으로써 양도할 수 있고(§336①), 주권의 점유자는 이를 적법한 소지인으로 추정한다(동조②). 그러나 권리의 행사방법에 있어서는 양자 간에 차이가 있다. 기명주권의 경우에는 명의개서만 하면 주권을 소지하지 않고도 회사에 대하여 권리행사가 가능하지만(§337①), 무기명주권의 경우에는 주주가 주권을 소지하여야 하고 회사에 공탁하여야 한다(§358).

무기명식 주권은 정관에 규정이 있는 경우에 예외적으로 발행할 수 있으며(§357①), 주주는 언제든지 무기명주권을 기명주권으로 할 것을 청구할 수 있다(동조②). 주권은 그것이 표창하는 주식 수에 따라 1개의 주식을 표창하는 주권을 단일주권, 수개의 주식을 표창하는 주권을 병합주권이라고 한다. 주주는 주권의 분할이나 병합을 청구할 수 있고 회사는 이를 거부하지 못한다.[1)]

## 3. 주권의 발행

### (1) 주권의 기재사항

주권은 법정사항과 번호를 기재하고 대표이사가 기명날인 또는 서명하여야 한다(§356 각 호). 즉 ① 회사의 상호, ② 회사의 성립년월일, ③ 회사가 발행할 주식의 총수, ④ 액면주식을 발행하는 경우는 1주의 금액, ⑤ 회사의 성립 후 발행된 주식에 관하여는 그 발행년월일, ⑥ 종류주식이 있는 경우에는 그 주식의 종류와 내용, ⑦ 주식의 양도에 관하여 이사회의 승인을 얻도록 정한 때에는 그 규정 등을 적어야 한다.

그 외에도 주권이 표창하는 주식의 수를 기재하고, 기명주권의 경우에는 주주의 성명을 기재하여야 한다. 주권에 법정기재사항을 기재하지 아니하거나 부실한 기재를 한 경우에는 이사는 회사(§399) 및 제3자(§401)에 대하여 손해배상책임을 지는 외에, 과태료의 제재(§635①6호)도 받는다.

**《일본과 중국 회사법상 주권의 기재사항》**

일본 회사법은 아래의 사항과 주권번호를 기재하고 대표이사가 기명날인 또는 서명하여야 한다(일회 §216 1~4호). 즉 ① 회사의 상호, ② 주권에 표창된 주식의 수, ③ 주권에 표창된 주식의 양도제한에 관한 정함이 있는 경우에는 그 뜻, ④ 종류주식을 발행한 경우 그 종류와 수이다.

1) 정찬형, 상, 702면; 정동윤, 212면; 이기수, 외, 227면.

중국 회사법에 의하면 주권에 회사의 명칭, 회사의 설립일자, 주권의 종류, 액면금액 및 대표하는 주식의 총수, 주권의 번호를 기재하고 법정대표자가 서명하고 회사가 날인한다. 그리고 발기인 주권은 발기인 주권이라는 문자표시가 있어야 한다(중회 §129).

### (2) 주권의 발행시기

**1) 발행의무** 회사는 성립 후 또는 신주의 납입기일 후 지체 없이 주권을 발행하여야 한다(§355①). 주권이 없으면 주식을 양도할 수 없기 때문에 주식의 양도성을 보장하기 위하여 주권발행을 강제하는 것이므로 정관에 의해서도 이와 달리 정할 수 없다고 본다. 이때의 "지체 없이"란 상법 제355조 제3항 단서와 관련하여 볼 때 6개월 이내라고 보는 견해도 있으나,[1] 6월 내라도 지체 없이 발행하지 않는 경우에는 손해배상책임과 과태료의 제재를 받을 수 있다.[2] 이러한 회사의 주권발행의무는 회사성립시의 주식발행이나 회사성립 후의 신주발행(§416) 뿐만 아니라, 주식배당·준비금의 자본전입 등을 원인으로 하는 모든 신주발행의 경우(§350, §442, §461, §462의2, §515, §523 3호)에 적용된다.

한편 회사의 주권발행의무와 대응하여 주주는 회사에 대하여 주권발행청구권 및 주권교부청구권을 갖는다. 또한 주주의 이러한 권리는 주주의 채권자가 대위행사(민 §404①) 할 수 있다. 이 때 회사가 주권을 발행하지 않는 경우에는 이사는 회사(§399) 및 주주(§401)에 대하여 손해배상책임을 지는 외에 과태료(§635①19호)의 제재도 받는다.

**2) 발행제한** 회사의 성립 전 또는 신주의 납입기일 전에는 주권을 발행하지 못한다(§355②). 이러한 주권의 발행 시기에 대한 제한은 권리주의 양도제한(§319)에 대응하여 권리주의 유가증권화 및 이를 통한 투기를 방지하기 위한 것이다.

만일 회사가 이에 위반하여 주권을 발행하면 그 주권은 무효가 되고(§355③), 이를 발행한 발기인·이사 등은 손해를 입은 자에 대하여 손해배상책임을 부담함은 물론(동항 단서) 과태료의 제재도 받는다(§635①19호). 이렇게 무효가 된 주권은 회사의 성립 또는 신주의 납입기일의 경과로 치유되지 않으며, 또 회사는 이렇게 발행된 주권의 효력 및 이에 의한 권리주의 양도의 효력을 인정할 수도 없을 것이다.[3]

---

1) 정동윤, 213면; 이기수 외, 471면; 정찬형, 상, 702면.

2) 최기원, 666면.

3) 정찬형, 상, 703면; 이철송, 회, 321~322면.

**《일본과 중국 회사법상 주권발행》**

일본 회사법상 주식회사는 그 주식(종류주식 발행회사의 경우는 모든 종류의 주식)을 표창하는 주권을 발행할 뜻을 정관으로 정할 수 있다(일회 §214). 이 규정을 둔 경우, 회사는 주권발행회사로서 주식발행 후 지체 없이 당해 주식에 관한 주권을 발행하여야 한다(일회 §215①). 그리고 비공개회사는 주주의 청구가 있을 때까지 주권을 발행하지 않을 수 있다(동조④).

중국 회사법상 주식회사는 설립된 후 지체 없이 주주에게 주권을 정식으로 교부하여야 한다. 그러나 회사설립 전에는 주주에게 주권을 교부하지 못한다(중회 §133).

3) **주식의 전자등록** 회사는 주권을 발행하는 대신 정관으로 정하는 바에 따라 전자등록기관(유가증권 등의 전자등록 업무를 취급하도록 지정된 기관)의 전자등록부에 주식을 등록할 수 있으며, 전자등록부에 등록된 주식의 양도나 입질은 전자등록부에 등록하여야 효력이 발생한다(§356의2①, ②). 전자등록부에 등록한 경우 일부주주가 주권발행을 청구한 경우에 회사는 이에 응하여야 할 것인가에 대하여 의문이 있다. 이에 대하여 회사의 편의를 위하여 부정할 것이지만(의무적 전자증권제도), 투자자를 보호할 필요가 있는 점에서 긍정해야 한다는 유력설이 있다(임의적 전자증권제도). 그러나 전자등록제를 통하여 유가증권의 양도, 입질 등이 모두 이루어지기 때문에 일단 전자등록제도를 채택하면 주권불소지의 경우와 같이 주권을 재발행하거나 명의개서 대리인에게 보관시킬 필요성은 없다고 하여야 할 것이다. 2011년 새로 도입한 전자등록제도는 처음부터 주권을 발행하지 않는다는 것을 전제로 하는 제도로서 상법상의 모든 유가증권의 무권화에 관한 일반규정의 기능을 한다.[1)]

전자등록부에 주식을 등록한 자는 그 등록된 주식에 대한 권리를 적법하게 보유한 것으로 추정하며, 이러한 전자등록부를 선의로 그리고 중대한 과실 없이 신뢰하고 전자등록부의 등록에 따라 권리를 취득한 자는 그 권리를 적법하게 취득한다(동조③). 전자등록의 절차, 방법 및 효과, 전자등록기관의 지정, 감독 등 주식의 전자등록에 관하여 필요한 사항은 대통령령으로 정한다(동조④). 전자등록부의 기재는 주권의 기능과 주주명부의 기능을 동시에 갖는다. 따라서 전자등록부를 통하여 주권의 선의취득이나 주주명부의 명의개서에 의한 대항력 등이 발생한다.[2)]

---

1) 정찬형, 상, 707면.

2) 정찬형, 상, 709면.

### (3) 효력발생시기

주권은 유효하게 성립한 사원권을 표창하는 유가증권이지만 사원권의 성립시기와 주권의 효력발생시기가 다르다. 주권의 성립시기를 언제로 볼 것인가에 관하여 다음과 같은 세 가지의 견해가 있다.

1) **작성시설**　회사가 적법하게 주권을 작성하여 어떤 주권이 어느 주주에게 귀속되는지 확정한 때에 주권으로서의 효력이 발생한다고 보는 견해로서, 어음이론에서 창조설에 대응하는 견해라고 볼 수 있다. 이 견해에 의하면 주권의 작성 후 주주에게 교부하기 전에 상실된 경우 취득자의 선의취득이 가능하며, 주권을 상실한 경우 주주는 제권판결을 받아야 한다. 그리고 주주의 채권자는 압류할 수 있다.

이 견해에 의하면 거래의 안전은 보호되나 주권의 선의취득에 의하여 주주는 권리를 상실하게 되고, 회사에 대하여 손해배상청구만을 할 수 있으므로 주주의 보호에 문제가 있다. 또한 이 견해는 무기명주권의 경우에 주주의 확정시기가 불투명하다는 비판도 있다.[1]

2) **발행시설**　회사가 주권을 작성하여 회사의 의사로써 누구에게든(주주 이외의 자에게) 교부한 때 주권으로서의 효력이 발생한다고 보는 견해이다. 이는 어음이론상의 발행설에 대응하는 견해이다. 이 견해는 회사가 주권을 교부하여야 그 효력이 발생한다고 보는 점에서 작성시설과 다르고, 회사의 착오 등으로 주주가 아닌 자에게 교부하기만 하면 주권으로서 효력이 발생한다는 점에서 교부시설과 다르다.

따라서 이 견해에 의하면 주주가 아닌 자가 주주의 인장을 위조하여 회사로부터 주권을 교부받은 경우에도 그 주권은 유효하게 효력을 발생하므로 선의취득·압류·제권판결 등이 가능하나(작성시설과 동일),[2] 주권의 작성 후 회사의 의사에 기하지 않은 도난 등이 있게 되면 선의취득·압류·제권판결 등이 불가능하다(작성시설과 차이). 이 견해는 작성시설과 교부시설을 절충한 입장이다.

3) **교부시설**　회사가 주권을 작성하여 회사의 의사에 의하여 주주에게 교부한 때에 주권으로서의 효력이 발생한다고 보는 견해로서, 어음이론에서 교부계

---

1) 이철송, 회, 322~323면.

2) 대판 1965.8.24, 65다968.

약설에 대응하는 견해이다. 이 견해에 의하면 주권의 작성 후 주주에게 교부하기 전에는 단순한 지편에 불과하고 주권으로서의 효력이 발생하지 않으므로 선의취득이나 압류가 인정되지 않는다. 또한 교부 전에 주권을 상실한 경우에도 재발행을 위하여 제권판결을 받을 필요도 없다.[1]

따라서 이 견해에 의하면 주권이 주주에게 교부되기 전에 도난, 분실된 경우에는 선의 취득이 인정되지 않기 때문에 주주는 보호되지만, 거래의 안전에는 문제가 있다. 우리나라의 통설과 판례는,[2] 주권은 어음·수표와는 달리 사단법적 법리가 지배하는 특수성이 있어 거래의 안전보다는 진정한 주주의 보호가 더 요청된다는 이유로 교부시설을 취하고 있다.

## 4. 주권의 불소지제도

### (1) 의 의

기명주식의 주주는 정관에 다른 정함이 없는 한 회사에 대하여 주권을 소지하지 않겠다는 신고할 수 있다(§358의2①). 주식의 양도가 주권의 교부만으로 가능하기 때문에(§336①) 주주가 주권을 분실할 경우 제3자의 선의취득이 용이하여 주주의 지위를 상실할 위험성이 높아졌다. 그리고 주식을 장기간 양도할 의사 없이 보유하는 주주에게는 권리행사를 위하여 주권의 소지가 반드시 필요하지도 않다. 그러므로 주권불소지는 분실 또는 도난의 경우 제3자의 선의취득으로 인한 주주의 지위상실 위험을 방지하고, 폐쇄회사의 경우 주권발행의무를 면하게 하여 경제적으로도 유리하게 하는 장점이 있다.

또한 이 제도는 예탁결제원이 예탁 받아 보관중인 상장주권에 관해서도 상당량은 장기간 저장되어 있는 상태이므로 보관비용을 크게 줄일 수 있는 유용한 제도이다.[3] 그러나 무기명주식의 주주는 권리를 양도 또는 행사하기 위하여 반드시 주권을 소지하여야 하므로(§358) 불소지 신고를 할 수 없다.[4] 주권불소지는 정관에서 이를 금지하지 않은 경우에만 이용할 수 있다(§358의 2).

1) 정동윤, 215면; 이철송, 회, 322면; 정찬형, 상, 705면; 이기수 외, 230면; 최준선, 회, 212~213면; 강위두, 356면.

2) 대판 1977.4.12, 76다2766; 동 1987.5.26, 86다카982, 983.

3) 이철송, 회, 323~324면.

4) 이철송, 회, 258~259면; 정찬형, 상, 710~711면.

### (2) 불소지의 신고, 회사의 조치

주주가 주권의 불소지 신고를 하면 회사는 지체 없이 주권을 발행하지 아니한다는 뜻을 주주명부와 그 복본에 기재하고 그 사실을 주주에게 통지하여야 하며, 이 경우 회사는 그 주권을 발행할 수 없다(§358의2②). 그리고 주주는 이미 발행된 주권이 있는 때에는 이를 회사에 제출하여야 하며, 회사는 제출된 주권을 무효로 하거나 명의개서대리인에게 임치하여야 한다(동조③). 주권을 무효로 할 것인가 또는 임치할 것인가의 결정은 회사가 재발행 비용이나 임치료 등을 고려하여 결정한다. 주주는 소유주식 일부에 대해서만 불소지 신고를 할 수도 있으며, 회사 또는 명의개서대리인에게도 신고할 수 있다. 불소지 신고는 주주명부상의 주주만 할 수 있다.[1]

불소지 신고를 받은 주권이 발행되거나 주주로부터 제출받은 주권이 유통될 경우에도 그 주권은 무효이므로 선의취득이 인정되지 않는다.[2]

### (3) 주권의 발행 및 반환의 청구

주주가 주권의 불소지를 신고한 경우에도 주식을 양도하거나 입질히기 위하여 주권이 필요한 경우에는 언제든지 회사에 대하여 주권의 발행 또는 반환을 청구할 수 있다(§358의2④). 회사가 명의개서대리인을 둔 경우에는 이에 대하여도 주권의 발행 또는 반환을 청구할 수 있다고 본다. 주주의 주권발행 및 반환청구권은 정관에 의해서도 제한할 수 없다. 이를 제한하면 주식의 양도와 입질을 제한하는 결과가 되기 때문이다. 주권의 발행비용은 최초발행일 경우 회사가 부담하며, 이미 발행한 주권에 대하여 불소지 신고로 무효화 한 경우의 발행비용은 주주가 부담할 것이다. 그리고 주권의 임치비용은 주주가 부담한다.

**《일본 회사법상 주권불소지제도》**

일본 회사법에 의하면 주주는 발행회사에 대하여 자기가 소유하는 주권의 소지를 희망하지 않는다는 뜻(주권불소지)을 회사에 신고할 수 있고, 그 절차나 회사의 처리, 주권을 이미 발행한 경우의 신고와 조치, 재발행 비용부담 등이 우리 제도와 유사하다(일회 §217①~⑤).

---

1) 이철송, 회, 324면.

2) 이철송, 회, 325면; 정동윤, 217면; 정찬형, 상, 711면.

## 5. 주권의 상실과 선의취득

### (1) 의 의

주권이 도난, 분실, 멸실 등 상실된 경우에는 무기명주권의 경우에는 권리의 행사와 양도가 불가능하지만, 기명주권인 경우에는 주권의 취득자가 명의개서를 하지 않는 한 권리의 행사는 가능하지만 양도, 입질 등은 불가능하다. 한편 상실된 주권은 선의의 제3자에 의하여 선의취득 될 수가 있다(§359). 따라서 상법은 주권의 상실자를 위하여 민사소송법에 의한 공시최고절차와 제권판결에 의하여 상실된 주권을 무효로 할 수 있게 하고(§360①, 민소 §475 이하), 또 주권의 재발행을 청구할 수 있게 하였다(§360②).

### (2) 공시최고와 제권판결

주권의 최종소지인(질권자, 유치권자 등)이 주권의 존재와 중요 취지에 관한 사항과 함께 도난, 멸실, 분실 등에 관한 원인사실을 소명하여 공시최고를 신청한다(민소 §493, §494①, ②). 관할법원은 3월 이상의 기간을 정하여 권리의 신고를 최고하고, 그 기간 내에 신고가 없으면 상실된 주권에 대하여 제권판결을 선고 한다(민소 §476, §481, §487).

제권판결이 있으면 주권은 무효가 되므로 소지인은 권리자로서의 추정력을 잃게 되며, 회사는 면책력을 상실하고 이후 주권의 선의취득은 인정되지 않는다(소극적 효력). 제권판결 취득자는 주권이 없어도 제권판결의 정본에 의하여 주주의 권리를 행사할 수 있다(적극적 효력). 그러나 회사는 제권판결 취득자가 무권리 자임을 입증하고 그 권리행사를 거부할 수 있다.

### (3) 제권판결과 선의취득

제권판결 이후에 주권을 선의취득 하더라도 보호받을 수 없으나, 제권판결 전에 선의취득한 자는 권리신고로써 보호 받을 수 있다. 제권판결의 선고 전에 그 주권을 선의취득 하였으나 공시최고기간 중에 권리의 신고나 청구를 하지 아니한 자와 공시최고를 거쳐 제권판결을 취득한 자 사이에 누구의 권리가 우선하는가에 대하여 문제가 있다. 이에 대하여 제권판결취득자 우선설, 선의취득자 우선설, 그리고 양설의 절충설이 대립한다. 제권판결에 의하여 선의취득자는 주권소지의 형식적 자격뿐만 아니라 실질적 권리도 상실하게 되어 주권에 의한 권리를 행사할 수 없다고 보는 제권판결취득자 우선설이 타당하다고 본다.[1)]

### (4) 주권의 재발행

주권을 상실한 자는 제권판결을 얻지 아니하면 회사에 대하여 주권의 재발행을 청구할 수 없다(§360②). 상실된 주권이 유통될 수 있으므로 재발행을 한다면 동일한 주식에 대해 2개의 주권이 존재할 수 있기 때문이다. 회사가 주권을 보관하던 중 분실하였다고 하더라도 재발행을 위해서는 역시 제권판결을 구해야 한다.[2)]

**《일본 회사법상 주권상실》**

주권을 상실한 자는 주권발행회사에 대하여 법무성령에 따라 주권상실등록부에 기재, 기록할 것을 청구할 수 있다. 등록부에 기재할 사항은 ① 주권의 번호, ② 주권상실자의 성명(명칭), ③ 당해주권에 관한 주식의 명의인(주주명부에 주주 또는 등록 질권자로 기재되어 있는 자), ④ 주권상실등록일(일회 §221 1~4호) 등이다.

한편, 당해주권의 소지인은 회사에 대하여 주권상실등록의 말소를 신청할 수 있고(일회 §225①), 이 신청을 받은 발행회사는 지체 없이 주권상실등록자에 대하여 이 신청자의 성명, 주소, 주권번호를 통지하여야 한다(동조③). 주권상실등록이 된 주권은 등록일 익일부터 기산하여 1년을 경과한 날에 무효가 된다(일회 §228①). 주권이 무효가 되면 발행회사는 주권상실등록자에게 주권을 재발행하여야 한다(동조②).

주권발행회사는 주권상실등록이 된 주권에 표창된 주식을 취득한 자에 관하여 ① 당해주권상실등록이 말소된 날과, ② 주권상실등록일의 익일부터 기산하여 1년을 경과한 날 가운데 빠른 날까지의 사이에는 명의개서를 할 수 없다(일회 §230①).

**《중국 회사법상 주권상실》**

중국 회사법에 의하면 기명주권이 도난, 유실 또는 멸실된 경우 주주는 중화인민공화국 민사소송법이 정한 공시최고절차에 따라 인민법원에 그 주권의 실효선고를 요청할 수 있다. 인민법원이 그 주권의 실효를 선고한 후 주주는 회사에 대하여 주권의 재발행을 청구할 수 있다(중회 §144). 민사소송법에 의하면 유가증권 상실자는 기층인민법원(지방법원)에 공시최고신청서를 제출하면, 법원은 3일 내에 신고를 독촉하는 공고를 하여야 한다. 공시최고기간은 60일 이상이어야 하며, 이해관계인은 이 기간 내에 법원에 신고하여야 하고 신고하는 자가 없으면 제권판결을 한다. 이해관계인이 정당한 이유로 판결 전에 인민법원에 신고하지 못한 것은

---

1) 대판 1993.11.9, 93다32934; 최기원, 674면; 이철송, 회, 329면; 최준선, 회, 221면(선의취득자 우선설: 손주찬, 694면: 정동윤, 회, 221면).

2) 대판 1981.9.8, 81다141.

판결공고의 사실을 알았거나 알 수 있는 날로부터 1년 내에 판결을 한 인민법원에 제소할 수 있다. 인민법원이 그 주권의 실효를 선고한 후 주주는 회사에 주권의 추가발행을 청구할 수 있다.

## 제 2 주주명부

### 1. 의 의

주주명부란 주주 및 주권에 관한 사항을 명백히 하기 위하여 상법의 규정에 의하여 작성·비치되는 장부(§396①)이다. 주식회사의 주주는 회사와는 무관하게 수시로 변동하므로 회사는 특정시점에 누가 주주인가를 파악하기 위한 기술적 방법으로서 주주명부가 필요하다. 따라서 주주명부 상의 기재에 의하여 회사는 주주의 권리를 행사할 자를 획일적으로 확정할 수 있고, 주주는 주권을 제시하지 않고도 권리를 행사할 수 있다.

그러나 무기명주식의 경우에도 주주명부를 작성하기는 하지만 주주의 성명이나 주소 등은 기재하지 않고 주식의 종류나 수, 주권번호, 발행일 등만을 기재하므로 실제로는 주권대장과 같다. 회사는 정관의 규정에 따라 전자문서로 전자주주명부를 작성할 수 있다(§352의2). 주주명부는 상법상의 장부이기는 하지만, 영업 및 재산 상태를 나타내는 것은 아니므로 상업장부는 아니다.[1)]

### 2. 기재사항

상법은 주주명부의 기재사항에 대하여 규정하고 있는데 기명주식을 발행한 경우(§352①), 무기명주식을 발행한 경우(동조②), 전환주식을 발행한 경우(동조③), 전자주주명부를 작성한 경우로 각각 분류하여 규정하고 있다.

기명주식을 발행한 경우에는 주주의 성명과 주소, 각 주주가 가진 주식의 종류와 수, 주권을 발행한 경우 그 주권의 번호, 취득연월일 등을 기재하여야 하고, 전자주주명부를 작성하는 경우에는 전자우편주소를 기재하여야 한다(§352의2②). 무기명주식의 주권을 발행하는 경우에는 주권의 종류나 수, 주권번호, 발행일 등만을 기재하여야 한다(§352②). 그 외에도 질권의 등록, 신탁재산의 표시, 공유주식

1) 이철송, 회, 333면.

의 경우에 주주권 행사자의 표시 등도 하여야 한다.

### 3. 비치·공시

주주명부는 회사의 본점에 비치하여야 하며, 명의개서대리인을 둔 경우에는 주주명부 또는 그 복본을 명의개서 대리인의 영업소에 비치할 수 있다(§396①).

주주와 회사채권자는 영업시간 내에는 언제든지 주주명부 또는 그 복본의 열람 또는 등사를 청구할 수 있다(§352②). 이 경우 열람의 목적을 소명할 필요가 없다.[1)]

### 4. 기재의 효력

#### (1) 대항력

기명주식의 양도는 주권의 교부만으로 가능하므로(§336①) 주식의 양수인은 주권의 교부만 받으면 주주가 되지만(효력요건), 주주명부에 그의 성명과 주소를 기재하지 않으면 회사에 대해 주주권을 행사할 수 없다(대항요건, §337①). 이것이 주주명부의 가장 중요한 대항력이다. 그러므로 기명주식이 양도된 후 양수인 명의로 명의개서가 이루어졌다면, 그 후 주식양도약정이 해제되거나 취소되었다 하더라도 원래의 양도인 명의로 복구하지 않는 한 양도인은 주주총회에서 의결권을 행사하기 위하여 주주로서 대항할 수 없다.[2)]

주주가 주권을 신탁회사에 신탁하는 경우에는(주권에 신탁재산인 사실을 표시하고) 주주명부에 신탁재산인 사실을 기재함으로써 제3자에게 대항할 수 있다(신탁 §3②). 그러나 회사가 명의개서를 하지 않은 주식양수인을 주주로 인정하는 것은 무방하다.[3)] 무기명주식은 주주명부에 주주의 성명이 기재되지 않고 주권을 점유함으로써 주주권을 행사할 수 있으므로 주권의 점유가 기명주권의 명의개서와 같은 효력이 있다.

#### (2) 권리추정력(자격수여적 효력)

기명주식의 양수인이 주주명부에 명의개서를 하면 이후 주주로 추정되므로 자

---

1) 이철송, 회, 333~334면.

2) 대판 2002.12.24, 2000다69927.

3) 판례: 대판 1989.10.24, 89다카2082. 통설: 정찬형, 상, 714면; 정동윤, 276면; 손주찬, 673면.

신의 실질적 권리(주주)를 증명하지 않고도 적법한 주주로서의 권리를 행사할 수 있다(주주명부에 등록질권자로 기재된 자는 적법한 질권자로 추정됨). 이 효력을 주주명부의 자격수여적 효력 또는 권리추정력이라고 한다. 따라서 주주명부상의 명의주주는 회사의 반증이 없는 한 회사에 대하여 주권을 제시하지 않고도 그의 권리를 행사할 수 있다.

한편 기명주권의 점유에 의해서도 적법한 소지인으로 추정되지만(§336②), 이것은 주식의 양도와 관련하여 주권의 소지인이 회사에 대하여 주주권을 행사할 수 있는 것이 아니라, 실질적인 권리를 증명하지 않고도 명의개서를 청구할 수 있는 추정력이라고 보아야 할 것이다. 그러므로 이는 주주권의 행사와 관련한 주주명부의 명의개서에 대한 추정력과는 구별된다.[1)]

그러나 주주명부의 기재가 권리를 창설하는 효력이 있는 것은 아니므로 실체법상 주식을 취득하지 못한 자가 명의개서를 하여도 주주권을 취득하는 것은 아니고, 그가 무권리자라는 사실이 증명되면 주주권은 부인된다. 입증책임은 주주명부상의 기재를 부인하는 자가 부담한다.[2)]

### (3) 면책력

회사는 주주명부상의 주주를 진정한 주주로 보고 그에게 배당금 청구권, 의결권, 신주인수권 등 각종의 통지·최고·교부 등을 하면 주주명부상의 주주가 진정한 권리자가 아니더라고 회사는 면책이 된다(§353①). 이러한 면책력은 전술한 대항력 및 추정력이 주주명부에 기재된 주주의 이익을 위한 것과는 달리, 회사 측이 주주명부의 기재에 의하여 받는 이익이다. 다만 회사가 주주명부상의 주주가 진정한 권리자가 아님을 알았거나 중대한 과실로 알지 못하고 주주권의 행사를 허용한 경우에는 회사는 이에 대하여 책임을 면하지 못한다.[3)]

면책력은 주주의 확정에 관해서 뿐만 아니라 주주의 주소 등 다른 기재사항에 대해서도 주어지므로 주소변경이나 잘못 제출된 주소 때문에 주주가 통지를 받지 못하더라도 회사는 이에 대하여 책임을 지지 않는다.

### (4) 기타의 효력

1) 등록질 주주명부에 등록질권자로 기재된 자는 적법한 질권자로 추정

1) 정찬형, 상, 715면; 이철송, 회, 334~335면.

2) 대판 1989.7.11, 89다카5345; 동 1993.1.26, 92다11008.

3) 대판 1998.9.8, 96다45818.

되므로 회사로부터 이익이나 이자의 배당·잔여재산의 분배 또는 제339조(질권의 물상대위)에 따른 금전의 지급을 받아 다른 채권자에 우선하여 자기채권의 변제에 충당할 수 있다(§340). 약식질과는 다른 특별한 효력이 있다.

2) **주권불소지기재의 효력** 주권불소지의 신고에 따라 회사가 주권을 발행하지 않는다는 뜻을 주주명부에 기재하면 회사는 주권을 발행할 수 없고, 또 이미 발행되어 주주가 제출한 주권은 무효로 하거나 명의개서대리인에게 임치하여야 한다(§358의2).

## 5. 주주명부의 폐쇄와 기준일

### (1) 주주명부의 폐쇄

주주명부의 폐쇄란 회사가 의결권을 행사하거나 이익 또는 이자의 배당을 받을 자 기타 주주 또는 질권자로서 권리를 행사할 자를 정하기 위하여 일정기간 동안 주주명부의 기재를 폐쇄하는 것을 말한다(§354①전단). 폐쇄기간 동안 주식양도가 사실상 제한되므로 이 기간은 3월을 초과할 수 없도록 하였다(동조②). 3월을 넘는 기간을 폐쇄하게 되면 주식의 유통을 사실상 제한하는 것이 되므로 그 초과하는 기간은 무효가 된다. 회사가 주주명부를 폐쇄하면 폐쇄당시의 주주명부상에 주주로 등재된 자가 주주권을 행사할 주주로 자동적으로 확정된다.

주주명부 폐쇄기간 중에는 명의개서의 금지는 물론이고, 질권의 등록이나 말소, 신탁재산의 표시나 말소 등 주주 또는 질권자의 권리를 변동시키는 모든 기재를 할 수 없다. 그러나 주주권의 행사나 권리의 변동과 관련이 없는 사항(예: 주주의 주소변경 등)의 기재는 가능하다(통설).[1] 예외적으로 전환(주식이나 사채), 청구(§349, §350, §516②), 신주인수권부사채의 권리행사(§516의9, §516의10)는 이 기간 중에도 할 수 있다.

상법은 주주명부의 폐쇄에 대하여 폐쇄기간의 2주간 전에 이를 공고하도록 예고를 규정하고 있다(§354④본문). 그 공고에는 폐쇄기간의 시기, 종기 그리고 목적을 기재하여야 할 것이다. 그러나 정관에 폐쇄기간이 정해진 경우에는 이를 별도로 공고할 필요가 없을 것이다(동항 단서).

폐쇄기간 중 회사가 자의로 일부의 주주나 질권자의 청구를 받아들여 명의개

---

1) 이철송, 회, 337면.

서를 할 수 있는가에 대하여 주식평등의 원칙에 반하므로 인정될 수 없다고 본다.[1] 이에 위반한 명의개서는 효력에 대하여 무효라는 견해가 있으나,[2] 명의개서 자체는 유효하지만 그 효력은 폐쇄기간 경과 후에 발생한다는 견해가 타당하다고 본다.[3]

### (2) 기준일

회사는 의결권을 행사하거나 이익 또는 이자의 배당을 받을 자 기타 주주 또는 질권자로서 권리를 행사할 자를 정하기 위하여 일정한 날에 주주명부에 기재된 주주 또는 질권자를 그 권리를 행사할 주주 또는 질권자로 볼 수 있다. 이러한 일정한 날이 기준일이다(§354①). 이러한 기준일은 주주 또는 질권자로서 권리를 행사할 날에 앞선 3월내의 날로 정하여야 하고(동조③), 기준일이 정관으로 정하여지지 않은 경우에는 기준일의 2주간 전에 이를 공고하여야 한다(동조④).

기준일의 공고에는 반드시 그 목적을 기재하여야 하는데, 기준일은 이와 같이 공고된 목적 이외에는 이용될 수 없다. 이 점은 주주명부의 폐쇄의 경우와 다른 점이다.

### (3) 양자의 병용

주주명부의 폐쇄와 기준일을 병용하는 경우가 많으며, 특히 주주총회의 소집과 배당금 지급이 다른 시기에 행하여지므로 정기총회에서 재무제표를 승인할 주주와 배당금을 받는 주주를 일치시키기 위하여 양 제도는 병용된다. 주주명부 폐쇄기간 중 신주가 발행될 때 신주의 주주를 주주총회에서 제외시키려면 별도로 기준일이 설정된다. 주주명부 폐쇄와 기준일은 주주에게 중대한 이해관계가 있는 문제이므로 이사회에서 결의하고 대표이사가 집행하여야 할 것이다.[4]

### (4) 위법한 주주명부의 폐쇄와 기준일

양 제도는 주주에게 중대한 이해관계가 있으므로 이를 실행한다면 당연히 상법의 규정에 따라야 한다. 따라서 이에 위반한 정관규정은 무효가 되며, 회사가 상

1) 이철송, 회, 338면.

2) 손주찬, 699면; 정동윤, 226면; 최기원, 388면.

3) 이철송, 회, 338면; 정찬형, 상, 718면.

4) 이철송, 회, 339~340면.

법에 위반하여 주주명부를 폐쇄하거나 기준일을 정한다면 초과하는 기간은 무효이고 또 공고기간이 위반된 경우에는 폐쇄 및 기준일은 무효라고 본다.[1] 폐쇄나 기준일이 무효가 되면 폐쇄나 기준일은 없었던 것이 되고 위법한 폐쇄 또는 기준일에 의하여 권리자로 확정된 자는 권리를 행사할 수 없을 것이다. 이러한 자가 주주총회에서 의결권을 행사하였다면 주주총회의 하자가 있게 되며, 이들에 대한 이익배당이나 신주발행도 무효가 될 것이다.[2]

**《일본 회사법상 주주명부》**

일본 회사법은 주주명부의 기재사항으로서 주주의 성명과 주소, 주주가 가진 주식의 수(종류주식을 발행한 회사의 경우에는 주식의 종류, 종류마다의 수, 주권을 발행한 경우 그 주권의 번호, 취득연월일 등을 기재하도록 한다(일회 §121). 주권발행회사를 제외하고, 주주는 회사에 대하여 주주명부에 기록, 기재된 서면의 교부 또는 전자적 기록의 제공을 청구할 수 있다(일회 §122①). 회사는 주주명부를 본점(주주명부 관리인이 있는 경우는 그의 영업소)에 비치하고, 주주 및 회사 채권자는 언제든지 청구이유를 명백히 하여 열람 또는 등사를 청구할 수 있다. 그러나 청구자가 ① 권리의 확보, 행사에 관한 조사 이외의 목적으로 청구할 때, ② 회사의 업무수행을 방해하거나 주주의 공동이익을 해칠 목적으로 청구할 때, ③ 회사의 업무와 경쟁관계에 있는 사업의 경영 또는 이에 종사하는 자일 때, ④ 열람, 등사로 알게 된 사실을 대가를 받고 제3자에게 통보하기 위하여 청구할 때, ⑤ 과거 2년 이내에 주주명부의 열람, 등사로 알게 된 사실을 대가를 받고 제3자에게 통보한 적이 있는 때에는 회사는 그 청구를 거절할 수 있다.

**《중국 회사법상 주주명부》**

중국 회사법은 기명주권을 발행할 경우 주주명부를 비치하고 ① 주주의 성명 또는 명칭, 주소, ② 각 주주가 소지한 주식의 수, ③ 각 주주가 소지한 주권의 번호, ④ 각 주주가 주식을 취득한 일자를 기재하도록 한다. 그리고 무기명주권을 발행할 경우 회사는 그 주권의 수, 번호 및 발행 일자를 기재하여야 한다(중회 §131). 기명주권을 양도한 경우 회사는 양수인의 성명 또는 명칭, 주소를 주주명부에 기재하여야 한다. 그러나 주주총회를 소집하기 전 20일 이내 또는 회사가 이익배당금을 지급하기로 결정한 기준일 전 5일 이내에는 주주명부의 변경을 기재할 수 없다(중회 §140).

---

1) 이철송, 회, 340면; 정찬형, 상, 717면; 정동윤, 228면; 손주찬, 645면.

2) 이철송, 회, 340~341면.

## 6. 전자주주명부

### (1) 의 의

주주명부는 서면에 의하여 작성, 보존해야 할 것이지만 최근 정보처리기술이 발달하였기 때문에 상법은 주주명부를 전자문서로 작성할 수 있도록 하였다. 이를 전자주주명부라고 하며 정관의 정함에 따라 회사는 전자문서로 주주명부를 작성할 수 있다(§352의2①).

### (2) 효 력

상법 제352조의2 제1항에 의하여 회사가 전자문서로 주주명부를 작성하면, 그 문서가 유일한 주주명부로서의 효력을 지닌다. 따라서 회사가 전자문서와 서면의 주주명부를 만들고 그 내용이 상이하다면 당연히 전자문서의 주주명부가 우선한다.[1)]

전자주주명부를 작성하는 경우에는 주주의 주소 외에 전자우편주소를 기재하여야 한다(§352의2②). 주주 또는 질권자에 대한 회사의 통지 또는 최고는 주주명부에 기재된 주소 또는 그 자로부터 회사에 통지한 주소로 하면 회사는 면책된다(§353①). 이 면책적 효력이 전자우편주소에도 적용되는지 문제가 있으나, 전자우편주소가 제353조 제1항의 주소에 갈음한다고 볼 수 없을 것이다. 다만 주주가 자신이 통지받을 주소로 전자우편주소를 회사에 통지하였다면 제353조 제1항의 주소에 갈음할 수 있다고 본다.

### (3) 비치와 공시

전자주주명부의 작성·비치·열람의 방법에 관하여 필요한 사항은 대통령령으로 정한다(§352의2). 즉 전자주주명부를 작성하고, 그 내용을 주주, 채권자가 서면으로 인쇄할 수 있으면 이를 제396조 제1항에 따라 주주명부를 본점 또는 명의개서 대리인의 영업소에 비치한 것으로 본다(상령 §4의2①). 주주와 채권자는 영업시간 내에는 언제든지 전자명부에 기록된 사항을 서면 또는 파일의 형태로 열람 또는 복사를 청구할 수 있다(동조②).

---

1) 이철송, 회, 341면.

## 7. 실질주주명부

예탁주권 발행회사의 주주명부상에는 예탁결제원의 주주로 등재되어 있기 때문에 주주명부만 가지고는 주주권을 행사할 실질주주를 파악할 수 없다. 그러므로 실질주주를 파악하기 위해 실질주주의 통지와 실질주주명부제도를 두고 있다.

예탁주권 발행회사가 주주명부를 폐쇄하거나 기준일을 정한 경우에는 예탁결제원은 폐쇄기간의 초일 또는 기준일의 실질주주에 관하여 일정한 사항을 지체 없이 주권발행회사에 통지하여야 한다(자금 §315③1~2호). 예탁결제원은 이를 위하여 예탁자에 대해 실질주주에 관한 사항을 통보해 줄 것을 요청할 수 있으며, 이에 따라 예탁자는 지체 없이 통보하여야 한다(동조④).

이와 같이 예탁주권 발행회사가 예탁결제원으로부터 통지받고 실질주주에 관하여 그의 성명, 주소, 그가 가진 주식의 종류 및 수 등을 기재한 주주명부가 실질주주명부로서, 예탁결제원에 예탁된 주권의 발행회사 또는 그의 명의개서 대리인이 작성, 비치하는 것이다(자금 §316①).

실질주주명부에의 기재는 주주명부에의 기재와 동일한 효력을 갖는다(동조②). 그러므로 실질주주로 기재된 자는 그 실질적 권리를 증명하지 않고도 주주권을 행사할 수 있으며, 회사는 이러한 자를 주주로 인정하면 면책된다. 주권발행회사 또는 그의 명의개서 대리인은 주주명부에 기재된 주주와 실질주주명부에 기재된 주주가 동일인이면 주주로서의 권리행사에 있어서 양자의 주식 수를 합산하여야 한다(동조③). 동일한 주주가 소유하는 주식 일부는 예탁결제원에 예탁하고 나머지는 자기가 직접 보관하는 경우에 대한 것이다.

# 제 4 절 주식의 양도

## 제 1 주식양도의 의의

### 1. 주식양도의 개념

주식양도란 법률행위에 의하여 주식을 이전하는 것을 말한다. 주식양도에 의하여 양도인인 주주가 회사에 대하여 가지고 있는 공익권이든 자익권이든 일체의 권리가 포괄적으로 양수인에게 이전된다. 주식양도의 법적 성질은 직접 주식이전의 효과를 생기게 하는 것이므로 준물권행위이다(통설).[1] 주식양도는 보통 매매, 증여, 교환 등의 채권행위가 원인이 되고 그 이행행위로써 주권의 교부를 통하여 이루어지므로 그 원인행위와는 구별된다.

주식의 양도는 보통 주권을 통하여 이루어지지만, 전술한 바와 같이 주권예탁제도와 주권불소지제도 등에 의하여 종래의 주권에 의한 주식양도는 이론상의 제도가 되고 있다. 그리고 회사는 주권을 발행하는 대신 정관으로 전자등록기관의 전자등록부에 등록할 수 있으므로 이 경우에는 주식의 양도도 전자등록부에 등록함으로써 효력이 발생한다(§356의2).

### 2. 주식양도의 방법

#### (1) 양도의 합의와 주권의 교부

주식의 양도는 매매, 증여, 교한 등의 채권계약을 체결하고 그 이행행위로서 하는 것이다. 당사자 간에는 특별한 방식은 없지만 양도의 합의가 있어야 한다. 주식의 양도는 양도의 합의 외에 주권을 교부하여야 한다(§336①). 주권의 교부는 주식양도의 성립요건이며, 기명주권이든 무기명주권이든 교부만으로써 양도할 수 있다. 기명주식은 회사에 대하여 명의개서로써 대항할 수 있으므로 기명성을 유지하지만 유통에 있어서는 교부만으로써 양도할 수 있게 하여 무기명증권화 하였다.

1) 정찬형, 상, 719~720면; 정동윤, 231면; 최준선, 회, 223면; 이기수 외, 257면.

주권불소지의 경우에도 주식을 양도하기 위해서 주권을 양수인에게 교부해야 하므로, 주주는 회사에 대하여 반환 또는 발행을 청구하여야 한다.

### (2) 명의개서

주권의 교부는 양도의 경우에만 적용되며, 상속이나 합병 등에는 적용되지 않는다. 이 경우에도 회사에 대항하기 위해서는 주주명부에 명의개서를 하여야 한다. 다만 전술한 바와 같이 회사성립 후 또는 신주발행 후 6월이 경과도록 주권을 발행하지 않은 경우에는 주권 없이 양도할 수 있다. 주식의 압류도 주권을 점유해야 한다.[1] 이에 관하여 후술한다.

## 제 2 주식양도자유의 원칙

주식 법률이나 정관에 다른 규정이 없으면 원칙적으로 자유롭게 양도될 수 있다(§335①본문). 주식회사는 인적 회사와는 달리 퇴사나 출자의 환급제도가 없으므로 출자의 회수를 용이하게 하여 투자자를 보호하고, 자본집중의 원활을 위하여 주식양도의 자유가 요청된다.

다만 소규모 주식회사의 경우에는 주주 상호간의 인적신뢰관계를 보호하여 경영의 안정을 도모할 필요가 있다. 그래서 상법은 인적구성의 중요성을 고려하여 정관에 의한 주식양도제한 등을 통하여 주식의 양도를 자치적으로 제한할 수 있도록 하였다. 정관에 의하여 주식의 양도를 제한하더라도 주식의 양도를 완전히 금지할 수는 없다.

## 제 3 주식양도의 제한

전술한 바와 같이 주식양도는 주주가 투하자본을 회수할 수 있는 유일한 방법이므로 원칙적으로 자유롭게 양도할 수 있지만, 다음과 같이 법률 또는 정관에 의해서 양도가 제한될 수 있다.

1. 법령에 의한 제한
   - 상법상의 제한 : 권리주의 양도제한(§319, §425), 주권발행 전의 제한(§335②), 자회사의

1) 대판 1988.6.14, 87다카2599, 2600.

모회사주식 취득금지(§342의2)
- 특별법상의 제한 : 자본시장법, 독점규제법, 은행법, 외국인투자촉진법에 의한 제한
2. 정관에 의한 제한(§335①)
3. 계약에 의한 제한

**《일본과 중국 회사법상 주식양도의 제한》**

일본 회사법에서도 주식자유양도의 원칙을 선언하고(일회 §127), 예외적으로 법령에 의한 양도제한(권리주 양도제한, 주권발행전 주식의 양도제한, 자회사에 의한 모회사 주식취득제한 등), 정관에 의한 양도제한, 계약에 의한 양도제한을 인정하고 있다.

중국 회사법상 주식의 양도는 원칙적으로 자유이지만, 투기방지, 경영안정, 주주와 채권자의 이익보호 또는 국유주식이 국가와 인민의 생활과 밀접한 관계가 있는 중요한 회사에 대한 지배를 유지하고 국가가 사회적 자금의 흐름을 거시적으로 조절하기 위하여 주식의 자유양도에 제한을 가하고 있다. 즉 장소적 제한(중회 §139), 발기인의 주식양도제한(중회 §142), 상장회사의 주주에 대한 제한(중회 §142), 이사 등의 양도제한(중회 §142), 자기주식 양수제한(중회 §143), 자기주식 질취제한(중회 §143), 명의변경정지기한(주주명부 폐쇄기간 및 기준일) 내의 양도제한(중회 §140) 등의 제한을 두고 있다.

## 1. 상법상의 제한

### (1) 권리주양도의 제한

**1) 의 의** 권리주란 회사의 성립 전 또는 신주의 납입기일 전에 존재하는 주식의 인수로 인한 권리를 말하며, 이러한 권리주의 양도는 회사에 대하여 효력이 없다(§319, §425①). 권리주의 양도를 제한하는 이유는 기업의 영업과 이윤에는 관심이 없고 투기적 행위만을 노리거나 회사설립절차나 신주발행절차를 복잡하게 하는 것을 방지하기 위해서이다. 또한 주식의 양도는 주권의 교부에 의하므로 권리주의 경우에는 그 양도방법이 없기 때문이다. 만일 발기인 또는 이사가 권리주를 양도한 때에는 과태료의 제재를 받는다(§635②). 그러나 실제로는 주금납입영수증, 청약증거금영수증에 백지위임장을 첨부하여 권리주를 양도하는 사례가 있다.[1)]

**2) 회사가 권리주 양도를 승인한 경우** 권리주의 양도 당사자 간에는

1) 이철송, 회, 374면.

채권적 효력이 있다는 것에 대해서는 이견이 없다. 그러나 상법 제319조는 "… 회사에 대하여 효력이 없다."라고 규정하고 있으므로, 양도당사자는 회사에 대하여 양도의 효력을 주장할 수 없을 뿐만 아니라 양수인은 주주권을 행사할 수도 없을 것이다. 그리고 회사도 양도의 효력을 인정할 수 없다고 본다.[1]

생각건대 권리주는 그 양도방법이 없을 뿐만 아니라 투기와 회사불성립으로 인한 피해가 속출할 염려가 있고 또 그 존속기간이 단기간이므로 이의 양도를 인정할 실제상의 필요성도 없으므로, 통설·판례와 같이 회사가 권리주의 양도를 승인하더라도 부정하는 것이 타당하다.[2]

**《일본 회사법상 권리주양도의 제한》**

일본 회사법도 우리나라의 경우와 같이 권리주의 양도는 회사에 대하여 대항할 수 없다(일회 §35, §63②, §208④)고 규정하며, 통설과 판례는 권리주의 양도는 회사에 대하여 무효이지만 양도당사자간에는 유효라고 해석한다. 회사가 당해 양도를 유효한 것으로 인정할 수 있는가에 대하여 절대적 무효설의 입장에서 부정하고 있다.

### (2) 주권발행 전의 주식양도의 제한

**1) 의 의** 회사의 성립 후 또는 신주의 납입기일 경과 후 권리주의 상태가 소멸된 경우에도 아직 주권이 발행되기 전에 한 주식의 양도는 회사에 대하여 효력이 없다. 그러나 회사성립 후 또는 신주의 납입기일 후 6월이 경과한 때는 그러하지 아니하다(§335③). 주권발행 전의 주식양도를 이와 같이 제한하는 이유는 주식의 양도는 주권의 교부에 의하여야 하는데(§336①) 주권이 발행되기 전에는 적절한 양도방법이 없고 또 적절한 공시방법(기명주식의 경우 주주명부에의 명의개서 등)도 없어서 주식거래의 안전을 기할 수 없고,[3] 또 회사의 성립 후 개업 준비나 주권발행 사무가 복잡하므로 주주의 주식양도로 인하여 업무의 번잡을 초래할 수 있기 때문이다.[4]

**2) 성립 후 6월이 경과한 경우 주권발행 전의 주식양도** 주권발행 전

---

1) 판례: 대판 1965.12.7, 65다2069, 다수설: 박상조, 회, 366면; 정동윤, 회, 241면; 정찬형, 상, 722면; 이철송, 회, 375면.

2) 정찬형, 상, 722면.

3) 이철송, 회, 375면.

4) 정찬형, 상, 722~723면; 정동윤, 241~242면.

에 한 주식양도의 효력에 대하여 종래의 대법원 판례는 이를 엄격히 해석하여, 주권발행 전의 주식양도는 회사가 이를 승인하여 명의개서까지 한 경우라 하더라도 역시 무효라고 판시하였다.[1] 그러나 1984년 개정상법에서는 회사성립 후 또는 신주의 납입기일 후 6월이 경과한 때에는 주권발행 전의 주식양도는 유효하다는 규정을 신설하였다(§335③단서).

종래 비상장회사의 경우 많은 회사들이 회사성립 후 수년이 지나도록 주권을 발행하지 않아서 주주들은 양도증서만 작성하고 주식을 양도하는 관행이 있었다. 그 결과 회사나 대주주들은 주권을 발행하지 않음으로써 사실상 양도제한의 효과를 얻고 있었다. 그러나 위의 규정(§335③단서)의 신설에 의하여 주주의 주권발행 전 주식양도를 보장할 수 있게 되었다.

한편 주권 없이도 유효한 주식양도가 가능하기 때문에, 회사는 주주의 독촉이 없으므로 주권발행을 해태할 우려가 있고, 또한 주권 없는 주식양도가 합법화되어 주식의 양도는 주권의 교부에 의하여야 한다는 원칙규정(§336①)을 변질시킬 우려도 있다.[2]

### 3) 주권발행 전의 주식양도의 효력

① **6월경과 전 양도의 경우** 회사의 성립 후 또는 신주의 납입기일 후 6월 이내에 주권 없이 주식을 양도한 경우에는 그러한 주식의 양도는 회사에 대하여 효력이 없다(§335③본문). 6월이 경과하기 전의 주권발행 전 주식의 양도는 절대적 무효이다. 따라서 이러한 주식양도를 회사 측에서 승인을 하고 또 주주명부에 명의개서를 하였다고 하더라도 회사에 대한 관계에서는 무효이고, 양수인은 주권의 발행, 교부를 청구할 수 없을 뿐만 아니라 회사가 양수인에게 주권을 발행하더라도 주권으로서 효력이 없다.[3] 그러므로 이러한 양수인이 주주총회를 개최하여 새로 이사 등을 선임하더라도 그 결의는 효력이 없고,[4] 결의부존재원인이 된다.[5] 그러나 상장주식은 6월이 경과하기 전이라도 예탁결제원의 계좌 간의 대체방법으로 양도할 경우에는 주권발행 전 주식의 양도도 유효하다(자금 §311④).

위의 양도가 회사에 대하여 무효라고 하더라도 당사자 간에는 채권적 효력이 있으므로(통설, 판례), 장차 회사가 양도인에게 주권을 발행하면 양수인은 양도인

1) 대판 1967.1.31, 66다2221.
2) 정찬형, 상, 723~724면.
3) 대판 1987.5.26, 86다카982·983.
4) 대판 1975.12.23, 75다770.
5) 대판 1977.6.7, 77다54.

에게 그 주권의 교부를 청구할 수 있을 것이다.[1]

② **6월경과 후 양도의 경우** 회사의 성립 후 또는 신주의 납입기일 후 6월이 경과한 후에 주권 없이 주식을 양도한 경우에는 당사자 간에는 물론이고, 회사에 대하여도 유효한 주식양도가 된다(§335③단서). 6월은 회사가 주권을 발행할 수 있는 합리적인 기간으로 본다. 따라서 이때의 주식양도는 회사에 대해서뿐만 아니라 당사자 간에도 유효하므로 양수인은 적법하게 주식을 양수하였다는 사실을 입증하여 회사에 대하여 명의개서와 주권발행·교부를 청구할 수 있다.[2]

상법은 이때의 주식양도의 효력을 인정하면서도 양도방법을 정하지 않았으므로, 이때의 주식양도는 민법상 지명채권 양도의 일반원칙에 따라 당사자 간의 의사표시에 의하여 양도할 수 있다고 할 것이다. 그리고 회사 기타 제3자에게 대항력(적법한 주주임을 주장하기 위한 대항력)을 갖추기 위해서는 회사에 대한 통지 또는 승낙을 요한다(민 §450①, 통설·판례). 그러나 회사에 대하여 주주권을 행사하기 위한 대항요건으로는 명의개서를 요하고(§337①), 양도인의 채권자, 2중 양수인 등 제3자에 대한 대항요건을 구비하기 위해서는 확정일자 있는 증서에 의한 양도통지 또는 회사의 승낙을 요한다(민 §450②).

이때에 주권발행 전의 주식양도가 인정된다고 하더라도 주권이 없기 때문에 주권의 교부에 의하여 주식을 양수한 자가 누리는 권리추정력(§336②)은 인정되지 않는다. 따라서 주권발행 전에 주식양도가 있었다는 사실은 양수인이 입증책임을 진다. 주권이 발행되면 회사성립 후 6월이 경과하였더라도 주권의 교부만으로써 양도할 수 있고 주권 없이는 유효하게 양도할 수 없다.

### 《일본 회사법상 주권발생 전 주식양도의 제한》

일본 회사법은 주권발행회사의 경우 주권발행 전에 한 주식의 양도는 회사에 대하여 효력이 없다(일회 §128②)고 규정하지만, 당사자 간에는 유효하다고 본다. 주권발행 전 주식양도를 회사가 인정하는 것은 가능한가에 대하여 부정설과 긍정설이 대립하고, 판례는 종래 부정설에 입각하였으나 최근 회사설립 이래 수년간 주권발행을 부당하게 지연하고 있는 사례에서 긍정하는 판례가 있다.

---

1) 이철송, 회, 375면; 정찬형, 상, 724면.

2) 대판 1992.10.27, 92다16386; 이철송, 회, 347면; 정찬형, 상, 725면

## (3) 자기주식취득의 제한

1) 의 의 자기주식의 취득이란 회사가 주주로부터 자기 회사의 주식을 유상으로 취득하는 것을 말한다. 주식이 발행되면 이미 유가증권화 하여 유통되는 것이므로 자기주식의 취득도 다른 재산의 취득과 다를 바가 없지만, 회사가 자기주식을 취득하는 것은 여러 가지 폐단이 예상되므로 상법은 종래 원칙적으로 이를 금지하고 있었다.[1] 그러나 2011년 개정상법은 자본시장법의 취지와 같이 배당가능 이익으로써 법정 방법에 따라 자기의 명의와 계산으로 자기주식을 원칙적으로 취득할 수 있도록 하였다. 다만 그 취득가액의 총액은 직전 결산기의 대차대조표 상의 순자산액에서 제462조 제1항 각 호의 금액을 뺀 금액(이익배당 가능금액)을 초과하지 못한다(§341①).

2) 배당가능 이익으로써 하는 자기주식 취득방법 제341조 제1항은 자기주식을 취득할 수 있는 방법을 규정하고 있다(1~2호). 즉 회사가 배당가능 이익으로써 자기주식을 취득하는 경우에는 자기의 명의와 계산으로 자기주식을 취득하여야 한다. 그 방법으로서는 거래소에서 시세가 있는 주식의 경우에는 거래소에서 취득하는 방법(1호)과 제345조 제1항의 주식의 상환에 관한 종류주식의 경우 외에 각 주주가 가진 주식 수에 따라 균등한 조건으로 취득하는 것으로서 대통령령으로 정하는 방법(2호)으로 취득하는 방법이 있다.

이상의 방법으로 자기주식을 취득하려는 회사는 미리 주주총회의 결의로 동조 제2항 각 호의 사항을 결정하여야 한다. 즉 ① 취득할 수 있는 주식의 종류 및 수, ② 취득가액의 총액의 한도, ③ 1년을 초과하지 아니하는 범위에서 자기주식을 취득할 수 있는 기간 등이다. 다만 이사회의 결의로 이익배당을 할 수 있다고 정관으로 정하고 있는 경우에는 제2항의 내용에 관하여 이사회의 결의로써 주주총회의 결의를 갈음할 수 있다(§341②).

**《특별법상의 자기주식 취득》**

상장법인은 경영권의 안정과 주가관리를 위하여 배당가능이익이 있는 한도 내에서 자기주식을 취득할 수 있다. 다만 상대방의 선정과 가격결정에 공정을 기하기 위하여 증권시

---

1) 양동석, "자기주식취득의 제한에 관한 고찰", 기업법연구 제9집, 397~399면: 회사가 자기주식을 취득하면 ① 회사는 자기가 자기의 구성원이 된다는 이론적 모순, ② 유상취득은 회사의 자산을 감소시켜 다른 주주 및 채권자의 이익을 해치고, 특정 주주에게 출자를 환급하게 됨, ③ 내부거래에 의한 투기거래 유발, ④ 부당한 회사지배를 가능하게 하는 폐단이 있다고 보았다.

장에서 취득하거나 공개매수의 방법 및 신탁업자와 신탁계약으로 취득하여야 한다(자금 §165의2②). 그리고 벤처기업 육성에 관한 특별조치법은 상장회사가 아닌 벤처기업에 대해 전략적 제휴를 목적으로 정관에 규정을 두어 자기주식을 다른 주식회사의 주식을 10% 이상 보유한 주요주주나 다른 벤처기업과 교환하여 소유하는 것을 허용하고 있다(벤처 §15①). 이 경우 기업들은 각기 주주총회의 특별결의를 얻어야 하며 배당가능이익의 범위 내에서 자기주식을 취득해야 한다(동조②, ③). 그리고 이에 반대하는 주주는 주식매수청구권을 행사할 수 있다(동조③, §15의2).

3) **특정목적에 의한 자기주식의 취득** 회사는 다음 각 호에 해당하는 경우에는 제341조에도 불구하고 자기주식을 취득할 수 있다(§341의2 1~4호). 즉 ① 회사의 합병 또는 다른 회사의 영업전부의 양수, ② 회사의 권리를 실행함에 있어 그 목적을 달성하기 위하여 필요한 경우, ③ 단주처리를 위하여 필요한 경우, ④ 주주가 주식매수청구권을 행사한 경우이다.

상법 제341조는 유상의 승계취득에 한하지 않고 회사설립시 또는 신주발행시의 주식인수(원시취득)에도 적용되며, 자기회사가 발행하는 신주인수권증서(§420의2)나 신주인수권증권(§516의5)의 취득 및 권리행사에도 적용된다. 그러나 자기사채는 자기주식과 달리 제한 없이 취득할 수 있으므로 회사는 자기회사가 발행한 신주인수권부사채나 전환사채를 취득할 수 있으나, 신주인수권이나 전환권을 행사하여 신주를 취득할 수는 없다.[1] 회사가 자기주식을 무상으로 취득하는 것은 채권자를 해하거나 투기수단으로 악용될 가능성이 없으며, 자본유지의 원칙을 해치지 않을 것이므로 가능하다.[2]

①의 경우(제1호)란 흡수합병의 경우 소멸회사가 존속회사의 주식을 소유하고 있었거나, 영업양도의 경우 양도목적인 재산 중에 양수회사의 주식이 포함되어 있었다면 존속회사나 양수회사는 자기주식을 취득할 수 있다(상당한 시기에 처분). ②의 경우(제2호)란 회사가 채권을 실현할 때 채무자에게 회사가 발행한 주식 밖에 다른 재산이 없다면 채권회사는 대물변제를 받게 된다. 이 경우에는 채무자에게 자기주식 이외에는 다른 재산이 없다는 사실을 회사가 입증하면, 회사는 예외적으로 자기주식을 취득할 수 있다.[3]

위의 ③의 경우(제3호)란 상법에 단주처리가 법정되어 있지 않은 경우 주주가 회사로부터 취득하는 주식에 단주가 있다면 회사는 단주를 환가하여 주주에게 대금을 지급하기 위하여 예외적으로 자기주식을 취득하여야 한다. 다만 합병, 자본

1) 정찬형, 상, 733면.

2) 대판 1989.11.28, 88누9268; 동 1996. 6.25, 96다12726.

3) 대판 1977.3.8, 76다1292.

감소, 준비금의 자본전입 등과 같이 단주처리방법이 법정되어 있는 경우에는 법정절차에 따라 처리한다. 그리고 ④의 경우(제4호)란 회사가 주식의 양도를 승인하지 않는 경우, 합병결의에 반대하는 주주의 주식매수청구 등의 경우에 회사는 자기주식을 취득할 수 있다.

4) **자기주식의 질취** 회사는 발행주식 총수의 20분의 1을 초과하여 자기주식을 질권의 목적으로 받지 못한다. 다만 제341조의2 제1호 회사의 합병 또는 다른 회사의 영업전부의 양수로 인한 경우와, 동조 제2호 회사의 권리를 실행함에 있어 그 목적을 달성하기 위하여 필요한 한 경우에는 그 한도를 초과하여 자기주식을 질권의 목적으로 할 수 있다(§341의3).

5) **제한위반의 효과** 회사는 해당 영업연도의 결산기에 대차대조표상의 순자산액이 제462조 제1항 각호의 금액의 합계액에 미치지 못할 우려가 있는 경우에는 제1항에 따른 주식의 취득을 하여서는 아니 된다(§341③). 해당 영업연도의 결산기에 대차대조표상의 순자산액이 제462조 제1항 각호의 금액의 합계액에 미치지 못함에도 불구하고 회사가 제1항에 따라 주식을 취득한 경우 이사는 회사에 대하여 연대하여 그 미치지 못한 금액을 배상할 책임이 있다, 다만 이사가 제3항의 우려가 없다고 판단하는 때에 주의를 게을리 하지 아니하였음을 증명한 경우에는 그러하지 아니하다(§341④). 또 그러한 이사 등은 형벌의 제재를 받는다(§625 2호).

회사가 상법 제341조, 제341조의2, 제341조의3의 규정에 위반하여 자기주식을 취득한 경우 그 취득행위의 사법상 효력에 대하여 무효설, 상대적(부분적) 무효설, 그리고 유효설 등 3가지의 견해가 있다. 즉 ① 자기주식을 취득하는 것은 출자금 환급으로 인한 자본충실의 원칙을 침해하게 되며 또 이를 금지하는 상법 제341조는 강행규정이기 때문에 자기주식 취득행위는 상대방의 선의, 악의를 불문하고 절대적으로 무효라는 견해, ② 자기주식취득행위는 원칙적으로 무효이나 선의의 제3자에게 대항하지 못한다고 하는 견해(상대적 무효설), ③ 상법 제341조의 규정은 명령적 규정이므로 이에 위반한 경우 이사 등의 책임추궁은 별론으로 하고 자기주식의 취득행위의 사법상의 효력은 유효하다는 견해 등이 있다. 양도인의 선의·악의를 불문하고 언제나 무효라고 보는 견해가 다수설이다(무효설).[1)]

생각건대 회사의 자본충실의 원칙은 주식회사의 본질적 요소이고 또 이러한 자본충실을 기하고자 하는 것이 상법 제341조의 입법목적인 점에서 볼 때 동 규정을 강행규정으로 보아야 할 것이므로, 이에 위반한 자기주식의 취득행위의 상법

---

1) 정찬형, 상, 734면; 정동윤, 249면; 최기원, 346면; 대판 2003.5.16, 2001다44109.

상 효력은 무효인 것이 원칙이지만 거래의 안전을 위해서 예외를 인정하는 것이 타당할 것이다(상대적 무효설).[1)]

**6) 자기주식의 처분·소각** 회사가 보유하는 자기주식을 처분하는 경우에 처분할 주식의 종류와 수, 처분할 주식의 처분가액과 대가의 지급일, 주식을 처분할 상대방 및 처분방법 등에 관하여 정관에 규정이 없는 것은 이사회가 결정한다(§342 1~3호). 종래에는 회사가 예외적으로 취득한 자기주식을 지체 없이 또는 상당한 시기에 처분할 것을 규정하고 있었으나, 2011년 개정상법은 이러한 내용을 삭제하였다.

주식의 소각은 자본금감소에 관한 규정에 따라서만 소각할 수 있다. 다만 이사회의 결의에 의하여 회사가 보유하는 자기주식을 소각하는 경우에는 그러하지 아니하다(§343①). 이 경우 회사가 보유하는 자기주식이란 배당가능이익으로써 취득한 자기주식만을 의미하는지, 특정목적에 의하여 취득한 자기주식을 포함하는지 문제가 있다. 특정목적에 의하여 취득한 자기주식을 이사회 결의만으로 소각할 수 있다면 자본감소절차를 잠탈할 수 있기 때문이다. 그러므로 이 경우에는 자본감소절차에 따라서만 소각할 수 있게 할 필요가 있다.

2011년 개정상법은 종래의 제343조의2에서 규정하던 주주총회의 특별결의에 의하여 자기주식을 매수하여 소각하는 경우를 삭제하고, 배당가능 이익으로써 자기주식을 취득하여 소각하는 경우(§343①단서)만을 규정하고 있다.

회사가 배당가능한 이익으로써 자기주식을 취득하여 소각한 경우에는 발행주식수가 감소하지만 자본금감소절차에 의한 것이 아니므로 자본금에는 변화가 없다. 그리고 발행주식수가 감소한다고 하여도 수권주식수가 감소하는 것도 아니고 미발행주식수가 증가하는 것도 아니다. 따라서 소각된 주식수만큼 신주를 재발행할 수도 없다.

### 7) 해석상의 예외적 취득

회사의 자본적 기초를 위태롭게 하지 않는 이상 부득이한 사정이 있는 경우에는 자기주식취득이 인정된다고 할 것이다. 자기회사주식을 무상으로 취득한 경우, 위탁매매업자가 위탁자의 계산으로 자기주식을 매수하는 경우, 신탁회사가 자기주식의 신탁을 인수하는 경우 등이다.[2)]

---

1) 동지: 이철송, 회, 396면; 손주찬, 659면.

2) 정찬형, 상, 732면.

### 8) 자기주식의 지위

회사가 상법 제341조, 제341조의2, 제341조의3의 규정에도 불구하고 자기주식을 예외적으로 취득한 경우에 회사는 그 주식을 가지고 주주권을 행사할 수 있는지에 대하여 의결권에 대하여는 상법이 명문으로 이를 배제하고 있다(§369②). 이러한 자기주식은 발행주식총수에 계산되지 않는다(§371①).

그러나 의결권 이외의 주주권에 대하여는 상법에 명문규정이 없으므로 해석에 의하여 해결될 수밖에 없다. 회사의 자기주식에 대하여 의결권 이외의 공익권(소수주주권, 각종의 소제기권 등)은 그 성질상 회사에 인정될 수 없다는데 대하여 이견이 없으나, 이익배당청구권, 잔여재산분배청구권, 신주인수권, 주식분할 등 자익권에 대하여는 견해가 나뉘어 있다.[1)]

즉 회사의 자기주식에 대하여는 첫째, 자익권 중 이익배당청구권 및 잔여재산분배청구권이 인정된다고 하거나, 또는 이익배당이나 주식배당이 인정된다고 하거나, 또는 신주발행이나 준비금의 자본전입 시에 신주인수권이 인정된다고 하는 것 등과 같이 자익권의 일부만을 인정하고 나머지를 인정하지 않는 부분적 휴지설(소수설)과 둘째, 일체의 자익권을 인정하지 않는 전면적 휴지설(통설)로 나뉘어 있다.

생각건대 회사가 자기주식을 보유하는 것은 주식을 소각하거나 처분하기 위한 일시적이고 예외적인 현상인 점(§342 참조), 주주권은 본래 회사 이외의 자를 위하여 인정되는 권리로서 회사가 동시에 그 구성원이 되는 자기주식취득의 경우에는 그 성질상 인정될 수 없는 권리라는 점 등에서 볼 때, 통설인 전면적 휴지설이 타당하다고 본다.[2)]

회사가 보유하던 자기주식이 제3자에게 양도되면 곧 모든 주주권이 부활되는 것은 이론의 여지가 없다.

**《일본 회사법상 자기주식취득》**

일본 회사법에 의하면 우리나라의 경우와 같이 회사가 자기주식을 취득하는 것은 몇 개의 예외를 제외하고 원칙적으로 금지되고 있었으나, 2002년 개정상법에서는 일정한 재원과 절차적 규제 아래 원칙적 허용으로 전환하였다(금고주의 해금). 2005년 회사법은 이 입장을 유지하였다.

---

1) 이철송, 회, 379~380면.

2) 양동석, 전게 자기주식취득의 제한에 관한 고찰, 407~408면.

### 1. 자기주식의 취득

주식회사는 다음의 경우에 한하여 자기의 주식을 취득할 수 있다(일회 §154 1~13호). 즉 ① 취득조항부주식의 취득사유가 발생한 경우(일회 §107②3호), ② 양도제한부주식의 양도를 승인하지 않는 경우 매수청구가 있는 경우(일회 §138 1~2호), ③ 주주와의 합의에 의한 유상취득의 주주총회결의가 있는 경우(일회 §156①), ④ 취득청구권부주식의 취득청구가 있는 경우(일회§ 166①), ⑤ 전부취득조항부종류주식취득의 총회결의가 있는 경우(일회 §171①), ⑥ 상속인 등에 대하여 매도청구를 한 경우(일회 §176①), ⑦ 단원미만주의 매수청구가 있는 경우(일회 §192①), ⑧ 소재불명주주의 주식매수사항을 정한 경우(일회 §197③ 각 호), ⑨ 단주의 매수사항을 정한 경우(일회 §234④ 각 호), ⑩ 다른 회사의 영업 전부를 양수한 경우에 양도회사가 갖는 양수회사의 주식을 취득한 경우, ⑪ 합병 후 소멸하는 회사로부터 당해 회사의 주식을 양수하는 경우, ⑫ 흡수분할하는 회사가 당해 주식회사의 주식을 승계하는 경우, ⑬ 기타 법무성령이 정하는 경우 등이다.

### 2. 자기주식의 보유와 처분

회사는 적법하게 취득한 자기주식을 기간제한 없이 보유할 수 있으나, 의결권, 이익금 및 잔여재산의 분배청구권, 신주 및 신주예약권의 배당을 받을 권리는 인정되지 않는다. 그리고 주식의 병합이나 분할의 효력이 전부 또는 어느 종류주식에 일률적으로 발생할 경우에는 회사가 보유하는 자기주식에도 미친다(일회 §182, §184).

이사회설치회사는 이사회결의로써, 그렇지 않는 회사에서는 이사가 2인 이상인 경우 정관으로 별도의 정함이 있는 경우를 제외하고 이사의 과반수 결의(일회 §348②)로써 회사는 자기주식을 소각할 수 있다. 이 경우에는 소각할 자기주식의 수를 정하여야 한다(일회 §178①). 우리나라의 경우와는 달리 일본에서는 보유하는 자기주식의 소각만을 주식의 소각이라고 정하고, 자본감소를 위한 소각이나 정관에 따라 배당가능이익으로 하는 소각에 대해서는 회사 이외의 주주로부터 자기주식을 취득하여 소각하는 것으로서 보유하는 자기주식의 소각에 포함하는 규제방법을 채택하고 있다.

### 3. 재원규제

회사가 다음 사유에 의하여 자기주식을 취득하는 경우, 주주에게 교부하는 금전등(당해 회사주식 제외)의 장부가액의 총액은 당해 행위의 효력발생일 분배가능액을 초과해서는 안 된다(일회 §461①1~7호). 즉 ① 양도제한부주식의 매수청구에 따라 취득하는 경우, ② 총회결의에 의하여 자회사로부터 또는 시장거래 등으로 취득하는 경우, ③ 그 때마다의 결정에 따라 주주와의 합의로써 취득하는 경우, ④ 전부취득조항부종류주식의 전부를 취득하는 경우, ⑤ 상속인 등에 대하여 매도청구를 하여 매수한 경우, ⑥ 소재불명주주의 주식을 매수하는 경우, ⑦ 단주를 매수하는 경우 등이다.

#### 4. 위법한 자기주식의 취득

회사가 자기주식취득규제에 위반하여 자기주식을 취득한 경우 이 취득행위는 원칙적으로 사법상 효력이 무효이지만 주식거래의 안전의 입장에서 회사는 선의의 양도주주에 대하여 무효를 주장할 수 없다고 해석된다(상대적 무효설, 통설). 또한 자기주식의 양도주주도 무효를 주장할 수 없다. 위법한 자기주식취득에 관여한 이사, 회계참여, 감사, 집행역, 지배인, 사용인 등에게는 형사벌(5년 이하 징역 또는 500만 엔 이하 벌금 또는 병과)이 과해질 수 있다(일회 §963⑤1호).

#### 《중국 회사법상 자기주식취득》

중국의 회사법도 보통의 회사가 자기주식을 취득하는 것에 관하여 원칙적으로는 금지하지만 예외적으로 허락하는 입법형식을 택하고 있다. 즉 회사법 제143조에 의하여 회사는 본 회사의 주식을 매입하지 못하지만 다음 각 호에 해당할 경우에는 예외로 한다. 즉 ① 회사가 등록자본금을 감소하는 경우, ② 당해 회사의 주식을 보유한 기타 회사와 합병하는 경우, ③ 주식을 당해 회사의 종업원에게 장려로 주는 경우, ④ 주주가 주주총회에서 결정한 회사합병, 분립결의에 이의를 가지고 회사에 자신이 보유한 주식의 인수를 요청하는 경우이다. 회사가 1호 내지 3호의 원인으로 본 회사의 주식을 매입하는 경우 주주총회의 결의를 거쳐야 한다. 회사가 1호의 경우에 해당하는 경우에는 매입일로부터 10일 이내에 소각하여야 하며, 2호 및 4호의 상황에 속하는 경우에는 6개월 이내에 양도하거나 소각하여야 한다. 회사가 3호의 규정에 의하여 본 회사의 주식을 매입하는 경우 당해 회사가 이미 발행한 주식총액의 5%를 초과하지 못한다. 매입에 사용되는 자금은 회사의 세금 납부 후의 이윤에서 지출하며 매입한 주식은 1년 내에 종업원에게 양도하여야 한다. 그리고 회사는 본 회사의 주식을 저당권의 목적으로 접수하지 못한다.

### (4) 주식의 상호소유금지

#### 1) 원 칙

**① 의 의** 주식의 상호소유란 협의로는 2개 회사가 상대방 회사의 주식을 교환적으로 소유하는 것을 말한다. 예컨대 甲회사가 乙회사의 주식을 소유하고 반대로 乙회사가 甲회사의 주식을 보유하는 형태로서 주식의 직접상호소유(단순상호보유)라고 한다. 그러나 광의로는 2개 이상의 회사가 순차적으로 타 회사의 주식을 소유하여 자본적으로 참가하는 형태를 포함한다.

예컨대 甲회사가 乙회사의 주식을 보유하고 乙회사는 丙회사의 주식을 보유하고 丙회사는 다시 甲회사의 주식을 보유하는 형태를 주식의 간접상호소유(원형적 상호보유)라고 한다. 이 밖에도 甲회사는 乙·丙회사의 주식을 보유하고 乙회사는 甲·丙회사의 주식을 보유하고 丙회사는 甲·乙회사의 주식을 보유하는 형태를 주식의 행렬식 상호보유라고 한다. 이중에서 상법은 입법 기술상의 문제 때문에 협의의 상호소유에 속하는 것만을 규제하고 있을 뿐이며, 유한회사 간이나 주식회사와 유한회사 간의 상호소유에는 제한하지 않고 있다.

상호주는 자본으로 강력한 기업결합효과를 가져오므로 우리나라에서는 상호주를 이용하여 계열기업의 확장을 도모하며, 경영권 방어를 위한 안정주 확보수단으로 기업 간에 상호주를 이용하기도 한다. 상호주를 합리화하는 명분이다.[1]

**② 상호소유규제의 입법이유** 주식의 상호소유는 실질적으로 자기주식의 취득으로서 이를 규제하는 상법의 입법취지에 반하게 되고, 자연인의 출자와 구성이 무시되고 법인주주가 주축이 되어 소유자를 떠난 회사자체가 될 수 있다. 그리고 쌍방의 경영자가 서로 협력하여 연임에 협력하면 영구적인 경영자 지배를 창출하게 되고 누구에게도 책임을 지지 않은 회사지배의 왜곡이 발생가능하게 되는 등의 폐해를 가져온다.[2] 그리고 그 본질이 자기주식이므로 출자의 환급이 되어 자본의 공동화(空洞化)를 초래하게 된다.

**③ 상호소유규제의 내용** 상법은 주식의 직접상호소유에 대하여 다음의 두 가지 경우를 규제하고 있다.

(가) 자회사의 모회사 주식취득제한 甲회사가 乙회사의 발행주식 총수의 100분의 50을 초과하는 주식을 소유하는 경우에는 모자회사관계가 성립하고, 자회사인 乙회사로 하여금 모회사인 甲회사의 주식을 원칙적으로 취득할 수 없도록 규제하였다(§342의2①). 또한 상법은 丙회사의 발행주식 총수의 100분의 50을 초과하는 주식을 甲(모회사) 및 乙(자회사)이 소유하거나(합동지배형) 또는 乙(자회사)이 소유하는 경우에도, 丙회사(손회사)를 甲회사(조모회사)의 자회사로 의제하여, 丙회사에 의한 甲회사의 주식취득도 원칙적으로 금지하고 있다(동조③). 이 때 丙회사의 발행주식 총수의 100분의 50을 초과하는 주식을 甲회사 및 乙회사가 소유하는 경우에는 丙회사는 乙회사의 주식을 취득할 수 있으나, 乙회사가 소유하는 경우에는 상법 제342조의2 제1항에 의하여 丙회사는 乙회사의 주식을 취득할 수 없다.

증손회사도 증조모회사의 자회사로 보아 주식취득이 금지되는가에 관하여 상법에 규정이 없고, 학설은 이를 긍정하는 견해(다수설)와 부정하는 견해(소수설)로 나

1) 이철송, 회, 403면.

2) 이철송, 회, 404~405면.

뉘어 있다. 생각건대 상법 제342조의2 제3항을 엄격하게 해석하여야 한다고 보며, 또 위와 같이 확대해석하여 자회사에 의한 모회사의 주식취득을 금하는 것은 거래의 실정에도 맞지 않을 뿐만 아니라 그 실효를 거두는 것도 거의 불가능하므로 간명한 기준을 두어 법적안정을 기하기 위해서는 이를 부정하는 견해에 찬성한다.[1)]

(나) 모자관계가 없는 회사간의 상호소유 제한 甲회사가 乙회사의 발행주식 총수의 10분의 1을 초과하는 주식을 소유하는 경우, 乙회사는 甲회사의 주식을 취득할 수는 있으나 그 주식에 대하여는 의결권이 없는 것으로 규제하였다(§369③). 그러므로 乙회사의 입장에서는 甲회사가 자기의 주식을 어느 정도 취득하고 있는지를 알고 있는 것은 乙회사의 이해관계에 매우 중요하다. 따라서 상법은 甲회사가 乙회사의 발행주식 총수의 10분의 1을 초과하여 취득한 때에는 乙회사에 대하여 지체 없이 이를 통지하도록 하여 甲회사에게 乙회사의 주식취득의 통지의무를 부담시키고 있다(§342의3).

통지방법에 대해서는 제한이 없으므로 취득한 주식의 종류와 수에 관하여 어떠한 방법으로든 상대회사에 알리면 될 것이고, 명의개서를 하는 것은 통지의 한 방법이 될 것이다.[2)]

이는 甲회사가 乙회사의 주식을 乙회사가 모르게 대량으로 은밀하게 취득하는 것을 방지하기 위하여 신의칙상 명문으로 인정한 것이다. 통지의무를 해태한 경우 주식취득에 효력을 미치는 것은 아니나 의결권을 행사할 수 없다고 보아야 할 것이다.[3)] 이는 기습적인 의결권 행사를 방지하기 위한 것이므로 주식을 담보로 취득하는 경우에는 적용되지 않지만 신탁 받은 경우, 의결권의 대리권을 취득한 경우에도 적용된다고 본다.

**④ 금지위반의 효과** 자회사가 모회사의 주식취득금지에 위반하여 모회사의 주식을 취득한 경우 그 취득행위의 사법상 효력에 대하여도 자기주식취득금지에 위반한 경우와 같이 절대적 무효설, 상대적 무효설(부분적 무효설) 및 유효설로 나누어 진다. 이 경우에도 자기주식취득금지에 위반하여 취득한 경우와 같이 절대적 무효설이 다수설이지만,[4)] 원칙적으로 상대방의 선의, 악의를 불문하고 무효이나 거래의 안전을 고려하여 선의의 제3자에게 대항할 수 없다고 보는 상대적 무효설[5)]이 타당하다고 생각한다.

---

1) 정찬형, 상, 741~742면; 이철송, 회, 407면.

2) 최기원, 360면.

3) 이철송, 회, 408면.

4) 정찬형, 상, 742면; 정동윤, 255면; 최기원, 683면; 이기수 외, 267~268면.

5) 이철송, 회, 408면.

자회사의 이사 등이 상법 제342조의2에 위반하여 모회사의 주식을 취득한 경우에는 그러한 이사 등은 회사(§399) 또는 제3자(§401)에 대하여 손해배상책임을 부담하는 외에 벌금형의 제재를 받는다(§625의2).

### 2) 예 외

모자회사관계가 성립하면 자회사는 원칙적으로 모회사의 주식을 취득할 수 없지만, 예외적으로 자회사가 모회사의 주식을 취득할 수 있는 경우가 있다. 즉 a. 주식의 포괄적 교환·이전 또는 자회사가 모회사의 주식을 갖고 있는 다른 회사와 흡수합병하거나 영업 전부를 양수하는 경우, b. 회사의 권리를 실행함에 있어 그 목적을 달성하기 위하여 필요한 경우 자회사는 모회사의 주식을 예외적으로 취득할 수 있다(§342의2①1~2호). 그리고 신탁회사나 위탁매매인이 영업상 모회사의 주식을 취득하는 것은 자기주식의 취득의 경우와 같이 허용된다고 본다.

그러나 자회사는 모회사의 주식을 취득한 날로부터 6월 이내에 처분하여야 한다(동조②). 이규정에 위반한 경우에도 이사 등은 회사(§399) 또는 제3자(§401)에 대하여 손해배상책임을 부담하는 외에 벌금형의 제재를 받는다(§625의2).

자회사가 예외적으로 모회사의 주식을 취득하는 경우에 자회사는 그 주식에 대하여 어떠한 권리를 행사할 수 있는가에 대하여 자회사는 그 주식에 관하여 공익권 중 의결권이 없음은 상법의 규정상 명백하다(§369③ 참조). 그 이외의 권리(기타의 공익권 및 자익권)에 대하여는 상법에 규정이 없으나, 자회사가 자기주식을 취득한 경우와 같이 일체의 주주권이 휴지된다고 보아야 할 것이다(통설).[1]

#### 《일본과 중국 회사법상 자회사의 모회사 주식취득제한》

일본 회사법도 우리나라의 경우와 같은 폐해 때문에 자회사는 원칙적으로 모회사의 주식을 취득할 수 없도록 한다(일회 §135①). 자회사의 계산에 의한 취득이면 명의 여하를 불문하므로 제3자 명의라고 할지라도 경제적 손익효과가 자회사에 귀속할 경우나 형식적 담보취득이더라도 실질적으로 자회사의 계산에 의한 취득이면 금지된다. 모회사가 발행하는 신주예약권이나 신주예약권부사채를 취득한 것은 모회사에 대한 채권을 취득하는 것이므로 금지되지 않는다. 다만 그 권리의 행사는 허락되지 않으므로 매각될 수밖에 없을 것이다.

자회사에 의한 모회사주식취득이 인정되는 예외적인 경우는 다음과 같다(동항 1~5호). 즉 ① 다른 회사의 영업 전부를 양수할 때 양도회사가 갖는 모회사의 주식, ② 합병 후 소멸회사로부터 모회사의 주식을 승계하는 경우, ③ 흡수분할에 의하여 다른 회사로부터 모회사의 주식을 승계하는 경우, ④ 신설분할에 의하여 다른

1) 정찬형, 상, 743면; 이철송, 회, 407~408면; 정동윤, 255~256면; 최기원, 683면.

회사로부터 모회사의 주식을 승계하는 경우, ⑤ 이외에도 법무성령이 정하는 경우이다. 이 경우에도 자회사는 상당한 시기에 모회사의 주식을 처분하여야 한다(동조 ③). 자회사가 보유하고 있는 동안 모회사주식에 대한 의결권은 인정되지 않는다(일회 §308①, §325).

자회사에 의한 모회사주식의 위법한 취득의 효과에 대하여 통설은 자회사가 거래당시 양수인이 자회사라는 것을 알고 있었다는 양도인의 악의를 입증하지 않는 한 무효를 주장할 수 없다고 한다. 위법하게 모회사주식을 취득하거나 처분을 해태한 때는 자회사의 이사, 집행역 등은 과태료 처분을 받는다(일회 §976 10호).

이상의 모자회사관계가 성립하지 않더라도 주식회사 A가 다른 주식회사 B의 총주주의결권의 4분의 1 이상을 가지고 있던지, 기타의 사유를 통하여 B의 경영을 실질적으로 지배하는 것이 가능한 경우로서 법무성령이 정하는 주주에 해당할 경우에는 B는 그가 소유하는 A 주식으로써 A의 주주총회 또는 종류주주총회에서 의결권을 행사할 수 없다(일회 §308①, §325).

중국 회사법에 의하면 주식상호보유나 자회사의 모회사 주식취득을 제한하는 명문규정은 없다.

## 2. 특별법상의 주식거래제한

### (1) 독점규제 및 공정거래법상의 규제

상호출자제한 기업집단(자산총액 2조원 이상의 기업집단)에 속하는 회사들이 계열회사와 상호출자하는 것을 금지하고 있다(공정 §9①). 그리고 지주회사를 설립하거나 지주회사로 전환할 경우 공정거래위원회에 신고하여야 하며, 자회사 이외의 회사의 주식을 지배목적으로 소유하는 것을 제한한다(공정 §8, §8의2). 또한 경쟁관계에 있거나 경쟁관계가 성립할 수 있는 일정규모 이상의 회사가 경쟁을 제한하기 위하여 기업결합을 하는 것을 금지한다. 이 경우 의결권 없는 주식을 제외한 발행주식 총수의 100분의 20 이상을 취득하거나 신설회사의 주식 100분의 20 이상을 인수한 때는 30일 내에 공정거래위원회에 신고하여야 하며, 특수관계인을 통하여 주식을 취득 또는 인수하는 경우에도 동일한 제한이 있다(공정 §7①).

### (2) 자본시장법에 의한 제한

주권상장법인의 내막을 잘 아는 내부자 즉 임원, 직원 또는 주요주주 등은 주식거래가 제한된다(자금 §172).

그리고 외국인이 상장법인의 주식을 취득함에는 별도의 자본시장법상의 제한을 받는다(자금 §168). 금융위원회는 외국인이 상장법인이 발행하는 주식을 취득하는

데 대하여 주식의 종류, 업종, 종목 등에 관하여 제한을 가할 수 있다(자금 §187①). 현재는 공공적 법인의 발행주식에 관해서만 제한을 두고 있을 뿐이고, 그 밖의 상장주식에 관해서는 외국인의 소유를 제한하지 않는다(금융투자업규정 §6의2①).

### (3) 은행법상의 제한

특정인에 대한 금융독점을 예방하기 위하여 은행주의 소유상한을 제한하는 한편, 금융자본의 산업지배를 방지하기 위하여 은행이 다른 법인의 주식소유를 제한한다. 동일인이 금융기관의 의결권 있는 발행주식 총수의 100분의 10을 초과하여 소유할 수 없으며, 지방금융기관의 경우는 100분의 15로 완화되어 있다(은행 §15①). 이에 위반하여 초과소유하더라도 취득행위의 사법상 효력은 유효하지만 지체 없이 한도에 적합하도록 처분 기타 조치를 하여야 하고, 의결권은 발행주식 총수의 100분의 10 범위 내에서만 행사할 수 있다(은행 §16).

금융기관은 다른 금융기관 또는 다른 주식회사의 주식을 의결권 있는 발행주식의 100분의 15를 초과하여 매입하거나 항구적으로 소유하지 못한다(은행 §37). 금융자본의 산업지배를 예방하고 동시에 은행의 자산운용 안정성을 기하기 위한 것이다.[1)]

**《중국 회사법상 주식거래 제한》**

중국 회사법 제139조는 주주가 주식을 양도하는 경우 법에 의하여 설립된 증권거래장소나 국무원이 규정한 기타의 방식으로 하여야 한다고 규정한다. 증권거래장소란 전국적인 증권거래시스템, 지방증권거래센터 및 증권거래에 종사하는 거래의 기관 등이다. 국무원이 규정하는 기타 방식이 입법화 되어 비상장회사의 주식의 양도가 더욱 현실성을 갖게 되었다. 그리고 제142조는 내부거래, 시세조종 등 불공정한 거래를 방지하고 증권시장을 안정시키며 상장회사의 행위를 규범화하기 위하여 공개발행 전의 주주의 양도를 제한하고 있다.

## 3. 정관에 의한 제한

### (1) 의 의

주식은 자유롭게 양도할 수 있는 것이 원칙이지만, 예외적으로 상법은 정관이 정하는 바에 따라 이사회의 승인을 얻도록(§335①) 함으로써 주식양도를 제한할 수 있다. 폐쇄적인 주주의 구성을 원하는 회사들이 자율적으로 주식의 양도를 제

1) 이철송, 회, 414~415면.

한할 수 있는 길을 마련하고 있는 것이다.[1] 그러나 이 경우에도 주식양도를 전면적으로 금지하는 규정을 둘 수는 없다. 정관의 규정에 의하여 주식양도를 제한할 수 있는 회사는 인적 구성을 폐쇄적으로 유지하려는 가족회사 또는 폐쇄회사이고, 상장회사는 그 성질상 주식양도제한이 허용될 수 없다고 본다.

경영자들의 폐쇄적 회사경영을 보호하기 위하여 이 제도를 두지만, 주주가 투하자본을 회수할 수 있는 길을 완전히 봉쇄할 수는 없다. 따라서 이사회가 주식양도를 승인하지 않을 경우에는 회사에 대하여 당해 주식의 양수인을 지정해 줄 것을 청구하거나 회사가 대신 그 주식을 양수할 것을 청구할 수 있는 두 가지의 환가방법을 마련하고 있다. 이 규정은 강행규정이므로 이러한 권리를 제한하는 것은 정관에 규정을 두더라도 무효이다.[2]

정관의 규정으로 주식양도에 이사회의 승인을 얻도록 제한하는 경우, 이러한 이사회의 승인 없이 한 주식의 양도는 상대적 효력만을 부여하여 당사자 간에는 유효하지만 회사에 대하여 효력이 없으므로 양수인은 회사에 대하여 양수의 승인을 받아야 한다(§335②). 주식의 양도제한은 반드시 정관에 규정을 두어야 하며, 명문의 규정은 없으나 기명주식에 한하여 적용된다고 본다. 왜냐하면 무기명주식은 소지인을 제한할 수 없기 때문이다. 양도제한은 등기하여야 하며, 주식청약서, 주권, 신주인수권증권, 전환사채나 신주인수권부사채의 청약서에도 기재하여야 한다.

### (2) 제한의 방법

주식의 양도를 제한하는 방법은 주식의 양도에 대해 이사회의 승인을 얻게 하는 것이며(§335①), 대표이사의 승인이나 주주총회의 승인 등 다른 방법으로 제한하는 것은 허용되지 않는다.[3] 그리고 회사가 발행한 모든 주식에 대하여 제한을 하는 것이며, 특정주식에 국한하거나 특정수량에만 국한 하는 제한은 무효이다. 그러나 주주일반에 대해 보편성이 유지된다면 양도제한 사유를 특정화 하는 것은 무방하다. 즉 특정종류의 주식(예컨대 보통주, 우선주 등)의 양도에 이사회의 승인을 받게 하는 것은 유효하다. 정관의 양도승인규정은 주식의 양도에 적용되는 것이므로, 상속이나 합병과 같은 포괄승계에는 적용되는 것이 아니다.

---

1) 이 제도 도입이전 연구로서 양동석, 전게 일본의 대소회사구분입법에 관한 문제점 연구, 14면 이하.

2) 이철송, 회, 361면.

3) 정찬형, 상, 744면; 이철송, 회, 363~364면.

### (3) 승인청구 및 승인절차

주식을 양도하고자 하는 주주는 회사에 대하여 양도의 상대방 및 양도하고자 하는 주식의 종류와 수를 기재한 서면으로 양도의 승인을 청구할 수 있으며(§335의2①), 주식을 취득한 자도 회사에 대하여 그 주식의 종류와 수를 기재한 서면으로 그 취득의 승인을 청구할 수 있다(§335의7①). 승인청구는 반드시 서면청구만 허용되며, 구두청구는 허용될 수 없다.[1] 회사는 이러한 청구가 있는 날로부터 1월내에 이사회의 결의로써 주주에게 그 승인여부를 서면으로 통지하여야 하고(§335의2②), 회사가 이 기간 내에 승인거부의 통지를 하지 아니한 때에는 주식의 양도에 관하여 이사회의 승인이 있는 것으로 본다(동조③). 회사가 승인을 거절하기 전에는 매수인의 지정이나 회사의 매수를 청구할 수 없다.

양도제한주식에 대하여 이사회의 승인 없이 대표이사가 승인하더라도 회사에 대하여 양도의 효력이 없다. 그러나 승인청구에 대하여 이사회의 승인결의가 없었음에도 불구하고, 대표이사가 이사회의 승인결의가 있는 것으로 통지하여 당사자들이 이를 신뢰하고 주식을 양도한 경우에는 당사자들이 선의이고 중대한 과실이 없는 한 그 양도는 회사에 대하여 효력이 있다고 본다.[2] 그리고 양도인은 악의이고 양수인이 선의인 경우에는 승인효과를 인정해야 할 것이지만, 반대로 양도인은 선의이나 양수인이 악의인 경우에는 승인의 효과가 없다고 보아야 할 것이므로 양수인은 회사에 대하여 양수의 승인을 청구해야 될 것이다.[3]

### (4) 승인거부의 통지

주식양도에 관하여 주주가 상대방 등을 지정하여 승인청구를 하였으나 회사로부터 승인거부의 통지를 받은 경우에, 주주는 그 통지를 받은 날로부터 20일 내에 다음과 같이 회사에 대하여 양도의 상대방을 지정하여 줄 것을 청구하거나 또는 회사가 그 주식을 매수하여 줄 것을 청구할 수 있다(§335의2④). 승인청구를 할 때 만일 회사가 양도인의 지정양도상대방을 승인하지 않을 경우에는 시간과 비용을 절약하기 위하여 회사가 양도상대방을 지정하여 줄 것을 동시에 청구할 수 있을 것이다.[4]

---

1) 정동윤, 234면; 정찬형, 상, 746면.

2) 정동윤, 234면; 이철송, 회, 366~367면; 정찬형, 상, 746면.

3) 이철송, 회, 366~367면.

4) 정찬형, 상, 748~749면; 정동윤, 235~236면.

1) 주주가 회사에 대하여 양도의 상대방을 지정하여 줄 것을 청구한 경우에 회사의 이사회는 그 상대방을 지정하여 청구가 있는 날로부터 2주간 내에 주주 및 양도상대방으로 지정된 상대방에게 서면으로 이를 통지하여야 한다(§335의3①). 양도상대방은 수인이 될 수 있으나 양도승인을 청구한 주식 전부에 대하여 양도의 상대방이 지정되어야 한다.[1] 회사가 이 기간 내에 주주에게 상대방 지정의 통지를 하지 아니한 때에는 주식의 양도에 관하여 이사회의 승인이 있는 것으로 본다(§335의3②).

이사회의 결의에 의하여 양도의 상대방으로 지정된 자는 지정통지를 받은 날로부터 10일 이내에 지정청구를 한 주주에 대하여 서면으로 그 주식을 자기에게 매도할 것을 청구할 수 있다(§335의4①). 이 권리는 형성권으로 해석된다.[2] 양도의 상대방으로 지정된 자가 이 기간 내에 매도청구를 하지 아니한 때에는 매도청구권을 상실하고 주식의 양도에 관하여 이사회의 승인이 있는 것으로 본다(동조②).

회사가 지정한 양도상대방과의 주식매매가격은 주주와 매도청구인 간의 협의로 정하여지고(§335의5①), 주식의 매도를 청구 받은 날로부터 30일 이내에 당사자 간에 주식의 매도가격에 대하여 협의가 이루어지지 아니한 때에는 주주 또는 매도청구인은 법원에 매수가격 결정을 청구할 수 있다. 법원은 회사의 재산상태 기타 제반사정을 참작하여 공정한 가액으로 이를 정한다(§335의5②, §374의2②~⑤).

2) 주주가 회사에 대하여 주식매수청구권을 행사한 경우에 회사는 이 청구를 받은 날로부터 2월 이내에 그 주식을 매수하여야 한다(§335의6, §374의2②). 이 때 회사와의 주식매매가격은 주주와 회사 간의 협의로 정하여지고(§335의6, §374의2③), 주주로부터 주식매수청구를 받은 날로부터 30일 이내에 당사자 간에 주식의 매수가격에 대하여 협의가 이루어지지 아니한 때에는 회사 또는 주식매수를 청구한 주주의 청구에 의하여 법원이 회사재산 기타 제반사정을 참작하여 공정한 가액으로 이를 정한다(§335의6, §374의2②~⑤).

### (5) 사전승인 없이 주식을 양수한 자의 취득승인청구

주식의 양도에 관하여 이사회의 승인을 얻어야 하는 경우에 승인 없이 주식을 취득한 자도 회사에 대하여 그 주식의 종류와 수를 기재한 서면으로 그 취득의 승인을 청구할 수 있는데(§335의7①), 특히 주식을 경매 등의 방법에 의하여 취득

1) 정찬형, 상, 749면.

2) 이철송, 회, 369면; 정동윤, 236면; 정찬형, 상, 749면; 채이식, 635면; 최기원, 333면.

하는 경우에는 사전승인이 불가능하거나 부적당하므로 양수인에 의한 사후승인이 큰 의미를 갖는다. 이때에도 양도인의 경우와 동일한 절차에 의한다(동조②).

### 《일본 회사법상 양도제한주식》

일본 회사법은 주식의 자유양도성을 원칙적으로 인정하지만 정관으로써 회사가 발행한 주식의 전부(일회 §107①, ②) 또는 종류주식을 내용으로 하여(일회 §108①, ②) 양도에 의한 당해주식의 취득에 관하여 회사의 승인을 요한다는 뜻을 정할 수 있다. 이 주식을 양도제한주식이라고(일회 §2 17호) 하며, 양도에 관하여 회사의 승인이 없으면 명의개서청구를 할 수 없다(일회 §134). 실제로 비상장회사의 대부분이 이 제도를 이용하고 있으며, 금융상품거래의 규제에 의하여 양도제한주식의 상장은 인정되지 않는다.

#### 1. 양도승인청구

양도제한주식의 주주와 이 주식을 취득한 자는 회사에 대하여 양도승인을 청구할 수 있다(일회 §§136~137). 양도할 주주가 청구할 경우에는 양도할 주식의 수, 양수할 자의 성명과 명칭, 회사가 승인거부결의를 할 경우 당해 회사 또는 지정매수인이 당해 주식을 매수할 것을 청구할 때는 그 뜻을 명백히 하여야 한다(일회 §138 1호). 그리고 주식취득자가 청구하는 경우에는 취득한 양도제한주식의 수, 주식취득자의 성명(명칭), 회사가 승인거부결의를 할 경우 당해 회사 또는 지정매수인이 당해 주식을 매수할 것을 청구할 때는 그 뜻을 명백히 하여야 한다(동조 2호).

회사는 주주총회의 결의(이사회설치회사의 경우는 이사회의 결의)로써 승인여부를 결정하지만 정관에 다른 정함이 있으면 그에 따른다(일회 §139①).

#### 2. 승인거절의 경우의 절차

회사가 양도승인을 거절하는 결정을 하고 양도인이 매수청구를 한 경우에는 회사는 이 주식을 매수하여야 한다. 이 경우 회사는 대상주식을 매수하는 뜻과 매수대상주식의 수를 주주총회의 특별결의로써 결정하여야 한다(일회 §140①, ②, §309②1호). 양도승인청구권자는 이 총회에서 의결권을 행사할 수 없다. 다만 이 청구자 이외의 주주 전부가 의결권을 행사할 수 없는 경우에는 이에 한정되지 않는다(동조③).

회사가 스스로 매수하는 대신 대상 주식의 전부 또는 일부를 매수할 지정매수인을 주주총회의 특별결의로써 지정할 수 있다(동조④, ⑤). 지정매수인은 지정을 받은 뜻, 매수대상주식의 수 등을 양도승인청구자에게 통지한다(일회 §142①). 회사나 지정매수인이 양도승인청구자에 대하여 통지를 할 때는 1주당 순자산액에 대상주식의 수를 곱하여 얻은 금액을 회사의 본점 소재지 공탁소에 공탁하고 공탁증명서를 청구자에게 교부하여야 한다(일회 §141②, §142②).

대상주식이 주권발행회사의 주식인 경우에는 공탁을 증명하는 서면을 회사 또는 지정매수인으로부터 교부받은 양도승인청구자는 교부받은 날로부터 1주일 내에 대상주식의 주권을 공탁소에 공탁하고 지체 없이 회사 또는 지정매수인에게 공탁한 뜻을 통지하여야 한다(일회 §141③, §142③). 양도승인 청구자가 이 기간 내에 주권을 공탁하지 않으면 회사 또는 지정매수인은 대상주식의 매매계약을 해제할 수 있다(일회 §141④, §142④).

### 3. 매매가격의 결정

양도승인청구자에 대하여 회사 또는 지정매수인으로부터 위의 매수사항통지가 있는 경우에는 대상주식의 매매가격은 양 당사자의 협의에 의하여 정해진다(일회 §144①, ⑦). 협의가 이루어지지 않은 경우에는 통지가 있는 날부터 20일 내에 이들은 법원에 매수가격 결정을 청구할 수 있으며(동조①, ⑦), 법원은 회사의 자산상태나 기타 모든 사정을 고려하여 매수가격을 결정한다(동조④). 협의도 이루어지지 않고 법원에 대하여 신청도 없는 경우에는 1주당 순자산액에 대상주식의 수를 곱하여 얻은 금액을 매매가격으로 한다(동조⑤). 공탁이 된 경우 대상주식의 매매가격이 확정되면 공탁된 금전상당액을 한도로 하여 대금의 전부 또는 일부를 지급한 것으로 간주한다(동조⑥).

### 4. 회사가 양도를 승인한 것으로 간주하는 경우

다음의 경우 회사는 주주 또는 주식취득자의 승인청구에 대하여 승인하는 결정을 한 것으로 간주한다. 다만 회사와 양도승인청구자 간에 별도의 합의에 의한 정함이 있는 경우에는 그러하지 않는다(일회 §145 1~3호). ① 승인청구일로부터 2주간 이내에 회사가 승인 또는 거절의 통지를 하지 않은 때, ② 거절통지일부터 40일 이내에 회사가 매수통지를 하지 않은 경우, 다만 지정매수인이 위의 승인 또는 거절의 통지일부터 10일 이내에 매수통지를 한 경우, ③ 기타 법무성령이 정한 경우 등이다.

### 5. 양도승인청구의 철회

양도승인청구자는 회사 또는 지정매수인에 의한 매수통지를 받은 후에는 회사 또는 지정매수인의 승낙을 얻은 경우에만 이 청구를 철회할 수 있다(일회 §143①, ②). 또한 법원이 결정한 매수가격이 너무 높아 지정매수인이 대금을 지불할 수 없는 경우 지정매수인은 매수통지를 철회할 수 있는가에 대하여, 이 통지는 형성권을 일단 행사한 것이므로 일방적으로 철회할 수 없다고 보는 것이 판례의 입장이다.

### 6. 상속인 등에 대한 매도청구

회사는 상속 기타 일반승계에 의하여 양도제한주식을 취득한 자에 대하여 회사에 매도할 것을 청구할 수 있는 뜻을 정관에 정할 수 있다(일회 §174). 회사가 이 청구를 할 경우에는 ① 매도 청구할 주식의 수, ② 이 주식을 소유한 자의 성명(명칭)을 주주총회의 특별결의로써 결정하여야 한다(일회 §175①, §309②). ②의 자는 주주총회에서 의결권을 행사할 수 없다(동조②).

회사는 위의 ①, ②를 결정한 때는 매도를 청구할 수 있지만 상속 기타 일반승계가 있었던 것을 안 날로부터 1년을 경과한 때는 매도를 청구할 수 없다(일회 §176①). 이 청구에 있어서 주식의 수를 명백히 하여야 하며, 회사는 언제든지 이 청구를 철회할 수 있다(동조②, ③). 매매가격의 결정은 협의에 의하고, 협의가 이루어지지 않는 경우에는 매도청구일로부터 20일 이내에 법원에 매매가격결정을 신청할 수 있다(동조②). 20일 이내에 매매가격을 법원에 신청하지 않은 경우에는 상속인 등에 대한 매도청구는 효력을 상실한다(동조⑤).

#### 7. 양도제한 위반의 효력

양도제한주식이 양도승인 없이 양도된 경우, 당해 양도가 회사에 대한 관계에서는 무효라는 것에 이론이 없지만 양도당사자 간의 효력에 대해서는 무효설과 유효설이 대립한다. 그러나 일본 회사법은 양도제한주식을 취득한 자에게 양도승인청구를 할 수 있게 함으로써 유효설의 입장에서 입법적으로 해결하였다.

## 제 4 주식양도의 방법

### 1. 주권발행전의 양도방법

상법에서는 제335조 제3항에 단서를 신설하여 회사의 성립 후 또는 신주의 납입기일 후 6월이 경과하면 주권 없이도 회사에 대하여 유효하게 주식을 양도할 수 있다고 규정하고 있으나, 그 양도방법에 대하여는 특별히 규정하지 않고 있다. 따라서 주권발행 전의 주식의 양도는 지명채권양도의 일반원칙에 따라 당사자 간의 의사합치만으로 그 양도의 효력이 발생하나, 이를 회사에 대항하기 위해서 양도에 관하여 양도인이 회사에 통지하거나 회사의 승낙을 받아야 할 것이다(민 §450①). 즉 양도인이 회사에 양도계약서를 제출하거나 양도 당사자가 회사에 주식의 양도사실을 신고하는 등의 통지를 하거나 회사의 대표이사가 주식양도를 승낙한 경우 등이 필요하다.

주권발행 전의 주식양도를 회사(및 제3자)에 대항하기 위한 양도인의 회사에 대한 통지나 회사의 승낙(민 §450①)은 주식의 소유관계에서 적법한 주주임을 주장하기 위한 대항요건에 불과하고, 회사에 대하여 주주권을 행사하기 위한 대항요건은 명의개서이고(§337①), 제3자에 대한 배타적인 대항요건은 확정일자 있는 증서에 의한 양도통지 또는 회사의 승낙이다(민 §450②). 따라서 당사자가 민법 제450조에 의한 대항요건을 갖추면 회사는 명의개서를 하여야 하고, 당사자가 민법 제450조에 의한 대항요건을 갖추지 않았다고 하더라도 양수인이 양도계약서 등의 양도사실에 관한 서류 등을 회사에 제출하고 상법 제335조 제3항 단서의 규정에 따른 양도사실을 입증하여 명의개서를 청구하면 회사는 이를 거절할 수 없을 것이다.

## 2. 주권발행후의 양도방법

주권발행 후의 주식의 양도는 매매, 교환 등 채권행위가 선행하고 그 이행행위로서 행해지는 준물권행위이다. 따라서 양도당사자 간에 양도의 합의가 있어야 하고 그 주식이 기명주식이든 무기명주식이든 불문하고 주권의 교부만으로써 양도할 수 있다(§336①). 이때의 주권의 교부는 주식양도의 성립요건이고 효력발생요건이다(민 §523참조). 유가증권 일반이론에 의하면 기명증권은 배서와 교부에 의하여 양도하고 무기명증권은 증권의 교부만으로써 양도하는 것이 원칙이지만, 상법은 기명주식, 무기명주식을 불문하고 양도의 효율성을 높이기 위하여 교부만으로써 양도할 수 있게 하였다. 그러나 기명주식의 경우에는 회사에 대한 관계에서 명의개서를 통하여 기명증권성이 유지되지만, 양도방법에 있어서는 무기명증권화했다고 볼 수 있다. 기명주식의 양도를 회사에 대항하기 위해서 별도로 주주명부에의 명의개서를 하여야 한다(§337).

주식의 양도를 주권의 교부만으로써 가능할 수 있게 하려면 주권의 점유를 권리의 외관으로 인정하여야 하기 때문에 주권의 점유자는 적법한 소지인으로 추정한다(§336②). 추정력의 결과 주권의 점유자는 자기가 진정한 권리자임을 증명하지 않고도 회사에 대하여 명의개서를 청구할 수 있다. 따라서 주권의 교부로써 양도하거나 주권의 점유자에 대한 자격수여적 효력이 인정되는 점 등에서는 기명주식이나 무기명주식이 동일하지만, 주주의 회사에 대한 권리행사의 방법은 양자가 다르다. 즉 기명주식의 경우에는 주주명부에 명의개서를 하면 주권을 소지하지 않고도 권리행사가 가능하지만(§337), 무기명주식의 경우에는 주권을 소지하고 회사에 공탁하여야 한다(§358). 따라서 주권을 상실한 경우 명의개서 된 기명주식의 권리행사에는 문제가 없으나 이를 양도하기 위해서는 제권판결을 받은 후 주권재발행을 청구하여 양도할 수 있고, 무기명주식의 경우에는 권리의 행사나 양도를 위하여 제권판결을 받아 주권을 재발행 받아야 가능할 것이다.

**《특별법상 주식양도: 주권예탁결제제도와 주식의 공개매수》**

1. 주권예탁결제제도란 상장회사주식을 한국거래소를 통하여 매매하는 경우 거래소에 의하여 지정된 일정한 주권(유가증권)에 대하여 한국예탁결제원에 예탁시키고(자금 §308), 주권의 교부 없이 계좌 간의 대체만으로 주식을 양도하거나(자금 §311) 담보권을 설정할 수 있게 하는 제도이다. 우리나라에서는 1974년부터 시행하고 있으며 회사채 등 채권거래에도 이용된다.
2. 주식의 공개매수란 불특정 다수인을 상대로 하여 의결권 있는 주식 기타 대통령령으로 정하는 증권의 매수청약을 하거나 매도의 청약을 권유하고, 증권시장 밖에서 그 주식을 매수하는 것이다(자금 §133①). 회사의 발행주식 총수의 100분의 5 이상(특별관계인 보유주식 포함)을 취득하고자 하는 자는 공개매수를 원칙으로 한다(자금 §133③).

## 3. 명의개서

### (1) 의 의

주주명부에는 주주의 성명과 주소, 주주가 가진 주식의 종류와 수, 주권의 번호, 주식취득년월일 등을 기재하여야 하므로 기명주식을 양수한 경우 이를 회사에 대항하기 위하여 주식양수인의 성명과 주소를 주주명부에 기재하는 것을 명의개서라 한다. 이 명의개서에 의하여 주권소지인과 회사는 사단법적으로 연결되므로[1] 주식양수인은 회사에 대하여 주주권을 행사할 수 있다(§337). 주권의 오기사항 정정, 주소의 변경, 주권불소지의 기재 등은 명의개서라고 할 수 없다.

### (2) 명의개서의 절차

주권의 교부에 의하여 주식을 양수한 자는 명의개서청구권자이고, 명의개서청구의 상대방은 회사이다. 주권의 점유자는 적법한 소지인으로 추정되므로(§336②), 이러한 주권소지인은 승계의 원인을 증명하거나 양도인의 협력을 구할 필요 없이 주권을 제시하고 명의개서를 청구하면 회사는 그가 무권리자임을 입증하지 못하는 한 명의개서를 하여야 한다. 단지 주식양수의 사실만을 회사에 통지하는 것만으로는 명의개서의 청구로 볼 수 없다.

그러나 상속, 합병 등의 경우에는 포괄승계의 사실만을 증명하고 명의개서를 청구할 수 있으며, 주권을 상실한 자는 제권판결을 받은 후 그 판결문만으로써

1) 정찬형, 상, 755면

명의개서를 청구할 수 있을 것이다. 그리고 회사성립 후 6월이 경과하여 주권발행 전에 주식을 양수한 자는 이러한 사실을 증명하면 회사는 명의개서를 하여야 한다.[1]

주주가 적법하게 명의개서를 청구하고 회사가 이를 수리하면, 회사가 이를 수리한 때에 명의개서의 효력이 발생한다고 본다.[2] 명의개서 청구자가 진정한 권리자가 아니라고 하더라도 회사가 악의 또는 중대한 과실이 없는 경우에는 회사는 책임을 면한다. 그러나 주주명부의 폐쇄기간 중에는 명의개서청구를 거절하여야 한다(§354①).

### (3) 명의개서의 효력

명의개서가 있게 되면 양수인은 회사에 대하여 주주임을 대항할 수 있는 대항력(§337①), 주주명부에 기재된 자는 적법한 주주로 추정되는 추정력 그리고 회사는 주주명부에 기재된 자에게 통지 또는 최고하면 면책되는 면책력(§353①)이 발생한다. 따라서 기명주식의 이전은 명의개서를 하지 않으면 회사에 대항하지 못하므로 여전히 양도인이 주주이며, 양도뿐만 아니라 상속, 합병, 유증의 경우에도 마찬가지이다.

명의개서를 하지 않은 양수인은 양도인에 대해 권리행사의 결과(배당금, 신주 등)를 양도계약에 따라 이전해 줄 것을 청구할 수 있는 채권자일 뿐이다.[3] 그러나 명의개서를 한다고 해서 무권리자가 주주로 되는 설권적 효력이 생기는 것이 아니다. 그러므로 명의개서 후라도 무권리자임이 밝혀지면 그동안의 주주권 행사는 소급하여 효력을 상실한다.[4] 유통과정상의 사고로 주주간의 분쟁이 있더라도 회사는 중립적 입장을 유지할 수 있는 완충장치이다.

### (4) 명의개서미필주주의 지위

주식을 취득하였으나 명의개서를 하지 않은 경우 회사 이외의 제3자에 대해서는 주주권을 주장할 수 있다(§337 반대해석). 그러나 회사가 부당하게 명의개서를 거절한 경우, 회사가 명의개서를 하지 않은 자에게 주주권행사를 허용하는 경우, 주주명부상의 주주가 주주권을 행사하여 신주를 인수하거나 이익배당을 받은 경

1) 정찬형, 상, 756면; 정동윤, 271면; 이철송, 회, 376~377면; 대판 1992.10.27, 92다16386.

2) 정찬형, 상, 756면; 정동윤, 274면; 이기수 외, 283면.

3) 대판 1991.5.28, 90다6774.

4) 이철송, 회, 351면.

우 등에 주주의 지위라든가 이익귀속에 관하여 학설의 대립이 있다.

1) 명의개서의 부당한 거절 주식의 양수인이 적법하게 명의개서를 청구하였음에도 불구하고 회사가 정당한 이유 없이 명의개서를 거절하거나 지체한 경우에는 주식양수인은 회사에 대하여 명의개서청구의 소를 제기할 수 있고, 필요한 경우에는 임시주주의 지위를 정하는 가처분을 청구할 수도 있을(민집 §300②) 것이다. 그리고 회사에 대하여 손해배상청구를 하며, 이사 등은 일정한 과태료의 제재를 받을 것이다(§635①7호).

또한 신의칙에 따라 주식양수인은 이익배당, 신주발행에 관한 권리 등을 행사할 수 있으며, 소집통지를 받지 못한 주주총회의 결의취소의 소를 주장할 수 있다. 명의개서를 하지 않고도 회사에 대하여 주주의 권리를 행사할 수 있다고 보아야 한다.[1)]

2) 회사가 권리행사를 허용하는 경우 명의개서를 하지 않으면 양수인은 당연히 주주임을 주장하지 못하지만 회사가 주식양수인을 주주로 인정하여 그 자에게 권리행사를 허용할 수 있는가에 대하여 학설이 나누어진다. 다수설은 양수인이 명의개서를 하기 전에는 주주임을 주장할 수 없는 것이지만 회사가 주식의 이전을 인정하고 주식양수인을 주주로 취급하는 것은 무방하다고 한다(편면적 구속설, 통설).[2)] 이에 대하여 소수설은 회사가 주주인정의 문제에 관하여 선택권을 갖는 것은 거래의 안전을 해하고 주주평등의 원칙에도 반한다고 하여 양수인도 주주임을 주장하지 못하며 회사도 이를 주주로 인정하지 못한다는 입장이다.[3)]

생각건대 명의개서가 없으면 회사에 대항할 수 없게 하는 것은 회사의 사무처리의 편의를 위하는 것이지만, 회사의 위험부담으로 사무처리의 편익을 포기하고 주권점유자를 주주로 인정하는 것은 부정할 이유가 없다고 보아 다수설인 편면적 구속설에 찬성한다.

3) 실기주(失期株) 양수인이 명의개서청구를 해태하여 양도인이 이익배당청구권이나 신주인수권 등 자익권을 행사하는 경우가 있다(실념주 또는 실기주가 발생함). 이 경우 회사와의 관계에서는 양도인이 권리행사를 하는 것이 형식적 자격에 부합하지만, 양도인과 양수인 간에는 이 권리가 누구에게 귀속하는가의 문

1) 이철송, 회, 354면; 대판 1993.9.13, 92다40952.

2) 대판 1989.10.24, 89다카14714. 학설: 정동윤, 276면; 최준선, 회, 257면; 정찬형, 상, 757~758면; 손주찬, 727면; 이철송, 회, 352~353면; 채이식, 659면; 임홍근, 300면.

3) 이철송, 회, 352~353면; 최기원, 회, 392면; 서헌재, 212면.

제가 있다. 실기주란 광의로는 이익배당금·합병교부금 등의 지급과 관련하여 일정한 기일까지 명의개서를 하지 않은 주식을 말하고, 협의로는 신주발행의 경우 구주(舊株)의 양도인에게 배정된 신주를 말한다.

주주명부에 명의개서가 되지 않았기 때문에 회사가 양도인을 주주로 취급하여 그에게 이익이나 합병교부금 등을 배당하거나 신주를 배정한 경우 이러한 이익 또는 합병교부금 등은 이미 주주권이 양수인에게 이전되었으므로 그 권리는 양수인에게 귀속된다고 보아야 할 것이다. 다만 그 법적 근거에 관하여 학설이 나누어진다. 즉 양수인이 부당이득의 법리에 의하여 양도인에게 반환을 청구할 수 있다고 보는 견해, 양수인이 사무관리의 법리에 의하여 양도인에게 반환을 청구할 수 있다고 보는 견해, 양수인이 준사무관리의 법리에 의하여 반환을 청구할 수 있다고 보는 견해가 있다. 생각건대 사무관리의 법리가 가장 타당하다고 본다.[1)]

### 《일본 회사법상 명의개서》

**1. 의 의**

일본의 경우도 우리나라의 경우와 같이 주식취득자가 자기의 성명 또는 명칭과 주소를 주주명부에 기재하게 하는 명의개서가 있다. 주권불발행회사의 경우에는 회사 이외의 자로부터 주식을 취득한 자는 당해 회사에 대하여 주주명부에 기재할 것을 청구할 수 있다(일회 §133①). 이 청구는 주식취득자, 주주명부에 기재, 기록된 주주 또는 그 상속인 기타의 일반승계인과 공동으로 하여야 한다(동조②). 주권발행회사의 경우에는 주권의 점유자는 적법한 소지인으로 추정되므로(일회 §131①), 주식의 양수인은 단독으로 회사에 주권을 제시하고 명의개서를 청구할 수 있다(일회칙 §22②1호).

**2. 명의개서의 효력**

주권불발행회사는 명의개서를 하지 않으면 회사 기타 제3자에게 대항할 수 없고(일회 §130①), 주권발행회사의 경우에는 명의개서를 하지 않으면 회사에 대항할 수 없으나(동조②) 주권을 점유하는 것으로써 제3자에게 대항할 수 있다. 이것을 확정적 효력이라고 한다. 그 외에도 우리나라의 경우와 같이 자격수여적 효력과 면책적 효력이 인정된다.

**3. 명의개서를 미필한 주식양수인의 지위**

**(1) 회사가 권리행사를 허용한 경우** 회사가 명의개서를 하지 않은 주식양

---

1) 준사무관리설: 이철송, 회, 352~353면; 최기원, 712면; 채이식, 696면, 부당이득설: 정동윤, 277면, 사무관리설: 정찬형, 상, 758~759면(각 견해에 대한 설명과 비판 참조).

수인을 주주로 취급할 수 있는가에 대하여 긍정설과 부정설이 있다. 그리고 기본적으로 긍정설 입장에 서면서, 대규모 회사의 경우에는 명의개서를 하지 않은 주주를 일률적으로 주주로 취급할 수 없을 것이므로 주주명부상의 주주 가운데 이미 주식을 양도하여 무권리자가 된 것이 확실하게 판명된 자에 대해서는 회사는 그 권리행사를 거절해야 할 것이다. 그러나 각 주주의 주식이전 상대방이 명확히 파악되는 소규모 회사의 경우에는 주주명부에 의하지 않고 현실적으로 양수인을 모두 주주로 인정해야 한다는 절충설이 있다. 판례는 거의 일관하여 긍정설의 입장이다.

**(2) 명의개서의 부당거절** 양수인이 주권을 제시하면서 명의개서를 청구하였으나 회사가 정당한 사유 없이 이것을 거절한 경우 주주에게 어떤 구제가 인정될 것인가. 이에 대하여 통설의 입장은 회사는 명의개서가 없다는 이유로 이 양도를 부인하지 못하고 양수인을 주주로 취급하여야 한다고 본다.[1] 판례도 주식양수인으로부터 명의개서청구를 받은 회사 종업원이 과실로 명의개서 업무를 해태한 사례에서 양수인을 주주로 취급해야 한다고 판시하였다.[2] 그러나 회사가 현실적으로 갖는 증거로는 명의개서 청구자의 무권리를 증명하는데 시간이 걸리는 경우에는 당장 명의개서를 하지 않아도 부당거절이 된다고 할 수 없다.[3]

#### 4. 실기주

실기주의 개념은 우리나라의 경우와 같다. 명의개서를 마치지 못한 실질주주는 회사에 대하여 권리를 주장할 수 없으나 양도인에 대해서는 권리를 주징할 수 있는가에 대한 문제도 우리의 논의와 다르지 않다. 신주인수권의 귀속에 관하여 통설은 회사의 신주발행에 따르는 주가가 하락으로 인한 실질주주의 불이익을 보충하려는 취지로 주주에게 신주인수권을 부여하므로 신주인수권은 당연히 주식양수인에게 귀속한다고 본다.[4] 양도인과 양수인 간의 이해 조정에 관하여 부당이득설과 준사무관리설로 나누어진다. 부당이득설에 의하면 양도인은 양수인에게 이익이 존재하는 한도 내에서 반환해야 한다고 보며, 이익이란 신주인수권의 가격에 상당하는 금액을 의미한다고 본다. 준사무관리설은 양도인은 통상 자기를 위할 의사로써 신주를 인수하고 납입을 하므로 타인을 위한다는 주관적 요건이 결여되었지만 준사무관리의 성립을 인정하고 사무관리 규정을 유추적용 한다. 따라서 양도인은 신주 또는 매수로 이익을 본 금액을 양수인에게 지급하고, 반면에 납입금을 포함한 유익비용의 상환을 청구할 수 있다.[5] 고의로 명의개서를 하지 않은 자는 명부상의 주주의 이득을 용인하고 자기의 권리를 포기한 것으로 간주하여 이 자의 청구를 부인해야 한다.

---

1) 大隅·今井, (上), 483面; 鈴木·竹內, 1159面; 加美, 203面, **반대견해**: 田中, (試) (上), 399面.

2) 日最判 昭和 41.7.28, 民集 20卷 6号, 1251頁.

3) 石山卓磨, 148面.

4) 鈴木·竹內, 160面; 加美, 204面; 石山卓磨, 149面.

5) 石山卓磨, 151面.

**《중국 회사법상 명의개서》**

중국 회사법 제140조 규정에 의하면 기명주권은 주주가 배서의 방식 또는 법률이나 행정법규가 정하는 방식으로 양도하며, 양도 후 회사는 양수인의 성명 또는 명칭, 주소를 주주명부에 기재하여야 한다. 그러나 명의개서에 관하여는 다른 상세한 규정이 없고, 이에 대한 논의는 미흡하다.

### (5) 명의개서대리인

**1) 의 의** 명의개서는 회사가 하는 것이지만 정관이 정하는 바에 의하여 회사를 위하여 명의개서 업무를 대행하는 명의개서대리인을 둘 수 있다(§337②).[1] 회사가 명의개서를 직접 처리하자면 사무가 번잡하고 상당한 비용이 들기 때문에 명의개서를 전문으로 하는 자에게 위임하기 위하여 명의개서대리인제도를 두는 것이다. 기명사채의 명의개서에도 이 제도를 준용한다(§479②).

**2) 선 임** 정관으로 명의개서대리인을 특정할 필요는 없으나 그 결정은 이사회의 결의로 하며, 회사와 명의개서대리인 간의 법률관계는 위임이다. 회사와 주주의 편익을 위하여 둘 수 있으나 선임이 강제되는 것은 아니다. 명의개서대리인을 두는 경우에는 그 상호와 본점 소재지를 등기하여야 한다(§317②). 그리고 주식청약서, 신주인수권증서, 사채청약서 등에 기재하여야 한다(§302②10호, §420②, §420의2②2호, §474의②15호). 명의개서대리인의 자격은 자본시장과 금융투자업에 관한 법률에 의하여 금융위원회에 등록한 예탁결제원 또는 전국적인 점포망을 갖춘 은행이어야 한다(자금 §365). 현재는 예탁결제원, 하나은행, 국민은행이 동 업무를 한다.

**3) 업 무** 회사가 명의개서대리인을 둔 경우에는 주주명부나 사채원부 또는 그 복본을 명의개서대리인의 영업소에 비치할 수 있다(§396①2문). 이 경우에는 명의개서대리인이 주식양수인의 성명과 주소를 주주 명부의 복본에 기재한 때에 주주명부의 명의개서가 있는 것으로 본다(§337②). 양수인은 이로써 회사에 대하여 대항력을 갖게 된다. 그 외에도 배당, 이자, 상환금의 지급, 증권발행 업무를 대행할 수 있다(자금 §366).

**4) 책 임** 명의개서대리인은 회사의 이행보조자와 같은 지위를 갖게 되므로, 정당한 사유 없이 명의개서를 하지 않거나, 부실기재를 한 경우에는 과태료

1) 이철송, 회, 355면(명의개서 대리인은 사법상의 대리인과는 다르다).

의 제재를 받는다(§635①7호, 9호). 그 외에도 충실의무 위반이 있으면 회사에 대하여 손해배상책임을 질 것이고, 주주 및 제3자에 대하여도 불법행위책임을 질 수 있다(민 §750조).

## 제 5 주식매수선택권

### 1. 의 의

주식매수선택권이란 미국법상의 stock option제도를 도입한 것으로서, 회사의 이사·집행임원·감사 또는 피용자에게 일정한 기간 내에 미리 정한 가액(주식매수 선택권의 행사가액)으로 일정수량의 회사가 보유하는 자기주식을 매수할 수 있게 하거나, 새로 발행하는 주식을 인수할 수 있는 권리를 부여하는 것을 말한다. 우리 상법은 회사의 설립·경영과 기술혁신 등에 기여하거나 기여할 수 있는 회사의 이사·집행임원·감사 또는 피용자에게 미리 정한 가액으로 신주를 인수하거나 자기의 주식을 매수할 수 있는 권리라고 규정하고 있다(§340의2①).

주식매수선택권은 회사와 주식매수선택권자와의 계약에 의하여 부여되며, 주식매수선택권자가 이 권리를 행사하면 회사의 승낙을 요하지 않고 그 효력이 발생하므로 형성권이라고 본다.[1] 주식매수선택권자는 주가가 행사가격 이상으로 상승하였을 때에만 이 권리를 행사하여 행사 당시의 시가와 행사가격의 차액만큼 이득을 보기 때문에 인센티브 보수제도이다. 회사는 이 제도를 통하여 최소의 비용으로 우수인재를 확보할 수 있고, 임직원에게 주인의식을 고취시킬 수 있는 장점이 있다.

주식매수선택권제도는 종래 증권거래법에서 인정하던 제도를 1999년 개정상법에서 도입하였고(§§330의2~340의5), 2011년 개정에서 집행임원을 포함시킴으로써 상법상의 모든 주식회사가 이 제도를 이용할 수 있게 되었다. 주식매수선택권제도에는 회사가 보유하는 자기주식을 예정된 가격으로 양수할 수 있는 권리를 부여하는 방법과 선택권행사가액으로 회사가 신주를 발행하는 방법의 두 가지 유형이 있다. 이상의 두 가지 유형 중 어느 것을 부여하든 회사는 자기주식의 양도나 신주발행에 갈음하여 주식의 실질가액과 행사가액의 차액을 정산할 수 있다(§340의2①단서).

---

1) 이철송, 회, 649~650면; 정찬형, 상, 761면.

## 2. 부여의 주체와 대상자

주식매수선택권제도는 종래 증권거래법에서 도입하였기 때문에 상장회사만 이용할 수 있던 제도였으나, 지금은 상법에서 이를 도입함으로써 모든 주식회사가 이용할 수 있게 되었다. 주식매수선택권을 부여받을 수 있는 자는 비상장회사의 경우 원칙적으로 회사의 설립·경영과 기술혁신 등에 기여하거나 기여할 수 있는 회사의 이사·집행임원·감사 또는 피용자이며(§340의2), 상장회사의 경우에는 이 외에도 관계회사의 이사, 집행임원·감사, 피용자도 대상이 될 수 있다(§542의3①, 상시 §9①).

그러나 대주주 등에 의하여 이 제도가 남용되는 것을 방지하기 위하여 이상의 이사·집행임원·감사 또는 피용자라고 하더라도 그가 의결권이 없는 주식을 제외한 발행주식 총수의 100분의 10 이상의 주식을 가진 주주이거나, 이사·집행임원·감사의 선임과 해임 등 회사의 주요 경영사항에 대하여 사실상 영향력을 행사하는 자이거나, 그들의 배우자와 직계 존비속이면 주식매수선택권을 부여할 수 없다(§340의2②).

## 3. 선택권의 유형과 차액정산

상법(§340의2①)이 인정하고 있는 주식매수선택권의 부여방법에는 신주발행방식과 자기주식양도방식의 두 가지 유형이 있으며 어느 방식에 의하든 주가차액을 정산할 수 있다.

### (1) 신주인수권방식

주식매수선택권자가 선택권을 행사하여 행사가액을 회사에 납입한 경우, 회사는 그에게 신주를 발행하는 방법이다. 신주인수권방식에 의한 주식매수선택권을 부여하는 경우에는 제3자에게 신주인수권을 부여하는 경우와 같이 주주의 신주인수권은 그 한도에서 배제된다. 그러나 이 방식에 의한 매수선택권의 행사는 약정된 유리한 가격으로 신주를 인수할 수 있는 점에서 제3자에게 신주인수권을 부여하는 경우와 구별된다.

### (2) 자기주식양도방식

주식매수선택권자가 선택권을 행사하여 행사가격을 회사에 납입한 경우, 회사는 이미 보유하고 있는 자기주식을 양도하는 방법을 말한다. 따라서 회사는 주식매수선택권의 행사에 대비하여 자기주식을 취득할 수 있어야 하므로, 상법은 제341조에도 불구하고 자기주식을 취득할 수 있도록 하였다(§341의2 4호). 2011년 개정상법은 주식매수선택권 행사에 대비하여 자기주식을 취득할 경우에 종래의 발행주식 총수의 100분의 10 이내에서만 취득할 수 있게 하거나, 배당가능이익의 범위 내에서 가능하게 하는 등의 제한은 삭제되었다.

### (3) 주가차액정산

이상의 신주인수권방식과 자기주식양도방식 중 회사가 어느 것을 택하든 회사는 이에 갈음하여 주식의 실질가액과 행사가액의 차액을 정산할 수 있다. 차액의 정산은 실질가액과 행사가액의 차액을 주식매수 선택권자에게 금전으로 지급하거나 차액상당액의 자기주식을 이전해 주는 것이다. 이 방법에 의하는 경우에는 매수선택권자가 행사가격을 별도로 납입할 필요가 없는 점에 특색이 있다. 이 방법은 기존주주들의 지분율이 감소될 수 있기 때문에 기존주주들의 지분율 유지와 경영권 보호에 더 유리하다.[1]

## 4. 부여한도

상법은 주식매수선택권제도의 남용을 방지하기 위하여, 비상장회사의 경우 선택권 부여를 위하여 발행할 신주 또는 양도할 자기주식은 발행주식 총수의 100분의 10을 초과할 수 없도록(§340의2③) 하였으며, 상장회사의 경우에는 발행주식총수의 100분의 20 범위에서 대통령령으로 정하는 한도까지 선택권을 부여할 수 있다(§542의3②, 상시 §9③). 그러나 상법은 주식매수선택권자 각자에 대하여 부여할 수 있는 매수선택권의 한도에 대해서는 회사의 자율에 맡기고 이에 대하여 특별한 제한규정을 두지 않는다.

1) 이철송, 회, 650~651면; 정찬형, 상, 713면.

## 5. 행사가액

주식매수선택권의 행사가액이란 선택권자가 선택권의 행사로 신주를 인수할 때 인수가액 또는 자기주식을 양수할 때 양수가액을 말한다. 주식매수선택권의 행사가액은 ① 신주를 발행하는 경우에는 주식매수선택권의 부여일을 기준으로 하여 주식의 실질가액과 주식의 권면액 중 높은 금액 이상이어야 한다. 다만 무액면주식을 발행하는 경우에는 자본으로 계상되는 금액 중 1주에 해당하는 금액을 권면액으로 본다. 그리고 ② 자기주식을 양도하는 경우에는 매수선택권의 부여일을 기준으로 하여 주식의 실질가액 이상이어야 한다(§340의2④1~2호). 주가차액교부방식에 의하는 경우에 대해서는 상법상의 제한이 없으므로 당사자들이 자유로 정할 수 있을 것이다.[1)]

## 6. 부여요건

회사가 매수선택권을 부여하기 위하여 정관이 정한 바에 따라 주주총회의 특별결의가 있어야 하므로 다음 요건을 구비하여야 한다.

### (1) 정관의 규정

주식회사가 매수선택권을 부여하기 위해서는 정관에 이에 관한 사항이 규정되어야 한다(§340의2①). 이 경우 정관에는 ① 일정한 경우 매수선택권을 부여할 수 있다는 뜻, ② 매수선택권의 행사로 발행하거나 양도할 주식의 종류와 수, ③ 매수선택권을 부여받을 자의 자격요건, ④ 매수선택권의 행사기간, ⑤ 일정한 경우 이사회 결의로 매수선택권의 부여를 취소할 수 있다는 뜻이 규정되어야 한다(§340의3①). 매수선택권을 악용하는 경우 주주총회를 소집하여 이를 취소한다는 것은 사실상 곤란하기 때문에 취소를 용이하게 하기 위하여 정관의 규정에 의하여 이사회의 결의로써 할 수 있도록 하였다.

### (2) 주주총회의 특별결의

주식회사가 일정한 자에게 주식매수선택권을 부여하기 위해서는 다음 각 항에

1) 정찬형, 상, 765면.

대한 주주총회의 특별결의가 있어야 한다. 즉 주주총회는 ① 주식매수선택권을 부여받을 자의 성명, ② 부여방법, ③ 행사가액과 그 조정에 관한 사항, ④ 행사기간, ⑤ 주식매수선택권의 행사로 발행하거나 양도할 주식의 종류와 수(§340의3②) 등을 결정하여야 한다.

주주총회의 특별결의에 대한 예외로서 상장회사의 경우에는 정관에서 정하는 바에 따라 발행주식총수의 100분의 10의 범위에서 대통령령으로 정하는 한도까지 이사회가 결의로써 회사의 집행임원·감사 또는 피용자 및 관계회사의 집행임원·감사 또는 피용자에게 주식매수선택권을 부여할 수 있다. 이 경우에는 주식매수선택권을 부여한 후 처음으로 소집되는 주주총회의 승인을 받아야 한다(§542의3③, 상시 §9④).

행사가액의 기준이 되는 실질가액이라는 것은 상장회사의 경우는 주식의 시가이고, 비상장회사의 경우는 주식의 순자산가치와 수익력을 반영한 평가액으로 이해하여야 하여야 할 것이다.[1] 그리고 상법은 선택권의 행사는 이를 부여하는 주주총회의 결의일로부터 2년 이상 재임 또는 재직하여야 한다고 규정하고 있다(§340의4①, §542의3④).

## (3) 계약의 체결

주주총회의 특별결의에 의하여 일정한 자에게 주식매수선택권을 부여하는 결의가 이루어지면, 회사는 결의에 따라 주식매수선택권을 받을 자와 부여계약을 체결하고, 상당한 기간 내에 그에 관한 계약서를 작성하여야 한다(§340의3③). 이 계약서는 주식매수선택권의 행사기간이 종료할 때까지 본점에 비치하고 주주로 하여금 영업시간 내에 이를 열람할 수 있도록 하여야 한다(동조④).

그리고 주식매수선택권을 부여할 것을 정한 때에는 이에 관한 사항을 등기하여야(§317②3의3호) 한다. 주권상장법인이 주식매수선택권을 부여하기로 한 경우에는 금융위원회와 거래소에 그 사실을 신고하여야 하며 금융위원회와 거래소는 주식매수선택권의 존속기한까지 그 기록을 보존하고 인터넷 등을 이용하여 그 사실을 공지하여야 한다(자금 §165의17①).

---

1) 이철송, 회, 653면.

## 7. 매수선택권의 행사

### (1) 행사요건

비상장회사의 경우에는 주식매수선택권자가 주주총회 결의일부터 2년 이상 재임하거나 또는 재직하여야 이를 행사할 수 있다(§340의4). 그러므로 본인의 귀책사유가 아닌 사유로 퇴임 또는 퇴직일까지 2년의 요건을 충족하지 못하면 주식매수선택권을 행사할 수 없다.[1]

그러나 상장회사의 경우는 2년 이상의 재임 또는 재직 의무기간에 대한 예외를 대통령령으로 정할 수 있고(§542의3⑤, 상시 §9⑤), 매수청구권의 행사기한을 해당 이사·감사 또는 피용자의 퇴임 또는 퇴직일로 정한 경우 이들이 본인의 귀책사유가 아닌 사유로 퇴임 또는 퇴직한 때에는 그 날부터 3월 이상의 행사기간을 추가로 부여하여야 한다(§542의3⑤, 상시 §9⑦).

주식매수선택권은 주주총회의 결의나 계약에서 정한 조건에 따라 정해진 기간 내에 선택권자의 일방적 의사표시에 의하여 선택권을 행사한다(형성권). 선택권의 행사는 자기주식의 양도 또는 신주의 발행이나 이에 갈음하여 차액의 정산을 청구하는 것이다. 이러한 주식매수선택권은 주주명부 폐쇄기간 중에도 행사할 수 있는데, 이 경우 그 폐쇄기간 중의 주주총회결의에 관하여는 의결권을 행사할 수 없다(§340의5, §350②).

신주인수권방식에 의하여 주식매수선택권을 부여하는 경우에는 주식매수선택권자는 청구서 2통을 회사에 제출하고(§340의5, §516의9①), 은행 기타 금융기관의 납입장소에 행사가격을 납입하여야 한다(§340의5, §516의9③). 납입을 맡을 은행 기타 금융기관에 관하여는 모집설립의 경우와 같다(§340의5, §516의9④). 청구와 납입이 있으면 회사는 주주총회에서 정한 자기주식의 양도 또는 신주발행의 방법에 의할 것인지 아니면 차액정산을 할 것인지 결정해야 한다.

### (2) 행사효과

주식매수선택권은 형성권이므로 선택권자가 행사기간 내에 선택권을 적법하게 행사하면 회사는 주식매수선택권의 부여방법에 따라 ① 신주를 발행하여 주식매수선택권자에게 교부하여야 하거나, ② 자기주식을 교부하여야 할 의무를 부담한

1) 대판 2011.3.24, 2010다85027.

다. 그리고 회사가 주가차액정산방식을 선택한 경우에는 이에 갈음하여 주식의 실질가격과 주식매수선택권의 행사가격의 차액을 금전으로 지급하거나 그 차액에 상당하는 자기주식을 교부할 의무를 부담한다.

주식매수선택권자가 주주가 되는 시기에 관하여 상법 제340조의5는 제516조의10을 준용하므로 선택권자는 행사가액을 납입한 때 주주가 된다. 이것은 신주인수권방식의 경우에는 타당하지만 자기주식교부방식의 경우에는 주권을 이전받음이 없이 주주가 될 수 있다는 것이므로 주식양도의 법리에 반하게 된다. 따라서 자기주식양도방식의 경우에는 회사로부터 주권을 교부받은 때 주주가 된다고 본다.[1] 주가차액교부방식의 경우에는 회사가 그 차액을 현금으로 교부한 때에는 문제가 되지 않고 자기주식을 교부하는 때에는 회사가 주권을 교부한 때 주주가 된다고 본다.[2]

위의 경우 이익이나 이자의 배당에 관하여는 정관이 정하는 바에 따라 주식매수선택권자가 주식매수선택권을 행사한 때가 속하는 영업연도의 직전 영업연도 말에 주주가 된 것으로 할 수 있다(§340의5, §350③2문).

## 8. 양도제한

주식매수선택권은 이를 양도할 수 없고, 다만 선택권자가 사망한 경우에는 그 상속인이 이를 행사할 수 있다(§340의4②). 선택권은 임직원의 직무의 충실을 유도해 내기 위한 장치인데 이를 양도한다면 이후 임직원의 충실을 유도할 동기가 없어지기 때문이다. 양도가 제한되기 때문에 입질이나 압류도 불가능하다고 본다.[3]

## 9. 취소 및 상실

주식매수선택권을 부여하는 주주총회의 결의일 후 2년 내에 선택권자가 퇴임 또는 퇴직한 경우에는 선택권을 상실한다(§340의4①). 그리고 상법은 정관의 규정에 의하여 일정한 경우 이사회결의에 의하여 주식매수선택권의 부여를 취소할 수 있다(§340의3①5호)고 규정함으로써 매수선택권의 취소는 회사의 자율에 맡기고 있

1) 이철송, 회 657면. 다른 의견: 정찬형, 상, 768면(주식매수선택권을 행사하고 행사가액을 납입한 때 주주가 된다고 함).

2) 정찬형, 상, 769면(주식매수선택권을 행사한 때 주주가 된다고 함).

3) 이철송, 회, 655~656면.

다. 그러나 상장회사의 경우는 매수선택권의 취소사유를 대통령령으로 정할 수 있도록 하고 있다(§542의3⑤, 상시 §9⑥).

**《일본과 중국 회사법상 주식매수선택권》**

일본 회사법에서는 주식매수선택권에 대하여 특별한 규정을 하고 있지 않지만, 회사에 대하여 신주예약권을 행사함으로써 해당회사의 주식을 교부받을 수 있는 신주예약권제도가 규정되어 있다(일회 §§236~194). 이 제도는 우리나라의 주식매수선택권제도와 같이 활용될 수 있을 것이다.[1)]

중국 회사법의 경우에는 주식을 당해 회사의 종업원에게 장려로 주기 위하여 자기주식을 취득할 수 있도록 하고 있으나(중회 §143 3호), 주식매수선택권에 대해서는 상세한 규정이 없다.

## 제 5 절 주식의 담보

### 제 1 의 의

주식은 재산적 가치를 가지며 또 양도가 가능하므로 채권담보의 대상이 될 수 있다. 주식의 담보는 투하자본 회수의 보충적 방법이고 담보설정이 간편하여 환가가 용이한 상장법인의 주식은 금융거래의 수단으로 이용된다. 주식의 담보는 주권에 의하여 설정되며 원칙적으로 자유이고 그 방법에는 상법상 규정된 입질과 관습법상으로 인정된 양도담보가 있다. 주식에 대하여 담보를 설정할 때 담보의 대상이 되는 권리는 주식이 갖는 권리 중에서 자익권뿐이고 공익권은 여전히 주주가 행사하게 된다.[2)]

### 제 2 주식의 입질

#### 1. 성 질

상법의 규정에 의하여 주식을 질권의 목적으로 할 수 있다. 주식의 입질의 성

1) 정찬형, 상, 762면.

2) 정동윤, 91면; 정찬형, 상, 770면; 이철송, 회, 418면; 손주찬, 681면; 최기원, 721면.

질에 관하여 권리질이라는 설, 채권질이라는 설, 유가증권의 입질이라는 설 등의 견해가 있으나 실제 주식의 입질은 주권의 교부를 요건으로 하고 유가증권으로서의 주식을 담보로 하기 때문에 유가증권의 입질로 보는 것이 타당하다.[1] 주식의 입질도 민법상의 권리질에 관한 규정이 적용될 수 있지만(민 §§345~346 참조) 주식의 양도방법이 교부이고 권리의 공시방법이 명의개서이므로 이들의 특성을 고려하여 채권자를 보호하여야 한다.

## 2. 기명주식 질권설정

기명주식의 입질방법에는 약식질과 등록질이 있다.

### (1) 설정방법

기명주식의 약식질은 당사자 간의 질권설정의 합의와 주권의 교부에 의하여 성립한다. 약식질을 회사 및 제3자에게 대항하기 위해서는 질권자가 주권을 계속 점유하여야 한다(§338②). 주권을 계속 점유하지 아니하면 물상대위, 우선변제권을 주장할 수 없다. 그러나 점유를 상실했다고 하여 곧 질권을 상실한 것은 아니므로 질권자가 주권의 점유를 회복하면 회사 및 제3자에게 대항할 수 있을 것이다.

기명주식의 등록질은 당사자 간의 질권설정의 합의와 질권자에 대한 주권의 교부 외에, 질권설정자의 청구에 의하여(질권자는 이러한 청구권이 없음) 회사가 질권자의 성명과 주소를 주주명부에 덧붙여 써야만 그 효력이 발생한다. 회사가 명의개서대리인을 둔 경우에는 그 영업소에 비치된 주주명부 또는 그 복본에 질권자의 성명과 주소를 기재하면 등록질의 효력이 발생한다(§337②). 그러나 등록질권자라도 계속하여 주권을 점유하지 아니하면 그 질권으로써 제3자에게 대항하지 못한다(§338②).

### (2) 효 력

**1) 일반적 효력** 기명주식의 질권자는 유치권(민 §355, §335)·우선변제권(민 §355, §329)·전질권(민 §355, §336) 및 물상대위권을 갖는다. 다만 상법은 물상대위권에 관하여 질권자는 주식의 소각·병합·분할 또는 전환이 있는 때에는 이로 인하여 종전의 주주가 받을 금전이나 주식에 대하여도 종전의 주식을 목적으로 한

1) 이철송, 회, 418~419면.

질권을 행사할 수 있다(§339)고 특칙을 두고 있다.

이와 같이 상법은 질권자의 물상대위의 목적물의 범위를 확대하고 있다. 물상대위의 목적물은 이 외에도 준비금의 자본전입을 통하여 신주, 신주발행이 무효가 되어 주주에게 환급하는 주식납입금(§432③), 주주가 회사에 대하여 주식매수청구권을 행사한 경우에 받는 주식의 매수대금(§335의2④, §335의6, §374의2, §522의3), 회사의 회생절차에서 주주가 권리의 변경에 의하여 받는 금전(회파 §252②) 등에도 미친다.

등록질권자는 약식질권자와는 달리 물상대위권(§339)의 행사에 있어서 물상대위의 목적물을 그 지급 또는 인도 전에 압류할 필요가 없이(민 §342단서 참조), 직접 회사로부터 그 목적물인 이익배당, 잔여재산의 분배, 제339조에 따른 금전의 지급을 받아 다른 채권자에 우선하여 자기채권의 변제에 충당할 수 있다(§340①후단). 그러나 약식질권자는 이때에도 권리질의 물상대위에 관한 일반원칙에 따라 금전의 지급 또는 주권의 교부 전에 이를 압류하여야 한다(통설).

**2) 이익배당청구권** 상법은 등록질에 대해서만 이익배당청구권을 인정하고 있기 때문에 주주는 압류할 필요 없이 직접 회사에 대하여 이익배당을 청구할 수 있다. 그러나 약식질의 경우에도 회사에 대하여 이익배당청구권을 갖는가에 대하여 우리나라의 학설은 이익배당을 과실에 준하는 것으로 보아 이를 긍정하는 긍정설[1])과 약식질은 주식 자체의 재산적 가치만이 담보의 목적이라는 점에서 이를 부정하는 부정설[2])로 나뉘어 있다. 생각건대 회사에게 공시되지 않는 약식질권자에게 이러한 권리를 인정하여 일반채권에 우선하게 하는 것은 무리이며 또 거래의 실정에도 맞지 않으므로, 부정설이 타당하다고 본다.

**3) 잔여재산분배청구권** 상법 제340조는 잔여재산분배청구권이 등록질권자에게만 효력이 있는 것으로 하고 있다. 약식질권자에게도 잔여재산분배청구권이 있는가에 대하여 상법상 명문규정은 없으나 이것은 전형적인 주식의 대표물 또는 변형물이므로 해석상 당연히 인정된다고 본다(이설 없음).[3])

**4) 신주인수권** 신주가 발행된 경우에는 입질된 주식의 담보가치가 하락한다는 이유로 이를 긍정하는 긍정설도 있으나,[4]) 신주인수권은 입질된 주식의 변

---

1) 이기수 외, 373면; 임홍근, 309면; 정동윤, 290면.

2) 강위두, 378면; 정찬형, 상, 774면; 손주찬, 741면; 이철송, 회, 401면.

3) 정찬형, 상, 775면; 정동윤, 290면; 이철송, 회, 401면; 최기원, 403면.

4) 박상조, 412면; 정동윤, 291면; 이기수 외, 292면.

형물이라고 볼 수 없고 그의 행사에는 별도의 납입을 요구하기 때문에 질권자에게 납입의무를 지우는 것은 부당하므로, 부정설이 타당하다고 본다.[1]

5) 기 타 약식질이나 등록질을 불문하고 질권이 설정된 주식을 경매하여 우선변제를 받을 수 있는 우선변제권이 있다고 본다. 물상대위의 목적물이 금전일 경우에는 그것을 가지고 우선변제에 충당할 수 있으며, 주식일 경우에는 일반 유가증권과 마찬가지로 경매하여 우선변제에 충당한다. 등록질권자는 약식질권자와는 달리 물상대위의 목적물이 금전이고 그 목적물의 변제기가 질권자의 채권의 변제기보다 먼저 도래한 때에는 회사에 대하여 그 금전의 공탁을 청구할 수 있는데, 이때에는 그 공탁금에 질권의 효력이 미친다(§340②, 민 §353③). 또한 물상대위의 목적물이 주식인 경우에는 그 주식에 대한 주권의 교부를 회사에 대하여 직접 청구할 수 있다(§340③).

질권자는 주주권을 취득하는 것이 아니고, 주식의 교환가치를 제한하는 것이므로 의결권 등의 권리는 당연히 주주에게 귀속되며 질권자에게 귀속하는 것이 아니다. 상법은 질권자가 적시에 권리를 행사할 수 있도록 하기 위하여 물상대위권이 발생한 경우에는 회사로 하여금 등록질권자에게 통지하도록 통지의무를 규정하고 있다(§440, §461⑤, §462의2③).

## 3. 무기명주식의 질권설정

### (1) 설정방법

무기명주식의 경우에는 주주의 성명·주소 등을 기재할 주주명부가 없으므로 등록질이란 있을 수 없고, 기명주식의 약식질과 같이 질권설정의 합의와 주권의 교부방법에 의하여 질권이 설정된다(민 §351). 그리고 무기명주식의 입질을 회사 및 제3자에게 대항하기 위해서는 질권자에 의한 주권의 계속점유를 요한다(§338② 유추적용).

### (2) 효 력

무기명주식의 입질의 효력은 주주명부에 공시되지 않기 때문에 기명주식의 약식질의 효력과 같다고 보아야 할 것이다.[2]

---

1) 이철송, 회, 401~402면; 최기원, 728면.

2) 정찬형, 상, 777면.

## 제 3 주식의 양도담보

주식의 양도담보는 상법상의 규정이 아니고 관습법상 인정되고 있는 제도이다. 채권확보가 질권보다 더 유리하고 또 담보실행의 편의성 때문에 실제로는 질권보다 자주 이용되고 있다.[1] 주식의 양도담보는 주식의 입질의 경우와 같이 기명주식의 경우에는 약식양도담보와 등록양도담보가 있는데, 무기명주식의 경우에는 등록양도담보가 있을 수 없으므로 양자의 구분이 없다. 기명주식의 등록양도담보는 합의에 따른 명의개서와 주권의 교부로써 성립하며, 기명주식의 약식양도담보와 무기명주식의 양도담보의 설정방법은 당사자간의 양도담보를 위한 합의와 주권의 교부에 의하여 성립한다(§336①). 등록양도담보든 약식양도담보든 양도담보권자에 의한 주권의 계속점유가 회사 및 제3자에 대한 대항요건이다(§338② 유추).

양도담보권자는 질권자의 경우와 달리 대외적으로 주주이므로 그가 담보로 점유하는 주식을 제3자에게 양도한 경우, 제3자는 정당하게 주주권을 취득하고 양도담보설정자는 주주권을 상실한다. 다만 양도담보설정자는 제3자의 악의의 항변이 가능할 것이다. 주식의 양도담보권자는 채권이 존속하는 한 그 주식에 대하여 의결권을 비롯한 공익권을 행사할 수 없다고 본다.[2]

기명주식에 관한 약식질의 설정과 약식양도담보의 설정이 그 외관상 동일하여 당사자의 의사에 따라 구별할 수밖에 없다. 이 때 당사자의 의사가 명확하지 않은 경우에는 채무자의 보호를 위하여 약식질로 보는 견해[3]와 담보권자에게 유리하게 약식양도담보로 보는 견해가 있다.[4] 생각건대 당사자의 의사가 명확하지 않은 경우에는 채권자 보호를 위하여 담보실행이 용이한 양도담보로 보아야 할 것이다.

양도담보에 의한 담보권자는 우선변제권을 가지지만 항상 목적물을 환가하여 청산해야 하고 목적물의 소유권을 취득하는 유담보는 허용되지 않는다(통설, 판례). 그러므로 주식의 양도담보도 당연히 청산을 하여야 하며, 다만 상행위로 인한 채권의 담보인경우에는 예외적으로 유질계약이 허용된다(§59).

---

1) 정찬형, 상, 777면; 이철송, 회, 424면.

2) 대판 1992.5.12, 90다8862(이에 대한 반대의 판결: 대판 1993.12.28, 93다8719). 학설: 정찬형, 상, 778면; 이철송, 회, 425면.

3) 이철송, 회, 424면.

4) 정동윤, 288면; 최기원, 723면; 정찬형, 상, 778면.

## 《일본 회사법상 주식의 담보화》

### 1. 주권발행회사의 주식의 담보

#### (1) 약식질

주식은 재산적 가치와 양도성이 있기 때문에 담보의 대상이 될 수 있으며, 입질 방법에는 약식질, 등록질 그리고 양도담보가 있다. 약식질은 주주명부에 기재하지 않기 때문에 회사 기타 제3자는 입질사실을 알 수 없다. 약식질은 질권설정 사실의 합의와 주권을 상대방에게 교부함으로써 효력이 발생한다(일회 §146①, ②). 질권자는 당해 주권의 계속점유가 회사와 제3자에 대한 대항요건이 된다(일회 §147②).

#### (2) 등록질

회사가 질권설정자인 주주의 청구에 의하여 주주명부상에 질권자의 성명, 주소 등을 기재하고, 각종의 통지는 질권자에게 하며(일회 §150①, §168②, §169③ 등) 질권자는 회사로부터 직접 이익배당, 잔여재산분배 기타 물상대위가 가능한 지급이나 인도를 받는다(일회 §§152~154).

#### (3) 양도담보

양도담보는 채무자가 채권의 담보를 목적으로 지기가 소유하는 주식을 채권자에게 교부하고(일회 §128①), 채무를 이행한 때 반환받기로 하며, 채무이행이 불가능한 경우에는 채권자가 이 주권으로 우선변제를 할 것이 약속된 경우이다. 단순히 주권을 교부하는 약식형과 주주명부상에 명의개서를 하는 등록형이 있고, 주권의 임의매각으로 우선변제를 하는 처분청산형과 소유권을 취득하는 귀속청산형이 있다. 약식질, 양도담보, 보통의 주식양도는 외형적으로 구별하기가 어렵기 때문에 당사자의 의사표시가 명확하지 않으면 거래관행이나 담보권 실행의 용이함 때문에 양도담보라고 추정되어 오고 있다.[1)]

정관에 의한 양도제한이 있는 주식을 양도담보로 제공하는 경우 종래의 다수설과 판례는 이사회의 승인을 얻어야 한다고 하였다. 그러나 양도담보도 담보이기 때문에 질권의 경우와 같이 양도의 승인을 구할 필요는 없고, 양도담보권을 실행하여 주식을 취득한 자가 그 때 취득승인결정을 구해도 된다는 유력한 견해가 있다.[2)]

### 2. 주권불발행회사의 주식담보

대체주식의 입질은 질권설정자인 주주가 대체신청으로, 질권자가 대체구좌인 자기구좌의 질권란에 입질에 의한 수의 증가를 기재하게 함으로써 효력이 발생한다(일사채주식대체 §141). 질권자의 신청에 의하여 그의 성명, 주소 등이 주주명부에 기재되면 등록질이 되고(동법 §151③), 질권자가 이 신청을 하지 않으면 대체주식

1) 鈴木·竹內, 172面; 大隅·今井, (上), 495面; 石山卓磨, 152面.

2) 鈴木·竹內, 169面; 大隅·今井, (上), 143面; 龍田 節, 250面; 石山卓磨, 152面.

의 약식질이 된다.

주권불발행회사의 경우는 점유이전을 할 주권이 없으므로 등록질은 불가능하다. 양도담보는 채권자인 양수인에게 명의개서를 통하여 설정된다(일회 §130①).

### 3. 주식입질의 효력

질권자는 질취한 주식에 관하여 민법상의 유치권, 우선변제권, 전질권, 물상대위권을 갖는다. 그리고 회사법상 물상대위의 효력에 관하여 회사가 이하의 행위를 한 경우 주주가 받을 금전 기타의 재산에 질권의 효력이 미친다(일회§ 151). 즉 취득청구권부주식의 취득, 취득조항부주식의 취득, 전부취득조항부주식의 취득, 주식의 병합, 주식의 분할, 무상주의 배당, 신주예약권무상배당, 이익배당, 잔여재산분배, 조직변경, 합병(회사소멸의 경우), 주식의 교환, 주식의 이전, 주식의 취득의 경우 등이다.

등록주식의 질권자는 이 물상대위의 효력에 의하여 금전을 수령하고, 다른 채권자에 우선하여 자기채권에 충당할 수 있다(일회 §154①). 채권의 변제기가 도래하지 않았을 경우에는 채권상당액을 공탁시키고, 그 공탁금 위에 질권이 존재(동조 ②), 약식질권자는 물상대위권을 행사하기 위하여 지급 또는 인도되기 이전에 압류하여야 한다.

주주의 모집주식의 배당을 받을 권리에 관하여 물상대위권이 미치는가에 대하여 다수설은 이를 긍정하며, 주주에게 신주예약권의 무상배당이 된 경우에는 약식질권자는 효력발생 전에 이것을 압류하고 담보를 청구한다(일회 §151 7호).

### 《중국 회사법상 주식의 담보화》

중국의 회사법은 주식의 담보, 입질 등에 관하여 규정을 두지 않고 있다.

# 제 6 절 주식의 소각

## 제 1 의 의

주식의 소각이란 주주의 교체 없이 회사의 존속 중에 발행주식의 일부를 절대적으로 소멸시키는 회사의 행위이다. 주식의 소각은 회사의 존속 중에 특정한 주식을 소멸시키는 점에서 회사의 해산시에 전 주식을 소멸시키는 것과 다르고, 주식 자체를 소멸시키는 점에서 주식을 소멸시키지 않고 그것을 표창하는 주권만을 소멸시키는 제권판결(§360) 및 주식인수인의 자격만을 실효시키는 실권절차(§307)와도 다르다.

## 제 2 종 류

종래 주식의 소각은 자본감소의 규정에 따라 하는 경우(§343①본문)와, 주주에게 배당할 이익으로 하는 경우, 정기주주총회의 특별결의에 의하는 경우의 세 가지가 있었다. 그러나 2011년 개정상법은 자본감소의 규정에 따라 소각하는 경우만을 인정하고 다른 방법은 삭제하였다. 따라서 소각되는 주식만큼 자본이 감소하므로 반드시 채권자보호절차를 밟아야 한다(§439②, §232② 준용). 다만 이사회의 결의에 의하여 회사가 보유하는 자기주식을 소각하는 경우에는 그러하지 아니하다(§343①단서).

자본금 감소에 관한 규정에 따라 주식을 소각하는 경우에는 제440조와 제441조의 규정을 준용한다(§343②). 자본감소에 관한 내용은 후술한다.

## 제 3 배당가능 이익으로써 취득한 자기주식의 소각

회사는 주가관리 등 재무관리의 편의를 위하여 배당가능 이익으로써 자기주식을 취득하여(§341) 이사회의 결의에 의하여 소각할 수 있다(§343①단서). 이에 관하여 자기주식의 취득에서 설명하였다.

## 《일본 회사법상 자기주식의 보유, 소각, 처분》

### 1. 자기주식의 보유

회사는 적법하게 취득한 자기주식을 기간의 제한 없이 보유할 수 있다. 그러나 회사는 자기주식에 대하여 의결권, 잉여금 및 잔여재산의 분배청구권, 신주 및 신주예약권의 주주배당을 받을 권리는 인정되지 않는다. 반면에 주식의 병합, 분할의 효력은 전부 또는 어느 종류의 주식에 일률적으로 발생하는 경우에는 회사가 보유하는 자기주식에도 효력이 미친다(일회 §182, §184).

### 2. 자기주식의 소각

이사회설치회사의 경우에는 이사회의 결의에 의하여(일회 §178②), 기타의 회사에서는 이사가 2인 이상인 경우에는 정관에 별도의 정함이 있는 경우를 제외하고 이사의 과반수 찬성으로써(일회§ 348②) 회사가 보유하는 자기주식을 소각할 수 있다. 이 경우 소각할 자기주식의 수(종류주식 발행회사는 자기주식의 종류, 종류마다의 수)를 정하여야 한다(일회 §178①).

개정 전의 상법에서는 주식의 소각으로서 ① 보유하는 자기주식의 소각, ② 자본감소에 의한 소각, ③ 정관의 정함에 따라 배당 가능한 이익에 의한 소각을 정하고 있었다. 그러나 신회사법에서는 ①의 경우만을 주식소각으로 정하고, ②와 ③에 대해서는 회사 이외의 주주로부터 자기주식을 취득하여 소각하는 것이므로 보유하는 자기주식의 경우에 포함시키고 있다.

### 3. 자기주식의 처분

회사가 보유하는 자기주식을 인수하는 자를 모집하여 이것을 처분하는 경우의 절차에 관해서는 모집주식의 발행규제에 따른다(일회 §199 이하, §210).

### 4. 재원의 규제

회사가 자기주식을 취득하는 경우, 주주에게 교부하는 금전 등의 장부가액의 총액은 당해 행위가 효력을 발생하는 날의 분배 가능한 금액을 초과해서는 안 된다(일회 §61①1~7호). 규제의 위반에 대해서는 위법한 자기주식의 취득규제에 위반한 경우와 같다.

## 《중국 회사법상 주식의 소각》

중국 회사법에서는 주식의 소각에 관하여 특별한 정함을 두지 않는다.

# 제 7 절 지배주주에 의한 소수주식의 전부취득

2011년 개정상법은 회사의 발행주식총수의 100분의 95 이상을 자기계산으로 보유하는 지배주주는 소수주주 관리비용을 절약하고 효율적인 회사경영을 도모하기 위하여 소수주주의 주식을 강제로 매도하도록 청구권을 행사할 수 있도록 하였고, 소수주주에게도 출자회수를 용이하게 하기 위하여 지배주주에게 매수청구권을 행사할 수 있도록 하였다.

## 제 1 지배주주의 주식매도청구권

### 1. 의의 및 성질

회사의 발행주식총수의 100분의 95 이상을 자기계산으로 보유하는 지배주주는 소수주주 관리비용을 절약하고 효율적인 회사경영을 도모하기 위하여 소수주주의 주식을 강제로 매도하도록 청구권을 행사할 수 있도록 하였다(§360의24①). 이로 인하여 지배주주는 단일주주가 되어 불편한 동업관계를 해소하고 회사경영을 효율적으로 하게 되었다.

지배주주의 매도청구에 따라 소수주주는 매도청구를 받을 날부터 2개월 내에 지배주주에게 그 주식을 매도하여야 한다. 따라서 주식매도청구권은 형성권이다. 이 규정의 적용을 받는 회사는 상장여부를 불문하고 모든 회사에 적용된다.

### 2. 행사요건

첫째, 지배주주가 주식매도 청구권을 행사하기 위해서는 회사의 경영상의 목적을 달성하기 위하여 필요한 경우이어야 한다(§360의24①).

둘째, 미리 주주총회의 승인을 얻어야 한다(§360의24③). 이를 위하여 주주총회를 소집할 때는 ① 지배주주의 주식보유현황, ② 매도청구의 목적, ③ 매매가액의 산정근거와 적정성에 관한 공인된 감정인의 평가, ④ 매매가액의 지급보증에 관한 사항을 통지서에 적어야 한다. 그리고 매도를 청구한 지배주주는 주주총회에서 그 내용을 설명하여야 한다.

셋째, 지배주주는 매도청구의 날 1개월 전까지 다음의 내용을 공고하고 주주명부상의 주주와 질권자에게 따로 통지하여야 한다(§360의24⑤). 그 내용은 ① 소수주주는 매수가액의 수령과 동시에 주권을 지배주주에게 교부하여야 한다는 뜻, ② 주권을 교부하지 아니할 경우 매매가액을 수령하거나 지배주주가 그것을 공탁한 날에 주권은 무효가 된다는 뜻이다.

### 3. 행사효과

지배주주가 위의 요건에 따라 주식매도를 청구하면, 소수주주는 2개월 내에 지배주주에게 그 주식을 매도하여야 한다(§360의24⑥). 매도하여야 한다는 의미에 관하여 2개월 내에 소수주주는 지배주주와 매매가격을 합의결정하여 매매계약을 체결하여야 한다는 견해가 있다.[1)]

매매가격은 지배주주와 소수주주간의 협의로 결정한다(§360의24⑦). 그러나 매도청구를 받은 날부터 30일 내에 협의가 이루어지지 아니한 경우에는 소수주주 또는 지배주주는 법원에 매매가격 결정을 청구할 수 있다(동조⑧). 법원이 매매가격을 결정하는 경우에는 회사의 재산상태와 그 밖의 사정을 고려하여 공정한 가액으로 산정하여야 한다(동조⑨).

## 제 2 소수주주의 주식매수청구권

### 1. 의의 및 성질

회사의 발행주식총수의 100분의 95 이상을 자기의 계산으로 보유하고 있는 지배주주가 있는 회사의 소수주주는 언제든지 지배주주에게 그 보유주식의 매수를 청구할 수 있다(§360의25①). 소수주주가 주식매수청구권을 행사하면 지배주주는 매수할 의무를 지므로 매수청구권의 법적성질은 형성권이다.

합병 등에 관한 주주총회의 특별결의에 반대하는 소수주주의 주식매수청구권과 소수주주의 지배주주에 대한 주식매수청구권을 비교하면 형성권이라는 점에서는

---

1) 정찬형, 상, 799면.

차이가 없다고 할 수 있으나, 전자는 회사에 대하여 하는 것이고 소수주주의 지주율에 정함이 없다는 점에서 차이가 있다. 전자는 지배주주의 매도청구권과 같이 일정한 요건을 필요로 하지만 후자는 언제든지 행사할 수 있게 하여 일정한 요건을 요구하지 않는다.

## 2. 행사효과

소수주주가 지배주주에 대하여 주식매수청구권을 행사하면 지배주주는 매수청구를 한 날부터 2개월 내에 그 주식을 매수하여야 한다(§360의25②). 주식의 매수가액 결정에 관해서는 지배주주의 매도청구권 행사의 경우와 같다(동조③~⑤).

# 제4장 기 관

## 제1절 총 설

### 1. 기관구조

주식회사는 법인이므로 독자적인 권리능력을 갖는다. 그러나 그 운영과 관리는 회사 스스로 의사를 결정하고 활동할 수 없기 때문에 법인의 조직상 일정한 지위에 있는 자연인이 의사결정 및 집행을 해야 한다. 이와 같이 회사의 활동을 담당할 자연인 또는 회의체를 기관이라고 한다. 주식회사의 기관은 정도의 차이는 있지만 전문적인 분화가 나타났다.

합명회사와 같은 인적회사에서는 원칙적으로 각 사원이 업무집행권과 대표권을 가지므로 사원자격과 기관자격이 일치한다(자기기관). 그러나 주식회사(특히 대규모 상장주식회사)의 경우에는 기관자격에 주주일 것이 전제되지 않기 때문에 소유와 경영의 분리현상이 나타난다(제3자 기관).[1] 우리나라 주식회사의 기관은 대내적 의사결정기관으로서 주주총회와 이사회, 업무집행기관이며 대외적 대표기관인 대표이사, 업무 및 회계에 관한 감독기관으로서 감사 또는 감사위원회 등의 필요적 기관으로 분화된다. 2011년 개정상법은 회사가 집행임원제도를 도입하는 경우에는 대표이사를 둘 수 없게 함으로써, 종래 업무집행권과 회사대표권을 대표이사에게 귀속시켰으나 집행임원으로 대체하게 되었다. 다만 자본금 총액이 10억원 미만인 회사의 경우에는 이사가 1인 또는 2인 뿐이어서 이사회가 없고 대표이사는 임의기관이다. 따라서 이사가 업무집행기관이다.[2]

---

1) 양동석, "주식회사의 지배", 조선대 사회과학연구 제12집, 3~5면

2) 소규모 회사의 기관구성에 관한 연구로서 양동석, 전게 일본의 대소회사구분입법에 관한 문제점 연구, 38면 이하.

그리고 설립절차, 업무나 재산상태 등을 조사하기 위한 필요에 따라 법원, 주주총회 등이 선임하는 검사인 등의 임시기관이 있다. 그리고 주식회사의 외부감사에 관한 법률에 의한 외부감사인이 있어서 일정규모 이상의 주식회사에 대하여 회계감사를 한다. 다만 소규모 회사와 유한회사의 경우에는 예외적으로 감사가 필요기관이 아니고 임의기관이다.

## 2. 기관구성 – 소유와 경영의 분리

주주는 회사의 채무에 대하여 유한책임을 지기 때문에 회사에 현존하는 재산만이 회사채권자에 대한 담보가 될 뿐이다. 따라서 채권자 보호를 위해서는 주주들의 이기적 행동에 영향을 받지 않고 회사재산을 건전하게 유지해야 하는 것이 유한책임을 인정하는 조건이 된다. 이 유한책임을 진다는 점이 소유와 경영이 분리되어야 하는 중요한 이유이다. 또한 소유와 경영의 분리를 통하여 전문경영인이 경영에 참여할 수 있게 하고 주주들의 이윤을 극대화 할 수 있게 한다.[1)]

주식회사는 다수의 주주가 존재하지만 이들이 모두 경영에 참여하는 것은 비효율적이다. 만약 다수의 주주가 모두 경영에 참여한다면 회사의 의견분열로 충돌과 지연이 만연하고 대주주의 횡포도 극심할 것이다. 이러한 폐해로부터 영향을 받지 않기 위해서는 중립적인 경영기구가 필요할 것이므로 소유와 경영은 분리되어야 한다. 따라서 이사, 감사 등은 주주총회에서 대주주의 영향력에 의하여 선임되지만, 일단 선임되면 회사의 수임인으로서 대주주의 영향을 받지 않고 회사의 업무를 수행할 법적의무를 진다.

이와 같이 이사가 경영을 전담하면 주주는 회사의 경영에서 멀어지기 때문에 이사가 합리적이고 합법적인 행동을 하지 않았을 때를 대비하여 주주의 보호라는 문제가 제기된다. 주주는 자기를 대신하여 이사의 일상적인 경영활동을 감시하기 위하여 감사제도를 필요로 하며, 상법은 소규모 회사를 예외로 하지만 감사 또는 감사위원회를 선택하여 반드시 설치하도록 하고 있다.

그리고 회사의 업무에 관한 의사결정을 이사회에 맡기고 대표이사에게 집행과 대표권을 부여하며, 감사기관에게 주주를 대신하여 감시, 감독할 수 있는 권한을 부여한다고 하더라도 회사의 중요한 의사결정은 주주총회의 결정에 따라야 한다. 주주총회는 전체 주주로 구성될 뿐만 아니라 소유주식의 수에 따른 의결권도 다르기 때문에 주주들의 의사를 조정하는 것은 쉽지 않다. 따라서 상법은 회사의

1) 양동석, 전게 주식회사의 지배, 5~6면.

의사를 공정하고 획일적으로 확정하기 위하여 절차의 형식성과 엄격성을 요구하고, 다수결의 방법으로 의사를 결정하도록 한다.

### 3. 의사결정

주식회사의 기관은 자신의 권한과 의무를 다하기 위해서는 의사를 결정해야 한다. 특히 주주총회와 이사회는 복수의 구성원이 있는 회의체 기관으로서 다수결 원칙을 채택하고 있다. 주주총회는 출자자의 의사를 결정하기 때문에 자본다수결 원칙이 적용되어 1주1의결권의 원칙이 확립되었으며, 이사는 출자자일 것을 요구하지 않기 때문에 이사회의 결의는 자본다수결원칙이 적용되지 않고 이사 개개인이 하나의 의결권을 갖는다. 일반적으로 주주총회나 이사회는 모두 과반수 다수결을 요구하지만 주주총회의 경우에는 과반수보다 큰 다수를 요구하는 특별결의나 특수결의 형태도 있다.

그러나 실제의 주주총회는 대주주에 의하여 지배되고 회사의 이익보다는 대주주 자신을 위하여 의결권을 행사하기 때문에 다수결의 정의는 실현되기 어렵고, 이사들도 대주주의 신임을 의식하여 주주로부터 독립된 지위를 확보하지 못하기 때문에 이사회는 대주주의 영향력 아래서 경영의사를 결정하게 된다. 이에 대하여 다수결의 폐해를 시정하기 위해서 소수주주의 보호문제가 출현하게 되고 입법적으로 뿐만 아니라 다양한 분야에서 다수결의 폐해를 시정하기 위한 노력이 진행되고 있는 실정이다.

**《일본 회사법상 주식회사 기관구조의 다양성》**

종래 일본의 주식회사의 업무집행은 위원회 등 설치회사 이외의 회사에서는 이사회와 대표이사에 의하여 행하여졌으나, 현행 회사법상의 주식회사에 있어서는 주주총회가 있고 1인 또는 2인 이상의 이사가 있으면 되고(일회 §326①), 이사회의 설치는 원칙적으로 임의이다(동조②). 따라서 주식회사는 이사회설치회사와 비설치회사로 대별되고 이사회설치회사는 이사회강제설치회사와 이사회가 정관의 정함에 의하여 임의로 설치되는 이사회임의설치회사로 나누어진다. 이사회강제설치회사로서는 공개회사·감사회설치회사·위원회설치회사 등이 해당된다(일회 §327①).

이사회설치회사는 그 설치가 강제 또는 임의 여하에 불구하고 또한 회사규모의 대소에 관계없이 이사가 3인 이상 선임되어야 하며(일회 §331④), 원칙적으로 감사도 선임하여야 한다(일회 §327①). 위원회설치회사의 경우에는 감사를 둘 수 없으며(동조④), 대신에 회계감사인의 설치가 강제된다(동조⑤). 또한 위원회설치회사를 제외한 이사회설치회사는 공개회사가 아닌 회계참여설치회사의 경우에도 감사의 설치는 강제되지 않는다.

중소회사의 경우 그것이 공개회사인 경우에는 모두 이사회를 두고, 감사나 감사위원회 등의 3 위원회를 둔다. 그러나 중소회사의 대부분은 정관으로 주식의 양도제한을 정하고 있는 비공개회사이기 때문에 실제로는 이사회설치회사와 이사회비설치회사가 혼재하게 되고, 이에 더하여 감사, 3개의 위원회, 회계참여, 회계감사인 등이 선택적으로 설치될 수 있기 때문에 법률상으로는 다양한 기관구조가 나타날 수 있다.

**《중국 회사법상 주식회사 기관구조의 선택제 방식》**

중국의 회사법은 회사기관에 대하여 특수한 입법례를 채택하였다. 중국의 회사조직기관은 우리나라와 일본과 같은 유형에 속하지만 구체적으로는 많은 차이가 난다. 조직기관의 구성은 주주총회를 권력기관으로 하고, 이사회와 고급관리임원을 경영의사결정 및 집행기관으로 하였으며 감사회를 회사의 감독기관으로 하였다. 그러나 회사의 유형에 따라 조직기관의 구성은 차이가 있다. 예를 들면 소규모 회사의 경우에는 이사회를 설치하지 않고 1인의 집행이사만 둘 수 있고 1~2인의 감사를 두고 감사회를 설치하지 않을 수 있다. 1인 유한회사의 경우에는 주주회를 설치하지 않는다. 상장회사에는 이사회에 독립이사를 둘 수 있다.

## 제 2 절 주주총회

### 제 1 의 의

주주총회(general meeting of shareholders; Hauptversammlung)란 전체 주주로써 구성되는 필요적 상설기관으로서 법률 또는 정관에 정하여진 기본적 중요사항을 결의하는 주식회사의 최고의사결정기구이다. 그러나 주주총회가 회의체로서 상설기관이 아니라는 견해도 있다.

#### 1. 주주전원으로 구성

주주총회는 전체주주가 구성원이 되는 것이므로 이사나 감사 기타의 자가 주주총회에 출석하더라도 이는 주주총회의 구성원이 되는 것이 아니다. 또 주주가 아닌 자가 의장이 되어 총회를 주재 할 수는 있겠으나 역시 주주총회의 구성원이 되는 것은 아니다. 주주 이외의 자를 총회의 구성원으로 하는 것은 정관으로도 달리 정할 수 없다.

의결권 없는 주주는 주주총회의 구성원이 아니라는 견해[1]도 있으나, 이들은 정관 소정의 우선적 배당을 받지 못하는 경우에 의결권이 부활되므로 주주총회의 구성원이 되는 것은 당연하다. 주주총회는 상설기관이고 무의결권주주는 소정의 우선적 배당을 받는 동안에만 의결권이 정지될 뿐이므로 모든 주주는 의결권 유무와 관계없이 주주총회의 구성원으로 보아야 할 것이다.[2]

## 2. 의사결정기관

주주총회는 회의를 통한 결의에 의하여 회사의 의사를 결정한다. 주식회사는 인적회사와는 달리 타인기관(제3자 기관)이 업무를 집행하므로 주주가 회사의 경영에 참가할 수 있는 유일한 길은 주주총회 뿐이다. 회사의 의사결정을 담당하는 기관은 주주총회 외에도 이사회와 대표이사가 있지만 주주총회는 법률과 정관에서 정한 가장 기본적인 사항에 관하여 의사를 결정한다(§361). 그리고 이사회는 주주총회 권한사항 이외의 모든 경영의사를 결정하며 대표이사는 결정된 의사를 집행하고 일상적인 업무에 관하여 결정권을 갖는다.

주주총회의 의사결정은 대내적인 것이고 직접 대외적인 법률관계를 형성하는 일은 없다. 따라서 대표이사가 주주총회의 결의를 무시하고 제3자와 법률행위를 한 경우에도 원칙적으로 그 행위는 유효하고 회사는 총회결의에 반함을 이유로 제3자에게 대항할 수 없다. 그러나 예외적으로 대외적인 거래가 주주총회의 결의 없이 이루어졌을 때에는 거래 자체의 효력에 영향을 주는 것(영업양도, §374)도 있어서 이 점에서는 사실상 대외적인 구속력도 있다고 볼 수 있다.

## 3. 필요적 상설기관

주주총회는 이사·감사의 선임, 재무제표의 승인, 정관변경 등 법률과 정관에서 정한 사항을 결의하기 위한 필요적 기관이다. 인적회사에서는 사원이 소수이고 사원 각자가 회사의 업무집행을 담당하므로 사원총회가 필요적인 것이 아니고 자

---

1) 정동윤, 307면; 박상조, 436면; 정찬형, 상, 820면.

2) 이철송, 회, 391면; 최기원, 407면; 이기수 외, 426면; 최준선, 회, 304면.

유로운 방식으로 의견을 수렴하거나 동의를 구하면 된다. 그러나 주식회사의 주주는 소유와 경영의 분리원칙에 따라 업무집행에서 배제되어 국외적으로 존재하므로 보다 조직화된 의사결정방법을 요한다. 이러한 필요에서 설치되는 것이므로 주주총회는 주식회사의 필요불가결한 기관이다.

주주총회가 상설기관[1]인가 아니면 임시기관[2]인가에 관하여 견해가 대립되고 있으나 주주총회는 추상적·관념적인 권한을 갖는 기관이라는 의미에서 상설기관이라고 할 수 있을 것이다.

## 4. 최고의사결정기관

의용상법상 주주총회는 회사의 실질적 소유자인 주주로 구성되고, 회사의 업무에 관한 모든 사항을 결정할 수 있는 최고만능의 의사결정기관이었다. 그러나 최근 대중주주화 한 현실에서 소액주주들은 주주총회에 출석하기 위하여 시간과 비용을 희생하려고 하지 않으며 회사의 경영에 대하여 특별한 지식이나 관심도 없다. 결국 주주총회는 형해화 되고 회의개최도 매우 어렵게 되었기 때문에 주주총회에 회사의 모든 사항의 결정을 기대할 수 없게 되었다.

따라서 현행 상법상의 주주총회는 법률과 정관이 정하는 사항에 한해서만 결의할 수 있도록 하여 그 권한을 축소하였으며, 반면에 이사회가 많은 사항을 결정할 수 있도록 하였다. 그러나 주주총회는 여전히 이사·감사를 선임하거나 해임하는 권한, 정관변경, 합병승인 등 다른 기관을 구속하는 결의를 하므로 최고의사를 결정하는 권한을 갖는다. 정관으로 주주총회의 권한을 확대할 수도 있다. 그러므로 주주총회는 여전히 회사의 최고의사결정기관이다.[3]

### 《일본 회사법상 주주총회 지위》

일본 회사법상의 주주총회는 주주의 총의에 의하여 의사를 결정하는 최고의 필요기관이다. 주주총회에서는 1주1의결권의 원칙에 의한 자본다수결이 채택되고, 의결권의 행사방법은 직접행사, 대리행사, 서면투표, 불통일행사 등 다양하다. 주주총회에 관하여 다수파주주의 전횡, 일반투자주주의 총회에 대한 무관심, 중소회

---

1) 이철송 교수는 주주총회를 추상적·관념적인 권한보유자로서의 주주총회(§361)와 구체적 현실적인 권한행사 방법으로서의 회의자체(§362)로 분류하고 전자의 의미에서 주주총회는 상설기관이라고 설명함(이철송, 회, 480면; 서헌제, 275면; 정동윤, 308면; 정찬형, 상, 821면).

2) 손주찬, 753면; 최기원, 407면.

3) 정찬형, 상, 820면; 정동윤, 308면; 이철송, 회, 480~481면; 이기수 외, 362면.

사의 총회 불개최, 총회꾼의 존재 등 여러 가지 원인이 중복되고 그 형해화, 무기능화가 오랫동안 지적되어 왔다. 그래서 개정 전 상법은 총회의 활성화를 위한 조치로서 이익공여의 금지, 주주제안권, 이사의 설명의무, 총회운영의 전자화 등의 조치를 취하였다. 그리고 회사법은 정관자치의 원칙을 대폭 확대하고 각 회사가 효율적으로 총회를 실시할 수 있는 길을 마련하였다.

일본에서는 어떠한 기관을 설계하는 회사든지 주식회사인 이상 반드시 주주총회는 있는 것이지만(일회 §295), 공개회사의 주주총회와 소규모의 비공개회사의 주주총회는 그 성질이나 기능에 차이가 있다. 그 때문에 주주총회의 관련규정은 이사회를 설치하지 않는 회사용의 규정과 주주총회 전반에 적용되는 규정 등으로 나누어지고 있다.

**《중국 회사법상 주주총회 지위》**

중국 회사법상의 주주총회(股東大會)는 전체 주주로써 구성하며, 본 법에 따라 직권을 행사한다고 규정하고 있다(중회 §199). 주주총회는 회사의 조직기관의 하나로서 최고권력기관이며, 정관의 개정, 해산과 합병, 이사의 임명과 해임 등 중대한 사항은 반드시 주주총회에서 결의해야 한다는 것을 의미한다. 법률적 지위에서는 이사회, 경리, 감사회 등 모두 주주총회에 예속되거나 그 결의에 복종해야 한다. 즉 이사회, 감사회는 모두 주주총회의 결의에 근거하여 업무를 집행해야 하며, 주주총회의 결의정신에 위배해서는 안 된다.

주주총회는 주식회사가 반드시 설치해야 하는 회사의 조직기관이며, 전체 주주로 구성되기 때문에 보통주 주주거나 특별주 주주거나 불문하고 모두 주주총회의 구성원이 되기 때문에 어느 주주가 배제되어서는 안 된다.

## 제2 주주총회의 권한

현대 회사법은 주주총회의 권한을 점차 약화시키고 반면에 회사경영에 전문적 지식이 있고 업무를 직접 담당하는 이사들로 구성된 이사회의 권한을 강화하고 있다. 점차로 기업규모가 확대되고 기업간 경쟁이 치열해지기 때문에 경영에 문외한인 주주들로 구성되는 주주총회는 회사경영으로부터 점차 멀어지기 시작한 것이다. 우리 상법도 "주주총회는 본법 또는 정관에 정하는 사항에 한하여 결의할 수 있다."고 제361조에서 규정함으로써 주주총회의 권한을 한정하였다.

주주총회의 법정된 결의사항은 전속권한이기 때문에 정관이나 주주총회의 결의에 의하여 이사회나 다른 제3자에게 위임하지 못한다. 상법상 주주총회의 권한으로 규정된 것은 ① 이사, 감사, 청산인의 선임 및 해임, 검사인의 선임 등 기관구성 권한, ② 재무제표의 승인, 주식배당의 결정, 배당금지급시기 결정, 청산승인 등 회계와 관련한 권한, ③ 이사·감사·청산인의 보수결정, 사후설립, 발기인·이사·감사·청산인의 책임면제, 이사·감사·청산인의 책임해제 등 업무감독과 관련한 권한, ④ 영업전부 또는 중요한 일부의 양도, 정관변경, 자본감소, 합병, 분할, 주식의 포괄적 교환, 이전, 계속, 조직변경, 해산 등 회사의 기본조직과 관련한 권한이 있다.

그러나 상법에 규정된 주주총회의 권한 이외에도 정관의 규정에 의하여 그 권한을 확대할 수 있다(§361). 상법이 이사회의 권한으로 하면서도 명문으로 주주총회의 권한으로 유보할 수 있음을 정한 사항(예: 신주발행은 이사회가 결정하나, 정관으로 주주총회가 결정하게 할 수 있음. §416 단서)은 정관에 규정을 두어 주주총회의 결의사항으로 할 수 있음은 당연하다.[1] 그러나 이와 같은 유보조항이 없거나, 다른 기관의 권한으로 하는 사항(사채발행, §469)도 정관에 규정하면 주주총회의 권한으로 할 수 있느냐가 상법 제361조의 해석론상의 학설이 대립한다.

이에 대한 다수설은 주주총회의 최고기관성 또는 권한배분의 자율성을 이유로 주식회사의 본질이나 강행법규에 반하지 않는 한 이를 긍정한다. 다만 이사회가 갖는 주주총회의 소집권(§362)만은 성질상 주주총회의 권한으로 할 수 없다고 설명한다(확장설).[2] 그러나 소수설은 주식회사 각 기관의 권한분배에 관한 규정은 강행규정이고, 이를 긍정하면 이사회의 권한을 잠식하게 되어 주식회사의 소유와 경영을 분리하려는 상법의 이념에 반하게 되므로 부정하여야 한다고 한다.[3] 이에 대하여 상법에 규정이 없는 사항은 정관규정으로 주주총회의 권한으로 할 수 있지만, 상법이 타기관의 권한으로 규정하는 사항은 정관규정으로 주주총회의 권한으로 할 수 없다고 보는 절충설도 있다.[4]

생각건대 상법은 주주총회의 권한을 명문으로 정하고, 회사의 업무집행은 이사회의 결의로 하도록 규정하고 있기 때문에 권한귀속을 정하지 않았다고 해서 주주총회의 권한으로 할 수 있다는 것은 아니라고 본다. 또한 상법이 명문으로 권한귀속을 명백히 규정하고 있는 사항에 관해서 정관규정으로 확장할 수 있다고 해석하면 명문의 근거 없이 권한을 분배하는 강행규정을 잠식하게 될 것이므로 부정설이 타당하다고 본다.

1) 정찬형, 상, 823면; 이철송, 회, 395면.
2) 정동윤, 315면; 채이식, 498면; 이기수 외, 363면.
3) 이철송, 회, 481~482면.
4) 정찬형, 상, 823면.

## 1. 특별결의사항

### (1) 결의요건

특별결의 성립을 위하여 두 가지 요건을 모두 구비하여야 한다. 즉 출석한 주주의 의결권의 3분의 2 이상의 수와 발행주식 총수의 3분의 1 이상의 수로써 결의하여야 한다. 1995년 개정 전에는 발행주식총수의 과반수에 해당하는 주식을 가진 주주가 출석하면 의사정족수가 충족되었으나, 동 개정으로 의사정족수가 삭제되었으므로 특별결의 요건이 완화되었다고 볼 수 있다.

이상의 특별결의 요건은 정관규정으로도 완화할 수 없고 가중하는 것은 가능하다. 즉 정관의 규정으로 총주주의 동의를 요하는 정함도 가능할 것이다.

### (2) 특별결의사항

상법상의 특별결의사항에는 정관변경(§433), 영업양도·양수·임대 등(§374), 이사 또는 감사의 해임(§385①, §415), 자본감소(§438), 사후설립(§375), 임의해산(§518), 회사의 계속(§519, 파 §283), 주식의 분할(§329의2①), 주식의 할인발행(§417①), 주주 외의 자에 대한 전환사채의 발행(§513③) 및 신주인수권부사채의 발행(§516의2④), 신설합병의 경우 설립위원의 선임(§175), 합병계약서의 승인(§522), 분할계획서 및 분할합병계약서의 승인(§530의3①, ②), 휴면회사의 계속(§520의2③), 주식매수선택권 부여(§340의2①), 주식교환계약서 승인(§360의3②), 주식이전계획서 승인(§360의16②) 등이 있다.

주주총회의 특별결의사항 중에는 주식의 포괄적 교환 및 포괄적 이전, 회사 영업의 양도, 합병 및 분할합병의 경우에는 반대주주의 주식매수청구권이 인정된다. 따라서 주주총회의 소집 및 공고를 할 때에는 주식매수청구권의 내용 및 행사방법을 명시하여야 한다.

### (3) 영업용 재산의 양도와 특별결의

회사 영업의 전부 또는 중요한 일부를 양도하는 경우, 영업전부의 임대 또는 경영위임, 타인과 영업의 손익 전부를 같이 하는 계약, 그 밖의 이에 준하는 계약의 체결·변경·해약, 회사의 영업에 중대한 영향을 미치는 다른 회사의 영업의 전부 또는 일부의 양수에는 상법 제374조 제1항의 정함에 따라 주주총회의 특별결의가 필요하다. 그러나 이 경우에 영업용 재산의 양도도 포함되는 가에 대하여 학설 및 판례의 대립이 있다.

1) **필요설** 회사법상의 영업양도(§374①)에 대하여 주주총회 특별결의를 거치도록 하는 것은 주주의 보호와 기업의 유지를 위하여 인정된 것이다. 그러나 상법총칙상의 영업양도(§41)는 양도당사자 및 이해관계인의 이익을 보호하기 위한 것이다. 따라서 위의 두 영업양도는 입법취지 및 보호이익이 서로 다르기 때문에 영업용 재산을 양도하는 경우 영업활동의 승계나 양도인의 경업피지의무가 발생하지 않는다고 하더라도 대표이사 등의 자의적인 영업용 재산처분을 방지하기 위하여 주주총회의 특별결의를 얻어야 한다고 보는 견해이다.[1]

2) **불요설** 이 견해는 상법총칙상의 영업양도와 회사법상의 영업양도를 동일한 것으로 보고 법해석의 통일성과 안정성을 기하려는 입장이다. 따라서 영업용 재산의 양도는 양도인의 경업피지의무를 발생시키지 않으므로 주주총회의 특별결의를 요하지 않는다고 한다. 이 견해에 따르게 되면 이사의 자의적 행동으로 인하여 주주를 보호할 수 없다고 비판하지만, 이 경우에는 이사에게 손해배상책임을 추궁하면 충분할 것이라고[2] 한다.

3) **절충설** 거래의 안전과 주주의 보호를 조화시키려는 견해이다. 이 견해에는 거래의 안전과 주주의 보호 가운데 어느 것을 우선할 것이냐에 따라 다시 몇 개의 입장으로 나누어진다.[3]

4) **판 례** 판례는 영업양도의 의미를 동일하게 보지만, 단순한 영업용 재산의 양도를 주주총회의 특별결의를 얻어야하는 영업의 양도라고 할 수는 없겠지만 영업의 폐지 또는 중단을 가져오는 영업용 재산의 양도행위는 주주총회의 특별결의를 얻어야 한다는 입장이다.[4] 기본적으로 불요설의 입장을 취하면서 그 적용범위를 확장한 것이다.[5] 영업의 중단이란 영업의 폐지에 준하는 것으로서 일체

---

1) 이기수 외, 451면; 정동윤, 313면; 채이식, 491면.

2) 이철송, 회, 566면; 임홍근, 336면; 최기원, 742면.

3) 거래의 안전을 우선하여 원칙적으로 불요설을 취하면서 주주의 이익을 보호하기 위하여 상법 제374조의 적용범위에 사실상의 영업양도를 포함시켜야 한다고 본다(이철송, 회, 566면); 사실상의 영업양도 대신에 '영업을 양도하거나 폐지한 것과 같은 결과를 가져오는 영업용 재산의 양도'를 영업양도에 포함시켜야 한다고 본다(정찬형, 상, 170면).

4) 대판 1987.6.9, 86다카2478; 동 1994.5.10, 93다47615; 동 2002.4.12, 2001다38807.

5) 이철송, 회, 566~568면: 이에 대하여 절충설의 입장이라는 견해(정찬형, 상, 169~170면), 필요설이라는 견해(최기원, 741면; 정동윤, 313면)가 있다.

의 영업활동을 정지한 상태를 말하며, 회사의 자금사정 등 경영상태의 악화로 일시 영업활동을 중지한 경우는 여기에 해당되지 않는다.[1] 따라서 영업의 폐지에 준하는 중단상태가 이미 진행되고 있는 경우에는 주주총회의 특별결의를 요하지 않는다.

## 2. 보통결의사항

### (1) 결의요건

보통결의는 상법 또는 정관에 다른 정함이 없는 한 출석한 주주의 의결권의 과반수와 발행주식 총수의 4분의 1 이상의 수로써 하여야 한다(§368①). 1995년 개정상법에서 과반수출석을 요구하는 의사정족수를 삭제함으로써 보통결의 요건도 완화되었다. 그러나 보통결의 요건의 가중은 가능하다.[2]

### (2) 결의사항

보통결의사항에는 이사·감사·청산인의 선임과 그 보수의 결정(§382, §388, §409①, §415, §542②), 재무제표의 승인(§449①), 주식배당(§462의2), 배당금지급시기의 특정(§464의①), 청산인의 재산목록과 대차대조표의 승인(§533), 검사인의 선임(§366③, §367, §542②), 총회의 연기 또는 속행의 결정(§392), 청산인의 청산종료 승인(§540①), 청산인의 해임(§539①) 등이 있다.

그리고 자본금 10억원 미만인 회사가 1인 또는 2인의 이사를 선임한 경우에는(§383①), 이사회의 권한사항의 상당한 부분이 주주총회의 권한에 속하게 된다. 즉 주식의 양도제한에 관한 규정에 해당하는 주식의 양도승인·양도제한주식 양수인에 대한 취득승인(§393④, §335①단서, §335의2①, §335의3①, §335의7①), 이사의 경업승인과 개입권의 행사(§383④, §397①, ②), 이사의 자기거래의 승인(§383④, §398), 신주발행사항의 결정(§383④, §469), 준비금의 자본전입(§383④, §461①, ③), 중간배당(§383④, §462의3①), 사채의 모집(§383④, §469), 전환사채 발행사항의 결정(§383④, §513②), 신주인수권부사채 발행사항의 결정(§383④, §516의2②) 등이다.

---

1) 대판 1988.4.12, 87다카1662.

2) 주주전원의 동의로까지 가중할 수 있다고 보는 견해(최기원, 746면), 특별결의 요건을 한도로 해서 가중할 수 있다고 보는 견해(이철송, 회, 541~542면).

## 3. 특수결의사항

총주주의 동의가 필요한 결의사항을 특수결의라 한다. 의결권 없는 주식을 소유하는 주주의 동의도 얻어야하며, 정관으로 결의요건을 완화할 수 없다. 특수결의 사항으로는 이사 또는 감사의 회사에 대한 책임면제(§400, §415), 주식회사의 유한책임회사나 유한회사로 조직변경(§604)이다.

## 4. 정관의 위임금지

법률 또는 정관에 의해 주주총회의 권한으로 되어 있는 것은 주주의 이익과 깊은 관계가 있으므로 반드시 주주총회에서 결의하여야 하며 다른 기관이나 개인에게 위임할 수 없다. 예컨대 이사의 선임을 대표이사의 결정에 위임한다거나, 이사의 보수를 이사회에서 결정하도록 위임하는 것은 무효이다. 다만 주주총회가 그 결의사항의 세부적인 내용을 모두 결정할 필요는 없고, 기본적인 사항에 관하여 주주총회가 결정하고 세부적인 사항은 다른 기관의 결정으로 위임할 수 있을 것이다.

**《일본 회사법상 주주총회 결의사항》**

일본의 종래 상법에 의하면 주주총회는 상법 또는 정관 소정의 사항에 한하여 결의할 수 있다는 뜻이 규정되어 있었고, 유한회사의 사원총회에는 이에 상응하는 규정이 없어서 기본적으로 어떠한 결의도 할 수 있었다. 이에 대하여 회사법에서는 일반적 원칙으로 주주총회는 회사법 소정의 사항 및 주식회사의 조직, 운영, 관리 기타 주식회사에 관한 일체의 사항에 대하여 결의할 수 있도록 하고 있다(일회 §295①). 그러나 이사회설치회사의 주주총회는 회사법 소정사항 및 정관 소정의 사항에 대해서만 결의할 수 있다(동조②). 또한 총회의 결의사항에 관하여 이사, 집행임원, 이사회 기타 주주총회 이외의 기관에서 결정할 수 있다는 뜻의 정함은 무효이다(동조③).

**《중국 회사법상 주주총회 결의사항》**

중국 회사법 제100조와 제38조는 주주총회의 권한에 관하여 규정하고 있다. 즉 회사의 경영방침과 투자계획의 결정, 비종업원대표인 이사와 감사를 선임·경질 및 이사·감사의 보수 관련사항, 이사회보고 심의, 감사회 또는 감사의 보고심의, 회사의 연도예산결산 심의, 이익배당안 및 결손보전안 심의비준, 등록자본금의 증자 또는 감자, 회사의 채권발행, 합병과 분리, 해산·청산 및 회사형태의 변경, 정관개정, 정관에서 규정하는 기타 직권 등이다. 또한 상장회사가 1년 내에 중대한 자산을 구매 또는 매각하거나, 담보하는 금액이 회사 자산총액의 30%를 초과할 경우 주주총회의 특별결의를 거쳐야 한다(중회 §122).

## 제 3 주주총회의 소집

주주총회는 주주들이 회사의 의사를 결정하는 회의체이므로 소집권한을 가진 자가 법정된 절차에 따라 소집하여야 한다. 그러하지 않는 경우에는 주주들의 단순한 회동에 불과한 것이고 주주총회의 권한을 행사할 수 없다. 주주총회의 소집권자는 원칙적으로 이사회(§362)이고 예외적으로 소수주주(§366②, §542의6①), 감사(§412의3, §415의2⑥) 또는 법원의 명령(§467③)에 의하여 소집될 수 있다.

### 1. 소집권자 및 소집절차

#### (1) 이사회의 결의

주주총회의 소집은 상법에 다른 규정이 있는 경우를 제외하고 원칙적으로 이사회가 이를 결정한다(§362). 그러나 자본금 총액이 10억원 미만으로서 이사가 1인인 회사의 경우에는 이사가 결정하며(§383④), 회사가 해산한 경우에는 청산인회가 결정한다. 이것은 강행규정으로서 정관의 규정에 의해 주주총회의 권한을 무한히 확장할 수 있다고 하는 확장설도 주주총회의 소집권만은 달리 정할 수 없다고 해석한다.[1] 따라서 이사회의 소집결정 없이 소집된 주주총회의 결의는 하자 있는 결의로서 주주총회 결의취소의 소의 원인이 된다. 총회의 소집을 이사회가 결정한다고 하는 것은 주주의 경영간섭을 차단하는 의미를 가지므로 소유와 경영의 분리를 실질적으로 확보하는 장치가 된다.

이사회는 소집결정 외에도 주주총회의 일시·장소·의안 등을 정하며, 그 소집결정의 집행은 업무집행권을 가진 대표이사가 한다. 다만 일시와 장소 등에 관해서는 이사회가 대강의 범위를 정하고, 구체적인 결정을 대표이사에게 위임하는 것도 무방하다.

그러나 이사회의 주주총회소집결의가 없었더라도 1인주주나 주주전원이 출석하

---

1) 이철송, 회, 667면.

여 총회의 개최에 동의하여 한 결의는 유효하다는 것이 통설과 판례이다.

### (2) 소수주주에 의한 소집

소수주주는 회의의 목적사항과 소집의 이유를 기재한 서면 또는 전자문서를 이사회에 제출하여 임시총회의 소집을 청구할 수 있다(§366①). 이 때 이사회가 지체 없이 총회소집절차를 밟지 않을 경우에는 청구한 주주는 법원의 허가를 받아 소수주주가 직접 총회를 소집할 수도 있다. 이 경우 주주총회의 의장은 법원이 이해관계인의 청구나 직권으로 선임할 수 있다(동조②). 2011년 개정상법에서 도입한 제도로서, 주주의 정당한 의사형성을 방해하는 이사의 전횡을 견제하고, 특히 지배주주의 지지를 받는 이사의 세력을 군소주주가 대항할 수단을 마련해 주기 위한 제도적 장치이며, 주주의 공익권 중의 하나이다.

**1) 소수주주의 요건** 주주총회의 소집을 청구할 수 있는 소수주주는 비상장 회사의 경우에는 발행주식 총수의 100분의 3 이상을 가진 주주이다(§366①). 그리고 주권상장법인 또는 코스닥상장법인의 경우에는 6월 전부터 계속하여 발행주식 총수의 1000분의 15 이상을 소유한 주주가 청구할 수 있다(§542의6①). 소집청구권을 소수주주권으로 한 이유는 총회결의에 거의 영향을 줄 수 없는 영세한 주주가 무익한 소집청구를 거듭하여 권한을 남용하는 것을 예방하기 위한 것이다.

'발행주식총수의 100분의 3'을 계산함에 있어 '발행주식총수'와 '100분의 3' 속에 자기주식과 의결권 없는 주식은 포함되지 않는다.[1] 왜냐하면 이러한 주식의 의결권은 휴지된 상태에 있으므로 의결권 없는 주식을 가진 주주는 총회를 소집할 실익이 없다고 보아야 하기 때문이다.[2] 따라서 주주총회의 소집을 청구할 수 있는 소수주주권과 기타 소수주주권은 그 요건을 달리한다.

소수주주는 어느 시점까지 발행주식 총수의 100분의 3 이상의 요건을 구비해야 되는 가에 대하여 소집청구를 하는 시점에서 구비하면 족하다. 따라서 지주비율이 소집 후에 신주발행, 주식양도 등으로 변경되더라도 소집권의 효력에는 영향이 없다. 상장법인의 경우에는 위 요건에 해당하는 발행주식총수의 1000분의 15 이상 외에 주식을 6월 이상 보유하여야 한다(§542의6①). 상장법인의 경우 100분의 3 이상의 주식을 소유하는 주주라도 6월 이상 보유하지 못하면 상법 제542조 이하의 상장회사 특례규정에 의해서는 주주총회소집을 청구할 수 없지만, 상법 제

---

1) 이철송, 회, 487면; 손주찬, 757면; 채이식, 465면. 반대견해: 정동윤, 316면; 최기원, 430면.
2) 이철송, 회, 487면; 손주찬, 757면; 채이식, 462면.

366조에 의해서는 소집청구가 가능하다고 새겨야 한다.[1)]

2) **소집절차** 소수주주는 회의의 목적사항과 소집의 이유를 기재한 서면 또는 전자문서를 이사회에 제출하여 임시총회의 소집을 청구할 수 있다(§366①). 회의의 목적사항이 주주총회의 권한에 속하는 결의사항이어야 하며 소집의 이유는 소집의 필요성을 소명하면 된다. 소수주주의 청구가 있을 때에는 이사회는 지체 없이 주주총회소집의 절차를 밟아야 한다. 지체 없이 소집절차를 밟지 않은 때란 총회소집을 결정하기 위한 이사회의 개최·주주명부의 폐쇄·소집통지의 발송 등 총회의 소집에 필요한 절차의 각 단계가 지체 없이 진행되지 않는다는 것을 말한다.

소수주주의 청구가 있음에도 불구하고 이사회가 소집절차를 밟지 않을 때에는 소집을 청구한 주주는 법원의 허가를 얻어 직접 총회를 소집할 수 있다. 이 경우 주주총회의 의장은 법원이 이해관계인의 청구나 직권으로 선임할 수 있다(§366②). 이 주주총회에서는 회사의 업무와 재산상태를 조사하기 위해서 검사인의 선임을 청구할 수 있다(§366③). 소수주주는 회사의 집행기관의 지위에 있게 되므로 비용은 회사가 부담할 것이다.

주주는 법원에 대하여 이사가 총회소집을 태만하고 있다는 사실을 서면으로 소명하여야 한다(비송 §80). 이러한 신청에 대하여 법원은 이유를 붙인 결정으로써 재판을 하여야 하고(비송 §81①), 신청을 인용한 재판에 대하여는 불복의 신청을 할 수 없다(동조②). 다만 민사소송법에 의한 특별항고를 할 수는 있다.[2)]

### (3) 감사·감사위원회에 의한 소집

감사 또는 감사위원회(정관으로 감사위원회를 설치한 경우)는 회의의 목적사항과 소집의 이유를 기재한 서면 또는 전자문서(입법상 누락된 것임)를 이사회에 제출하여 임시총회의 소집을 청구할 수 있다(§412의4①, §415의2⑥). 이는 주주총회를 통하여 감사의 실효성을 확보하기 위한 것이다. 감사 또는 감사위원회의 청구에도 불구하고 이사회가 지체 없이 총회소집절차를 밟지 아니한 때는 그 청구한 감사가 법원의 허가를 얻어 총회를 소집할 수 있다(동조②).

---

1) 대판 2004.12.10, 2003다41715.

2) 대판 1991.4.30, 90마672.

### (4) 법원의 명령

회사의 업무집행에 관하여 부정행위 또는 법령이나 정관에 위반한 중대한 사실이 있음을 의심할 사유가 있는 때에는 소수주주(발행주식 총수의 100분의 3 이상의 주식을 가진 주주)는 회사의 업무와 재산 상태를 조사하기 위하여 법원에 검사인의 선임을 청구할 수 있다(§467①). 이 때 소수주주는 부정행위 또는 법령·정관의 위반에 대하여 그 내용을 구체적으로 명확히 적시하여 입증하여야 한다. 법원은 검사인을 선임한 경우 검사결과에 대한 보고를 받고 필요하다고 인정한 때에는 대표이사에게 총회의 소집을 명할 수 있다(동조②, ③). 대표이사는 이사회의 결의를 필요로 하지 않고 지체 없이 총회를 소집하여야 한다.[1] 대표이사가 법원의 명령에 위반하여 지체 없이 주주총회를 소집하지 않을 경우에는 과태료의 제재를 받는다(§635①20호).

## 2. 주주총회소집의 시기

주주총회는 소집시기를 기준으로 하여 정기총회(annual meeting)와 임시총회(special meeting)로 나눈다. 정기총회는 매년 1회 일정한 시기에 소집하며(§365①), 연 2회 이상의 결산기를 정한 회사는 매 결산기에 총회를 소집하여야 한다(동조②). 임시총회는 필요에 따라 수시로 소집할 수 있다(동조③). 임시총회와 정기총회는 그 소집시기가 다를 뿐 그 권한이나 결의의 효력에 차이가 있는 것은 아니다.[2]

정기총회에서는 재무제표의 승인, 이사나 감사의 개선 등이 주요 의제이지만, 이 밖에도 정관변경, 합병계약서나 분할계획서 승인 등의 의안을 다루어도 무방하다. 정기총회의 소집시기에 관해서는 보통 정관에서 정하고 있으나 정관에 규정이 없는 경우에도 재무제표승인의 필요상 결산종료일 후 상당한 기간 내에 소집하여야 할 것이다. 정기총회의 소집시기가 다소 지연되었다고 하더라도 정기총회의 성격을 상실하는 것은 아니다.

## 3. 회의일시·소집장소

회의일시와 소집장소는 주주들의 참석을 고려하여 이사회에서 결정하며 주주총

1) 손주찬, 758면; 정동윤, 317면; 최기원, 440면; 정찬형, 상, 826면; 이철송, 회, 489면.

2) 정찬형, 상, 826면; 정동윤, 318면; 이철송, 회, 490면; 최준선, 회, 310면.

회 통지 및 공고에 기재하여야 한다. 총회의 소집지는 정관에 다른 정함이 없으면 본점소재지 또는 인접한 곳에서 소집하여야 한다(§364). 소집지란 최소행정구역을 의미하므로[1] 이 지역을 벗어난 원거리에 있는 장소에서 총회를 소집하거나 입장료를 내야하는 장소, 참석이 곤란한 장소 등에서 소집한다면 소집절차가 현저히 불공정한 경우에 해당할 것이다(§376①).

소집일시도 주주의 편의를 고려하여야 하며, 공휴일이나 일상 업무시간 외에 소집한다면 역시 현저히 불공정한 경우라고 할 것이다.

소집절차에 기재된 소집일시 또는 소집장소가 실제의 회의일시 또는 장소와 상당한 괴리가 있어 사회통념상 통지된 대로 회의가 있었다고 보기 어려운 경우에는 소집통지에 하자가 있다고 보아야 할 것이다.[2]

## 4. 소집의 통지·공고

주주총회를 소집할 때는 회의 일을 정하여 기명주식의 경우에는 서면 또는 전자문서로 통지하여야 하고(§363①), 무기명식 주권을 발행한 경우에는 공고하여야 한다(동조③). 통지·공고는 이사회의 소집결정을 집행하는 일이므로 대표이사가 행한다. 소집의 통지·공고는 주주들에게 총회의 참석과 경영의사결정에 참가하는 기회를 공정하게 보장하는 매우 중요한 뜻을 지니므로 이에 관한 상법규정은 강행규정이다.[3]

### (1) 통지의 대상

통지의 대상은 주주명부상의 주주이므로 회사는 주주명부에 기재된 주주와 그의 주소로 통지하면 면책된다. 그러므로 주식양수인이 명의개서를 하지 아니한 때에는 주주명부에 기재된 양도인에게 통지하면 된다. 의결권 없는 주주에 대하여는 통지를 하지 아니한다(동조⑧). 여기서 의결권 없는 주주란 의결권 없는 우선주 뿐만 아니라 상호주 기타 상법 또는 특별법에서 의결권을 제한하는 주식을 소유하는 주주를 모두 포함한다.

자본금 총액이 10억원 미만인 회사가 주주총회를 소집하는 경우에는 주주총회일의 10일 전에 각 주주에게 서면으로 통지를 발송하거나 각 주주의 동의를 받아

1) 이철송, 회, 495면; 정찬형, 상, 827면.

2) 대판 2003.7.11, 2001다45584.

3) 이철송, 회, 490~491면.

전자문서로 통지를 발송할 수 있다(동조④). 자본금 총액이 10억원 미만인 회사는 주주전원의 동의가 있을 경우에는 소집절차 없이 주주총회를 개최할 수 있고, 서면에 의한 결의로써 주주총회의 결의에 갈음할 수 있다(동조⑤).

상장법인 또는 코스닥상장법인의 주주총회소집에 있어서는 의결권 있는 주식총수의 100분의 1 이하를 가진 주주에 대하여 회일 2주 전에 총회소집의 뜻과 목적사항을 2개 이상의 일간신문에 각각 2회 이상 공고하거나 대통령령으로 정하는 전자적 방법(금감원 또는 한국거래소가 운용하는 전자공시시스템에 공고하는 방법)으로 공고함으로써 소집통지에 갈음할 수 있다(§542의4①).

### (2) 통지의 내용

통지에는 회일, 총회장소, 회의의 목적사항(§363①, ②) 뿐만 아니라 중요한 의안에 대하여는 그 요령도 기재하여야 한다(§433②, §438②, §341의2②, §522②, §530의3③). 그리고 서면투표를 인정한 경우에는 소집통지서에 의결권의 행사에 필요한 서면과 참고자료를 첨부하여야 한다(§368의3②).

회의의 목적사항은 총회에서 결의할 의안을 뜻하는데, 주주가 회의참석여부의 의사결정을 하는데 가장 중요한 역할을 한다. 그러므로 통지서 및 공고에 주주가 무엇을 결의하게 되는지를 알 수 있을 정도로 회의의 목적을 기재하여야 하며, 또 그것으로 충분하다. 의안의 요령이란 결의할 사항의 주된 내용이다. 예컨대 정관변경을 의안으로 한다면 변경할 규정, 변경될 내용 등이 표시되어야 한다. 주주총회는 통지·공고된 목적 이외의 사항에 대하여 결의할 수 없다. 소수주주에 의해 소집된 총회에서도 같다.

그리고 이사나 감사를 선임하는 주주총회를 소집통지하거나 공고할 경우 후보자의 성명, 약력, 추천인 기타 후보자에 관한 사항을 통지, 공고하여야 한다(§542의4②). 그리고 통지하거나 공고한 후보자 중에서 이사나 감사를 선임하여야 한다(§542의5).

### (3) 통지·공고기간 및 방법

서면이나 전자문서의 통지는 주주총회일의 2주간 전에 하여야 하고, 공고는 회일의 3주간 전에 하여야 한다(§363①, ③). 이 기간은 정관의 규정으로 늘릴 수 있으나 줄일 수는 없다(통설). 발신주의를 취하므로 회일 2주간 전에 통지가 발송되면 족하고 주주에게 도달되었는지 여부는 묻지 않는다.[1] 그러나 통지 자체 및 기

1) 정찬형, 상, 828면; 이철송, 회, 490~491면.

간 준수 여부에 관한 입증책임은 회사가 부담하므로, 주주명부상의 주소 또는 주주가 회사에 통지한 주소(§353①)로 소집통지를 발송하였음을 회사는 입증하여야 한다. 그러나 소집통지가 주주명부상의 주주의 주소에 계속 3년간 도달하지 아니한 때는 회사는 해당주주에게 총회의 소집을 통지하지 아니할 수 있다. 회사운영의 편의를 도모하기 위한 취지이다.

통지는 서면으로 하여야 하며 구두·전화 등에 의한 통지는 적법한 통지가 될 수 없다. 그리고 종업주주에게 문서로 회람하거나 안내방송으로 알리는 것도 적법한 통지가 아니다. 자본금 총액이 10억원 미만인 소규모 주식회사의 경우에는 그 운영을 간소화하기 위하여 10일 전에 통지를 발송하면 되고, 무기명주권을 발행하는 경우에는 2주간 전에 소집공고를 하도록 그 기간을 단축하였다(§363④). 그리고 2001년 개정상법은 전자문서 통지를 도입하였으나, 전자문서 통지에 관한 구체적 방법을 규정하지 않으므로 전자거래기본법을 유추적용 해야 한다.

전자문서란 컴퓨터 등 정보처리능력을 가진 장치에 의하여 전자적 형태로 작성되어, 송·수신 또는 저장되는 정보를 말한다(전거 §2①). 전자문서는 수신자 또는 그 대리인이 당해 전자문서를 수신할 수 있는 정보처리시스템에 입력된 때에 송신된 것으로 본다(전거 §6①). 이에 의해 회사는 주주들에게 종이문서로 통지하는 비용을 줄이고, e메일 등 전자적 수단에 의한 의사전달로 주주총회를 소집할 수 있게 되었다. 그러나 소집통지를 전자문서만으로 하는 것은 허용될 수 없고, 전자문서통지가 서면통지에 비하여 주주에게 불리해서는 안 된다.[1)]

### (4) 통지와 공고의 해태

회사가 총회소집의 통지나 공고 등 소집절차상의 하자가 있는 주주총회의 결의를 한 경우 또는 부적법하게 한 경우에는 소집절차가 법령 또는 정관에 위반한 것이 되어, 결의취소의 소나 부존재의 원인이 된다(§376①). 그리고 이사 또는 청산인에게는 벌칙이 적용된다(§635①2호).

### (5) 통지와 공고의 생략

**1) 의결권이 제한된 주주** 의결권 없는 주식을 소유한 주주에 대하여는 소집의 통지나 공고를 요하지 아니한다(§363⑧). 즉 회사의 자기주식, 자회사가 예외적으로 취득한 모회사의 주식이나 비모자회사 간에 주식을 상호소유함으로써

1) 이철송, 회, 490~491면.

의결권이 제한된 주식에 대하여는 소집통지를 할 필요가 없다.

2) **장기간 소재불명인 주주** 총회소집통지가 주주명부상의 주주의 주소에 계속해서 3년간 도달하지 아니한 때에는 회사는 당해 주주에게 총회의 소집을 통지하지 않아도 된다(§363①). 이것은 회사에 대한 권리행사에 별 관심이 없는 소액주주들이 변경된 주소를 회사에 신고하지 않음으로써 회사는 계속 무익한 통지를 해야 하는 실정이므로 이 경우에 발생하는 낭비를 제거하자는 취지에서 1995년 개정상법에서 도입한 것이다.[1]

따라서 본조에 의하여 소집통지를 생략하고자 할 경우에는 ① 과거 주주명부상의 주주의 주소로 통지하였을 것, ② 그 통지가 3년간 도달하지 않았을 것 등의 요건을 충족하여야 한다. 본 규정은 주주총회의 소집통지에만 적용되며, 다른 통지가 도달되지 않은 것과는 상관이 없다. 3년간 통지가 주주에게 도달되지 않았다는 입증책임은 회사가 져야하므로 소집통지를 생략하기 위해서 회사는 3년분의 반송우편물을 보존해야 할 필요가 있을 것이다.

3) **전원출석총회의 경우** 1인회사의 주주가 출석한 경우나 전주주가 총회개최에 동의하여 출석한 전원출석총회의 경우에는 이사회의 결의나 소집절차를 생략하였더라도 주주총회가 유효하게 성립하였다고 보는 것이 통설·판례의 입장이다.[2] 주주총회의 소집절차에 관한 규정은 주주에게 출석의 기회와 준비의 시간을 주기 위한 것이므로 주주가 소집절차의 생략에 동의하는 것은 주주가 그 권리를 포기하는 것이 되고 어느 주주의 이익을 해치는 것이 아니기 때문이다.[3]

자본금 총액이 10억원 미만의 회사는 주주 전원의 동의가 있는 경우에는 소집절차 없이 주주총회를 개최할 수 있다(§363⑤). 주주총회의 운영을 간소화하기 위하여 둔 규정이다.

## 5. 총회의 연기와 속행

총회에서는 연기 또는 속행의 결의를 할 수 있다(§372①). 연기는 총회의 성립 후 의사에 들어가지 않고 회일을 후일로 미루는 것이고, 속행은 총회를 개최하여 의사에 들어갔으나 시간부족 등 기타 사정에 의하여 의사를 중지하고 후일로 기

1) 이철송, 회, 492~493면.
2) 정찬형, 상, 831면; 정동윤, 324면; 최기원, 759~760면; 이철송, 회, 504면; 이기수 외, 367면.
3) 대판 1976.4.13, 74다1755; 동 1979.6.28, 78다1794.

일을 정하여 총회를 계속하는 것이다. 그러므로 일단 총회성립 후에 이루어진다는 점에서 총회성립전의 소집의 철회·변경과는 다르다. 연기에 따라 여는 총회를 연기회라 하고, 속행에 따라 여는 총회를 계속회라고 한다. 연기회와 계속회는 전에 성립한 회의와 동일하므로 다시 소집절차를 결의할 필요가 없으며, 결의사항도 최초의 총회소집을 위한 소집통지서에 기재한 것과 같다. 연기나 속행은 주주총회의 결의가 있기 전에만 가능하며, 일단 주주총회의 결의가 있게 되면 그것이 가결이든 부결이든 연기나 속행은 불가능하다.[1)]

## 《일본 회사법상 주주총회 소집》

### 1. 총 설

일본 회사법상 주주총회도 정기총회와 임시총회가 있고(일회 §296①, ②), 그 소집은 소수주주에 의한 경우를 제외하고 이사회가 행한다(동조③). 이사회에 의한 소집은 검사역의 보고에 의하여 법원이 이사에게 명령하여 행하는 것을 포함한다(일회 §307).

이사회설치회사의 경우 주주총회의 개최, 일시, 장소, 의제 등은 이사회가 결정하고(일회 §298④, §362②1호), 이에 따라 대표이사(위원회설치회사의 경우는 대표집행임원)가 소집한다. 따라서 이사회 결의 없이 평이사가 주주총회를 소집하고 결의가 되었다고 하더라도 법률상 주주총회가 있었다고 할 수 없고, 이것은 단순한 집회에 지나지 않는다는 것이 판례의 입장이다.

이에 대하여 대표이사가 이사회의 결의에 의하지 않고 소집한 총회의 결의에 대해서는 평이사와 달리 총회소집권이 있는 대표이사에 의한 것이므로 결의부존재 내지 무효라고 할 수는 없고 결의취소의 원인이 된다는 것이 통설이다.

### 2. 소수주주에 의한 총회소집

공개회사의 경우 총주주의 의결권의 100분의 3 이상의 의결권을 6개월 전부터 계속하여 보유하는 주주는 이사에 대하여 회의의 목적사항(의제) 및 소집이유를 제시하고 총회소집을 청구할 수 있다(일회 §297①). 비공개회사의 경우에는 6개월 전부터 계속하여 보유할 필요는 없고, 상기의 비율을 보유하는 주주는 총회소집을 청구할 수 있다(동조②). 의제에 관하여 의결권을 행사할 수 없는 주주의 의결권 수는 총주주의 의결권 수에 산입되지 않는다(동조③).

이상의 청구를 한 주주는 법원의 허가를 얻어 스스로 총회를 소집할 수 있다(동조④). 즉 ① 위의 청구를 한 후 지체 없이 소집절차가 취해지지 않은 경우, ② 이상의 청구가 있는 날부터 8주간 이내의 날을 주주총회의 날로 하는 소집통지가 없는 경우이다.

---

1) 정찬형, 상, 830면; 이철송, 회, 506면.

### 3. 검사역제도에 의한 총회의 소집

총회검사역제도는 주주총회의 절차, 결의방법의 공정을 기하기 위한 제도로서, 회사법은 소수주주 및 회사에게 청구권을 법정하고 있다. 즉 주식회사 또는 총주주의 의결권의 100분의 1 이상의 의결권을 갖는 주주는 주주총회의 소집절차, 결의방법을 조사시키기 위하여 법원에 검사역의 선임을 청구할 수 있다(일회 §306①). 총주주에는 이사회비설치회사의 경우에는 총회결의사항 전부에 대하여 의결권을 행사할 수 없는 주주가 제외되며, 이사회설치회사의 경우에는 당해 총회의 의제 전부에 대하여 의결권을 행사할 수 없는 주주가 제외된다(동조①, ②). 공개회사의 경우는 6월 전부터 주식을 계속 보유하여야 한다(동조④).

한편 주식회사의 업무집행에 관하여 부정행위 또는 법령·정관위반의 중대한 사실이 있는 것을 의심할 사유가 있는 경우 ① 총주주의 의결권의 100분의 3 이상을 갖는 주주, ② 발행주식의 100분의 3 이상을 갖는 주주는 회사의 업무와 재산상황을 조사시키기 위하여 법원에 검사역의 선임을 청구할 수 있다(일회 §358①). 선임청구를 받은 법원은 각하하는 경우를 제외하고 검사역을 선임하여야 하며, 이 경우에는 지급할 보수액도 결정할 수 있다(일회 §306③, ④, §358②, ③).

검사역은 필요한 조사를 하고, 그 결과를 기재한 서면, 전자적 기록을 법원에 보고한다(일회 §306⑤, §358⑤). 그리고 총회검사역은 회사에 대하여, 업무검사역은 당해 주식회사 및 검사역 선임을 청구한 주주에 대하여 보고서면의 사본을 교부하든지 전자기록의 기록사항을 법무성령의 소정방법에 의하여 제공하여야 한다(일회 §306⑦, §358⑦).

검사역의 보고를 받은 법원은 필요하다고 인정할 경우 이사에 대하여 ① 일정한 기간 내에 주주총회를 소집할 것, ② 조사결과를 주주에게 통지할 것을 명해야 한다(일회 §307①, §359①). 총회에서는 검사역이 법원에 제출한 보고내용을 개시하여야 하며(일회 §307②, §359②), 이사도 보고내용을 조사하여 그 결과를 총회에 보고한다(일회 §307③, §359③).

### 4. 총회의 소집결정과 통지

주주총회를 소집하는 경우는 총회의 일시·장소, 의제, 서면투표사항, 전자투표사항, 기타 법무성령이 정하는 사항을 결정하여야 한다(일회 §298①). 소집지에 관해서는 규정이 없으므로 회사는 자유롭게 결정할 수 있다.

이사는 총회에 출석하지 않는 주주에게 서면투표나 전자적 방법에 의한 의결권 행사를 인정하는 경우를 제외하고 주주총회의 소집통지를 하여야 한다. 이 경우 공개회사의 경우에는 회일의 2주간 전까지, 비공개회사의 경우에는 1주간 전까지 주주에 대하여 통지하여야 하고, 비공개회사가 이사회비설치회사인 경우에는 정관으로 1주간이 못되는 기간을 정할 수도 있다(일회 §299①). 서면투표나 전자투표를 인정하는 경우 및 이사회설치회사인 경우 주주총회의 소집통지는 서면으로 하여야 하며(동조②), 주주의 승낙을 얻어 전자적 방법으로 통지를 발할 수 있다(동조③). 이사회비설치회사의 경우에는 구두나 전화에 의한 소집도 가능하다.

### 5. 소집통지서의 기재 및 첨부

서면 또는 전자적 방법으로 소집통지를 하는 경우에는 총회의 일시·장소, 의제, 서면투표사항, 전자투표사항, 기타 법무성령이 정하는 사항을 기재·기록하여야 한다(동조④). 서면이나 전자적 방법에 의하지 않는 통지의 경우에 의제를 통지할 것인가 여부는 이사회의 판단에 맡긴다.

이사회설치회사의 경우에는 정기총회의 소집시 이사회의 승인을 받은 계산서류와 사업보고를 제공하여야 한다(일회 §437). 이사회비설치회사의 경우에는 정기총회 소집통지에 계산서류 등의 첨부는 필요 없다. 서면투표나 전자투표를 인정하는 경우에는 의결권 행사에 참고할 사항이 기재된 서면과 의결권을 행사하기 위한 서면을 주주에게 교부하여야 한다(일회 §301①). 전자적 방법에 의한 소집통지를 승낙한 주주의 청구가 있는 때는 주주총회 참고서류, 의결권 행사의 서면 외에도 제301조 제1항의 서류를 교부하여야 한다(동조②).

### 6. 소집절차의 생략

주주전원의 동의가 있는 때에는 소집절차를 거치지 않고 주주총회를 개최할 수 있다. 다만 총회에 출석하지 않은 주주에게 서면 내지 전자적 방법에 의한 의결권 행사를 정한 경우에는 이에 한하지 않는다(일회 §300).

### 7. 전원출석총회

소집권자에 의한 소집이 없음에도 불구하고 주주 전원이 모여서 결의한 경우, 당해 결의의 효력은 어떻게 되는가에 대하여 종래의 판결은 무효라고 하였다. 그러나 법정의 소집절차는 전체의 주주에 대하여 출석의 기회나 준비시간을 주기 위한 것이므로 전 주주가 그 이익을 포기하고 총회의 개최에 동의하는 한, 총회의 권한에 속한 사항에 대하여 결의가 된 경우에는 그 효력을 부정할 이유가 없다는 것이 통설과 최근 판례의 입장이다.[1] 또한 1인회사의 경우 1인주주가 출석하면 주주총회는 유효하게 성립하고, 소집절차는 필요 없다는 것이 판례의 태도이다.

## 《중국 회사법상 주주총회의 소집》

### 1. 주주총회의 종류와 소집시기

중국 회사법 제101조에 의하면 주주총회는 매년 1회 정기총회를 소집해야 한다. 소집 시기는 정관으로 규정하며 보통 회계년도 종료 후 6월 내에 소집한다. 그리고 주식회사는 다음 각 호의 사유가 발생하면 2개월 내에 임시총회를 소집해야 한다. ① 이사의 수가 본 법이 정하는 수보다 적거나 정관에서 규정하는 수의 3

1) 日最判 昭和 60.12.20, 民集 39卷 8号, 1869頁.

분의 2가 안 될 경우, ② 보전하지 못한 결손액이 자본총액의 3분의 1에 달할 경우, ③ 회사주식을 10% 이상 소지하는 주주가 소집을 청구할 경우, ④ 이사회가 필요하다고 인정할 경우, ⑤ 감사회가 소집을 요구할 경우, ⑥ 정관에서 규정하는 기타의 사유가 발생한 경우 등이다.

#### 2. 소집과 주재

주주총회는 이사회가 소집하고 이사장이 수행한다. 이사장이 수행할 수 없거나 수행하지 않을 경우 부이사장이 수행하며, 부이사장도 수행할 수 없는 경우에는 과반수의 이사가 공동으로 선출한 이사가 수행한다. 이사회가 주주총회를 소집할 수 없는 경우에는 감사회가 소집하고 수행하며, 감사회도 불가능한 경우에는 연속 90일 이상 회사주식 100분의 10 이상을 보유하는 주주는 스스로 주주총회를 소집하고 수행한다(중회 §102).

#### 3. 회의소집통지와 공고

주주총회를 소집할 때는 소집장소, 시간 및 목적사항을 회의일 20일 전에 주주에게 통지해야 하며, 임시총회의 소집은 회의일 15일 전에 통지해야 한다. 무기명주권을 발행한 경우에는 회의일 30일 전에 동일한 내용을 공고하여야 한다. 그리고 무기명주권의 소지인이 주주총회에 출석할 경우 회의소집 5일 전부터 주주총회가 폐회될 때까지 주권을 회사에 공탁하여야 한다(중회 §103).

## 6. 주주제안권

### (1) 주주제안제도의 도입과 그 개념

주주총회를 소집할 때에는 소집통지 또는 공고에 목적사항을 기재하여야하고(§363②), 이 통지 또는 공고에 의해 소집된 주주총회에서는 기재된 목적사항에 한하여 결의할 수 있다. 그리고 주주총회의 목적사항은 이사회가 결정한다(§362). 이는 주주가 주주총회에서 의제나 의안을 제안할 기회가 없었음을 의미한다. 그러나 주주야말로 의사결정에 최대의 이해를 가진 자라 할 수 있는데, 주주가 의안을 제안할 기회를 갖지 못한다는 것은 총회를 더욱 형해화 시키게 된다. 그리하여 1998년 개정상법은 경영에서 소외된 일반주주들의 회사 경영정책에 대한 관심을 유도하고 주주총회의 기능을 회복하기 위하여 주주제안제를 도입하였다.[1)]

주주제안권(shareholder proposals)이라 함은 주주가 서면으로 일정한 사항을 주주

1) 이철송, 회, 497~498면.

총회의 목적사항(의제나 의안)으로 할 것을 제안할 수 있는 권리를 말한다. 즉 주주제안권은 회사가 소집하는 주주총회의 기회를 이용하여 일정한 사항을 회의의 목적으로 할 것을 청구할 수 있는 제도이다. 주주제안권은 주주의 의사를 총회에 적극 반영시키고(주주총회 활성화 기능) 회사와 주주간의 의사소통을 원활히 하며, 주주에게 정보를 제공하는 수단이다.

### (2) 주주제안권자

주주제안권의 행사는 의결권 있는 발행주식 총수의 100분의 3 이상을 소유한 주주에게 허용된다(§363의2①). 상장회사의 경우는 발행주식 총수의 1,000분의 10 이상을 가진 주주에게 인정하며, 자본금이 1,000억원 이상인 회사에 관해서는 1,000분의 5 이상에 해당하는 주주로 완화하고, 이 주식을 6월 전부터 보유하고 있는 주주에 한해 주주제안권을 행사하도록 허용하고 있다(§542의6②). 주주제안의 요건인 주식 수를 계산함에 있어서 의결권 있는 주식 수만을 기준으로 한다(전술한 소수주주 요건).[1)]

주주제안권의 상대방은 이사이다(§363의2①).

### (3) 주주제안의 내용

주주제안권은 의제제안권과 의안제안권을 포함한다. 의제제안권이란 총회의 의제(회의목적)로 삼을 사항을 제안하는 것이고, 의안제안권이란 이 같은 목적사항에 관해 의안의 요령(구체적 결의안)을 제안하는 것이다. 주주의 의제제안에 관한 의안뿐만 아니라 회사가 제출한 의안에 대한 수정제안, 반대제안, 선출제안도 의안제안권에 속한다. 이사회는 주주제안의 내용이 법령 또는 정관에 위반되는 경우를 제외하고는 이를 총회의 목적사항으로 하여야 한다(동조③).

주주제안은 그 필요성이나 합리성에 대한 증명 또는 소명이 필요하지 않기 때문에 이 제도가 남용되어 회사법의 소유와 경영의 분리라는 권한배분논리를 무의미하게 할 수 있다. 그러므로 상법은 주주제안의 내용이 법령·정관에 위반되는 경우 이사회가 이를 목적사항으로 하지 않을 수 있다고 규정하고 있다(동항).

상법시행령 제5조에서 규정하는 이사회가 거부할 수 있는 사유는 다음과 같다(동조 1~5호). 즉 ① 주주총회에서 의결권의 100분의 10 미만의 찬성밖에 얻지 못하여 부결된 내용과 동일한 의안을 부결된 날로부터 3년 내에 다시 제안하는 경

1) 이철송, 회, 498면; 손주찬, 757면; 채이식, 462면.

우, ② 주주 개인의 고충에 관한 사항, ③ 소수주주권에 관한 사항, ④ 임기 중에 있는 임원의 해임에 관한 사항, ⑤ 회사가 실현할 수 없는 사항, 주주총회의 의안으로 상정할 실익이 없거나 부적합한 사항 또는 제안이유가 명백히 허위이거나 특정인의 명예를 훼손하는 사항은 제안할 수 없다.

### (4) 주주제안의 절차

주주제안을 하고자 하는 주주는 주주총회일 6주 전까지 서면 또는 전자문서로 일정한 사항을 주주총회의 목적사항으로 할 것을 제출하여야 한다(동조②). 그리고 주주가 의안제안을 할 경우에는 총회일의 6주 전에 서면 또는 전자문서로 회의의 목적으로 할 사항에 추가하여 당해 주주가 제출하는 의안의 요령을 총회의 소집통지와 소집공고에 기재할 것을 청구할 수 있다(동항).

주주제안을 6주 전에 해야 한다는 것은 제안일과 총회일 사이에 6주간이 되지 않을 경우에는 이를 받아들이지 않아도 된다는 것이다. 이는 총회준비를 위하여 필요한 시간을 고려한 것이다. 주주가 주주총회 회일의 6주 전에 미달하는 기간에 주주제안을 하는 경우 회사는 그 제안을 채택할 수 없다는 견해가 있으나, 의무가 없지만 이를 채택하여 주주총회 소집통지서에 기재하여 총회의 의제나 의안으로 하는 것은 상관없다고 본다(반대의견: 받아들일 수 없다는 견해도 있음).[1]

이사는 주주제안이 있을 경우 이를 이사회에 보고하고, 이사회는 제안 내용이 법령·정관에 위반되지 않는 한 주주총회의 목적사항으로 상정하여야 하며, 제안한 자의 요청이 있을 경우에는 주주총회에서 당해 의안을 설명할 수 있는 기회를 주어야 한다(동조③). 정당한 이유 없이 제안설명의 기회를 주지 않은 경우에는 결의취소의 소의 원인이 된다. 그러나 제안한 주주에게 설명의무가 있는 것은 아니다.

### (5) 주주제안의 거절

주주제안을 부당하게 거절한 경우 즉, 의제제안에 대하여 정당한 사유 없이 총회의 의제로 상정하지 않은 경우에는 이사에 대한 과태료의 처분(§635①)이나 민사책임을 지우는 것 외에 결의취소의 소는 제기할 수 없을 것이다. 왜냐하면 의제에 대한 결의가 없어서 취소의 대상이 존재하지 않기 때문이다.[2]

그러나 회사가 주주의 의안제안을 무시하여 의안의 요령을 통지와 공고에 기재하지 않은 경우에는 소집절차 및 결의방법이 법령에 위반하여 당해 의안에 대응

---

1) 정찬형, 상, 834면; 정동윤, 323면. 반대의견: 손주찬, 708면.

2) 최기원, 792면; 손주찬, 702면; 이철송, 회, 501면; 정찬형, 상, 834면.

하는 의제에 대한 결의는 결의취소의 대상이 된다.[1] 그러나 이 경우에 이사가 과태료처분을 받을 수 있는가에 대해서는 규정이 없다.

### 《일본 회사법상 주주제안권》

#### 1. 의제제안권

주주총회의 의제나 의안은 원칙적으로 이사 내지 이사회가 정하지만 소수주주도 제안권을 갖는다. 이사회비설치회사의 주주는 자기가 의결권을 행사할 수 있는 사항에 한하여 이사에게 총회의 목적(의제)으로 할 것을 청구할 수 있다(일회 §303①). 이에 비하여 이사회설치회사에 있어서는 총주주 의결권의 100분의 1 이상의 의결권 또는 300개 이상의 의결권을 6개월 전부터 계속하여 보유하는 주주에 한하여 의제제안권이 부여된다(동조②). 이 경우 제안된 사항에 관하여 의결권을 행사할 수 없는 주주가 갖는 의결권의 수는 총주주의 의결권의 수에 산입하지 않는다(동조④).

비공개회사인 이사회설치회사의 주주가 상기의 비율이나 개수를 가지고 있다면, 보유기간의 제한이 없이 즉시 청구권의 행사가 인정된다(동조③). 공개·비공개를 불문하고 이사회설치회사의 경우에는 회일의 8주간 전까지 행사하여야 한다(동조②). 이사회비설치회사의 경우에는 주주는 단독으로 주식의 보유기간 및 행사기한의 제한 없이 의제제안을 행사할 수 있다.

#### 2. 의안제안권

주주는 자기의 의결권을 행사할 수 있는 사항에 한하여 주주총회에 의안을 제출할 수 있다(일회 §304). 다만 당해 의안이 법령·정관에 위반하는 경우 또는 실질적으로 동일한 의안에 관하여 주주총회에서 총주주 의결권의 10분의 1 이상의 찬성을 얻지 못한 날부터 3년을 경과하지 않은 경우에는 그렇지 아니한다.

#### 3. 의안요령통지청구권

주주는 이사에게 총회의 8주간 전까지 총회의 의제에 관하여 당해주주가 제출하려고 하는 의안의 요령을 주주에게 통지할 것을 청구할 수 있다. 다만 이사회설치회사의 경우 이 청구는 총주주의 의결권의 100분의 1 이상의 의결권 또는 300개 이상의 의결권을 6개월 전부터 계속하여 보유한 주주에게 인정된다(일회 §305①). 이에 대하여 비공개회사인 이사회설치회사의 주주에게는 상기의 비율이나 개수를 가지고 있다면 보유기간의 제한 없이 즉시 청구권을 행사할 수 있다(동조②).

이사회비설치회사의 경우에는 주주는 단독으로 주식의 보유기간 및 행사기간의 제한 없이 의안제출권을 행사할 수 있고 의안요령을 주주에게 통지할 것을 청구할 수 있다.

---

1) 이철송, 회, 501~502면; 정찬형, 상, 834면; 손주찬, 709면; 정동윤, 324면.

다만 당해 의안이 법령·정관에 위반하는 경우 또는 실질적으로 동일한 의안에 관하여 주주총회에서 총주주 의결권의 10분의 1 이상의 찬성을 얻지 못한 날부터 3년을 경과하지 않은 경우에는 그렇지 아니한다.

**《중국 회사법상 주주제안권》**

중국 회사법 제103조는 단독 또는 합계하여 회사의 3% 이상의 주식을 보유하고 있는 주주는 주주총회 회의소집 10일 전에 임시제안을 서면으로 작성하여 이사회에 제출할 수 있다. 이사회는 제안을 접수한 후 2일 이내에 기타 주주에게 통지하고 해당 임시제안을 주주총회의 심의에 회부하여야 한다. 임시제안의 내용은 주주총회의 직권범위에 속하는 것이어야 하며, 명확한 의제와 구체적인 결의사항이 있어야 한다.

## 제4 주주의 의결권

### 1. 의결권의 의의와 성질

주주의 의결권이란 주주가 주주총회에 출석하여 의사결정의 표결에 참가할 수 있는 권리이다. 주주는 주주총회의 의안에 관하여 찬부의 의사표시를 함으로써 회사의 중요한 정책결정에 참가한다. 주주총회에 참가하여 의견진술권을 갖는 경우라도 의결권이 없는 경우가 있다. 회사에는 채권자, 종업원 등 많은 이해관계자가 있지만 의결권은 주주에게만 인정된다. 그리하여 의결권의 배분은 자본시장에서 투자자들에게 출자로 인한 위험부담에 상응하는 영향력 행사의 기회를 주어 투자자의 비례적 이익을 보호하는 것이며 기업에 대한 신뢰를 강화하는 것이다. 따라서 회사의 지배권은 의결권을 중심으로 전개된다고 볼 수 있다.

그러므로 의결권은 주주의 가장 중요한 공익권이며, 고유권의 일종으로서 법률상 다른 규정이 없으면 정관의 규정으로도 이를 박탈하거나 제한할 수 없고 주주도 주식과 분리하여 이를 포기하지 못한다. 의결권은 이익배당청구권이나 신주인수권처럼 구체적·채권적 권리가 아니므로 비록 특정 주주총회에서의 의결권이라 하더라도 주식과 분리하여 양도 할 수 없다.[1] 의결권은 주주의 자익권을 확보하기 위한 권리로서 재산권적, 비개성적 성질을 갖는 권리이다.[2] 그러나 주주 또는

---

1) 이철송, 회, 510~511면; 정찬형, 상, 835면. 반대: 대판 1985.12.10, 84다카319.

2) 정찬형, 상, 835면; 정동윤, 326면.

제3자가 의결권의 행사를 방해한 때에는 불법행위로 인한 손해배상책임을 질 것이고(민 §750), 회사가 방해한 때에는 결의의 하자를 주장할 수 있으며(§376), 이사의 책임(§401)을 추궁할 수 있을 것이다.

## 2. 의결권의 수

의결권은 주식평등의 원칙에 따라 1주마다 1개만 주어진다(§369①). 따라서 특정주식에 수개의 의결권을 인정한 복수의결권(Mehrstimmrechte)이나,[1] 어떤 주식에 대하여 의결권을 제한하는 것은 허용될 수 없는 것이 원칙이다. 1주1의결권에 관한 상법규정은 강행규정으로서 법이 특별히 인정하는 예외의 경우를 제외하고는 정관으로도 달리 정할 수 없으며, 이와 다른 주주간의 합의가 있더라도 무효이다. 이러한 1주1의결권의 원칙은 자유주의 사상의 영향을 받아 군소주주의 보호를 목적으로 확립된 것이다. 주주의 두수에 의하지 않고 지주수에 의하여 의결권을 부여하는 것은 주식회사의 자본단체적 성격 때문이고, 인적회사의 경우와 구별되는 점이다.

예외적으로 상법에 의하여 의결권이 제한되는 경우로는 의결권의 배제 및 제한에 관한 종류주식(§344의 3), 특별이해관계인이 소유하는 주식(§368④), 회사의 자기주식(§369②), 상호소유주식(§369③), 감사의 선임(§409②) 등이 있다. 이사 선임에 관한 집중투표제는 1주1의결권제도의 예외가 아니고 방법론적 변형이다.[2]

## 3. 의결권의 배제 및 제한주식

### (1) 의결권의 배제주식

회사가 의결권 없는 종류주식이나 의결권이 제한되는 종류주식을 발행하는 경우 정관으로 의결권을 행사할 수 없는 사항과 의결권 행사 또는 부활의 조건 등을 정하여야 한다(§34의3①). 종래의 이익배당우선주식에 대해서 의결권을 부여하지 않는 의결권 없는 주식(개정전 §370①)은 2011년 개정으로 삭제되고 종류주식으로 개정되었다.

---

1) 독일법에서 일정한 경우(AktG §12② S2) 예외적으로 인정하며, 프랑스법(§175)에서도 예외적으로 인정한다.

2) 손주찬, 762면.

최근 회사의 경영에는 관심이 없고 오직 투자수익의 증대만을 바라는 대중투자자와 기관투자자가 늘어나고 있는 경향이므로 이와 같은 주주들로부터 자금을 조달할 때에는 일정률의 이익배당만 보장해주면 의결권이 없더라도 주주모집에 지장이 없고, 회사의 경영자 또는 지배주주로서는 그의 지배력이 감소됨이 없이 자본조달이 가능하다. 한편 주식이 널리 분산된 상장회사에서는 군소주주들에게 의결권 없는 주식을 제공하여 정족수계산에서 제외시킴으로써 주주총회의 불성립을 예방하는 효과도 기대할 수 있다(§371①). 이에 관하여 주식의 종류에서 설명하였다.

### (2) 의결권의 일시적 제한

의결권은 전술할 바와 같이 주주의 본질적 권리이므로 박탈하거나 제한할 수 없는 것이 원칙이다. 그러나 다수결의 남용이 예상되거나 특정한 의결권행사가 공정성을 해할 위험을 내포하고 있는 경우가 있다. 그래서 상법은 극히 제한된 요건 아래서 일시적으로 의결권을 제한하고 있다.

1) **자기주식** 회사가 가진 자기주식은 의결권이 없다(§369②). 회사가 소유하는 자기주식을 가지고 타인이 의결권을 대리행사 하는 것도 허용되지 않으며, 회사가 다른 주주의 의결권을 대리행사 하는 것도 허용될 수 없다고 본다. 회사의 계산으로 타인의 명의로 소유하는 주식이나 자회사가 가진 모회사의 주식도 자기주식의 범주에 속하므로 의결권이 없다.

2) **상호주** 모자회사 간에는 자회사에 의한 모회사의 주식취득이 금지되지만, 비모자회사 간에는 주식의 상호보유를 금지하지는 않지만 일정한 비율 이상의 주식을 상호 보유하는 경우에는 그 주식의 의결권을 제한하고 있다. 즉 회사, 모회사 및 자회사 또는 자회사가 다른 회사의 발행주식총수의 10분의 1을 초과하는 주식을 가지고 있는 경우에 그 다른 회사가 가지고 있는 회사 또는 모회사의 주식은 의결권이 없다(§369③).

상법 제369조 제3항은 비모자회사간의 상호보유주식에 의결권이 없는 점만 규정하고 있으므로 그 밖의 자익권과 공익권을 인정할 수 있느냐에 대하여 견해가 대립되고 있다. 즉 자익권의 행사를 인정한다는 점에서 견해가 일치하나, 공익권에 대하여는 의결권을 제외한 다른 공익권을 모두 긍정하는 견해[1]와 모든 공익권의 행사를 인정하지 않는 견해[2]로 나뉜다. 상호보유주식은 상법상 의결권만을

---

1) 최기원, 449~450면.

2) 손주찬, "개정상법 제369조 3항에 관한 해석론과 입법론", 고시계(1984.5), 135면.

휴지시키고 있으므로 그 밖의 공익권은 인정되어야 한다고 본다.[1]

3) 특별이해관계인의 소유주식 상법 제368조 제4항은 주주총회의 결의에 관하여 특별한 이해관계가 있는 자는 의결권을 행사하지 못한다고 규정하고 있다. 특별한 이해관계가 있는 자의 의미에 관하여 법률상 이해관계설, 특별이해관계설, 개인법설 등의 견해가 있으나 특정한 주주가 주주의 입장을 떠나서 개인적으로 가지는 이해관계라고 해석하는 개인법설이 타당하다고 생각된다(통설).[2] 예컨대 이사의 면책결의에 있어서 해당 이사인 주주(§400, §415), 이사의 보수결정에 있어서 해당 이사인 주주(§388, §415), 영업양도 결의에 있어서 상대방인 주주(§374) 등이다. 그러나 주주가 주주의 입장에서 이해관계를 갖는 경우 예컨대 이사·감사의 선임 또는 해임결의에 있어서 당사자인 주주, 재무제표승인결의에 있어서 이사나 감사인 주주 등은 의결권을 행사할 수 있다고 본다.[3]

특별이해관계인이 소유하는 주식은 모든 의안에 대하여 의결권을 행사할 수 없는 것이 아니고 특별이해관계가 있는 의안에 대해서만 의결권이 휴지된다. 그리고 특별이해관계인은 자기가 소유하는 주식에 대해서 뿐만 아니라 타인의 대리인으로서도 의결권을 행사할 수 없으며, 자기의 주식을 그 대리인으로 하여금 행사하게 할 수 없다고 본다. 특별이해관계가 있는 의안에서도 발행주식총수에는 산입되고 의결권의 수(의결종족수)에는 산입되지 않는다(§371②).

4) 감사선임 감사를 선임하는 주주총회의 결의에서 의결권 없는 주식을 제외한 발행주식 총수의 100분의 3을 초과하는 수의 주식을 가진 주주는 그 초과하는 주식에 관한 의결권은 행사하지 못한다(§409②, §542의12③, ④). 회사는 정관규정으로써 이보다 낮게 정할 수 있다(§409③, §542의12③). 이사를 보통결의로 선임하기 때문에 대주주의 영향력이 크므로 이를 실효적으로 견제하기 위하여 감사가 중립성을 지녀야하고, 그러기 위해서는 감사선임시에 대주주의 영향력을 억제할 필요가 있기 때문이다.[4]

상법상 100분의 3이란 요건은 1인이 소유한 주식수를 기준으로 하여 판단하지만, 상장법인의 경우에는 주주와 일정한 친족 등 특수관계자가 가진 주식수를 합산하여 100분의 3 여부를 판단한다(§542의12③).

---

1) 정찬형, 상, 838면; 정동윤, 328면; 이기수 외, 496면.

2) 가능한 한 협의로 해석. 정찬형, 상, 839면; 정동윤, 329면; 이철송, 회, 516~517면; 최기원, 811면; 채이식, 478면.

3) 이철송, 회, 518면; 정동윤, 329면; 최기원, 485면; 정찬형, 상, 839면.

4) 이철송, 회, 817면.

5) **특별법에 의한 제한** 대규모 기업집단 내의 금융업 또는 보험업을 영위하는 회사가 소유하는 계열회사 주식의 경우(공정 §11), 동일인이 금융기관의 의결권 있는 주식을 발행주식 총수의 100분의 10이상 소유한 경우(은행 §16) 또는 금융기관이 다른 금융기관 또는 다른 주식회사의 의결권 있는 주식을 100분의 15 이상 소유하는 경우 그 초과분에 대하여 의결권을 행사할 수 없다.

자본시장법에서는 집합투자업자가 그 주식을 발행한 회사와 계열관계에 있거나 기타 의결권행사가 불공정해질 가능성이 있는 소정의 관계에 있을 경우에는 집합투자업자에 그림자투표를 강제하고 있다(자금 §87). 그러나 의안이 발행회사의 합병, 영업의 양수·양도, 임원의 선임 기타 이에 준하는 사항으로서 집합투자재산에 손실을 초래할 것이 명백한 경우에는 예외이다(동조①).

그리고 증권예탁원에 예탁된 주식은 실질주주가 주주총회일 5일 전까지 의결권의 직접행사·대리행사·불행사의 뜻을 표시하지 않으면 예탁원이 의결권을 행사한다(자금 §314⑤). 다만 실질주주가 사전에 의결권 행사의 뜻을 표시하지 않았더라도 본인 또는 대리인이 총회에 출석하여 의결권을 행사하면 예탁결제원은 의결권을 행사할 수 없다(동항 단서). 예탁결제원은 주주총회의 소집을 용이하게 하기 위하여 그림자투표방식에 의하여 의결권을 행사한다.[1)]

### 《일본 회사법상 의결권》

#### 1. 1주1의결권의 원칙

주주총회에서 각 주주는 1주에 대해서 1개의 의결권을 갖는다. 다만 정관으로 단원주식 수를 정하고 있는 경우에는 1단원의 주식에 대하여 1개의 의결권을 갖는다(일회 §308①).

#### 2. 1주1의결권원칙의 예외

1주1의결권원칙의 예외로서 의결권제한 주식(일회 §115), 자기주식(일회 §308②), 상호보유주식(동조①), 기준일 주주 이외의 자가 갖는 주식(일회 §124①), 특별이해관계가 있는 주주가 갖는 주식, 단원미만주식(일회 §189①), 의결권 구속계약 등이 있다.

상호보유주식이란 A회사가 B회사의 총주주의 의결권 4분의 1 이상을 갖든지, 기타 사유로써 B회사의 경영을 실질적으로 지배하는 것이 가능한 관계에 있는 것으로서 법무성령이 정하는 주주인 경우, B회사는 그가 소유하는 A회사의 주식에 대하여 의결권을 행사할 수 없다(일회 §308①). 자본의 공동화, 의결권행사의 왜곡,

---

1) 이철송, 회, 518~519면.

시장의 부당한 지배, 주가조작 등의 폐해를 방지하기 위해서 의결권을 제한한다.

특별이해관계를 갖는 주주의 주식이란 회사가 특정주주로부터 자기주식을 매수한 경우, 당해 특정주주는 원칙적으로 매도청구결의를 하는 주주총회에서 의결권을 행사하지 못한다(일회 §160④). 상속 기타의 일반승계에 의하여 양도제한주식을 취득한 자에 대하여 매도청구를 결의하는 총회에서도 이 취득자는 의결권을 행사할 수 없다(일회 §175②).

의결권구속계약이란 주주 상호간 또는 주주와 제3자간에 의결권을 일정한 방향으로 행사할 것을 약속하는 것이다. 이 계약의 효력에 관하여 무효설과 유효설이 있으나 다수설은 당해 계약의 목적, 제한형태 등이 주식회사의 본질이나 공서양속에 위배되지 않으면 유효라고 해석한다.

**3. 공유주식의 의결권 행사**

수인이 공동으로 주식을 인수한 경우, 수인이 공동으로 상속한 경우, 조합이 주식을 소유하는 경우에는 권리행사자 1인을 정하고 그자의 성명을 회사에 통지하지 않으면 당해 주식에 관하여 권리를 행사할 수 없다. 다만 회사가 당해 권리를 행사할 것에 동의한 경우는 그러하지 않는다(일회 §106).

**《중국 회사법상 의결권》**

주주는 주주총회에 출석하여 소지한 주식 1주에 표결권 1표를 갖는다. 그러나 회사가 보유하고 있는 본 회사의 주식(자기주식)은 표결권을 갖지 않는다(중회 §104).

## 4. 의결권의 행사

### (1) 행사방법

기명주식을 가진 주주는 주주총회 당일(기준일을 정한 경우에는 기준일) 현재 주주명부에 등재된 주주여야 한다. 회사는 회의참석자가 주주명부상의 주주인지를 조사할 의무가 있으며, 대부분의 주권상장법인에서는 통상 총회 당일에 소집통지서(주주총회 참석장)를 휴대한 자를 주주로 본다. 주주가 자연인인 경우에는 주주 본인 또는 그 대리인이 의결권을 행사하고, 법인인 경우에는 대표기관 또는 법인의 대리인이 의결권을 행사한다.

한편 무기명주식을 가진 주주는 회일의 1주 전에 그 주권을 회사에 공탁함으로써 의결권을 행사할 수 있다(§368②). 1주의 기간은 회사에게 의결권행사에 관한 사무처리에 필요한 시간을 부여하기 위한 것으로서 그 기간을 연장하는 것은 의결권행사에 대한 제한이 되므로 허용되지 아니한다. 다만 그 기간을 정관에 의하여 단축하는 것은 무방하다.

### (2) 의결권의 대리행사

**1) 의 의** 주주는 본인이 의결권을 행사하는 것을 원칙으로 하지만 대리인으로 하여금 대리권을 증명하는 서면(위임장)을 제출하고 의결권을 행사하게 할 수도 있다(§368③). 이와 같이 주주의 의결권의 대리행사를 인정하는 것은 주식회사의 주주는 그 개성이 중요하지 않기 때문이고, 주식이 널리 분산된 회사에서 이를 통하여 용이하게 정족수를 확보할 수 있으며 또 주주로서도 의결권을 쉽게 행사할 수 있는 장점이 있다.[1] 의결권의 대리행사는 정관으로도 이를 금지하거나 부당하게 제한하지 못한다.[2]

의결권의 대리행사에 관한 문제는 기명주식의 경우에만 발생하며, 무기명주식의 경우는 점유자가 주주로 추정되기 때문에 대리인이 회사에 대하여 대리권을 입증할 필요 없이 의결권을 행사할 수 있다(동항 후단).

현대의 공개회사에서는 대주주, 이사 등이 대중투자자들을 상대로 하여 집단적으로 의결권의 대리권 수여를 권유하고, 그 수권을 받아 의결권을 확보하는 의결권대리행사의 권유가 자주 행하여진다.[3]

**2) 대리인의 자격** 대리인의 자격에는 특별한 제한이 없으므로 무능력자나 법인도 대리인이 될 수 있다. 회사가 정관으로서 대리인의 자격을 주주로 한정하는 경우에 이 정관규정의 효력에 관한 의견이 대립한다. 즉 유효설,[4] 제한적 유효설,[5] 무효설[6]이 있다. 생각건대 주주 이외의 자가 주주총회에 개입하여 주주총회의 질서가 교란되는 것을 방지하고 회사의 비밀이 누설되는 것을 예방할 필요가 있을 것이다. 그리고 대리인의 자격을 회사의 구성원으로 제한하더라도 주주의 의결권 행사를 제한하는 것은 아니기 때문에 유효설이 타당하다고 본다.[7]

---

1) 정찬형, 상, 841면; 이철송, 회, 522~523면.

2) 의결권대리행사의 거절사유(대판 2001.9.7, 2001도2917; 동 2009.4.23, 2005다22701, 22718); 양동석, "의결권대리행사와 위임장 권유" 조선대 사회과학연구 제13집, 116면.

3) 이철송, 회, 522~523면.

4) 최기원, 457면; 정찬형, 상, 842면; 서헌제, 322면; 이기수 외, 458면; 임홍근, 376면; 최준선, 회, 324면.

5) 정동윤, 336면.

6) 이철송, 회, 434면; 채이식, 473면; 김정호, 517면.

7) 양동석, 전게 의결권대리행사와 위임장 권유, 118~119면.

3) **대리권의 수여** 대리인의 수에 관하여 증권회사와 같이 실제로 다수인의 주식을 소유하는 경우에는 의결권의 공동대리를 인정할 수 있겠지만,[1] 동일주주가 다수의 대리인을 선임하는 것은 허용될 수 없다고 본다. 왜냐하면 의결권 불통일행사의 요건을 구비하지 못한 상태에서 수인의 대리인을 선임하게 되면 상법 제368조의2에 위반하며 총회의 질서를 교란시킬 수 있기 때문이다.[2]

주주의 대리인은 대리권을 증명하는 서면을 총회에 제출하여야 한다(동항). 일반적으로 회사가 작성한 위임장을 제출하지만 다른 서면을 제출하여 증명하더라도 무방하다. 위임장을 매 총회마다 제출하여야 하는가 또는 포괄적인 위임장을 제출할 수 있는가 의문이나, 은행·신탁회사 등의 관리 하에 있는 회사 등의 경우에는 포괄적 위임장을 이용하는 것이 실질적으로 편리하고 또 필요하므로 이를 인정하여야 한다고 본다.[3] 판례는 주주권 행사의 포괄적 위임이 가능하다고 하였다.[4]

대리권을 증명하는 서면은 반드시 원본이어야 하는지 문제된다. 이에 대하여 판례는 원본임을 요구한다. 왜냐하면 사본은 손쉽게 위조나 변조가 가능하기 때문이다.[5] 다만 미리 의결권대리행사를 회사에 통지한 경우나 인증이 있는 사본 등 진위 여부가 보증되는 서면을 제출할 경우에는 의결권대리행사를 제한하여서는 안 된다.

대리인이 주주의 지시에 반하여 의결권을 행사한 경우에는 그 효력에는 영향이 없고, 다만 대리인이 손해배상의 책임을 지게 된다. 그러나 회사가 의결권대리행사의 권유자인 경우에는 회사가 주주의 의사를 알고 있으므로 그 의사에 반한 의결권행사는 무효이고(민 §130), 나아가 결의취소의 사유가 된다고 본다.[6]

4) **수권행위의 철회** 대리가 임의대리인 경우 주주총회의 결의가 있기 전에는 언제든지 철회할 수 있다고 본다. 이 경우 수권행위를 철회하면 원인관계의 채무불이행이 되지만 회사법적으로는 철회의 효력에 영향이 없다고 본다.[7]

---

1) 최기원, 69면: 채이식, 473면.

2) 이철송, 회, 525면.

3) 박상조, 476면; 손주찬, 775면; 정동윤, 334면; 최기원, 468면; 정찬형, 상, 843면. 총회마다 위임장을 제출하여야 한다는 견해: 이철송, 회, 437면.

4) 대판 2009.4.23, 2005다22701, 22718.

5) 대판 1995.2.28, 94다34579; 동 2004.4.27, 200다29616.

6) 박상조, 477면; 정동윤, 337면; 최준선, 회, 327면.

7) 대판 2002.12.24, 2002다54691; 이철송, 회, 528면.

5) **대리권의 행사** 대리인은 주주의 뜻에 따라 의결권을 행사하여야 한다. 이에 위반하거나 기권한다면 주주에 대하여 손해배상책임을 지게 될 것이다. 그러나 주주총회의 결의의 효력에는 영향이 없다. 이에 대하여 회사가 권유자인 경우에는 무권대리이론을 적용하여 의결권행사는 무효이고, 따라서 주주총회결의취소의 사유가 된다는 견해도 있다.[1] 의결권은 대리인 자신이 직접 행사하여야 하는 것은 아니고 본인의 반대의사가 없다면 제3자에게 다시 위임할 수도 있다(복대리인).[2] 대리인이 수인의 주주로부터 대리권을 수권했다면 의결권을 불통일행사할 수 있음은 당연하다.

6) **대리행사의 권유**

① **의 의** 이사, 대주주, 새로 경영권을 쟁취하고자 하는 자 등이 주주에게 회사 스스로 의결권을 대리행사 할 수 있도록 위임해 줄 것을 적극적으로 권유하는 것을 의결권대리행사의 권유라고 한다. 대회사에서는 주주총회의 의결정족수 미달로 의안의 결의가 어려운 경우가 많다. 의결권대리행사의 권유는 회사가 의결정족수를 성립시키고 또 주주의 의사를 적극 반영하기 위하여 이용되나, 현내 대규모의 공개회시에서는 이사, 대주주 또는 새로이 경영권을 쟁취하고자 하는 자 등이 주주들에게 집단적으로 의결권의 위임을 권유하고 있다.[3]

대리행사의 권유는 대규모의 상장회사에 있어서는 주주총회운영 뿐만 아니라 회사지배에 있어서 매우 중요한 기능을 한다. 미국에서는 소유 없이 회사를 지배하는 경영자지배(management control)를 위한 수단으로 이용되고 있으며, 우리나라에서도 최근 M&A활성화에 따라 위임장쟁탈전(proxy contest)이 심각해지는 실정이다.[4] 의결권대리행사의 권유는 총회운영, 주주의사의 반영 등의 장점이 있는 반면 총회의 허구화, 경영자의 영속적인 지배 등의 폐단도 있기 때문에[5] 주주의 정확한 판단과 권리행사를 보장하는 것이 중요하다.

② **권유의 방법 및 법적구성** 대리행사의 권유는 권유자의 위임장권유에 의하여 행하여지는데, 권유자가 백지위임장을 송부하고, 주주는 이 위임장에 대리인을 지정하지 않고 기명날인 또는 서명만을 하여 권유자에게 반송한다. 대리행

1) 이철송, 회, 531면.

2) 대판 1996.1.26, 94다30690; 동 2009.4.23, 2005다22701, 22718.

3) 이철송, 회, 529~530면.

4) 이철송, 회, 529~530면; 양동석, 전게 의결권대리행사와 위임장 권유, 124면.

5) 정찬형, 상, 844면; 이철송, 회, 529~530면.

사의 권유는 대리인의 선임권에 관한 청약이고 주주가 하는 위임장의 반송은 승낙으로 볼 수 있으므로, 위임장이 반송되어 권유자에 도달한 때 대리인의 선임권에 관한 위임계약이 성립하고 권유자에게 수임인의 의무가 발생한다.

그러나 회사가 위임장을 권유하는 경우에는 회사가 직접 의결권을 행사하는 것이 아니라 회사가 지정하는 제3자가 의결권을 행사하므로 위임장의 송부와 반송에 의하여 대리인 선임에 관한 중개계약이 성립할 뿐이고, 회사가 위임장에 기하여 제3자를 대리인으로 선임하면 그 때 그 제3자와 주주 사이에 의결권행사에 관한 위임계약이 성립한다고 본다.[1)]

상법은 이에 관하여 특별히 규정하고 있지 않지만 자본시장법은 누구든지 동법 시행령이 정하는 바에 의하여서만 상장주식 또는 코스닥상장주식의 의결권의 행사를 자기 또는 타인에게 대리하게 할 것을 권유할 수 있다고 규정하여 그 남용을 규제하는 한편 주주를 보호하기 위하여 권유방식, 개시의무, 권유 및 대리인의 하자 등 의결권의 대리행사의 요건을 상세히 규정하고 있다(자금 §§152~158).

**《일본 회사법상의 의결권 대리행사》**

**1. 방 법**

일본 회사법 제310조 제1항에 의하여 의결권을 대리행사할 경우, 본인 또는 대리인은 대리권을 증명하는 서류(위임장)를 회사에 제출하거나 전자적 방법으로 제공한다(동조③). 대리권의 수여는 각 총회마다 하지만(동조②), 법정대리인이나 공법인·사법인의 대표기관 등은 위임장을 필요로 하지 않는다.

주주는 이미 행한 대리권 수여를 후에 철회할 수 있으며, 대리권을 수여한 후에 주주가 직접 총회에 출석하면 그 대리권 수여는 철회한 것으로 본다. 그리고 동일한 주식에 관하여 수인에게 대리권을 수여한 경우에는 후의 대리권 수여에 의하여 앞의 대리권 수여를 철회한 것으로 본다.

회사는 대리권을 증명하는 서면 및 상기의 전자적 기록을 회일부터 3개월간 보관하여야 한다(동조⑥). 주주는 영업시간 내에는 언제든지 열람·등사를 청구할 수 있으며(동조⑦), 대리인을 복수로 선임할 수 있으나 회사는 총회에 출석할 수 있는 대리인의 수를 제한할 수 있다(동조⑤).

**2. 대리인의 자격**

실제로 많은 회사의 정관은 대리인의 자격을 주주로 제한하고 있고, 그 효력에 관하여 일본 최고재판소는 유효라고 본다. 이것은 주주총회가 주주 아닌 제3자로부터 교란되는 것을 방지하고 회사의 이익을 보호하기 위한 취지에서 나온 것이라고

1) 최준선, 회, 327면; 이철송, 회, 529~530면; 양동석, 전게 의결권대리행사와 위임장 권유, 125면.

본다. 그리고 합리적인 이유에 의한 상당한 정도의 제한은 가능하다고 인정한다.[1]

**3. 위임장 권유**

회사는 총회의 정족수를 충족하기 위하여 소집통지에 백지위임장을 동봉하여 주주에게 송부하고, 서명을 한 후 반송된 위임장에 따라 적당한 자를 선택하여 의결권을 행사시키는 경우가 많다.

증권거래규제에 의하면 상장회사가 의결권 대리행사를 권유할 경우에는 피권유자에게 일정한 참고서류와 위임장 용지를 제공하여야 하고, 위임장 용지는 피권유자가 찬부의 의사표시를 할 수 있는 것이어야 한다(일회 §194). 이 규제에 위반한 권유에 따른 대리권 수여나 의결권행사, 총회의 결의는 당연히 무효가 되는 것은 아니다(다수설). 주주로부터 반환된 위임장의 일부에 관하여 회사가 대리인을 선임하지 않거나 그 위임장을 총회에 제출하지 않아도 대리인선임매개계약상의 의무위반은 별론으로 하고 그 자체가 총회결의취소의 사유가 되는 것은 아니다. 주주가 한 찬부의 기재에 위반하여 의결권을 행사한 것은 무효이지만, 결의효력에는 곧 영향을 미치는 것이 아니고 결의성립에 필요한 찬성을 결한 경우에 결의취소의 원인이 된다.[2]

**《중국 회사법상 의결권대리행사》**

중국 회사법 제107조에 의하면 주주는 대리인에게 위탁하여 주주총회의 회의에 출석하게 할 수 있다. 이 경우 대리인은 회사에 주주수권위임장을 제출하고 수권범위 내에서 표결권을 행사하여야 한다. 그러나 의결권 대리행사에 관하여 우리나라나 일본의 경우와 같은 상세한 규정을 두고 있지 않다.

### (3) 의결권의 불통일행사

**1) 의 의** 주주가 두 개 이상의 의결권을 가지고 있는 때에는 이를 통일하지 않고 분리하여 행사할 수 있다(§368의2①). 이는 신탁회사나 증권회사의 보유주식의 경우와 같이 명의상의 주주가 배후에 있는 여러 실질주주의 의사에 따라 의결권을 달리 행사할 필요가 있거나, 주식을 공유하는 경우에 공유자끼리 의견이 다르기 때문에 불통일행사를 허용하게 된 것이다.[3] 그러나 한 사람이 수인을 대리할 경우에는 상법 제368조의2 제1항에 관계없이 불통일행사가 허용될 것이다.[4]

---

1) 石山卓磨, 189面.

2) 大隅·今井, (中), 66面.

3) 입법 전에도 우리나라의 통설이었음. 정찬형, 상, 844면; 정희철, 452면; 정동윤, 338~339면; 이기수 외, 136면; 최기원, 480면.

4) 이철송, 회, 521면.

2) 절 차 주주가 의결권의 불통일행사를 하기 위해서는 총회의 운영상의 편의를 위하여 회일의 3일 전에 회사에 대하여 서면 또는 전자문서로 그 뜻과 이유를 통지하여야 한다(동항). 회사가 위임장을 권유하고 있는 경우에는 그 위임장에 의결권을 불통일행사하는 뜻과 이유를 기재하고 찬부의 수를 표시하여 회일의 3일 전에 회사에 반송한 때에는 이를 불통일행사의 통지로 해석한다.[1)]

포괄적인 통지, 즉 1회의 불통일행사의 통지로 수회의 총회에서의 불통일행사의 통지를 갈음할 수 있는가에 대하여는 긍정설[2)]과 부정설로[3)]나뉘어 있으나, 의결권대리행사 때의 위임장과 같이 포괄적 통지가 가능하다고 보아 긍정설이 타당하다.

만약 주주가 통지를 하지 않고 의결권을 불통일행사한 경우에는 회사가 결의 후에 이를 승인할 수 없다. 이를 긍정하게 되면 회사가 결의의 성부를 사후에 선택하게 되어 부당하다. 따라서 이때 그 결의는 하자가 있어서 결의취소의 소의 원인이 된다고 본다.[4)] 그러나 주주가 불통일행사를 통지하였더라도 통일행사하는 것은 무방하다. 불통일행사는 의안마다 하는 것이므로 일부의안에 대하여는 그렇게 하고 다른 의안에 대하여는 통일 행사하여도 상관없다.

3) 불통일행사의 거부 의결권의 불통일행사는 주주가 주식의 신탁을 인수하였거나 기타 타인을 위하여 주식을 가지고 있는 경우(예컨대 주권이 증권예탁결제원에 예탁된 경우 등) 이외에는 실제상의 필요성을 인정할 수 없기 때문에 회사는 주주의 의결권의 불통일행사를 거부할 수 있다(동조②). 불통일행사를 거부하고자 하는 회사는 결의 전에 이를 거부하여야 하며,[5)] 불통일행사요건에 해당하지 않음은 회사가 입증하여야 한다. 회사가 적법하게 거부한 경우에는 주주는 불통일행사를 하지 못하며, 이에 위반한 의결권의 행사는 모두 무효가 된다.

4) 불통일행사의 효과 불통일행사 된 의결권은 전부 유효한 찬성 또는 반대표가 되어 정족수 계산에 산입된다. 명의상의 주주가 실질주주와 관계에서 불통일행사를 하지 않고 실질주주의 의사에 반하는 표결을 한 경우 불통일행사의 의무는 명의주주와 실질주주의 내부적인 문제에 해당할 뿐이므로 그 효력에

---

1) 손주찬, 17면; 정동윤, 338면; 최준선, 회, 328면.

2) 손주찬, 717면; 임홍근, 383면; 정동윤, 339면; 채이식, 525면; 이기수 외, 459면; 정찬형, 상, 845면; 김정호, 515면; 최준선, 회, 28면.

3) 이철송, 회, 521면.

4) 정동윤, 339면; 이철송, 회, 426면; 정찬형, 상, 845면; 김정호, 515면; 최준선, 회, 328면.

5) 이철송, 회, 521~522면; 정찬형, 상, 846면.

는 영향이 없다.

**《일본 회사법상 의결권불통일행사》**

일본 회사법에서도 주주는 그가 갖는 의결권을 통일하지 않고 행사할 수 있도록 의결권불통일행사를 인정하고 있다(일회 §313①). 특히 주식의 신탁, 외국예탁증권이 발행된 경우나 주권의 대체결제가 행해지는 경우, 명의상의 주주와 실질주주가 다르고 후자의 지시에 따라 전자가 의결권을 행사하는 것이 타당한 경우에는 불통일행사가 필요하게 되어 이 제도를 도입하였다.

이사회설치회사의 경우 의결권 불통일행사를 하려는 주주는 총회일의 3일 전까지 회사에 대하여 의결권을 통일하지 않고 행사한다는 뜻 및 이유를 통지하여야 한다(동조②). 이 통지는 총회마다 할 필요는 없고, 장래의 주주총회를 포함하여 포괄적으로 할 수 있다. 주주가 타인을 위하여 주식을 가지고 있는 경우가 아닌 때에는 회사는 주주의 의결권불통일행사를 거부할 수 있다(동조③). 이사회비설치회사의 경우 사전통지는 불필요하다.

### (4) 서면투표와 전자투표

상법은 주주의 의결권행사의 편의를 도모하고 총회의 성립을 용이하게 하기 위하여 서면 또는 전자적 방법으로 의결권을 행사할 수 있도록 하였다. 즉 주주는 정관의 규정에 따라 총회에 출석하지 아니하고 서면에 의하여 의결권을 행사하거나(§368의3①) 이사회의 결의로 전자적 방법으로 의결권을 행사할 수 있다(§368의4①).

서면투표제도나 전자투표제도는 실제로 주주총회를 개최하는 점에서 총회를 개최하지 않고 총사원의 서면에 의한 결의로 갈음하는 유한회사의 서면결의제도(§577)와 구분된다. 주주총회에 직접 참석할 수 없는 주주는 위임장에 의한 의결권대리행사의 방법으로도 의결권을 행사할 수 있지만, 서면투표나 전자투표는 주주가 자신의 의사를 직접 총회의 결의에 반영하는 점에서 의의가 있다.[1] 서면투표는 정관에 정함이 있어야 하지만, 전자투표는 이사회의 결의만으로 채택할 수 있다.

그러나 서면투표나 전자투표는 수정동의나 주주들의 토의결과를 반영하지 못하며, 대부분의 주주가 서면투표를 하는 경우에는 주주총회가 형해화 될 수 있게 된다.

1) 요 건 서면투표를 실시하기 위해서는 정관에 정함이 있어야 하며(§368의3①), 이 경우에도 총회소집은 생략할 수 없고 반드시 총회를 소집하여야 한다. 총회에 출석할 것인지 서면 또는 전자적 방법에 의한 의결권을 행사할 것

1) 최준선, 회, 329~331면.

인지는 주주가 선택하므로 회사는 총회를 개최하여야 한다.

정관에 서면투표제를 채택한 회사는 주주총회의 소집통지서에 주주가 서면에 의한 의결권을 행사하는데 필요한 서면과 참고자료를 첨부하여야 한다(동조②). 의결권을 행사하는데 필요한 서면이란 주주가 출석에 갈음하여 찬반의 의사를 표현할 수 있는 서면을 말한다. 그러므로 이 서면에는 의안을 특정하고 찬성 혹은 반대의 의사를 표기할 수 있도록 양식화된 사항이 기재되어야 할 것이다. 또 참고자료란 주주가 의사결정을 하는데 고려할 만한 사항을 기재한 서면을 말한다.[1]

그리고 2009년 개정상법은 자본금 총액이 10억원 미만인 소규모 주식회사는 유한회사와 같이 주주 전원의 동의가 있을 경우에는 소집절차 없이 주주총회를 개최할 수 있고, 서면에 의한 결의로써 주주총회의 결의를 갈음할 수 있게 하였다. 결의의 목적사항에 대하여 주주 전원이 서면으로 동의한 때에는 서면에 의한 결의가 있는 것으로 본다(§363⑤). 이러한 서면에 의한 결의는 주주총회의 결의와 같은 효력이 있고(동조⑥), 서면결의에 대하여 주주총회에 관한 규정을 준용한다(동조⑦).

위 내용은 회사가 전자투표를 하고자 하는 경우에도 같다(§368의4②). 상장법인의 소수주주(100분의 1 이하)들에게는 소집통지 대신에 소집공고를 할 수 있으나 서면투표를 채택한 경우에는 위 서류를 송부하여야 하므로 공고로 갈음할 수 없다고 본다. 그리고 무기명주권을 소유하는 주주에게는 소집통지를 할 수 없고 소집공고만이 가능하므로(§363③), 무기명주식만을 발행하고 있는 회사는 서면투표에 관한 규정이 적용되지 않는다.

**2) 투표의 방법** 서면에 의하여 의결권을 행사하려는 주주는 회사가 소집통지에 첨부한 서면에 필요한 사항을 기재하고 총회일의 전일까지 회사에 제출하여야 한다.[2] 제출방법에는 제한이 없으므로 우편, 직접제출, 인편 등 어느 것이나 좋다고 본다. 이 경우에도 의결권의 대리행사 및 불통일행사가 가능하다고 본다. 불통일행사의 경우에는 주주가 총회일의 3일 전에 회사에 대하여 서면으로 그 뜻과 이유를 통지하여야 한다.

서면투표가 실질적으로 효력이 생기는 것은 총회에서의 표결에 의하여 결의가 성립된 때이다. 따라서 서면의 제출기일이 경과하였더라도 결의가 성립할 때까지는 서면에 의한 의결권행사를 철회할 수 있다고 본다.[3] 의결권행사를 위한 서면

---

1) 이철송, 회, 549면.

2) 일본 회사법은 의결권행사서면을 법무성령이 정하는 때까지 회사에 제출하여야 한다(일회 §311①, 회사칙 §69 총회일시의 직전 영업시간 종료시점).

3) 최준선, 회, 330면.

을 제출한 주주가 직접 총회에 출석하여 의안의 심의에 참여하는 경우에는 서면에 의결권행사를 철회한 것으로 본다.

전자투표를 하고자 하는 주주는 전자서명법에서 정하는 방법으로 주주확인을 받아야 하며(§368의4③), 투표할 기간은 회사가 정하되 주주총회 전날까지 전자투표를 완료하도록 해야 한다. 전자투표를 한 주주는 의결권 행사내용을 철회하거나 변경하지 못한다. 회사 또는 전자투표의 운영을 담당하는 자는 총회의 개표시까지 전자투표의 결과를 공개해서는 안 된다.

3) 효 과  주주가 서면투표 또는 전자투표를 한 경우 주주가 직접 총회에 참석한 것과 같은 효과가 있다. 따라서 투표된 수는 출석정족수의 산정에 있어 발행주식총수에 산입되고(§371①), 의결정족수의 산정에 있어서도 출석한 주주의 의결권의 수에 산입된다(동조②).

찬부의 표시를 하지 않은 서면투표의 경우에는 위임장의 경우와 달리 결의에 찬성하지 않는 것으로 본다. 그리고 서면투표의 대상인 의안에 대하여 총회에서 수정제안을 한 때에는 회사에 제출된 원안에 찬성한 서면투표는 수정제안에 대하여 모두 반대표로 취급되고, 원안에 반대한 서면투표는 수정제안에 대하여는 기권으로 보는 것이 합리적이라고 할 것이다. 한편 의제와 관계가 없는 의사진행에 관한 동의에 대하여는 총회에 출석한 주주만이 의결권을 행사하여야 할 것이다.

4) 양 제도의 동시허용 및 기록보존  회사가 서면투표와 전자투표를 동시에 허용할 수 있지만 동일한 주식에 대해서는 어느 한 방법을 선택하도록 해야 한다(§368의2④). 동일주주가 소유주식을 나누어 서면투표와 전자투표를 이용하는 경우 투표의 내용이 다르면 의결권불통일행사에 해당하므로 그 요건과 절차에 따라야 할 것이다. 그 내용이 같다면 무효는 아니라고 보아야 할 것이다.[1] 주주가 동일 주식으로써 서면투표와 전자투표를 한 경우에 대하여 규정이 없으나 이 경우에는 회사의 선택을 허용해야 할 것으로 본다.[2]

의결권행사에 관한 전자적 기록은 회의일부터 3개월간 본점에 비치하고, 총회 후 5년간 보존하여야 한다(동조⑤). 명문규정은 없으나 주주, 이사, 감사로 하여금 열람할 수 있게 하여야 할 것이다.[3] 전자투표의 시행은 상당한 기술을 요하므로 명의개서 대리인을 선임하여 그 업무를 위임하는 것처럼 전자투표관리기관을 지

1) 이철송, 회, 552~553면.
2) 이에 대하여 일본은 회사가 처리할 방침을 정하도록 한다(일회규칙 §63 4호).
3) 이철송, 회, 552~553면.

정하여 주주확인절차 등의 운영을 위탁할 수 있다(상령 §5의2④).

### 《일본 회사법상 서면 또는 전자문서에 의한 의결권 행사》

#### 1. 총 설

회사는 총회의 소집결정을 할 때 총회에 출석하지 않는 주주가 서면 또는 전자적 방법으로 의결권을 행사할 수 있도록 하는 정관에 정할 수 있다(일회 §298①3~4호). 이 경우 총회의 소집통지에는 그 뜻을 기재한 서면 또는 전자적 방법으로 통지할 것을 요한다(일회 §299②~④). 주주의 수가 1000명 이상인 경우에는 주주총회에 출석하지 않는 주주가 서면에 의한 의결권을 행사할 수 있도록 하여야 한다(상장회사로서 법무성령이 정하는 경우 예외임, 일회 §298②).

서면에 의한 의결권행사는 주주총회가 현실적으로 개최되는 것을 전제로 하고 있는 제도이므로 총회의 개최가 없는 서면결의제도와는 다르다. 회사가 주주전원에게 의결권행사의 서면을 송부한 후에 일부의 주주에게 의결권행사의 위임장을 권유하는 것은 가능하다.

#### 2. 의결권행사서면 및 참고자료의 송부

서면에 의한 의결권 행사를 정한 경우 이사는 총회의 소집통지시에 법무성령에 따라 주주총회참고서류 및 의결권행사서류를 주주에게 교부하여야 한다(일회 §301①). 총회의 소집통지를 전자적 방법으로 할 것을 승낙한 주주에게는 위의 서류를 전자적 방법으로 제공할 수 있지만, 주주의 청구가 있으면 이 서류를 교부하여야 한다(동조②). 전자적 방법에 의한 의결권행사를 정한 경우에도 위와 같다(일회 §302①~③).

전자적 방법에 의한 소집통지를 승낙하지 않은 주주가 총회일의 1주간 전까지 의결권행사 서면결의사항을 전자적 방법으로 제공할 것을 청구한 경우에는 이사는 법무성령에 따라 지체 없이 이에 따라야 한다(동조④).

#### 3. 의결권의 행사

서면에 의한 의결권 행사는 의결권행사서면에 필요사항을 기재하고 법무성령으로 정하는 때까지 회사에 제출해야 한다(일회 §311①). 이와 같이 행사된 의결권의 수는 총회출석주주의 의결권의 수에 산입되며(동조②), 회사는 의결권행사서면을 총회일로부터 3개월간 본점에 비치하고(동조③) 주주의 열람 및 등사청구에 제공하여야 한다(동조④).

전자투표의 경우에도 위의 내용과 같다(일회 §312①~⑤).

## 5. 주주총회의 의사

### (1) 의사방법

주주총회의 의사방법에 관하여는 상법에 명문규정이 없으므로 정관 또는 총회의 결의에 의하고, 이것도 없으면 관습이나 회의의 일반원칙에 의한다. 주식이 분산되어 경영자나 지배주주의 전횡이 나타나기 쉬운 현대회사에 있어서는 일반주주를 보호하기 위하여 의사의 공정이 필요하다.

### (2) 의 장

1) 선 임 　　주주총회는 회의체의 기관이므로 의사진행을 맡는 의장이 필요하다. 보통은 정관의 규정에 의하여 대표이사가 의장이 되지만 정관의 규정이 없으면 주주총회에서 의장을 선출하여야 한다(§366의2①). 의장의 선임은 보통결의에 의한다(§368①). 정관에 의하여 대표이사의 유고시에 의장이 될 자(부사장, 전무이사, 상무이사, 총무이사 등)의 순서를 정하는 것이 보통이다. 의장은 반드시 주주일 필요는 없다. 또한 주주총회의 결의에 관하여 특별한 이해관계를 갖더라도 의결권이 제한되는 것과는 달리 의사진행을 할 수 있다고 본다.[1]

종래 소수주주가 법원의 허가를 얻어 임시주주총회를 소집한 경우에는 그 총회에서 의장을 별도로 선임하여야 한다는 견해[2]와 정관에 정한 의장이 의사를 진행한다는 견해[3]가 있었으나, 2011년 개정상법은 이 경우에 이해관계인의 신청 또는 법원이 직권으로 의장을 결정하도록 하였다(§366②). 법원의 명령에 의하여 대표이사가 총회를 소집한 경우(§467③)도 동일하게 보아야 할 것이다.

2) 권 한 　　의장은 질서를 유지하고 의사를 정리한다(§366의2②). 의사의 정리란 출석주주의 확인, 개회선언, 각종 발언의 정리, 동의 처리, 표결실시, 찬반표의 점검, 가결 또는 부결선언, 폐회선언 등 일체의 회의절차를 관장하는 것이다.

그리고 총회장에서 고의로 의사진행을 방해하기 위한 발언을 하거나 행동을 하는 등 현저히 질서를 문란하게 하는 자에 대하여는 그 발언의 정지 또는 퇴장을 명할 수 있다(동조③). 이는 이른바 총회꾼들이 총회장에서 회의질서를 교란하여

---

1) 이철송, 회, 533면; 정찬형, 상, 850면.

2) 최기원, 484면; 최준선, 회, 340면.

3) 정동윤, 348면.

총회의 진행을 방해하는 것을 막고 주주총회의 운영을 원활하게 하기 위하여 의장에게 부여된 권한이다.[1] 이때 퇴장당한 주주는 출석한 주주의 의결권의 수에 산입하지 않는다고 본다.[2] 그러나 의장의 조치가 부당한 때에 주주는 결의취소의 소를 제기할 수 있다(§376).

의장은 의사진행에 대한 권한만을 가질 뿐이며 가부동수인 의안의 결정권을 가질 수는 없다. 의장의 의사정리는 공정하게 하여야 하지만 찬반의 유도, 주주발언의 봉쇄 등의 경우에는 결의취소의 사유가 된다.

### (3) 의사록

총회의 의사에는 의사록을 작성하여야 하는데(§373①), 의사록에는 의사의 경과요령과 그 결과를 기재하고 의장과 출석한 이사가 기명날인 또는 서명을 하여야 한다(동조②). 그리고 이사는 이 의사록을 본점과 지점에 비치하여야 하며(§396①), 주주나 회사채권자는 영업시간 내라면 언제든지 그 열람 또는 등사를 청구할 수 있다(동조②). 의사록은 증거를 위한 것이기 때문에 주주총회의 성립과 결의에 관해 중요한 증거자료가 되지만, 이를 비치하지 않았더라도 주주총회 결의의 효력에는 영향이 없다(통설). 보존기간에 대한 규정은 없지만, 10년간 보존해야 한다고 본다(상업장부 §33① 유추).

**《일본 회사법상 주주총회의 의사와 의장》**

주주총회는 의장이 출석주주의 자격을 조사하고 정족수를 확인하여 그 결과를 총회에 보고한 후 개회를 선언하여 성립한다. 의사진행방법에 관해서는 회사법상 다른 정함은 없고 회의체의 일반원칙에 따르는 외에 정관이나 총회의 결의로써 적당하게 정할 수 있다.

의장은 정관에서 사장이 맡는다고 정함을 두는 것이 보통이지만, 이러한 정함이 없는 경우에는 총회에서 선임한다. 정관에서 정하는 의장이 주주가 아니더라도 의장은 총회의 지휘와 운영에 종사하는 자일 뿐이므로 상관이 없다. 의장은 총회의 질서를 유지하고 의사를 정리할 권한을 가지며(일회 §315①), 그의 명령에 따르지 않는 자나 총회의 질서를 교란하는 자를 퇴장시킬 수 있다(동조②).

---

1) 이에 대하여 이철송 교수는 사인의 회의체에 관한 한 위헌이며, 의장에게 주주의 권리를 박탈할 수 있는 권한이나 경찰권을 부여할 수 없다고 한다(이철송, 회, 445면).

2) 정찬형, 상, 850면.

## 제 5 종류주주총회

### 1. 의 의

종류주주총회란 종류주식을 발행한 회사에서 주주총회의 결의에 의하여 어느 특정한 종류의 주식을 가진 주주에게만 손해가 발생하게 될 경우 그러한 종류주주만으로 구성되는 주주총회를 말한다. 수적으로 우세한 종류의 주주에 의하여 다른 종류의 주주의 이익이 침해되는 것을 방지하기 위한 것이다. 이는 회사의 기관이 아니며 특정 주주총회의 결의의 효력을 발생시키기 위한 부가적인 제도이다.

### 2. 종류주주총회의 결의가 필요한 경우

회사가 종류주식을 발행한 경우에 ① 정관을 변경함으로써 어느 종류의 주주에게 손해를 미치게 될 때(§435①), ② 주식의 종류에 따라 신주의 인수, 주식의 병합·분할·소각 또는 주식교환, 주식이전, 회사의 합병·분할·분할합병으로 인한 주식의 배정에 관하여 특수한 정함을 하는 경우 그 결과가 어느 종류의 주주에게 손해를 미치게 될 때(§436, §344③) 또는 ③ 분할·분할합병으로 인하여 어느 종류의 주주에게 손해를 미치게 될 때(§436후단, §530의3⑤)에는 주주총회의 특별결의 외에 그 종류주주만으로 구성된 주주총회의 결의가 있어야 한다. 종류주주총회가 필요한 위의 사항 중에서 공통되는 요건은 어느 종류의 주주에게 손해가 미치게 될 때이다.

### 3. 결의방법

종류주주총회의 결의는 출석한 종류주주의 의결권의 3분의 2 이상의 수와 그 종류의 발행주식 총수의 3분의 1 이상의 수로써 하여야 한다(§435②). 이 결의요건은 정관의 규정으로 가중 또는 감경하지 못한다고 본다.[1] 무의결권주주들의 종류주주총회에서는 무의결권주주도 의결권을 행사할 수 있다. 기타 종류주주총회의

1) 최준선, 회, 350면; 최기원, 500면; 정동윤, 363면; 정찬형, 상, 869면.

소집과 운영에 관한 사항은 의결권 없는 주식을 제외하고는 주주총회에 관한 규정을 준용한다(동조③).

## 4. 종류주주총회의 효력

본래 종류주주총회는 회사의 기관이 될 수 없고, 독립한 주주총회도 아니다. 종류주주총회는 주주총회나 이사회결의의 효력을 발생시키기 위한 추가적인 요건에 불과하다. 따라서 종류주주총회를 요함에도 불구하고 그 결의가 없거나 또는 그 결의가 무효 또는 취소가 된 경우에는 주주총회의 결의 자체의 효력이 발생하지 않는 주주총회결의불발효 상태에 있다고 한다.[1]

이에 대하여 판례는 주주총회결의불발효의 경우 주주총회결의의 하자에 관한 상법상의 규정이 유추적용 되지 않고 민사소송법의 규정에 따라 주주총회결의불발효확인의 소를 제기할 수 있다는 견해가 있다.[2] 그러나 상법은 편의상 종류주주총회의 소집·의사·결의 등에 관하여 모두 주주총회의 규정을 준용하도록 하고 있으므로 그 종류주주총회의 결의에 대하여도 주주총회의 결의의 하자에 관한 규정이 준용된다고 본다.[3] 특히 결의취소사유로 보는 것이 타당할 것이다.[4]

### 《일본 회사법상 종류주주총회》

#### 1. 의 의

일본의 종류주주총회도 그 자체는 주주총회가 아니고 어느 종류의 주주의 의사를 결정하는 집회에 불과하지만, 주주총회에 관한 규정이 준용되고(일회 §325), 회사법이 규정하는 사항이나 정관으로 정하는 사항에 한하여 결의할 수 있다(일회 §321).

#### 2. 요 건

종류주식발행회사가 이하의 행위를 하는 경우, 이것이 어느 종류의 주식의 종류주주에게 손해를 미칠 염려가 있는 때에는 별도로 당해 종류주주의 총회결의가 없으면 주주총회의 효력이 발생하지 않는다. 그리고 이 종류주주에 해당하는 주식이 2종류 이상인 경우에는 각 종류별로 구별된 종류주주총회의 결의가 필요하다(일회

---

1) 정동윤, 363면; 이기수 외, 396면.

2) 정동윤, 363~337면; 정찬형, 상, 875면; 대판 2006.1.27, 2004다44575.

3) 손주찬, 739면; 최기원, 500면.

4) 이철송, 회, 588면; 최준선, 회, 51~352면:

§322①1~13호).

① 주식종류의 추가, 주식내용의 변경, 발행가능한 주식의 총수·발행가능한 종류주식의 총수의 증가에 관한 정관의 변경, ② 주식의 병합, 분할, ③ 주식의 무상배당, ④ 주식인수인의 모집, ⑤ 신주인수권을 인수할 자의 모집, ⑥ 신주예약권의 무상배당, ⑦ 합병, ⑧ 흡수분할, ⑨ 흡수분할에 의하여 다른 회사가 그 사업에 관하여 갖는 권리의무의 전부 또는 일부의 승계, ⑩ 신설분할, ⑪ 주식교환, ⑫ 주식교환에 의하여 다른 주식회사의 발행된 주식전부의 취득, ⑬ 주식이전.

종류주식발행회사는 어느 종류주식의 내용으로서 상기 각호에 관한 종류주주총회의 결의를 요하지 않는 뜻을 정관으로 정할 수 있으나(일회 §322②), ①의 정관변경은 이에 한하지 않는다(동조③).

#### 3. 정관으로 종류주주총회의 결의를 요하는 경우

어느 종류주식의 내용으로서 주주총회결의 외에 종류주주총회의 결의를 정관으로 정하는 경우에는 주주총회나 이사회, 청산인회 결의 외에 당해 종류주주총회의 결의가 없으면 효력이 생기지 않는다. 다만 당해 종류주주총회에서 의결권을 행사할 수 있는 종류주주가 없는 경우에는 이에 한하지 않는다(일회 §323).

#### 4. 종류주주총회의 결의

종류주주총회의 결의는 정관에 다른 정함이 있는 경우를 제외하고 원칙적으로 당해 종류주식의 총주주의 의결권의 과반수를 갖는 주주가 출석하고, 출석한 의결권의 과반수로써 하는 보통결의가 있다(일회 §324①). 그리고 당해 종류주주총회에서 의결권을 행사할 수 있는 주주의 의결권의 과반수를 갖는 주주가 출석하고, 출석주주 의결권의 3분의 2 이상의 다수로써 하는 특별결의가 있다. 이 경우 당해 결의요건에 더하여 일정수 이상의 주주의 찬성을 요하는 뜻 기타 요건을 정관으로 정할 수 있다(동조②1~6호). 또 당해 종류주주총회에서 의결권을 행사할 수 있는 주주의 반수 이상, 당해 주주의 의결권의 3분의 2 이상에 해당하는 다수로써 하는 특수결의가 있다(동조③).

## 제 6 반대주주의 주식매수청구권

### 1. 의 의

회사의 존재 등에 중대한 변화를 초래하는 사업양도 등에 관하여 다수주주와 견해를 달리하는 주주를 사내에 강제적으로 붙잡아 두는 것은 원활한 회사운영이나 반대주주의 이익을 위하여 바람직한 것이 아니다. 그래서 회사가 영업양도·양수·임대, 주식교환, 주식이전, 회사의 합병·분할합병 등 주주총회의 특별결의를 하는 경우에 그 결의에 반대하는 주주가 자신의 소유주식을 회사로 하여금 매수하도록 청구 할 수 있는 권리를 인정하고 있다.

이 제도가 반대주주의 주식매수청구권으로서, 정관에 주식의 양도를 제한하는 규정을 둔 회사에서 이사회가 주식의 양도를 승인하지 않을 경우 주주에게 인정되는 주식매수청구권(§335의6)과 유사하지만, 그 목적과 요건을 달리한다. 즉 제335조의6이 인정하는 매수청구권은 주식의 환가방법으로서 인정되는 것이지만, 주주총회 결의에 반대하는 주주의 매수청구권은 다수결원칙으로 인하여 희생되기 쉬운 소수주주를 보호하기 위하여 미국·일본·독일 등의 입법례를 도입한 제도이다.[1]

## 2. 성 질

주식매수청구권은 일정한 요건을 갖춘 주주가 이를 일방적으로 행사하면 회사는 그 주식을 매수할 의무가 생기는 것이므로 형성권의 일종이다.[2]

주식매수청구권의 행사 즉시 당해 주식에 관한 매매계약이 성립한다고 보는 견해[3]가 있으나, 형성권의 행사 즉시 계약이 성립한다고 하기 보다는 매수가격협의 의무가 생길 뿐이라고 보아야 할 것이다.[4] 따라서 회사는 주식매수청구를 받은 날로부터 2월 이내에 주식을 매수하도록 정한 상법 제374조의2 제2항도 2월 이내에 매수가격을 협의하여 결정하여야 한다는 의미라고 해석해야 할 것이다. 협의된 가격의 지급기일에 대해서는 규정이 없으므로 가격협의시에 이를 함께 협의하여야 할 것이다. 주주의 주식매수청구권은 자익권이며, 정관으로 이를 박탈하지 못한다.

## 3. 발생요건

### (1) 주식매수청구권이 인정되는 경우

반대주주의 주식매수청구권은 상법 제374조 제1항에 의하여 주주가 ① 회사의 영업의 전부 또는 중요한 일부의 양도(1호), ② 영업전부의 임대 또는 경영위임,

---

1) 이철송, 회, 588면; 정찬형, 상, 858~859면.

2) 이기수 외, 394면; 정찬형, 상, 859면; 최준선, 회, 352면; 최기원, 422면; 정동윤, 360면.

3) 손주찬, 786면; 정동윤, 360면; 최준선, 회, 352~353면.

4) 동지: 이기수 외, 394면; 정찬형, 상, 859~860면; 최준선, 회, 353면. 2월 이내에 이행해야 한다는 견해: 최기원, 회, 422면; 정동윤, 회, 360면.

타인과 영업의 손익전부를 같이 하는 계약, 그 밖에 이에 준할 계약의 체결·변경 또는 해약(2호), ③ 회사의 영업에 중대한 영향을 미치는 다른 회사의 영업전부 또는 일부의 양수(3호)를 할 때의 필요한 특별결의사항에 반대하는 경우(§374의2①), ④ 주식교환 또는 주식이전에 관한 특별결의사항(§360의3②, §360의16②)에 반대하는 경우(§360의5, §360의22) 및 ⑤ 합병 또는 분할합병에 관한 특별결의사항(§522, §530의3②)에 반대하는 경우(§522의3, §530의11②)에만 인정된다.

다만 회사가 해산한 후 영업을 양도하거나 채무자 회생 및 파산에 관한 법률상 회사회생계획의 일환으로 영업양도나 합병을 하는 경우에는 주식매수청구권을 행사할 수 없다.[1] 주주총회의 소집통지 또는 공고를 하는 경우에는 주식매수청구권의 내용 및 행사방법을 명시하여야 한다.

### (2) 주주의 반대의사통지

회사는 주식매수청구권이 인정되는 경우의 결의를 위하여 주주총회를 소집할 때는 그 통지 또는 공고를 함에 있어서 주주가 서면으로 반대의사를 표명할 수 있도록 주식매수청구권의 내용 및 행사방법을 명시하여야 한다(§374②). 그러므로 주주는 이사회결의 후 주주총회 전에 회사에 대하여 서면으로 그 결의에 반대하는 의사를 통지하여야 한다(§360의5①, §360의22, §274의2①, §522의3①, §530의11②). 이것은 매수청구를 회사에 미리 알려서 의안제출을 재고하도록 하고 매수청구에 대한 대책을 강구할 수 있도록 하기 위한 것이다.[2]

간이합병의 경우에는 소멸회사가 총주주의 동의가 있는 경우를 제외하고 합병계약서를 작성한 날로부터 2주 내에 주주총회의 승인을 얻지 아니하고 합병한다는 뜻을 공고하거나 주주에게 통지하여야 하는데, 주식매수청구권을 행사하고자 하는 주주는 이러한 공고 또는 통지를 한 날로부터 2주 내에 회사에 대하여 서면으로 합병에 반대하는 의사를 통지하여야 한다(§522의3②). 간이주식교환(§360의9, §360의5②) 및 간이분할합병(§530의11②, §527의2, §522의3②)의 경우도 같다. 이사가 1명인 소규모 주식회사의 경우에는 주주총회의 소집통지가 있는 때에 주주총회 이전에 회사에 대하여 서면으로 그 결의에 반대하는 의사를 통지해야 한다(§383④).

주주총회의 결의에 반대하는 통지를 한 주주는 주주총회에 참석하여 다시 그 결의에 반대할 필요는 없다.[3] 반대주주가 총회에 출석하지 않더라도 그 의결권은

---

1) 정찬형, 상, 859면; 정동윤, 359면; 이철송, 회, 480면.

2) 이철송, 회, 576면; 정찬형, 상, 863면.

3) 손주찬, 734면; 최기원, 425면; 정동윤, 359면; 이철송, 회, 577면; 최준선, 회, 354~355면.

반대표에 가산하여야 한다. 그렇지 않으면 반대자가 많은데도 의안이 가결되는 모순이 있게 된다. 그러나 반대주주가 주주총회에 참석하는 것은 무방하고, 주주총회에 참석하여 반대의사를 번복하더라도 상관이 없다.[1]

### (3) 매수청구권자와 상대방

주식매수청구권자는 회사에 대하여 주주로서의 권리를 행사할 수 있는 주주로서, 사전에 당해 회사에 대하여 서면으로 반대의 통지를 한 주주이다(§360의5①, §360의22, §374의2①, §522의3①, §530의11②). 이때 "회사에 대하여 주주의 권리를 행사할 수 있는 주주"란 영업의 전부양도의 경우에는 양도회사 및 양수회사의 주주이고(§374①1~2호), 영업의 일부양도의 경우에는 양도회사의 주주이다(§374①3호). 그리고 회사의 영업에 중대한 영향을 미치는 다른 회사의 영업일부의 양수에도 주주총회의 특별결의가 필요하므로, 이때에는 양수회사의 주주도 매수청구권을 행사할 수 있다(동항 4호). 또한 주식교환의 경우에는 완전자회사가 되는 회사 및 완전모회사가 되는 회사의 주주이고(§360의3①, ②), 주식이전의 경우에는 완전자회사가 되는 회사의 주주를 말하며(§360의16①, ②), 합병 또는 분할합병의 경우에는 소멸회사 및 존속회사의 주주를 의미한다(§522①, §530의3①~③).

의결권이 없는 주식을 가진 주주도 주식매수청구권을 행사할 수 있다고 본다.[2] 왜냐하면 주식매수청구권은 소수주주의 경제적 이익을 보호하기 위한 제도이므로 의결권 행사와는 무관하기 때문이다. 자본시장법에서는 의결권이 없는 주식을 가진 주주도 주식매수청구권을 행사할 수 있음을 명문으로 규정하고 있다(자금 §165의5①). 따라서 회사는 의결권 없는 주주에게도 주주총회 개최의 사실을 통보하여 매수청구를 할 수 있는 기회를 부여해야 한다.

상장회사에서는 이사회 결의가 있고 이를 공고한 후에 주식을 취득한 주주에게는 매수청구권을 인정할 필요가 없을 것이므로, 매수청구권을 행사하고자 하는 주주는 이사회결의가 공고되기 전에 주식을 취득하였음을 증명하여야 한다(자금 §165의5①). 비상장회사의 경우에도 합병 등이 이사회에서 결의되고 그 계획이 공표된 후에 주식을 취득한 자에게는 주식매수청구권을 인정해서는 안 된다는 견해가 있다. 그러나 그 계획이 정형화된 공시방법으로 공표되지 않는 한 모든 투자자가 안다고 할 수 없으므로 주식매수청구권을 인정해야 할 것이다.[3]

---

1) 정동윤, 359~360면; 이철송, 회, 577면.

2) 최준선, 회, 355면; 최기원, 424면; 정동윤, 360면; 이철송, 회, 575~576면.

3) 이철송, 회, 576면; 정동윤, 360면; 최기원, 431면.

주식매수청구권의 상대방은 주식매수청구권자가 속하는 회사이다. 회사가 흡수합병된 경우에는 존속회사가 주식매수대금을 지급할 책임을 부담한다고 본다.[1]

### (4) 주식매수청구권의 행사

주주총회결의 반대주주는 총회의 결의일로부터 20일 이내에 주식의 종류와 수를 기재한 서면으로 회사에 대하여 자기가 소유하고 있는 주식의 매수를 청구할 수 있다. 주주가 총회결의일로부터 20일 내에 주식매수청구를 하지 아니하면 역시 실효한다. 이와 같은 사전의 반대통지와 매수청구의 2단계의 의사표시는 동일한 주주에 의하여 이루어져야 한다. 주주는 그가 소유하는 주식 중 일부만을 매수청구 할 수 있다고 본다. 매수청구는 주주의 이익을 보호하기 위한 제도이므로 주주는 매수청구를 철회할 수도 있다.

회사는 주식매수의 청구를 받은 날로부터 2월내에 그 주식을 매수하여야 한다(§360의5③, §360의22, §374의2②, §530②, §530의11②). 이것은 전술한 바와 같이 2월 이내에 매수가격을 협의·결정하여야 한다는 뜻으로 해석하여야 하며, 가격이 협의된 후 그 지급기일에 대하여는 당사자가 가격협의시에 이를 함께 합의하여야 할 것이다.

주권상장법인 또는 코스닥상장법인은 그 매수청구기간이 종료하는 날로부터 1월내에 해당 주식을 매수하여야 한다(자금 §165의5②).

회사가 주식매수청구의 원인이 된 합병 등의 행위를 중지하거나 그러한 결의를 철회한 때에는 주식매수청구의 원인이 소멸되므로 주식매수청구는 효력을 잃는다.

### (5) 매수가격의 결정

주식의 매수가격은 협의에 의하여 정하고, 협의가 결렬된 경우에는 법원에서 결정한다(§374의2③, ④). 즉 매수가격은 원칙적으로 주주와 회사간의 협의에 의하여 결정하지만 매수청구를 받은 날부터 30일 이내에 주식매수가격에 대한 협의가 이루어지지 아니한 경우에는 회사 또는 주식의 매수를 청구한 주주는 법원에 대하여 매수가격의 결정을 청구할 수 있다. 협의는 쌍방의 의사가 있는 때 가능한 것이며, 반대주주가 집단을 이루어서 하는 것이 아니고 회사와 개개인의 주주 간에 약정에 의하여 이루어지는 것이다.

법원이 매수가격을 결정할 경우에는 회사의 재산상태 그 밖의 사정을 참작하여

1) 정찬형, 상, 862면.

공정한 가격으로 이를 산정하여야 한다(§374의2④). 법원이 가격을 결정하는 것은 비송사건에 속한다. 여기에서 "공정한 가격"이라 함은 영업양도나 합병 등 결의 사항의 예정에 의해 영향 받기 전의 주식의 가격을 기준으로 산정한 가격을 말한다. 구체적인 금액은 그 주식의 시장가치, 자산가치, 수익가치 그리고 배당가치 등의 제반 요소를 고려하여 결정하여야 할 것이다.[1)]

주권상장법인의 경우에는 ① 주주와 회사간의 협의에 의하여 정한 가격, ② 협의가 이루어지지 아니하는 경우에는 이사회의 결의일 이전에 유가증권시장 또는 코스닥 시장에서 거래된 당해 주식의 거래가격을 기준으로 대통령령이 정하는 방법에 따라 산정된 금액에 의하고, ③ 당해 법인이나 매수를 청구한 주주가 그 매수가격에 반대하는 경우에는 법원에 의한 가격결정의 단계를 거친다(자금 §165의5③).

### (6) 결의하자에 관한 소와의 관계

주주총회결의에 반대하는 통지를 한 주주라도 주식매수청구 전에나 또는 동시에 주주총회결의하자에 관한 소를 제기할 수 있을 것이다(병존설). 주식매수청구를 하더라도 결의의 하자가 치유되는 것은 아니고, 총회결의에 반대하는 통지를 하였더라도 매수청구권이 실효되는 경우도 있기 때문이다. 그러나 주식대금이 지급되기 전에 결의의 효력을 다투는 소의 판결이 확정된 때에는 주식매수청구는 실효하고, 반대로 판결 확정 전에 주식대금을 지급받은 경우에는 원고가 주주의 지위를 상실하였으므로 그가 제기한 결의취소의 소 등은 당사자적격의 흠결로 각하되어야 할 것이다.[2)]

**《일본 회사법상의 반대주주의 주식매수청구권》**

**1. 절 차**

사업양도 등에 관하여 반대주주는 양도회사에 대하여 자기가 소유하는 주식을 공정한 가격으로 매수할 것을 청구할 수 있다(일회 §469①). 이 경우 반대주주라 함은 ① 사업양도 등을 위하여 주주총회 결의를 요하는 경우에 당해 결의에 앞서 반대의 뜻을 회사에 통지하고 또한 당해 총회에서 결의에 반대한 주주(의결권을 행사한 자에 한정됨) 및 당해 총회에서 의결권을 행사할 수 없는 주주, ② 위의 경우 외에는 모든 주주를 말한다(동조②).

---

1) 이철송, 회, 579면, 소위 'Delaware block approach'라고 하여 델라웨어 주의 판례가 개발한 방법이고, 다른 주에서도 이를 추종하고 있다(예: Piemonte v. New Boston Carden Corp. Supreme Court, 377 Mass. 719. 389 N.E. 2d 1145(1979)).

2) 최준선, 회, 357면; 정동윤, 361면.

사업양도 등을 하려는 회사는 효력발생일 20일 전까지 그 주주에 대하여 사업양도 등의 뜻을 통지하여야 한다(동조③). 당해 회사가 공개회사 또는 총회결의에 따라 사업양도 등의 계약의 승인을 받은 회사인 경우에는 공고로써 대신할 수 있다(동조④). 주식매수청구권은 효력발생일 20일 전부터 전일까지의 사이에 매수청구에 관련된 주식의 수를 명백히 하여야 한다(동조⑤).

주식매수청구를 한 주주는 사업양도 등을 하는 주식회사의 승낙을 얻은 경우에 한하여 이 청구를 철회할 수 있다(동조⑥). 사업양도 등을 중지한 경우에는 주식매수청구는 효력을 상실한다(동조⑥).

#### 2. 매수가격의 결정

주식의 매수청구가 되고, 주식의 가격결정에 관하여 주주와 회사 간에 협의가 이루어진 때는 회사는 효력발생일로부터 60일 이내에 지불하여야 한다(일회 §470①). 효력발생일로부터 30일 이내에 협의가 이루어지지 않는 때는 주주 또는 회사는 이 기간만료일 후 30일 이내에 법원에 가격결정을 신청할 수 있다(동조②). 효력발생일로부터 60일 이내에 이 신청이 없는 때는 이 기간만료 후, 주주는 언제든지 주식매수를 청구할 수 있다(동조③).

## 제 7 이익공여의 금지

### 1. 이익공여 의의

이익공여금지란 회사는 누구에게든지 주주의 권리행사와 관련하여 재산상의 이익을 공여할 수 없다는 것이다(§467의2①). 이와 같은 규정을 통하여 종래 총회꾼들에게 금품 기타의 재산상의 이익을 공여해 온 부조리를 제거하여 회사의 이익을 보호하고 올바른 주주권의 행사를 확보하여, 주주총회의 운영을 정상화 시키려는 목적이다.[1)]

### 2. 이익공여의 요건

이익공여자는 회사이다. 회사란 명의자와는 상관없이 회사의 계산으로라는 의미이므로[2)] 이사나 사용인 등이 자기의 계산으로 이익을 공여하더라도 여기에 포

---

1) 정찬형, 상, 1143~1144면; 정희철, 582면.

2) 정동윤, 647면.

함되지 않는다. 그리고 이익공여의 상대방은 제한이 없으므로 주주에 한하지 않고 주주와 특별관계에 있는 자, 주주가 지정한 자 등이 포함될 수 있다. 이익공여는 주주의 권리행사에 관한 것이어야 하며, 주주의 권리란 모든 주주권으로서 자익권·공익권을 포함하고, 권리행사는 불행사 및 행사방법 등을 포함한다.

그런데 주주의 권리행사에 관한 것인지의 여부는 입증이 상당히 곤란하다. 따라서 상법은 추정규정을 두어, 회사가 특정주주에 대하여 한 무상의 이익공여 및 반대급부가 현저하게 적은 유상의 이익공여는 주주의 권리행사와 관련하여 한 것이라고 추정한다(동조②). 이익공여는 재산상의 이익을 공여하는 것으로서 금전은 물론, 동산·부동산·유가증권 및 각종의 이권을 제공하는 것이다. 향응제공, 공사의 도급, 총회참석자에 대한 고가의 기념품 제공, 총회대책비 사용 등도 이에 해당한다.

## 3. 이익공여의 효과

회사가 상법 제467조의2에 위반하여 재산상의 이익을 공여한 때에는 그 이익을 공여 받은 자는 이를 회사에 반환하여야 한다. 상법은 부당이득에 관한 특칙으로서 이익의 공여를 받은 자는 이를 회사에 반환하도록 하고, 회사에 대하여 반대급부를 한 때에는 그 반환을 받을 수 있다고 규정하고 있다(동조③). 회사의 이익반환청구는 대표이사가 이를 한다. 그리고 소수주주도 회사의 이익을 위하여 이익반환청구에 관한 대표소송을 제기할 수 있다(동조④). 그러나 이익의 수령은 의결권행사의 한 가지 동기에 불과하므로 이익을 얻은 대가로 의결권을 행사하였다고 하더라도 주주총회의 결의 자체는 유효하다.[1)]

이사가 법률을 위반하여 이익을 공여한 경우에는 회사에 대하여 연대하여 손해배상책임(§399)을 지며, 감사 또는 감사위원회 위원도 이사의 이익공여에 관하여 임무를 해태한 경우에는 같은 책임을 진다(§414①, §415의2⑥). 본조를 위하여 이익을 공여한 이사·감사·감사위원회 위원 및 사용인 등은 1년 이하의 징역 또는 300만원 이하의 벌금에 처한다(§634의2①). 이때에 이러한 이익을 수수하거나 제3자에게 이를 공여하게 한 자도 함께 형벌의 제재를 받는다(동조②).

---

1) 최준선, 회, 360면; 이철송, 회, 975~976면; 정동윤, 648면; 채이식, 736면; 정찬형, 상, 1146면.

## 제 8 주주총회결의의 하자

### 1. 총 설

주주총회결의의 하자란 외관상 주식회사의 의사결정인 주주총회의 결의가 존재하지만, 그 결의의 절차나 내용이 법령·정관을 위반했거나 부당하여 그 효력을 인정할 수 없거나, 총회의 소집절차 또는 결의방법에 총회의 결의가 존재한다고 볼 수 없을 정도의 중대한 흠이 있는 경우이다. 이러한 경우에는 당연히 정당한 단체의사로 인정할 수 없고, 그 효력이 부정되어야 할 것이다.

그러나 주주총회의 결의는 사단적 법률행위이므로 그 성립과정에서 다수인의 의사와 이해관계가 관련되며, 결의가 이루어지면 결의의 유효를 전제로 각종의 후속행위가 이루어지므로 무효·취소의 일반원칙에 따라 해결하기가 어렵게 된다. 그러므로 상법은 단체법적 성질을 고려하여 결의의 효력을 부정할 원인이 되는 하자의 유형을 법정하고, 원칙적으로 소만으로 주장할 수 있게 하는 동시에 하자의 유형에 따라 결의취소의 소, 결의무효확인의 소, 결의부존재확인의 소, 부당결의취소·변경의 소로 소의 종류를 법정하고, 그에 대한 판결의 효력을 별도로 정함으로써 이해관계의 조정을 꾀하고 있다. 다만 무효 확인의 소의 성질을 확인의 소로 볼 것인지 형성의 소로 볼 것인지는 다툼이 있는데, 어느 쪽을 취하느냐에 따라 주장방법과 효력에 차이가 난다.[1]

주주총회 결의의 하자에 관한 소의 대상이 되는 결의는 주주총회의 결의뿐만 아니라 종류주주총회의 결의 및 부결된 결의도 포함한다.[2]

---

1) 양동석 "주주총회 결의의 하자에 관한 소", 조선대 사회과학연구 제9집, 251면 이하.

2) 양동석, 상게 주주총회 결의의 하자에 관한 소, 252면.

[표-2] 각 소의 비교

| 비교사항 \ 종류 | 취소의 소 (§§376~379) | 무효확인의 소 (§380) | 부존재확인의 소 (§380) | 부당결의취소·변경의 소(§381) |
|---|---|---|---|---|
| 소의 원인 | 절차상의 하자 (형식적 하자) (소집절차·결의 방법이 법령·정관에 위반하거나 현저한 불공정), (실질적 하자) (결의내용의 정관 위반) | 내용상의 하자 (실질적 하자) (결의내용이 법령, 사회질서, 주식회사의 본질에 위반) | 절차상의 하자 (중대한 형식적 하자) (소집절차·결의방법 등 결의가 존재한다고 볼 수 없을 때) | 내용상의 하자 (특별한 이해관계 있는 주주를 배제하고 한 결의의 내용이 현저히 부당) |
| 소의 성질 | 형성의 소 | 형성소송설 확인소송설 | 형성소송설 확인소송설 | 형성의 소 |
| 제소권자 | 주주·이사·감사 | 소의 이익이 있는 자 | 소의 이익이 있는 자 | 의결권을 행사하지 못한 특별한 이해관계 있는 주주 |
| 제소기간 | 결의일로부터 2월 | 없음 | 없음 | 결의일로부터 2월 |
| 절차 | (피고, 전속관할, 소제기의 공고, 병합심리, 제소주주의 담보제공의무, 등기) 동일함 | | | |
| 법원의 재량 기각 | 가능(§379) | 불가능 | | |
| 기판력의 범위 | 대세적 효력 | | | |
| 판결의 소급효 | 소 급 | | | |
| 패소 원고의 책임 | 악의·중과실의 경우에 회사에 대한 연대책임 | | | |

## 2. 결의취소의 소

### (1) 의 의

총회의 소집절차 또는 결의방법이 법령 또는 정관에 위반하거나 현저하게 불공정한 때 또는 결의의 내용이 정관에 위반한 때에는 주주, 이사 또는 감사는 결의의 날로부터 2월 내에 결의취소의 소를 제기할 수 있다(§376①). 주주총회 결의취소는 결의의 형식적 하자와 그 내용이 정관에 위반한 경우 소에 의해서만 가능하고, 제소권자와 제소기간에 제한이 있다. 결의취소의 소는 형성의 소이므로 결의가 판결에 의해 취소되기 전에는 유효한 것으로 다루어지고, 소에 의하지 아니하고 다른 방법으로 주장할 수 없다. 따라서 주주, 이사, 감사 외에는 결의취소의 소를 제기할 수 없으며, 제소기간이 경과하면 하자는 치유된다.[1]

1) 양동석, 상게 논문, 252면.

**1) 소집절차상의 하자** 소집절차에 하자가 있는 경우로는, 이사회의 결의 없이 또는 하자 있는 이사회의 결의에 따라 주주총회를 소집한 경우,[1] 대표이사 직무대행자가 법원의 허가를 얻지 아니하고 임시주주총회를 소집한 경우, 일부주주에 대한 소집통지흠결 등 주주평등의 원칙에 위반하는 경우,[2] 소집통지 기간의 부족, 회의목적사항, 의사일정, 의안의 요령 등을 기재하지 않은 소집통지서의 흠결, 참고자료를 첨부하지 않은 경우, 총회개최일시 및 장소가 부적당한 경우 등이다.

다른 주주에게 소집통지가 없었다는 등 다른 주주에 대한 소집절차의 하자를 원인으로 하여 결의의 취소를 청구할 수도 있고, 회사가 정당한 이유 없이 명의개서의 청구를 거절하고 동인에게 소집통지를 하지 않은 경우도 결의취소의 원인이 된다. 그러나 1인회사 또는 전원출석 총회의 경우에는 소집절차상의 하자는 결의취소의 원인이 되지 않는다.[3]

**2) 결의방법의 법령위반** 결의방법이 법령 또는 정관에 위반한 경우로는 주주 또는 대리인이 아닌 자의 결의참가, 특별이해관계인 등 의결권이 제한되는 자의 의결권 행사,[4] 정족수미달 결의, 정관상 의장이 될 사람이 아닌 자가 의장이 되어 의사에 관여한 경우,[5] 이사의 불출석, 소집통지서에 기재하지 않은 사항의 결의, 주주의 회의장 입장을 부당하게 방해한 경우, 재무제표 및 감사보고서 비치가 안 된 경우, 총회의 연기 또는 속행의 결의에 하자가 있는 경우, 종류주주총회가 없는 경우 등이다.

의결권 없는 주주가 의결권을 행사한 경우(§370), 회사가 자기주식을 가지고 또는 자회사가 모회사주식을 가지고 의결권을 행사한 경우(§341, §342의2), 의결권이 휴지되는 상호주(§369③)를 가지고 의결권을 행사한 경우, 감사선임결의에서 어느 주주가 100분의 3을 초과하는 의결권을 행사하는 경우(§409②) 등이다.

**3) 결의방법의 불공정** 부당하게 주주발언을 제한하거나 퇴장시키는 경우, 총회꾼을 동원하는 등 공포 분위기를 조성하여 결의하는 경우, 결의에 반대가 예상되는 주주의 출석을 지연시키고 이를 틈타 안건을 가결시킨 경우, 표결이 주

---

1) 대판 1980.10.27, 79다1264.
2) 대판 1981.7.28, 80다2745.
3) 대판 1966.9.20, 66다1187; 동 1992.6.23, 91다19500; 동 1979.6.26, 78다1794.
4) 대판 1983.8.23, 83도748.
5) 대판 1977.9.28, 76다2386.

주의 의사표시를 왜곡시키는 방법으로 이루어진 경우 등은 결의방법이 현저하게 불공정한 경우가 될 것이다.[1]

**4) 결의내용의 정관위반** 과거에는 결의내용이 정관에 위반한 경우에는 결의무효사유였으나, 1995년 개정법에서는 결의취소사유로 하였다. 결의의 하자를 형식적인 하자와 실질적인 하자로 분류하고 전자를 취소사유로, 후자를 무효사유로 한다면 결의내용이 정관에 위반한 것은 무효사유로 해야 할 것이다.[2]

그러나 정관은 자치법규로서 이를 위반한 경우에 누구든지 무효를 주장할 수 있도록 하는 것보다는 제소권자와 제소기간을 제한하는 취소사유로 하는 것이 회사와 주주의 이익을 보호하기 위하여 유리할 것이다. 결의의 취소와 무효를 상법이 정하는 효력면에서 분류한다면 취소사유는 회사의 구성원들이 특히 주장하지 않는 한 시간의 경과에 의해 치유될 수 있는 하자이고, 무효는 구성원들의 주장 유무에 불구하고 치유되지 않는 하자라고 분류할 수 있다. 그러므로 개정법은 하자의 성격에 부합하는 효과를 주기 위해 정관위반을 취소사유로 바꾸었다.[3] 결의의 내용이 정관을 위반함과 동시에 법령을 위반하는 경우에는 당연히 무효사유가 된다.

결의내용이 정관에 위반한 예로서는 정관이 정하는 이사의 성격에 미달하는 자를 이사로 선임하는 결의, 정관이 정하는 정원을 초과하여 이사를 선임하는 결의, 이사에게 정관에서 정한 금액 이상의 보수를 지급하는 결의 등이다.

### (2) 소의 당사자

**1) 원 고** 결의취소의 소를 제기할 수 있는 자는 주주, 이사 또는 감사에 한한다(§376①). 결의취소판결의 단체적 효과를 감안하여 소송과의 관계에서 이해관계가 가장 크고 또 충실한 소송수행을 기대할 수 있는 자에 한하여 원고적격을 인정한 것이다.[4]

결의취소의 소는 회사조직의 건전성을 유지하기 위한 제도이므로 현재의 모든 주주가 이해관계를 갖는다. 다만 제소권자로서 주주는 주주명부에 등재된 주주만을 뜻하므로 명의개서를 하지 아니한 주식양수인은 제소권이 없다. 결의에 의해

---

1) 대판 1996.12.20, 96다39998.

2) 이철송, 회, 586면.

3) 이철송, 회, 609면.

4) 이시윤, 민소, 151면; 이철송, 회, 494면; 최기원, 530면; 정동윤, 367면; 양동석, 전게 주주총회 결의의 하자에 관한 소, 257면.

주주가 개별적으로 불이익을 입었느냐를 묻지 않으며,[1] 하자와 무관한 주주도 다른 주주에 대한 소집절차의 하자를 이유로 소를 제기할 수 있다.[2] 따라서 주주는 결의 당시의 주주임을 요하지 않으며 제소 당시의 주주이면 족하다(통설).

의결권 없는 주식을 소유한 주주는 결의취소의 소권이 없다는 학설도 있으나[3] 결의취소의 소권은 공익권이므로 의결권 없는 주식의 주주에게도 이를 인정하여야 할 것이다.[4] 그리고 제소주주는 당해소송의 판결이 확정될 때가지 계속 주주의 자격을 유지하여야 하며, 주식을 양도하는 경우에는 양도인의 소송상의 지위는 승계되지 않는다. 그러나 판례는 신주발행무효의 소 계속 중 그 원고 적격의 근거가 되는 주식이 양도된 경우에, 그 양수인은 제소기간 등의 요건이 충족된다면 새로운 주주의 지위에서 소를 제기할 수 있을 뿐만 아니라 양도인이 이미 제기한 기존의 소송을 적법하게 승계할 수도 있다고 한다.[5] 소송의 계속 중에 원고인 주주가 사망한 경우에는 그 상속인에게 소송이 승계된다고 본다.[6] 청산회사에 있어서는 청산인도 제소권을 가진다(§542①, §376).

소유주식수에 제한을 두지 않으므로 단독주주라도 제소할 수 있다. 모든 주주가 소익을 가지므로 하자에 관련된 주주가 아니라도 소를 제기할 수 있다. 결의에 찬성했던 주주라도 제소할 수 있으며, 그가 제소한다고 하여 신의성실에 반하는 것은 아니다.

이상의 주주 이외에도 주주총회결의 취소의 소를 제기할 수 있는 자는 제소 당시의 이사와 감사이다. 임기가 만료된 이사·감사, 사임한 이사·감사는 원고적격이 없으나, 그 퇴임으로 결원이 되어 그들의 후임이사·감사가 취임할 때까지 이사·감사로서의 권리의무가 있는 경우에는 제소할 수 있다. 청산중의 회사에서는 청산인·감사가 제소할 수 있다.

제소 당시에는 이사·감사가 아니라 하더라도 하자 있는 결의에 의하여 해임당한 이사·감사는 제소권이 있다고 보아야 한다.[7]

2) 피 고 주주총회결의취소의 소에 있어서 피고에 관하여 상법에 명문

1) 대판 1998.5.12, 98다4569.

2) 대판 2003.7.11, 2001다45584.

3) 손주찬, 742면; 이병태, 614면; 임홍근, 7면.

4) 최준선, 회, 366면; 이철송, 회, 584~585면; 최기원, 회, 515면; 정동윤, 367면; 권기범, 595면.

5) 대판 2003.2.26, 2000다42786.

6) 최기원, 516면; 정동윤, 367면; 최준선, 회, 366면.

7) 양동석, 전게 주주총회 결의의 하자에 관한 소, 259면.

의 규정이 없으나 회사로 한다는 데는 이설이 없다. 그러나 결의취소에 대하여 제3자가 반대의 이해를 가질 경우(예: 영업양도결의의 취소소송이 제기된 경우의 양수인 등)에는 이해관계인에게 소송참가를 허용해야 할 것이다.[1]

대표이사가 회사를 대표하여 소송을 수행할 것이지만, 이사가 취소의 소를 제기한 경우에는 감사가 회사를 대표하여 수행하여야 한다(§394). 회사를 대표하여 소송을 수행하는 대표이사가 비록 취소소송의 대상인 주주총회결의에서 선임된 자라 하더라도 회사를 대표할 권한이 있는 자임에는 변함이 없다.[2]

**《이사선임결의의 특수문제》**

이사선임결의의 취소 혹은 무효·부존재를 구하는 소송에 있어 문제된 이사가 변론종결 전 또는 소제기 전에 퇴임한 경우 소의 이익이 문제된다. 1995년 개정 전 결의취소판결에 소급효가 없을 때에는 판례는 문제된 이사의 퇴임으로 소의 이익이 없어진다고 하였다. 그러나 현행법 하에서는 판결에 소급효가 있으므로 이로 인해 퇴임한 이사에 관해서도 그 선임결의의 효력을 다툴 이익이 있다. 예컨대 보수의 반환을 청구한다거나 그 이사의 대외적 거래의 효력을 부정하기 위한 경우 등이다.

### (3) 제소기간

결의취소의 소는 결의가 있는 날로부터 2월 내에 제기하여야 한다(§376①). 이와 같이 단기의 제소기간을 둔 것은 취소소송의 경우 하자가 비교적 경미한데 회사의 법률관계를 장기간 불안정한 상태로 방치하는 것은 바람직하지 않기 때문이다. 2월의 기간은 제척기간이므로 이 기간을 경과하면 결의의 취소를 더 이상 다툴 수 없으며, 새로운 취소원인을 추가할 수도 없다.[3]

### (4) 소의 절차

원고가 회사의 본점소재지를 관할하는 지방법원에 취소의 소를 제기하면(§376②, §186) 회사는 지체 없이 이를 공고하여야 한다(§376②, §187). 결의취소의 소는 재산권을 목적으로 하는 것이 아니므로 소가는 5,000만 100원으로 하며(민소, 인지법 등), 법원은 수개의 소가 제기된 때에는 이를 병합심리 하여야 한다(동일한 주주총회에 대해 취소의 소와 무효확인의 소가 제기된 경우에도 동일함)(§376②, §188).

---

1) 이철송, 회, 591~592면.

2) 대판 1983.3.22, 82다카1810.

3) 양동석, 전게 주주총회 결의의 하자에 관한 소, 259면.

이사 또는 감사가 아닌 주주가 소를 제기한 경우에는 남소를 방지하기 위하여 그 주주의 악의를 소명한 회사의 청구에 따라(§377②, §176④) 법원은 주주에 대하여 상당한 담보의 제공을 명할 수 있다(§377①). 이 경우에 악의란 주주가 정당한 이유 없이 회사를 곤경에 빠뜨리려는 의도가 있는 것을 말하며, 담보는 그 소송제기로 인하여 회사가 받게 될 모든 손해를 담보하는 것이 목적이다.

결의취소의 소는 다수인간의 권리·의무의 확정을 구하는 것이므로 당사자 사이의 화해나 인낙은 허용되지 않는다.[1]

### (5) 판결의 효력

**1) 원고승소의 경우** 원고가 승소하여 취소의 판결이 확정되면, 판결의 효력은 제소자와 회사는 물론, 그 밖의 제3자에게도 미치는 대세적 효력을 갖는다(§376②, §190). 법률관계의 획일적 처리를 위해서 민사소송법상의 기판력의 주관적 범위(민소 §218)에 대한 예외적 확장을 인정한 것이다.

결의취소판결의 경우 상법 제190조 본문만을 준용하여 판결의 소급효 인정여부에 관하여는 학설과 판례의 해석에 맡겼다. 불소급효에 관한 규정을 준용하지 않는다고 하여 그것이 곧 소급효를 인정한다는 뜻은 아니므로, 취소판결의 효력이 소급하느냐 여부는 여러 가지 사정을 종합하여 판단하여야 할 것이다.

결의사항이 등기된 경우에는 결의취소판결이 확정되면 본점과 지점의 소재지에서 이를 말소하여야 한다(§378).

**2) 원고패소의 경우** 원고가 패소한 경우에는 대세적 효력은 없으므로 다른 사람이 다시 제소할 수 있지만, 실제로는 제소기간의 경과로 결의취소의 주장이 어려울 것이다. 원고가 패소한 경우에는 원고에게 악의 또는 중대한 과실이 있는 경우에 한하여 회사에 대하여 연대하여 손해배상책임을 진다(§376②, §191). 이것은 주주들의 제소권 남용을 방지하려는 것이다.

### (6) 법원의 재량기각

주주총회 결의취소의 소가 제기된 경우에는 결의의 내용·회사의 현황과 제반사정을 참작하여 오히려 그 취소를 하는 것이 부적당하다고 인정될 때에는 법원은 그 청구를 기각할 수 있다(§379). 이는 경미한 하자에 대한 남소를 방지하여 회사를 보호하기 위한 것이다. 예컨대 결의를 취소하더라도 회사나 주주에게 무익한 경우

---

1) 대판 1993.5.27, 92누14908.

또는 이미 결의가 집행되어버린 경우 등에 법원은 결의취소의 소를 재량기각 할 수 있을 것이다.[1] 결의취소는 절차적 하자의 경우에 다투는 것이므로 결의무효확인이나 부존재확인의 소의 경우에는 법원의 재량기각이 없다.

## 3. 결의무효확인의 소

### (1) 의의 및 소의 원인

주주총회의 결의내용이 법령에 위반한 경우에는 원칙적으로 누구든지, 언제든지, 어떠한 방법으로든지 그 무효를 주장할 수 있으며, 필요하면 결의무효 확인의 소를 제기할 수도 있다(§380). 결의의 내용이 법령을 위반한 경우란 예컨대 결의의 내용이 주주총회의 권한 사항이 아닌 때, 주주평등의 원칙에 위반한 경우, 주주의 유한책임원칙을 위반한 경우, 주식회사의 본질에 반하는 결의, 자산평가원칙에 위반하여 작성된 재무제표의 승인, 법률에 위반한 이익배당안의 승인, 기타 결의의 내용이 선량한 풍속 기타 사회질서에 위반하는 때 등이다.[2]

결의의 내용이 불공정한 것인 때 특히 다수결의 남용으로써 대주주가 자기 또는 제3자의 사익을 추구하는 결의를 성립시키면 결의무효사유로 보아야 할 것이다.[3] 예컨대 회사의 규모·영업실적, 이사의 직무내용 등에 비추어 과다한 금액으로 이사의 보수를 정하는 결의, 매우 불리한 조건으로 영업을 양도하는 결의, 소수주주의 청구에 의해 해임판결을 받은 이사를 재차 이사로 선임하는 결의, 대주주의 또 다른 지배회사와의 경쟁을 피하기 위해 회사의 목적사항을 변경하는 결의 등이다.

### (2) 소의 성질

상법 제380조는 결의무효확인의 소에 관하여 결의취소의 소에 관한 절차(§186 내지 §188)를 준용하고, 판결의 대세적 효력(§190조)을 준용하면서, 제소권자 및 제소기간 등에 관하여는 규정을 하지 않았기 때문에 결의무효확인의 소의 성질이 형성의 소인지 또는 확인의 소인지에 관해 학설이 대립한다.[4]

1) 대판 1987.9.8, 86다카2971; 동 2003.7.11, 2001다45584.
2) 정찬형, 상, 876~877면; 이철송, 회, 592면.
3) 이철송, 회, 593면. 이에 대하여 결의취소의 소의 사유로 보는 견해(정동윤, 367면).
4) 형성의 소라는 견해: 정동윤, 374면; 이철송, 회, 582~583면. 확인의 소라는 견해: 최기원, 527면; 강위두, 465면; 권기범, 601면; 임홍근, 424면; 최준선, 회, 372면.

종래에는 무효·부존재판결의 소급효를 제한하였으므로 소의 성질이 무엇이냐 하는 논쟁의 실익이 있었으나 1995년 개정상법은 제380조에서 제190조 본문만을 준용하기 때문에 이를 명문으로 해결하였으며 소의 성질론은 많이 퇴색하였다. 확인소송설에 의하면 무효판결의 소급효 제한을 피할 수 있었으며 소 이외의 다른 방법으로도 주장할 수도 있었다. 그러나 형성소송이라고 한다면 결의의 무효는 소로써만 주장할 수 있다는 차이가 있다. 이와 같이 소만으로 주장할 수 있는가, 다른 소송에서 항변으로 주장할 수 있는가 하는 문제는 형성소송인가 또는 확인소송인가에 따라 그 결론이 달라지므로 여전히 구별의 실익이 남아 있다.

1) **형성소송설** 결의무효확인소송은 명칭에 불구하고 형성의 소로 보고, 소에 의해서만 하자를 주장할 수 있다는 설이다. 상법 제380조가 소의 절차에 관하여 법정하고 판결의 효력에 대세적 효력을 부여한 점을 보더라도 형성의 소로 보아야 하며, 이렇게 보아야 단체의 법률관계의 획일화를 기할 수 있다고 한다.[1)]

2) **확인소송설** 다수설은 결의의 내용에 실질적 하자(무효사유)가 있으면 그 결의는 당연히 무효이고, 따라서 무효확인의 소는 그 확인을 구하는 소라고 한다. 결의가 주식회사의 본질에 반하거나 강행법규에 위반한 경우, 선량한 풍속 기타 사회질서에 반하는 경우 등은 처음부터 무효이며, 결의의 무효도 반드시 소에 의하여 주장하여야 하는 것은 아니다(항변으로 무효주장 가능). 그 결의가 무효인 이상 상법 제190조의 규정에도 불구하고 소급효 문제는 생기지 않으며(당연히 소급), 만약 소급효를 인정하지 않는다면 소제기 자체가 무의미하게 될 수 있다.

생각건대 주주총회 결의의 내용에 실질적 하자가 있는 경우 형성소송설에 입각하여 그 무효를 소에 의해서만 주장할 수 있다면 결의의 무효를 이유로 하는 청구에 있어서 2중의 절차를 필요로 하고, 반사회질서, 주식회사 본질에 반하는 결의도 판결이 확정되기 전까지는 유효하게 취급하여야 하는 부당한 결과가 초래될 수 있다. 그러므로 상법 제380조는 제소권자와 제소기간을 규정하지 않는다. 따라서 결의무효 확인의 소의 성질은 확인의 소라고 보는 것이 타당하다.[2)]

### (3) 소의 당사자

무효확인의 소는 결의취소의 소와는 달리 제소권자에 관하여 아무런 제한이 없다. 그러나 그 무효확인에 관하여 법률상 정당한 이익(소의 이익)이 있는 자만이

1) 이철송, 회, 595면; 정동윤, 374면; 이시윤, 민소, 297면.

2) 최준선, 회, 372면; 임홍근, 424면; 최기원, 527면; 강위두, 465면; 채이식, 509면; 권기범, 601면.

소를 제기할 수 있다. 주주, 이사, 감사 및 회사채권자는 대체로 확인의 이익이 있을 것이나, 제3자의 경우는 확인의 이익을 입증하여야 제소할 수 있다. 의결권 없는 주주나 결의에 찬성한 주주, 결의 당시에 주주가 아니었던 자도 확인의 이익이 있는 한 제소할 수 있다.

피고는 취소의 소와 마찬가지로 회사이다.[1)]

### (4) 제소기간 및 소의 절차·판결의 효력

결의무효확인의 소의 경우에는 결의취소의 소와는 달리 제소기간의 제한이 없으므로 제소권자는 언제든지 제소할 수 있다. 피고·관할법원·회사의 공고·원고의 담보제공·소의 절차 및 판결의 효과 등 결의취소의 소의 절차에 관한 대부분의 규정은 결의무효확인의 소에도 준용된다(§380).

다만 법원의 재량에 의한 청구기각의 규정(§379)은 주주총회결의 자체가 법률상 존재함을 전제로 하므로 주주총회결의 자체가 무효이거나 부존재한 경우에는 동 규정이 적용될 여지가 없으므로 이를 준용할 수 없다.[2)] 상법 제380조에서도 제379조(법원의 재량기각)를 준용하지 아니한다. 결의무효 확인의 소의 경우에도 다수인 간의 권리·의무의 확정을 구하는 것이므로 당사자 사이의 화해나 인낙은 허용되지 않는다. 결의무효확인의 소의 판결의 효력도 결의취소의 소의 효력과 같이 소급효와 대세적 효력이 있다.

## 4. 결의부존재확인의 소

### (1) 부존재확인의 소의 의의와 원인

총회의 소집절차 또는 결의방법에 하자가 중대하여 결의의 존재조차 인정할 수 없을 경우에는 결의부존재확인의 소가 인정된다(§380). 소집절차와 결의방법에 중대한 하자가 있는 것을 소의 원인으로 하므로 결의취소의 소와 하자의 본질(절차상의 하자)을 같이하지만 제380조에서 결의무효의 소와 같이 다루고 있어 제소권자와 제소기간의 제한을 받지 않는다는 점에서 취소의 소와 구별된다.[3)]

우리나라 비상장회사의 대부분이 가족중심의 폐쇄적인 회사로서 상법상의 기관

---

1) 대판 1982.9.14, 80다2425.

2) 최준선, 회, 376면; 정동윤, 376면; 정찬형, 상, 879면.

3) 이철송, 회, 598~599면; 양동석, 전게 주주총회 결의의 하자에 관한 소, 262~263면.

운영절차를 무시한 채 운영되고 있는 실정이므로 대부분 회사의 주주총회결의가 결의부존재의 요건을 충족하고 있기 때문에 종래 가장 많이 이용되던 소이다. 뿐만 아니라 결의취소에 해당하는 하자를 가지고도 제소권자는 가급적 결의부존재를 주장하는 경향이 있었다. 그 이유는 결의취소소송에는 제소기간 및 제소권자의 제한이 있으나 결의부존재확인소송에는 그 같은 제한이 없기 때문이다.[1]

결의부존재확인의 소의 원인으로 볼 수 있는 것들은 예컨대 소집권한이 없는 자에 의한 총회소집,[2] 주주총회가 유회된 후 적법한 새로운 소집절차 없이 동일인이 동일 장소에서 다른 시간에 개최된 총회에서의 결의,[3] 소집절차를 밟지 않은 총회의 결의, 이사회 결의 없이 무권한자가 일부주주에게만 구두 통지하여 소집한 총회결의, 의사록에는 결의가 있었던 것으로 기록되어 있으나 실제로는 결의가 없었던 경우,[4] 일반주주에게만 소집통지를 하고 대주주에게는 소집통지를 아니한 경우,[5] 주식수탁자에 의한 결의, 명의개서 않은 주식양수인들에 의한 결의, 부존재인 총회결의에 의하여 선임된 대표이사가 소집한 총회에서의 결의[6] 등이다.

### (2) 소의 성질

주주총회결의 부존재확인의 소의 성질에 관하여도 학설은 결의무효확인의 소의 경우와 동일하게 견해가 나뉘어 있다. 이에 대하여 다수설과 판례[7]는 확인의 소라고 본다. 따라서 결의무효확인소송의 성질에 관하여 확인소송인가 또는 형성소송인가 하는 논의는 결의부존재확인의 소에도 그대로 적용된다.

### (3) 소의 당사자

주주총회결의부존재확인의 소는 결의에 찬성한 주주,[8] 주권발행전 주식을 양도한 원시주주,[9] 부존재인 결의에 의하여 해임된 이사와 감사,[10] 회사채권자 등 부

---

1) 이철송, 회, 582~583면.
2) 대판 1973.7.24, 73다326.
3) 대판 1993.10.12, 92다28235,28242.
4) 대판 1969.9.2, 67다1705.
5) 대판 2007.2.22, 2005다73020.
6) 대판 1975.7.8, 74다1969.
7) 대판 1992.8.18, 91다39924.
8) 대판 1977.4.26, 76다1440,1441.
9) 대판 1970.3.10, 79다1989.
10) 대판 1992.8.14, 91다45141.

존재확인에 관하여 정당한 법률상의 이익(소의 이익)이 있는 자는 누구든지 제소할 수 있다.

그러나 사안 자체의 성격상 누구도 소의 이익을 갖지 못하는 경우도 있다. 예컨대 이사의 해임결의가 부존재이지만 적법한 절차에 의하여 새로운 이사를 선임하였다면 그 해임결의의 부존재를 다투는 것은 확인의 이익이 없다. 반대로 후임이사의 선임이 부존재라면 해임된 이사가 해임결의의 부존재 확인을 구할 이익이 있다.[1)]

소의 피고는 결의취소의 소와 결의무효확인의 소의 경우와 같이 회사로 한정한다.

### (4) 기 타

제소기간·소의절차·판결의 효력 등에 관해서는 결의무효 확인의 소와 같다.

## 5. 부당결의취소·변경의 소

### (1) 의 의

어느 주주가 특별이해관계가 있기 때문에 주주총회에서 의결권을 행사할 수 없었던 경우에(§368④), 그 결의가 현저하게 부당하고 그 주주가 의결권을 행사하였더라면 부당결의를 저지할 수 있었을 때에는 그 특별이해관계가 있는 주주는 결의의 날로부터 2월 내에 회사를 피고로 하여 결의의 취소 또는 변경을 청구하는 소를 제기할 수 있다(§381①). 부당결의취소·변경의 소의 성질은 형성의 소이고, 특별이해관계인의 이익을 보호하기 위하여 인정하는 소이다.

이해관계가 있는 주주가 의결권을 행사할 수 없음을 악용하여 소수자의 전횡이 행해질 경우 결의의 공정을 회복하기 위한 것이다. 결의의 변경까지 인정한 것은 취소판결을 하더라도 주주들에 의하여 동일한 결의가 반복될 우려가 있기 때문이다.[2)]

### (2) 제소기간·당사자·소의 절차 등

제소기간은 결의의 날로부터 2월 내(제척기간)이며, 원고가 될 수 있는 자는 총회결의에 관하여 특별한 이해관계가 있어서 의결권을 행사할 수 없었던 자(주주)

---

1) 대판 1991.12.13, 90다 1158; 양동석, 전게 주주총회 결의의 하자에 관한 소, 265면.

2) 이철송, 회, 617면.

이고 피고는 회사이다. 부당결의취소·변경의 소의 절차는 결의취소의 소의 경우와 같으나 법원의 재량에 의한 기각(§379)은 준용되지 않는다(§381②).

### (3) 판결의 효력

결의취소의 소의 판결의 효력과 같이 대세적 효력이 있으며 소급효가 있다(§381②, §190본문).

## 6. 주주총회 결의의 효력·집행의 가처분

주주총회의 결의에 관하여 형식적인 하자 또는 실질적인 하자가 있거나 부당한 결의가 있는 경우 그리고 결의부존재 등의 사유로 인하여 소가 제기된 때에는 이를 본안으로 하여 그 결의의 집행 또는 효력정지의 가처분을 신청할 수 있다. 그러나 이사선임결의의 하자로 인하여 가처분을 하는 경우는 상법 제407조의 이사직무집행의 정지 가처분으로 하게 된다.

이 경우의 가처분은 임시의 지위를 정하는 가처분이다. 그리고 가처분의 당사자는 본안소송의 원고와 피고이다. 집행을 요하는 주주총회의 결의는 그 집행을 정지하는 가처분을 하여야 하고, 집행을 요하지 않고 그 효력이 생기는 결의의 경우에는 그 효력을 정지하는 가처분을 하여야 한다.[1)]

**《일본 회사법상 주주총회결의의 하자》**

주주총회나 종류주주총회의 결의에 절차상 또는 내용상의 흠결이나 하자가 있는 경우 그 결의의 효력에 대해서 일반적으로 무효 또는 취소할 수 있다고 해석된다. 그러나 당해 결의가 무효 또는 취소된다고 해도 주식회사의 경우는 주주총회 결의에 기초하여 많은 법률관계가 형성되므로 그 결의의 효력이 소급해서 부정되는 것의 영향은 상당히 클 경우가 있다. 그러므로 결의의 무효나 취소의 처리를 일반원칙에 맡기지 않고 결의 취소의 소(일회 §831)와 결의부존재확인의 소(일회 §830①) 및 결의무효확인의 소(동조②)를 법정하고 있다.

주주총회 결의의 효력을 다투는 이상의 세종류의 소는 회사법상 회사의 조직에 관한 소라는 개념에 포함된다(일회 §834 16~17호).

**1. 통 칙**

**(1) 소송당사자**

결의취소의 소에 있어서 원고는 상세하게 규정되어 있으나 다른 소에 있어서는

---

1) 최준선, 회, 383면; 최기원, 539면.

특별하게 한정되지 않는다. 반면에 모든 소에 있어서 피고는 당해 주식회사이다(일회 §834 17호).

### (2) 관할법원

회사의 본점소재지를 관할하는 지방법원이 제1심법원이다(일민소 §13①, 일회 §835①).

### (3) 변론 등의 필요적 병합

동일한 청구를 목적으로 하는 회사조직에 관한 소가 동시에 수개가 계속하는 경우에는 변론과 재판을 병합하여야 한다(일회 §838).

### (4) 판결의 효력

1) **원고승소판결의 효력** 결의무효와 부존재확인의 판결의 효력은 원래부터 무효이고 부존재인 것을 확인하는 것이므로 일반원칙에 따라 당해 결의는 총회결의 날로 소급하여 무효가 된다고 해석 된다(소급효). 그러나 결의취소의 소의 경우에는 판결이 확정될 때까지 유효한 것으로 취급되므로 판결의 소급효와 동적 거래의 안전 사이에 법률관계가 존재하게 된다. 이에 대하여 일부의 학설은 소급효를 부정하려는 입장도 있으나, 많은 학설은 회사법상 특별한 규정이 없는 한 소급적으로 무효가 된다는 것을 원칙으로 삼는다. 그리고 표현대표이사, 부실등기자의 책임, 민법의 선의자 보호규정, 사실상의 이사 등에 관한 규정을 적용 또는 유추적용하여 선의자를 보호하고 있다.

그리고 총회결의의 효력을 부정하는 판결이 확정되면 그 판결의 효력은 민사소송법의 일반원칙과는 달리 소송당사자 이외의 제3자에게도 미친다(대세적 효력). 주주총회 결의를 통한 법률관계를 획일적으로 처리하기 위한 것이다.

2) **원고패소판결의 효력** 총회결의취소청구가 법원에 의하여 인정되지 않은 경우에는 특별한 규정이 없는 이상, 일반원칙에 따라 당해 판결에는 대세적 효력이 인정되지 않는다. 따라서 원고주주는 기판력에 의하여 재차 소송을 제기할 수 없지만, 제소기간이 도과되지 않는 한 다른 주주의 제소권은 침해받지 않는다. 그리고 주주총회결의의 무효확인, 부존재확인의 경우는 그 확인의 이익의 존부에 귀착한다. 원고가 패소한 경우에는 원고는 회사에 대하여 손해배상책임을 질 수 있다.

## 2. 결의취소의 소

### (1) 취소의 사유

주주총회, 종류주주총회의 소집절차 또는 결의방법이 법령·정관에 위반하거나 현저하게 불공정한 경우, 총회의 결의내용이 정관에 위반한 경우, 총회에서 특별이해관계인이 의결권을 행사한 결과 현저하게 불공정한 내용의 결의가 성립한 경우에 한하여 소송으로 그 결의를 취소할 수 있다(일회 §831①). 그 외의 사유로 인한 결의취소의 소의 제기는 인정되지 않는다. 한국의 부당결의 취소·변경의 소(한상

§381①)의 사유가 취소의 사유로 포함되어 있다.

(2) 원 고

결의취소의 소는 주주, 이사, 집행임원, 감사, 청산인에 한하여 제기할 수 있다(일회 §834 17호). 원고는 소송의 제기 뿐만 아니라 그 유지에 관하여 소의 이익을 가져야 한다.[1] 그 해석과 적용은 우리나라의 경우와 유사하다.

(3) 제소기간

결의취소의 소는 당해 결의가 있는 날부터 3월 이내에 제기하여야 한다. 법률관계를 조기에 확정 시켜 법적 안정성을 확보하고 시간의 경과로 입증이 곤란하여 지는 것을 방지하기 위한 취지이다. 주주총회 결의취소의 소의 계속 중에 제소기간은 경과하였으나 새로운 취소사유를 추가로 주장할 수 있는가에 대하여 일본최고재판소는 이를 인정하고 있다.[2]

(4) 담보제공명령

주주에 의하여 결의취소의 소가 제기된 경우 법원은 당해소송제기가 악의에 의한 것임을 피고회사가 소명하고 담보제공을 청구한 때는 원고주주에 대하여 상당한 담보를 제공할 것을 명할 수 있다. 원고가 부당 또는 불법목적으로 소송을 제기하는 것을 방지하고, 본안소송에서 승소한 회사 측의 손해배상청구권 행사를 확보하기 위한 것이다. 담보제공명령이 내려진 경우 기한까지 담보가 제공되지 않은 경우에는 법원은 당해 소를 각하할 수 있다.

(5) 재량기각

법원은 결의취소소송에 있어서 취소사유가 존재한다고 인정되는 사안에 있어서 ① 그 위반사실이 중대하지 않고, ② 결의의 결과에 영향을 미치지 않는다고 인정되는 때는 원고의 취소청구를 인용하는 대신 기각할 수 있다. 위의 ②에 대하여 총회의 소집절차나 결의방법을 엄격히 규제하여 주주총회의 적정한 운영을 확보하고 주주와 회사의 이익을 보호하려는 법의 취지를 몰각시킬 수 있다는 비판이 있다.[3]

### 3. 결의부존재확인의 소

총회결의가 전혀 이루어지지 않은 경우 외에도 절차적 하자가 현저하고 중대하여 법적으로 총회결의의 존재를 부정해야 할 경우에는 그와 같은 결의는 부존재가 된다. 원칙적으로 누구든지, 언제든지, 어떤 방법으로도 주장할 수 있으며, 확인의 이익이 있는 때는 대세적 효력이 있는 결의부존재확인의 소를 제기할 수 있다. 결

1) 酒卷俊雄·尾崎安央, 160.

2) 日最判 昭和 54.11.16, 民集 33卷 7号, 709頁.

3) 酒卷俊雄·尾崎安央, 160면.

의취소의 소와는 달리 제소기간이나 제소권자에는 제한이 없고 재량기각의 제도도 없다.

### 4. 결의무효확인의 소

결의내용이 법령에 위반하고 있는 때는 당해 결의는 당연히 무효이다. 무효인 결의에 대해서는 누구든지, 언제든지, 어떤 방법으로든지 그 무효를 주장할 수 있는 것이 원칙이지만 결의의 유효·무효를 대세적으로 확정할 필요가 있는 경우에는 결의무효확인의 소를 제기할 수 있다. 결의부존재의 소와 같이 제소권자, 제소기간의 제한이 없고, 재량기각제도도 없다.

### 《중국 회사법상 총회결의의 무효와 철회》

중국 회사법 제22조에 의하면 주주총회, 이사회의 결의내용이 법률, 행정법규를 위반한 경우 이는 무효이다. 회사결의의 안정성과 공신력을 확보하기 위한 것이며, 결의무효의 확인은 소송으로 한다. 결의무효는 결의가 처음부터 확정적으로, 당연히, 절대적으로 법률적 효력이 발생하지 않음을 의미한다. 결의무효 확인의 소의 판결효력은 대세적 효력과 절대적 소급효를 갖지만, 거래의 안전을 위하여 선의의 제3자에게 대항하지 못한다. 결의취소의 소와는 달리 제척기간의 제한은 없다.

그리고 주주총회 등의 결의가 회의소집절차, 표결방식 등에 있어서 법률, 행정법규 또는 회사정관을 위반하였거나 결의내용이 회사정관을 위반하였을 경우 주주는 그 결의가 있는 날부터 60일 내에 인민법원에 그 결의의 취소를 청구하는 소송을 제기할 수 있다.

주주가 전항의 규정에 따라 소송을 제기하는 경우 인민법원은 회사의 청구에 따라 주주에게 담보의 제공을 요구할 수 있다.

회사가 주주총회 등의 결의에 따라 이미 변경등기를 마친 사항에 대하여 인민법원이 해당결의의 무효 또는 취소를 판결한 경우 회사는 등기기관에 대하여 변경등기의 취소를 신청하여야 한다.

# 제3절 업무집행기관(이사 · 이사회 · 대표이사 · 집행임원)

## 제1 총 설

주식회사제도는 소유와 경영의 분리원칙에 따라 회사운영에 관한 권한을 이사 및 대표이사에게 집중시키고 있으나, 이사는 기관이 아니라 이사회의 구성원이 되고, 대표이사의 전제자격이 된다. 주식회사의 업무집행기관이 되는 것은 이사 전원으로 구성되는 이사회와 이사회에서 선임되는 대표이사 뿐이다. 다만 2011년 개정상법은 집행임원제도를 도입하고 집행임원설치회사는 대표이사를 둘 수 없도록 하였다.

상법은 이사회제도를 채택하여 의용상법상의 주주총회중심주의를 수정하였다. 즉 주주총회의 권한을 법률과 정관으로써 한정하고 업무집행 기타 총회의 권한사항 이외의 모든 것을 이사 전원으로 구성하는 이사회에서 신중하게 토의하고 적절하게 결정하도록 하여 이사회중심주의를 구현하였다. 그리고 이사회의 결정에 따라서 직접 업무를 집행하고 일상 업무의 세부적 사항을 결정하거나 대외적으로 회사를 대표하는 권한은 이사회에서 선임하는 대표이사 또는 (대표)집행임원에게 부여한다. 그러나 예외적으로 자본금이 10억원 미만이고 이사가 1인인 소규모주식회사의 경우에는 이사회가 존재하지 아니하고 그 기능이 주주총회와 (대표)이사에게 분산되고(§383⑥) 업무집행기관이 (대표)이사로 일원화된다.

현대회사의 경영이 전문화되고 대표이사의 업무집행권이 확대되면서 대표이사의 독주가 심화되고 이사회의 경영의사결정은 형해화 되었다. 그러므로 상법은 이사회의 기능을 활성화하고 경영의사결정 및 업무집행에 대한 감독권을 강화하였다. 그리고 이사들의 의무와 책임이 강조되고 책임을 추궁하기 위한 제도들이 큰 폭으로 개선되었다.

# 제 2 이 사

## 1. 이사의 법적지위

이사는 회사의 수임인으로서 이사회의 구성원이므로 회사의 업무집행에 관한 의사결정에 참여할 권한이 있음은 물론 주주총회에 출석할 수 있고, 총회의 의사록에 기명날인 또는 서명을 하여야 하며(§373②), 총회결의취소의 소(§376) 등 각종의 소(§328, §429, §445, §529)를 제기할 수 있는 권한이 부여되는 주식회사의 필요적 상설기관이다. 이사와 회사의 관계는 위임관계이므로, 민법의 위임에 관한 규정(민 §680 이하)이 준용된다(§382②).

이사의 기관성 여부에 대하여는 긍정설(소수설)과[1] 부정설(다수설)[2]이 있으나, 주식회사의 업무집행기관은 의사결정기관인 이사회와 업무의 집행 및 대표기관인 대표이사로 분화되고, 이사는 기관이 아니라 이사회의 구성원으로서 대표이사의 전제자격에 지나지 않는다.

회사실무에서는 이사회의 결의나 대표이사의 지시에 의하여 종업원 중 상급자를 이사 또는 이사대우, 이사보 등의 명칭으로 부르고 있으나, 주주총회에서 선임하여 등기하지 않은 자는 상법상의 이사가 아니다. 따라서 이사로서의 권한이나 책임도 없다.

**〈 사외이사 〉**

사외이사란 미국의 outside director의 번역어로서 해당 회사의 상무에 종사하지 않고 이사회에 출석하여 이사회의 의사결정에만 관여하는 이사를 가리킨다(§382②). 미국의 사외이사란 제도상의 개념이 아니고, 이들을 보통 비상근으로 하고 있으므로 상근의 이사(inside director)와 대칭되는 개념으로 사외이사라 부르고 있다. 우리나라에서는 회사의 경영이 지배주주와 그를 대표하는 경영자에 의해 독주되고 있는 실정을 시정하기 위하여 이들의 유용한 감시장치로서 사외이사를 도입하였다. 사외이사는 해당 회사의 상무에 종사하지 아니하는 이사로서 상법 제382조 제3항 각호에 해당하지 아니하는 자를 말한다.

정부투자관리기관에서는 과반수의 사외이사를 두도록 하고 있고(정부투자기관관리기본 §11③), 은행법에서도 사외이사를 3명 이상 두어야 하며 이사의 반수 이상을 사외이사로 구성하도록 하고 있다(은행 §22②). 그리고 상장법인은 이사총수의 4분의 1 이상을 사외

---

1) 이철송, 회, 468면.

2) 정동윤, 383면; 박상조, 535면; 이기수 외, 377면.

이사로 두어야 하며, 자산총액이 2조원 이상인 대규모 상장법인의 경우에는 사외이사를 3인 이상, 동시에 이사총수의 과반수가 되도록 하여야 한다(§542의8①).

그간 우리나라에서의 사외이사의 역할을 보면 매우 부정적이다. 사외이사들이 모두 다른 직업에 종사하는 저명한 인사들이므로 이사회 개최가 어렵고, 은행 등의 금융기관에도 다수의 사외이사가 있지만 부실융자를 저지하거나 경영감독을 확실히 했다는 자료는 없다. 그리고 충분한 정보를 얻지 못하거나 현실감각이 부족하여 사외이사에게 이러한 능력이나 기여를 기대하기는 어렵다. 소액의 거마비에 그치는 사외이사의 보수를 감안하면 당초 사외이사에게 양질의 판단을 기대할 수는 없다.

## 《일본 회사법상 이사·이사회》

### 1. 이사의 법적지위와 권한

기업의 지배구조에 있어서 기관설계는 다양한 형태가 있을 수 있으나 그동안 3권 분립에 대응하여 주주총회, 이사회, 감사(회)의 형태가 취해져 왔다. 그러나 일본 신회사법은 기관설계를 유연하게 하기 위하여 주주총회는 필요기관으로 하고, 다른 기관은 비교적 자유롭게 하여 공개·비공개회사,[1] 대회사·중소규모회사[2]에 따라 규제를 달리한다. 따라서 일본의 주식회사는 회사법상 이사회설치회사, 감사회설치회사, 감사설치회사, 회계감사인설치회사, 회계참여설치회사로 구별된다.

회사법상 요구되는 주식회사의 가장 기본적인 형태는 주주총회와 이사(1명)이고, 비공개회사는 종래의 유한회사의 경우와 같이 다양한 형태(이사만 있는 경우, 회계감사를 두는 경우 등)를 설계할 수 있다.

#### (1) 이사회설치회사

이사회설치회사는 3인 이상의 이사를 두어야 하며(일회 §331④), 이사회에서 선임하는 대표이사 또는 대표집행역이 업무를 집행하고 회사를 대표한다(일회 §362②, §363, §347④, §420). 이사회 설치회사에는 전통적인 형태로서 감사, 감사회설치회사, 또는 위원회설치회사가 있다(일회 §327②, ③).

① 위원회설치회사는 공개회사이든 비공개회사이든 이사회, 지명위원회, 보수위원회, 감사위원회, 회계감사인을 제도화하는 회사이다. 위원회설치회사에서는 이사가 법령에 별도의 정함이 있는 경우를 제외하고 업무집행을 담당하지 않으며, 이사회에서 선임하는 집행역 또는 대표집행역이 업무를 집행한다(일회 §402②, §420①). 이사는 이사회의 구성원으로서 기본적인 회사업무집행의 결정(일회 §416① 1호), 집행역 등의 업무집행의 감독(동항2호), 집행역의 선임·해임(일회 §402②, §403), 대표이사의 선임·해임(일회 §420①, ②)을 한다. 이사회는 업무집행의 결정과 감독을 하는 기관이며, 업무집행의 결정도 이사회의 결의에 의하여 집행역에게 위임할 수 있다(일회 §416③). 위원회 위원의 과반수는 사외이사여야

---

1) 공개회사란 전체주식양도제한회사 이외의 회사(§2 5호).

2) 대회사란 최종사업연도의 대차대조표에 계상된 자본금이 5억엔 이상 또는 부채합계가 200억엔 이상의 주식회사(동조 6호).

한다(일회 §400③). 이사의 임기는 1년이다(일회 §332③).

② 감사, 감사회설치회사는 전통적인 회사형태로서, 이사회가 업무집행을 결정하고 대표이사가 업무를 집행하며 회사를 대표한다. 업무집행의 감독은 이사회나 감사, 감사역회에 의하여 행해진다. 이사의 임기는 2년이지만 단축할 수 있다(일회 §332①).

### (2) 이사회설치회사 이외의 회사(유한회사형 회사)

이사회를 설치하지 않는 회사에서는 원칙적으로 각 이사가 업무를 집행하고 회사를 대표하며(일회 §348①, §349①) 정관으로 다른 정함을 둘 수 있다(일회 §348①, ②). 복수의 이사가 있는 경우에는 업무집행의 결정은 과반수 찬성에 의한다(동조②).

대표이사 기타 회사를 대표할 자를 정할 수 있으며, 정관의 정함에 따라 이사의 호선이나 주주총회의 결의에 의하여 대표이사를 정한다(일회 §349③).

이사회설치회사와 다른 점은 감사가 임의기관이고, 주주총회의 의사결정사항이 많고, 주주에 의한 감시가 행하여진다는 것이다. 소규모회사의 경우 감사의 권한을 임의로 회계감사에 한정할 수 있으며, 감사의 권한이나 감독·시정권은 주주에게 있도록 할 수 있다(일회 §357①, §360①, ②, §367).

## 2. 회사와 이사와의 관계

회사와 이사와의 관계는 위임에 관한 규정에 따르므로(일회 §330), 이사는 선관주의의무를 진다(일민 §644). 이사는 법령 및 정관과 주주총회결의를 준수하고 회사를 위하여 충실하게 직무를 수행하여야 한다(충실의무, 일회 §355).

### 《중국 회사법상 이사회》

이사회는 회사 지배구조 가운데 경영의사결정기관이며, 이사로 구성되고(중회 제2장 2절, 제4장 3절), 회사경영의 일반사항에 관하여 의사를 결정하는 필요상설의 합의제 업무집행기관이다. 회사의 지배구조 가운데 이사회는 주주총회와 경리의 중간에 있으며, 위의 지시를 받아 아래로 전달하는 지위에 있다. 이사회는 회의체 정책결정기관이고, 이사회의 권한행사는 회의방식으로 한다. 이사회의 권한을 강화하는 것은 상장, 비상장회사 모두에게 중요한 의미가 있다. 이사회는 의사결정기관이므로 회사의 대표기관이 아니고, 이사회 결의의 대외적 효력은 법정대표자나 대리인의 의사표시행위를 통해야 한다. 그러므로 이사회와 법정대표자 및 대리인의 관계는 뇌와 입의 관계와 같다.[1)]

---

1) 양동석, "중국의 기업법제 개혁과 지배구조의 개선", 상사판례연구 제20집 제3권, 623면.

## 2. 이사의 선임·종임

### (1) 선임기관

이사는 주주총회의 보통결의로 선임하고(§382①), 제3자나 다른 기관에 그 선임을 위임할 수 없다. 다만 회사의 설립시에는 발기설립의 경우에는 발기인들이 선임하고(§296①), 모집설립의 경우에는 창립총회에서 선임한다(§312). 대규모 상장법인(자산총액 2조원 이상)이 사외이사를 선임할 때에는 이사회 내의 사외이사후보추천위원회의 추천을 받은 자 중에서 선임한다(§542의8④). 이사선임의 투명성을 제고하기 위하여 후보의 추천절차를 정한 것이다.

### (2) 선임방법

1) **이사선임결의** 이사선임결의는 1주1의결권의 원칙에 의한 주주총회의 보통결의(§368①)로 한다. 보통결의의 요건은 정관에 의하여 완화할 수는 없으나 강화할 수는 있다.[1] 다만 회사설립시 발기설립의 경우에는 발기인의 의결권의 과반수로 선임하며(§296①), 모집설립시 창립총회에서 선임하는 경우에는 출석한 주식인수인의 의결권의 3분의 2 이상이고 인수된 주식총수의 과반수에 해당하는 다수로써 선임한다(§309).

2) **선임결의의 효력** 이사는 주주총회에서 선임되지만, 총회는 의사결정기관이므로 총회의 결의가 곧 피선자에 대한 청약이 되는 것이 아니고 이사가 될 자의 동의(이사회에 참석하는 등 묵시적 동의 포함)가 있어야 한다.[2] 총회결의에 따라 회사대표자의 청약과 피선자의 승낙으로 임용계약이 체결되며, 이 계약에 의하여 위임에 준하는 법률관계가 발생한다(§382②). 이에 대하여 이사선임결의는 창설적 효력을 갖는 행위로서 그 자체에 청약의 효력이 있으므로 대표이사의 청약이 없더라도 피선임자가 이에 동의함으로써 이사의 지위를 취득한다고 보는 견해도 있다.[3] 이사를 선임하거나 퇴임한 때에는 본점에서는 2주간 내, 지점에서는 3주간 내에 등기하여야 한다(§317①, ②8호, §183). 등기되지 않은 이사는 상법상 이사로서의 직무권한을 행사할 수 없다.

---

1) 최준선, 회, 387면; 정동윤, 384면; 최기원, 541면. 반대견해: 이철송, 회, 626면.

2) 대판 1995.2.28, 94다31440; 정동윤, 388면; 정찬형, 상, 890면.

3) 이철송, 회, 626면.

## (3) 집중투표제도

### 1) 의 의

집중투표제란 이사선임에 있어 1주마다 선임할 이사의 수와 동수의 의결권을 부여하고 각 주주가 그 의결권을 이사후보자 1인에게 집중적으로 행사하거나 분산하여 행사할 수 있도록 하는 제도이다. 예컨대 3인의 이사를 선임한다면 1주당 3개의 의결권을 부여하고 주주로 하여금 자기의 의결권을 특정후보에게 집중적으로 행사하거나 수인의 후보에게 분산하여 행사할 수 있게 하는 제도로서, 종래 누적투표라고 하였다.

집중투표제는 소수주주의 대표자가 이사로 선임할 수 있도록 함으로써 소수주주의 이익을 보호하기 위하여 미국과 일본 등의 입법례에 따라 상법에 도입된 것이다. 상법상 이사의 선임을 위한 주주총회가 통상적인 방법으로 이루어지게 되면 몇 명의 이사를 선임하든 대주주가 이사 전원을 자신이 추천하는 후보로 선임할 수 있게 되어 회사지배가 용이하다. 그러나 집중투표제에 의하면 소수주주의 대표자가 이사로 선임될 수 있기 때문에 대주주에 의하여 선임된 이사의 독단적 경영을 견제할 수 있게 된다. 반면 이사회 구성원의 이질성으로 인하여 당파적 대립을 초래하거나 회사경영의 원활을 해치는 문제점이 지적되기도 한다.1)

### 2) 요건과 절차

의결권 없는 주식을 제외한 발행주식 총수의 100분의 3 이상에 해당하는 주식을 가진 주주는 정관에서 달리 정하는 경우를 제외하고는 회사에 대하여 집중투표의 방법으로 이사를 선임할 것을 회일의 7일 전까지 서면으로써 청구할 수 있다(§382의2①, ②). 이를 분설하면 다음과 같다.

정관에서 이를 배제하는 규정이 없어야 한다(§382의2①). 회사는 집중투표제 실시여부를 선택할 수 있으므로 정관에서 집중투표제의 적용을 배제하지 않아야 실시할 수 있다. 현재 대부분의 주권상장법인은 정관에서 집중투표제를 배제하고 있어서 이 제도의 실효성이 없다.2)

회사가 2인 이상의 이사를 선임할 경우에 집중투표제를 실시할 수 있다(동항). 2인 이상의 이사를 선임하면서도 집중투표제를 배제하기 위하여 이사의 임기를 시차별로 하여 의도적으로 배제하는 경우도 있을 수 있다. 선임할 이사가 1인이

---

1) 이철송, 회, 633면; 정찬형, 상, 891면; 손주찬, 761~762면; 정동윤, 385면.

2) 정찬형, 회, 891면; 정동윤, 385면; 최준선, 회, 388면.

라면 집중투표제는 무의미해진다.

집중투표제를 실시하려면 의결권 없는 주식을 제외한 발행주식 총수의 100분의 3 이상에 해당하는 주식을 가진 주주는 회사에 대하여 집중투표의 방법으로 이사를 선임할 것을 회일의 7일 전까지 서면 또는 전자문서로써 청구하여야 한다(동조②). 소수주주가 집중투표를 청구한 경우 주주총회는 이를 배제하는 결의를 할 수 없다고 본다.

자산총액이 2조원 이상인 상장법인의 경우에는 의결권 없는 주식을 제외한 발행주식 총수의 100분의 1 이상에 해당하는 주식을 가진 주주는 정관에서 달리 정하는 경우를 제외하고는 당해 법인에 대하여 집중투표의 방법으로 이사를 선임할 것을 총회일 6주 전에 서면 또는 전자문서로 청구할 수 있다(상§542의7①, ②).

의결권 없는 주식이란 무의결권주식, 회사의 자기주식 등 의결권이 제한되는 모든 주식을 말한다. 상장회사가 집중투표를 배제하거나 배제된 정관을 변경하려는 경우에는 발행주식 총수의 100분의 3을 초과하는 주식을 소유한 주주의 의결권은 100분의 3까지로 제한된다(동조③). 집중투표를 배제하는 정관변경안은 다른 정관변경안과 분리하여 표결하여야 한다(동조④).

집중투표의 청구가 있으면 의장은 이사선임의 결의에 앞서 그러한 청구가 있다는 취지를 알려야 한다(§382의2⑤).[1] 이는 총회에 출석한 주주에게 집중투표에 의한다는 것을 주지시키기 위한 것으로 의장이 집중투표의 청구가 있다는 취지를 알리지 않고 집중투표로 선임결의를 한 때에는 결의취소의 원인이 된다. 회사는 집중투표를 청구한 서면을 총회가 종결될 때까지 본점에 비치하여 주주의 열람에 제공하여야 한다(동조⑥). 이를 위반하면 주주총회결의취소의 소의 원인이 된다.[2]

회사가 집중투표를 채택하고 있는 경우에는 주주가 이를 청구할 수 있도록 주주총회의 소집을 통지 또는 공고함에 있어 이사의 수를 기재하여야 한다. 왜냐하면 주주는 선임할 이사의 원수에 따라 집중투표를 청구할 것인가를 결정할 것이기 때문이다.

### 3) 투표방법과 선임결정

이상의 요건이 갖추어지면 집중투표의 절차에 따라 이사를 선임하게 된다. 각 주주는 1주마다 선임할 이사의 수와 같은 수의 의결권을 가지며, 이를 이사후보자 1인 또는 수인에게 집중하거나 분산하여 투표할 수 있다(§382의2③). 투표 결과

1) 최준선, 회, 389면; 최기원, 548면; 정동윤, 386면; 정찬형, 상, 892면.

2) 최기원, 548면; 정찬형, 상, 892면.

최다득표자로부터 순차적으로 이사에 선임된다(동조④). 동일한 득표자가 있는 경우에는 이들을 모두 선임하더라도 본래 선임하고자 하는 이사의 인원수를 초과하지 않는 때에는 정관이나 총회의 결의로 정한 기준이 있으면 그에 의하고, 아무런 정함이 없는 때에는 결선투표를 하여야 한다. 결선투표에서도 2인 이상을 선임할 때에는 집중투표를 하여야 한다.[1)]

**《일본 회사법상 이사선임》**

일본에서도 이사는 주주총회의 결의에 의하여 선임되며(일회 §329), 의결권 있는 주주의 의결권의 과반수를 갖는 주주가 출석하고, 출석한 주주의 의결권의 과반수로써 선임한다. 정족수 완화의 한도는 3분의 1까지로 한다(일회 §341).

정관으로 누적투표를 배제하지 않는 경우에는 주주는 총회의 5일 전까지 회사에 대하여 서면으로 누적투표방법에 의할 것을 청구할 수 있다(일회 §342).

**《중국 회사법상 이사선임》**

이사회의 구성원은 통상 주주총회에서 선임하며, 법정된 상황에서는 종업원이 선거하여 선임하는 경우도 있다. 환언하면 이사회의 구성원은 통상의 상황에서는 주주대표에 한정되지만 법정상황에서는 종업원 대표를 포함한다. ① 2개 이상의 국유기업 또는 2개 이상의 국유투자주체가 투자하여 설립한 유한책임회사의 이사회 구성원 중에는 회사의 종업원 대표를 둘 수 있다. 종업원대표는 종업원대표대회, 종업원대회 또는 기타 형식으로 회사종업원들이 민주적으로 선거한다(중회 §45). ② 국유독자회사 이사회구성원 중에는 회사의 종업원대표가 있어야 하며, 이사회 구성원은 국유자산 감독관리기구가 파견한다. 이사회 가운데 종업원대표는 회사 종업원대표대회가 선거하여 선임한다(중회 §68). ③ 주식회사 이사회의 구성원 중에는 종업원대표가 있을 수 있다. 이사회 중의 종업원대표는 회사의 종업원이 노동자대표대회, 노동자대회 기타 형식의 민주선거를 통하여 선임한다(중회 §109 2관).

그러나 한국과 일본에서 인정하고 있는 집중투표(누적투표)에 대해서 중국 회사법 제106조에서는 회사 정관의 규정 또는 주주총회의 결의에 따라 누적투표제를 시행할 수 있다고 규정하고 있으나 상세하게 규정하지 않는다(중회 §106).

### (4) 이사의 자격

**1) 이사의 자격에는 제한이 없으며, 이사는 주주가 아니어도 된다.[2)] 자격제한이라고 할 수는 없지만 상법은 감사의 중립성을 보장하기 위하여 이사를 겸임하**

1) 최준선, 회, 389면.

2) 이철송, 회, 627면; 정찬형, 상, 893면.

지 못하도록 하고 있다(§411). 그러나 정관으로 이사의 자격을 제한하는 것은 사회질서에 반하지 않는 한 유효하다(예컨대 주주·한국인·국내거주자 또는 일정한 경력자 등).[1] 그러나 정관으로 이사가 가질 주식의 수를 정한 경우에는(자격주) 다른 규정이 없는 한 이사는 그 수의 주권을 감사 또는 감사위원회(대표위원)에게 공탁하여야 한다(§387, §415의2⑥). 이는 이사의 자격요건을 유지시키고 내부자거래를 차단하기 위한 방안이다.

법인은 발기인이 될 수 있고 재산관리인이 될 수도 있으나, 이사는 될 수 없다고 본다.[2] 이에 대하여 법인인 이사가 자연인인 이사보다 대외적 신용이나 자력에 있어 유리한 경우가 많은 점, 비업무담당이사는 법인이 되지 못할 이유가 없다는 점 등의 이유로 법인도 이사가 될 수 있다고 하는 견해가 있다.[3] 그러나 대외적 신용이나 자력은 주식회사의 이사의 자격과는 무관한 것이 원칙이고, 업무담당이사와 비업무담당이사를 구별한다는 것도 어렵다. 또 이사는 업무를 담당하거나 업무담당이사의 업무집행을 감독하는 지위에 있기 때문에 고도의 경영판단을 요하고 의견수렴, 감시활동 등에 있어서 자연인의 능력과 개성이 요구되고, 또한 대표이사의 전제자격이 된다는 점에서 이사는 자연인에 한한다고 본다. 다만 법인이 발기인이 되거나 재산관리인 등이 될 수 있도록 허용하는 것은 이들이 일시적 기관에 불과하며, 발기인의 사무는 기술적이고 절차적인데 그치기 때문이다. 법인이사가 허용된다면 그 법인의 대표기관이 경질될 때마다 회사의 이사가 경질되어 경영안정을 유지할 수 없게 될 것이다.[4]

행위무능력자는 이사가 될 수 없다는 견해와[5] 자연인인 이상 행위능력의 유무는 묻지 않고 이사가 될 수 있다는 견해[6]가 있으나, 후자의 견해가 타당하다. 왜냐하면 대리인은 행위능력자임을 요하지 않기 때문이다. 다만 이사의 파산 또는 금치산은 종임사유가 된다.

감사도 직무의 성질상 회사 및 자회사의 이사가 될 수 없고(§411), 파산선고를 받은 자도 이사가 될 수 없다(민 §690 참조). 지배인 기타의 상업사용인은 영업주의 허락이 없으면 다른 회사의 이사가 되지 못하며(§17①), 대리상·인적회사의 무한책임사원 또는 물적회사의 이사는 본인·다른 사원 또는 이사회(사원총회)의 허

1) 이철송, 회, 511면.
2) 임홍근, 448면; 최기원, 552면; 이철송, 회, 511~512면; 최준선, 회, 391면.
3) 손주찬, 759면; 정동윤, 387면 등.
4) 이철송, 회, 468면.
5) 정동윤, 387면; 이철송, 회, 468면.
6) 손주찬, 759면.

락(승인)이 없으면 동종영업을 목적으로 하는 다른 회사의 이사가 되지 못한다. 또한 이사는 특별법상 경쟁관계에 있는 다른 회사의 임원이나 종업원이 될 수 없고, 은행법, 보험업법, 자본시장법 등에서도 은행, 보험회사, 금융투자업자의 임원의 자격을 제한하고 있다(은행 §18①, 보험 §13①, 자금 §24).

2) 상법에서는 사외이사가 될 수 없는 결격사유를 상세하게 정하고, 이에 해당하는 자는 사외이사가 될 수 없으며 재임 중 이에 해당하면 사외이사직을 상실하는 것으로 규정하고 있다(§382③). 주로 지배주주나 경영자로부터 독립성을 확보하기 위한 요건이다. 즉 사외이사가 될 수 없는 자는 ① 회사의 상무에 종사하는 이사·집행임원 및 피용자 또는 최근 2년 이내에 회사의 상무에 종사한 이사·감사·집행임원 및 피용자, ② 최대 주주가 자연인인 경우 본인과 그 배우자 및 직계존·비속, ③ 최대주주가 법인 경우 그 법인의 이사·감사·집행임원 및 피용자, ④ 이사·감사의 배우자 및 직계존·비속, ⑤ 회사의 모회사 또는 자회사의 이사·감사·집행임원 및 피용자, ⑥ 회사와 거래관계 등 중요한 이해관계에 있는 법인의 이사·감사·집행임원 및 피용자, ⑦ 회사의 이사·집행임원 및 피용자가 이사·집행임원으로 있는 다른 회사의 이사·감사·집행임원 및 피용자(§382③).

3) 상장회사의 사회이사는 상법 제382조 제3항 각호 뿐만 아니라 다음 각호의 어느 하나에 해당되지 아니하여야 하며, 이에 해당하는 경우에는 그 직을 상실한다. ① 미성년자, 금치산자 또는 한정치산자, ② 파산선고를 받고 복권되지 아니한 자, ③ 금고 이상의 형을 선고받고 그 집행이 끝나거나 집행이 면제된 후 2년이 지나지 아니한 자, ④ 대통령령으로 별도로 정하는 법률을 위반하여 해임되거나 면직된 후 2년이 지나지 아니한 자, ⑤ 상장회사의 주주로서 의결권 없는 주식을 제외한 발행주식총수를 기준으로 본인 및 그와 대통령령으로 정하는 특수한 관계에 있는 자가 소유하는 주식의 수가 가장 많은 경우 그 본인 및 그의 특수관계인, ⑥ 누구의 명의로 하든지 자기의 계산으로 의결권 없는 주식을 제외한 발행주식총수의 100분의 10 이상의 주식을 소유하거나 이사·집행임원·감사의 선임과 해임 등 상장회사의 주요 경영상에 대하여 사실상의 영향력을 행사하는 주주(이하 주요주주라 함) 및 그의 배우자와 직계존속·비속, ⑦ 그 밖에 사외이사로서의 직무를 충실하게 수행하기 곤란하거나 상장회사의 경영에 영향을 미칠 수 있는 자로서 대통령령으로 정하는 자(§542의8②).

**《일본과 중국 회사법상 이사의 자격》**

일본의 회사법에는 이사의 결격사유가 규정되어 있고(일회 §331), 이에 해당하는 자는 이사가 될 수 없다. 정관으로 자격을 제한할 수 있지만 공개회사에서는 주주를 이사로 선임할 수는 있으나 주주만을 이사로 하는 뜻을 정관으로 정하는 것은 불가능하다. 제3자 기관으로서 이사에게는 경영수완이 필요하지만, 비공개 소규모회사에서는 소유와 경영이 분리되지 않으므로 이사를 주주로 한정하는 것이 가능하다(동조②). 위원회설치회사의 이사는 당해 회사의 지배인 기타 사용인을 겸할 수 없다(동조③).

중국의 회사법에는 이사의 자격에 대하여 주주로 한정할 수 있는지 여부 및 법인과 자연인의 신분 등에 관하여 명확한 규정을 두고 있지 않다.

### (5) 원 수

이사는 3인 이상이어야 하지만 최대 수에 대해서는 제한이 없다. 다만 자본금 총액이 10억원 미만인 소규모 주식회사의 경우에는 1인 또는 2인으로 할 수 있다(§383①). 상장회사의 경우에는 이사 총수의 4분의 1 이상을 사외이사로 선임해야 하고, 자산규모 2조원 이상의 대규모 상장회사의 경우에는 사외이사를 3인 이상 그리고 이사 총수의 과반수가 되도록 해야 한다(§542의8①). 최소인원을 3인으로 한 이유는 이사회를 구성하기 위하여 복수여야 하고, 이사회의 결의에서 가부동수를 피하기 위하여 홀수로 한 것이다.[1)]

**《일본과 중국 회사법상 이사의 원수》**

일본 회사법은 회사에 1인 또는 2인 이상의 이사를 두어야 하지만(일회 §326), 이사회설치회사에서는 3인 이상의 이사를 두도록(일회 §331④) 한다.

이에 비하여 중국 회사법은 유한책임회사에 이사회를 설치할 경우 3인 내지 13인의 이사를 두어야 하고(중회 §45), 주식회사의 경우에는 5인 내지 19인의 이사를 두어야 한다(중회 §109)고 규정한다. 다만 주주가 비교적 적고 규모가 작은 유한책임회사의 경우에는 이사회를 설치하지 않고 집행이사 1인을 둘 수 있다(중회 §51).

### (6) 이사의 임기

이사의 임기는 3년을 초과할 수 없으나(§383②), 정관으로 그 임기 중의 최종의 결산기에 관한 정기주주총회의 종결시까지 연장할 수 있다(동조③). 이사의 권한이

1) 이철송, 회, 627면.

막강하여 임기 중에는 해임이 쉽지 않기 때문에 임기를 제한하고 있으나 임기만료 후 재선은 가능하다.[1] 임기의 기산점은 선임결의시가 아니라, 실제로 이사에 취임한 때라고 보아야 한다. 주주총회에서 선임되었지만 아직 본인이 승낙하지도 않은 상태에서 임기가 개시되는 것은 불합리하기 때문에 취임시부터 개시한다고 보아야 할 것이다.[2] 그러나 이렇게 보면 동일한 주주총회에서 선임된 수인의 이사가 각각 동의한 날에 따라 임기가 달라지는 불합리가 있기 때문에 결의일부터 임기가 개시된다는 의견도 있다.[3] 주주총회에서 이사를 선임할 때 이보다 단기의 임기를 정할 수 있으며,[4] 이사별로 임기를 달리 정할 수도 있다고 본다.

그리고 합병 후의 존속회사 또는 신설회사의 이사로서 합병 전에 취임한 자는 합병계약서에 다른 정함이 있는 경우를 제외하고는 합병 후 최초로 도래하는 결산기의 정기총회가 종료하는 때까지 그 임기가 연장된다(§527의4). 주식교환에 의하여 완전모회사가 되는 회사의 이사로서 주식교환 전에 취임한 자의 경우에도 같다(§360의13).

### 《일본 회사법상 이사의 임기》

이사의 임기는 2년이지만, 정관 또는 주주총회의 결의에 의하여 그 임기를 단축할 수 있다(일회 § 332①). 그러나 위원회설치회사의 경우에는 이사의 임기가 1년이고(동조③, ④), 잉여금배당 등을 이사회가 결정할 뜻을 정관으로 정한 회계감사인설치회사의 이사의 임기도 1년이다(일회 §459①). 위원회설치회사를 제외한 비공개회사의 이사의 임기는 선임 후 10년 이내에 종료할 사업년도 내에 최종의 것에 관한 정기주주총회의 종결 시까지 연장할 것을 정관으로 정할 수 있다(일회 §332②).

### 《중국 회사법상 이사의 임기》

이사의 임기는 회사정관으로 정하며, 매 임기는 3년을 초과할 수 없다. 임기만료 후 재선되면 연임할 수 있다(중회 §46 전문). 임기만료 후 적시에 새로운 이사를 선임하지 못하였거나 임기 내에 사직하여 이사회 구성원이 법정최저원수에 부족할 경우에는 새로운 이사가 취임할 때까지 원래의 이사가 법률, 행정법규와 정관의 규정에 따라 이사의 직무를 계속 수행한다(중회 §46 후문).

---

1) 정동윤, 388면; 정찬형, 상, 896면.

2) 정동윤, 388면; 이기수 외, 381면; 정찬형, 상, 896면; 최기원, 551면; 최준선, 회, 392면.

3) 이철송, 회, 636~637면; 손주찬, 810면.

4) 대판 2001.6.15, 2001다23928(회사가 임기를 정하지 않았을 때 3년으로 본다); 이철송, 회, 636면.

## (7) 이사의 종임

이사의 종임사유로서 가장 일반적인 것은 임기만료이다. 그러나 임기가 만료되거나 또는 사임의 경우 법률 또는 정관으로 정한 이사의 원수가 결여되는 경우에는 새로 선임된 이사가 취임할 때까지 이사로서의 권리와 의무가 있다(§386①). 회사와 이사 간의 관계는 위임관계이므로, 이사는 수임인과 같이 언제든지 사임할 수 있다. 사임은 단독행위로서 회사의 승낙을 요하지 않으므로, 그 의사표시가 대표이사에 도달하면 사임에 따른 변경등기가 없더라도 자격을 상실한다.[1] 사임의 의사표시는 회사의 대표이사에게 하여야 한다.

실무에서 회사 대표자의 재신임을 묻기 위하여 임원들이 일괄사표를 제출하고 대표이사에게 사표의 처리를 일임한 경우에는 대표이사가 사표를 수리함으로써 사임의 효력이 생긴다.[2] 대표이사에게 사임의 의사표시에 관한 대리권을 수여한 것으로 보아야 할 것이다.[3] 대표이사가 이사직을 사임하는 경우에는 다른 대표이사가 있으면 그에게 의사표시를 하여야 하며 다른 대표이사가 없는 때에는 이사회를 소집하여 이사회에 대하여 사임의 의사표시를 하여야 할 것이다. 그러나 이사회의 소집이 불가능하거나 이사회의 소집에도 불구하고 이사회가 성립하지 않는 경우에는 다른 모든 이사에게 개별적으로 의사표시를 하여도 된다고 본다.[4]

그리고 이사와 회사의 관계는 위임에 관한 규정이 준용되므로 이사는 위임관계의 종료사유에 의하여 종임된다. 따라서 이사의 사망·파산·금치산선고 기타 정관에 정한 자격상실사유가 발생하거나 또는 회사의 해산·파산으로 종임이 된다. 이사의 사망은 회사 또는 거래상대방에게 통지를 요하지 않고 효력이 발생한다.[5]

이사가 종임한 때에는 그 등기를 하여야 한다(§317②8호, 동조④, §183).[6]

### 《일본과 중국 회사법상 이사의 종임》

일본 회사법상으로도 이사의 종임사유는 임기만료, 해임, 자격상실, 회사의 해산(일회 §330, §331) 등이 있으며, 이사와 회사의 관계는 위임이므로 이사는 언제든지 사임할 수 있다(일민 §651).

중국 회사법상 이사의 종임사유는 명백하지 않지만 대체로 위와 같다고 할 것이다.

---

1) 대판 1997.9.11, 97마1474; 동 1993.9.14, 93다28799.

2) 대판 1998.4.28, 988615.

3) 이철송, 회, 636~637면.

4) 최기원, 555면; 최준선, 회, 393면.

5) 대판 1963.9.5, 63다233.

6) 대판 1968.2.28, 67마921.

## 3. 이사의 해임

### (1) 해임결의

이사는 언제든지 주주총회의 특별결의로써 해임할 수 있다(§385①). 위임의 상호해지자유의 원칙에 의한 것이며, 이사의 지위유지 여부는 출자자인 주주가 정책적으로 결정하고 또한 이사가 부적정한 경영을 할 때 주주가 신속히 자기 재산을 방어하기 위한 방법으로서 주주총회에 해임권을 인정한 것이다.[1]

이사의 임기를 정한 경우에 정당한 이유 없이 그 임기만료 전에 이를 해임한 때에는 그 이사는 회사에 대하여 해임으로 인한 손해의 배상을 청구할 수 있다(동항). 다만 이사가 의원면직의 형식으로 해임된 경우에는 손해배상을 청구할 수 없다고 보아야 할 것이다. 여기서 "이사의 임기를 정한 경우"라 함은 정관 또는 주주총회의 결의로 임기를 정하고 있는 경우를 말하고, 이사의 임기를 정하지 않은 때에는 이사의 임기의 최장기인 3년을 경과하지 않는 동안에 해임되더라도 그로 인한 손해배상을 청구할 수 없다.[2] 손해배상은 재임기간에 받을 수 있는 보수이며, 해임으로 인한 위자료는 배상의 범위에 포함되지 않으며 과실상계의 법리도 적용되지 않는다.[3] 상법 제383조 제2항이 "이사의 임기는 3년을 초과하지 못한다."고 규정하고 있다 하더라도 이것이 이사의 임기를 3년으로 정하는 취지라고 해석할 수는 없기 때문이다.

또한 "정당한 이유"란 불법행위, 법령이나 정관에 위반한 행위 또는 기타의 부정행위를 하거나 장기적 질병, 중대한 경영실패 뿐만 아니라 정신적, 육체적으로 경영자로서의 직무를 감당하기에 현저하게 곤란한 경우, 회사의 중요한 사업계획의 수립이나 그 추진에 실패함으로써 경영능력에 근본적인 신뢰관계가 상실된 경우 등 경영자로서의 직무능력이 현저하게 부적임한 경우로서 임기 중에 해임되더라도 손해배상을 청구할 수 없는 사유이다.[4] 그리고 손해배상액은 임기 중에 받을 수 있는 보수액을 의미한다. 이 손해배상은 채무불이행책임이나 불법행위책임이 아니고 법정책임이므로 위자료 등이 포함되지 않는다. 정당한 이유의 존부에 관한 입증책임은 손해배상을 청구하는 이사가 부담한다.[5]

---

1) 이철송, 회, 636~637면.

2) 대판 2001.6.15, 2001다23928.

3) 서울고판 1978.7.6, 77나2669; 동 1990.7.6, 89나46297.

4) 대판 2004.10.15, 2004다25611.

5) 대판 2006.11.23, 2004다23928.

주주총회의 결의에 관하여 특별한 이해관계가 있는 자는 의결권을 행사하지 못하지만(§368④), 이사의 해임결의에 있어서 해임대상인 이사가 주주인 경우에는 특별이해관계인으로 볼 수 없고, 따라서 특별이해관계인이 소유하는 주식에 대하여도 당연히 의결권을 행사할 수 있다.

해임의 효과는 피해임자에게 해임의 고지를 한 때에 발생하며, 주주총회의 해임결의 즉시 발생하는 것은 아니다.[1]

## (2) 소수주주의 해임청구의 소

이사가 그 직무에 관하여 부정행위 또는 법령이나 정관에 위반한 중대한 사실이 있음에도 불구하고 주주총회에서 해임결의가 부결된 경우에는 발행주식총수의 100분의 3 이상에 해당하는 주식을 가진 소수주주는 총회의 결의가 있은 날로부터 1월 내에 그 이사의 해임을 법원에 청구할 수 있다(§385②, ③). 상장회사의 경우에는 6월 전부터 계속하여 상장회사 발행주식총수의 10,000분의 50(최근 사업년도 말 자본금이 1천억원 이상인 상장회사의 경우는 10,000분의 25) 이상에 해당하는 주식을 보유한 자가 해임을 청구할 수 있다(§542의6③).

일반적으로 이사는 대주주의 의사에 따라 선임되므로 이사의 부정행위가 있더라도 대주주의 비호에 의하여 해임결의가 부결될 수 있으므로 소수주주가 시정할 수 있도록 한 것이다.[2] 해임청구는 의결권을 행사하는 것이 아니므로 의결권 없는 주주도 해임청구의 소를 제기할 수 있다. 이 경우에는 부정행위 또는 법령과 정관위반을 요하므로 단순한 임무해태는 해임청구의 사유가 될 수 없다. 해임청구의 소를 제기한 주주는 법정지주수를 판결이 확정될 때까지 보유하여야 하며, 주식의 양도 등으로 이 요건을 결한 때에는 법원은 청구를 기각하여야 한다.

이때 피고가 누구인가에 대하여는 당해 이사라는 견해[3]와 회사라는 견해[4]도 있으나, 이사와 회사가 공동피고로 된다고 본다.[5] 왜냐하면 이사해임청구의 소는 회사의 이사해임결의의 수정을 목적으로 하면서 그 판결의 효력은 해임될 이사에게도 미치기 때문이다. 이 경우에 당해 이사의 직무집행을 정지하고 직무대행자

---

1) 최준선, 회, 394면; 정찬형, 상, 900~901면. 이에 대하여 고지를 요하지 않는다는 견해: 정동윤, 395면.

2) 이철송, 회, 635면; 정찬형, 상, 901면.

3) 손주찬, 768면.

4) 임홍근, 462면.

5) 이철송, 회, 635면; 최기원, 558면; 정동윤, 390면; 정찬형, 상, 901면; 최준선, 회, 395면.

를 선임하는 가처분신청을 할 수 있을 것이다.

이사해임청구의 소의 성질은 형성의 소이다. 따라서 이사해임의 판결이 확정되면 당연히 해임의 효력이 발생한다. 이사가 종임된 때에는 변경등기를 하여야 한다(§317③, §183).

### 《일본 회사법상 이사의 해임》

임원은 언제든지 주주총회의 결의에 의하여 해임할 수 있지만(일회 §339①), 해임된 자는 그 해임에 대하여 정당한 이유가 있는 경우에 발생한 손해배상을 청구할 수 있다(동조②). 주주총회의 해임결의는 보통결의에 의하며, 정관으로 결의요건을 가중할 수 있다(일회 §341). 그러나 매수방어방법으로써 정관으로 특별결의를 요하는 회사도 나타나고 있다. 이사 기타 임원의 해임의 소도 소수주주권으로서 인정된다(일회 §854).

### 《중국 회사법상 이사의 해임》

이사의 해임에 관하여 중국의 개정 전 회사법은 이사의 임기가 만료되기 전에 주주총회는 이유 없이 그 직무를 제거할 수 없다고 규정하고 있었는데, 신회사법은 이 규정을 삭제하였다. 그리고 종업원이사의 해임은 종업원대표대회 또는 종업원 회의에서 진행해야 하고 주주총회는 해임권이 없다.

## 4. 이사의 직무집행정지 및 직무대행자의 선임

### (1) 의 의

이사선임결의의 무효나 취소의 소 또는 이사해임의 소가 제기된 경우에 그 이사가 판결확정시까지 직무를 맡게 하는 것은 적당하지 못하므로 법원은 당사자의 신청에 의하여 본안소송 제기 후 또는 급박한 사정이 있는 때에는 본안소송의 제기 전이라도 가처분으로써 이사의 직무집행을 정지시키고, 직무대행자를 선임할 수 있게 하였다(§407①).[1] 이 가처분은 민사집행법상 이른바 '임시의 지위를 정하는 가처분'인데(민집 §300②), 이를 이사직무집행정지가처분 또는 이사직무대행자선임가처분이라 한다. 이러한 가처분은 그 절차나 효력에 관해서는 민사소송법에 의하지만 상법은 이에 관한 특칙을 두고 있다. 그러나 직무집행정지의 가처분이 있다고 하여 반드시 직무대행자선임의 가처분이 뒤따르는 것은 아니고, 후자는

---

1) 대판 1997.1.10, 95마837.

예컨대 직무집행정지의 결과 정관 또는 법률에 정한 이사의 원수를 결한 경우와 같이 필요가 있는 경우에만 하게 된다.[1)]

이사의 직무정지 가처분의 신청인이 될 수 있는 자는 본안소송의 원고 또는 원고가 될 수 있는 자이고, 피신청인이 될 수 있는 자는 그 성질상 회사가 아니라 이사이다.[2)] 이에 대하여 가처분이 회사에 대하여는 그 이사에게 직무를 집행시켜서는 안 된다는 것을 명함과 동시에 이사 개인에 대해서는 직무를 집행해서는 안 된다는 것을 명하는 것이라고 할 수 있으므로 가처분의 피신청자는 회사와 이사 양자로 보는 견해도 있다.[3)]

### (2) 직무집행정지가처분의 효력

직무집행정지가처분을 당한 이사가 가처분의 취지에 반하여 한 행위는 제3자에 대하여도 절대적으로 무효이며, 후에 그 가처분이 취소되더라도 소급하여 유효해지는 것은 아니라고 본다.[4)] 직무집행의 정지 중에는 그 직무와 관련하여 책임도 발생하지 않으며,[5)] 직무집행정지가처분은 본안소송에서 가처분신청자가 승소하여 그 판결이 확정된 때에 그 효력을 상실한다.[6)]

### (3) 직무대행자의 권한

직무대행자는 일시적 필요에 의한 것이므로 가처분명령에 다른 정함이 있거나, 법원의 허가를 얻은 경우가 아니면 회사의 상무에 속하지 아니한 행위를 하지 못한다(§408①). 회사의 상무라고 함은 회사가 영업을 계속함에 있어서 통상의 업무범위에 속하는 사무, 즉 회사의 경영에 중요한 영향을 미치지 않는 보통의 업무를 말한다.

그러나 직무대행자가 이를 위반하여 행위를 한 경우에도 회사는 선의의 제3자에 대하여는 책임을 져야 한다(동조②). 이 경우 제3자의 과실 유무를 불문한다. 이는 거래의 안전을 보호하기 위한 것이다. 판례는 이사직무대행자가 한 행위가 회사의 상무에 속한다고 하는 사실의 주장과 입증은 회사와 거래한 상대방인 제3

---

1) 정동윤, 398면.

2) 정동윤, 398면; 정찬형, 상, 897면; 대판 1972.1.31, 71다2351.

3) 최기원, 561면.

4) 정찬형, 상, 897면; 최준선, 회, 396~397면.

5) 대판 1980.3.11, 79누322.

6) 대판 1989.5.23, 88다카9883; 동 1989.9.12, 87다카2691.

자가 하여야 한다고 한다.[1]

그리고 변호사에게 소송대리를 위임하고 그 보수 계약을 체결하는 행위는 상무에 속한다고[2] 보지만, 상대방 당사자의 변호사의 보수지급에 관한 약정은 회사의 상무에 속한다고 볼 수 없으므로 법원의 허가를 받지 않는 한 효력이 없다고 한다.[3] 신주발행, 사채모집, 정기주주총회의 소집은 상무에 속하나, 임시주주총회 소집은 상무에 속하지 않는다.[4] 직무대행자가 법원의 허가를 받지 않고 소집한 임시주주총회에서 한 결의는 당연 무효는 아니고 결의취소의 원인이 되지만[5] 임시주주총회에서 가처분명령에 위반하는 내용의 결의를 하면 무효이다.[6]

### (4) 직무대행자의 책임

직무대행자는 회사와의 사이에 위임관계가 있는 것은 아니지만, 이사의 회사에 대한 책임에 관한 제399조 및 제3자에 대한 책임에 관한 제401조의 규정을 유추적용 하여 이사와 동일한 책임이 있는 것으로 보아야 한다.[7]

### (5) 가처분의 변경·취소

법원은 당사자의 신청에 의하여 그 가처분을 변경 또는 취소할 수도 있다(§407②). 이에 관하여는 상법에 규정이 없으므로 민사소송법의 정함에 의한다. 직무집행정지·대행자선임의 가처분에 의하여 직무의 집행이 정지된 이사가 사임하고 주주총회의 결의로 후임이사가 선임되더라도 그것만으로 즉시 위 가처분이 실효하거나 위 대행자의 권한이 소멸하는 것이 아니다.

그러므로 본안판결의 확정, 가처분취소판결의 확정, 가처분 신청의 취하가 있어야 가처분이 소멸하고 직무대행자의 권한이 소멸한다.[8] 또 후임이사가 구성하는 이사회의 결의로 대표이사를 정하더라도 직무대행자가 이사의 직무를 집행할 권한이 있으며, 그 대표이사는 가처분의 존속 중에는 그 권한을 행사하지 못한다.[9]

---

1) 대판 1965.10.20, 65다1677.
2) 대판 1970.4.14, 69다1613.
3) 대판 1989.9.12, 87다카2691.
4) 대판 1959.12.3, 4290민상669.
5) 日最判 1964.5.27, 民集 18卷 4号, 608頁.
6) 대판 1959.12.3, 4290민상669.
7) 최준선, 회, 399면; 정동윤, 399면.
8) 정희철, 503면; 정찬형, 회, 898면; 최준선, 회, 399면.
9) 日最判 1970.11.6, 民集 24卷 12号, 1744頁.

이사의 직무집행정지 또는 직무대행자선임의 가처분이 있거나 또는 가처분의 변경이나 취소가 있을 때에는 법원의 촉탁등기에 의하여 이를 공시하여야 한다(§407③, 민집 §306).

**《일본과 중국 회사법상 이사의 직무집행정지와 가처분》**

일본 회사법은 직무집행정지와 대행자의 선임에 관하여 이사나 집행역의 선임결의의 하자에 관한 소가 제기되어도(일회 §830, §831) 당연히 직무집행이 정지되는 것이 아니고 민사보전법상의 가처분을 이해관계인이 신청하면 법원이 직무집행을 정지하고 직무대행자를 선임하는 가처분을 할 수 있도록 한다(일민보 §23②, §24, 일회 §351②). 직무대행자는 가처분명령의 특단의 정함이 없는 경우에는 법원의 허가 없이 회사의 상무에 속하지 않는 행위를 할 수 없으며, 이에 위반한 행위는 무효이다. 다만 선의의 제3자에게는 대항하지 못한다(일회 §352, §402③).

이에 대하여 중국 회사법은 명확한 규정을 두고 있지 않다.

## 5. 결원의 경우의 조치

법률 또는 정관에서 정한 이사의 원수에 결원이 생기는 경우에는 임기의 만료 또는 사임으로 인하여 퇴임한 이사는 새로 선임된 이사가 취임할 때까지 이사의 권리의무를 계속 가진다(§386①). 업무상 공백상태를 막기 위한 방안이다. 이 경우 필요하다고 인정할 때(퇴임이사의 집무가 불가능 하거나 부적당한 경우 등)에는 법원은 이해관계인(이사·감사 기타 이해관계인)의 청구에 의하여 일시 이사의 직무를 행할 자(임시이사, 가이사)를 선임할 수 있다. 직무대행자로 선임될 수 있는 자격에는 제한이 없으므로 회사와 이해관계자가 아니더라도 상관없고, 직무대행자 선임 신청인이 추천한 사람이 아니더라도 가능하다.[1] 이 경우에는 본점소재지에서 그 등기를 하여야 한다(§386②).

그러나 이사 중의 일부가 임기가 만료되었다고 하더라도 아직 임기가 만료되지 아니한 다른 이사들로써 정상적인 활동이 가능한 경우에는 구태여 임기만료 된 이사로 하여금 이사로서의 직무를 계속하게 할 필요는 없을 것이다. 따라서 임시이사 선임의 필요성에 관해서는 본 제도의 취지와 관련하여 사안에 따라 개별적으로 판단되어야 할 것이다.[2]

이러한 가이사(임시이사)는 이사의 직무집행정지의 가처분과 함께 선임된 직무대

1) 대판 1981.9.8, 80다2511; 동 1985.5.28, 85그50.

2) 정찬형, 상, 903면.

행자와 구별되며, 그 자격에는 제한이 없고, 그 권한은 법원에 의하여 제한되지 않는 한 본래의 이사와 같다.[1] 직무집행정지가처분과 함께 선임된 자가 회사의 상무에 속한 업무만을 할 수 있는 것과 구별된다(§408).[2] 가이사는 주주총회의 결의에 의한 결원의 보충에 의하여 종임된다.

**《일본과 중국 회사법상 이사의 결원에 대한 조치》**

일본 회사법에 의하면 이사, 회계참여, 감사역 및 회계 감사인을 선임하는 주주총회는 결원이 생기는 경우에 대비하여 보결임원을 선임할 수 있다고 새롭게 규정하고 있다(일회 §329②). 회사임원을 선임하는 경우에는 후보자가 보결임원, 사외이사 또는 사외감사라는 뜻 등도 함께 결정하여야 한다.

이에 대하여 중국 회사법은 이사가 임기만료나 사직으로 인하여 법정인수에 미달할 경우 새로 선출된 이사가 취임할 때까지 원래의 이사가 이사의 직무를 수행하도록 하지만(중회 §46, §109), 임기만료나 사직으로 인한 이사의 집무가 불가능할 경우의 가이사 선임에 관하여 명확한 규정을 하지 않고 있다.

## 6. 이사의 권한

이사는 이사회의 구성원으로서 개인의 지위에서 상법상 여러 가지의 권한을 가질 뿐 아니라, 회사의 업무집행에 관한 의사결정과 대표이사를 포함하여 다른 이사의 직무집행을 감독할 권한이 있다. 대표이사가 아닌 이사는 원칙적으로 회사의 업무집행권 및 대표권이 없으나, 오늘날 우리나라의 회사는 정관 또는 내부규칙에 의하여 이사에게 내부적으로 일정한 업무집행권한을 부여하고 있는 것이 대부분이다(업무담당이사). 예외적으로 자본금(발행주식의 액면총액)이 10억원 미만인 소규모주식회사로서 이사가 1인인 경우에는 그 이사는 회사의 업무집행권과 대외적으로 회사를 대표할 권한을 갖는다(§383①, ⑥).

한편 이사는 대표이사로 하여금 다른 이사 또는 피용자의 업무에 관하여 이사회에 보고할 것을 요구할 수 있으며(§393③), 이사는 3월에 1회 이상 업무의 집행 상황을 이사회에 보고하여야 한다(동조④). 이는 이사회를 활성화하기 위하여 회사의 업무에 대한 이사의 정보접근권을 강화한 것으로서 2001년 개정상법에 의하여 도입된 규정이다.

---

1) 대판 68.5.22, 68마119.

2) 정동윤, 391면; 정찬형, 상, 903면; 최준선, 회, 400면.

## 7. 이사의 보수

### (1) 보수의 개념

이사의 보수란 이사의 직무집행에 대한 대가로서 회사가 지급하는 금전이나 현물급여를 포함하므로 월급·각종의 수당·상여금[1)]·퇴직위로금·해직보상금[2)] 등 그 명칭 여하를 불문하고, 정기적이든 부정기적이든 불문한다. 퇴직위로금도 역시 재직 중의 직무수행의 대가이므로 이사의 보수에 해당하며, 따라서 정관 또는 주주총회결의에 의해서만 지급할 수 있을 것이다.[3)]

이사는 근로기준법상 근로자가 아니고, 따라서 이사의 보수는 근로기준법상의 임금이라 할 수 없다. 그러나 이사가 회사의 지배인 기타 사용인을 겸직하는 사용인겸무이사의 경우에 사용인분 급여도 이에 포함되는가에 대하여 학설이 나누어진다. 사용인분 급여를 보수에 포함시키지 않는다면 상법 제388조를 탈법하는 결과가 되기 때문에 이사의 보수에 포함시켜야 한다는 설,[4)] 사용인분 급여는 이사의 보수와 법적 성질을 달리하므로 포함되지 않는다는 설, 그리고 원칙적으로는 포함되지 않지만 보수결정시 사용인분 급여액이 주주총회에 보고되어야 한다는 설 등이 있다.

그러나 사용인분 급여는 사용인의 노무에 대한 근로계약에 기한 대가로서 이사의 보수와는 그 법적 성질을 달리하므로 이에 포함시키지 않는 것이 타당하다고 본다.[5)] 이에 대하여 사용인에 대한 급여체계가 확립된 경우에는 보수에 포함되지 않지만, 급여체계가 확립되지 않은 경우에는 보수에 포함시켜 주주총회의 결의가 필요하다는 견해도 있다.[6)]

### (2) 보수액의 결정방법

이사와 회사간의 관계는 위임에 관한 규정이 준용되지만(§382②), 민법상의 수

---

1) 상여금이 이익처분의 방법으로 지급되는 경우에는 보수라고 볼 수 없다(정동윤, 393면; 최기원, 567면).

2) 대판 2006.11.23, 2004다49570.

3) 대판 1977.11.12, 77다1742; 동 1999.2.24, 97다38930.

4) 이철송, 회, 644~645면; 임홍근, 451면.

5) 최준선, 회, 402면; 정동윤, 392면; 이기수 외, 398면; 정찬형, 상, 905면.

6) 최기원, 회, 567면.

임인과는 달리 이사는 당연히 보수를 지급받을 수 있다. 이사의 보수액은 정관에 그 액을 정하지 아니한 때에는 주주총회의 결의로 이를 정하여야 한다(§388). 회사의 이익을 보호하기 위하여 정책적으로 인정하는 규정이다.

주주총회에서는 각 이사의 보수액을 개별적으로 정할 필요까지는 없고, 이사 전원에 대한 보수 총액의 최고한을 정하고 그 범위 내에서의 구체적인 금액결정과 각 이사에 대한 개인별 지급액은 이사회에 위임할 수 있다(통설). 그러나 보수액의 결정 및 지급을 이사회나 대표이사에게 일임하는 내용의 주주총회의 결의는 무효이다.[1]

이사의 보수액 결정도 업무집행의 일부이므로 이사회나 대표이사가 결정할 수 있는 것이 원칙이지만 이사의 보수는 경영성과에 대한 평가와 보상의 의미가 있으므로 성질상 주주가 정할 사항으로 볼 수 있고, 또 이사들이 보수를 스스로 결정할 경우 과다하게 책정할 염려가 있어 주주들의 정책결정사항으로 한 것이다.[2] 이사의 보수액을 결정하는 주주총회의 결의에서 주주인 이사는 특별이해관계인이 된다. 그러나 총회에서 이미 정해진 보수총액을 배분하는 이사회의 결의에서의 이사는 특별이해관계인이 아니다.[3]

### (3) 퇴직금

이사가 종임하였을 때에 그에게 퇴직금을 지급하는 것이 관행이다. 이 퇴직금은 이사에 대한 보수의 일종이고[4] 근로기준법상의 임금이 아니다. 따라서 이 퇴직금도 정관이나 주주총회의 결의로 그 총액 또는 한도액을 정하고 각 이사에게 지급할 구체적인 금액, 시기, 방법 등은 퇴직금지급규정에 의하거나 이사회에 위임할 수 있다. 그 시효에 관하여도 임금채권의 시효가 아닌 일반채권의 시효가 적용된다.[5]

---

1) 정동윤, 393면; 이기수 외, 397면; 정찬형, 상, 905~906면; 이철송, 회, 645면.

2) 이철송, 회, 525면.

3) 최준선, 회, 402면; 정찬형, 상, 906면.

4) 대판 1997.11.22, 77다1742 등 다수.

5) 대판 1988.6.14, 87다카2268. 그러나 사용자의 지휘·감독아래 일정한 근로를 제공하고 소정의 임금을 받는 이사나 감사는 근로자에 해당하며, 이들이 지급받는 보수 및 퇴직금은 근로기준법상의 임금에 해당하고 따라서 그에 관하여는 근로기준법 소정의 임금채권의 시효에 관한 규정이 적용된다(대판 1993.8.24, 92다923).

**《일본과 중국 회사법상 이사의 보수》**

이사의 보수, 상여 기타 직무집행의 대가로서 회사로부터 받는 재산상의 이익에 대하여 정관의 정함이 없는 경우에는 주주총회의 결의로써 정한다. 정관이나 주주총회의 결의로써 정하는 사항에는 확정금액보수, 불확정금액보수(업적연동형보수나 주가연동형보수 등), 비금전보수이다(일회 §361). 보수액을 이사회에 맡기면 이사들이 제멋대로 처리하는 폐해가 있을 것이므로 정관 또는 주주총회에서 정하도록 하고 있다. 공개회사의 경우에는 사업보고서에 당해사업년도의 이사, 회계참여, 감사역 또는 집행역마다 보수 등의 총액, 각 회사임원의 보수 등의 액 또는 그 산정방법에 해당하는 결정방법을 정할 때는 그 방법과 내용의 개요도 그 내용으로 하여야 한다.

이에 대하여 중국 회사법에서는 이사와 집행임원 등의 보수에 관하여 명확한 규정을 하고 있지 않다.

## 제 3 이사회

### 1. 이사회의 의의와 법적지위

이사회는 회사의 업무집행에 관한 의사결정과 대표이사의 직무집행을 감독하기 위하여 이사 전원으로 구성되는 회의체의 필요적 상설기관이다. 이사회는 회의체 기관이므로 업무집행에 관한 의사결정에 그치고 구체적인 실천은 대표이사가 행하며, 업무집행의 적정을 기하기 위하여 이사회는 대표이사 및 이사의 업무집행을 감독한다(§393②).

그러므로 상법은 의사결정기관과 감독기관을 주주총회와 감사와 더불어 이원화하고 있다. 이사회의도 상법은 이사회라고 부르고 있다. 그러나 자본금이 10억원 미만으로 이사가 1인 또는 2인으로 하는 소규모주식회사의 경우에는 이사회가 성립할 수 없으므로 그 이사가 단독으로 업무집행에 관한 의사결정을 하게 되며(§383⑥), 상법상의 중요한 이사회 결의사항은 모두 주주총회의 결의에 의하여야 한다(§383④).

### 2. 이사회의 권한

이사회는 법령 또는 정관에 의하여 주주총회의 권한으로 되어 있는 사항을 제외하고는 회사의 모든 업무집행에 관하여 의사결정을 할 권한(§393①)과 이사의 직무집행을 감독할 권한(동조②)을 갖는다. 그러나 집행임원을 설치하는 회사에서는 정관이나 이사회의 결의로써 업무집행에 관한 의사결정을 집행임원에게 위임할 수 있고 이사회는 감독권한을 주로 행사할 수 있다(§408의4).

### (1) 의사결정권

1) 이사회는 상법 또는 정관의 규정에 의하여 주주총회의 권한사항으로 정한 것을 제외하고는 회사의 업무집행에 관한 모든 의사결정을 할 권한이 있다(§393①).[1] 업무집행의 상세한 사항까지 이사회가 직접 결정할 필요는 없지만 적어도 기본적 사항, 특히 법정권한사항은 이사회 내의 위원회에 위임하는 경우(§393의2)를 제외하고 그 결정을 다른 기관에 위임하지 못한다.[2] 이사회의 권한은 중요한 사항을 제외하고 세부적인 사항은 대표이사 또는 업무담당이사에게 맡길 수 있다고 본다.

업무집행에 관한 중요사항이라도 정관의 규정에 의하여 주주총회의 권한 사항을 확장할 수는 있으나, 이사회에서 결정할 것으로 정하여져 있는 사항은 대표이사에게 위임하지는 못한다. 이사회는 고유한 권한을 가진 독립기관이므로 이사회가 결의한 사항을 주주총회의 결의로 번복하거나 무효로 할 수도 없다.

상법이 이사회의 결의사항으로 규정하고 있는 것으로는 주식매수선택권 부여의 취소(§340의3①5호), 주주총회의 소집(§362), 주주제안 내용의 법령 또는 정관위반 여부 결정(§363의2③), 이사회소집권자의 특정(§390①단서), 중요한 자산의 처분 및 양도,[3] 대규모 재산의 차입, 지점의 설치·이전 또는 폐지, 지배인의 선임·해임(§393①), 대표이사의 선정과 공동대표의 결정(§389), 이사의 경업의 승인과 개입권의 행사(§397①, ②), 이사의 자기거래에 대한 승인(§398), 신주발행사항의 결정(§416), 재무제표의 승인(§447), 영업보고서의 승인(§447의2), 준비금의 자본전입(§461①본문), 중간배당의 실시 결정(§462의3①), 사채발행의 결정(§469), 주주에 대한 전환사채 및 신주인수권부사채의 발행사항의 결정(§516의2②본문) 등이 있다.

이와 같은 이사회의 결의사항 가운데 대표이사의 선임, 신주발행, 준비금의 자본전입, 전환사채의 발행, 신주인수권부사채의 발행 등은 정관에 규정을 두어 주주총회의 권한으로 전환할 수 있게 하고 있다.

---

1) 대판 1997.6.13, 96다48282.

2) 최기원, 579면; 정동윤, 402면; 최준선, 회, 407면.

3) 대판 2005.7.28, 2005다3649.

상법상의 상장회사에 대한 특례규정에 의하면 자산규모 등을 고려하여 대통령령으로 정하는 상장회사는 최대주주, 그의 특수 관계인 및 그 상장회사의 특수관계인으로서 대통령령으로 정하는 자를 상대방으로 하거나 그를 위하여 대통령령으로 정하는 일정규모 이상의 거래를 하고자 하는 경우에는 이사회의 승인을 얻어야 하며, 그 승인결의 후 최초로 소집되는 정기주주총회에 당해 거래와 관련한 사항을 보고하여야 한다(§542의9③, ④). 그러나 상장회사가 경영하는 업종에 따른 일상적인 거래, 약관에 따라 정형화된 거래, 대통령령으로 정하는 거래나 이사회에서 승인한 거래총액의 범위 안에서 이행하는 거래는 이사회의 승인을 받지 않을 수 있다(동조⑤).

한편 상법은 이사회의 원활한 업무집행권 행사를 위하여 이사의 회사업무에 대한 정보접근권을 보장하고 있다. 즉 이사는 대표이사로 하여금 다른 이사 또는 피용자의 업무에 관하여 이사회에 보고할 것을 요구할 수 있는 한편(§393③), 이사도 3월에 1회 이상 업무의 집행상황을 이사회에 보고하여야 한다(동조④).

자본금 총액이 10억원 미만으로서 이사가 1인 또는 2인 뿐인 회사의 경우에는 이사회가 없으므로 이사회의 권한에 관한 규정이 적용될 여지가 없다.

2) 중요자산의 처분 및 양도, 대규모 재산의 차입, 지배인의 선임과 해임, 지점의 설치·이전·폐지 등 회사의 업무집행은 이사회의 결의로 한다(§393①). 그리고 상법 또는 정관에 이사회의 권한사항으로 규정되지 않았어도(예: 사업계획, 중요한 규칙의 개폐, 중요하지 않은 영업의 일부양도, 임원인사, 중요한 투자 등) 상법 또는 정관의 규정에 의하여 주주총회 권한사항이 아니면 업무집행에 관한 의사결정권한은 전부 이사회의 권한사항이다.[1]

그러나 회사의 중요재산을 처분하는 경우에는 상법 제393조 제1항이 이사회의 결의사항으로 하고 있으나 이는 대표이사가 전단할 수 없음을 규정한 뜻이고, 영업에 불가결한 중요재산을 처분하는 경우에는 상법 제374조 제1항의 영업양도에 포함시켜 주주총회의 특별결의를 요한다고 본다.[2] 어떤 것이 중요한 재산이고 중요한 업무인가에 대한 판단은 재산의 처분이나 업무가 회사에 미치는 효과 등을 참고로 개별적으로 판단해야 할 것이다.[3]

1) 대판 1997.6.13, 96다48282.

2) 이철송, 회, 660면.

3) 대판 2005.7.28, 2005다3649.

## (2) 감독권한

1) 이사회는 이사의 직무집행을 감독하는 권한을 가진다(§393②). 이사회가 대표이사의 선임권과 해임권을 가지는 이상 대표이사에 대한 감독권을 가지는 것은 자기시정의 기능으로서 당연하며, 기타 업무담당이사에 대하여도 감독권한을 가진다. 회사의 업무집행이 복잡해지면서 실제 업무를 집행하는 이사의 재량의 폭이 커지고 아울러 독주의 위험도 커지고 있으므로 이사회의 감독기능은 그 중요성을 더해가고 있다. 이사회 감독의 범위는 위법행위의 예방과 시정을 위한 적법성 뿐만 아니라 업무집행에 관한 효과적인 의사결정과 합리적인 경영판단을 위하여 타당성에도 미친다고 본다.

2) 감독이란 대표이사 및 이사에게 질문하고 답변을 듣는 것은 물론이고, 이들의 업무집행이 위법하거나 정관의 규정, 주주총회나 이사회의결에 위배되거나 타당하지 못할 때에는 그 행위를 중단 또는 정지할 것을 명하고, 다른 방법이나 내용으로 할 것을 요구하는 것이다.[1] 또한 필요하다면 임무해태로 인한 손해배상책임(§390), 대표이사의 해임, 업무분장의 수정, 영업정책의 전환 등을 결의할 수 있다고 본다. 이와 같은 감독권은 이사회가 행사하는 것이므로 질문권 등은 이사회에서 이사가 개별적으로 행사할 수 있지만, 중지·시정·전환 등이나 대표이사의 해임 등은 당연히 이사회의 결의로써 한다.

3) 이사회가 이러한 감독기능을 실질적으로 발휘하게 하기 위해서는 회사의 업무집행에 관한 충분한 정보의 제공이 필요하다. 그러므로 상법은 이사의 정보 접근권을 강화하고 있다. 즉 이사는 대표이사로 하여금 다른 이사 또는 피용자의 업무에 관해 이사회에 보고할 것을 요구할 수 있으며(§393③), 이사(대표이사)는 3월에 1회 이상 업무의 집행상황을 이사회에 보고하도록 하여(동조④) 이사회에 대한 정보제공을 보장하고 있다. 이사의 정보요구에 대하여 대표이사는 기업비밀임을 이유로 정보제공을 거절하지 못한다. 대신 상법은 이사의 비밀준수의무를 신설하여 기업비밀유지를 보장하고 있다(§382의4).

---

1) 이철송, 회, 663면.

## 《일본 회사법상 이사회의 직무권한》

### 1. 업무집행의 결정

이사회가 결정하는 회사의 업무집행은 회사의 업무에 관한 대내적, 대외적인 제반 사무를 처리하는 것을 의미하지만 법령이나 정관에 의하여 주주총회의 결정권한으로 되어 있는 사항에는 미치지 않는다. 반면에 법률상 이사회의 결정사항으로 되어 있는 사항에 대해서는 반드시 이사회 자신이 결정해야 하고 정관으로도 하부의 기관에 결정을 위임할 수 없다.

일반적 전속사항으로서 중요재산의 처분과 양수, 다액의 차재, 지배인 기타 중요한 사용인의 선임과 해임, 지점 기타의 중요한 조직의 설치와 변경 및 폐지, 모집사채의 총액 및 이에 관하여 법무성령이 정하는 사항, 이사의 직무집행이 법령과 정관에 적합하게 하고 적정을 확보하기 위하여 법무성령이 정한 체제의 정비이다(일회 §362④1~7호).

회사법이 중요한 사항에 관하여 이사회의 개별적 전속사항으로 규정한 것도 있다. 양도제한주식의 양도나 취득의 승인 등(일회 §139①, §140⑤), 자회사로부터 자기주식의 취득(일회 §163), 취득조항부주식의 취득일 및 취득사유(일회 §168①, §169②), 자기주식의 소각(일회 §178②), 주식의 무상배당(일회 §186③), 소재불명 주주의 주식매수(일회 §197④), 공개회사의 모집주식발행(일회 §201①), 취득조항부신주예약권(일회 §273①, §274②), 주주총회 소집결정(일회 §298④), 이사회 소집권자의 지정(일회 §366①), 대표이사의 성정과 해직(일회 §362②3호), 이사의 경업거래, 이익상반행위의 승인(일회 §365조①), 계산서류의 승인(일회 §436③), 자기주식의 유상취득, 준비금 감소, 잉여금 처분, 잉여금 배당 등(일회 §459①, §454⑤), 정관상의 중간배당(일회 §454⑤), 이사와 회사 간의 소송에서 회사를 대표할 자의 결정(일회 §364) 등이다.

### 2. 업무감사

이사회에는 이사의 직무집행을 감독할 권한이 있다(일회 §362②2호). 즉 이사회는 대표이사 기타의 업무집행이사 및 각 이사가 법령과 정관을 준수하고(적법성 감사), 타당하게(타당성 감사) 직무를 집행하고 있는가를 감사할 권한이 있고 이것은 동시에 의무이다. 그 실효성을 확보하기 위하여 대표이사 및 업무집행이사에게는 3개월에 1회 이상 자기 직무의 집행사항을 이사회에 보고해야할 의무를 과하고 있다(일회 §363②).

### 3. 내부통제시스템 구축

회사법은 이사회설치회사에 있어서 이사회의 결의사항으로서 이사의 직무집행이 법령 및 정관에 적합할 것을 확보하기 위한 체제 기타 주식회사 업무의 적정을 확보하기 위하여 필요한 것으로서 법무성령으로 정하는 체제의 정비를 규정하고 있다(일회 §348③4호, §362④6호).

이 체제는 일반적으로 내부통제시스템이라고 하지만, 이사회설치회사의 경우 법무성령은 이 체제에 관하여 ① 이사의 직무집행에 관한 정보의 보존, 관리에 관한 체제, ② 손실위험의 관리에 관한 규정 기타 체제, ③ 이사의 직무집행이 효율적으로 행해지는 것을 확보하기 위한 체제, ④ 사용인의 직무집행이 법령과 정관에 적합한 것을 확보하기 위한 체제, ⑤ 당해 주식회사 및 모회사, 자회사 등 기업집단에 있어서 업무의 적정을 확보하기 위한 체제를 정하고 있다(일칙 §100①1~5호).

감사를 설치하는 회사도 이사회를 설치하는 경우에는 상기의 다섯가지 체제 외에도 ⑥ 감사를 보조할 사용인에 관한 사항, ⑦ 그 사용인의 이사로부터의 독립성에 관한 사항, ⑧ 이사나 사용인이 감사에게 보고하기 위한 체제 기타 감사의 보고에 관한 체제, ⑨ 기타감사의 감사가 실효적으로 행해지는 것을 확보하기 위한 체제 등이 있다.

이사회비설치회사에서 이사가 2인 이상 있는 회사의 경우에는 ①~⑤의 체제에 더하여 업무의 결정이 적정하게 행해질 것을 확보하기 위한 체제가 포함된다(동부칙 §98②).

**《중국 회사법상 이사회의 직무권한》**

주식회사의 이사회의 직권은 중국 회사법 제47조의 유한책임회사 이사회 직권에 관한 규정을 준용한다(중회 §109). ① 주주총회 소집 및 사업보고, ② 주주총회 결의의 집행, ③ 회사의 경영계획과 투자방안 결정, ④ 회사의 예산, 결산안 제정, ⑤ 이익배당안, 결손보전안, ⑥ 증자 및 감자방안과 회사채발행방안, ⑦ 합병과 분립, 해산 또는 조직변경, ⑧ 내부관리기구설치, ⑨ 경리의 선임 또는 해임, 보수, 부경리, 재무담당자의 선임 또는 해임, 보수사항 결정, ⑩ 회사의 기본관리제도, ⑪ 정관에 규정된 기타 직권을 행사한다.

회사의 이사회가 직권을 이행할 수 없거나 또는 이행하지 않아서 회사를 계속 경영할 수 없게 된 경우에는 ① 주주가 임시주주총회를 소집하거나, ② 회사가 인민법원에 청구하여 임시주주총회를 소집할 수 있다. 이사회 회의는 이사 본인이 출석하여야 하지만 특별한 사정으로 인하여 출석할 수 없을 때는 한국 상법과는 달리 다른 이사에게 대신 출석하도록 서면으로 위임할 수 있다(중회 §113).

## 3. 이사회의 소집

### (1) 소집권자

이사회는 각 이사가 소집하지만, 이사회의 결의로 소집권자를 따로 정해 놓을 수도 있다(§390①). 소집권자를 따로 정해놓은 경우, 소집권자로 지정되지 않은 다른 이사는 소집권자인 이사에게 이사회 소집을 요구할 수 있다. 소집권자인 이사가 정당한 이유 없이 이사회 소집을 거절하는 경우에는 다른 이사가 이사회를 소집할 수 있다(동조②). 상법 제390조 제1항의 취지는 이사 각자가 본래적으로 할 수 있는 이사회 소집에 관한 행위를 대표이사로 하여금 하게 하는데 불과하기 때문이다.[1] 통상은 정관에 대표이사를 이사회 의장으로 정하고 그가 이사회를 소집하도록 하고 있다.

자본금 총액이 10억원 미만으로서 이사가 1인 또는 2인인 소규모 주식회사의 경우에는 이사회가 없으므로 이러한 규정이 적용되지 않는다(§383⑤).

### (2) 소집절차

이사는 3월에 1회 이상 업무의 집행상황을 이사회에 보고하여야 하므로(§393④), 이사회는 적어도 3월에 1회 이상은 개최되어야 한다. 이사회 소집통지는 회일의 1주 전에 각 이사 및 감사에게 발송하여야 한다(§390③본문). 이 기간은 정관으로 단축할 수 있으며(동항 단서), 이사 및 감사 전원의 동의가 있는 때에는 소집절차를 생략할 수도 있고(동조④), 구두 또는 메일 등으로도 소집할 수 있다. 정관이나 이사회규칙에 정례회일이 정해져 있는 때 및 이사회에서 전원 동의로 다음 이사회의 일시를 정하는 전원출석이사회도 당연히 인정된다고 본다.[2]

주주총회의 경우와는 달리 이사회 소집통지서에서는 회의의 목적사항을 설명할 필요가 없다고 보며,[3] 주주총회보다 많은 점에서 그 소집절차를 완화하고 있다. 일부의 이사에 대하여 소집통지를 하지 아니하고 이사회를 개최하고 한 결의는 무효로 보아야 할 것이지만, 특정 이사가 자기에 대한 소집통지를 받을 권리를 포기할 수도 있다고 본다.[4]

### (3) 소집시기 및 장소

이사회는 긴급을 요하는 경우가 아닌 한 소집절차에 따라 가급적 많은 이사가 참석할 수 있는 시기에 개최되어야 한다. 예컨대 반대의견을 가지거나 반대파 이사가 참석할 수 없는 틈을 이용하여 개최하거나, 대표이사 부재중에 이사회를 개최하고 대표이사 해임을 결의하는 것 등은 그 결의를 무효로 할 수 있다.[5]

---

1) 종래의 통설과 판례였음(정찬형, 상, 907~908면; 정동윤, 403면; 이철송, 회, 665면; 이기수 외, 320면; 대판 1976.2.10, 74다2255).

2) 정찬형, 상, 909면; 이철송, 회, 560~561면.

3) 동지: 정찬형, 상, 908~909면; 이철송, 회, 560면; 정동윤, 403~404면. 반대견해: 최기원, 571면.

4) 정동윤, 404면; 정찬형, 상, 90면; 이철송, 회, 665~666면; 최준선, 회, 410면.

5) 대판 1988.3.20, 2003다9636.

이사회 소집장소에 관해서는 주주총회와 달리 상법에서 규정을 두고 있지 않기 때문에, 회사내외를 불문한다고 보지만 일부이사의 참석이 불가능한 장소 등을 택하여 이사회를 개최하는 것도 무효라고 본다.

## 4. 이사회의 결의

### (1) 결의요건

이사회의 결의는 이사 과반수의 출석(개회정족수)과 출석이사의 과반수(의결정족수)로 하되, 정관으로 그 비율을 높게 정할 수 있다(§391①). 예컨대 이사 전원의 과반수로 하거나 또는 3분의 2 이상의 다수로 하도록 하는 등 정관으로 그 요건을 가중할 수는 있으나, 완화할 수는 없다.[1] 2011년 개정상법은 이사·집행임원의 회사기회이용이나 자기거래의 승인을 하는 이사회는 예외적으로 재적이사 3분의 2 이상의 찬성을 얻도록 결의요건을 가중하고 있다(§397의2①, §398, §408의9).

결의요건을 강화함에 있어서 일상적인 업무집행의 결정은 회사의 교착상태를 면하기 위하여 과반수 의사로 결정해야 할 것이고, 특히 중요한 의안에 대해서는 요건을 강화할 수 있다고 보지만 일부이사에게 거부권을 주는 것과 같은 정도로 강화할 수는 없다고 본다. 예컨대 전원 출석에 3분의 2 이상의 찬성을 요구하거나, 과반수 출석에 전원 동의 등은 무효이다.

결의요건은 결의 당시를 기준으로 하여 판단한다.[2] 결의요건 중 이사회의 성립요건(과반수 이사의 출석)은 개회시 뿐만 아니라 토의·결의의 전 과정에서 유지되어야 한다.[3] 여기서 이사란 재임이사를 말하고, 재임이사의 수가 법률 또는 정관에서 정한 이사의 수에 미달하는 때에는 법률 또는 정관에서 정한 수가 정족수가 된다. 이사회의 결의는 1인1의결권에 의한 다수결로 한다.

재임이사의 산정에 있어서 이사선임결의의 취소·무효 확인 또는 이사해임의 소가 제기되어 직무집행이 정지된 이사(§407)는 재임이사에서 제외되지만, 이사의 직무대행자(§408)는 그 권한범위 내에서 재임이사에 산입되며, 이사의 종임으로 결원이 생긴 경우에 후임자가 취임할 때까지 이사의 권리의무가 있는 자(§386①)와 이러한 경우에 선임된 임시이사(§386②)도 재임이사에 산입된다. 따라서 이사

1) 이철송, 회, 667면.
2) 대판 1995.4.11, 94다33903.
3) 이철송, 회, 667면.

전원이 임기가 만료되었더라도 후임자가 선임되기 전에 이사의 과반수의 출석과 출석이사의 과반수의 찬성으로 한 결의는 유효하다.[1])

이사회의 의장은 정관 또는 이사회 회의규칙에 의하나, 대체로 회장 또는 대표이사·사장이 의장이 된다.

### (2) 가부동수인 경우

이사회 결의가 가부동수인 경우에 특정인에게 결정권을 주도록 정한 정관의 규정이 유효하다는 견해가 있다.[2]) 이 견해는 이사회는 업무집행에 관한 의사결정을 효율성 있게 신속히 할 필요가 있고 이사의 경우에는 주주처럼 의결권의 평등을 강하게 요청할 필요가 없다는 점을 그 근거로 든다. 그러나 이는 결의요건을 가중시킬 수만 있도록 규정한 상법 제391조 제1항 단서의 취지에 어긋날 뿐만 아니라, 법적 근거 없이 특정인에게 복수의 의결권을 주는 것이 되고 다수결의 일반원칙에 반하게 되므로 이를 부정하는 것이 타당하다고 본다.[3])

### (3) 특별이해관계인의 의결권 제한

이사회의 결의에 대하여 특별한 이해관계가 있는 이사는 의결권을 행사할 수 없다(§391③, §368④). 이사회의 결의에서 특별한 이해관계를 갖는 이사로서 대표적인 예는 이사와 회사간의 거래(자기거래)를 하고자 하는 이사는 그 승인여부를 다루는 이사회에서 특별한 이해관계가 있는 자이다.[4]) 그러나 대표이사를 선임 또는 해임하는 결의는 회사지배에 관한 주주의 비례적 이익이 연장·반영되는 문제이므로 그 결의의 대상인 이사, 대표이사는 특별한 이해관계가 있는 자에 포함되지 않는다.[5]) 정관 또는 주주총회에서 정한 이사의 보수총액을 각 이사에게 배분하는 이사회의 결의에 있어서는 각 이사는 특별이해관계인에 해당하지 않는다고 본다.

특별이해관계인인 이사도 이사회의 소집통지를 받고 이사회에 출석하여 의견을 진술할 수 있다.[6]) 따라서 특별이해관계인인 이사의 수는 이사회의 성립을 위한 정족수의 계산에는 포함되나, 출석한 이사의 의결권의 수에는 산입되지 않는다.

---

1) 대판 1963.4.18, 63다15.

2) 임홍근, 475면; 정동윤, 405면.

3) 이철송, 회, 668면; 정찬형, 상, 916면; 강위두, 495면; 최기원, 592면.

4) 대판 1992.4.14, 90다카22698.

5) 이철송, 회, 670면; 최기원, 576면; 최준선, 회, 412면. 반대견해: 정동윤, 407면.

6) 대판 1991.5.28, 90다6774; 동 1992.4.14, 90다카22698.

### (4) 결의방법

이사회는 이사 개개인의 능력과 고도의 신뢰관계에 기초하여 구체적인 업무집행의 결정을 하는 기관이다. 따라서 이사는 그 직책상 직접 회의에 출석하여 토의하고 결의하여야 하므로 의결권을 대리행사 하게 할 수 없다.1)

또한 구체적인 회의를 통하여 회사경영문제를 다루며, 변수가 많은 문제를 상호 토론을 통하여 결론을 내리는 집단적 의사결정의 방식을 취한다. 따라서 일반 전화나 서면에 의한 결의 또는 공람·회람 등에 의한 결의도 할 수 없다. 최근 회사규모가 커지고 이사의 수가 많아지며, 사업장이 지역적으로 분산되어 이사들이 동시에 한 장소에 모여 회합하기가 어려워지고 있다. 그래서 정관에서 달리 정하는 경우를 제외하고 이사회는 이사의 전부 또는 일부가 직접 회의에 출석하지 않고 모든 이사가 음성을 동시에 송·수신하는 원격통신수단에 의하여 결의에 참가하는 것을 허용할 수 있다. 이 경우에 당해 이사는 이사회에 직접 출석한 것으로 본다(§391②). 그러나 단순한 문자회의는 허용될 수 없다.

이사회의 결의방법에 대하여는 상법에 규정이 없다. 따라서 이에 관하여 정관에 별도의 규정이 없으면 거수, 기립, 투표 등 어떠한 방법으로 해도 좋다. 다만 투표에 의하는 경우에는 이사는 그 결과에 대하여 책임을 져야 하므로(§399②) 무기명투표는 할 수 없다고 본다.2) 회의에서 기권이나 중립 등 자기입장의 표명을 유보하는 것은 반대로 분류하여야 한다. 이사의 의결권 행사방법은 찬성과 반대 두 가지 경우 뿐이기 때문이다. 이사회는 회의의 연기나 속행의 결의를 할 수 있다. 이때에는 주주총회의 경우와 같이 다시 소집절차를 밟을 필요가 없다(§392, §272).

### (5) 감사의 출석·의견진술권

감사는 이사회에 출석하여 의견을 진술할 수 있고(§391의2①), 이사가 법령 또는 정관에 위반한 행위를 하거나 그 행위를 할 염려가 있다고 인정한 때에는 이사회에 이를 보고하여야 한다(동조②). 그러나 감사는 이사회의 구성원은 아니므로 결의에 참가할 수는 없다.

---

1) 대판 1982.7.13, 80다2441, 통설(정찬형, 정동윤, 이범찬·최준선, 이기수 등).

2) 정동윤, 407면; 이철송, 회, 670면; 정찬형, 상, 917면, 559면; 최준선, 회, 413면.

### (6) 이사회결의의 하자

이사회결의의 하자에 관하여는 특별규정이 없으므로 민법상의 일반원칙에 따라 절차상 또는 내용상의 하자를 불문하고 당연히 무효가 된다.[1] 따라서 누구든지, 언제든지, 어떤 방법으로든지 무효를 주장할 수 있으며, 필요한 경우에는 무효확인의 소를 제기할 수 있다. 결의무효확인의 소의 피고는 회사이며, 이때의 판결에는 소급효는 있으나 대세적 효력이 없다.[2]

다만 무효인 이사회결의에 따라서 한 대표이사의 행위의 효력은 그것이 대내적 사항이면 무효로 보고, 대외적 사항이면 거래의 안전을 도모하기 위하여 유효로 보아야 할 것이다.[3] 이는 상대방이 선의인 경우에만 인정되는 것으로, 상대방에게 악의 또는 중과실이 있는 경우에는 당해 행위의 효력은 인정되지 않는다.[4] 상대방의 악의 또는 중과실은 이를 주장하는 회사측에서 주장, 입증하여야 한다.

**《일본 회사법상 이사회 결의》**

**1. 소 집**

이사회 소집권은 각 이사에게 있으며(일회 §366①), 주주에게 소집권이 있는 경우도 있다(일회 §367). 이사회를 소집하는 자는 이사회일의 1주간 전까지 각 이사(감사역설치회사의 경우에는 각 감사)에게 통지하여야 하며(일회 §368①), 이들의 동의가 있는 경우에는 통지를 생략할 수 있다(일회 §368②).

**2. 결의요건**

이사회결의는 결의에 참가할 수 있는 이사의 과반수가 출석하고 그 과반수로써 행한다(정관으로 요건가중 가능함, 일회 §369). 주주총회의 결의와 달리 결의에 대하여 특별이해관계를 갖는 이사는 이사회의 결의에 참가할 수 없다(일회 §369②).

**3. 서면결의**

이사회설치회사는 정관의 정함에 따라 이사가 이사회결의의 목적사항을 제안한

1) 대판 1982.7.13, 80다2441; 동 2004.2.27, 2002다19797; 통설: 정찬형, 이철송, 정동윤, 채이식, 이기수 등.

2) 대판 1988,4,25, 87누399(상법 제190조 준용근거가 없으므로 대세적 효력 없다고 함); 정희철, 478~479면; 정동윤, 417면; 이철송, 회, 674면; 정찬형, 상, 918면.

3) 대판 1978.6.27, 78다389.

4) 대판 1995.4.11, 94다33903; 동 2005.7.28, 2005다3649.

경우 이사전원이 서면 또는 전자적 기록으로 동의의 의사를 표현한 때는 가결의 결의가 있는 것으로 간주한다. 그러나 감사역설치회사의 경우 감사가 당해 제안에 대하여 이의를 제기한 때는 서면결의를 할 수 없다(일회 §370).

#### 4. 결의의 하자

이사회 결의 내용이나 절차상의 하자에 대하여 주주총회의 경우와 같은 제도상의 규정은 없다. 그러나 하자의 성질과 관련없이 당연히 무효라고 해석된다.[1] 따라서 이 무효는 누구든지, 언제든지, 어떤 방법으로든지 주장할 수 있고 무효 확인의 소도 제기할 수 있다. 무효인 결의에 의한 회사의 행위의 효력에 대해서는 명문규정이 없으며, 한국의 경우와 같다.

#### 5. 특별이사회

위원회설치회사를 제외한 이사회설치회사에 있어서 이사의 수가 6인 이상이고 이사 중 1인 이상이 사외이사인 회사에서는 미리 선정한 3인 이상의 특별이사의 결의로써 중요재산의 처분·양수(일회 §362④1호) 및 다액의 차재(동항 2호)에 관하여 결의할 수 있다(일회 §373①,②). 이 결의의 내용은 특별이사 이외의 다른 이사에게 보고하여야 한다(동조③).

### 《중국 회사법상 이사회결의》

#### 1. 이사회의 종류

이사회는 매년 2회 이상 정관에 규정된 시기에 소집되어야 하는 보통회의와 이사회 결정이 필요하여 소집하는 임시회의가 있다. 임시회의 소집은 10분의 1 이상의 주주, 3분의 1 이상의 이사 및 감사회가 이사회의 소집을 청구할 수 있다. 이 청구를 받은 이사장은 10일 이내에 이사회를 소집하여야 한다.

#### 2. 이사회 회의의 소집

이사회 회의는 이사장이 소집하고 주재한다. 이사장이 직무를 수행할 수 없거나 수행하지 않을 경우 부이사장 또는 기타 이사가 소집하고 주재한다. 보통회의는 회의소집 10일 전에 전체 이사와 감사에게 통지해야 하며, 임시회의에 관해서는 통지방식과 통지시효를 따로 정할 수 있다(중회 §111).

#### 3. 이사회의 결의

이사회의 결의는 과반수 이사의 출석으로 개회되며, 전체 이사의 과반수 찬성으로 결의할 수 있다. 이사는 원칙적으로 본인이 이사회에 출석하여야 하지만, 부득

---

1) 酒卷俊雄·尾崎安央, 175面; 江頭憲治郎, 359面.

이한 경우에는 다른 이사에게 서면으로 위임할 수 있다(한국이나 일본의 경우와 상이함).

상장회사 이사는 특별이해관계가 있는 기업에 대한 사항을 결의할 경우 의결권을 행사할 수 없으며, 다른 이사를 대리하여 의결권을 행사할 수도 없다. 이사회 결의는 관련관계가 없는 이사의 과반수 찬성으로 결의하며, 관련관계가 없는 이사가 3인 미만인 경우에는 당해 안건은 주주총회의 결의에 의한다(중회 §125).

#### 4. 이사회결의의 하자

주주총회의 결의 뿐만 아니라 이사회의 결의내용이 법률, 행정법규를 위반하였을 경우 이는 무효로 된다. 그리고 결의가 회의소집절차, 표결방식 등에 있어서 법률, 행정법규 또는 회사정관에 위반하였거나 결의내용이 정관에 위반한 경우에는 주주는 결의일로부터 60일 이내에 인민법원에 그 결의의 철회를 청구하는 소송을 제기할 수 있다(그 내용과 절차, 효과 등이 주주총회결의의 하자의 경우와 같다).

#### 5. 이사회비서설치

중국 회사법 제124조에 의하면 상장회사는 이사회비서를 두어 주주총회 및 이사회 회의의 준비작업, 서류보관과 회사 주주자료의 관리를 책임지고 정보공개 등 사무를 처리하도록 한다. 이 제도는 심천경제특별구 주식회사조례에서 시작되어 주식상장규칙에 규정되었다. 중국 회사법은 현재 상장회사에게만 의무적으로 이사회 비서를 두도록 하고 있으며, 비상장주식회사나 유한회사에는 이러한 규정이 없다. 실제로 이사회 직권행사에 관련되는 사무를 처리하는 과정에서 이사회 비서는 매우 중요한 역할을 하는 것으로 평가된다.

## 5. 이사회의 의사록

이사회의 의사에 관하여는 의사록을 작성하여야 한다(§391의3①). 의사록의 작성은 이사회 결의요건은 아니다.[1] 의사록에는 의사의 안건, 경과요령, 그 결과, 반대하는 자와 그 반대이유를 기재하고 출석한 이사 및 감사가 기명날인 또는 서명하여야 한다(동조②). 안건이란 이사회의 결의에 상정한 사항이고, 경과요령이란 개회, 의안상정, 토의 및 표결, 폐회에 이르는 절차의 진행과정이며, 결과란 상정안의 가결여부를 말한다.

반대하는 자는 사후 책임추궁의 필요가 있을 때 사용하기 위한 것이며 이사회 의사록의 기재는 찬성여부의 추정근거가 된다. 결의에 참가한 이사는 의사록에

1) 이철송, 회, 672면.

이의를 한 기재가 없는 한 그 결의에 찬성한 것으로 추정하기(§399③) 때문이다. 찬성이 아닌 기권이나 중립 등 모두 반대에 속한다.

주주는 영업시간 내에 한하여 이사회의 의사록의 열람 또는 등사를 청구할 수 있다(§391의3③). 주주총회의 의사록과는 달리 이사회의사록은 주주에게만 열람이 인정된다. 회사는 주주의 의사록 열람·등사청구에 대하여 이유를 붙여 이를 거절할 수 있다(동조④). 이사회의사록의 열람 또는 등사에 의하여 회사의 영업비밀이 외부에 유출되는 것을 막기 위하여 주주의 열람·등사청구권을 제한하는 것이다. 그러나 주주의 이익보호를 위하여 회사가 부당하게 거절하는 경우에는 법원의 허가를 얻어 이사회의사록을 열람 또는 등사할 수 있다(동항 후단).

주주총회의사록과는 달리 회사의 채권자는 이사회의사록의 열람 또는 등사를 청구할 수 없다. 채권자에게 이와 같은 권리를 인정하지 아니한 것은 정보유출로 인한 폐단을 우려한 것이다. 그러나 회사채권자도 이사에게 손해배상을 청구하기 위한 경우(§401) 등에는 의사록을 열람·등사할 필요가 있을 것이므로 법원에 열람·등사허가를 청구하는 등 입법적인 고려가 필요하다고 본다.[1)]

### 《일본 회사법상 이사회의사록》

이사회의 의사에 대해서는 의사록을 작성해야 하며, 서면으로 작성하는 경우에는 출석한 이사와 감사가 서명 또는 기명날인해야 하고(일회 §369③), 전자적 기록인 경우에는 법무성령이 정하는 조치를 취해야 한다(동조④). 결의에 참가한 이사로서 의사록에 이의를 기재하지 않은 이사는 결의에 찬성한 것으로 간주한다(동조⑤).

이사회설치회사는 이사회 일부터 10년간, 의사록이나 전자적 기록, 이사회 결의의 생략이 인정된 경우의 자료 등을 본점에 비치하여야 한다(일회 §371①). 주주는 권리행사를 위하여 필요한 경우 영업시간 내에는 언제든지 이들을 열람 또는 등사를 청구할 수 있다(동조②). 다만 감사역설치회사 또는 위원회설치회사의 경우에는 영업시간 내에는 언제든지가 아니고, 법원의 허가를 얻어서 열람 또는 등사를 청구할 수 있다(동조③).

이사회설치회사의 채권자는 임원이나 집행임원의 책임추궁을 위하여 필요한 경우에, 모회사사원은 그의 권리행사를 위하여 필요한 경우에 법원의 허가를 얻어 의사록 등의 열람이나 등사를 청구할 수 있다(동조④, ⑤). 법원은 당해 열람 또는 등사로 인하여 회사 또는 모회사, 자회사에 현저한 손해가 인정되는 경우에는 허가를 해서는 안 된다(동조⑥).

---

1) 이철송, 회, 673면.

**《중국의 이사회의사록》**

이사회는 의사결정에 대한 회의록을 작성하고 회의에 출석한 이사들이 이에 서명하여야 한다(중회 §49). 그러나 이에 대하여 주주의 열람 등 한국이나 일본의 경우와 같은 상세한 규정은 두지 않고 있다.

## 6. 이사회내의 위원회

### (1) 의 의

이사회는 정관이 정한 바에 따라 이사회 내에 위원회를 설치할 수 있다(§393의2 ①). 이는 이사회 내에 각종의 위원회를 설치하도록 하여, 이사회로부터 위임받은 업무에 대하여 이사회의 권한을 행사함으로써 이사회 운영의 효율성을 높이고 의사결정의 전문성·객관성을 확보하고자 1999년 개정상법에서 미국의 제도를 본받아 도입한 제도이다.

미국의 예를 보면 이사회 내의 하부기관으로서 집행위원회, 감사위원회, 지명위원회, 보수위원회 등을 가진 회사가 많고, 회사에 따라서는 회사자금의 투자를 검사하고 자본의 수요와 분배를 검토하는 재무위원회, 스톡옵션위원회, 연금위원회, 공공정책위원회, 소송위원회 및 환경위원회 등을 두고 있는 회사도 있다.[1]

회사가 어떤 위원회를 설치할 것인가 하는 문제는 강제적인 것이 아니고 회사의 자율에 맡겨져 있으므로 각 회사의 정관에 정하는 바에 의한다. 정관에 위원회의 설치에 관한 정함이 없는 때에는 이사회의 결의로도 위원회를 설치하여 이사회의 권한을 위임할 수 없다. 정관의 규정은 단지 위원회를 둘 수 있다는 형식적인 근거설정만으로는 안되고, 위원회의 권한과 구성방법 및 운영방법을 명기하여야 한다.[2] 이러한 각종의 위원회는 2인 이상의 이사로 구성되므로(§393의2③), 이사가 1인 또는 2인인 소규모 회사에서는 위원회를 설치할 수 없다.[3]

### (2) 구 성

1) **위원의 수** 이사회 내의 위원회는 2인 이상의 이사로 구성되며(§393의2

---

1) 정찬형, 상, 920면; 이철송, 회, 676~679면.

2) 이철송, 회, 677면.

3) 최기원, 582면; 정찬형, 상, 920면; 최준선, 회, 416면. 이에 대한 선행연구로서 양동석, "이사회의 활성화 방안", 기업법연구 제4집, 107면 이하.

③), 감사위원회는 3인 이상의 이사로 구성된다(§415의2②). 위원회의 위원의 선임과 해임은 이사회가 결정하며, 이사의 자격을 상실하면 당연히 위원의 자격도 상실한다.

위원회의 위원의 수가 법률 또는 정관에 정한 인원수를 결한 경우에는 임기의 만료 또는 사임으로 인하여 퇴임한 위원은 새로 선임한 위원이 취임할 때까지 위원의 권리의무가 있다(§393의2⑤, §386①).

2) **위원의 자격 등** 위원회는 이사회 내에 존재하는 것이므로, 이사회의 구성원이 될 수 있는 자격, 즉 이사의 자격이 있어야 위원이 될 수 있다(§393의2③). 이사를 각 위원회의 구성원으로 위촉하거나 해촉하는 문제 및 임기에 관하여 상법이나 정관에 규정이 없으므로 이사회에서 이를 정한다.[1]

### (3) 위원회의 소집·결의

위원회의 소집과 결의방법은 원칙적으로 이사회의 운영방법과 같다. 따라서 위원회에는 이사회의 소집, 이사회의 결의방법, 이사회의 의사록, 이사회의 연기·속행에 관한 규정이 준용된다(§393의2⑤). 따라서 위원회의 결의요건도 이사회와 같이 정관에서 달리 정한 바가 없으면 위원 과반수출석과 출석위원의 과반수 찬성이다. 이사회가 위임한 사항에 관한 위원회의 결의는 이사회의 결의와 같은 효력이 있다. 따라서 이사회가 위원회의 결의를 변경하는 결의를 하지 않는 한 위원회의 결의는 이사회의 결의로서 효력을 발생한다.

위원회의 결의에 절차상 또는 내용상의 하자가 있는 경우에 대하여 상법에 아무런 규정이 없으나, 이사회결의의 하자와 같이 처리하여야 할 것이다. 따라서 하자있는 결의에 대하여는 민법상의 일반원칙이 적용되며 누구나 언제든지 어떤 방법으로든지 그 무효를 주장할 수 있다. 또 필요한 경우에는 결의무효확인의 소를 제기할 수도 있다고 본다.

### (4) 위원회의 권한

위원회는 이사회 내의 전문적인 하부위원회이기 때문에 원칙적으로 이사회로부터 위임 받은 권한을 행사할 수 있을 뿐이다. 이사회는 주주총회의 승인을 요하는 사항의 제안(정관변경, 재무제표의 승인, 합병 등), 대표이사의 선임 및 해임, 위원회의 설치와 그 위원의 선임 및 해임, 정관에서 정하는 사항(위임이 금지되는 사항)

1) 정찬형, 상, 920면; 이철송, 회, 676~679면.

을 제외한 이사회의 권한을 위원회에 위임할 수 있다(동조②). 따라서 이사회는 위네 가지 사항을 제외한 이사회의 권한을 폭 넓게 위임할 수 있다.

그러므로 신주발행(§416①), 이사의 경업이나 자기거래의 승인(§397, §398), 기타 중요한 이사회의 권한(§393①) 등을 포괄적으로 위임할 수 있기 때문에 이사회를 형해화 시킬 수도 있는 문제점이 있다. 입법적 재고가 필요하다고 본다.[1] 전술한 바와 같이 위원회의 결의의 효력은 이사회로부터 위임받은 범위 내에서 이사회의 결의와 동일한 효력이 있다(§393의2②).

## (5) 위원회 결의와 그 변경

1) 위원회의 결의요건에 관하여 정관에 달리 정한 바가 없으면 이사회와 같이 위원 과반수 출석과 출석위원 과반수 찬성으로 한다(§393의2⑤, 상§391①). 결의방법 및 정족수의 계산 등에 관해서도 이사회와 동일하다.

2) 위원회가 위임받은 사항에 관하여 결의한 경우, 결의된 사항을 각 이사에게 통지하여야 한다(§393의2④). 위원회의 결의가 부당한 경우 이사회에서 이를 번복할 수 있도록 하기 위해서이다. 이 통지를 받은 각 이사는 위원회의 결의를 재고하기 위하여 이사회의 소집을 요구할 수 있다. 따라서 소집된 이사회에서는 위원회가 결의한 사항에 대하여 다시 결의할 수 있다. 이사회의 다른 결의가 있으면 위원회의 결의는 효력을 잃는다.

이사회의 결의는 위원회의 결의가 위임의 범위를 벗어났거나 위임의 취지에 반하는 경우에 한한다고 본다.[2] 위원회의 결의는 원래 이사회가 결정할 사항을 위원회에 위임한 것이므로 위원회의 결의에 대해서는 각 이사가 감시·감독의무를 진다. 그러므로 위원회의 결의를 통지받은 이사가 위원회 결의가 부당함에도 불구하고 이사회의 소집을 게을리 하거나 소집된 이사회에서 이사들이 다른 결의를 하는 것을 반대한다면 임무해태에 해당하여 상법 제399조에 의하여 회사 또는 제3자에 대하여 손해배상책임을 질 수 있다.

다만 이 제도는 감사위원회의 결의에는 적용되지 않는다(§415의2⑥).

1) 이철송, 회, 677면.

2) 최준선, 회, 417면.

## 《일본 회사법상의 이사회내 위원회》

### 1. 제도도입의 취지

위원회 등 설치회사는 회사의 업무집행과 감독을 별개의 기관에 분장시켜 경영의 효율성과 건전성을 높이고자 하였다. 즉 업무집행기관은 대표집행역 및 집행역이고, 감독기관은 이사회이며 종래의 감사는 존재하지 않는다. 회사법은 회사의 규모에 관계없이 모든 주식회사가 선택할 수 있도록 하였다(일회 §326).

### 2. 위원의 선정과 해직

위원회설치회사란 지명위원회, 감사위원회, 보수위원회를 설치하는 회사이다(일회 §2 12호). 각 위원회는 위원 3인 이상으로 조직하며(일회 §400①), 각 위원은 이사 중에서 이사회의 결의로써 선정한다(동조③). 감사위원은 회사 또는 그 자회사의 집행역, 업무집행이사 또는 자회사의 회계참여, 지배인 기타의 사용인을 겸할 수 없다(동조④).

각 위원은 언제든지 이사회결의로써 해직할 수 있다(일회 §401①). 각 위원회의 위원 수가 부족한 경우에는 임기만료 또는 사임으로 퇴임한 위원은 새로 선정된 위원이 취임할 때까지 위원으로서의 권리의무를 갖는다(동조②). 이 경우 법원은 이해관계인의 신청에 의하여 필요한 경우 일시위원(가위원)을 선임할 수 있으며(동조③), 그자의 보수액을 정할 수 있다(동조④).

### 3) 각종위원회

**(1) 지명위원회** 지명위원회는 주주총회에 제출할 이사(회계참여설치회사의 경우에는 이사, 회계참여)의 선임, 해임에 관한 의안의 내용을 결정한다(일회 §404①).

**(2) 감사위원회**

1) 직 무 감사위원회는 ① 집행역, 이사의 직무집행을 감사하고 감사보고서를 작성하며, ② 주주총회에 제출할 회계감사인의 선임·해임 및 재임하지 않은 것에 관한 의안의 결정을 한다(동조②).

감사역에 의한 감사는 직접 회사의 업무·재산을 조사하지만, 감사위원회는 이사회가 정하는 내부감사나 통제부문을 통하여 감사한다. 따라서 상근감사역의 설치(일회 §390③)는 의무적인 것이 아니다. 또한 감사역은 독임제 기관이지만(일회 §381), 감사위원회의 경우에는 결의에 따라 선임된 위원이 조사권한을 가지며 결의에 따라 보고징수 및 조사를 한다(동조④). 조사의 범위에 관해서도 감사역의 경우는 업무집행의 적법성에 한정된다고 보는 것이 통설의 입장이지만, 감사위원회의 경우는 적법성뿐만 아니라 타당성까지 미친다고 보는 것이 통설이다.[1] 감사위

1) 江頭憲治郎, 514面; 前田, 539面; 石山卓磨, 268面.

원은 이사로서 이사회에 출석할 수 있기 때문이다.

2) **보고징수 및 조사권한** 감사위원은 언제든지 집행역, 지배인 기타 사용인에 대하여 직무집행에 관한 사항의 보고를 요구하거나 회사의 업무 및 재산상황을 조사할 수 있다(일회 §405①). 그리고 필요한 경우에는 자회사에 대하여 사업의 보고를 요구하거나 필요한 경우에는 자회사의 업무 및 재산상황을 조사할 수 있다(동조②). 자회사는 정당한 이유가 있는 경우에는 이 보고, 조사를 거절할 수 있다(동조③). 감사위원은 위의 조사와 보고에 관하여 감사위원회의 결의가 있는 경우에는 이에 따른다(동조④).

3) **이사회에 보고의무** 감사위원은 집행역 또는 이사가 부정행위를 하거나 부정행위를 할 염려가 있다고 인정하는 때 또는 법령과 정관에 위반한 사실 또는 현저하게 부당한 사실이 있다고 인정하는 때는 지체 없이 그 뜻을 이사회에 보고하여야 한다(일회 §406).

4) **유지청구권** 감사위원은 집행역 또는 이사가 회사의 목적범위 외의 행위 기타 법령·정관에 위반하는 행위를 하거나 이러한 행위를 할 염려가 있는 경우에, 당해행위로 인하여 회사에 현저한 손해가 발생할 염려가 있는 때에는 당해 집행역 또는 이사에 대하여 그 행위를 중지할 것을 청구할 수 있다(일회 §40①).

5) **회사와 이사·집행역과의 소송** 회사가 집행역 또는 이사에 대하여, 집행역 또는 이사가 회사에 대하여 소송을 제기하는 경우에는 회사를 대표할 자는 다음과 같다(일회 §408①1~2호).

① 감사위원이 소송관련자인 경우에는 이사회가 정한 자

② 기타의 경우에는 감사위원회가 선정하는 감사위원

집행역 또는 이사가 회사에 대하여 소를 제기하는 경우에는 감사위원에 대하여 한 소장의 송달은 당해 회사에 대하여 효력이 있다(동조②). 그 외의 경우에는 감사위원이 회사를 대표한다(동조③1~2호).

**(3) 보수위원회** 보수위원회는 집행역 등의 개인별 보수 등의 내용을 결정한다. 집행역이 회사의 지배인 기타의 사용인을 겸하고 있는 때는 당해 지배인 기타 사용인의 보수 등의 내용에 대하여도 결정한다(일회 §404③). 보수위원회는 집행역 등의 개인별 보수내용에 관한 방침을 결정하며(일회 §409①), 그 내용에 따라 보수 등의 내용을 결정한다(동조②). 보수위원회가 보수내용을 정하는 방법이 법정되어 있다(동조③1~3호).

#### 4. 위원회의 운영

**(1) 소 집** 위원회는 당해 위원회의 각 위원이 소집한다(일회 §410). 위원은 회의일 1주간 전까지 각 위원에 대하여 소집통지를 발송해야 하며(일회 §41①), 다만 전 위원의 동의가 있는 경우에는 소집절차를 거치지 않고 개최할 수 있다(동조②). 집행역은 위원회의 요구가 있는 경우에는 당해 위원회에 출석하여 위원회가 요구한 사항에 관하여 설명하여야 한다(동조③).

**(2) 결 의** 위원회의 결의는 의결에 참가할 수 있는 과반수가 출석하고 그 과반수로써 한다(일회 §412①). 이 결의에 특별이해관계를 갖는 위원은 의결에 참가할 수 없다(동조②). 위원회의 결의는 의사록을 작성하여야 하며(동조③,④), 의사록에 이의의 기재, 의사록의 작성·비치, 열람·등사 등에 관해서도 이사회의 경우와 같다(일회 §413①~⑤).

**(3) 보고의 생략** 집행역·이사·회계참여 또는 회계감사인이 위원전원에 대하여 위원회에 보고할 사항을 통지한 때는 당해 사항을 위원회에 보고할 것이 요구되지 않는다(일회 §414).

## 7. 1인이사의 회사의 특례

자본의 총액이 10억원 미만인 소규모 주식회사로서의 이사가 1인인 경우(§383① 단서)에는 이사회가 성립할 수 없어 1인이사가 업무집행에 관한 의사를 결정하고 이를 집행하게 되므로, 상법상 이사회에 관한 사항에 대하여 다음과 같은 특례가 인정된다. 이사가 2인인 경우(§383①단서) 이사회가 구성된다면 그 중 1인의 경업 행위나 자기거래의 승인의 경우에는 문제된 이사가 특별이해관계인(§368④)으로서 의결권을 행사할 수 없으므로, 다른 이사 1인이 이를 결정하고 이사회를 통한 이사의 직무감독 역시 다른 이사가 하게 될 것이다.

### (1) 이사회의 권한사항을 주주총회의 권한사항으로 하는 경우

이사회의 권한사항 중 주식양도의 승인(§335①단서, 동조②, §302②5의 2호, §317②3의 2호, §356의6 2호), 주식양도승인의 청구(§335의2②, ③), 주식양도상대방의 지정청구(§335의3①, ②), 주식양수인의 승인청구(§335의7①), 이사의 경업승인 및 개입권행사(§397①, ②), 이사와 회사간의 거래의 승인(§398), 신주발행사항의 결정(§416), 준비금의 자본전입(§461), 중간배당(§262의3, §464의2①), 사채의 모집(§496), 전환사채의 발행(§513②), 신주인수권부사채의 발행(§516의2②) 등에 있어서 이사회의 승인 또는 결의를 요하는 사항은 주주총회의 승인 또는 결의를 요하는 것으로 한다.

### (2) 이사회의 권한사항을 1인이사가 단독으로 하는 경우

이사회의 권한사항 중 주총소집 결정(§362), 주제제안사항의 의제상정(§363의2③), 중요한 자산의 처분 및 양도, 대규모 재산의 차입, 지배인의 선임과 해임 및 지점의 설치·이전 또는 폐지(§393①) 등은 1인이사 단독으로 하며(§383⑥), 소수주주에 의한 주주총회소집 청구(§366①), 감사에 의한 임시총회 소집청구(§412의3①) 등은 1인의 이사에 대하여 한다(§383⑥).

### (3) 1인이사의 회사에 적용하지 아니하는 경우

이사회에 관한 규정 중 이사회 소집(§390), 결의방법(§391), 감사의 이사회출석(§391의2), 의사록(§391의3), 이사회의 연기·속행(§392), 이사의 직무집행 감독(§393②), 이사회결의에 찬성한 이사의 회사에 대한 책임(§399②) 등의 규정은 이사가 1인인 회사의 경우에는 적용되지 아니한다(§383⑤).

또한 회사합병에 관한 규정 중 이사회의 공고로 갈음하는 보고총회 및 창립총회(§526③, §527④), 간이합병 및 소규모합병(§527의2, §527의3, §527의5②), 주식교환에 관한 규정 중 간이주식교환 및 소규모 주식교환(§360의9, §360의10) 등의 규정도 같다(§383⑤). 1인이사가 작성한 재무제표(§447)와 영업보고서(§447의2)도 이사회의 승인 없이 곧바로 주주총회에 제출된다(§449). 자기가 작성한 것을 자기가 승인하는 것은 의미가 없기 때문이다.

## 8. 상무회

우리나라의 대부분의 회사에서 이사회와 별도로 대표이사(또는 회장)를 중심으로 회사업무를 상근으로 하는 업무담당 임원들의 회의체인 상무회를 임의조직으로 운영하고 있다. 그 운영 실태는 회사마다 다르고, 그 명칭도 운영위원회, 간부회의, 임원회, 임원간담회, 집행위원회 등 다양하다. 그 설치근거도 정관이나 사규 또는 이사회결의에 따라 공식적으로 하는 경우도 있으나, 비공식적인 조직으로 운영하는 경우도 있다.

상무회가 있는 대부분의 회사에서는 법률상 이사회의 결의를 요하는 사항만을 형식적·소극적으로 처리하고, 통상의 업무집행이나 중요경영정책 결정 등은 상무회에서 이루어지는 경우가 많다. 더욱이 이사회 결의사항도 상무회에서 내부적으로 조율·결정하여 형식적으로 이사회결의를 거치게 된다. 즉 이사회가 회사의 업무집행을 결정한다는 상법규정이 현실적으로는 형식에 불과한 실정이다.

## 제4 대표이사

### 1. 의 의

(1) 대표이사는 대외적으로 회사를 대표하고 대내적으로 회사의 업무를 집행하는 회사의 필요적 상설기관이다. 주주총회나 이사회의 결정사항을 구체적으로 집행하는 업무집행의 실행기관이다. 그리고 회사는 권리능력을 갖지만 실제 권리를 취득하고 의무를 부담하기 위해서는 자연인인 누군가가 실제 행위를 하고, 이를 회사의 행위로 의제할 필요가 있다. 그래서 상법은 이사 중에서 대표이사를 선정한다.

(2) 이사회와 대표이사의 관계에 관하여 대표이사가 이사회로부터 파생된 파생기관이라는 견해(소수설)와 이사회로부터 독립된 기관이라는 견해(다수설)로 나누어진다. 이사회를 유일한 업무집행기관으로 보면 대표이사는 이사회에 의하여 임면되고 또 그의 감독을 받는 이사회로부터 집행권의 위임을 받은 파생기관이라고 보게 된다.[1] 그러므로 대표이사는 이사회가 결정한 업무를 단지 집행하는데 그칠 뿐이지만, 이사회의 법정결의사항 이외의 사항들과 일상적 업무집행의 결정은 대표이사에게 위임될 수 있다고 본다. 이 견해는 이사회의 대표이사에 대한 감독권의 존재이유를 명확히 설명할 수 있는 장점이 있다.

그러나 이사회는 회의체기관이므로 그 성격상 업무집행 자체를 할 권한을 가진다고 보기 어렵기 때문에, 이사회는 업무집행의 의사결정을 하는 기관이고 대표이사는 그것을 집행하고 대외적으로 회사를 대표하는 기관으로서, 양자는 별개의 기관이라고 보는 이른바 독립기관설이 옳다.[2] 또한 주주총회에서 직접 대표이사를 선임할 수 있고, 근대적 기업에 있어서는 합리적 경영방법으로서 분업조직이 일반적이라는 점에서도 독립기관설이 타당하다고 본다.

어느 설에 의하더라도 대표이사는 주주총회와 이사회에서 결의한 사항을 집행할 권한이 있고, 법률이나 정관에서 이사회의 결정사항으로 유보하지 않은 일상적인 업무집행을 결정할 권한을 갖기 때문에 실제적인 차이가 없다.[3] 대표이사가

---

1) 이병태, 649면; 채이식, 515~516면; 이기수 외, 393면.

2) 임홍근, 486면; 정찬형, 상, 923면; 정동윤, 회, 382면; 최기원, 585면; 최준선, 회, 421면; 강위두, 325면; 대판 1991.5.28, 90다20084.

3) 이철송, 회, 679면.

아닌 이사는 원칙적으로 이사회의 구성원으로서 회사의 업무집행 및 이사의 직무집행감독에 관한 의사결정에 참여할 수 있을 뿐이지만, 대표이사는 동시에 이사이므로 회사의 의사결정과 업무집행기능을 상호 연결할 수 있다. 따라서 일상적인 것이 아닌 중요한 업무는 이사회의 결의를 요하며, 대표이사가 단독으로 결정하거나 집행할 수 없다.

대표이사인지 여부는 대표권유무에 의하여 결정되는 것이므로 대표권이 부여된 이상 대내적인 실제상의 명칭이 회장, 사장, 전무, 상무 등 무엇이든 묻지 아니하고 대표이사가 된다. 그러나 대표이사는 대외적으로는 대표이사라는 명칭을 부기하여야 한다.

## 2. 대표이사의 선임과 종임

### (1) 선 임

**1) 선임기관** 대표이사는 원칙적으로 이사회에서 선임하지만(§389①본문), 정관의 규정에 의하여 주주총회에서 선임할 수도 있다(동항 단서). 이때 이사인 후보자는 특별이해관계인(§368④)이 되지 않으므로 자신의 의결권을 행사할 수 있다. 대표이사의 지위는 이사회 또는 주주총회의 결의에 의하지 않고는 다른 방법으로 주어질 수 없다. 유상거래를 통해 회사의 경영권을 인수한 자라도 대표이사의 선임절차를 거쳐야 대표이사가 될 수 있다. 다만 집행임원을 설치하는 회사에서는 대표이사를 두지 못한다(§408①).

그러나 자본금 총액이 10억원 미만으로서 이사가 1인 또는 2인인 소규모 주식회사의 경우에는 그 이사가 업무집행에 관하여 의사결정 및 집행을 하고 대외적으로 회사를 대표하는 이사가 되므로 업무집행 및 대표기관이 일원화 되어 있다(§383⑥).

대표이사를 선임하면 그의 성명·주민등록번호·주소를 등기하여야 한다(§317②9호). 대표이사의 선임결의만으로 당연히 대표이사가 되는 것이 아니고 등기유무와도 관계없이 선임결의와 이에 대한 피선임자의 승낙이 있어야 한다.[1] 선임기관에 의한 선임결의가 없으면 이사가 사실상 대표이사의 직무를 수행한다고 하더라도 대표이사가 되지 못한다.[2]

---

1) 대판 1959.7.23, 4291민상759; 동 1995.2.14, 94다42174.

2) 대판 1994.12.2, 94다7591; 동 1989.10.24, 89다카14714.

2) **자 격** 대표이사의 자격에 관하여는 제한이 없으므로 이사이면 누구나 대표이사가 될 수 있다.[1] 그러나 내국인으로 한정하는 경우와 같이 정관으로 그 자격을 제한할 수 있다고 본다.[2] 은행법은 사외이사 전원으로 구성된 후보추천위원회에서 전체 사외이사의 3분의 2 이상의 찬성으로 의결된 후보자 중에서 은행장을 선임할 수 있도록 하였다(은행 §24).

3) **원 수** 대표이사의 인원수에 관하여는 아무런 제한이 없으므로 1인 또는 수인을 대표이사로 선임할 수 있고, 이사 전원을 대표이사로 선임할 수도 있다. 이에 반하는 견해에 의하면 이사 전원을 대표이사로 선임하는 것은 위법이 아니나, 이사회는 대표이사의 업무집행을 감독하는 지위에 있으므로 이사 전원을 대표이사로 선임하는 것은 이러한 제도의 취지에 맞지 않고, 관리와 지휘의 합일을 가져오지 못하므로 상법의 이념에 반한다고 한다.[3]

그러나 이사의 지위와 대표이사의 지위는 엄연히 구별된다는 점에서 볼 때 이사회에 대표이사의 감독권을 준 제도의 취지에 반한다고 할 수 없고 또 회사의 필요에 의하여 실제상 업무분담이 다른 모든 이사에게 대표권을 부여할 필요도 있을 것이므로 이를 긍정하여야 할 것이다.[4] 다만 사외이사를 선임하고 있는 회사에서 사외이사는 업무집행을 담당할 수 없으므로 이사 전원이 대표이사가 될 수는 없다고 할 것이다.

### (2) 종 임

1) 대표이사는 그 전제자격인 이사의 자격을 상실하면 종임이 되지만, 반대로 대표이사의 자격을 잃더라도 이사의 자격을 상실하는 것은 아니다. 대표이사가 종임한 때에는 회사는 이를 등기하여야 한다(§317②9호, 동조④, §183).

2) 이사회는 정당한 사유가 없더라도 언제든지 해임결의를 할 수 있다. 정관으로 주주총회에서 대표이사를 선임하도록 한 경우에는 주주총회 결의로써 대표이사를 해임할 수 있다. 다만 임기를 정한 경우에 이사회가 정당한 사유 없이 그 임기만료 전에 대표이사를 해임한 때에는 그 대표이사는 회사에 대하여 해임으로

---

1) 대표이사는 회사의 주주인지 여부에 관계가 없으므로 그 소유주식을 전부 매도하였다고 하더라도 회사를 대표할 권한을 상실하지 않는다(대판 1963.8.31, 63다254).

2) 정찬형, 상, 924면; 이철송, 회, 680면.

3) 정동윤, 411면; 채이식, 526면.

4) 최기원, 586면; 임홍근, 486면; 이철송, 회, 680면; 정찬형, 상, 925면; 최준선, 회, 422면.

인하여 생긴 손해의 배상을 청구할 수 있다(§385①단서 유추적용).[1] 해임의 효력은 이사회(또는 주주총회)의 결의 즉시 발생하고, 본인에 대하여 고지한 때에 발생하는 것이 아니다.[2]

3) 대표이사는 언제든지 그 직을 사임할 수 있다. 다만 회사가 불리한 시기에 사임하여 회사에 손해가 발생한 때에는 이를 배상하여야 한다(§382②, 민 §689②). 사임에 대한 의사표시의 효과는 대표이사의 지위의 특성상 신속한 후임결정을 해야 할 것이므로 이사회를 소집하고 이사회에 대해 하거나 또는 이사 전원에게 통지해야 될 것이다.[3] 대표이사 사임통지는 회사에 도달한 때에 그 효력이 발생한다.

4) 대표이사의 종임으로 인하여 대표이사가 없게 되거나 법률 또는 정관상의 소정의 원수를 결하게 된 때에는 퇴임하는 대표이사는 새로 선임된 대표이사가 취임할 때까지 대표이사의 권리의무가 있고, 필요에 따라 이사·감사 기타 이해관계인이 임시대표이사(대표이사의 직무를 행할 자)의 선임을 법원에 청구할 수 있다(§389③, §386). 임시대표이사도 대표이사와 동일한 권리의무를 갖게 되며,[4] 이에 대하여는 이사의 결원에 관하여 설명한 바와 같다.

## 3. 대표이사의 권한

대표이사는 대내적으로는 회사의 업무집행권을 갖고, 대외적으로는 회사의 대표권을 갖는다. 그리고 일정한 경우에는 업무집행행위에 관한 의사결정권도 갖는다. 대표이사가 갖는 업무집행권, 대표권의 근거와 업무집행에 관한 의사결정권의 범위에 관하여 전술한 파생기관설과 독립기관설의 입장에 차이가 있다.

파생기관설에 의하면 이사회를 업무집행에 관한 의사결정은 물론 그 집행에 관하여 전 권한을 갖는 유일한 업무집행기관으로 보고 이러한 권한을 이사회의 파생기관인 대표이사에게 위임하는 것이라고 본다.[5] 이에 대하여 독립기관설에 의하면 이사회와 대표이사는 대등한 독립기관이며, 이사회는 업무집행에 관한 의사

1) 동지: 정동윤, 411면; 이철송, 회, 575면. 이에 대하여 이사회가 대표이사를 해임하는 경우에는 상법 제385조 제1항의 단서를 유추적용 할 수 없다는 판례와 학설이 있다(대판 2004.12. 10, 2004다25123; 정찬형, 상, 925면).

2) 동지: 최준선, 회, 422~423면; 정동윤, 412면. 고지한 때 효력이 발생한다고 보는 견해: 최기원, 588면; 정찬형, 상, 926면.

3) 이철송, 회, 680~681면.

4) 대판 1968.5.22, 68마119; 정찬형, 상, 926면; 최준선, 회, 423면; 이철송, 회, 575면.

5) 손주찬, 382면; 채이식, 517면.

를 결정하고 대표이사는 그 결정에 따라 업무를 집행하며 대외적으로 회사를 대표한다고 본다.[1] 우리나라의 다수설은 독립기관설이다.

## (1) 대표권

**1) 대표권의 내용** 대표이사는 대외적으로 회사를 대표한다(§389①). 대표권의 범위는 회사의 영업에 관한 재판상 또는 재판 외의 모든 행위에 미치며(포괄성, 정형성), 이 권한을 제한하여도 선의의 제3자에게 대항하지 못한다(획일성, 불가제한성, §389③, §209). 따라서 대표이사의 대표권은 회사의 권리능력의 범위와 일치한다.

대표이사의 대표권의 성질과 내용은 합명회사의 대표사원의 그것과 동일하지만 지배인의 대리권(§11)과는 구별된다. 대표권의 제한은 등기할 수 없다고 본다.

**《 지배인의 대리권과 대표이사의 대표권의 차이 》**

지배인의 대리권과 대표이사의 대표권은 포괄성, 정형성과 획일성이 있고, 공동대표, 표현대표가 인정되며 등기사항이라는 점에서 공통되지만 다음과 같은 차이가 있다.

① 지배인의 지배권은 개인법상의 대리권의 일종임에 비하여 대표이사의 대표권은 단체법상의 대표권이고, ② 지배권은 영업소의 영업에 한정되나 대표권은 영업전반에 미치며, ③ 지배인은 다른 지배인을 선임하거나 해임할 수 없는데 비하여(§11②의 반대해석) 대표이사는 지배인의 선임과 해임에 관여할 수 있고(§389의2①), ④ 지배인의 불법행위에 대하여는 영업주가 민법 제756조에 의하여 사용자책임을 부담하는데 대하여 대표이사의 불법행위에 대하여는 상법 제210조, 제389조에 의하여 회사가 연대책임을 부담한다. ⑤ 대표이사가 대표권의 범위 내에서 한 적법한 대표행위는 곧 회사의 행위가 되는 것이지 그 행위의 효과가 회사에 귀속하는 것이 아니라는 점에서 지배인의 대리권과 구별된다. 그러나 대표에 관하여도 성질이 허용되는 한 대리에 관한 규정이 준용된다(민 §59②).

**2) 대표권 행사방법** 대표이사가 거래를 할 경우 회사를 위한 거래인지 그렇지 않으면 자신을 위한 거래인지를 상대방에게 명확히 표시하여야 한다. 대표이사가 자신을 위한 거래를 하였으나 회사의 업무영역에도 속한 것이어서 거래의 상대방이 회사의 대표행위로 오인한다면 상대방 보호문제가 있기 때문이다. 이에 대하여 다수의 이해관계인이 존재하는 회사의 법률관계에서 획일적으로 현명주의를 배제할 수는 없으나, 상법 제48조를 준용하여 현명을 하지 않더라도 상대방이 회사와 거래할 의사를 가지고 또 대표이사란 사실을 알고 거래한 때에는 회사에 대하여 효력이 있다고 해야 할 것이다.[2] 특히 어음·수표행위와 같은 서

---

1) 정찬형, 926면; 정동윤, 382면; 최기원, 872면; 이철송, 회, 685면 등 다수설.

2) 최준선, 회, 424면; 이철송, 회, 558면; 대판 1990.3.23, 89다카555.

면의 요식행위를 할 경우 현명주의원칙에 따라 대표이사는 반드시 대표자격을 표시하고 기명날인 또는 서명을 하여야 한다.

한편 대표이사가 2인 이상인 경우에 각 대표이사는 독립하여 회사를 대표하는 것이 원칙이다(각자대표). 그러나 예외적으로 회사는 대표권의 남용 또는 오용을 방지하기 위하여 이사회 또는 주주총회의 결의로써 각 대표이사가 공동으로 회사를 대표하도록 정할 수 있다(공동대표이사, §389②).[1](공동대표이사에 관하여 후술함)

3) **대표권의 제한** 대표이사의 대표권은 회사의 영업에 관한 재판상·재판 외의 모든 행위, 사실행위나 법률행위 유무에 미친다(§389③, §209①). 그러나 대표이사의 대표권은 법률과 회사의 정관 및 이사회규칙 등에 의하여 제한을 받는다.

① **법률에 의한 제한** 대표이사의 대표권이 법률상 제한되는 경우가 있다. 즉 중요한 자산의 처분 및 양도, 대규모 재산의 차입, 지배인의 선임 또는 해임과 지점의 설치·이전 또는 폐지 등 회사의 업무집행은 이사회의 결의로 한다(§393①). 또한 이사와 회사간의 소에 관하여는 어느 쪽이 원고이고 피고인가를 불문하고 대표이사는 회사를 대표하지 못하고[2] 감사가 회사를 대표한다(§394). 감사에 갈음하여 감사위원회를 둔 경우에는 이사와 회사의 소에서는 감사위원이 회사를 대표하며, 감사위원회의 위원과 회사와의 사이에 소가 제기된 경우에는 감사위원회 또는 이사가 법원에 회사를 대표할 자를 선임해 줄 것을 신청하여야 한다(동조②). 이는 이사의 이익과 회사의 이익이 충돌하는 경우 회사의 이익을 보호하기 위한 것이다.

자본금 총액이 10억원 미만인 소규모 주식회사의 경우에는 감사가 임의기관이므로 감사를 선임하지 아니한 경우에는, 회사 또는 이사나 이해관계인이 법원에 회사를 대표할 자를 선임하여 줄 것을 신청하여야 한다(§409⑤).

그리고 영업의 전부 또는 중요한 일부의 양도 등(§374①), 사후설립(§375) 등에는 주주총회의 특별결의를 얻어야 하고, 이사의 자기거래(§398), 신주의 발행(§416), 사채의 모집(§496조) 등은 이사회의 결의를 얻지 아니하면 대표이사가 회사를 대표할 수 없다. 또 대표권이 없는 경우로서 청산중의 회사는 대표청산인이 대표하며(§542①, §254③), 파산회사는 파산관재인이 회사를 대표한다(채회 §355 이하).

법률상의 제한을 위반한 대표이사의 행위는 모두 무효가 된다.

---

1) 한편 판례는 이사회의 결의로 공동대표이사를 정한 경우에 그 폐지도 이사회의 결의로 할 수 있다고 한다(대판 1993.1.26, 92다11008).

2) 대판 1990.5.11, 89다카15199.

② **내부적 제한** 본래 회사의 업무집행은 이사회의 결의로 하여야 한다(§393). 따라서 회사는 정관, 이사회규칙, 이사회의 결의 등의 내부적 절차 또는 내규 등에 의하여 대표이사의 대표권을 제한할 수 있다. 예를 들면 대표이사가 일정한 행위를 하는 경우는 이사회의 결의를 얻도록 하거나, 사장·부사장·전무이사·상무이사 등의 구별을 하여 상하통솔관계를 정하는 경우, 수명의 대표이사 사이에 업무분장이 있는 경우, 업무집행에 관한 내부의 준칙에 따르도록 한 경우,[1] 대표이사의 권한을 특정 영업이나 영업소에 한정하는 경우 등의 방법으로 대표이사의 포괄적인 대표권을 제한하는 것이다.

대표이사의 대표권 그 자체는 성질상 제한될 수 없는 것이지만 대외적인 업무집행에 관한 결정권한으로서의 대표권을 정관, 이사회의 결의 등의 내부적 절차 또는 내규 등에 의하여 내부적으로 제한될 수 있다. 그러나 내부적 제한의 위반에 대해서는 거래의 안전을 위하여 선의의 제3자에게 대항하지 못한다.[2] 특히 대표이사가 소송을 수행할 자격이 있는가에 관한 판례를 보면, 대표이사는 자기를 이사로 선임한 주주총회결의의 무효 또는 부존재확인의 소송에서도 회사를 대표하여 그 소송을 수행하며,[3] 이사의 재직 중에 말미암은 사유로 소를 제기하더라도 이미 이사의 자리를 떠난 자를 상대로 소를 제기하는 경우에도 대표이사가 회사를 대표한다.[4] 또한 원고회사의 이사 겸 대표이사와 피고간의 이해관계가 동일하고 회사와 이해관계가 상반되는 경우에도 위 대표이사는 회사를 대표하여 소송을 진행할 수 있다고 한다.[5]

### 4) 대표권의 제한을 위반한 행위(전단적 대표행위)의 효력

#### ① 대내적 행위의 효력

대표이사가 주주총회나 이사회의 결의를 얻어야 하는 경우에 이를 얻지 않고 또는 그 결의에 반하여 위법한 대표행위를 한 경우 그 행위의 효력에 대하여 그 행위 자체가 위법이므로 주주총회의 결의 없는 정관변경, 이사회의 결의 없는 회

---

1) 대판 1990.12.11, 90다카25253: 골프클럽을 운영하는 회사의 대표이사가 골프클럽 입회절차 및 자격요건에 관한 내부 규칙에 의하지 아니하고 원고에게 골프회원으로의 입회를 권유하고 소정의 입회금을 납부한 원고에게 대표이사의 명의로 된 영수증과 회원증을 교부한 경우 원고는 회원으로 정식 입회된 것으로 신뢰하는 것이 경험법칙에도 합치된다.

2) 대판 1997.8.29, 97다18059.

3) 대판 1983.3.22, 82다카1810; 동 1985.12.10, 84다카319.

4) 대판 1977.6.28, 77다295; 동 2002.3.15, 2000다9086.

5) 대판 1962.1.11, 4294민상558.

사와 이사 간의 거래(§398), 준비금의 자본전입(§461) 등과 같은 내부적인 행위는 언제나 무효로 보는 것이 통설이다.[1)]

② **대외적 행위의 효력**

그 행위가 대외적인 행위인 경우에는 거래의 안전과 관련하여 그 효력이 문제된다. 이에 관하여 학설상의 이견이 있다. 주주총회 또는 이사회의 결의를 얻어야 하는 경우에 이것을 얻지 않고 한 대표이사의 대외적 행위의 효력은 거래의 안전을 위하여 모두 유효로 보아야 한다는 견해가 있다.[2)]

이에 대하여 주주총회 또는 이사회의 결의 없이 한 행위를 일률적으로 유효라고 볼 수는 없고, 그 결의가 법률상 요구되는 것인지 또는 정관 등 회사내부규칙에 의하여 요구되는 것인지 그 위반효과가 다르다고 보는 견해가 있다.

첫째, 법률상 요구되는 주주총회의 결의를 흠결한 대표이사의 행위의 효력에 관하여는 원칙적으로 무효라고 본다.[3)] 왜냐하면 이 경우에는 주주총회의 결의가 계약의 효력발생요건이기 때문이다. 그리고 주주총회의 결의사항은 중요한 사항이고 제3자로서도 그 결의가 필요하다는 것을 당연히 알아야 하므로, 이와 같은 경우에는 제3자보다는 회사를 보호하는 것이 이익형량의 면에서 타당하기 때문이다.[4)] 따라서 주주총회의 특별결의를 거치지 않은 영업의 전부 또는 중요한 일부의 양도(§374①1호), 회사의 영업에 중대한 영향을 미치는 다른 회사의 영업 일부의 양수(동항4호) 등도 무효라고 본다. 또한 주주총회의 특별결의 없이 제소 전 화해를 한 것은 특별수권 없는 소송행위로서의 재심사유에 해당한다.

둘째, 법률상 이사회의 결의를 요하거나(§393, §416, §496 등), 정관 등 회사의 내규에 의하여 주주총회 또는 이사회의 결의를 요하는 경우에, 이러한 결의 없이 대표이사가 한 대외적 행위의 효력에 관하여는 원칙적으로 무효이지만 선의의 제3자에게는 이사회의 결의부존재를 대항할 수 없다고 본다(상대적 무효설).[5)]

이에 대하여 회사의 이익보호를 위하여 무효라고 하면서도 정관 등에 의해 내부적으로 일정한 거래에 관하여 이사회의 결의를 얻도록 한 경우에는 거래상대방의 보호가 문제되므로 상대방에게 악의 또는 중과실이 없는 한 유효하다는 견해

1) 정희철, 482면; 이철송, 회, 581면.

2) 정희철, 482면.

3) 정찬형, 상, 932~933면; 최준선, 회, 427~428면.

4) 정동윤, 416면; 이기수 외, 411면; 이철송, 회, 688면.

5) 최준선, 회, 428면; 손주찬, 786면; 강위두, 519~520면; 정찬형, 상, 933면; 정동윤, 417면; 이철송, 회, 726~727면.

도 있다(유효설).[1]

상대적 무효설에 의하면 주식회사의 대표이사가 이사회의 결의를 거쳐야할 대외적 거래행위에 관하여 이를 거치지 아니하고 한 경우라도 이와 같은 이사회결의사항은 회사의 내부적 의사결정에 불과하다 할 것이므로 그 거래 상대방이 그와 같은 이사회결의가 없었음을 알거나 알 수 있었을 경우가 아니라면 그 거래행위는 유효하다고 해석되고, 위와 같은 상대방의 악의는 이를 주장하는 회사 측이 주장·입증하여야 한다는 결과가 된다.

생각건대 제3자가 선의인 한 유효라고 보는 상대적 무효설이 타당하다고 본다(§389③, §309②). 우리나라의 대법원 판례도 같은 취지이다. 왜냐하면 법률에 의하여 이사회의 결의사항으로 되어 있는 것은 법률에 의하여 주주총회의 결의사항으로 되어 있는 것에 비하여 중요한 사항이 아닌 경우가 대부분이다. 또 정관 등 회사의 내부규칙에 의하여 주주총회 또는 이사회의 결의를 요하는 사항으로 되어 있는 것은 제3자가 이를 예견하고 있다고 기대할 수 없다. 따라서 이 경우에는 회사보다는 제3자를 보호하는 것이 이익형량 면에서 타당하다.

판례는 상대적 무효설을 취하며, "대표이사가 이사회의 권한에 속하는 사항에 관하여 그 결의가 없거나 또는 결의에 위반하여 행위를 한 경우에도 상대방이 알았거나 알 수 있었을 때에는 원칙적으로 무효"라고 한다.[2] 또한 대표이사의 대표권의 제한이 있는 경우에 당해 대표이사의 구체적인 대표권한의 범위를 알고 있으면서도 그 범위를 벗어난 행위에 대하여 상대방이 악의인 경우는 회사가 이를 입증하여 그 행위의 효력을 부인할 수 있다고 한다.[3] 청산인의 경우도 같다.[4]

다만 신주발행이나 사채발행과 같은 집단적 행위는 제3자의 선의·악의에 의하여 개별적으로 그 효력이 달라지는 것으로 볼 수는 없고 획일적으로 보아야 하므로 언제나 유효하다고 본다.[5]

---

1) 최기원, 594면.

2) 대판 1973.1.31, 73다954; 동 1978.6.27, 78다389; 동 1981.9.8, 80다2511; 동 1984.12.11, 84다카1591; 동 1989.5.23, 89도570; 동 1993.6.25, 93다13391; 동 1994.10.11, 94다24626; 동 1995.4.11, 94다33903; 동 1997.8.26, 96다36753; 동 1997.8.29, 97다18059; 동 1998.3.24, 95다6885; 동 1998.7.24, 97다35276; 동 1999.10.8, 98다2488 등.

3) 대판 1988.8.9, 86다카1858; 동 1996.1.26, 94다42754.

4) 대판 1981.9.8, 80다2511.

5) 정동윤, 418면; 정찬형, 상, 934~935면; 최준선, 회, 429면. 반대견해: 최기원, 595면.

### (2) 업무집행권

상법은 대외적인 대표권에 관해서만 직접 규정을 두고 있으나, 주주총회나 이사회의 결정에 따른 대내적 업무집행권이 있음은 물론이며, 일상적인 관리업무를 집행할 권한이 있다. 주권·사채권의 기명날인(§356, §47②)과 같이 상법상 대표이사의 권한 사항으로 명시한 것도 있으나, 이사의 직무권한으로 규정하고 있는 것이 많은데, 예컨대 주식·사채의 청약서 작성(§420, §474②), 정관·주주명부·사채원부·주주총회의사록의 비치(§396①), 재무제표·동부속명세서·영업보고서의 작성·제출·비치·공고(§447, §447의2, §447의3, §448①, §449②), 현물출자가 있을 때 검사인 선임청구(§422①) 등은 성질상 모두 대표이사의 직무로 해석하여야 할 것이다.

## 4. 부적법한 대표행위

부적법한 대표행위로서 대표이사의 불법행위, 전단적(부적법한) 대표행위, 대표권의 남용 등을 들 수 있다. 전단적 대표행위에 관해서는 전술하였으므로 본 항에서는 대표이사의 불법행위와 대표권의 남용에 대해서만 기술한다.

### (1) 대표이사의 불법행위

대표이사가 그 업무집행으로 인하여 타인에게 손해를 가한 때에는 회사와 그 대표이사는 연대하여 배상할 책임이 있다(부진정연대책임, §389③, §210). 비영리법인의 이사 기타 대표자가 불법행위를 한 경우 법인의 손해배상책임을 인정한 민법 제35조 제1항과 같은 취지이다. 이때 "업무집행으로 인하여"는 '대표행위로 인하여'를 의미한다고 본다.[1] 따라서 대표행위가 가능한 범위 내에서 회사의 업무집행과 관련이 있고 행위의 외형상 객관적으로 대표이사의 직무범위 내로 여겨지는 경우의 문제라 할 수 있다. 판례도 같은 취지이다.[2]

이 규정은 피해자를 두텁게 보호하기 위하여 회사와 대표이사의 연대책임을 규정한 것이고, 따라서 회사가 타인에게 배상한 경우에는 대표이사에게 구상할 수 있다. 한편 대표이사가 아닌 이사의 경우는 회사의 사용자책임(민 §756)을 별론으

---

1) 이철송, 회, 690면; 최준선, 회, 426면.

2) 대판 1990.11.13, 89다카26878; 동 1990.3.23, 89다카555; 동 1988.11.8, 87다카958; 동 1980.1.15, 79다1230; 동 1959.8.27, 4291민상395.

로 하고, 이 규정이 적용될 여지는 없다. 피해자가 대표자의 직무가 아님을 알았거나 중대한 과실로 알지 못한 때에는 회사에 손해배상책임을 물을 수 없다.

### (2) 대표권의 남용

1) **의 의** 대표권의 남용이란 대표이사가 객관적·형식적으로는 대표권의 범위 내에 속하는 행위를 하였지만 주관적으로는 자기 또는 제3자의 이익을 위하여 대표행위를 하는 것을 말한다. 즉 대표권이 있는 자가 회사이익 외에 자기 또는 제3자의 이익을 위한 의도로써 대표권을 행사하는 것을 말한다. 이사의 선관의무와 대표이사의 지위에서 당연히 인정할 수 있다.[1] 예컨대 대표이사가 자기의 권한 내에서 약속어음을 발행하여 자기 또는 제3자의 개인채무를 변제한 경우 등이다. 전단적 대표행위의 경우에는 대표이사 자신 또는 제3자의 이익을 위한 행위였는지 여부를 문제 삼지 않은 점에서 대표권의 남용과는 구별된다.[2]

2) **효 력** 대표이사가 대표권을 남용하는 경우에 회사에 대하여 손해배상의 책임을 지는 것은 당연하지만 대외적 행위인 경우 그 효력에 관하여 문제가 된다. 이에 대하여 주관적으로는 개인적인 이익을 도모하였다고 하더라도 그 행위가 객관적으로는 대표권의 범위 내의 행위인 이상 거래의 안전을 위하여 유효한 것으로 해석하여야 함은 물론이다.[3] 그러나 그러한 행위가 회사의 행위로서 유효하다고 하더라도 이러한 행위의 상대방 또는 제3자가 대표이사의 행위가 대표권을 남용한 것임을 알고 있었거나 알 수 있었을 때에는 회사는 무효를 주장할 수 있을 것이다. 즉 상대방이 악의인 때에는 회사의 책임은 부정되어야 할 것이다. 이와 같이 상대방이 악의인 때에는 회사는 그 악의를 입증하여 책임을 면할 수 있다는 것이 판례와 학설의 일치된 견해인데, 다만 그 근거에 관하여 견해가 나누어진다.

① **권리남용설** 상대방이 대표이사의 권한남용행위에 대하여 악의라고 하더라도 대표행위 자체가 객관적으로 대표권의 범위 내의 행위라면 회사의 행위로서 유효하나, 악의인 상대방이 취득한 권리를 회사에 대하여 행사하는 것은 신의칙에 반하거나 권리남용이 되므로 허용할 수 없다는 견해이다.[4] 따라서 대표권남

1) 이철송, 회, 687면.

2) 최준선, 회, 430면.

3) 이 경우 대표이사가 거래상대방에 대하여 불법행위책임을 부담하는 경우도 있다(대판 1988. 11.8, 87다카958).

4) 강위두, 543면; 정동윤, 416면; 손주찬, 786면; 이철송, 회, 688면; 이기수 외, 446면; 정찬형, 상, 936면; 권기범, 736면.

용행위이더라도 일단은 유효한 행위가 되므로 악의자가 취득한 권리를 선의의 제3자에게 양도한 경우에는 더 이상 이를 다툴 수 없게 된다.

생각건대 권리남용설이 가장 타당하다고 본다. 권리남용설은 남용행위도 일응 적법하고 유효한 행위라는데서 출발하면서 악의의 상대방에게 법적 비난가능성이 있음을 근거로 하여 그가 거래의 이익을 향수하는 것을 막으려는 취지이므로 남용행위의 본질에 부합한다고 할 수 있다.

② **대표권제한설(내부적 제한설)** 대표권제한설은 대표권남용을 대표권에 가하여진 내부적인 제한과 동일하게 보는 견해로서, 선의의 상대방에 대하여는 유효하지만 상대방이 악의인 경우에는 회사가 책임을 면한다고 보는 견해이다.[1] 내부적 제한설은 대표이사의 대표권 행사는 이사의 충실의무에 기하여 회사를 위하여 그 대표권을 행사할 내부적인 한계를 가지고 있다는 것을 전제로 한다. 대표권 남용은 이 한계를 위반한 것이라 한다. 대표권의 남용과 대표권의 제한은 그 개념상 구분이 되는 것이기 때문에 양자를 혼동하고 있는 내부적 제한설은 타당하지 않다.[2]

③ **상대적 무효설(이익교량설)** 상대적 무효설은 회사와 상대방의 이익형량으로 문제를 해결하려는 입장으로서, 대표이사의 대표권은 회사를 위하여 행사하여야 할 것인데, 대표자 개인을 위하여 이를 행사하는 경우 본래 그 행위는 당연히 무효이나, 이를 무효라고 한다면 선의의 상대방에게 불측의 손해를 주게 되어 거래의 안전을 해하므로 이 자에게는 무효를 주장할 수 없지만 악의 또는 그에 준하는 중과실이 있는 상대방에 대하여는 무효를 주장할 수 있다는 견해이다. 그러나 상대적 무효설은 외견상 아무런 하자 없는 대표행위를 본래부터 당연 무효라고 보는 것은 무리가 있다.

④ **심리유보설** 우리 대법원 판례와 일본의 판례는 심리유보설을 취하는데, 이 견해는 대표권의 남용행위를 일종의 비진의 표시로 보아 민법 제107조 제1항 단서의 취지를 유추적용하려는 입장이다. 대표이사의 권한남용행위가 있을 경우 그 행위는 행위의 직접상대방에게 악의 또는 중과실 없는 경우에 한하여 회사에 효력이 있고, 그 상대방이 권한남용의 사실을 알았거나 알 수 있었던 경우에는 무효로 되며, 이 경우에는 추인이 있더라도 유효로 될 수 없다고 한다.[3] 대

1) 服部榮三, "代表取締役",「法學セミナー」45号, 34面.

2) 최준선, 회, 432면; 이철송, 회, 688면.

3) 최기원, 597면; 서헌제, 549면; 채이식, 535면.

표권의 남용을 이유로 대표행위의 무효를 주장할 때는 그 무효를 주장하는 자(주로 회사)가 상대방의 악의 또는 중대한 과실을 입증하여야 한다.[1)]

심리유보설은 민법 제107조의 "진의"는 법률행위를 하려는 효과의사가 표의자의 내심에 실재하지 않는 경우를 말하는데, 대표권의 남용에서는 법률행위를 하고 그 효력을 발생시킬 효과의사가 존재하는 점에서 의사와 표시의 불일치를 전제로 하는 민법 제107조의 직접 유추적용은 남용행위의 개념과 차이가 있다. 판례는 권리남용설을 취한 것으로 알려진 것[2)]과 심리유보설을 취한 것으로 나뉘나, 최근에는 심리유보설을 취한 것이 많다.[3)]

## 《일본 회사법상 주식회사의 대표》

### 1. 대표이사

이사는 주식회사를 대표하며(일회 §349①), 이사가 2인 이상 있는 경우에는 각자가 회사를 대표한다(동조②). 그러므로 이사들의 각자대표, 각자집행이라는 원칙이 인정되지만 이것은 종래 일본 상법의 입장으로 회귀하는 것이다. 다만 대표이사나 기타 주식회사를 대표할 자를 정하는 경우에는 이에 한정되지 않는다(동조① 단서). 이사회 설치회사를 제외한 주식회사에 있어서는 정관의 정함, 정관의 정함에 따른 이사의 호선, 주주총회의 결의 등에 의하여 이사 중에서 대표이사를 정할 수 있다(동조③).

대표이사는 주식회사의 업무에 관하여 재판상 또는 재판외의 모든 행위를 할 권한을 갖고(동조④), 이 권한에 가한 제한은 선의의 제3자에게 대항할 수 없다(대표권의 포괄적 불가제한성, 동조⑤). 일본의 회사법은 공동대표이사제도를 폐지하였다.

### 2. 대표이사의 전단적 행위 및 권한남용행위

회사는 대표이사 기타 회사를 대표하는 자가 직무와 관련하여 제3자에게 손해를 가한 경우 손해배상책임을 진다(일회 §350).

대표이사가 주주총회나 이사회의 법정전속결의사항에 관하여 당해 결의에 위반하거나 그 결의를 거치지 않고 독단으로 집행행위를 하는 것이다. 이 행위의 효력에 관하여 일본 판례는 심리유보설의 입장에 서고, 일본 민법 제93조 단서를 유추적용하여 원칙적으로 유효라고 하지만, 결의가 없었음을 상대방이 알았거나 알 수 있었을 경우에는 무효라고 해석한다.[4)] 그러나 학설은 일반적인 악의의 항변설이

---

1) 대판 1987.10.13, 86다카1522; 동 1997.8.29, 97다18059.

2) 대판 1987.10.13, 86다카1522; 동 1990.3.13, 89다카24360.

3) 대판 1975.3.25, 74다1542; 동 1987.7.7, 86다카1004; 동 1987.8.18, 87다카1086; 동 1987.11.10, 86다카371.

4) 石山卓磨, 213面; 日最判 昭和 60.9.22. 民集 19卷 6号, 1656頁.

유력하다. 대표이사는 대표권한의 범위 내에서는 유효하게 회사를 대표하여 행위를 할 수 있고, 내부적 의사결정과정에 지나지 않는 이사회결의의 흠결이 있어도 그 효력에는 영향이 없으나, 악의의 상대방에 대해서는 회사는 신의칙 또는 권리남용의 법리에 의하여 일반악의의 항변으로써 당해 행위의 무효를 주장할 수 있다고 보는 유력한 견해가 있다.[1]

권한남용행위는 객관적으로는 대표이사의 권한 내의 행위이지만 주관적으로는 회사 이외의 자기 또는 제3자의 이익을 도모하려는 배신적 의도로 하는 행위이다. 법원은 이 행위의 효력에 대해서도 심리유보설의 입장을 취하고 있다. 통설은 일반악의항변설이다.

#### 3. 회사와 이사 사이의 소송

회사가 이사에 대하여 또는 이사가 회사에 대하여 소를 제기하는 경우에는 주주총회는 당해 소송에서 회사를 대표할 자를 정할 수 있다(일회§ 353). 경우에는 감사역이 회사를 대표한다(일회 §38①).

### 《중국 회사법상 주식회사의 대표》

#### 1. 이사장의 지위와 직권

이사회는 전체 이사의 과반수로써 1인의 이사장과 필요에 따라 부이사장을 둘 수 있으며, 부이사장은 이사장의 업무를 보좌한다(중회 §110). 회사의 법정대표는 회사정관에 따라 이사장, 집행이사, 경리가 맡을 수 있으며 선임 또는 변경 시에는 법에 따라 등기하여야 한다(중회 §13). 회사의 법정대표를 반드시 이사장이 담임해야 하는가 하는 것에 대하여 법은 직접 규정하지 않고 회사정관으로 규정하게 하였다. 그러나 실제로는 대부분의 회사에서 이사장이 회사의 법정대표를 맡고 있다.

이사장의 직권에 대해서도 법은 직접규정하지 않고, 회사의 정관으로 규정하게 하였다. 다만 이사장이 직무를 수행할 수 없거나 수행하지 않을 경우 부이사장이 직무를 수행하며, 부이사장도 그러할 경우에는 과반수 이사가 공동으로 선출한 1인의 이사가 직무를 수행한다(중회 §110).

#### 2. 집행이사

주주의 수가 비교적 적고 회사의 규모가 작은 유한책임회사는 이사회를 설치하지 않고 집행이사 1인을 둘 수 있다. 집행이사는 회사의 경리를 겸임할 수 있다. 집행이사의 직권은 회사정관으로 정한다(중회 §51).

#### 3. 경 리

경리는 총경리라고도 하며, 이사회에 의해 선임·해임되고 일상적인 경영관리활

---

1) 鈴木·竹內, 288面; 石山卓磨, 214面.

동을 하는 회사의 상설업무집행기관이다. 경리는 회의체 기관이 아니고 총경리를 담임하는 고급관리자의 최종의지를 기준으로 한다. 경리는 이사회에 책임을 지며, 아래의 직권을 행사한다(중회 §50, §114). 즉 ① 회사의 생산경영관리업무, 이사회 결의의 조직, 실시, ② 경영계획과 투자방안 조직, 실시, ③ 내부관리기구 설치방안, ④ 기본관리제도 작성, ⑤ 구체적 규정 제정, ⑥ 부경리, 재무책임자 선임과 해임제청, ⑦ 이사회가 선임·해임하는 인원을 제외한 기타 책임·관리인원 선임과 해임, ⑧ 이사회가 부여하는 기타 직권을 행사한다. 경리는 이사회에 참석하며, 회사 정관에서 경리의 직권을 정하는 경우에는 이에 따른다.

#### 4. 대표자의 권한남용행위 등

회사를 대표하는 자의 전단적 행위, 권한남용행위, 불법행위 등의 효력에 관하여 구체적 규정이 없다. 따라서 회사의 대표가 되는 자에게는 중국 회사법 제6장 회사의 이사, 감사, 고위급관리자의 자격 및 의무에 관한 일반적 규정이 준용될 수 있을 것이다.

## 5. 공동대표이사

### (1) 의 의

1) 공동대표이사란 2인 이상의 대표이사가 공동으로 회사를 대표할 수 있는 것을 말한다. 주식회사는 수인의 대표이사가 공동으로 회사를 대표할 것을 정할 수 있다(§389②). 이를 정한 때에는 그 사항을 등기하여야 한다(동항②).[1] 회사의 규모가 확대되면서 대외적 거래활동을 활발히 하기 위하여 수인의 대표이사를 두는 경우가 있다.

공동대표이사제도를 이용하면 회사의 대표이사가 수인이 있을 경우 이들을 공동대표이사로 정함으로써 대외적으로 업무집행에 통일을 기할 수 있고, 회사의 의사결정을 신중히 하여 내부적으로 각 대표이사에 의해 대표권이 남용되거나 위법 또는 부적정한 대표행위를 사전에 방지할 수 있다.[2] 대표이사가 행한 행위는 모두 회사의 책임이 되므로 사전에 서로 견제하게 하여 대표이사의 전횡을 방지하는 것은 매우 중요하다. 내부적으로 대표이사의 권한을 제한하는 방법도 있고,

1) 상법상 수인이 공동으로 일정한 법률행위를 할 수 있는 경우로는 주식회사의 공동대표이사 외에도 공동지배인(§12), 유한회사의 공동대표이사(§562③), 합명회사·합자회사의 공동대표사원(§208②, §269) 등이 있고, 이들에게는 모두 같은 원리가 적용된다.

2) 이철송, 회, 691~692면.

임무해태에 관하여 사후 손해배상책임도 추궁할 수 있지만 선의의 상대방(제3자)에게는 실효성이 없다. 따라서 상법은 공동대표이사제도를 두어 이들 상호간의 견제를 가능하게 함으로써 대표이사의 전횡을 방지하고 있다.

이와 같이 공동대표이사제도는 대표권의 공동행사를 그 기본요소로 하므로 결정권의 공동행사, 즉 공동대표이사간의 내부적 의사의 합치뿐만 아니라, 대외적으로 업무집행의 통일성을 확보하기 위하여 회사대표자 명의의 공동현명을 그 요건으로 한다.

2) 수인의 대표이사를 두더라도 공동대표이사가 아닌 한 각자 대표가 원칙이며, 수인의 대표이사 중 일부만 공동대표이사가 되게 하고 나머지는 단독대표이사가 되게 할 수도 있다. 공동대표이사를 정하기 위하여 정관에 정함이 있어야 하는 것이 아니고, 대표이사를 선임하는 기관(이사회 또는 주주총회)이 대표이사를 선정하고 공동대표이사로 정하는 절차를 진행해야 한다.[1)]

## (2) 공동대표권의 행사방법

1) 공동대표이사는 단독으로 업무를 결정·집행하거나 회사를 대표할 수 없고 반드시 다른 공동대표이사와 공동으로 하여야 한다. 이때 공동대표이사 사이에 다수결의 원칙은 적용되지 않고 의견이 대립될 때에는 이사회의 결의를 거쳐야 한다. 공동대표이사 중의 1인이 다른 공동대표이사의 동의 없이 단독으로 대표행위를 한 경우에 그 대표행위는 무효이다.[2)]

2) 공동대표이사의 대내적인 업무집행권도 공동으로 이를 행사하여야 함이 원칙이다. 그러나 순수한 대내적인 업무집행은 단독으로 하더라도 행위의 효력문제는 생기지 않는다. 다만 그 대표이사의 회사에 대한 책임이 문제 될 수 있다.

3) 공동대표이사들의 의사는 반드시 동시에 표시되어야 하는 것은 아니다. 먼저 1인의 의사가 표시되고 그 후에 나머지 대표이사의 의사가 표시되어도 무방하다. 이때에는 최후의 의사표시가 있은 때 대표행위가 있는 것으로 본다.[3)]

4) 공동대표이사가 단독으로 회사를 대표하여 제3자와 법률행위를 한 경우 무

---

1) 이철송, 회, 691~692면.

2) 최기원, 598면. 따라서 다른 공동대표이사가 용인 내지 방임한 경우 단독대표행위는 유효하다(대판 1996.10.25, 95누14190).

3) 이철송, 회, 692면.

효이지만, 회사가 이를 추인할 수 있고, 추인의 의사표시는 단독으로 행위 한 공동대표이사나 그 법률행위의 상대방인 제3자 중 어느 한 사람에 대하여서도 할 수 있다.[1)]

### (3) 공동대표권의 위임

#### 1) 대표권의 포괄적 위임

공동대표이사 중 일부가 다른 공동대표이사에게 회사를 대표할 권한, 즉 대표권을 포괄적으로 위임할 수 있는가에 관하여 판례와 통설은 대표권 행사의 일반적·포괄적 위임은 불가능하다고 본다. 왜냐하면 실질적으로 단독대표를 가능케 하는 것이므로 허용될 수 없을 뿐만 아니라, 대표권 행사의 공동을 그 요소로 하는 공동대표의 취지 및 본질상 허용할 수 없기 때문이다.[2)]

#### 2) 대표권의 개별적 위임

대표권 행사의 개별적 위임, 즉 특정거래 또는 일정 종류의 거래에 관해 대표권 행사를 사안별로 위임할 수 있는지에 관하여 학설이 나뉜다.

① **적극설** 적극설은 공동대표이사제도의 목적은 회사의 내부적 권한 행사의 신중·적정화, 즉 대표권의 남용 및 오용방지에 있다는 전제하에 공동대표이사 간에 내부적인 의사합치, 즉 업무결정권의 공동행사만 있으면 그 외부적 표시는 개별적인 위임에 의할 수 있고 거래상대방에게 반드시 공동대표이사 전원이 의사표시를 같이할 필요는 없다고 한다. 즉 외부적 의사표시 자체를 내부적으로 합의·위임할 수 있다는 것이다.[3)]

② **소극설(표시행위위임설)** 공동대표이사제도의 취지는 대표이사간의 업무집행의 통일성을 대외적으로 확보하기 위한 것이므로 대표이사간에 내부적인 의사의 합치 즉, 결정권의 공동행사만으로는 부족하고 대외적 의사표시까지도 공동으로 할 것을 요한다. 따라서 회사대표자 명의의 표시도 공동으로 해야 한다는 견해이다. 어음·수표행위 등 요식행위에 있어서는 당연히 각자의 기명날인이 필요하고, 비요식행위에 관하여도 시기와 방법(예컨대 추인의 방법)을 달리하더라도 모든 공동대표이사의 의사가 상대방에게 도달되어야 한다. 제3자가 회사에 대하

---

1) 대판 1992.10.27, 92다19033.

2) 대판 1989.5.23, 89다카3677; 이철송, 회, 693면; 최준선, 회, 435면; 정찬형, 상, 930면.

3) 이철송, 회, 694면; 이기수 외, 403면; 정동윤, 418~419면; 정찬형, 상, 930면; 권기범, 742면.

여 의사표시를 할 경우, 즉 수동대표의 경우에는 공동대표이사 중 1인에게 이를 하면 효력이 생긴다는 규정(§389③, §208②)을 반대해석 하더라도 의사표시는 반드시 공동으로 하여야 한다고 한다.

③ **백지위임설** 백지위임설은 적극설에서 한걸음 더 나아가, 공동대표이사는 개별적인 위임인 한 다른 공동대표이사에게 대외적인 의사표시를 위임 할 수 있을 뿐만 아니라, 공동대표이사 전원의 합의로써 의사표시의 내용까지도 1인의 공동대표이사에게 위임할 수 있다고 한다.[1] 예컨대 회사의 예금을 인출하기 위하여 당좌수표를 발행할 권한을 공동대표이사 전원의 합의로 그 중 1인에게 위임하고, 그 위임에 기하여 당좌수표를 발행하는 행위는 유효하다고 한다. 금전의 소비대차의 경우에도 공동대표이사 전원의 동의가 있으면 단독으로 근저당권을 설정할 수 있다고 한다.

생각건대 적극설에 의하면 '의사결정'은 공동으로 하여야 하나, '의사표시'는 1인의 공동대표에게 위임할 수 있다는 것이지만, 무엇이 개별적 위임인지의 구별기준이 명확하지 아니하여 거래가 불안정해진다. 그리고 개별적 위임사실이 계약서 등에 현명되어 있지 아니하므로 위임 여부에 관하여 제3자가 입증하기 어려우며, 내부적으로 개별적 위임이 있으면 거래상대방의 선의·악의를 불문하고 그 거래행위는 유효하다는 결과가 되는데, 이는 대표권의 제한을 선의의 제3자에게 대항하지 못한다고 정한 상법 제389조 제3항과 균형이 맞지 않는다. 그러나 내부적으로 상호견제가 가능하여 공동대표제도의 목적을 달성할 수 있다고 한다.

백지위임설에 의하면 '의사표시' 뿐만 아니라 '의사결정'까지 1인의 공동대표에게 위임할 수 있다는 것이므로 실제 대표행위를 하는 이사의 권능이 지나치게 확대될 수 있어서 단독대표 또는 포괄위임과 차이가 없게 된다. 이에 대하여 소극설에 의하면 '의사결정'은 물론 '의사표시'도 1인의 공동 대표에게 위임할 수 없다는 것이다. 소극설에 의하는 것이 공동대표이사제도의 목적 내지 본질과도 합치한다. 그러나 공동대표제도를 이와 같이 지나치게 경직적으로 해석하면 회사법의 이론이 현실과 동 떨어지는 결과를 가져오게 된다. 즉 거래의 신속완료주의에 반하고 회사조직의 운영에 비효율을 초래하므로 비현실적이다.

현대의 회사운영상(예컨대 일부 공동대표이사의 장기 해외출장 등의 경우) 어떤 형식으로든지 대표행위의 위임은 불가피한 것이다. 따라서 공동대표이사 1인에게 개별적인 행위를 위임하는 것이 가능하다고 보는 적극설이 타당하다고 본다.[2]

---

1) 손주찬, 834면; 최기원, 599면.

2) 최준선, 회, 436면.

### 3) 수동대표의 경우

거래상대방의 회사에 대한 의사표시, 이른바 수동대표의 경우에는 공동대표이사 1인에게 이를 하더라도 회사에 대하여 효력이 있다(§389③, §208②). 의사표시의 수령은 대외적 의사표시의 통일문제가 없고, 권한남용의 문제도 없기 때문에 각자가 이를 할 수 있다. 소송서류의 송달도 그 1인에게 하면 충분하다(민소 §167). 마찬가지로 변제의 청구, 어음의 제시 등도 공동대표이사 중 1인에 대하여 하면 충분하다고 본다. 어떤 사실의 지·부지가 법률행위의 효력에 영향을 미치는 때에도 공동대표이사 중 1인이 그 사실을 알고 있으면 충분하다고 본다.[1]

## (4) 공동대표에 있어서 단독대표행위의 효력

### 1) 대외적 효력(제3자 보호)

① **거래행위** 회사가 제3자에게 하는 의사표시(능동대표)는 대표이사들이 공동으로만 회사를 대표할 수 있다(§389②). 이를 위반한 대표행위는 상대방의 선의·악의를 불문하고 무효임이 원칙이다.[2] 그러나 공동대표이사의 단독대표행위는 무권대리에 준하는 효력이 있다고 보아야 할 것이다. 따라서 일부의 공동대표이사가 단독으로 행한 회사대표행위도 다른 공동대표이사의 추인이 있으면 유효하다고 보아야 할 것이다.[3]

이때 공동대표이사임을 모르고 거래한 상대방은 그 공동대표이사의 개인적인 불법행위책임(민 §750) 또는 이사의 제3자에 대한 책임(§401)을 물어 손해배상을 청구할 수 있고, 공동대표이사 1인의 단독행위로 인한 손해는 '회사의 업무집행으로 인한 손해'로 보아 회사도 연대하여 손해배상책임을 진다(§389②, §210)고 본다.[4] 그 공동대표이사가 표현대표이사(§395)로서의 요건도 갖추게 되면 회사는 표현대표이사의 행위에 대한 책임도 면할 수 없다고 보아야 할 것이다.

② **불법행위** 공동대표제도는 거래행위에만 적용되고 불법행위에는 적용되지 않는다. 즉 공동대표이사 전원의 결의에 의하여 타인에게 손해를 가한 때에는 물론이고, 공동대표이사 중 일부의 대표이사가 회사의 업무집행으로 인하여

---

1) 최준선, 회, 436~437면.

2) 日最判 1974.11.14, 民集 28卷 8号, 1605頁.

3) 최준선, 회, 437면; 이철송, 회, 589면; 대판 1991.11.12, 91다19111.

4) 이철송, 회, 695~696면.

타인에게 손해를 가한 때에도 그 이사와 회사는 연대하여 그 손해를 배상할 책임을 진다(§389③, §210). 회사의 불법행위제도는 법령·정관을 위반하여 업무를 집행한 이사의 행위에 대하여 제재를 가하려는 제도이고, 공동대표이사제도는 대표권의 행사를 통제하려는 것이므로 반드시 공동으로 불법행위가 행하여져야만 회사의 책임을 인정할 수 있는 것은 아니기 때문이다.

#### 2) 대내적 업무집행

공동대표이사는 대내적인 업무집행도 공동으로 하여야 하는 것이 원칙이지만 그 중 1인이 단독으로 회사를 대표한 경우 그 이사는 법령 또는 정관에 위반한 행위를 한 것이므로 회사에 대하여 손해배상책임을 져야 하고(§399), 이는 동시에 해임사유(§385①)에 해당한다. 그러나 그 행위의 효력문제는 생기지 않는다고 할 것이다.

### (5) 등 기

단독대표이사이든 공동대표이사이든 불문하고 대표이사의 주소와 성명은 등기사항이다. 따라서 회사가 공동대표이사를 정한 때에는 대표이사 각자의 성명 및 주소, 수인의 대표이사가 공동으로 회사를 대표하기로 정한 뜻을 등기하여야 한다(§317②9~10호). 이를 등기하지 아니한 때에는 선의의 제3자에게 대항할 수 없고(§37①), 등기를 하였더라도 제3자가 정당한 사유가 있어서 그 등기사실을 알지 못한 경우에는 역시 대항하지 못한다(동조②). 즉 공동대표이사 중 1인이 회사를 대표하여 거래를 하였다고 하더라도 회사는 그 무효를 주장할 수 없다.

**《일본과 중국 회사법상 공동대표이사》**

일본은 종래 우리나라의 경우와 같은 공동대표이사제도가 있었으나 지금은 폐지된 상태이고, 중국의 회사법에는 공동대표이사에 관한 규정을 두지 않았다.

## 6. 표현대표이사

### (1) 의 의

표현대표이사란 대표이사가 아닌 자가 회사의 승인 하에 대표이사로 오인할 만한 명칭을 사용하여 대표행위를 하는 경우에 이를 믿고 거래한 상대방을 보호하기 위하여 마치 그 자가 회사를 대표할 권한이 있는 것처럼 회사가 책임을 지는 자이다. 즉 회사에서는 대표이사가 아닌 자에게 사장·부사장·전무·상무 기타 회사의 대표권이 있는 것으로 오인할 만한 명칭을 허락하는 경우가 많고, 그들이 이와 같은 명칭을 사용하여 대표행위를 하였다면 그 이사가 회사를 대표할 권한이 없는 경우에도 회사는 선의의 제3자에 대하여 그 책임을 진다(§395).

원래 주식회사의 대표권은 대표이사에게 있으므로 대표이사가 아닌 자는 회사를 대표할 권한이 없다. 그러나 표현대표이사와 거래한 제3자는 표현대표이사의 명칭으로 보아 회사를 대표할 권한이 있다고 믿는 경우가 있다. 따라서 상법 제395조는 표현대표이사를 믿고 거래한 선의의 제3자에 대하여 회사가 거래의 책임을 지도록 규정한 것이다.

### (2) 근거법리 및 상업등기와의 관계

1) **근거법리** 표현대표이사제도의 법리적 근거는 영미법상의 금반언의 법리 또는 독일법상의 외관이론이라고 보거나 양 이론 모두에서 찾는 견해가 학설 및 판례[1]의 입장이다. 어느 이론에 따른다고 하더라도 큰 차이는 없다.[2]

우리 상법의 제정 이전에는 주식회사의 대표이사 및 이사회제도가 도입되기 전이어서 각 이사가 회사를 대표하고 업무를 집행하였다. 따라서 대표권이 없는 사장·부사장·전무이사·상무이사 등의 명칭을 가진 자들을 대표권이 있는 이사로 오인하기 쉬웠고, 이러한 명칭을 신뢰하고 거래한 선의의 제3자를 보호함으로써 거래의 안전을 도모할 필요가 있었다. 표현대표이사제도는 선의의 제3자를 보호하려는 입법정책이었으나, 지나치게 제3자를 보호하고 상법 제37조의 상업등기제도와 모순된다는 견해도 있다.[3]

현재 자본금 총액이 10억원 미만으로서 이사가 1인 또는 2인인 소규모 주식회사의 경우에는 각 이사에게 대표권이 있으므로 이러한 이사에 대해서는 표현대표이사에 관한 규정이 적용될 여지가 없다(§383⑥).

2) **상업등기와의 관계** 상법 제37조에 의하면 대표이사의 성명 등은 등기할 사항이고, 등기할 사항이 등기된 후에는 정당한 사유가 없는 한 제3자는 등기사항을 알고 있는 것으로 의제되므로 회사는 선의의 제3자에게도 대항할 수 있

---

1) 대판 1973.2.28, 72다1907; 동 1979.2.13, 77다2436; 동 1998.3.27, 97다34709.

2) 이철송, 회, 697면; 정찬형, 상, 937면.

3) 정동윤, 420~421면.

다. 그런데 상법 제395조는 제3자에게 정당한 사유가 있건 없건 불문하고 제3자가 선의이기만 하면 회사에게 책임을 인정하기 때문에 상법 제37조와 제395조는 모순된다. 이에 대하여 상법 제395조는 제37조와 차원을 달리한다는 이차원설이 있고,[1] 제395조는 제37조의 예외규정이라고 보는 예외규정설이 있다. 판례는 이차원설에 의하고 있으나,[2] 제3자가 거래 때마다 등기부를 열람하는 것은 기대하기 어렵고, 회사거래의 실정에도 맞지 않을 것이므로 예외규정으로 보는 견해가 타당하다고 본다.[3]

**3) 부실등기의 공신력과의 관계** 대표이사를 선임하지 않고 선임등기를 하였거나 또는 퇴임하였는데 퇴임등기를 하지 않는 동안에 그 자가 회사를 대표하여 제3자와 거래행위를 한 경우 회사는 선의의 제3자에 대하여 어떤 책임을 질 것인가의 문제가 있다. 이 경우 제3자가 부실등기를 신뢰하고 부실등기에 대하여 등기신청권자에게 고의·과실이 있다면 당연히 상법 제39조에 의하여 책임을 질 것이다.[4] 그러나 그자가 회사의 대표명의를 사용할 것을 회사가 명시적 또는 묵시적으로 허용하였다고 볼 수 있는 사정이 있고, 제3자가 이를 증명할 수 있으면 회사는 제395조에 의해서도 보호 받을 수 있을 것이다.

**4) 주주총회결의하자의 소와의 관계** 이사를 선임한 주주총회결의에 하자가 있어서 원고가 승소판결을 받으면, 판결 이전에 위의 이사 및 대표이사가 제3자와 한 거래행위에 대하여 상법 제395조가 적용되는가에 관하여 견해의 대립이 있었다. 그러나 1995년 개정상법은 주주총회결의하자의 소의 판결효력이 소급하는 것으로 하였으므로 사실상의 이사 및 대표이사의 거래행위에 대하여 회사의 귀책사유가 있으면 상법 제395조가 유추적용 될 수 있을 것이다.[5]

이사회결의에 하자가 있으면 주주총회의 결의와 달리 민법의 일반원칙에 의하여 당연히 무효가 된다. 따라서 이사회에서 대표이사를 선임하는 결의에 하자가 있는 경우, 당연히 무효이며 필요한 경우에는 결의무효확인의 소를 제기할 수 있고 그 판결의 효력은 소급효가 있다. 이 경우 판결확정 전에 사실상의 대표이사가 한 행위에 대하여 상법 제395조를 유추적용 하여 회사의 책임이 인정될 것이고, 대표이사가 등기되어 있는 경우에는 상법 제39조에 의하여 보호를 받게 되므

---

1) 이철송, 회, 697~698면; 정동윤, 424면; 이기수 외, 405면.

2) 대판 1979.2.13, 77다2436.

3) 정찬형, 상, 939면; 채이식, 543면; 최기원, 603면

4) 대판 2004.2.27, 2002다19797.

5) 정찬형, 상, 941면; 이철송, 회, 700면.

로 제395조의 적용을 논할 의미가 없을 것이다.[1]

### (3) 적용요건

#### 1) 외관의 존재

① **표현적 명칭사용** 대표이사가 아닌 이사가 회사를 대표할 권한이 있는 것으로 인정될 만한 명칭(표현적 명칭)을 사용하였어야 한다. 상법 제395조는 표현적 명칭으로 사장, 부사장, 전무, 상무 등을 예시하고 있으나, 그 외에도 회사에서 사용하는 회장, 부회장, 총재, 은행장, 이사장 등의 명칭이라면 모두 해당된다고 본다.[2] 법문이 사장, 부사장, 전무, 상무 등을 예시하고 있으나, 이러한 명칭이 모두 표현대표이사의 명칭에 해당한다고 볼 수 없고 구체적인 상황과 거래통념에 따라 결정되어야 할 것이다. 최근 전무나 상무라는 명칭만을 사용한 경우 이를 대표이사라고 믿는 것은 중과실에 해당한다는 판례가 있고,[3] 경리담당이사라는 명칭은 표현대표이사에 해당하지 않는다는 판례가 있다.[4]

② **이사자격** 상법 제395조는 표현대표이사가 되기 위해서는 이사의 자격이 있을 것을 요건으로 하고 있다. 그러나 이 제도는 표현적 명칭을 신뢰하고 거래한 선의의 제3자를 보호하여 거래의 안전을 보장하려는 것이므로 이사가 아닌 자가 그러한 명칭을 사용한 경우에도 제395조를 유추적용 하여 회사의 책임을 인정하는 것이 타당할 것으로 본다. 판례도 이사의 자격이 없는 사용인이나[5] 이사의 직을 사임한 자에 대하여도 유추적용 될 수 있다고 한다.[6]

한편 주주총회결의의 하자에 의하여 이사선임이 소급하여 무효로 된 경우, 그 이사(사실상의 이사)가 대표이사였다면 그를 표현대표이사로 인정할 수 있는가의 문제가 있다. 이 경우에도 상법 제395조를 유추적용 하여 그를 표현대표이사로 인정할 수 있겠지만, 그 자가 대표이사로 등기되어 있었다면 상법 제39조에 의하여 보호받을 수 있으므로 표현대표이사를 논의할 실익이 없다고 본다.[7]

---

1) 정찬형, 상, 942면.
2) 이철송, 회, 698면; 최준선, 회, 440면; 정찬형, 상, 946면.
3) 대판 1999.11.12, 99다19797.
4) 대판 2003.2.11, 2002다62029.
5) 대판 1979.2.13, 77다2436; 동 1992.7.28, 91다35816; 동 1985.6.11, 84다카963.
6) 대판 1989.5.23, 89다카3677.
7) 최준선, 회, 440면.

③ **명칭의 사용방법** 명칭의 사용방법에도 제한이 없다. 따라서 어음과 같은 요식행위에서는 표현적 명칭과 자신의 성명을 기재하여야 하나, 불요식행위에서는 일일이 행위시마다 그 명칭을 표시하지 않아도 상대방에게 대표자라는 인식을 평소에 주었다면 표현대표이사가 성립하여 회사의 책임이 발생한다.

2) **회사의 귀책사유** 회사가 표현적 명칭의 사용을 명시적 또는 묵시적으로 허용함으로써 외관작출의 원인을 부여한 귀책사유가 있어야 한다.[1] 따라서 회사의 허락 없이 자의적으로 대표권이 있는 것과 같은 표현적 명칭을 사용하여 대표행위를 한 경우에는 회사는 책임을 지지 않는다.

허락은 정관 등 회사의 내규에 특별한 규정이 없으면 업무집행기관(대표이사)이 하면 되고 주주총회 또는 대표이사가 하면 충분하며, 이사의 과반수 또는 수인의 대표이사 중 1인이 알고 있으면 허락이 있다고 보아야 할 것이다.[2] 회사의 허락방법은 발령·위촉 등 적극적인 의사표시이든, 사용하는 것을 소극적으로 승인하든 상관없다. 승인은 명시적인 승인 뿐만 아니라 묵시적인 승인도 포함한다. 묵시적 승인의 예로는 표현대표이사가 한 계약을 이의 없이 이행한다든지 또는 명칭사용의 사실(예컨대 명함에 직위를 인쇄하여 휴대하는 것)을 알고도 제지하지 않고 방치한 경우,[3] 적법한 대표이사가 장기간 회사업무를 방치하고 그 동안 이사 1인이 실질적인 대표이사로서 대외거래를 한 경우,[4] 지배주주 겸 대표이사가 타인에게 주식을 양도함과 동시에 경영을 위임하여 그 타인이 수개월간 사실상의 경영권을 행사한 경우[5] 등을 들 수 있다.

3) **표현대표이사의 대표행위** 상법 제395조가 적용되는 행위는 대표이사의 권한에 속하는 대표행위에 국한한다. 행위는 계약, 단독행위, 합동행위 등의 법률행위는 물론이고 준법률행위에도 적용되며, 의사표시의 수령 등 수동적 대표행위에도 적용된다. 그러나 대표행위가 아닌 대내적인 업무집행행위는 포함되지 않는다. 그리고 대표이사로서도 할 수 없는 행위 또는 성격상 주주총회 또는 이사회의 결의를 거쳐야 하는 행위에는 상법 제395조가 적용되지 않는다. 또 불법행위와 소송행위에는 제3자가 표현대표이사의 대표권을 신뢰하고 피해자가 되는

1) 회사의 귀책사유를 긍정한 판례: 대판 1955.11.24, 4288민상340; 동 1988.10.11, 86다카2936; 동 1988.11.22, 86다카2843.

2) 정동윤, 422면; 대판 1992.9.22, 91다5365.

3) 대판 1985.6.11, 84다카963. 이를 부정한 판례: 대판 1979.5.27, 74다1488.

4) 대판 1988.10.11, 86다카2936.

5) 대판 1994.12.2, 94다7591; 동 1998.3.27, 97다34709.

경우가 없을 것이므로 동조는 적용되지 않는다.[1)]

### 3) 제3자의 외관신뢰

① **제3자의 선의** 제3자는 표현대표이사가 대표이사가 아니라는 것을 알지 못하였어야 한다. 제3자가 표현대표이사가 대표권이 없음을 알지 못한 것을 말하는 것이지, 반드시 형식상 대표이사가 아니라는 것을 알지 못한 것에 한정하는 것은 아니다.[2)] 제3자의 범위는 직접적인 거래의 상대방 뿐만 아니라 그 명칭을 신뢰하고 거래한 제3자 모두를 포함한다고 본다.[3)] 따라서 표현대표이사가 발행한 어음을 믿고 취득한 제3자도 보호를 받는다고 본다.

② **입증책임** 제3자의 악의에 대한 입증책임은 책임을 면하려는 회사 측에서 부담한다는 것이 통설과 판례이다.[4)] 대표권이 있는 것과 같은 외관이 존재하는 때에는 제3자는 그러한 외관을 신뢰하여 행동하는 것이 일반적이기 때문에 회사는 제3자의 악의를 증명해야 한다.

③ **무과실의 요부** 상법 제395조의 취지는 표현대표이사가 실제로는 대표이사가 아니라는 것, 즉 회사를 대표할 권한이 없다는 것을 알지 못하고 표현적 명칭을 신뢰한 제3자를 보호하려는 것이다. 여기에서 표현대표이사와 거래를 한 제3자가 선의인 동시에 무과실일 것을 요하느냐에 관하여는 견해가 나뉜다. 악의면책설은 상법 제395조의 법문상 단지 선의라고만 하고 있을 뿐 중과실을 제외하는 규정이 없고, 원래 본조가 외관을 신뢰한 제3자를 보호하려는 제도이며, 표현대표이사제도는 상업등기제도와는 구성을 달리하고 있다는 점에 착안하여 제3자에게 악의가 있는 경우에 한하여 회사가 책임을 면한다고 한다.

이에 대하여 중과실면책설은 제3자에게 중과실이 있는 경우에는 회사가 면책된다는 입장이다. 중과실이란 상대방이 조금만 주의를 기울였다면 표현대표이사의 행위가 대표권에 기한 것이 아니라는 것을 알 수 있었을 것인데, 거래통념상 요구되는 주의의무에 현저히 위반함으로써 이를 모르는 경우이다. 그 논거로서는 본조는 제3자의 정당한 신뢰를 보호하는 것인데 표현대표이사의 대표권에 대하여 의심할 만한 중대한 사유가 있음에도 불구하고 등기부를 열람하거나 회사의 지급담당자에 대한 조회 등을 게을리 하고 거래를 하였다면 보호할 가치가 없다고 본

---

1) 이철송, 회, 701~702면; 정동윤, 424면; 최기원, 624~625면; 최준선, 회, 442면.

2) 대판 1998.3.27, 97다34709.

3) 서울민사지판 1986.2.12, 85가합50; 대판 2003.9.26, 2002다65073.

4) 대판 1971.6.29, 71다946.

다. 후설인 중과실 면책설이 다수설[1]과 판례의 입장이다.[2]

생각건대 제3자의 악의를 입증하기가 용이하지 않으므로 악의 면책설을 따르게 되면 악의의 상대방에게까지 회사의 책임이 확대될 수 있다. 그러나 상대방이 확인 또는 조회 등을 하지 않은 중과실이 있다면 회사가 면책되는 중과실면책설이 타당하다고 본다.

### (4) 적용효과

**1) 회사의 책임** 표현대표이사에 관한 상법 제395조의 적용요건을 구비하면 회사는 표현대표이사의 행위에 대하여 대표권 있는 이사가 한 것과 같이 제3자에 대하여 권리를 취득하고 의무를 부담한다.

**2) 무권대리에 관한 규정의 적용 여부** 표현대표이사의 행위에 대해서 민법의 무권대리에 관한 규정을 적용할 수 있다는 적극설에 의하면 제3자는 철회권(민 §134)을, 회사는 추인권(민 §130, §133)을 갖는다고 한다. 그러나 소극설에 의하면 상법 제395조를 적용하는 경우에는 무권대리에 관한 규정의 적용은 배제되고, 다만 어음법 제8조, 수표법 제11조에 의한 무권대리인의 책임은 표현대표이사에게도 물을 수 있다고 한다.[3]

생각건대 민법상의 무권대리에 관한 규정보다 상법의 규정이 우선하여 적용되는 것은 당연하지만, 제3자의 철회권·회사의 추인권에 관하여는 상법에 규정이 없으므로 민법의 규정에 따라 해결될 수 있다고 본다.

**3) 회사의 손해배상청구권** 표현대표이사의 행위로 인하여 회사가 제3자에 대하여 책임을 진 결과 회사가 손해를 입은 경우에 회사는 당해 표현대표이사에 대하여 손해배상청구권을 행사할 수 있다. 이유는 그 행위가 대내적으로 권한을 일탈한 것임은 물론 회사가 명의사용을 허락한 것이 그 표현대표이사의 무권대리 행위까지 허락한 것은 아니기 때문이다.

### (5) 공동대표이사와 표현대표이사

회사가 공동대표이사를 선정한 경우 그 중 1인이 '사장' 또는 '대표이사' 등과

---

1) 이철송, 회, 704면; 최준선, 회, 443면; 최기원, 608~609면; 정동윤, 423면.
2) 대판 1973.2.28, 72다1907; 동 1994.12.2, 94다7591; 동 1999.11.12, 99다19797; 동 2003.7.22, 2002다40432; 동 2003.9.26, 2002다65073.
3) 최기원, 612면; 정동윤, 425면; 최준선, 회, 444면; 정찬형, 상, 948면.

같은 단독으로 회사를 대표할 권한이 있는 것으로 인정될 만한 명칭을 사용하여 대표행위를 하는 경우 표현대표이사의 행위로 보고 제395조를 적용할 수 있는가에 대하여 견해가 대립한다. 이에 관하여는 긍정설(확장적용설)과 부정설(한정적용설)로 나누어지나, 긍정설이 다수설과 판례의 입장이다.[1)]

부정설은 공동대표이사에 대하여는 상법 제395조가 적용될 수 없다고 한다. 왜냐하면 동조는 대표권이 없는 자, 즉 표현대표이사에 관한 규정이므로 이를 대표권이 있는 공동대표이사에 대하여 적용함은 법률상 무리이고, 공동대표이사제도는 회사의 이익을 보호하기 위한 제도인데 동조를 적용한다면 공동대표이사제도를 둔 취지가 사라지게 되며, 공동대표는 등기사항인데 동조를 적용한다면 등기의 대항력을 인정하는 상법 제37조의 의의가 상실된다는 것이다. 그리고 '대표이사'라는 명칭 자체가 법률이 인정한 것이므로, '공동' 대표이사라는 명칭을 사용하지 않았다고 하여 회사에게 귀책사유가 있다고 할 수 없다는 이유로 상법 제395조의 유추적용을 부정하는 견해이다.[2)]

이에 대하여 긍정설은 공동대표이사에 대하여도 상법 제395조가 적용되어야 한다고 한다. 왜냐하면 첫째, 상법 제395조의 해석상 대표권이 없는 보통의 이사는 물론 이사가 아닌 자의 표현대표행위에 대하여도 회사의 책임을 인정하고 있는데, 이들보다 광범위한 권한을 가진 공동대표이사의 행위에 대하여는 책임을 물을 수 없다고 한다면 형평에 어긋나고 둘째, 공동대표제도는 거래의 안전을 해하지 않는 범위 내에서 인정되는 것으로서 법률정책적으로 거래의 안전을 위하여 공동대표이사제도의 실효성을 다소 희생할 수 있는 것이며 셋째, 등기의 공신력을 초월한 강한 표현성이 있을 때에는 선의의 제3자 보호를 위하여 상법 제37조의 우선적용을 배제하여야 한다고 한다.

생각건대 공동대표이사제도와 표현대표이사제도는 그 취지가 다른 것이기는 하지만, 공동대표이사의 경우에 일부 공동대표이사가 월권하여 대표행위를 한 것이나 대표이사가 아닌 자가 대표이사로 오인시킬 행동을 하여 표현대표이사로 인정되는 경우 다같이 무권 또는 월권대표라는 점에서 같다. 그리고 공동대표이사제도가 회사의 이익을 보호하기 위한 제도이긴 하지만 회사의 과실유무에 관계없이 무조건 회사만 보호한다는 취지는 아닌 것이다. 나아가 공동대표라는 등기만 되어 있을 뿐 단독대표로써 회사를 대표하게 해 온 회사의 책임면탈 구실로 공동대

1) 정동윤, 426면; 최기원, 610면; 이기수 외, 410면; 서울민사지판 1971.11.4, 71가합1945; 대판 1991.11.12, 91다19111; 동 1992.10.27, 92다19033; 동 1993.12.28, 93다47653; 日最判 1967.4.28, 民集 21卷 3号, 796頁.

2) 이철송, 회, 704~705면.

표를 주장하는 것은 제도의 남용으로서 신의칙 또는 금반언에 반하여 선의의 제3자에게 대항할 수 없다고 보아야 할 것이다. 그러므로 긍정설(확장설)이 타당하다고 본다.

## (6) 무권대행과 표현대표이사

표현대표이사가 자신의 명칭(A)이 아닌 다른 진정한 대표이사의 명칭(B)을 사용하여 거래한 경우에도 상법 제395조가 적용 되는가 의문이다. 이것은 무권대행으로서 위조에 해당하는 것이고, 피위조자(회사)의 책임을 인정하는 근거를 상법 제395조에 의할 것인지 민법 제126조(표현대리)에 의할 것인지의 문제이다. 이에 대하여 우리나라의 학설과 판례는 상법 제395조의 적용을 부정하는 견해[1]와 이를 긍정하는 견해[2]로 나누어진다.

생각건대 표현대표이사가 자기명의로 행위를 한 경우와 대표이사명의로 행위를 한 경우를 구별하고, 전자의 경우 거래상대방이 신뢰한 것은 대표권(대리권)인데 후자의 경우 거래상대방이 신뢰한 것은 대행권이라고 해야 한다. 따라서 전자의 경우에는 행위자와 행위자의 권한범위 내외 여부가 문제이지만, 후자의 경우에는 대행권 유무만이 문제이다. 이와 같이 거래상대방의 신뢰의 대상이 다른 경우를 동일하게 취급하여 모두 상법 제395조를 적용하려는 것은 타당하지 않다. 따라서 무권대행자에게 기본적인 대리권이 있으면 민법 제126조를 유추적용 하여 회사의 표현책임을 인정하고, 기본적인 대리권이 없으면 민법 제756조를 적용하여 회사의 불법행위책임을 인정해야 할 것이다.[3]

대법원 판례는 "상법 제395조는 표현대표이사가 자기의 명칭을 사용하여 한 행위에 대하여 적용되는 것이 원칙"이라 한 바 있으나,[4] 그 후의 판결에서 "행위자 자신이 표현대표이사인 이상 다른 대표이사의 명칭을 사용하여 행위 한 경우에도 본조가 적용된다"고 판시하여 긍정설의 입장을 취하였다.[5]

---

1) 이철송, 회, 704~705면; 정찬형, 상, 947면.

2) 정동윤, 451면, 최기원, 611면; 최준선, 회, 446면.

3) 정찬형, 회, 948면; 이철송, 회, 578면.

4) 대판 1968.6.11, 68다334·335; 동 1968.7.30, 68다127; 동 1969.9.30, 69다964.

5) 대판 1979.2.13, 77다2436; 동 1988.10.11, 86다카2936; 동 1988.10.25, 86다카1228.

**《일본과 중국 회사법상 표현대표이사》**

회사는 대표이사 이외의 이사에게 사장, 부사장 기타 회사를 대표할 권한을 갖는 것으로 인정되는 명칭을 부여한 경우, 당해 이사가 한 행위에 대하여 회사는 선의의 제3자에게 책임을 진다(일회 §354). 회사는 제3자가 선의인 한, 과실이 있는 경우에도 책임을 면하지 못하지만, 대표권 흠결을 알지 못한 것에 관하여 제3자에게 중대한 과실이 있는 때에는 악의의 경우와 동일시하여 회사는 그 책임을 면한다.[1] 종래의 개정 전 상법에서는 전무이사, 상무이사가 포함되어 있었으나 현행 회사법에서는 삭제되었다.

적용범위, 상업등기의 일반적 효력과의 관계, 적용요건 등은 우리나라의 경우와 같다. 다만 표현대표이사는 당해 회사의 이사에게 적용되는 것이 예정된 것이지만, 일본의 판례는 회사의 사용인에 관해서도 유추적용하고 있다. 그리고 회사가 제3자에게 회사를 대표할 권한을 갖는 것으로 인정되는 명칭을 부여한 경우 본조를 유추적용 할 수는 없으나 명판대여책임을 인정하였다.[2]

중국회사법은 이에 관하여 명문규정을 두지 않았다.

## 제5 이사의 의무

### 1. 선관의무

이사는 회사와 위임관계(§382②, 민 §681)에 있으므로 이사선임의 본지에 따라 선량한 관리자의 주의를 다하여 회사의 사무를 처리하여야 한다. 나아가 이사와 회사간에는 고도의 신뢰관계가 존재하므로 이사는 법령을 준수하고 회사의 최선의 이익을 위하여 사무를 집행해야 하며, 그 지위를 이용하여 자기 또는 제3자의 이익을 도모할 목적으로 회사의 이익을 해쳐서는 안 된다. 따라서 선관의무는 고도의 인적 신뢰관계를 기초로 하는 높은 주의의무로서 이사는 사용인과는 달리 회사의 경영주체라는 지위에 대하여 요구되는 의무이다. 이사의 직무수행은 적법하고 타당해야 할 것이며, 회사이윤의 극대화를 위하여 합목적적이고 효율적이어야 한다.[3]

이 밖에 이사는 감사에 대한 보고의무 및 이사회의 구성원으로서 갖는 당연한 의무로서 대표이사의 업무집행을 감독·감시의무가 있다(§393②). 그러나 이사의

1) 日最判 昭和 52.10.14, 民集 31卷 6号, 825頁.

2) 石山卓磨, 218面(浦和地裁判 坪城 11.8.16).

3) 이철송, 회, 708~709면; 양동석, "이사의 회사에 대한 책임", 조선대 사회과학연구 제11집, 153면 이하.

보고의무와 감시의무는 적극적·능동적인 것이 아니므로, 이사는 대표이사의 정관이나 법령위반 혹은 부당한 업무집행을 알았거나 의심할 사유가 있을 때에 한하여 감사와 이사회에 보고하거나 기타 시정조치를 취하면 충분하다고 본다.

한편 이사는 회사의 실정을 잘 알고 업무집행의 결정에 참여하게 되므로 그 지위를 악용하여 사익을 도모할 염려가 있다. 따라서 상법은 이사의 행위를 제한함으로써 회사의 이익을 도모하는 특별규정(경업금지의무 및 자기거래 제한, 회사의 기회 및 자산의 유용금지에 관한 규정)을 두고 있다. 이러한 이사의 선관의무는 상근·비상근을 불문하고 보수의 유무 및 다과에 관계없이 모든 이사에게 직무와 관련된 모든 행위에 부과되는 의무이며, 이에 위반하면 회사에 대하여 손해배상책임을 진다.

## 2. 충실의무

### (1) 의 의

우리 상법은 이미 이사에게 회사의 수임인으로서 선량한 관리자의 주의의무를 인정하고 있으나, 1998년 개정상법은 "이사는 법령과 정관의 규정에 따라 회사를 위하여 그 직무를 충실하게 수행하여야 한다"(§382의3)는 충실의무규정을 신설하였다. 이는 영미법상의 신인의무를 모범으로 한 것이다.[1] 충실의무는 단지 충실한 직무수행만을 의미하는 것이 아니고, 수임자로서의 의무와 수임인의 이익이 충돌하는 경우에는 본인의 이익만을 우선해야 하는 의무이고, 자기 자신의 지위를 이용하여 사적이익을 도모해서는 안 되는 의무이다.

### (2) 선관의무와의 관계

충실의무를 신설하게 된 이유는 회사의 관리자의 기능이 주주와 채권자 나아가서는 사회경제에 미치는 영향이 커지고 이사의 성실한 임무수행이 강하게 요청되고 있으므로 종래의 주의의무만으로는 이사의 적정한 임무수행을 보장하기 어렵기 때문이다.[2] 종래 이사의 충실의무는 그 내용이 선관의무와 다른 점이 명백하지 않고, 이를 인정한다면 개념상의 혼란은 물론 그 적용이나 해석이 어렵다는 이유로 충실의무인정을 부정하는 것이 다수설이었다.

---

1) 양동석, 상게 이사의 회사에 대한 책임, 155~156; 동, "2011년 개정상법상의 이사의 의무와 손해배상책임", 기업법연구 제26권 제1호, 224면 이하.

2) 이철송, 회, 718면.

충실의무의 법적 성격에 대하여는 선관의무의 구체적이고 주의적인 부연설명에 불과하고 내용상 차이가 없다는 동질설[1]과, 선관의무는 이사가 직무를 수행함에 있어서 준수하여야 할 주의의 정도에 관한 규정이고 충실의무는 이사가 그 지위를 이용하여 회사의 이익을 고려하지 않고 자기 또는 제3자의 이익을 추구하여서는 안 된다는 것을 내용으로 하는 의무이므로 본질적으로 다르다는 이질설[2]이 대립하고 있었다.

이질설에 의하면 상법은 영미법상의 이사회제도를 도입하여 이사회의 권한을 확대하였으므로 그에 상응하는 의무가 요구되기 때문에 선관의무보다 고도의 충실의무를 인정하여야 한다는 것이다.[3] 이 견해는 이사가 기관의 자격에서 직무를 집행함에 있어서 상당한 주의를 기울여야 할 의무는 선관의무이고, 회사의 이익을 희생시키고 자기 또는 제3자의 이익을 꾀하여서는 안 된다는 의무는 충실의무라고 한다.[4] 상법이 인정하는 선관의무에는 수임인으로서의 일반적인 주의의무, 보고의무, 감시의무 및 영업비밀준수의무 등이 있으며, 충실의무를 규정한 구체적인 예로는 경업금지의무(§397) 및 자기거래 금지의무(§398)가 있고, 자본시장과 금융투자업에 관한 법률상의 이사(내부자)의 주식거래제한(자금 §172, §174) 등이 있다는 것이다.

이에 대하여 동질설은 충실의무의 내용이 선관의무의 그것과 명확하게 구별이 되지 않고 선관의무 이외에 충실의무를 요구하는 것은 불필요하다고 보거나,[5] 선관의무를 탄력적으로 해석하면 충실의무와 같은 내용이 되기 때문에 충실의무는 선관의무와 동질적인 의무이거나 선관의무를 구체적이고 주의적으로 표현한 것이라고 본다.[6] 동질설의 입장에서 보면 선관의무위반의 책임에는 원칙적으로 고의·과실을 필요로 하지만 충실의무위반은 결과책임이므로 이 요건을 필요로 하지 않으며, 책임의 범위에 관하여도 선관의무위반의 경우에는 회사가 입은 손해액의 배상책임이 되지만 충실의무위반의 경우에는 회사가 입은 손해액의 배상에 그치지 않고 이사가 얻은 모든 이득의 회사에 대한 반환까지 그 범위가 미치게 된다. 그리고 미국판례법상 인정되는 경영판단의 법칙은 충실의무위반에는 적용되지 않는다고 한다.

---

1) 손주찬, 795면; 최기원, 635면; 김정호, 574면; 정찬형, 상, 955면.

2) 임홍근, 501면; 박상조, 625면; 정동윤, 431~433면; 권기범, 658면; 이철송, 회, 719면.

3) 정동윤, 432면.

4) 정동윤, 433면.

5) 손주찬, 795면.

6) 최기원, 614면.

생각건대 이질설이 목표로 하는 것은 회사이익에 반하는 이사의 행위를 금지하는 취지라면 선관의무의 법리로도 동일한 결론에 이를 수 있기 때문에 동질설과 구별할 실익은 거의 없다 할 것이다. 선관의무의 내용은 통일적으로 정형화된 것이 아니라 기업의 종류와 규모, 종업원의 수, 각 이사의 직무에 따라 달라지므로 이사회의 권한이 확대되면 선관의무도 그만큼 강화된다고 본다. 그럼에도 불구하고 상법이 이사의 충실의무를 명문화한 것은 회사의 경영을 위임받은 이사는 회사의 이익을 위하여 성실히 그 직무를 수행하여야 할 의무가 있음을 선언하는데 그 취지가 있다고 할 수 있다. 따라서 동질설이 타당하다고 본다.

일본 상법도 1950년의 개정상법에서 이사의 충실의무를 도입하여 규정하였으나, 일본의 다수설과 판례는 이 규정을 이사의 선관의무를 구체화한 것이거나 또는 주의적으로 규정한 것이며, 이보다 높거나 다른 주의를 요하는 것은 아니라고 해석한다.[1) 우리 대법원 판례도 "악의 또는 중과실로 임무를 해태한 행위라 함은 이사의 충실의무 또는 선관의무의 위반행위로서 위법성이 있는 것을 말한다."고 하여[2) 양자를 동의어로 쓰고 있을 뿐이며, 양자를 구별하여 특별한 의미를 반영하고 있는 것은 아니다.[3)

따라서 상법이 인정한 이사의 경업금지의무·자기거래금지의무·비밀유지의무 및 이사의 이사회와 감사 및 감사위원회에 대한 보고의무와 판례가 인정하는 이사의 감시의무[4) 등은 충실의무를 구체화한 것이 아니라 모두 이사의 회사에 대한 선관의무를 구체화한 것으로 볼 수 있다.

## 3. 경업금지의무

### (1) 의 의

이사는 이사회의 승인이 없으면 자기 또는 제3자의 계산으로 회사의 영업부류에 속한 거래를 하거나(경업금지의무) 동종영업을 목적으로 하는 다른 회사의 무한책임사원이나 이사가 되지 못한다(겸직금지의무, §397①). 이것은 회사의 영업에 정통한 이사가 영업상의 지식과 기밀을 이용하여 회사의 이익을 희생시키면서 자기 또는 제3자의 이익을 추구하는 것을 방지하기 위한 것으로서 전술한 이사의 선관

1) 日最判 1970.6.24, 民集 24卷 6号, 625頁.
2) 대판 1985.11.12, 84다카2490.
3) 정찬형, 상, 956면.
4) 대판 1985.6.25, 84다카1954.

의무와 충실의무를 구체화한 규정이다. 그러나 이사는 영업목적이 다른 회사의 무한책임사원이나 이사가 될 수 있으므로 상업사용인(§17①)의 경우와는 다르다.[1)]

### (2) 내 용

**1) 경업금지의무** 이사는 이사회(이사가 1인 또는 2인인 소규모주식회사의 경우에는 주주총회)의 승인이 없으면, 자기 또는 제3자의 계산으로 회사의 영업부류에 속한 거래를 하지 못한다(§397①). 회사의 영업부류에 속한 거래란 회사가 실제 행하는 사업과 시장에서 경합하고, 회사와 이사 사이에 이해충돌의 가능성이 있는 거래를 뜻한다. 정관에 기재된 회사의 목적사업 뿐만 아니라, 그에 부속된 거래를 포함한다.[2)]

**2) 겸직금지의무** 이사는 이사회(이사가 1인 또는 2인인 소규모주식회사의 경우에는 주주총회)의 승인이 없으면 동종영업을 목적으로 하는 다른 회사의 무한책임사원이나 이사가 되지 못한다.[3)] 여기서 동종영업을 목적으로 하는 다른 회사란 경업의 대상이 되는 회사가 아직 영업을 개시하지 못한 채 공장의 부지를 매수하는 등 영업의 준비작업을 추진하고 있는 단계에 있는 회사도 포함한다.[4)]

이사의 겸직금지의무가 상업사용인의 그것과 다른 점은 상업사용인의 경우는 다른 모든 회사의 무한책임사원·이사 또는 다른 상인의 사용인이 될 수 없으나, 주식회사의 이사의 경우는 동종영업을 목적으로 하는 다른 회사의 무한책임사원·이사에 한한다는 점이다. 즉 주식회사의 이사는 이종영업을 목적으로 하는 다른 회사의 무한책임사원이나 이사가 될 수는 있다.

한편 법문상에는 이사가 상업사용인이 되는 것은 상관없는 듯 보이나 상업사용인의 겸직금지의무의 취지에 비추어 주식회사의 이사는 다른 상인의 상업사용인이 될 수도 없다고 본다.[5)] 이사 등 회사의 임원은 특별법상 겸직이 금지 또는 제한되는 경우도 있다.

---

1) 최기원, 458면.

2) 최준선, 회, 456면; 최기원, 458면.

3) 1995년 개정상법에 의하여 경업행위·겸직행위에 대한 승인기관도 주주총회에서 이사회로 변경되었다.

4) 대판 1993.4.9, 92다53583.

5) 정찬형, 상, 960면; 최준선, 회, 457면.

### (3) 이사회(또는 주주총회)의 승인

이사가 경업 또는 겸직행위를 하기 위해서는 이사회의 사후승인은 원칙적으로 허용할 수 없으므로 중요한 사실을 밝히고 사전승인을 얻어야 한다.[1] 종래 경업의 승인은 주주총회에서 하였으나 승인절차를 간소화하기 위하여 1995년 개정상법에서 이사회 승인으로 변경하였다. 또 사후승인을 하였더라도 손해배상책임까지도 면제되는 것은 아니라고 본다. 백지식 승인은 인정되지 않지만, 계속적 거래의 경우에는 포괄적 승인이 가능하다고 본다. 이사가 경업거래 또는 겸직을 하고자 할 때는 이사는 그 거래에 관한 중요사항과 그 회사에 관한 중요사항을 개시하여야 한다.

### (4) 위반의 효과

이사가 경업금지의무를 위반한 경우의 효과에 관하여는 상업사용인의 경우와 같이 거래의 사법상 효과에는 영향이 없으나(상대방의 선의·악의를 불문하고 유효함), 회사는 그 이사를 해임할 수 있고(§385), 손해가 있는 경우에는 손해배상청구(§399)를 할 수 있으며, 개입권(§397②)을 행사할 수 있다(상업사용인의 경우와 동일함). 그러나 겸직금지의무에 위반한 경우에는 해임할 수 있으며 손해배상청구는 가능하지만 개입권은 행사할 수 없다.

**《개입권》**

**1. 의 의**

이사가 이사회(또는 주주총회)의 승인 없이 자기 또는 제3자의 계산으로 회사의 영업부류에 속한 거래를 한 경우 회사는 이사회(소규모 주식회사의 경우에는 주주총회)의 결의로 그 이사의 거래가 자기의 계산으로 한 것인 때에는 이를 회사의 계산으로 한 것으로 볼 수 있고, 제3자의 계산으로 한 것인 때에는 그 이사에 대하여 이로 인한 이득의 양도를 청구할 수 있다(§397②). 이를 개입권 또는 탈취권이라고도 한다. 이는 손해배상만으로는 회사의 보호에 충분하지 못하고 손해의 입증이 곤란하며 또 회사의 거래관계를 유지시킬 필요가 있기 때문에 인정된 것이다.

**2. 성질 및 행사**

개입권은 회사의 일방적 의사표시에 의하여 효력이 발생하므로 형성권이다. 이사와 제3자간

---

1) 동지: 임홍근, 505면; 정동윤, 435면; 채이식, 556면.

의 거래는 여전히 유효하며, 이사는 그 경제적 효과를 회사에 귀속시킬 의무를 부담하는데 불과한 것이지 회사가 직접 거래당사자가 되는 것은 아니다. 개입권은 이사회의 결의에 의하여 대표이사가 이사에게 통지하는 방법으로 행사한다(동항②). 개입권은 거래가 있은 날로부터 1년이 경과하면 소멸한다(동조③). 상업사용인의 경우 영업주가 그 거래를 안 날로부터 2주간, 그 거래가 있은 날부터 1년(§17④)인 것과 다르다.

#### 3. 효 과

개입권을 행사할 경우 그 효과는 회사가 이사에 대하여 거래의 경제적 효과를 회사에 귀속시키도록 청구할 채권을 발생시키는데 그치고, 이사와 제3자간의 법률관계를 변경시키거나 회사가 거래의 상대방에 대하여 직접적으로 계약당사자가 되는 것은 아니다. 따라서 이사의 거래가 자기의 계산으로 한 것인 때에는 이를 회사의 계산으로 한 것으로 볼 수 있고, 제3자의 계산으로 한 것인 때에는 그 이사에 대하여 이로 인한 이득의 양도를 청구할 수 있다(§397②). 그러므로 이사는 거래의 결과로 취득한 금전 기타의 물건의 소유권이나 채권을 회사에 인도하거나 이전할 의무를 지며, 회사도 거래로 인하여 이사가 부담한 채무를 변제하고 지출한 비용을 상환하여야 한다. 경업금지위반은 위와 같은 민사책임 외에도 경우에 따라 상법상의 특별배임죄(§622①)를 구성할 수도 있다.

## 4. 회사의 기회 및 자산의 유용금지의무

### (1) 의 의

2011년 개정상법 제397조 제2항은 회사의 기회 및 자산의 유용금지 원칙을 신설하였다. 동 규정에 의하면 이사는 이사회의 승인 없이 현재 또는 장래에 회사의 이익이 될 수 있는 다음 각 호의 어느 하나에 해당하는 회사의 사업기회를 자기 또는 제3자의 이익을 위해 이용해서는 아니 된다. 이 경우 이사회의 승인은 이사 3분의 2 이상의 수로써 하여야 한다(§397의2①)고 정하고 있다. 이사회의 승인을 받아야 할 사항은 ① 직무를 수행하는 과정에서 알게 되거나 회사의 정보를 이용한 사업기회(동항1호)와 ② 회사가 수행하고 있거나 수행할 사업과 밀접한 관계가 있는 사업기회를(동항2호) 자기 또는 제3자의 이익을 위하여 이용하는 것이다.[1]

회사의 사업기회 유용(usurpation of corporate opportunity)금지의 법리는 회사의 이사 또는 임원 등 회사에 대하여 충실의무를 지는 자가 사적인 이익을 추구하기 위하여 자기들의 수탁자로서의 지위 및 신뢰관계를 이용하여 회사의 기회를 부당하게 탈취할 수 없다는 이론이다. 이 이론은 미국의 판례법에 의하여 발전된 법

1) 양동석, 전게 2011년 개정상법상의 이사의 의무와 책임, 225면.

리로서, 종래 우리나라에서는 그 개념이 불투명하여 혼란과 남소를 초래할 수 있고 이사의 충실의무에 관한 규정으로 충분하므로 입법까지 필요 없다는 견해[1)]와 기존의 선관의무와 충실의무만으로는 이를 효과적으로 규제할 수 없으므로 도입이 필요하다는 견해[2)]가 대립하였었다.

### (2) 제한되는 회사의 사업기회의 범위

법문에서 현재 또는 장래에 회사의 이익이 될 수 있는 사업기회라는 개념이 불명확하여 규제대상의 범위가 애매하다는 비판이 있다. 이에 대한 명확한 해석기준이 제시되지 않는다면 이러한 우려는 부작용들을 초래하게 될 것이다. 즉 ① 대기업과 중소기업의 협력이나 전략상의 사업이전까지 장애를 초래할 가능이 높고, ② 창업기회를 제한하고 기업가 정신이나 신규투자결정을 위축시킬 수 있으며, ③ 현재는 회사의 사업범위 내에 포함되지 아지만 사후에 회사의 사업범위에 포함시켜 남소를 유발할 가능성이 높다.[3)]

사업기회 유용금지의 법리는 특히 대기업 그룹 내에서 지배주주가 소유하는 회사에 대하여 일감 몰아주기를 함으로써 지배주주가 막대한 부를 축적해 온 관행을 타파하기 위하여 도입된 것이다.[4)] 그러므로 입법취지를 고려하면 이사는 회사의 영업과 관련된 기회, 기회제공자에 의하여 회사에 제공될 것으로 기대된 기회, 회사의 재산이나 정보의 이용으로부터 발생할 기회를 개인적으로 이용하는 것이 제한될 것이다. 그리고 회사의 사업기회 유용금지의 법리는 회사의 손해를 방지하기 위한 소극적 의무를 부과하는 것이 아니라 이사가 신의를 배반하고 얻은 일체의 이익을 회사에 귀속시키려는 것을 내용으로 하는 것이다.[5)]

### (3) 이사회의 결의

회사의 사업기회에 해당하더라도 이사회에서 이사 3분의 2 이상의 승인을 받으

---

1) 최준선, "회사기회 유용금지 이론에 관한 고찰", 저스티스 제95호, 132면; 최완진, "상법개정안에 대한 비판적 고찰", 경영법률 제17집 제2호, 10~11면.

2) 백정웅, "미국의 회사 기회유용이론과 우리 상법", 상사법연구 제25권 제3호, 382면: 김재범, "이사 자기거래와 회사기회의 유용의 제한", 경북대 법학논고 제29집, 93면.

3) 신홍철, "회사사업기회 유용금지의 법리와 기업의 대응", 상장협연구 제64호, 75~76면.

4) 한국상장회사협의회, 2011년 개정상법 설명회 자료(2011.4), 45면; 채이백, "회사기회 유용과 지원성 거래를 통한 지배주주 일가의 부의 증식에 관한 보고서(2011년)", 경제개혁리포트, 2011-04호, 12면.

5) 신홍철, 전게 논문, 67면.

면 이용할 수 있다. 이사회의 승인은 보통의 이사회의 결의요건(과반수 출석과 출석이사 과반수 찬성, §391①)보다 엄격한 (재적)이사 3분의 2 이상을 찬성을 요구한다. 이사회의 승인은 이사의 자기거래에서와 같이 개별적으로 하여야 하며, 포괄적 승인은 허용되지 않는다고 보아야 할 것이다. 다만 예외적으로 반복하여 이루어지는 동종거래에서는 종류·기간·금액의 한도 등을 정하여 합리적인 범위 내에서의 포괄적인 승인이 가능할 것이다. 또한 승인방법은 반드시 이사회의 회의의 방법에 의하지 않더라도 나머지 이사들의 합의가 있으면 될 것이다.

승인시기는 사전승인에 한하고 사후승인(추인)은 인정되지 않는다고 본다. 이사회의 승인을 받기에 앞서 사업기회 이용에 관한 자기 또는 제3자의 이해관계 및 중요사항을 이사회에 설명하여야 한다. 이사회의 승인결의에 있어서 특별이해관계가 있는 이사는 의결권을 행사하지 못한다.[1]

이사회의 승인은 회사사업기회 이용의 유효요건에 불과하고, 승인이 있다고 하여 이사의 책임이 면제되는 것은 아니다. 따라서 회사사업기회 이용의 승인이 있었더라도 회사에 손해가 발생하였다면, 당사자인 이사 및 승인결의에 찬성한 이사는 연대하여 손해를 배상할 책임을 지며(§399①, ②), 불법행위로 인한 손해배상 책임도 진다.

### (4) 위반의 효과

회사 사업기회 유용금지에 위반하여 회사에 손해를 발생시킨 이사 및 승인한 이사는 연대하여 손해를 배상할 책임이 있으며 이로 인하여 이사 또는 제3자가 얻은 이익은 회사의 손해로 추정한다(§397의2②). 그러나 이사회의 승인이 없었다고 하여 모든 경우에 배상책임을 지는 것은 아니고 그러한 사업기회가 회사에 현존하는 현실적이고 구체적인 사업기회일 경우에만 회사가 기대이익을 얻지 못하는 것이 되어 이사의 손해배상책임을 발생시키게 될 것이다.[2] 이사회의 승인이 없는 회사 사업기회유용의 사법적 효력은 대외적 거래행위이므로 거래의 안전을 위하여 그 효력을 인정하여야 할 것이다.[3]

1) 양동석, 전게 2011년 개정상법상의 이사의 의무와 책임, 226면.

2) 서울중앙지판 2011.2.25, 2008가합47881; 신홍철, 전게 논문, 70면; 양동석, 전게 2011년 개정상법상의 이사의 의무와 책임, 225면.

3) 정찬형, 상, 965면.

## 5. 자기거래의 금지의무

### (1) 의 의

종래 자기거래라 함은 이사가 자기 또는 제3자의 계산으로 회사를 상대방으로 하는 거래를 말한다고 하였으나 2011년 개정상법은 자기거래의 주체가 될 수 있는 범위를 주요주주 및 그 배우자, 그가 지배하는 회사까지로 확대하였다. 즉 이사 또는 제542조의8 제2항 제6호에 따른 주주, 이들의 배우자 및 직계존비속, 배우자의 직계존비속, 이상에 해당하는 자가 단독 또는 공동으로 의결권 있는 발행주식 총수의 100분의 50 이상을 가진 회사 및 자회사, 이상에 해당하는 자가 그 회사 및 자회사와 합하여 의결권 있는 발행주식 총수의 100분의 50 이상을 가진 회사의 자기거래(§398 1~5호)에 적용된다.

이러한 자기거래는 회사의 이익을 희생시킬 우려가 있으므로 그 이사가 대표이사이든 아니든 사전에 개별적으로 이사회 또는 이사가 1인인 회사는 주주총회의 승인이 없으면 거래할 수 없다(§398). 따라서 이사회의 승인만 있으면 이사가 대표이사라 하더라도 자기계약 또는 쌍방대리금지에 관한 민법 제124조의 규정에도 불구하고 회사와 거래할 수 있다는 주의적 규정이다(동조 후문). 이는 상법 제389조가 민법 제124조를 단체법적으로 수정한 것이며, 전술한 이사의 선관의무와 충실의무를 구체화한 것이다.[1]

여기서 이사라 함은 거래당시 이사와 이에 준하는 직무대행자 또는 청산인 등을 말하고, 거래당시 이사의 직위를 떠난 자나 사실상의 이사 등은 제외된다. 또 상법 제386조 제2항에 따라 법원에 의하여 선임된 임시이사, 제407조 제1항에 따라 법원의 가처분에 의하여 선임된 직무대행자도 상법 제389조의 이사에 해당된다.

이사가 1인 주주인 경우에는 이사 개인의 이익과 회사의 이익이 일치하며 양자 사이에 이해상반의 관계가 없으므로 1인주주인 이사와 회사간의 거래는 본조의 거래에 포함되지 않는다고 본다.[2]

### (2) 제한되는 거래의 범위

상법 제398조에서 말하는 거래는 재산상의 거래행위를 말하는 것으로서 유상행

---

1) 양동석, "이사와 회사간의 어음거래와 상법 제398조 적용", 기업법연구 제20권 제2호, 138면.

2) 최기원, 627면; 정동윤, 440면; 대판 1992.9.14, 92도1564. 반대: 이철송, 회, 734면; 권기범, 661면.

위는 물론이고 이사의 채무를 면제하는 것과 같은 단독행위도 포함한다. 이사와 회사간의 모든 거래가 이에 해당하는 것이 아니라 실질적으로 이사와 회사간에 이해충돌이 생길 염려가 있는 거래이면 직접거래이든 간접거래이든 불문한다. 그러나 이해가 충돌할 염려가 없는 거래행위는 제한할 필요가 없다(통설, 판례).[1]

예컨대 채무의 이행, 상계, 주식의 인수 및 현물출자행위, 보통거래약관에 의하여 행해지는 정형적 거래행위(예금계약·운송계약·창고임치계약 등), 이사의 부당한 증여행위나 이사가 회사의 채무를 인수하는 행위, 회사에 대한 무이자, 무담보의 금전대여 등은 이사회의 승인결의를 필요로 하지는 않는다. 어떠한 거래가 이사회의 승인을 필요로 하는 자기거래 행위에 해당하는가는 구체적 거래행위에 이사와 회사의 이해충돌 여부에 따라 정해져야 한다.

1) **직접거래** 직접거래란 자기 또는 제3자의 계산으로 하는 거래행위로서, 이사가 회사의 직접상대방이 되는 거래뿐만 아니라 회사와 거래하는 상대방의 대리인 또는 대표자로서 하는 거래행위를 포함한다. 예컨대 이사가 회사 소유의 재산을 양수하거나 이사가 회사로부터 금전의 대부를 받는 것과 같은 자기계약 형태의 경우는 물론, 두 회사의 대표이사를 겸하고 있는 자가 두 회사를 각각 대표하여 두 회사 사이의 계약을 체결하는 쌍방대리(대표) 형태의 경우에는 양 회사 모두에 대하여 직접거래행위로서 자기거래가 된다. 이때에는 양 회사 모두의 이사회의 승인을 얻어야 한다.

2) **간접거래** 간접거래란 형식적으로는 회사와 제3자와의 거래이지만 실질적으로 이사와 회사의 이익이 충돌할 염려가 있는 거래를 말한다. 회사가 이사 개인의 채무에 관하여 제3자와 보증계약을 체결하는 경우(자기계약 형태)나 회사가 대표이사의 개인적 채무에 대하여 채권자(제3자)로부터 채무를 인수하는 경우(쌍방대리의 형태)가 그 예이다.[2] 상법 제398조 법문상으로는 자기거래에는 이사가 회사의 직접상대방이 되거나 상대방의 대리인, 대표자의 경우(직접거래)만이 해당되는 것처럼 되어 있지만, 간접거래에 대하여도 상법 제398조를 적용하여 왔다.[3]

---

1) 대판 1962.3.13, 62라1.

2) 대판 1974.1.15, 73다955; 동 1984.12.11, 84다카1591; 동 1992.3.31, 91다16310(회사가 이사 개인의 채무에 관하여 제3자와 연대보증계약을 체결한 경우).

3) 동지: 대판 1974.1.15, 73다955(이사 개인의 채무에 대하여 그 이사가 회사를 대표하여 채권자에 대하여 채무인수를 하는 경우에 회사에 불이익을 미치는 행우가 된다); 동 1980.7.22, 80다828(주식회사 대표이사가 타인에게 금원을 대여함에 있어 회사가 그 채무에 대한 연대보증을 하였다면 이는 이사와 회사 사이의 이익이 상반되는 거래행위이므로 이사회의 승인이 없는 한 위 연대보증행위는 무효이다); 동 1980.7.22, 80다341,342; 동 1989.1.31, 87누760(대표이사가 개인적

일본에서는[1] 1981년 상법개정시에 간접거래도 자기거래에 해당됨을 명문화하였다(일회 §265①).

3) 어음행위 어음행위도 자기거래로서 이사회의 승인을 얻어야 하느냐 하는 점에 관해서는 어음행위를 자기거래에 포함시키는 학설(긍정설)과 포함시키지 않는 학설(부정설)이 나누어지고 있다. 그러나 어음행위자는 어음행위로 인하여 새로운 어음채무를 부담하는데, 이 어음채무는 원인채무와 무관하고 항변의 절단, 입증책임의 전환, 부도로 인한 거래정지처분 등 불이익을 수반하게 되므로 원인채무보다 더 엄격한 어음채무를 부담하게 되므로 어음행위를 이해의 충돌이 없는 행위로 보기는 어렵다.

따라서 원인관계뿐만 아니라 어음행위도 자기거래에 포함되므로 이사회의 승인을 얻어야 한다고 보는 것이 우리나라 통설이다.[2] 판례도 같은 입장이다.[3] 그러나 회사에 불이익을 주지 않은 경우까지 이사회의 승인을 받아야 한다고 볼 수는 없을 것이다.[4]

상법 제398조에 위반한 어음행위의 효력에 대하여 무효설, 유효설, 상대적 무효설 등이 있으나, 회사의 대표이사가 이사회의 승인 없이 한 자기거래는 회사와 이사 간에는 무효이지만 회사와 제3자간에는 선의의 제3자를 보호하고 거래의 안전을 위하여 회사로 하여금 악의 또는 중대한 과실이 제3자에게 있음을 증명하지 못하면 유효라고 본다(상대적 무효설). 따라서 회사가 무효를 주장하기 위해서는 제3자가 이사회의 승인이 없었음을 알았다는 사실을 입증하거나, 주의를 게을리 하여 이사회의 승인을 얻지 못하였다는 사정을 알지 못하였음을 입증하여야 한다. 우리나라와 일본의 판례도 동일한 입장으로 형성되어 오고 있다.[5]

---

용도에 사용할 목적으로 회사명의의 수표를 발행하거나 타인이 발행한 약속어음에 회사명의의 배서를 해 준 경우); 동 1980.1.29, 78다1237(이사가 회사로부터 채권양도를 받은 경우).

1) 일본에서도 A, B 두 회사의 대표이사를 겸하고 있는 갑이 A회사 채무에 대하여 B회사를 대표하여 채무인수계약을 체결한 것(東京地方法院 1961.9.11. 判決), 근저당권 설정계약을 체결한 것 또는 연대보증계약을 체결한 것은 자기거래에 해당한다는 판례가 있다(大伴地方法院 1966.12.15. 判決).

2) 동지: 이병춘, 673면; 최기원, 441면; 이철송, 회, 740면; 김정호, 581면.

3) 대판 1965.6.22, 65다734; 동 1966.9.6, 66다1146; 동 1978.3.28, 78다3.

4) 양동석, 전게 이사와 회사간의 어음거래와 상법 제398조 적용, 141면.

5) 대판 2004.3.25, 2003다64688; 양동석, 상게 논문, 141면.

### (3) 이사회의 승인

이사 등과 회사 간의 행위가 이해충돌을 발생시킬 염려가 있더라도 미리 이사회에서 해당 거래에 관한 중요사실을 밝히고 이사회의 승인을 받으면 이사는 유효하게 그 행위를 할 수 있다. 승인기관은 이사회에 한정하며,[1] 승인은 이사 3분의 2 이상의 수로써 하여야 하고, 그 거래의 내용과 절차는 공정하여야 한다(§398 후문). 다만 자본금이 10억원 미만으로서 이사가 1인 또는 2인인 소규모회사의 경우에는 주주총회의 승인을 얻어야 한다(§383④).

사전에 주주 전원의 동의가 있는 경우에는 이사회의 승인이 없었더라도 회사는 그 책임을 진다는 판례[2]와 이사가 1인주주인 경우에는[3] 이사와 회사 간에 이해충돌의 염려가 없으므로 이사회의 승인이 필요 없다고 보는 견해가 있다.[4] 그러나 이 제도는 주주만을 보호하기 위한 것이 아니고 회사재산의 건전한 유지에 목적이 있으므로 총주주의 동의가 있더라도 이사회의 승인에 갈음할 수 없다고 할 것이다.[5] 다만 주주전원의 동의를 얻은 경우에도 상법 제399조의 책임만 면제될 뿐이므로(§400), 이사에 대하여 불법행위를 원인으로 하는 손해배상청구를 하는 것은 상관이 없다.[6]

이사회의 승인은 이익충돌행위의 당사자인 이사의 요구에 의하여 개별적으로 하여야 하며, 포괄적 승인은 허용되지 않는다(통설). 다만 예외적으로 반복하여 이루어지는 동종거래에서는 종류·기간·금액의 한도 등을 정하여 합리적인 범위 내에서의 포괄적인 승인이 가능할 것이다.[7] 또한 승인방법은 반드시 이사회의 회의의 방법에 의하지 않더라도 나머지 이사들의 합의가 있으면 충분하다고 본다.[8] 이사회의 승인이 있었다는 것의 주장과 입증은 회사와 거래하여 권리를 취득한 상대방이 하여야 한다.[9]

승인시기는 미리 이사회에 해당 거래에 관한 중요사실을 밝히고 사전승인을 받

1) 이철송, 회, 741면; 정찬형, 상, 971면.

2) 대판 1992.3.31, 91다16310; 동 2002.7.12, 2002다20544.

3) 동지: 정동윤, 435면.

4) 최준선, 회, 470~471면; 정동윤, 442면; 박상조, 638면; 강위두, 549면; 최기원, 회, 627면.

5) 이철송, 회, 741면; 정찬형, 상, 972면; 권기범, 661면; 이기수 외, 412면; 채이식, 559면.

6) 대판 1989.1.31, 87누760.

7) 정동윤, 442면; 이철송, 회, 742면; 이기수 외, 460면.

8) 대판 1967.3.21, 66다2436.

9) 대판 1966.11.15, 66다1652.

아야 하며, 사후승인(추인)은 인정되지 않는다고 본다.[1] 이사회의 승인결의에 있어서 거래당사자인 이사는 특별이해관계인으로서 의결권을 행사하지 못한다. 또한 외국의 입법례는 자기거래를 하는 이사에게 그 거래를 공개할 의무를 지우고 있지만 우리 상법에는 명문규정이 없다. 그러나 거래당사자인 이사는 이사회의 승인결의 이전에 그 거래가 자기 또는 제3자의 이해관계와 관련된다는 사실을 공개하여야 할 것이다.[2]

이사회의 승인은 이사의 자기거래의 유효요건에 불과하고, 승인이 있다고 하여 이사의 책임이 면제되는 것은 아니다. 따라서 승인이 있는 이사의 자기거래로 인하여 회사에 손해가 발생하였다면, 당사자인 이사 및 승인결의에 찬성한 이사는 연대하여 손해를 배상할 책임을 지며(§399①, ②), 불법행위로 인한 손해배상책임도 진다.[3] 그러나 소규모주식회사에서 주주총회의 승인이 있는 경우에 이에 찬성한 주주는 이사와 연대하여 손해를 배상할 책임을 진다고 할 수 없다(찬성한 이사와 다름).[4]

### (4) 자기거래금지 위반의 효과

**1) 사법상의 효력** 이사회의 승인이 없는 이사의 자기거래행위의 사법상의 효력에 대한 논의로서 회사의 이익보호와 거래안전을 조정하기 위하여 유효설, 무효설, 상대적 무효설이 있다.

유효설은 자기거래제한에 관한 규정은 이사의 의무를 정한 명령규정에 불과하고, 이사회의 승인요건은 하나의 업무집행의 결정방법을 정한 것일 뿐이기 때문에 이에 위반한 거래는 유효하고 다만 이사의 대내적 책임만 발생한다고 한다. 왜냐하면 이사회의 승인여부는 내부사정에 불과하므로 거래안전의 보호를 위해서 이를 유효로 보아야 하고, 회사의 이익은 이사에 대한 손해배상책임과 악의취득자에 대한 악의의 항변으로 보호될 수 있다고 한다.[5]

무효설은 회사의 이익보호에 중점을 둔다. 따라서 이사회의 승인 없이 한 자기거래는 이사의 충실의무에 반하고, 회사의 이익을 희생시켜 가면서 법을 위반한 이사나 그를 이용한 제3자를 보호할 필요가 없으므로 무효라고 한다. 거래의 안

---

1) 정동윤, 442면; 이철송, 회, 743~744면.

2) 정동윤, 443면; 이철송, 회, 743~744면; 정찬형, 회, 973면; 최준선, 회, 470면.

3) 대판 1989.1.31, 87누760.

4) 정찬형, 상, 974면.

5) 서정갑, 286면.

전은 민법의 선의취득규정에 의해서 보호할 수 있다고 한다.[1] 그러나 선의취득의 법리가 적용되지 않는 거래(부동산, 지명채권 등)에 있어서는 여전히 거래안전에 문제가 있다.

상대적 무효설은 승인이 없는 자기거래는 회사와 이사 간에는 무효이고 대외적으로는 상대방이 악의임을 입증하지 못하면 유효하다고 한다.[2] 즉 회사가 이사회의 승인이 없는 자기거래행위로서 무효를 주장하기 위해서는 이사회의 승인이 없었다는 것과 상대방의 악의를 증명해야 한다. 이 상대적 무효설이 회사의 이익보호와 거래의 안전보호의 조화를 도모한 것으로 타당하다고 본다. 판례도 같은 입장이다.[3] 제3자가 선의이긴 하나 이사회의 결의가 필요한 사실과 이사회의 결의가 없었다는 사실을 알지 못한 데에 중대한 과실이 있는 경우에는 악의인 경우와 같이 자기거래는 제3자에 대하여도 무효라는 것이 최근 판례의 입장이다.

자기거래의 금지를 위반한 경우 그 거래의 무효는 회사만이 이를 주장할 수 있고, 당해 이사 및 제3자는 자기거래금지위반 또는 상대방의 악의를 이유로 그 거래의 무효를 주장할 수 없다.

**2) 제한을 위반한 이사의 책임** 자기거래의 제한을 위반한 이사는 법령에 위반되는 행위를 한 것이므로 회사에 대하여 손해배상책임을 지며(§399), 형사책임도 진다(§622). 이사의 손해배상책임은 총주주의 동의에 의하여 면제할 수 있다.[4]

### (5) 상장법인의 자기거래에 대한 특례

상장회사와 이사 등과의 거래에 대하여 금지행위 및 제한행위를 규정하고 있다. 즉 상장회사는 ①주요주주 및 그의 특수 관계인, ②이사 및 집행임원, ③감사의 어느 하나에 해당하는 자를 상대방으로 하거나 그를 위하여 신용공여를 해서는 안 된다(§542의9①). 이를 위반한 경우 사법상의 효력은 무효라고 보며, 신용을 공여한 자는 5년 이하의 징역 또는 2억원 이하의 벌금에 처한다(§624의2). 다만 예외적으로 ①복리후생을 위한 이사·집행임원 또는 감사에 대한 금전대여 등 대통령령으로 정하는 신용공여, ②다른 법령에서 허용하는 신용공여, ③기타 상장

---

1) 최기원, 630~631면.

2) 이범찬, 800면; 이철송, 회, 634면; 정동윤, 444면; 손주찬, 800면.

3) 대판 1994.10.11, 94다24626: 동 1973.10.31, 73다954; 동 1978.3.28, 78다4; 동 1978.12.28, 77다907; 동 1980.7.22, 80다341,342; 동 1981.9.8, 80다2511; 동 1974.1.15, 73다955; 동 1978.11.14, 78다513; 동 1978.12.26, 77다907; 동 1984.12.11, 84다카1591; 동 2004.3.25, 2003다64688.

4) 대판 1978.12.28, 77다907; 동 1980.7.22, 80다341, 342.

회사의 경영건전성을 해칠 우려가 없는 금전대여 등으로서 대통령령으로 정하는 신용공여는 할 수 있다(§542의9②).

그리고 자산규모 등을 고려하여 대통령령으로 정하는 상장회사는 최대주주, 그의 특수관계인 및 그 상장회사의 특수관계인으로서 대통령령으로 정하는 자를 상대방으로 하거나 그를 위하여 다음의 거래행위를 하려는 경우에는 이사회의 승인을 받아야 한다(§542의9③). 즉 ① 단일 거래규모가 대통령령으로 정하는 규모 이상인 거래, ② 해당 사업연도 중에 특정인과 해당 거래를 포함한 거래총액이 대통령령으로 정하는 규모 이상이 되는 경우의 해당 거래의 경우이다.

이상의 경우에 상장회사는 이사회의 승인결의 후 처음으로 소집되는 정기주주총회에 해당 거래의 목적, 상대방, 그 밖에 대통령령으로 정하는 사항을 보고하여야 한다(§542의9④). 이 제한을 위반한 경우의 사법상의 효력은 상법 제398조 위반의 효력과 같다고 볼 것이다. 위반행위자에게는 5천만원 이하의 과태료가 부과될 수 있으며, 이사는 법령위반이 되므로 회사에 대하여 손해배상책임을 지고(§399), 총주주의 동의로 면제될 수 있다(§400).

그러나 상장회사가 경영하는 업종에 따른 일상적인 거래로서 다음에 해당하는 거래는 이사회의 승인을 받지 않을 수 있으며, ②에 해당하는 거래는 주주총회에 보고하지 않을 수도 있다(§542의9⑤). 즉 ① 약관에 따라 정형화된 거래로서 대통령령으로 정형화된 거래, ② 이사회에서 승인한 거래총액의 범위 안에서 이행하는 거래의 경우이다.

## 6. 비밀유지의무

이사는 재임 중 뿐만 아니라 퇴임 후에도 직무상 알게 된 회사의 영업상 비밀을 누설하여서는 안 된다(§382의4). 이사의 정보접근권을 강화하면서(§393③, ④) 그 남용 등의 문제를 방지하기 위하여 상법에서 법정의무화한 것이다. 재임 중에는 이사의 선량한 관리자로서의 주의의무 내지 충실의무(§382의3)의 해석으로도 비밀유지의무를 요구할 수 있으나, 퇴임 후의 의무는 이러한 특별규정이 필요할 것이다. 대리상의 계약종료후의 영업비밀준수의무(§92의3)와도 같은 취지이다.

회사의 영업상의 비밀이라 함은 기업조직 또는 사업에 관한 공지되지 아니한 정보로서 당해 기업이 배타적으로 관리할 수 있고 그 기업 또는 제3자가 경제적 가치를 가지고 이용할 수 있는 것을 기업비밀이라 할 수 있다.[1] 이와 같은 회사

1) 이철송, 회, 614면. 부정경쟁 방지 및 영업비밀에 관한 법률에서는 영업비밀이라는 용어를 사용

의 기업비밀 내지는 기업정보와 관련하여 이사의 의무는 기업비밀(기업정보)을 지킬 의무(비밀준수의무)와 사익을 위하여 이를 이용하지 않을 의무(사적이용금지의무)로 나뉜다. 비밀준수의무에는 이사가 자신이 취득한 회사의 영업상 비밀을 공개하지 않아야 함은 물론 타인에 의한 비밀공개를 방지할 주의의무를 포함한다.

법률상 공시의무가 있는 재무제표 등은 기업비밀은 아니지만 법률상의 공시의무를 이행하여야 하는 시점까지는 기업비밀로서 취급된다. 또한 자본시장과 금융투자업에 관한 법률에서 열거하는 각종의 상장법인의 신고·공시의무사항도 공시하기 전까지는 기업비밀로 취급되므로 이사에게 비밀준수의무가 있다. 비밀유지의무는 적법한 권리나 사실관계에 대해서 발생하는 것이며, 범죄행위나 위법한 행위에 대해서는 준수의무가 없으며, 오히려 준수행위 자체가 위법이 될 수 있다.

## 7. 보고의무

### (1) 의의 및 인정이유

1) 이사는 회사에 현저하게 손해를 미칠 염려가 있는 사실을 발견한 때에는 즉시 감사 또는 감사위원회에게 이를 보고하여야 한다(§412의2, §415의2⑥). 이는 감사의 실시를 용이하게 하고, 회사의 손해를 사전에 방지할 수 있도록 하기 위하여 상법에 도입된 것이다. 회사의 업무와 재산상태의 조사권, 이사회의 출석과 의견진술권 등과 함께 감사의 실효성을 확보하기 위한 방안중의 하나이다. 이로써 이사는 소극적으로 감사 또는 감사위원회의 요구가 있는 때 보고할 의무(§412②, §415의2⑥) 뿐만 아니라, 그 요구가 없더라도 스스로 적극적인 보고를 하여야 할 의무를 부담한다.

2) 이사는 대표이사로 하여금 다른 이사 또는 피용자의 업무에 관하여 이사회에 보고할 것을 요구할 수 있고(§393③), 이사는 3월에 1회 이상 업무의 집행상황을 이사회에 보고하여야 한다(§393④). 이사회의 활성화를 위한 방안으로서 상법에 도입된 것이다.

자본금이 10억원 미만의 소규모 회사로서 이사회가 없거나(§383①, ⑤), 감사를 선임하지 않는 경우에는 이상의 보고의무에 관한 규정은 적용되지 않는다(§409④, ⑥).

---

하는데, 공연히 알려져 있지 아니하고 독립된 경제적 가치를 가지는 것으로서 상당한 노력에 의하여 비밀로 유지된 생산방법, 판매방법 기타 영업활동에 유용한 기술상 또는 경영상의 기술을 말한다고 정의하고 있다(부정 §2 2호, 대판 2004.9.23, 2002다60610).

### (2) 보고의무의 내용

이사가 감사 또는 감사위원회에 보고하여야 할 사항은 업무집행과정상의 모든 사항이 아니고, 회사에 현저하게 손해를 미칠 염려가 있는 사항에 한한다. 회사에 손해를 미칠 염려가 있는 사항이란 회사에 있어서 중요하다고 인정되는 손해를 말하며, 이때 이사의 위법행위가 존재하는지의 여부를 불문한다.[1)]

보고방법에는 제한이 없으므로 구두 또는 서면으로 보고할 수 있고 감사가 수인이면 그 중 1인에게 보고하면 충분하고, 감사위원회에 보고하는 경우에는 위원 중의 1인에게 보고하면 충분하다. 보고의 시기는 발견한 즉시 하여야 한다(§412의 2). 따라서 보고하여야 할 사실을 인지하였음에도 불구하고 즉시 보고하지 않고 현저한 손해가 발생한 후에 보고하였다면 특별한 사정이 없는 한 이사는 보고의무를 해태하였다고 볼 것이다. 손해의 회복가능성이 있더라도 보고하여야 한다.

### (3) 위반의 효과

이사가 보고의무에 위반하고 이로써 회사의 손해가 발생한 때에는 이사는 회사에 대하여 법령위반으로 인한 손해배상책임을 진다(§399①). 감사 또는 감사위원회는 보고의무 위반사실을 감사보고서에 기재하여야 한다(§447의4②10호).

### (4) 보고 받은 감사의 의무

이사로부터 보고를 받은 감사는 보고 받은 사실이 이사의 위법행위로 인한 때에는 그 행위의 유지를 청구하거나(§400), 그 사실을 이사회 또는 주주총회에 보고하기 위하여 이사회나 주주총회의 소집을 청구할 수 있다(§391의2②, §412의3). 이사의 보고를 받은 감사가 이사회에서의 필요한 보고(§391의2②)를 하지 아니하거나, 임시총회의 소집청구(§412의3) 등 필요한 조치를 취하지 않음으로써 회사에 손해가 생긴 때에는(§413 참조) 감사의 임무해태가 되어 그 감사는 회사에 대하여 연대하여 손해를 배상할 책임을 진다(§414①).

1) 정찬형, 상, 978~979면.

## 8. 감시의무

### (1) 의 의

이사는 이사회를 통하여 대표이사 및 다른 이사의 직무의 집행을 감독한다(§393②). 그리고 대표이사가 다른 이사의 직무집행을 감시할 의무가 있으며,[1] 공동대표이사, 업무담당이사는 서로 감시할 의무를 부담한다.[2] 업무담당이사도 타 이사들을 감시할 기회가 보다 많이 주어지기 때문에 대체로 대표이사와 같은 수준에서 감시의무를 인정한다.

그러나 평이사(사외이사 또는 비상근이사 포함)의 경우도 이사회를 통하여 다른 이사의 직무집행을 감시할 수 있지만, 이사회를 통하지 않고 개별적으로 회사의 업무전반에 관하여 다른 이사에 대하여 감시의무를 부담한다고 볼 것인가에 대하여 다른 견해가 있다. 이사의 직무집행에 대한 감독 및 이사의 의무위반에 대한 책임에 관한 상법의 규정을 엄격하게 해석하여 평이사에게 그러한 감시의무가 없다는 견해도 있다(일본의 소수설). 그러나 이사는 회사에 대하여 개인적으로 선관의무를 지며, 이사 개인에게 감시의무를 부과하면 이사회의 감독기능의 효율성을 높일 수 있을 것이므로 이를 인정하는 것이 일반적 견해이며,[3] 판례도 같은 취지이다.[4]

### (2) 인정범위

업무를 담당하지 않는 이사의 감시의무를 인정한다고 하더라도 그 범위는 어디까지인가에 관하여 문제가 있다. 즉 평이사는 대표이사나 업무담당이사의 직무위반행위를 알게 된 것에 한하여 감시의무를 지는지, 적극적으로 회사의 집무집행 상황을 파악하여 감시할 의무가 있는지에 대하여 견해가 나누어진다.

이에 대하여 소극설은 평이사는 업무담당이사와는 달리 회사의 경영전반에 관하여 적극적으로 부단한 주의를 기울여야 할 정도의 의무까지는 부담하지 아니한다고 한다. 따라서 업무담당이사의 직무위반행위를 명백히 알게 된 경우에만 감

---

1) 대판 2008.9.11, 2006다68636.

2) 정찬형, 상, 979면; 이철송, 회, 709~710면.

3) 정동윤, 430면; 이철송, 회, 584~585면; 김정호, 573면; 최준선, 회, 476면: 정찬형, 상, 980면.

4) 대판 1985.6.25, 84다카1954; 동 2002.5.24, 2002다8131; 동 2004.12.10, 2002다60467.

시의무를 부담한다고 본다(일본의 다수설). 그러나 적극설은 비업무담당이사가 타 이사의 직무위반을 알게 된 경우는 물론이고, 회사의 업무집행의 상황을 적극적으로 파악하여 회사의 업무집행이 위법 또는 부당하게 이루어질 위험이 있는 경우에는 이를 시정조치 할 의무를 부담한다고 한다.[1] 적극설에 의하면 평이사의 감시의무는 대표이사나 업무담당이사와 차이가 없다.

우리나라 대법원 판례는 비업무담당이사가 업무담당이사의 부정을 의심할 만한 사유가 있고, 이를 알 수 있었음에도 불구하고 이를 방치한 때에는 감시의무를 위반한 것이라 한다.[2]

생각건대 업무집행을 담당하지 않는 이사가 적극적으로 상황을 파악하여 위법 또는 부당한지 여부에 대한 감시를 한다는 것은 불가능하거나 비현실적이다. 즉 업무를 담당하지 않은 평이사가 부담하여야 할 감시의무는 대표이사나 업무담당이사의 그것과 차이가 없게 되어 평이사에게 너무 가혹하다. 그러나 소극설과 같이 해석하면 이사의 감시기능의 실효성을 기대할 수 없게 된다. 따라서 비업무담당이사는 다른 이사의 업무집행이 위법함을 알았거나 알 수 있었을 경우에만 감시의무를 부담하는 것으로 해석하는 것이 타당하다고 본다(절충설).[3]

### (3) 위반의 효과

이사가 감시의무를 위반하면 선관의무에 위반하여 임무를 해태한 것이 되므로, 그 이사는 회사에 대하여 손해배상책임을 지고(§399), 악의 또는 중과실이 있으면 제3자에 대하여도 손해배상책임을 진다(§401). 이러한 이사의 회사에 대한 책임의 소멸시효가 문제되나 판례는 위임관계에 의한 채무불이행책임이므로 10년이라고 한다.[4]

**《일본 회사법상 이사 및 집행역의 의무》**

일본 회사법상 이사·집행역은 충실의무와 선관의무를 지고, 그 충실의무와 선관의무가 다른 별개의 의무라고 보지 않는 것이 판례와 통설의 입장이다. 그러나 이사나 집행역이 회사와 이익상반 관계에서는 경우에 회사의 이익침해를 예방하는 규제로서 특히 규정하고 있는 것이 경업거래금지, 이익상반거래금지, 보수규제(전술하였음) 등이 있다.

---

1) 이철송, 회, 712면.

2) 대판 1985.6.25, 84다카1954.

3) 정동윤, 430면; 이철송, 회, 604면; 정찬형, 상, 981~982면.

4) 대판 1985.6.25, 84다카1954.

### 1. 경업피지의무

이사 및 집행역은 자기 또는 제3자를 위하여 회사의 사업부류에 속한 거래를 할 경우, 이사회설치회사에서는 이사회에서 중요사실을 개시하고 그 승인을 받아야 한다(일회 §356①1호, §365, §419②). 이사회에 보고의무를 이행하지 않을 경우 과태료의 제재가 있으며(일회 §976 23호), 승인을 받지 않은 거래에 대해서도 보고의무가 있다.

이사나 집행역이 승인을 받지 않고 경업거래를 한 경우 거래는 유효한 것으로 해석한다. 그러나 회사에 손해가 발생한 경우에는 이들은 의무위반으로서 회사에 대하여 손해배상책임을 진다(일회 §423). 경업거래에 의하여 이사, 집행역, 제3자가 얻은 이익은 회사에 발생한 손해액이라고 추정한다(동조②). 그리고 해임청구될 수도 있다(일회 §339, §403, §854①).

이사회의 승인결의에는 면책적 효과는 없으므로 승인을 얻은 경업거래에 선관주의의무위반 내지 충실의무위반이 있으면 이사회는 의무위반의 책임을 면제할 수 없고, 이사는 경업거래로 인하여 회사에 발생한 손해를 배상하여야 한다(일회 §423①, §424). 뿐만 아니라 이사회의 승인결의에 찬성한 이사도 임무해태로 추정되어 경업거래를 한 이사와 연대하여 배상책임을 진다(일회 §423③, §430). 다른 이사들도 감시의무위반이 되어 회사에 대하여 책임이 문제될 수 있다.

### 2. 자기거래(이익상반거래)

이사나 집행역이 자기 또는 제3자를 위하여 회사와 직접거래 또는 간접거래를 하는 경우, 이사·집행역은 이사회설치회사에서는 이사회(이사회 비설치회사에서는 주주총회)에서 당해 거래에 관한 중요사실을 개시하고 그 승인을 받아야 한다(일회 §356①2~3호, §365, §419②). 본조의 취지 및 직접거래, 간접거래는 한국의 경우와 같은 취지이다. 일본의 학설과 판례는 그 성질상 회사를 해할 염려가 없는 거래, 즉 보통거래약관에 의한 운송계약, 창고임치계약, 예금계약 등이나, 채무의 단순한 이행, 상계, 회사에 이익만을 부여하는 무상증여 등, 채무의 조건을 회사에 유리하게 변경하는 경우, 이사의 회사에 대한 무이자무담보의 대부 등에는 이사회의 승인을 요하지 않는 것으로 본다.

이사회설치회사에서는 거래를 한 이사, 집행역은 지체 없이 당해 거래에 관하여 중요한 사실을 이사회에 보고하여야 한다(일회 §365②, §419②). 당해 이사, 집행역이 스스로 거래를 한 경우뿐만 아니라 회사의 대표자로서 하는 경우도 같다. 보고의무위반에 대해서는 과태료의 제재가 있으며(일회 §976 23호), 승인을 얻지 않고 한 거래에 대해서도 보고의무가 있다. 개시규제에 대해서도 경업거래와 같다.

이사 및 집행역이 이사회(주주총회)의 승인 없이 한 거래의 효력에 대해서는 명문의 규정이 없으나, 상대적 무효라고 해석된다. 즉 회사가 무효를 주장하기 위해서는 상대방인 제3자의 악의를 주장, 입증할 것이 요구된다는 것이 판례와 다수설이다.[1] 회사에 손해가 발생한 경우에는 이사 및 집행역은 회사에 대하여 임무해태로 인하여 발생한 손해를 배상할 책임을 진다(일회 §423).

거래로 인하여 회사에 손해가 생긴 때는 회사와 거래를 한 이사집행역, 이익상반거래에서 회사와 이익이 상반한 이사집행역, 회사가 당해 거래를 할 것을 결정한 이사집행역, 당해 거래에 관하여 이사회 승인거래에 찬성한 이사는 임무를 해태한 것으로 추정한다(일회 §423③). 이사회 승인이 있어도 회사에 손해가 생긴 경우에는 경업거래의 경우와 같다.

**《중국 회사법상 이사, 감사, 고위급관리자의 충실근면의무》**

이사, 감사, 고위급관리자는 법률, 행정법규 및 회사정관을 준수하여야 하며 회사에 대하여 충실의무와 근면의무를 진다. 이들은 직권을 이용하여 뇌물 기타 불법이득을 수취하거나 회사재산을 횡령해서는 안 된다(중회 §148).

그리고 이사, 고위급관리자는 다음 각 호의 행위를 할 수 없다. 만약 이를 위반하여 이들이 취득한 이득은 회사에 귀속한다(중회 §149). 즉 ① 회사자금유용행위, ② 회사자금으로 본인 또는 개인명의 구좌를 개설하는 행위, ③ 정관규정에 위반하고, 주주총회 또는 이사회 동의 없이 회사자금을 타인에게 대출하거나 또는 회사재산을 타인에게 담보목적물로 제공하는 행위, ④ 정관규정을 위반하여 주주총회 동의 없이 본 회사와 계약을 맺거나 거래를 진행하는 행위, ⑤ 직무상 편의를 이용하여 자신 또는 타인을 위하여 회사의 상업기회를 이용하고 재직 중인 회사와 동종의 업무를 자신이 경영하거나 타인이 경영하도록 하는 행위, ⑥ 타인과 회사와의 거래에서 받은 수수료를 횡령하는 행위, ⑦ 회사의 비밀을 누설하는 행위, ⑧ 회사에 대한 충실의무를 위반하는 기타 행위이다.

## 제 6 이사의 책임

상법은 이사들에게 포괄적인 경영권을 부여하는 반면, 이사들이 그 직무를 적절히 수행하지 못할 경우에는 해임 등을 할 수 있다. 그러나 이 제도만으로는 이미 회사나 제3자에게 손해가 발생한 경우 손해의 전보를 할 수 없게 된다. 그래서 이사에게는 엄중한 민사책임과 함께 형사책임도 인정하고 있다. 이사의 책임은 발기인의 책임과 같이 크게 회사에 대한 책임과 제3자에 대한 책임으로 분류된다. 회사에 대한 책임은 다시 손해배상책임과 자본충실책임으로 분류되며, 제3자에 대한 책임은 언제나 업무집행과 관련한 손해배상책임이다. 이사는 그 외에도 벌칙의 제재를 받는 경우가 있다.

이에 대하여 2011년 개정상법은 이사의 책임을 감경할 수 있는 제도를 도입하여 이사의 적극적인 경영활동과 유능한 인사의 회사경영참여를 유도하고 있다.

---

1) 酒卷俊雄·尾崎安央, 188面.

## 1. 회사에 대한 책임

### (1) 손해배상책임

1) 책임의 근거 이사와 회사간의 관계는 위임관계이므로 이사는 회사에 대하여 수임인으로서 선량한 관리자로서의 주의의무(§382②)와 충실의무(§382의3)를 부담한다. 그리고 그 위반에 대해서는 채무불이행으로 인한 손해배상 책임(민 §390)을 지며 불법행위의 요건을 갖춘 때에는 이로 인한 손해배상책임(민 §750)을 지게 된다. 그러나 이러한 일반법상의 책임 외에도 특칙으로서 상법 제399조에서 이사의 책임을 규정하고 있어 본조의 성격이 문제된다.

즉 상법 제399조 제1항은 "이사가 고의 또는 과실로 법령 또는 정관에 위반한 행위를 하거나" 또는 "임무를 게을리 한" 경우에는 그 이사는 회사에 대하여 연대하여 손해배상책임을 진다고 규정하고 있다. 회사에 대한 손해배상책임을 인정하기 위해서는 이상의 행위와 손해 사이에 상당인과관계가 있어야 할 것이다.[1)]

이사는 민법상 위임계약의 불이행으로 인한 손해배상책임 외에도 이사회의 구성원으로서 회사의 업무결정에 참여하므로, 그가 차지하는 지위의 중요성과 그 행위가 미치는 영향력에 비추어 민법의 일반원칙에 대한 특칙으로서 이사의 책임을 다시 인정하고 있다고 본다(법정특별책임설).[2)] 이에 대하여 이사가 회사에 대하여 부담하는 위임계약상의 선관주의의무를 위반한 것에 대한 책임이라고 보는 견해가 있으며(채무불이행책임설), 대법원도 1985.6.25. 선고 84다카1954 판결에서 상법 제399조 제1항의 임무해태로 인한 책임은 일반불법행위책임이 아니라 위임관계로 인한 채무불이행책임이라고 하였다.[3)]

그러나 상법 제399조 제2항, 제3항에서 이사들의 연대책임, 의사록에 이의의 기재가 있는 경우 책임면제를 규정하는 등 민법상의 위임계약과는 다른 규정이 있으므로 법정특별책임이라고 하는 것이 타당하다.[4)]

---

1) 양동석, 전게 이사의 회사에 대한 책임, 152면: 동, 전게 2011년 개정상법상의 이사의 의무와 책임, 228면; 대판 2007.7.26, 2006다33609.

2) 정동윤, 회, 446면; 이철송, 회, 747면; 최준선, 회, 478면.

3) 동지: 대판 1996.4.9, 95다56316.

4) 양동석, 전게 2011년 개정상법상의 이사의 의무와 책임, 227면.

### 2) 책임의 원인

① 이사가 고의 또는 과실로 법령 또는 정관에 위반한 행위를 한 경우란 이사의 의무를 규정하거나 직무집행에 있어서 준수하여야 할 상법 등의 모든 법률과 기타의 법규명령으로서 대통령령, 총리령, 부령 등을 의미하며, 행정지침이나 내부규정 등은 이에 해당하지 않는다.[1] 예컨대 상법에 위반하여 자기주식을 취득한 경우(§341, §341의2), 손실전보나 법정준비금을 적립하지 않고 위법배당의안을 제출한 경우(§462), 이사회의 승인 없이 자기거래를 한 경우(§398) 및 회사기회유용금지의무에 위반한 경우(§397, §397의2), 인수인과 통모하여 현저하게 불공정한 발행가액으로 주식을 인수시킨 경우(§424의2③), 경업금지의무에 위반한 경우(§397) 등이다.[2]

종래 이와 같은 이사의 법령 또는 정관에 위반한 행위에 대한 책임이 과실 책임인지 또는 무과실책임인지에 대하여는 학설이 나뉘였다. 즉 무과실책임으로 보는 견해(무과실책임설),[3] 과실책임으로 보는 견해(과실책임설),[4] 원칙적으로 무과실책임이고, 이사회의 승인 없이 경업거래를 한 경우(§397①)와 같이 명백히 과실을 전제로 하는 경우와 임무를 해태한 때에는 과실책임이라고 보는 견해(절충설)가[5] 있었다.

생각건대 a. 상법 제399조에 의한 이사의 책임은 민법의 일반원칙을 기초로 한 특칙으로 볼 수 있고, b. 무과실책임을 인정하기 위해서는 법률상 명문규정이 있어야 하는데 이러한 명문규정이 없으며, c. 무과실책임으로 보는 경우 이사의 책임이 과중하여 유능한 경영인 확보가 어렵고, d. 법령 또는 정관에 위반한 경우에도 과실책임의 원칙을 벗어날 불가피한 이유가 없으므로 이사의 책임은 과실책임으로 보는 것이 타당하다고 본다.[6]

그러나 2011년 개정상법은 이를 과실책임이라고 입법적으로 해결하였다(§399①). 따라서 이사가 법령 또는 정관을 위반하면 과실이 추정되므로 무과실의 입증책임은 이사가 부담하여야 할 것이다. 이사가 법령에 위반한 행위를 한 경우에는 경

1) 대판 2006.11.9, 2004다41651, 41668

2) 대판 1989.1.31, 87누760; 정찬형, 상, 983면; 정동윤, 446면; 최준선, 회, 478~479면.

3) 최기원, 636면.

4) 정동윤, 448면; 이철송, 회, 748~749면; 임홍근, 514면; 채이식, 599면; 이기수 외, 427면; 김정호, 585면.

5) 손주찬, 상, 805면.

6) 권기범, 684면; 이철송, 회, 748~749면; 이기수 외, 414면; 정동윤, 448면; 정찬형, 상, 984면.

영판단의 원칙이 적용될 여지가 없다.[1)]

② 이사가 임무를 게을리 한 경우란 예컨대 이사의 감독불충분으로 지배인이 회사재산을 낭비한 경우, 대표이사 등의 업무집행이 위법하다고 의심할 만한 사유가 있음에도 불구하고 감시의무를 소홀히 한 경우, 채권회수조치를 취하지 않고 회수를 포기한 경우, 대차대조표를 잘못 작성하여 부당하게 이익배당을 한 경우 등 회사와의 위임계약에 따른 선량한 관리자로서의 주의의무를 다하지 아니한 경우를 말한다. 단순히 경영판단을 잘못한 경우는 임무의 해태에 해당되지 않는다.[2)]

전술한 바와 같이 종래 이사의 임무해태로 인한 손해배상책임의 성질은 위임계약의 불이행으로 인한 과실책임이라고 보았으며, 2011년 개정상법은 명문으로 이를 해결하였다. 다만 이사의 손해배상책임은 연대책임이라는 점에서 민법의 위임계약의 일반원칙에 대한 예외이다. 실제로 위법행위를 하거나 임무를 해태한 대표이사나 이사는 물론 그 행위가 이사회의 결의에 의하여 이루어졌을 때에는 이사회에서 그 결의에 찬성한 이사도 연대하여 책임을 부담한다(§399②). 그리고 그 결의에 참가한 이사로서 이의를 한 기재가 의사록에 없는 자는 그 결의에 찬성한 것으로 추정한다(동조③).

임무를 게을리 한 이사에 대하여 손해배상을 청구하기 위해서는 이를 주장하는 회사 또는 제3자가 입증책임을 부담한다.[3)]

③ 한편 상법 제399조의 요건을 갖추고 있는 경우에는 따로 민법상 위임계약 위반으로 인한 책임을 묻지 않는다는 데 학설은 일치한다. 또한 민법상의 불법행위책임은 이사를 전제하지 않고도 발생할 수 있고, 손해배상 뿐만 아니라 원상회복 청구도 가능하므로 상법 제399조의 책임과는 경합한다는 데에도 이설이 없다(청구권 경합설).

**3) 책임의 부담자** 회사에 대하여 손해배상책임을 부담하는 자는 이사(§399)와 업무집행지시자 등(§401의2)이다. 이사가 이사회의 승인을 받아 법령 또는 정관에 위반한 행위를 한 경우에는 그 결의에 찬성한 이사도 임무해태가 있는 것이라고 할 수 있으므로 연대책임을 지며, 그 결의에 참가한 자는 찬성한 것으로 추정되어 반증을 들지 못하는 한 연대책임을 진다(§399②, ③). 결의에 찬성한 이사

---

1) 대판 2005.10.28, 2003다69638: 동 2007.7.26, 다33609 등.

2) 이철송, 회, 749면; 정동윤, 428면; 최준선, 회, 479면; 양동석 "경영판단원칙의 수용 가능성", 기업법연구 제7집, 83면 이하.

3) 정동윤, 448면; 채이식, 564면.

가 책임을 지는 것은 결의내용이 법령이나 정관에 위반하거나 임무를 게을리 한 것이고, 결의의 내용에는 문제가 없으나 집행과정상에 문제가 있는 것이라면 결의에 찬성한 이사에게 책임을 물을 수 없을 것이다.[1)]

그리고 회사에 대한 영향력을 이용하여 이사에게 업무집행을 지시하거나(업무집행지시자), 이사의 이름으로 직접 업무를 집행한 자(무권대행자), 경영권을 사실상 행사하는 지배주주 등을 이사로 간주하여(사실상의 이사) 회사에 대하여 이사와 동일한 책임을 지도록 하였다(§401의2①). 이사도 책임을 지는 경우에는 이사와 연대책임을 진다(동조②).

퇴임이사와 일시이사(§386)도 이사의 지위를 가지므로 제399조와 제401조의 책임을 질 수 있으나, 선임행위에 흠이 있는 자는 이사의 지위가 인정될 수 없으므로 불법행위책임을 지는 것은 별문제로 하고 위 규정에 의한 책임은 인정될 수 없을 것이다.[2)]

집행임원이 이 책임을 지는 경우에는 집행임원회가 없고 집행임원회의 의사결정절차도 없기 때문에 연대책임은 규정하지 않지만, 집행임원이 이사나 감사 등과 연대책임을 지는 경우는 있다(§408의8③).

### (2) 자본금 충실의 책임

신주발행의 경우 이사는 회사설립의 경우의 발기인과 같이 자본금충실의 책임을 진다. 즉 신주발행으로 인한 변경등기가 있은 후에 아직 인수하지 아니한 주식이 있거나 주식인수의 청약이 취소된 때에는 이사가 이를 공동으로 인수한 것으로 본다(§428①). 이것은 회사의 자본충실을 기하기 위해서 법정된 이사의 인수담보책임으로서 그 성질은 무과실책임이며, 인수가 의제된 주식에 대하여 이사 전원이 공동인수인으로서 연대하여 납입할 책임을 진다(§333①).

이 책임은 이사가 임무를 게을리 하였다고 볼 수 있기 때문에 지게 되는 것으로서 인수담보책임을 이행한 후에도 회사에 손해가 있으면 이사는 연대하여 손해배상책임을 진다(§428②). 이사의 자본금충실책임은 회사채권자에 대한 담보기능을 가지기 때문에 무과실책임이며, 총주주의 동의에 의해서도 면제할 수 없다.[3)]

---

1) 이철송, 회, 753면.

2) 이철송, 회, 753면.

3) 정찬형, 상, 994면; 정동윤, 450면; 이기수 외, 348면.

### (3) 책임의 추궁

회사가 이사에 대하여 책임을 추궁하는 소를 제기하지 않는 경우에는 소수주주는 일정한 요건에 따라 직접 이사에 대하여 회사를 위하여 대표소송을 제기할 수 있다(§403이하 대표소송). 그리고 그 이사의 해임청구의 소(§385②)도 제기할 수 있다.

### (4) 책임의 면제·해제

이사의 회사에 대한 손해배상책임은 총주주의 동의에 의한 경우(적극적 책임면제)와 일정한 경우에 책임이 면제되는 것으로 의제되는 경우(소극적 책임면제)가 있다.

이사의 회사에 대한 손해배상책임은 무의결권주주를 포함한 총주주의 명시적, 적극적 동의[1]로 면제할 수 있을 뿐이며, 주주총회의 특별결의나 대표이사의 일반채무면제절차에 의하는 방법으로 면제할 수 없다(§400①).[2] 총주주의 동의는 개별적, 묵시적 의사표시로 할 수도 있으며, 사실상의 1인주주가 한 동의도 총주주의 동의로 볼 수 있다.[3]

따라서 이사의 이러한 책임면제는 1주만을 가진 주주라도 반대하면 불가능하므로 소규모 가족회사를 제외하고 주주의 수가 많은 대규모 상장회사의 경우에는 총주주의 동의를 받는 것은 불가능하므로 실질적으로 면제를 인정하지 않는 것과 다름이 없다.[4]

또한 총주주의 동의로 면제되는 이사의 책임은 불법행위로 인한 손해배상책임까지 면제되는 것은 아니다. 따라서 상법 제399조에 의거한 소의 제기는 불법행위로 인한 손해배상청구권에 대한 소멸시효 중단의 효력이 없다.[5] 한편 이사의 자본충실책임은 회사채권자의 보호를 위해 총주주의 동의가 있어도 면제할 수 없다고 본다.

그리고 정기총회에서 재무제표 등을 승인한 후 2년 내에 다른 결의가 없는 때에는 이사에게 부정행위가 없는 한 회사는 이사의 책임을 해제한 것으로 본다(§450). 다른 결의란 주주총회결의는 물론이고, 이사회결의나 제소행위도 포함하며, 부정행위란 악의의 가해행위 뿐만 아니라 불법행위, 기타 정당하지 못한 이사의 행위

1) 정찬형, 상, 992면; 손주찬, 807면; 정동윤, 449면; 이기수 외, 347면.

2) 대판 2004.1214, 2002다60467, 60474.

3) 대판 2002.6.14, 2002다11441.

4) 이철송, 회, 763면; 정찬형, 상, 992면; 최준선, 회, 481면.

5) 대판 2002.6.14, 2002다11441.

를 포함한다.[1] 이 경우에는 보통결의로 이사·감사의 책임을 해제하게 된다.

### (5) 책임의 감경

앞에서 설명한 바와 같이 총주주의 동의를 요하는 이사의 책임면제는 대규모 상장회사에서는 이용이 불가능하고, 소규모 회사의 경우에는 지배주주의 재산유출행위 등에 대하여 책임을 쉽게 면제할 수 있는 제도로 악용될 수 있었다. 그리고 대표소송의 활성화로 이사의 경영행동이 위축되고, 유능한 인재를 이사로 추대하는 것이 어렵다는 평가도 있었다. 특히 현행상법이 주주대표소송의 요건을 소수주주권으로 인정하고 있기 때문에 이사의 책임면제를 굳이 총주주의 동의까지 필요 없고 주주총회의 특별결의 정도로 완화해야 한다는 의견들이 많았다.[2]

따라서 2011년 개정상법은 이사의 회사에 대한 책임의 감경을 도입하였다(§400 ①). 즉 회사는 정관으로 정하는 바에 따라 제399조에 따른 이사의 책임을 이사가 그 행위를 한 날 이전 최근 1년간 보수액(상여금과 주식매수선택권의 행사로 인한 이익 등을 포함한다)의 6배(사외이사의 경우는 3배)를 초과하는 금액에 대하여 면제할 수 있다. 다만 이사가 고의 또는 중대한 과실로 손해를 발생시킨 경우와 제397조(경업피지의무위반), 제397조의2(회사기회 및 자산 유용금지의무위반), 제398조(자기거래금지의무위반)에 해당하는 경우에는 그러하지 아니하다.

### (6) 책임의 시효

이사의 회사에 대한 손해배상책임을 법정책임으로 보든지 위임계약 불이행으로 보든지 채무불이행책임이므로 일반채무의 경우와 같이 10년의 시효완성으로 소멸한다(민 §162).[3] 자본충실의 책임의 경우도 같다.

---

1) 서울고판 1977.1.28, 75나2885.

2) 본제도의 도입이전 연구로서 양동석, "일본상법상 이사의 책임제한과 분할책임론", 기업법연구 제14집, 9면 이하; 동, "기업의 지배구조개선을 위한 주주대표소송", 상사법연구 제19권 제2호, 420면 이하; 동, "대표소송활성화와 이사의 책임경감", 비교사법 제9권 제4호, 436면 이하.

3) 대판 1985.6.25, 84다카1954.

## 2. 이사의 제3자에 대한 책임

### (1) 의 의

이사는 회사에 대하여 수임인으로서 선량한 관리자의 주의로써 그 직무를 수행할 의무를 지며, 이사가 그 임무를 게을리 하여 회사에 손해를 입혔을 경우에는 그 이사는 회사에 대하여 채무불이행으로 인해 손해배상책임을 부담한다(§399①). 그러나 이사가 그 임무를 게을리 하여 제3자에게 손해를 입혔을 경우에는 이사가 개인적으로 직접 제3자에게 책임을 지는 경우는 없고, 회사가 제3자에게 책임을 지게 될 것이다.

그럼에도 불구하고 상법은 이사가 고의 또는 중대한 과실로 인하여 그 임무를 게을리 한 때에는 그 이사는 제3자에 대하여 연대하여 손해배상책임을 지도록 규정하고 있다(§401①).[1] 이 책임은 업무집행을 신중하게 하고 제3자를 보호하기 위한 것이나,[2] 이사는 번잡한 업무를 집단적으로 신속하게 처리하여야 하기 때문에 경과실에 대하여는 책임을 지지 않게 한 것이다. 따라서 이사가 그 임무를 해태하여 제3자에게 직접 또는 간접으로 손해를 입힌 경우에는 비록 불법행위의 요건을 갖추지 않았더라도 그 이사는 제3자에 대하여 손해배상책임을 지게 된다.

이와 같이 이사의 제3자에 대한 책임을 규정한 상법 제401조는 주주가 동시에 이사를 겸하고 지배주주의 개인 사업처럼 운영되는 소규모 주식회사에서는 회사재산의 부족으로 채권자가 채권회수를 못할 때 제401조의 적용에 의하여 법인격부인론을 대체하는 기능을 하고 있다.[3]

### (2) 대표이사·이사·피용자의 불법행위에 대한 회사의 책임

대표이사가 그 업무집행으로 인하여 타인에게 손해를 가한 때에는 회사와 그 대표이사는 연대하여 배상할 책임이 있다(부진정연대책임, §389③, §210). 이와 같이 대표이사의 제3자에 대한 불법행위에 대하여 회사가 책임을 지도록 한 것은 회사의 기관인 대표이사의 행위는 바로 회사의 행위로 인정되는 점과 피해자의 구제에 만전을 기하고자 하는 정책적인 배려에 따른 것이다. 이때 '업무집행으로 인하

---

1) 대판 1985.11.12, 84다카2490.

2) 정찬형, 상, 995면; 이철송, 회, 768면; 정동윤, 450면.

3) 정희철, 495면; 정찬형, 상, 995면; 정동윤, 456면; 최준선, 회, 483면; 이철송, 회, 768면.

여'는 '대표행위로 인하여'라는 의미로 본다.

따라서 대표행위가 가능한 범위 내에서 회사의 업무집행과 관련이 있고 행위의 외형상 객관적으로 대표이사의 직무범위 내로 보이는 경우의 문제라 할 수 있다. 판례도 같은 취지이다.[1] 한편 대표이사가 아닌 이사의 경우는 회사의 사용자책임을 별론으로 하고, 이 규정을 적용할 여지는 없다.

대표이사의 제3자에 대한 불법행위로 인하여 회사가 손해배상책임을 부담하는 근거는 상법 제210조를 준용한 상법 제389조 제3항 및 상법 제401조, 민법 제750조이다. 이때 대표이사가 아닌 이사(개인)의 제3자에 대한 손해배상책임은 상법 제401조(및 민 §756)에 의하여 부담하고, 기타 회사의 피용자의 제3자에 대한 손해배상책임은 민법 제750조에 의하여 부담한다. 대표이사 외의 이사(개인)도 연대책임을 진다(§401, 민 §750). 회사의 기관의 불법행위는 바로 회사의 불법행위가 되므로 회사의 불법행위능력도 있다고 보는 것이다. 이는 민법 제35조 제1항과 그 취지가 같다.

### (3) 책임의 원인

이사가 제3자에 대하여 책임을 지는 경우는 이사의 '고의 또는 중대한 과실로 인한 임무해태행위'가 있은 때이다. 예를 들면 이사가 주식청약서·사채청약서·재무제표 등에 허위의 기재를 하거나 허위의 등기나 공고를 한 경우, 또는 회사의 자산·경영상태 등에 비추어 만기에 지급가능성이 없는 어음을 발행하거나, 대표이사가 회사의 경영을 지나치게 방만하게 운영한 결과 회사의 채무를 지급할 수 없게 되는 등으로 인하여 제3자에게 손해를 입힌 경우 등이다.[2]

그러나 대표이사가 방만한 경영을 한 결과 회사의 채무를 지급할 수 없게 된 경우에는 이른바 경영판단의 문제로서 신중하게 판단하여야 할 것이다. 또한 단순히 회사의 채무이행지체 등의 경우에는 제401조의 책임을 지지 않는다고 보아야 한다.[3]

### (4) 책임의 성질

상법 제401조에 의한 이사의 제3자에 대한 책임의 법적성질에 관하여는 법정책임설과 불법행위책임설로 학설이 나누어진다.

---

1) 대판 1990.11.13, 89다카26878.

2) 정찬형, 상, 997면.

3) 정찬형, 상, 998면; 최준선, 회, 485면; 대판 1985.11.12, 84다카2490; 동 2006.8.25, 2004다26119.

법정책임설에 의하면 원래 이사는 제3자에 대하여 직접 아무런 법률관계를 가지는 것이 아니므로 당연히 제3자에 대하여 책임을 지는 것이 아니지만, 이사의 직무의 성질상 제3자에게 손해를 입힐 수 있으므로 법률이 제3자 보호를 위하여 특별히 인정한 책임이라는 견해이다.[1] 이 견해는 위 이사의 책임을 민법상 불법행위책임과는 별개의 책임으로 보아 민법상 불법행위책임과의 경합을 인정한다. 또한 회사에 대한 임무해태에 이사의 고의 또는 중과실이 존재하여야 하며, 제3자에는 주주를 포함하고 이사의 책임의 소멸시효기간은 일반채권과 같은 10년이라고 한다.

이에 대하여 불법행위책임설에 의하면 상법 제401조에 의한 이사의 제3자에 대한 책임은 민법상 불법행위의 성질을 갖지만, 불법행위의 요건 중에서 경과실을 면제한 불법행위책임이라는 견해이다. 불법행위책임설은 다시 불법행위특칙설[2]과 특수불법행위책임설[3]로 나뉜다.

불법행위 특칙설은 민법상 불법행위책임과의 경합을 인정하지 않고, 제3자에 대한 가해행위에 이사의 악의·중과실이 존재하여야 한다고 한다. 제3자에는 주주를 포함하고, 제3자의 손해는 직접손해에 한하며, 이사의 책임의 소멸시효기간은 불법행위책임과 같이 3년이라고 한다(오늘날 이 견해를 취하는 우리나라의 학자는 없다).[4] 특수불법행위책임설은 책임의 소멸시효기간을 3년으로 보고 있는 점 이외에는 민법상 불법행위책임과의 경합을 인정하는 점 등 법정책임설의 경우와 같다.

따라서 법정책임설과 특수불법행위책임설에 의하면 일반불법행위책임과의 경합이 인정될 수 있지만, 불법행위 특칙설에 의하면 경합이 인정되지 않는다. 또한 법정책임설에 의하면 책임의 소멸시효기간은 10년이 되지만 불법행위특칙설과 특수불법행위책임설에 의하면 소멸시효기간은 3년이라는 차이가 있다.

생각건대 상법 제401조에 의한 이사의 제3자에 대한 책임은 이사가 직접 제3자와의 관계에서 고의 또는 중과실로 인하여 지는 책임이 아니므로 불법행위책임과는 성질이 다르고, 입법취지가 이사의 책임을 강화하고 제3자를 보호하기 위한 것이므로 법정책임으로 보는 것이 타당하다. 그러나 어느 설에 의하더라도 그 결과는 실질적 차이가 있는 것이 아니고 본질에 관한 설명이 다를 뿐이다.[5]

---

1) 최준선, 회, 487면; 손주찬, 809면; 최기원, 641면; 강위두, 567면; 정동윤, 452면; 이철송, 회, 770면; 정찬형, 상, 999면; 서헌제, 424면; 김정호, 587면; 이기수 외, 424면; 채이식, 회, 567면.

2) 서정갑, 242, 288면; 이병태, 692면.

3) 서돈각·정완용, 396면.

4) 최준선, 회, 486면.

5) 이철송, 회, 770면.

### (5) 책임을 부담하는 이사

상법 제401조에 의하여 제3자에 대하여 책임을 부담하는 이사는 '고의 또는 중과실로 임무를 게을리 한 이사'이며, 그가 수인인 때에는 연대하여 책임을 진다(§401①). 또한 이사의 임무를 게을리 한 행위가 이사회의 결의에 의한 경우는 결의에 찬성한 이사도 연대책임을 진다(§401②, §399②). 그 결의에 참가한 이사로서 의사록에 이의를 제기한 기재가 없는 경우에는 그 의결에 찬성한 것으로 추정한다(§401②, §399③).

사외이사도 책임을 지는 이사에 당연히 해당되며, '업무집행지시자'(사실상의 이사, §401의2)도 회사에 대하여 손해배상책임을 지는 것과 같이 제3자에 대하여 책임을 지는 이사에 포함된다. 또한 등기부상으로는 대표이사 또는 이사로 되어 있지만 회사의 업무집행에는 전혀 참여하지 않는 이사(간판이사)도 소정의 절차를 거쳐 선임된다는 점에서 그 법적지위는 업무집행에 참여하는 이사와 다를 바 없다.[1]

이와 같은 명목상의 이사의 책임이 일반적인 이사의 책임보다 경감 또는 면제되어야 한다는 견해도 있으나, 그 지위의 중요성에 비추어 볼 때 이사들은 회사의 신용의 기초가 된다는 점에서 이사의 취임을 승낙한 이상 책임의 경감은 인정될 수 없다고 본다.[2]

증권신고서와 투자설명서 중 중요사항에 관하여 거짓의 기재 또는 표시가 있거나 중요사항이 기재 또는 표시되지 아니함으로써 증권의 취득자가 손해를 입은 경우에는 이사 등 자본시장과 금융투자업에 관한 법률 제125조 제1항에서 열거하는 자는 그 손해에 관하여 배상책임을 진다. 다만 배상책임을 질 자가 상당한 주의를 하였음에도 불구하고 이를 알 수 없었음을 증명하거나, 그 증권의 취득자가 취득청약을 할 때에 그 사실을 안 경우에는 배상책임을 지지 아니한다(자금 §125①). 그리고 상장법인의 사업보고서, 반기보고서, 분기보고서, 주요사항보고서 및 첨부서류 중 중요사항에 관하여 거짓의 기재 또는 표시가 있거나 중요사항이 기재 또는 표시되지 아니함으로써 증권의 취득자 또는 처분자가 손해를 입은 경우에는 사업보고서 등 제출인과 이사 등은 그 손해를 배상할 책임을 진다(자금 §162①). 이것은 이사의 회사에 대한 임무해태의 경우이나 이와 인과관계가 있는 제3자의 손해에 대해서도 배상책임을 지우고 있으므로 상법 제401조와 유사하다.

---

1) 최기원, 643면; 최준선, 회, 488면.

2) 최기원, 644면; 최준선, 회, 488면.

## (6) 제3자의 범위

상법 제401조의 "제3자"의 범위에는 회사채권자, 주식인수인, 기타 이해관계인이 해당할 것이나, 주주도 포함하는가에 대하여는 포함한다는 견해와 포함하지 않는다는 견해로 학설이 나누어진다.

포함설[1]에 의하면 제3자란 널리 회사 이외의 자를 의미하고, 대표소송권과 상법 제401조에 의한 권리와는 그 요건이 서로 달라 이를 인정할 실익이 있다는 이유로 제3자에는 주주도 포함된다고 한다. 따라서 주주가 제3자로서가 아닌 주주인 자격에서 입은 손해(간접손해)에 관하여도 이사가 책임을 부담하는 것이다.

이에 대하여 제3자에 주주를 포함하지 않는다는 불포함설[2]은 주주가 제3자로서의 자격에서 직접 받은 손해에 대하여는 이사의 책임을 추궁할 수 있지만, 회사가 손해를 입음으로써 주주로서의 자격에서 받은 간접적인 손해에 대해서는 회사가 손해배상을 받음으로써 주주의 손해는 간접적으로 보상되는 것이므로 주주는 이사의 책임을 직접 추궁할 수 없다고 한다. 우리나라 대법원 판례의 입장이다.[3]

생각건대 불포함설에 의하면 주주의 간접손해는 대표소송 등에 의하여 구제될 수 있을 뿐 아니라, 이로써 회사가 배상을 받으면 주주의 손해도 간접적으로 보상되기 때문에 제3자에 주주가 포함되지 않는다고 한다. 그러나 제3자의 범위에는 언제나 주주가 포함된다고 본다. 다만 주주의 이사에 대한 손해배상청구방법에 차이가 있다. 즉 주주의 직접손해에 대해서는 주주가 이사에 대하여 직접손해배상을 청구할 수 있다는 점에서는 동일하다. 그러나 불포함설은 간접손해에 대하여 대표소송으로 구제될 수 있다고 하지만, 대표소송(§403)은 제소요건의 제한이 있고 담보가 요구될 수 있으므로 이러한 요건을 구비하지 못한 주주는 이사에 대하여 손해배상 청구가 불가능하다. 그래서 주주를 제3자의 범위에 포함시키면 이러한 요건이나 제한 없이 이사에 대하여 회사에게 손해배상을 할 것을 청구할 수 있게 된다. 그러나 제3자의 범위에 공법관계인 국가와 지방자치단체는 포함되지 않는다는 것이 우리 대법원 판례의 태도이다.[4]

---

1) 손주찬, 810~811면; 최기원, 645면; 정동윤, 453면; 정찬형, 상, 1001면; 채이식, 568면; 이철송, 회, 771면; 김정호, 588면.

2) 동지: 이병태, 694면; 임홍근, 523면; 대판 1993.1.26, 91다36093.

3) 대판 1993.1.26, 91다36093; 동 2003.10.24, 2003다29661.

4) 상법 제401조는 이사의 제3자에 대한 손해배상책임을 규정한 것으로서 공법관계에 속하는 서울특별시 급수조례 제27조의 규정에 의한 급수사용료의 회사임원에 대한 부과처분에 대한 근거규정이 될 수 없다(대판 1983.4.12, 82누517; 동 1982.12.14, 82누374).

《 이사의 책임보험 (Director's Liability Insurance) 》

이사의 손해배상책임은 규모가 크고 배상액도 거액인 경우가 대부분이어서 무자력한 이사에게 배상책임을 추궁하는 것은 아무런 소용이 없이 끝날 가능성이 높다. 따라서 미국에서는 이사와 임원의 책임보험이 발달되었고, 최근 우리나라에서도 이 보험제도가 많은 논의를 거쳐 도입되었으며, 그 이용도가 점점 증가하고 있는 실정이다. 아직은 그 이용이 많지 않지만 이사의 배상책임에 대한 대책으로서 활용될 수 있을 것으로 크게 기대된다.

## 제7 업무집행지시자 등의 책임

상법은 법률상의 이사는 아니지만 회사에 대한 자신의 영향력을 이용하여 실질적으로 이사로서의 기능을 수행하는 자(사실상의 이사)에 대하여도 법률상의 이사와 같이 회사 또는 제3자에 대하여 책임을 지도록 하는 규정하고 있다(§401의2). 우리나라의 대부분의 회사에 지배주주가 존재하고, 그 지배주주는 사실상의 이사 선임권을 배경으로 하여 이사의 업무집행을 자신의 사익을 위한 방향으로 이용하는 경우가 많다. 그리하여 상법은 지배수주에 의하여 회사운영이 왜곡되는 것을 방지하기 위하여 이사가 아니면서 업무집행에 직·간접으로 관여한 자의 책임을 물을 수 있는 규정을 둔 것이다.

즉 회사의 지배주주 또는 실질적으로 경영권을 가진 자 등은 법률상 이사가 아니므로 회사 및 제3자에 대하여 책임을 지지 아니하는 것이 원칙이지만, 이들은 회사에 대한 영향력을 이용하여 업무집행에 지시·관여하는 사실상의 이사이다. 따라서 상법은 기업경영의 투명성을 높이고 건전한 경영을 도모하기 위하여 이들의 경영관여행위에 대하여 이사와 동일한 책임을 부과한 것이다.

상법이 규정한 사실상의 이사에는 업무집행지시자, 무권대행자, 표현이사의 3가지 유형이 있다. 이들 중 어느 하나에 해당하게 되면 이사로 보게 되고, 상법 제399조, 제401조, 제403조 등이 적용되어 회사 또는 제3자에 대하여 손해배상책임을 지며 대표소송의 대상이 된다.

## 1. 업무집행지시자

### (1) 의 의

업무집행지시자란 법률상의 이사가 아니면서 회사에 대한 자신의 영향력을 이용하여 이사에게 업무집행을 지시한 자를 말한다(§401의2①2호). 지배주주와 같이 회사에 대하여 갖는 영향력을 이용하여 사실상 업무집행에 관여하면서도 조직법적인 행위주체로 표면화 되지 않기 때문에 종래 법적인 책임을 지지 않았으므로 이를 책임주체로 표면화시킨 것이다.

### (2) 요 건

1) **회사에 대한 영향력** 영향력이란 지배주주 등이 회사의 의사결정을 자신이 의도하는 바대로 유도할 수 있는 사실상의 힘이다.[1] 영향력 보유자는 지배주주가 전형적인 경우이겠지만 회사의 채권자, 거래관계에서 우월한 지위를 갖는 자, 공법적이거나 정치적으로 우월한 권한을 갖는 자 등이며, 자연인 뿐만 아니라 법인도 될 수 있다. 회사에 대한 영향력을 요건으로 하므로 이사 개인에 대한 영향력은 해당하지 않는다.[2]

2) **업무집행의 지시** 영향력을 이용하여 이사에게 업무집행을 지시하여야 한다. 영향력의 행사란 사회적인 힘의 우열관계에서 거부할 수 없는 요구라고 볼 수 있을 것이다. 물리적인 힘이나 협박 등이 있어야 하는 것이 아니고, 직접적이든 간접적이든, 사익을 추구하는 것이든 아니든 불문한다.

3) **이사의 업무집행** 이사가 영향력에 복종하여 대내외적인 업무를 집행하고, 그것이 이사의 임무해태에 해당하며, 회사에 손해를 입혀서 상법 제399조 제1항의 책임요건을 구비하여야 한다.

### (3) 책 임

이상의 요건을 구비하면 업무집행지시자는 이사로 간주되어 상법 제399조, 제401조, 제403조의 적용을 받아 회사에 대한 책임과 제3자에 대한 책임을 진다. 그

---

1) 정찬형, 상, 989면; 이철송, 회, 638면.

2) 이철송, 회, 778면.

러나 업무집행지시자에게는 임무해태를 요구하지 않는다. 왜냐하면 업무집행지시자는 회사의 기관이 아니므로 임무해태가 있을 수 없기 때문이다. 업무집행지시자의 책임은 이사에게 임무해태를 지시하였다는 점을 원인으로 발생하는 것이므로 상법이 특별히 인정한 책임이다.[1)]

업무를 집행한 이사도 임무해태가 있었기 때문에 책임을 질 것이므로, 그 이사와 업무집행지시자는 연대하여 책임을 진다(§401의2②). 업무집행지시자의 책임은 상법 제401조의2가 제400조를 준용하지 않기 때문에 총주주의 동의로도 면제할 수 없다고 본다.[2)]

지시를 받은 이사의 업무집행에 관하여 그 이사가 제3자에 대해 손해배상책임을 질 경우에는 업무집행지시자도 연대하여 책임을 진다.

## 2. 무권대행자

무권대행자란 이사가 아니면서 이사의 이름으로 직접 업무를 집행한 자를 말한다(§401의2①2호). 상법 제401조의2 제1호와 제2호(업무집행지시자)의 요건을 구비한 자가 업무집행을 지시하는 대신 이사의 이름으로 직접 업무를 집행하는 경우이다.[3)] 회사에서 이사의 직위를 갖지 않은 자가 이사의 이름으로 직접 업무를 집행하였다면 본 규정이 없더라도 불법행위를 구성하지만, 이 규정은 법문의 표현에도 불구하고 불법행위책임을 진다는 것을 표명한 것이라고 본다. 왜냐하면 무권대행자는 회사조직에 있어서 회사에 대한 임무해태가 있을 수 없기 때문이다.[4)] 이는 회사조직상 아무런 직함을 가지지 아니한 점에서 표현이사와 구별된다.

## 3. 표현이사

표현이사란 이사가 아니면서 명예회장·회장·사장·부사장·전무·상무·이사 기타 회사의 업무를 집행할 권한이 있는 것으로 인정될 만한 명칭을 사용하여 회사의 업무를 집행하는 자를 말한다(§401의2①3호). 표현이사의 책임을 묻기 위한 요

1) 이철송, 회, 779~780면. 이에 대하여 기관으로서 지는 책임이라고 설명하는 견해로는 정동윤, 460면; 정찬형, 상, 991면; 최기원, 649면.

2) 이철송, 회, 780면.

3) 대판 2009.11.26, 2009다39240; 이철송, 회, 780면; 정찬형, 상, 990면.

4) 이철송, 회, 780~781면.

건으로서 명칭 자체가 영향력 행사의 근거이므로 전술한 업무집행지시자나 무권대행자와는 달리 별도의 영향력 행사를 요하지 않는다. 표현이사도 역시 불법행위책임을 진다고 본다.

표현이사와 표현대표이사의 차이는 ① 전자는 표현이사의 책임면탈을 막기 위한 것이지만 후자는 외관신뢰를 보호하여 거래의 안전을 기하기 위한 것이고, ② 전자는 책임주체가 표현이사 개인이지만 후자는 회사이며, ③ 전자는 회사의 귀책사유를 요구하지 않지만 후자는 회사의 귀책사유가 있어야 한다. 그리고 ④ 전자의 경우에는 제3자의 외관신뢰가 필요 없으나 후자의 경우에는 이를 필요로 하고 ⑤ 전자에는 대표소송을 제기할 수 있으나 후자는 성질상 불가능하다.

## 《일본 회사법상 임원 등의 책임》

### 1. 회사에 대한 책임

#### (1) 일반적 책임

**1) 임원 등의 임무해태책임** 임원인 이사, 회계참여, 감사역, 집행역, 회계감사인(이하 '임원')은 회사에 대하여 고의·과실로 임무를 해태한 때는 이로 인하여 발생한 손해를 배상할 책임을 진다(일회 §423①). 복수의 임원이 책임을 지는 경우에는 연대책임을 진다(일회 §430).

회사와 임원의 관계는 우리나라의 경우와 같이 위임관계(일회 §330)이므로 선관주의의무가 있으며, 충실의무도 별도로 규정하고 있다(일회 §355, §419②). 두 의무의 관계에 대해서 통설과 판례는 충실의무는 선관주의의무를 구체적이고 명확하게 하는 것이라고 본다. 그리고 회사법 제423조 제1항이 규정하는 임무해태책임은 임원 등의 고의·과실을 발생요건으로 하는 임무해태에 의하여 회사에 손해를 끼친 모든 경우에 발생하는 매우 넓은 범위의 과실책임이다.

**2) 책임의 전부면제 또는 주주총회 결의에 의한 일부면제** 임원의 임무해태책임은 광범위한 책임임에도 불구하고, 총주주의 동의가 없으면 면제할 수 없다(일회 §424). 그래서 회사법은 별도의 일부면제에 관한 규정을 두고 있다. 즉 당해 임원이 선의이고 중대한 과실이 없는 때는 배상책임을 질 총액에서 후술하는 최저책임한도액을 공제한 액을 한도로 하여 주주총회결의로써 면제할 수 있다(일회 §425①). 면제를 결의하는 주주총회에서 이사는 ① 책임원인 사실 및 배상책임액, ② 면제 가능한 액의 한도 및 산정근거, ③ 면제이유 및 면제 액을 개시하여야 한다(동조②). 그리고 감사설치회사, 위원회설치회사의 경우에는 책임면제의안을 주주총회에 제출할 때는 각 감사 및 각 감사위원의 동의를 얻어야 한다(동조③).

최저책임한도액은 당해 임원이 재직 중에 회사로부터 직무집행의 대가로서 받은 또는 받을 재산상의 이익 1년간의 액에 상당하는 액으로서 법무성령으로 정하는 액에 임원에 따라 정해진 액에 다음 수를 곱한 금액이다. 즉 대표이사나 대표집행역은 6을, 대표권 없는 사내이사나 집행역은 4를, 사외이사, 회계참여, 감사, 회계감사인의 경우는 2를 곱하여 얻은 금액이다(일회 §425①1호). 여기에 당해 임원이 신주예약권을 금전납입을 요하지 않고 특별히 유리한 가격으로 인수한 경우 법무성이 정하는 방법으로 그 이익에 상당하는 액을 더한 액으로 한다(동항2호).

그리고 회사가 당해 결의 후에 일부면제를 받은 임원 등에게 퇴직위로금 기타 법무성령이 정하는 재산상의 이익을 부여한 때는 주주총회의 승인을 받아야 한다. 면제결의 후에 당해 임원이 신주예약권을 행사하거나 양도하는 경우에도 같다(동조④). 따라서 이 결의가 있으면 당해 임원이 신주예약권증서를 소지하는 경우 지체 없이 회사에 예탁하여야 한다. 주주총회의 양도승인 후에만 예탁한 증서의 반환을 요구할 수 있다(동조⑤).

3) **정관규정에 의한 책임의 일부면제** 이사가 2인 이상인 감사설치회사 또는 이사회설치회사는 임무해태책임에 대하여 당해 임원 등이 선의이고 중대한 과실이 없는 경우에 책임의 원인이 된 사실내용, 당해 임원 등이 직무의 집행상황 기타의 사정을 감안하여 특히 필요하다고 인정하는 때는 회사법 제425조 제1항의 규정에 의한 최저책임한도액을 한도로 하여 이사(책임이사 제외)의 과반수 동의, 이사회설치회사의 경우는 이사회 결의로써 면제할 수 있다는 뜻을 정관에 정할 수 있다(일회 §426①).

감사위원이 아닌 이사 및 집행역의 책임을 면제하는 정관변경을 할 경우, 의안을 감사설치회사의 경우에는 각 감사에게, 위원회설치회사의 경우에는 각 감사위원의 동의를 받아야 한다(동조②). 실제로 정관규정에 의하여 임원의 책임을 면제할 경우에는 이사회비설치회사의 경우에는 이사의 과반수 동의, 이사회설치회사는 이사회결의가 행하여진 때, 이사는 지체 없이 그 내용과 이의가 있는 경우 이의를 제출할 것을 공고 또는 주주에게 통지하여야 한다(동조⑥). 총주주의 의결권의 100분의 3 이상의 주주가 기간 내에 이의를 제출한 경우에는 면제할 수 없다(동조⑤).

4) **사외이사, 사외감사, 회계참여, 회계감사인과의 책임한정계약** 회사는 이상의 사외이사 등의 임무해태에 의한 손해배상책임에 대하여, 이들이 직무를 행함에 있어 선의이고 중과실이 없는 때는(입증책임은 사외이사 등이 부담함), 정관에서 정한 액의 범위 내에서 미리 회사가 정한 액과 최저책임한도액과의 높은 금액을 한도로 한다는 뜻의 계약(책임한정계약)을 사외이사 등과 체결할 수 있다는 규정을 정관에 둘 수 있다(일회 §427①). 이 내용의 정관변경을 할 경우에는 감사설치회사는 각 감사, 위원회설치회사는 각 감사위원의 동의를 얻어야 한다(동조③).

회사가 실제로 당해계약의 상대방인 사외이사 등의 임무해태에 의하여 손해를 받은 것을 안 때는, 그 후 최초로 소집되는 주주총회에서 ① 동법 제425조 소정의 최저책임한도액, ② 책임한정계약의 내용 및 체결이유, ③ 면제되는 액 등을 개시하여야 한다(동조④).

(2) **개별적 책임** ① 잉여금배당에 관한 책임(분배가능이익을 초과하여 한 분배에 대한 손해배상책임(일회 §462), ② 매수청구에 응하여 주식을 취득한 경우에 있어서의 책임(일회 §464), ③ 결손이 발생한 경우의 책임(일회 §465), ④ 주주의 권리행사에 관한 이익공여의 책임(일회 §120④), ⑤ 이사, 집행역의 경업금지의무, 이익상반거래(일회 §356, §419② 준용규정), ⑥ 부족액전보책임(일회 §52, §103,

§213) 등이 있다.

## 2. 임원 등의 제3자에 대한 책임

임원 등은 회사에 대한 관계에서는 전술한 바와 같이 수임자의 지위에 서고, 그 임무를 해태하면 회사에 대하여 채무불이행에 의한 손해배상책임을 지는 것은 당연하지만, 제3자와는 직접관계가 없으므로 불법행위책임 이외에는 아무런 책임을 지지 않는 것이 원칙이다. 그러나 회사법은 제3자의 보호입장에서 일정한 요건아래 임원 등이 제3자에 대하여 직접 손해배상책임을 진다는 뜻을 정하고 있다(일회 §429). 또한 복수의 자가 책임을 질 때는 이들은 연대하여 책임을 진다(일회 §430).

**(1) 임무해태책임** 임원 등이 그 직무를 행함에 있어 악의 또는 중대한 과실이 있는 때는 당해 임원 등은 이에 의하여 제3자에게 발생한 손해를 배상할 책임을 진다(일회 §429①). 종래 이 규정이 추상적이고 명확하지 않았으므로 이 책임에 대하여 우리나라의 경우와 같이 불법행위특칙설, 특수불법행위설, 특별법정책임설 등이 대립하였다. 통설과 판례는 특별법정책임설이고, 이에 의하면 일반적으로 경영의 중심에 서 있는 이사의 개인책임을 인정하여 제3자를 보호하기 위한 취지였다. 일반불법행위책임과의 경합도 인정되고, 일반불법행위책임의 성립요건인 제3자에 대한 가해에 관하여 고의나 과실이 없는 경우에도 회사에 대한 임무해태에 악의 또는 중과실이 있으면 이사의 손해배상책임을 인정한다.

이사의 책임범위가 직접손해에 한정되는가 간접손해에 한정되는가 논의가 있으나 판례는 양 손해의 포함설을 취한다. 그러나 판례는 이사의 회사에 대한 임무해태와 제3자에게 발생한 손해 사이에 상당인과관계기 필요하다는 입장이다.[1] 아직 판례에 의하여 해결되지 않은 문제로서 제3자는 주주를 포함하는가의 문제가 있다. 학설은 직접손해는 주주를 포함하지만, 간접손해에 대해서는 주주를 포함하지 않는다고 해석하는 것이 일반적이다.

**(2) 부실정보기재 기록 개시책임(일회 §429②)** 이사 및 집행역은 ① 주식, 신주예약권, 사채, 신주예약권부사채의 인수자를 모집할 때 통지할 중요사항에 대하여 허위의 통지 또는 당해 모집을 위한 회사의 사업 기타 사항에 관한 설명에 사용한 자료에 대하여 허위의 기재·기록, ② 계산서류, 사업보고, 이들의 부속명세서, 임시 계산서류에 기재·기록할 중요사항에 대하여 허위의 기재·기록, ③ 허위의 등기, ④ 허위의 공고에 대하여 책임을 진다.

회계참여, 감사역·감사위원, 회계감사인도 업무와 관련된 서류, 보고서 등에 있어서 허위의 기재·기록에 대하여 책임을 진다. 다만 이들은 당해 행위를 함에 있어서 주의를 태만히 하지 않았다는 증명을 한 때는 책임을 지지 않는다(과실책임).

---

1) 酒卷俊雄·尾崎安央, 230面.

### 《중국 회사법상 임원의 책임》

#### 1. 회사에 대한 책임

중국의 회사법은 이사, 감사, 고급관리자가 회사의 직무를 집행할 때 법률, 행정법규 또는 회사정관의 규정을 위반하여 회사에 손해를 끼친 경우에는 배상책임을 진다고 규정한다(중회 §150). 당연히 상술한 충실의무와 선관의무 및 이를 구체화한 각종의 의무를 위반하여 회사에 손해를 끼친 경우에는 이사에게 배상책임을 지도록 명문으로 인정한 것이다.

그러나 한국의 경우 신주발행시에 이사가 부담하는 자본충실책임에 대하여 중국의 회사법에는 명문규정이 없다. 중국 회사법도 회사설립시에는 자본충실을 위하여 주식대금이 완납된 후 법에 의하여 설립된 검증기구의 검증을 받도록 하고, 회사설립 후 발기인이 회사정관의 규정에 따른 출자금을 완납하지 않았을 경우 보충납입하여야 하며, 다른 발기인은 이에 대하여 연대책임을 지도록 한다(중회 §90, §94). 신주발행의 경우 이사의 자본충실책임은 회사설립의 경우의 발기인의 자본충실책임에 관한 제94조의 유추적용이 가능할 것이라고 생각되지만, 입법의 불비라고 생각된다.

#### 2. 주주에 대한 책임

이사, 고위급관리자가 법률, 행정법규 또는 회사정관의 규정을 위반하여 주주의 이익에 손해를 끼친 경우 주주는 인민법원에 소송을 제기할 수 있다(중회 §153).

#### 3. 책임의 면제·감면

중국 회사법은 이사 등 임원의 손해배상책임을 면제하거나 경감하는 규정을 두고 있지 않다. 그러나 중국에서도 이사의 경영활동이 대담하게 이루어지고, 회사와 주주를 위하여 더 큰 가치를 창조하는 것을 격려하기 위하여 이사나 고급관리자 등이 근면의무를 다한 때에는 법원이나 중재기구는 경영판단원칙을 도입해야 한다는 주장이 논의되고 있다.

## 제 8 업무집행에 대한 주주의 감독권

### 1. 직접감독의 필요성

상법상 회사의 업무집행에 대한 감독은 이사회에서 하고, 감사와 검사인이 총체적인 감시와 평가를 하며, 주주는 주주총회에서 사안에 따라 주주총회의 결의를 거치거나 이사의 선임·해임 및 재무제표의 승인 등을 통해서 간접적으로 감독권을 행사하는 것이 원칙이다. 상법이 업무집행권은 집행임원설치회사의 경우에는 집행임원에게 부여하고, 집행임원비설치회사의 경우에는 이사회와 대표이사에게 부여함으로써 이사회제도를 채택하여 이사회에 대표이사 및 이사의 직무집행을 감독할 권한을 부여한 결과이다.

그러므로 주주는 회사의 구성원으로서 이해관계가 크지만 그 지위가 상대적으로 약화되었으므로, 주주의 지위를 강화할 필요가 있다. 이에 상법은 예외적으로 주주에게 이사해임이나 손해배상청구 등을 인정하지만, 특히 회사의 기관적 지위를 인정하여 업무집행에 대한 두 가지의 직접적인 감독·시정권을 인정하였다. 즉 사전적 예방조치로서 주주의 위법행위유지청구권과 사후적 구제조치로서 대표소송제도를 두었다.

양 제도는 미국회사법상의 제도를 도입한 것으로 미국법이나 그를 도입한 일본법은 이 양 권리를 모두 단독주주권으로 인정하고 있는데 대하여, 우리나라는 남용을 방지하기 위하여 소수주주권으로 하고 있다. 소수주주가 회사의 권리를 직접 실행하는 제도이기 때문에 소유와 경영을 분리하는 원칙에 대한 예외가 된다.

## 2. 위법행위유지청구권

### (1) 의 의

주주의 위법행위유지청구권이란 이사가 법령 또는 정관에 위반한 행위를 하여 이로 인하여 회사에 회복할 수 없는 손해가 생길 염려가 있는 경우에 회사를 위해 그 이사에 대하여 그 행위를 유지할 것을 청구할 수 있는 권리이다(§402). 이는 이사(청산인)의 위법행위를 사전에 금지시키기 위하여 소수주주(발행주식총수 100분의 1 이상에 해당하는 주주)에게 부여한 권리를 말하며(감사 또는 감사위원회도 유지청구권을 행사할 수 있음), 영미법상의 유지명령(injunction)제도를 모방한 것이다. 우리나라의 위법행위유지청구제도와 영미법상의 injunction제도와의 가장 큰 차이는 영미에서는 단독주주가 이를 청구할 수 있으나, 우리나라에서는 소수주주 또는 감사(감사위원회)가 이를 청구할 수 있다는 점이다.

유지청구는 소수주주나 감사(감사위원)가 회사를 위하여 회사의 대표기관의 지위에서 이사를 상대로 행사한다는 점에서 대표소송제도와 비슷하지만, 유지청구는 손해를 사전에 예방하기 위한 것이고 대표소송은 사후에 손해를 회복하기 위한 구제수단이라는 점에서 차이가 있다. 이사의 행위 또는 이로 인한 손해의 성질상 회복이 불가능하거나 이사의 무자력 등으로 회복이 불가능한 경우에 손해를 방지하기 위한 수단으로 이용될 수 있다.

**《위법행위유지청구권과 신주발행유지청구권의 차이》**

주주의 유지청구권에는 위법행위유지청구권과 신주발행유지청구권이 있다. 양자는 행위 완료 전에 이를 행사하여야 한다는 점은 공통되나, 다음과 같은 점에서 차이가 있다.

**1. 목 적**

위법행위유지청구권은 회사에 회복할 수 없는 손해가 생길 염려가 있는 경우에 '회사의 손해방지'를 직접적인 목적(공익권)으로 하나, 신주발행유지청구권은 신주발행으로 인하여 주주 자신이 불이익을 받을 염려가 있는 경우에 '주주의 개인적인 손해방지'를 직접적인 목적(자익권)으로 한다.

**2. 청구권자**

위법행위유지청구권은 '소수주주'(발행주식총수의 100분의 1 이상)가 이를 행사할 수 있으나, 신주발행유지청구권은 '주주 개인'(단독주주권)이 행사할 수 있다. 한편 감사 또는 감사위원회는 위법행위유지청구권을 행사할 수는 있으나, 신주발행유지청구권은 행사할 수 없다. 상법은 감사가 위법행위유지청구권을 행사하는 것이 효율적이고 감사기능도 활성화된다는 판단에서 감사에게도 위법행위유지청구권을 인정하였다.

**3. 상대방**

위법행위유지청구권의 상대방은 '이사' 개인이고, 신주발행유지청구권의 상대방은 '회사'이다.

**4. 요 건**

위법행위유지청구권의 행사요건은 이사가 '법령 또는 정관에 위반한 행위를 하여 회사에 회복할 수 없는 손해가 생길 염려가 있는 때'이다. 신주발행유지청구는 회사가 '법령 또는 정관에 위반하거나 현저하게 불공정한 방법으로 신주를 발행한 때'이다.

### (2) 유지청구권자 및 피청구자

유지청구권을 행사할 수 있는 자는 발행주식총수(무의결권주를 포함)[1)]의 100분

1) 이철송, 회, 784면; 정찬형, 상, 1004면; 최준선, 회, 498면.

의 1 이상에 해당하는 주식을 가진 소수주주 및 감사나 감사위원회이며 유지청구의 상대방은 법령 또는 정관에 위반한 행위를 하려는 이사 또는 집행임원이다. 소수주주의 요건은 유지청구의 당시에만 충족하고 있으면 된다. 유지청구가 이사에 대한 경영간섭이 될 수 있기 때문에 남용을 예방하기 위하여 소수주주권으로 한 것이다. 주주의 경우에는 유지청구가 임의이지만, 감사의 경우에는 요건이 충족되면 반드시 유지청구를 해야 하며, 이를 게을리 하면 임무해태가 된다.[1] 유지청구의 상대방은 법령·정관에 위반한 행위를 하려는 이사이다.

**《주권상장법인, 은행, 금융투자업자 등에 대한 특칙》**

주권상장법인 또는 코스닥상장법인의 경우에는 상법상의 1% 지주요건을 완화하여, "6월 전부터 계속하여 발행주식 총수의 10만분의 50(대통령령이 정하는 자본금이 1,000억원 이상인 법인은 10만분의 25)이상에 해당하는 주식을 대통령령이 정하는 방법으로 보유한 자"는 위법행위유지청구권을 행사할 수 있다(§542의6⑤).

금융기관(은행 §17③), 일정규모 이상의 금융투자업자(자금 §29②)의 경우에는 요건이 더욱 완화된다. 즉 발행주식 총수의 1,000,000분의 250(대통령령이 정하는 법인인 경우에는 1,000,000분의 125) 이상이다.

### (3) 유지청구권의 행사요건

유지청구권의 행사요건은 ① 이사가 법령 또는 정관에 위반한 행위를 하여야 하며, ② 그 위법행위로 인하여 회사에 대하여 회복할 수 없는 손해가 발생할 우려가 있어야 한다. 법령 또는 정관에 위반한 행위는 회사의 목적범위 내외 및 그 효력의 유무를 불문하며, 불법행위는 물론 법률행위, 준법률행위, 사실행위도 유지청구의 대상이 될 수 있다. 법령이나 정관에 위반되지 않으면 임무해태가 있더라도 유지청구의 원인이 될 수 없다. 이사의 고의·과실 또는 권한 내외를 불문한다. 유지청구는 원인행위 뿐만 아니라 그 이행행위에 대해서도 행사할 수 있다.[2]

회복할 수 없는 손해란 회복이 반드시 법률적으로나 물리적으로 불가능한 경우에 한정되지 아니하고 비용·노력 등을 감안할 때 회복이 곤란하거나 상당한 시일을 요하는 경우도 포함한다고 본다.[3]

---

1) 이철송, 회, 783면; 정찬형, 상, 1004~1005면.

2) 이철송, 회, 783면. 반대설: 손주찬, 861면; 정동윤, 462면; 채이식, 572면.

3) 임홍근, 512면; 정동윤, 463면; 이철송, 회, 784면; 정찬형, 상, 1004면; 김정호, 594면.

### (4) 행사방법

위법행위유지청구는 이사가 그 행위를 하기 전에 행사하여야 하며, 재판 외의 방법으로 청구할 수도 있다. 그러나 이사가 그 행위를 중지하지 않으면 이사를 피고로 하여 소를 제기하고, 이 소에 기한 가처분으로 그 행위를 유지시킬 수도 있다(민집 §300). 유지의 소에 관한 규정은 없으나 주주가 회사의 대표기관의 지위에서 제기하는 것이므로 대표소송에 관한 관할, 참가, 패소주주의 책임 등에 관한 규정(§§403~406)을 유추적용 해야 할 것이다(통설). 유지의 소는 회사의 이익을 위하여 하는 것이므로 그 판결의 효력은 당연히 회사에 미친다(민소 §218).

### (5) 행사효과

위의 요건이 구비되어 위법행위유지청구를 하면 이사는 그 행위를 중지하여야 한다. 그러나 유지청구가 있다고 하여 이사가 반드시 그 행위를 유지하여야 하는 것은 아니다. 왜냐하면 그 유지청구가 정당하지 않을 수도 있기 때문이다. 이사는 유지청구가 있으면 자기의 행위가 법령이나 정관에 위반한 것인지 다시 고려할 주의의무를 진다.[1]

이사가 유지청구를 무시하고 법령·정관에 위반하는 행위를 계속했을 때 유지청구가 그 행위의 사법상의 효력에 영향을 미치는 것은 아니다.[2] 그 행위가 단체법적 행위(예컨대 사채발행)인 경우에는 상대방의 선의·악의를 불문하고 유효이지만, 개별적인 거래행위인 경우에는 상대방이 악의인 때(예컨대 유지청구권행사의 사실을 알고 있을 때)에는 그 상대방에 대하여는 무효를 주장할 수 있고,[3] 당해 이사는 법령 또는 정관위반행위로 인한 책임을 부담하여야 한다. 유지청구에도 불구하고 이사가 그 행위를 계속하여 그 행위가 법령이나 정관위반으로 확정된 경우에는 이사에게 반증을 요하지 않고 상법 제399조의 중과실이 의제된다고 본다.[4]

---

1) 이철송, 회, 785~786면.

2) 그러므로 유지청구의 실효성이 없으므로 입법적 고려를 해야 한다는 견해가 있다(이철송, 회, 663면; 정찬형, 상, 1005면; 정동윤, 464면).

3) 손주찬, 820~821면; 최기원, 657면. 개별적인 거래의 경우에도 상대방의 선의·악의를 불문하고 효력에 영향이 없다는 학설: 이철송, 회, 786면. 이에 대하여 정동윤 교수는 "상대방이 유지청구의 사실을 알았을 때에 한하여 유지청구를 무시한 행위의 무효를 주장할 수 있다고 하는 것은 실은 이사회결의의 흠결에 관하여 악의인 것의 효과요, 유지청구의 효과는 아니라고 말할 수 있다."고 한다(정동윤, 464면); 최준선, 회, 499면.

4) 이철송, 회, 784면; 정찬형, 상, 1005면; 최준선, 회, 499면.

유지청구와 관련하여 부정한 청탁을 받고 재산상의 이익을 수수요구 또는 약속한 자에 대하여는 형벌의 제재가 있다(§631①3호).

## 3. 대표소송(representative suit, derivative suit)

### (1) 의 의

주주의 대표소송이란 미국법에서 도입한 일종의 소송대위제도로서 소수주주가 회사를 위하여 이사 등의 책임을 추궁하기 위하여 제기하는 소송을 말한다. 이사의 회사에 대한 책임의 추궁은 본래 감사나 감사위원회 등 회사를 대표하는 자가 수행해야 할 것이나, 실제에 있어서는 감사나 감사위원회와 이사간의 내부관계상 이를 기대하기가 어렵다. 이사에 대한 책임추궁을 게을리 하면 시효완성, 고의적 무자력화 등으로 인하여 권리실현이 불가능하게 되어 회사와 주주의 이익을 보호할 수 없게 된다. 그러므로 회사를 대표하는 자가 이사에 대한 책임추궁을 게을리 할 경우 소수주주가 회사를 위하여 소를 제기할 수 있도록 한 것이다(§403).

이와 같이 대표소송은 회사의 권리를 회복하는 기능을 하지만 이를 통하여 회사경영의 건전성을 확보하고 이사들의 책임추궁의 실효성을 확보함으로써 임무해태를 예방하며, 경영활동과 그 판단에 있어서 신중을 기하게 하는 기능을 한다.[1]

본래는 한 명의 주주가 전체의 주주를 대표하므로 대표소송(representative suit)이라 하였으나, 주주가 회사를 대위하여 제기하는 소송이라는 관점에서 대위소송(derivative suit)이라고도 한다.[2] 미국과 일본에서는 단독주주도 이 소송을 제기할 수 있으나 우리나라에서는 남용을 예방하기 위하여 소수주주가 제소할 수 있도록 하였다. 대표소송은 앞에서 본 바와 같이 사후조치인 점에서 앞에서 설명한 유지청구권과 근본적으로 구별된다.

주주의 대표소송은 이사 외에도 집행임원, 발기인, 업무집행지시자, 감사, 청산인, 불공정한 가액으로 신주를 인수한 자, 주주권 행사와 관련하여 이익공여를 받은 자 등의 책임추궁을 위하여 제기할 수 있다.

---

1) 이철송, 회, 786~787면; 양동석, "기업의 지배구조개선을 위한 주주대표소송", 상사법연구 제19권 제2호, 420면 이하; 동, "대표소송활성화와 이사의 책임경감", 비교사법 제9권 제4호, 436면 이하.

2) 정동윤, 465면; 정찬형, 상, 1006면; 최준선, 회, 500면.

### (2) 성 질

대표소송은 소수주주가 회사의 이익을 위하여 회사의 대표기관적 자격에서 소송을 수행하는 것이므로 '제3자의 소송담당'에 해당한다. 원래 주주는 회사의 권리를 직접 또는 대위하여 소송을 제기할 수 있는 지위에 있지 않으나,[1] 회사의 채무자가 이사라는 특수한 지위에 있기 때문에 회사의 대표자가 회사의 권리구제를 소홀이 할 수 있으므로 예외적으로 인정되는 제도이다. 따라서 판결의 효력은 당연히 직접 회사에 미치며(민소 §218), 그 반사적 효과로서 다른 주주들도 대표소송을 제기한 것과 같은 효력이 미친다. 소수주주의 이 권리는 회사와 주주 전체의 이익을 위한 것이므로 공익권의 일종이다.

### (3) 소의 당사자

대표소송의 피고는 사외이사 및 실질상의 이사(§401의2)를 포함한 이사 및 집행임원 또는 이사 및 집행임원이었던 자이고, 이사재임 중에 발생한 책임은 퇴임하더라도 대표소송으로 추궁할 수 있다. 원고는 발행주식 총수의 100분의 1 이상에 해당하는 주식을 가진 주주이다(§403①). 대표소송은 주주총회와는 관계없이 구성원이라는 자격에서 인정되는 것이기 때문에 주주인 이상 의결권 없는 주식을 보유한 주주라도 대표소송을 제기할 수 있다.[2] 소수주주가 보유하여야 할 주식의 비율은 소의 제기시에 구비하여야 하고, 제소 후 보유비율이 발행주식총수의 100분의 1 미만으로 감소하더라도 제소의 효력에는 영향이 없다(§403⑤).[3] 그러나 제

---

1) 대판 1978.4.25, 78다90; 동 2001.2.28, 2000마7839.

2) 임홍근, 544면; 이철송, 회, 786~787면; 최기원, 659면; 정동윤, 468면; 정찬형, 상, 1008~1009면; 양동석, 전게 기업의 지배구조개선을 위한 주주대표소송, 427면.

3) 정찬형, 상, 1008면; 최준선, 회, 500~501면: 1998년 개정 전 상법상으로는 명문상 규정되어 있지는 않지만 대표소송의 원고는 소 제기시부터 변론종결시까지 계속하여 주식을 소유하고 있어야 하는 것이 원칙이라고 해석되었다. 따라서 소송계속 중 원고인 주주가 주식의 일부 또는 전부를 양도한 경우에는 당사자적격이 없어서 소는 각하된다. 그런데 지분보유요건을 강요할 경우, 소송의 진행 중에 주식을 보류하고 있는 회사가 감자하는 경우에는 문제가 있다. 회사가 감자를 하는 경우, 주주가 반드시 주식을 처분하여야만 손해를 면할 수 있는 때가 있다. 그러나 주식을 처분하면 당사자적격을 갖추지 못하게 되어 소가 각하되므로, 제소한 주주는 진퇴양난에 빠지게 된다. 이에 1998년 개정상법은 제403조에 제5항을 신설하여, "소를 제기한 주주의 보류주식이 제소 후 발행주식총수의 100분의 1 미만으로 감소한 경우(발행주식을 보유하지 아니하게 된 경우를 제외한다)에도 제소의 효력에는 영향이 없다."고 규정하였다. 따라서 1998년 개정법 아래서는 주식을 전혀 보유하지 아니하는 경우에는 당사자적격이 없어서 소가 각하되겠지만, 1주라도 보유하고 있으면 비록 100분의 1 미만이더라도 상관없이 당사자적격을 유지한다.

소 후 발행주식을 전혀 보유하지 않게 된 경우에는 소송이 유지될 수 없다. 이는 대표소송의 제기를 쉽게 하여 소수주주권을 강화하고 효율적인 경영감시를 통하여 기업경영의 투명성을 높이기 위한 것이기 때문이다.

자회사의 이사의 임무해태로 자회사에 손해가 발생한 경우 모회사의 주주가 자회사의 이사를 상대로 대표소송을 제기할 수 있는가 하는 문제가 이중대표소송(또는 다중대표소송: double derivative suit)을 인정할 것인가 하는 것이다. 이에 대하여 모회사의 주주가 모회사에게 자회사의 이사의 책임을 추궁할 대표소송의 제기를 청구하였는데, 모회사가 이에 응하지 않는 경우, 모회사의 주주가 스스로 자회사를 위하여 자회사의 이사의 책임을 추궁하는 소송을 제기할 수 있다고 본다.[1] 다만 하급심 판례[2]는 이를 허용하고 있으나, 대법원 판례는 지배회사의 주주는 종속회사의 이사 등에게 대표소송을 제기할 수 있는 원고적격을 부정함으로써 이중대표소송을 수용하지 않고 있다.[3]

한편 주권상장법인 또는 코스닥상장법인의 경우에는 6월 전부터 계속하여 주권상장법인 또는 코스닥상장법인의 발행주식 총수의 10,000분의 1 이상에 해당하는 주식을 대통령령이 정하는 방법으로 보유한 자(소유 또는 위임장 취득 등)는 대표소송을 제기할 수 있다(§542의6⑥). 회사 성립 후 6개월이 되지 아니한 경우는 예외적으로 회사성립 시부터 보유하고 있으면 된다.[4]

## (4) 제소요건

대표소송을 제기하려면 소수주주는 회사에 대하여 서면으로 이사의 책임을 추궁하는 소의 제기를 회사에 대하여 청구하여야 한다(§403①, ②). 그리고 회사가 청구를 받은 날로부터 30일 내에 소를 제기하지 않는 때에 비로소 주주가 회사를 위하여 소를 제기할 수 있다(동조③). 이사에 대한 책임추궁은 원래 회사의 권리이므로 회사가 그 행사를 게을리 할 경우에 한하여 대표소송이 인정되어야 할 것이기 때문이다.

소수주주의 청구에 따라 회사가 이사에 대하여 소를 제기한 때에는 감사가 회사를 대표한다(§394①). 다만 회사가 소의 제기를 거절한 경우 또는 이 기간의 경과로 인하여 회사에 회복할 수 없는 손해가 생길 염려가 있는 경우(예컨대 이사가

1) 정동윤, 471면; 최준선, 회, 506면. 이중대표소송을 부정하는 견해: 이철송, 회, 791~792면.

2) 서울고판 2003.8.22, 2002나13746.

3) 대판 2004.9.23, 2003다49221.

4) 최준선, 회, 501면.

재산을 은닉하거나 무자력이 될 염려가 있을 때, 또는 회사의 채권이 시효에 걸리는 경우 등 법률상 또는 사실상 이사에 대한 책임추궁이 불가능한 경우)에는 예외적으로 즉시 소를 제기할 수 있다(§403⑤). 또한 회사에 대한 청구가 무익할 것이 명백한 경우(예컨대 상법상 이사에 대한 책임추궁을 담당하도록 되어 있는 감사가 문제된 책임사유와 관련되어 있는 경우)에도 30일의 경과를 기다리는 것은 불필요하다고 해석된다.[1)]

주주의 제소요구가 있으면 감사는 소제기 여부를 결정할 재량권이 없고 반드시 소를 제기하여야 한다.[2)] 이에 대하여 감사에게 제소여부를 판단할 재량권이 있다고 해석하여 감사가 여러 가지 사정을 신중히 고려하여 공정한 검토를 한 결과 소를 제기하지 않는 것이 좋다고 판단하여 결정을 내리면 소수주주는 이 결정에 따라야 한다는 견해가 있다.[3)] 그러나 감사의 실질적인 독립이 보장되어 있지 않은 현실에서 감사에 의한 공정한 검토가 이루어질 수 있을지 의문이다. 따라서 감사는 소제기 여부를 결정할 재량권이 없고 반드시 소를 제기하여야 한다는 견해가 타당하다고 본다.[4)]

한편 원고가 30일이라는 기간을 기다리지 않고 소를 제기한 경우에는 법원은 먼저 상법 제403조 제4항 소정의 "위 기간의 경과로 인하여 회사에 회복할 수 없는 손해가 생길 염려가 있는지 여부"를 심리하고, 그러한 사정이 없으면 회사에 청구를 한 날로부터 30일 내에 한하여 이를 각하할 수 있다고 해석한다. 청구일로부터 30일을 경과한 때에는 소제기 전의 절차에 관한 하자는 치유된 것으로 볼 수 있다.[5)] 상법 제403조 제3항의 규정은 효력규정이 아니라 훈시규정으로 볼 수 있기 때문이다.

### (5) 책임추궁의 범위

대표소송의 대상이 되는 이사의 책임범위에 대하여 학설은 나뉘어 있다. 즉 소수설은 이사가 상법 제399조(이사의 법령·정관위반 또는 임무해태로 인한 책임) 및 제428조(이사의 신주발행시 인수담보책임)에 의하여 책임을 추궁하기 위해서만 대표소

1) 이철송, 회, 790면; 양석완, "주주대표소송·대위소송", 우전 이병태교수 화갑기념 논문집, 「신세기회사법의 전개」, 각주 27) 참조.

2) 정동윤, 469면; 김대연, "주주의 대표소송－현행법상의 문제점과 그 활성화 방안－", 경함 홍천용교수 화갑기념 논문집, 「민법의 과제와 현대법의 조명」, 875면; 정찬형, 상, 1009면.

3) 민형기, "주주의 대표소송", 「회사법의 제문제(下)」, 재판자료 제30집; 미국에서는 이사회에서 소송을 제기하지 않기로 결의하면 주주는 이사들이 재량을 남용하였음을 입증하지 못하는 한 그 결정에 따라야 한다(Ballantine, pp.348~349; Henn&Alexander, p.1070).

4) 최준선, 회, 502면.

5) 최준선, 회, 502면; 정동윤, 469면; 서울민지판 1998.7.24, 97가합39907.

송을 제기할 수 있다는 설이고,[1] 통설은 이러한 채무 이외에 이사가 회사에 대하여 부담하는 모든 채무를 포함한다고 한다.[2]

생각건대 대표소송은 원래 이사의 행위로 인한 회사의 손실이 동료임원의 비호 아래 방치되는 것을 막기 위한 제도이므로 대표소송의 허용범위를 상법 제399조와 제428조의 경우만으로 제한하는 소수설은 제도의 취지에 반한다고 할 것이므로 이사의 모든 책임을 대표소송으로 추궁할 수 있다고 본다.[3] 그러므로 회사에 대한 손해배상책임(§399), 자본충실책임(§428) 뿐만 아니라 회사와의 거래관계에서 부담하는 일체의 책임(예컨대 회사로부터 금전의 대부를 받은 이사의 변제책임)을 포함한다고 본다. 또 이사의 책임인 이상 이사가 그 취임 전에 부담한 책임에 대해서도 인정되고, 재임 중에 부담한 책임은 퇴임 후에라도 시효가 완성되지 않는 한 대표소송에 의하여 추궁할 수 있다.

판례는 "파산절차가 진행 중인 회사의 이사 또는 감사의 책임을 묻는 소를 제기할 수 있는 자는 주주가 아닌 파산관재인이며, 주주대표소송제도는 파산절차가 진행 중인 경우에는 그 적용이 없다."고 한다.[4]

### (6) 소의 절차

**1) 관 할** 대표소송의 전속관할법원은 회사의 본점소재지의 지방법원이다(§403⑦, §186). 대표소송은 회사가 할 소송을 주주가 대신하는 것이므로 소의 성질은 회사가 이사에게 제기할 수 있는 이행의 소이다.[5]

**2) 원고주주의 담보제공** 법원은 피고의 청구에 의하여 원고에게 상당한 담보를 제공하도록 명할 수 있다. 그러나 피고는 원고에게 악의가 있음을 소명하여야 담보제공명령을 청구할 수 있다(§403⑦, §176③, ④). 이때의 담보권자는 이사가 되며, 원고가 패소할 경우 피고인 이사가 대표소송의 수행으로 입은 손해배상을 담보하기 위한 것이다. 담보제공명령이 내려진 경우 원고가 제소를 취하할 가능성이 높고 재판을 받은 것과 같은 효과가 있으므로 법원의 신중한 판단이 요구된다. 악의라 함은 원고주주가 피고이사를 해하게 됨을 안다는 뜻이며, 부당하게

---

1) 강위두, 588면.

2) 임홍근, 543면; 손주찬, 821면; 최기원, 660면; 정동윤, 467면; 이철송, 회, 788면; 채이식, 610면; 정찬형, 상, 1007면; 김정호, 597면.

3) 이철송, 회, 789면; 최준선, 회, 503면.

4) 대판 2002.7.12, 2001다2617.

5) 이철송, 회, 792면.

피고이사를 해할 의사가 있어야 하는 것은 아니다.

**3) 소송고지와 참가** 소수주주가 대표소송을 제기한 경우에는 소송참가의 기회를 주기 위하여 지체 없이 회사에 대하여 소송고지를 하여야 한다(§404②). 따라서 주주가 이 소송고지를 하지 아니한 때에는 회사에 대하여 손해배상의 책임을 면하지 못한다.[1] 일반적으로 소송고지는 자유이지만 대표소송의 고지는 상법상의 의무이다.

판결이 확정되면 기판력이 생겨 다시는 그 이사의 회사에 대한 책임을 추궁할 수 없게 되므로, 유효적절한 소송수행을 위하여 상법은 소수주주가 제소한 경우에 회사만이 소송참가를 할 수 있게 하였다(§404①). 수 많은 주주가 소송참가를 하게 되면 소송이 과도하게 지연될 우려가 있고, 법원의 부담을 무겁게 할 염려가 있기 때문이다. 일본 회사법은 회사 뿐만 아니라 다른 주주도 참가할 수 있도록 하고 있다. 우리 상법은 회사의 참가만을 규정하고 있으나, 민사소송법의 일반참가제도를 이용하여 다른 주주도 참가할 수 있다고 보아야 할 것이다.[2] 회사는 주주를 위해 참가할 수 있을 뿐이고, 이사를 위해 참가할 수 없다는 것이 다수의 견해이지만 이사를 위해서도 참가를 허용해야 된다고 본다.[3]

회사의 주주대표소송 참가의 법적 성격은 공동소송참가이다.[4] 참가도 이사를 상대로 하는 소송행위이므로 감사가 회사를 대표하여야 한다.

**4) 소의 취하, 청구의 포기·화해 등의 제한** 소수주주가 대표소송을 제기하면 회사는 스스로 소를 제기할 수 없고, 당사자는 법원의 허가를 얻지 아니하고는 소의 취하, 청구의 포기·인락, 화해를 할 수 없다(§403⑥). 제소주주는 소송물에 관해 처분권이 없기 때문이며, 다만 청구의 인락은 이사가 하는 것이므로 제한할 이유가 없으므로 입법의 착오라는 견해가 있다.[5] 이해관계가 있는 다른 주주를 보호하기 위한 것이다.

**5) 인지대 등** 일반적으로 대표소송이 제기되는 회사의 사업규모 및 재산규모는 대규모이므로 통상의 재산권에 관한 소와 마찬가지로 소가를 계산하여 인

---

1) 최준선, 회, 504면; 이철송, 회,792면; 이시윤, 민소, 204면.

2) 이철송, 회, 792면.

3) 양동석, "대표소송에 있어 회사의 피고이사측 보조참가", 기업법연구 제18권 제2호, 321면; 강희주, "주주대표소송에 관한 일고", 인권과 정의, 86면; 일본 회사법 제849조 제1항; 日最高判, 2001.1.30, 民集 55卷 1号, 30頁.

4) 대판 2002.3.15, 2000다9086.

5) 이철송, 회, 794면.

지대를 부과한다면 거액의 인지대 등 소송비용으로 인하여 대표소송을 제기하기 어렵게 된다. 따라서 민사소송 등 인지법에서는 제소주주의 부담을 경감시켜 주기 위하여 대표소송은 소가를 알 수 없는 소송으로 보아 청구금액에 관계 없이 소가를 5천만 100원으로 보고 인지대(23만원)를 계산한다(§2④, 상규칙§15①, §18의2).

### (7) 판결의 효과

1) **판결의 효력** 　소수주주의 대표소송은 소수주주가 회사의 대표자로서 소송을 하는 것이 아니라 원고 자신의 이름으로 타인인 회사의 이익을 위하여 소송을 하는 것이다(이른바 '제3자의 소송담당'). 따라서 그 판결의 효력은 당연히 회사에 미친다(민소 §218③).

2) **소송비용의 부담** 　원고인 소수주주가 승소하면 소송비용은 패소한 이사가 부담하게 되지만(민소 §98), 패소한 이사가 이를 부담할 수 없는 경우 또는 원고가 변호사에게 지급할 보수와 같이 소송비용에 포함되지 않는 비용은 원고가 부담할 것이 아니라 재판에 의해 이익을 얻는 회사가 부담하는 것이 타당하다. 따라서 상법은 원고가 회사에 대하여 소송비용 및 그 밖에 소송으로 인하여 지출한 비용 중 상당한 금액의 지급을 청구할 수 있고, 이 경우 소송비용을 지급한 회사는 이사 또는 감사에 대하여 구상권을 행사할 수 있도록 하였다(§405①, §408의9).

원고가 패소한 경우에는 악의가 없는 한 과실이 있다 하더라도 회사에 대하여 손해배상책임을 지지 아니한다(§40②). 여기서 악의란 회사를 해할 것을 알고 부적당한 소송을 수행한 경우를 말한다. 주주가 패소를 두려워하여 대표소송을 제기할 사유가 있음에도 불구하고 이를 기피하는 것을 막기 위한 것이다.

3) **벌 칙** 　대표소송에 관하여 증·수뢰가 있으면 형벌의 제재를 받는다(§631①2호, 동조②).

### (8) 재심의 소

대표소송을 제기하였으나 원고와 피고가 공모하여 소송의 목적인 회사의 권리를 사해할 목적으로 판결을 하게 한 때에는 회사 또는 주주(소수주주에 한정되지 않음)는 확정된 종국판결(청구의 포기, 화해 포함)에 대하여 재심의 소를 제기할 수 있다(§406①). 대표소송은 주주와 이사 간의 소송에 의하여 회사의 권리가 확정되는 제도이므로 원고와 피고간의 결탁으로 인해 회사의 권리가 침해될 수 있으므로 이를 방지하기 위하여 둔 제도이다.

따라서 재심은 대표소송을 통하여 원고, 피고가 공모하여 회사의 권리를 사해할 목적으로 판결하게 하여야 청구할 수 있다. 예컨대 부당하게 청구액수를 줄이거나 고의로 원고를 패소하게 하는 경우 등이다. 원고의 단순한 불성실로 회사의 권리가 침해된 경우는 재심사유가 될 수 없다. 대표소송이 아닌 기타의 소송에 대하여는 재심청구가 불가능하다.1)

재심은 재심을 제기할 판결법원인 회사의 본점소재지의 지방법원 관할에 전속한다(§403⑦, §186, 민소 §453①). 재심의 소는 단독주주도 제기할 수 있고 당사자가 판결확정 후 재심의 사유를 안 날로부터 30일 내에 제기하여야 하며, 판결확정 후 5년을 경과한 때에는 재심의 소를 제기하지 못한다(민소 §456①, ③). 재심의 소를 제기한 주주도 승소의 경우에는 회사에 대하여 소송비용 뿐만 아니라 소송으로 인한 실비액의 범위 내에서 상당한 금액의 지급을 청구할 수 있으며, 또 패소하더라도 악의가 없는 한 손해배상책임을 지지 않는다(§406②, §405).

**《일본 회사법상 주주의 직접감독》**

**1. 주주의 위법행위 유지청구권(일회§360, §442)**

이사, 집행역이 목적범위 외의 행위나 법령·정관위반행위를 하려고 하는데, 본래 유지청구권을 갖는 회사자신이 유지를 해태하는 경우, 개개의 주주가 스스로 회사를 위하여 이사에 대하여 그 행위를 정지하도록 청구하는 권리이다. 주주의 위법행위유지청구권의 제소권을 갖는 주주는, 공개회사의 경우는 주주명부상으로 제소의 6월 전부터 계속하여 1주 이상의 주식을 가지고 있는 주주이고, 공개회사가 아닌 회사에서는 단순히 1주 이상을 갖는 주주이다(일회 §360①, §422).

유지청구의 대상이 되는 행위는 회사의 목적범위 내에 있지 않은 행위, 기타 완전히 법령 또는 정관에 위반한 이사·집행역의 행위가 대상이 되지만, 이와 같은 행위가 있으면 항상 유지가 가능한 것이 아니고, 그 행위의 결과 현저한 손해를 초래하는 경우에 한정된다(일회 §360③). 감사역설치회사, 위원회설치회사에 있어서는 감사역 등의 위법행위유지청구권이 있기 때문에 회사에 회복할 수 없는 손해를 초래할 염려가 있는 경우에 한정된다. 또한 유지라는 것은 위법행위가 행해지지 않는 경우에 되어야 하는 것이다. 그 행위는 반드시 소에 의할 필요는 없고 주주가 위법행위를 하려고 하는 이사나 집행역에 대하여 그 행위를 정지할 것을 재판 외에서 청구할 수 있다. 재판에 의할 때는 주주는 그 이사, 집행역을 피고로 하여 회사를 위하여 유지의 소를 제기하고 그 소에 의거하는 가처분으로써 그 행위를 유지시킬 수 있다. 그 판결의 효력은 당연히 회사에 미친다.

---

1) 이철송, 회, 795면. 이에 대하여 회사법상의 소는 모두 실제소송수행자에 의한 공모가 가능하므로 재심제도를 유추해야 한다는 견해가 있다(정찬형, 상, 1011면).

### 2. 감사역·감사위원의 유지청구권(일회 §385, §407)

이사나 집행역이 목적범위 외의 행위나, 법령·정관위반행위를 하거나 그에 의하여 감사역설치회사에 현저한 손해가 발생할 염려가 있는 경우에는 감사역은 이사에 대하여 그 행위를 중지할 것을 청구할 수 있다(일회 §385①). 주주의 유지청구권은 회복할 수 없는 손해가 발생할 염려가 있는 경우이나 감사역의 경우에는 현저한 손해가 발생할 염려가 있는 경우로서 문언상 그 대상이 확대되고 있다. 그리고 주주의 유지청구권의 가처분시 보증을 세울 것인가 법원이 판단하지만 감사의 경우에는 보증을 요구하지 않는다(동조②). 또한 공개회사가 아닌 주식회사의 경우 정관으로 그 직무를 회계감사에 한정시키고 있는 감사역은 그 권한을 갖지 않는다(일회 §389①).

위원회설치회사의 경우에는 감사위원이 집행역 또는 이사가 위의 감사의 경우와 같이 유지청구권을 행사할 수 있다(일회 §407①). 가처분 청구의 경우에도 감사의 경우와 같이 담보를 요구하지 않는다(동조②).

### 3. 주주대표소송제도(일회 §847)

주주의 대표소송은 버블 붕괴까지 거의 제기되지 않았으나 버블 붕괴 후 기업의 불상사가 계속 표면화 되었으므로, 이사의 경영책임추궁을 위하여 활발해졌다. 특히 소송제기 수수료가 일률적으로 정형화 된 이후(재산상청구가 아니므로 소액 160만엔을 기준으로 13,000엔, 일민사소송비용 등에 관한 법률 §4②), 다수의 대표소송이 제기되었다.

주주의 대표소송은 개개의 주주가 스스로 회사를 위하여 발기인, 설립시 이사, 설립시 감사역, 임원, 청산인의 회사에 대한 책임을 추궁하는 소송이다. 그리고 주주의 권리행사에 관하여 위법한 이익공여를 받은 자의 회사에 대한 이익의 반환의무의 추궁(일회 §120③), 주식발행시 이사와 통모하여 불공정한 가격으로 주식을 인수한 자에 대한 공정한 가액 또는 공정한 가액과의 차액을 회사에 지불할 의무를 추궁(일회 §212①), 불공정한 납입금액으로 신주예약권을 인수한 자에 대한 공정한 가액 또는 공정한 가액과의 차액을 회사에 지불할 의무의 추궁(일회 §285①)할 경우에도 제기할 수 있다. 증권거래법상 내부자 거래에 관해서도 대표소송제도가 있다.

주주대표소송은 주주가 제소권자(이사 또는 집행역의 책임추궁은 감사, 감사위원, 주주총회에서 선정한 자, 이사회에서 선정한 자 등이 제소권자이며, 그 이외의 자에 대한 책임추궁은 대표이사나 대표집행역이 제소권자임)에 대하여 소의 제기를 서면 기타 법무성령으로 정한 방법으로 청구하여야 한다. 그럼에도 불구하고 제소권자가 60일이 경과하도록 제소하지 않은 경우, 제소권자가 제소하지 않는다는 뜻을 통지해온 경우, 제소를 기다리면 회복할 수 없는 손해가 생길 경우 등에 제기할 수 있다(일회 §847③~⑤). 주주 또는 회사는 공동소송인으로서 또는 당사자 일방을 보조하기 위하여 소송에 참가할 수 있으나, 부당하게 소송절차를 지연시키거나 법원에 과대한 사무부담을 미칠 경우에는 인정되지 않는다(일회 §849).

제소권을 갖는 주주는 공개회사의 경우는 주주명부상 6월(정관으로 단축가능)

전부터 계속하여 1주 이상(단원주 도입회사는 정관으로 정하는 1단원 이상)의 주식을 갖는 주주이다(일회 §847①). 비공개회사의 경우에는 1주 이상의 주식을 갖는 주주이면 제소권을 갖는다(동조②). 다만 그 대표소송이 당해 주주 또는 제3자의 부정한 이익을 도모하거나 또는 당해 주식회사에 손해를 가할 것을 목적으로 하는 경우에는 소송을 제기할 수 없다(동조①단서). 피고가 원고주주의 악의를 소명하여 담보제공을 신청한 경우, 법원은 피고에게 상당한 담보제공을 명령할 수 있다(동조⑦, ⑧).

주주대표소송의 계속 중에 ① 주식교환, 주식이전에 의하여 원고주주가 완전모회사의 주주가 된 경우, ② 원고주주가 합병에 의하여 소멸회사의 주주의 지위를 상실하고 존속회사의 주주가 되는 경우 등에는 원고적격, 공동소송인 자격을 상실하지 않는다(일회 §851). 그러나 주식매수청구권 행사 등으로 신회사의 주주가 되지 않는 경우에는 이해관계가 계속되지 않으므로 원고적격을 잃는다. 또한 회사법은 관할, 소송참가, 화해, 비용 등의 청구, 재심의 소에 관해서도 상세한 규정을 두고 있다.

## 《중국 회사법상 주주의 직접 감독권》

### 1. 이사·고급관리임원 등의 위법행위유지청구권

이에 대하여 중국회사법에는 명문규정이 없다.

### 2. 주주의 직접소송

회사 또는 주주 본인의 권리가 이사, 감사, 고급관리임원의 법률·행정법규 또는 회사정관 위반행위로 인하여 침해를 받았을 때 자기명의로 침해자에 대하여 인민법원에 소송을 제기할 수 있다(중회 §153).

### 3. 파생소송(대표소송)

회사의 이사, 감사, 고급관리임원이 법률·행정법규 또는 회사정관을 위반하여 회사에 손해를 끼치면 유한책임회사의 주주, 주식회사의 주주로서 연속 180일 이상 단독 또는 합계하여 회사의 1% 이상의 주식을 보유한 주주는 서면으로 감사회(감사회를 두지 않는 유한책임회사의 경우는 감사)에게 인민법원에 소송을 제기하도록 청구할 수 있다. 감사에게 제150조 규정에 해당하는 상황이 발생한 경우에는 상기 주주는 서면으로 이사회(이사회를 두지 않은 유한책임회사의 경우에는 이사)에게 인민법원에 소송을 제기하도록 청구할 수 있다(중회 §152 1문).[1]

감사 또는 감사회, 이사 또는 이사회가 주주의 서면청구를 접수한 후 소송을 거절하거나 청구를 접수한 날로부터 30일 내에 소송을 제기하지 않거나 또는 긴급한 상황이 발생하여 즉시 소송을 제기하지 않으면 회사의 이익에 돌이킬 수 없는 손실을 조성하게 되는 경우 전술한 주주는 회사의 이익을 위하여 자신의 명의로

---

1) 양동석·박승남, "한·중 회사법상 이사의 책임과 대표소송에 관한 연구", 조선대 법학논총 제17집 제3호, 53면 이하.

직접 인민법원에 소송을 제기할 권한을 갖는다(동조2문).

타인이 회사의 합법적 권익을 침범하여 회사에 손실을 조성한 경우 전술한 주주는 인민법원에 소송을 제기할 수 있다(동조3문).

## 제9 집행임원

### 1. 집행임원의 의의

2011년 개정상법은 회사의 경영의 투명성, 효율성을 제고하기 위하여 대표이사에 갈음하여 집행임원을 둘 수 있다는 규정(§408의2①)을 신설하였으나, 집행임원의 의의에 관해서는 언급하지 않았다.[1)] 종래 사외이사 중심의 이사회를 구성하는 지배구조 형태를 채택하였으나 여전히 이사회가 집행과 감독을 담당하고 있었기 때문에 감독기능이 유명무실하였다. 따라서 이사회의 업무집행기능을 별도의 기관이 담당하게 하고, 이사회는 업무집행에 대한 의사 결정과 집행에 대한 감독기능만을 수행하게 하는 미국식의 제도가 필요하게 되었기 때문에 집행임원제도를 도입하게 된 것이다. 이에 대하여 일부 학자들과 재계의 입장은 집행임원제도 도입에 반대하거나 신중론을 펼치기도 하였다.[2)]

따라서 집행임원은 업무집행기능과 감독기능을 분리하기 위해서 도입된 제도이고, 집행임원설치회사의 업무집행기관이다. 이는 종래의 업무담당이사에서 이사회 구성원의 지위만을 제외한 지위를 갖는다. 회사와 집행임원의 관계는 민법 중 위임에 관한 규정을 준용한다(동조②). 집행임원설치회사는 대표이사를 두지 못하며(동조① 후문), 대표집행임원을 두게 되는데 대표집행임원도 대내적으로 회사의 업무를 집행하고 대외적으로 회사를 대표하는 기관이므로 이사회의 구성원이라는 지위를 제외하면 대표이사와 같다.[3)]

---

1) 집행임원제도 도입의 필요성에 관하여 양동석, "임원제도도입에 따른 법적문제", 상사법연구 제20권 제2호, 110면 이하; 동, "집행임원제도 도입의 필요성", 21세기 한국상사법의 진로(우홍구 박사 정년기념논문집, 2002), 155면 이하; 동, "투명성 확보를 위한 기업경영기관의 개선", 기업법연구 제17집, 220면 이하.

2) 이에 대한 자료는 최준선, "한국회사법의 개정방향", 상장협 제54호; 임중호, "상법일부 개정법률안 검토보고", 국회법사위(2007. 11); 김정호, "집행임원제 연구", 경영법률 제18집 제4호; 전국경제인연합회, "집행임원제 도입의 문제점", CEO Report 제15호 등이 있다.

3) 김태진, "개정상법하의 집행임원제 운용을 위한 법적 검토", 상사법연구 제30권 제2호, 307~308면.

## 2. 집행임원설치회사

회사가 집행임원을 둘 것인지 여부는 회사의 임의로 결정한다. 모든 주식회사에게 다양한 지배구조를 선택할 수 있는 자율을 부여했다고 볼 수 있다. 다만 자본금 10억원 미만의 회사는 이사가 직접 업무를 집행하고, 주주총회가 감독기능을 담당하기 때문에(§383①, ④) 이 경우에는 업무집행기관인 집행임원을 둘 필요가 없을 것이다.

회사가 집행임원설치회사로 이행하기 위해서는 상법에 그 절차에 관한 규정이 없으므로 이사회결의만으로써 가능한지, 정관변경의 절차를 거쳐야 하는지 의문이 있다. 회사의 입장에서는 정관변경 등의 절차를 거치는데 복잡하고 비용도 발생할 수 있으므로 제도의 활성화에 적극적이지 않을 수 있을 것이다. 그러나 업무집행기관을 변경하는 것이고 대표이사를 두지 않고 대표집행임원을 두는 중대한 지배구조의 변화를 초래하는 것이므로 정관변경절차를 거쳐야 한다고 본다.

## 3. 집행임원의 선임·자격·수·임기 등

집행임원과 대표집행임원의 선임·해임은 이사회의 권한사항이다(§408의2③1호). 그러나 정관으로 주주총회에서 선임할 수 있도록 정할 수 있을 것이다.[1] 집행임원의 수에 관해서는 상법에 규정이 없으므로 이사회에서 필요에 따라 정하게 될 것이다.

집행임원의 자격에는 제한이 없으므로 대주주이거나 주주가 아니더라도 집행임원이 될 수 있다. 그러나 이사의 경우와 같이 감사 또는 자회사의 감사는 집행임원을 겸직할 수 없으며, 법인도 집행임원이 될 수 없다고 보아야 할 것이다. 사외이사도 겸직할 수 없을 것이다. 그러나 집행임원은 이사를 겸할 수 있다고 보며,[2] 상업사용인을 겸할 수 있다고 본다.[3]

1) 양동석, "집행임원의 역할과 법적 지위", 상장협연구 제48호, 167면; 양만식, "집행임원제도 도입에 따른 지배구조론 전개", 상사법연구 제24권 제1호, 186면. 반대견해: 정찬형, "한국 주식회사에 있어서의 집행임원에 관한 연구", 고려법학 제43호, 57면; 차대운·정쾌영, "집행임원제도의 도입필요성과 입법론적 과제", 상장협 제49호, 158~159면.

2) 최기원, 715면.

3) 정찬형, 전게 한국 주식회사에 있어서의 집행임원에 관한 연구, 51면.

집행임원의 임기는 정관에 다른 규정이 없으면 2년을 초과하지 못한다(§408의3 ①). 그러나 정관에 그 임기 중의 최종결산기에 관한 정기주주총회가 종결한 후 가장 먼저 소집하는 이사회의 종결시까지로 정할 수 있다(동조②). 집행임원은 이상의 임기만료로 지위를 상실하게 되지만, 그 외에도 위임계약의 종료사유에 따르거나 정관에서 정하는 자격상실의 사유가 발생한 경우에는 지위를 잃는다. 그리고 언제든지 집행임원의 사임 내지 이사회의 해임에 의하여 지위를 잃는다.

집행임원·대표집행임원의 성명과 주민등록번호, 주소 등은 등기하여야 하며(§317②8호), 2인 이상의 공동집행임원을 둘 경우에도 등기하여야 한다(동항 10호).

## 4. 이사회와 집행임원의 권한분배

### (1) 이사회의 권한

집행임원설치회사의 이사회는 다음의 권한을 갖는다(동조③각호). ① 집행임원과 대표집행임원의 선임·해임, ② 집행임원의 업무집행감독, ③ 집행임원과 집행임원 설치회사의 소송에서 회사를 대표할 자의 선임, ④ 집행임원에게 업무집행에 관한 의사결정의 위임, ⑤ 집행임원이 여러 명인 경우 집행임원의 직무분담 및 지휘·명령관계, 그 밖에 집행임원 상호관계에 관한 사항의 결정, ⑥ 정관에 규정이 없거나 주주총회의 승인이 없는 경우 집행임원의 보수결정 등이다.

그리고 이사회의 회의를 주관하기 위하여 이사회 의장을 두어야 한다. 이 경우 이사회 의장은 정관의 규정이 없으면, 이사회결의로 선임한다(동조④).

### (2) 집행임원의 권한

집행임원은 집행임원설치회사의 업무를 집행하고, 정관이나 이사회의 결의에 의하여 위임받은 업무집행에 관한 의사를 결정한다(§408의4 각 호). 따라서 업무를 집행하지 않는 집행임원은 있을 수 없으나, 이사회가 정한 업무분장의 범위 내에서 업무집행권을 갖는다.

집행임원은 업무집행에 관한 의사결정권한을 갖지만 그 방법에 관해서는 상법에 정함이 없으므로 회사가 자율적으로 정해야 할 것이다. 그러나 상법에서 이사회 권한으로 규정한 사항과 회사의 중요한 정책에 관한 사항은 집행임원에게 결정하도록 위임할 수 없다고 본다.[1] 상법에서 들고 있는 이사회의 권한사항으로서

1) 김병기, "집행임원 책임완화에 관한 연구", 원광법학 제25권 제1호, 74면; 김태진, 전게 논문, 332면.

는 주식양도의 승인(§335조의2, §335조의3), 주식교환 및 소규모 주식교환의 승인(§360의9①, §360의10①), 중요자산의 처분 및 양수, 대규모재산의 차입, 지배인의 선임과 해임, 지점의 설치, 이전, 폐지(§393①), 이사의 경업거래 및 자기거래에 대한 승인(§397, §398), 재무제표 등의 승인(§447, §447의2), 간이합병, 분할합병, 소규모합병, 분할합병의 승인(§527의2, §527의3, §530의11②) 등이다. 따라서 위에 열거한 사항 외에는 이사회가 집행임원에게 의사결정을 위임할 수 있을 것이다.

2인 이상의 집행임원이 선임된 경우에는 이사회의 결의로 회사를 대표할 집행임원을 선임해야 하며(대표집행임원), 집행임원이 1인인 경우에는 그 집행임원이 대표집행임원이 된다(§408의5①). 대표집행임원에 관하여 이 법에 다른 규정이 없으면 주식회사의 대표이사에 관한 규정을 준용한다(동조②). 그리고 집행임원에 관하여 표현대표이사의 행위와 회사의 책임에 관한 제395조를 준용한다.

집행임원은 필요할 경우 회의의 목적사항과 소집이유를 적은 서면을 이사(소집권자가 있는 경우에는 소집권자)에게 제출하여 이사회의 소집을 청구할 수 있다(§408의7①). 이에 대하여 이사가 지체 없이 이사회의 소집절차를 밟지 아니하면 소집을 청구한 집행임원은 법원의 허가를 받아 이사회를 소집할 수 있다. 이 경우 이사회의 의장은 법원이 이해관계사의 청구에 의하여 또는 직권으로 선임할 수 있다(동조②). 이사회 소집을 청구할 수 있는 집행임원은 대표집행임원에 한하지 않고 모든 집행임원이 청구할 수 있다고 본다.

## 5. 집행임원의 의무와 책임

### (1) 의 무

1) **선관주의의무** 회사와 집행임원간의 관계는 위임에 관한 규정이 준용되므로(§408의2②), 집행임원은 회사에 대하여 선관주의의무를 진다. 그리고 상법 제408조의9에서는 충실의무(§382의3), 비밀유지의무(§382의4), 정관 등의 비치·공시의무(§396), 경업금지의무(§397), 자기거래금지의무(§398) 등을 지도록 이사의 의무와 책임에 관한 규정을 전체적으로 준용하고 있다. 다만 이사는 주주총회에서 선임되며 회사의 업무집행 전반에 대하여 감시의무를 지지만, 집행임원은 이사회에서 선임되며 업무가 분장되어 있기 때문에 다른 집행임원의 업무집행에 대하여 일반적인 감시의무가 없다고 볼 수 있다.[1)]

---

1) 김태진, 상게 논문, 338면.

2) **이사회 및 감사(감사위원회)에 대한 보고의무** 집행임원은 3개월에 1회 이상 업무집행상황을 이사회에 보고 하여야 하며(§408의6①), 그 외에도 이사회의 요구가 있으면 언제든지 이사회에 출석하여 요구한 사항을 보고하여야 한다(동조②). 그리고 이사는 대표집행임원으로 하여금 다른 집행임원 또는 피용자의 업무에 관하여 이사회에 보고할 것을 요구할 수 있다(동조③).

그리고 회사에 현저한 손해를 미칠 염려가 있는 사실을 발견한 때는 감사(또는 감사위원회)에게 보고하여야 한다(§408의9, §412, §412의2 준용).

### (2) 책 임

1) **회사 및 제3자에 대한 손해배상책임** 집행임원이 고의 또는 과실로 법령이나 정관을 위반한 행위를 하거나 그 임무를 게을리 한 경우에는 그 집행임원은 회사에 손해를 배상할 책임이 있다(§408의8①). 그리고 집행임원이 고의 또는 중대한 과실로 그 임무를 게을리 한 경우에는 그 집행임원은 제3자에게 손해를 배상할 책임이 있다(동조②).

집행임원의 회사 및 제3자에 대한 책임의 내용은 이사의 책임과 같지만, 이사회는 회의체 기관이므로 연대책임이나 이의가 없으면 찬성한 것으로 추정하는 부분은 이사와 같지 않다. 집행임원은 회의체가 아니고 개별적으로 분장업무를 집행하기 때문이다. 그러나 집행임원이 회사 또는 제3자에게 손해배상책임을 지는 경우에 다른 집행임원·이사·감사도 책임이 있는 경우에는 이들과 연대하여 손해를 배상할 책임이 있다(동조③).

2) **업무집행지시자 등의 책임** 상법 제401조의2는 집행임원에게도 준용된다(§408의9). 따라서 회사에 대한 자신의 영향력을 이용하여 집행임원에게 업무집행을 지시한 자, 집행임원의 이름으로 직접 업무를 집행한 자, 집행임원이 아니면서 명예회장·회장·사장·부사장·전무·상무·이사 기타 회사의 업무를 집행할 권한이 있는 것으로 인정될 만한 명칭을 사용하여 회사의 업무를 집행한 자는 그 지시하거나 집행한 업무에 관하여 제399조, 재401조 및 제403조의 적용에 있어서 이를 집행임원으로 본다. 그리고 회사 또는 제3자에 대하여 손해를 배상할 책임이 있는 이사는 제1항에 규정된 자와 연대하여 그 책임을 진다.

3) **책임면제 및 한도액** 제399조에 따른 집행임원의 책임은 주주 전원의 동의로 면제할 수 있다(§408의9, §400① 준용). 회사는 정관으로 정하는 바에 따라

제399조에 따른 집행임원의 책임을 집행임원이 그 행위를 한 날 이전 최근 1년간의 보수액(상여금과 주식매수선택권의 행사로 인한 이익 등 포함)의 6배를 초과하는 금액에 대하여 면제할 수 있다. 다만 집행임원이 고의 또는 중대한 과실로 손해를 발생시킨 경우와 제397조(경업금지), 제397조의2(회사의 기회 및 자산의 유용금지) 및 제398조(이사 등과 회사간의 거래)에 해당하는 경우에는 그러하지 아니하다(§400② 준용).

그러나 집행임원은 경영에 관한 권한이 막중하고 최근 기업환경의 변화로 그 권한이 점차 확대되고 있음을 고려하여 그 책임경감에 신중해야 할 것이다.[1)]

그 외에도 집행임원의 책임을 완화하는 방안은 회사와 집행임원 사이에 책임을 한정하는 특약을 체결하거나 임원책임보험에 가입하는 경우, 경영판단의 원칙을 적극적으로 활용하는 방법이 있을 것이다.

4) **위법행위유지청구와 대표소송** 이사의 위법행위유지청구권(§402)과 대표소송에 관한 규정(§§403~406)은 집행임원에게 준용한다(§408의9). 이에 대하여 주주의 업무집행에 대한 감독의 장에서 이미 자세히 설명하였다.

### 《일본 회사법상 집행역》

**1. 선임과 해임**

위원회설치회사는 1인 또는 2인 이상의 집행역을 두어야 하며(일회 §402①), 집행역은 이사회의 결의로써 선임한다(동조②). 회사와의 관계는 위임에 관한 규정이 준용되고(동조③), 이사의 결격사유는 집행역에게도 준용된다(동조④). 회사는 집행역이 주주여야 한다는 뜻을 정관으로 정할 수 없으며(동조⑤), 다만 이사를 겸할 수 있다(동조⑥).

임기는 선임 후 1년 이내에 종료하는 사업연도 중 최종의 것에 관한 정기총회의 종결 후 최초로 소집되는 이사회의 종결 시까지이지만, 정관으로 그 임기를 단축할 수 있다(동조⑦). 회사가 위원회 설치를 폐지하는 정관변경을 하게 되면 집행역의 임기는 이 변경의 효력이 발생한 때에 만료한다(동조⑧).

집행역은 언제든지 이사회의 결의로써 해임할 수 있다(일회 §403①). 해임된 이사는 정당한 사유가 있는 경우를 제외하고 회사에 대하여 손해배상을 청구할 수 있으며(동조②), 가위원에 관한 회사법규정은 집행역에게 준용된다(일시집행역, 가집행역).

**2. 권한과 의무**

**(1) 권 한** 이사회의 결의로써 위임된(일회 §416) 회사의 업무집행을 결

1) 김태진, 상게 논문, 344면.

정하고, 이를 집행한다(일회 §418 1, 2호).

(2) 의 무  집행역은 회사에 현저한 손해를 미칠 염려가 있는 사실을 발견한 때는 지체 없이 당해사실을 감사위원에게 보고하여야 한다(일회 §419①). 위원회 설치회사의 경우에는 이사가 주주 또는 감사에게 보고해야 할 의무를 정하는 회사법 제357조는 적용되지 않는다(일회 §419③). 집행역은 회사에 대하여 충실의무를 지며(일회 §419②, §355), 아래의 경우에는 이사회에 중요사실을 개시 하고 승인을 받아야 한다(일회 §419②, §356①). 즉 ① 집행역이 자기 또는 제3자를 위하여 회사의 사업부류에 속하는 거래를 하려고 하는 때, ② 집행역이 자기 또는 제3자를 위하여 회사와 거래를 하려고 하는 때, ③ 회사가 집행역의 채무를 보증하거나 기타 집행역 이외의 자와 사이에 회사와 당해 집행역과 이해가 상반하는 거래를 하려고 하는 때이다. 이러한 거래가 있는 후에는 지체 없이 당해 거래에 대하여 중요한 사실을 이사회에 보고하여야 한다(일회 §419②, §365①).

위원회설치회사의 경우 이사회가 지정하는 집행역은 계산서류·연결계산서류를 작성하고 이사회의 승인을 받기 전에 감사위원회 및 회계감사인의 감사를 받아야 한다(일회 §436②2호). 양자로부터 적법의견이 있는 때에는 이사회의 승인결의와 주주총회에 보고하게 된다. 위법한 잉여금 배당에 관하여 집행역이 의안을 작성하고 이사회를 통하여 실시되는 경우에는 당해행위에 관하여 직무를 행한 이사와 집행역은 회사에 대하여 연대하여 교부한 금액 등의 장부가격상당액의 지급의무를 진다(일회 §462①). 이것은 과실책임이다(동조②).

### 3. 대표집행역·표견집행역

이사회는 집행역 가운데서 대표집행역을 선정하여야 하며 언제든지 해직할 수도 있다(일회 §420①, ②). 대표집행역은 회사의 업무에 관하여 재판상·재판외의 모든 행위를 할 권한을 가지며 이에 대한 제한은 선의의 제3자에 대하여 대항할 수 없다(일회 §420③, §352②). 회사는 대표집행역 이외의 집행역에게 사장·부사장 기타 회사를 대표할 권한을 갖는 것으로 인정되는 명칭을 부여한 경우에는, 당해 집행역이 행한 행위에 대하여 선의의 제3자에 대하여 책임을 진다(일회 §421).

### 4. 집행역대행자·가집행역

가처분명령에 의하여 선임된 집행역대행자는 가처분명령에 별도의 정함이 있는 경우를 제외하고 회사의 상무에 속하지 않는 행위를 하기 위하여 법원의 허가를 얻어야 한다(일회 §420③, §352①). 이에 위반하여 한 행위는 무효이지만 회사는 이로써 선의의 제3자에게 대항하지 못한다(일회 §420③, §352②).

### 5. 주주에 의한 집행역행위의 유지청구

6개월 전부터 계속하여 주식을 보유한 주주는 집행역이 위원회설치회사의 목적범위 외의 행위 기타 다른 법령 또는 정관에 위반한 행위를 하거나 또는 이러한 행위를 할 염려가 있는 경우, 이 행위로 인하여 회복할 수 없는 손해가 발생할 염려가 있는 때는 당해 집행역에 대하여 이 행위를 중지할 것을 청구할 수 있다(일회 §422①). 공개회사가 아닌 위원회설치회사의 경우에는 주식보유기간의 제한 없이 주주이기만 하면 중지를 청구할 수 있다(동조②).

# 제 4 절 감사제도

## 제 1 감사제도의 개관

주식회사에서는 소유와 경영이 분리되고 있으므로 출자자인 주주의 이익보호와 채권자의 이익보호를 위하여 회사가 건전하고 적정하게 운영되고 있는지의 여부를 감독할 감사제도가 매우 중요하다. 상법은 감사기관으로서 필요·상설기관인 감사와 임시적 감사기관인 검사인제도를 두고 있으나, 실제에 있어서는 여러 개의 기관이 중첩적으로 감사기능을 수행한다.

감사의 업무가 대주주를 보호하는 것과 일반주주를 보호하는 입장이 다르다. 전자의 경우에는 대주주를 대표하는 감사가 경영자의 결정에 관하여 동의권, 지시권 등을 행사하거나 경영자의 교체에 영향을 미친다. 그러나 후자의 경우에는 회계감사가 중심이고 소주주는 정확한 정보를 듣고 투자의사를 결정하거나 주식을 매도처분 하는데 영향을 미치는 것이며, 법원의 개입 등을 요청하게 하는 것이다.[1)]

상법은 감사기능을 전담할 필요적 상설기관으로서 감사를 두는 동시에 회사의 선택에 따라 감사를 대체할 수 있는 기관으로서 이사회 내에 감사위원회를 둘 수 있게 하였다. 즉 감사는 대체로 업무감사와 회계감사로 대별되는데, 업무감사는 회사의 업무집행, 대표행위의 적법성과 합목적성에 대하여 감사하는 것이며, 회계감사는 회사의 회계에 관하여 부정사실의 유무를 확인하고 회계장부와 그 기록이 일반적으로 인정된 공정·타당한 회계원칙에 의하여 회사의 재정상태 및 경영성적을 진실하고 적정하게 표시하였는지를 감사하는 것이다.[2)]

감사·주주총회·검사인은 업무감사와 회계감사 양자를, 이사회는 업무감사를,

---

1) 양동석, "코퍼레이트 가버넌스와 감사제도", 상사법연구 제15권 제2호, 140~141면.

2) 이철송, 회, 814~815면.

그리고 외부감사인은 회계감사를 할 수 있다. 또한 소수주주권자도 임시총회의 소집청구·회계장부의 열람·검사인선임청구 등을 통하여 회계감사에 참여할 수 있다.

주식회사의 감사는 필수적 기관이라는 점에서 유한회사의 감사가 임의적 기관인 것(§568)과 다르며, 상설적 기관이라는 점에서 임시적 기관인 검사인과 다르다. 다만 자본금 총액이 10억 원 미만인 소규모 주식회사의 경우에는 감사가 예외적으로 임의기관이다(§409④). 상법상의 감사는 상근임을 요하지 않는다.[1] 또 감사는 수인이 있는 경우에도 개개의 감사가 독립하여 개별적으로 그 권한을 행사하는 점(독임제 기관)에서 독일 주식법상의 감사회가 회의체인 것과 다르다.[2] 독일의 감사회는 기업의 운영기구의 하나로서 의도된 기관이라고 할 수 있으며, 그 특징은 노동자의 경영참가를 가능케 하는 공동결정제도가 실현되고 있다.[3]

**〈 주식회사의 감사제도 〉**

기업경영과 회계의 투명성을 보장하기 위하여 감시 장치를 중복하여 두고 있으나, 그럼에도 불구하고 감사기관이 기능을 제대로 발휘하고 있는지는 의문이다.[4]

① 주식회사에는 상설기관인 감사가 있어서 업무감사와 회계감사를 한다. 주식회사는 감사 대신에 감사위원회를 설치할 수 있다.

② 이사회도 업무감사기능을 수행한다.

③ 검사인은 업무감사와 회계감사 모두 할 수 있다.

④ 자산규모 등을 고려하여 대통령령으로 정하는 상장회사는 법령을 준수하고 회사경영을 적정하게 하기 위하여 준법통제기준을 정하고, 그 준수에 관한 업무를 담당할 준법지원인을 둔다(§542의13).
금융투자업자(투자매매업, 투자중개업, 집합투자업, 투자자문업, 투자일임업, 신탁업 등)는 내부통제기준의 준수여부를 점검하고 내부통제기준을 위반하는 경우 이를 조사하여 감사위원회 또는 감사에게 보고하는 자를 1인 이상 두어야 한다(자금 §28②). 준법감시인의 임면은 이사회의 결의를 거쳐야 하며(동조③), 동조 4항에서 준법감시인의 자격을 정한다.

⑤ 직전사업년도말의 자산총액이 일정 규모 이상인 비교적 대규모의 주식회사는 재무제표(기업집단의 경우 결합재무제표, 종속회사를 가진 주식회사는 연결재무제표 포함)를 작성하여 주식회사의 외부감사에 관한 법률에 따라 감사에 의한 감사 뿐만 아니라 회계법인 등에 의한 회계감사를 별도로 받아야 한다(외감 §2).

---

1) 다만 주권상장법인 및 코스닥상장법인은 반드시 1인 이상의 상근감사를 두어야 한다(증거 §191의12①)

2) 최준선, 회, 517면.

3) 임중호, “독일의 주식회사 감사제도”, 성균관법학 제8권.

4) 최준선, 회, 517면; 양동석, “감사회와 사외감사제도”, 조선대 법학논총 제1집, 92면.

⑥ 주식회사의 외부감사에 관한 법률의 적용을 받는 회사는 외부회계관리제도를 도입하여야 한다(외감 §2의2). 내부회계관리제도에 따라 회계정보의 오류를 통제하고 이를 수정하며, 회계정보에 대한 정기적인 점검 및 조정 등 내부검증을 통하여 회계의 적정성을 감사하게 된다.

## 제 2 감 사

### 1. 감사의 의의

감사는 이사의 직무행위를 감사하는 주식회사의 필요적·상설기관이다. 제정 당시의 상법상의 감사는 회계감사기관이었으나 1984년의 개정상법은 감사의 권한을 강화하여 업무감사권까지 인정하였으며, 1995년의 개정상법에서 감사권을 한층 더 강화하였고, 1999년 개정상법은 감사에 대신하여 미국식의 감사위원회를 둘 수 있게 하였다. 감사의 충실화를 도모하기 위하여 업무감사권 및 회계감사권 외에도 여러 가지 권한을 부여하고, 감사기능의 실효성을 확보하도록 대책을 마련하고 있다. 그리고 2011년 개정상법은 감사의 이사회소집청구권(§412의4)과 준법통제기준 및 준법지원인(§542의13)을 신설하였다.

대통령령으로 정하는 상장회사(자산총액 1천억원 이상인 상장회사)는 주주총회의 결의에 의하여 회사에 상근하면서 감사업무를 수행하는 감사(상근감사)를 1인 이상 두어야 한다. 다만 이 법 및 다른 법률에 따라 감사위원회를 설치한 경우(감사위원회 설치의무가 없는 상장회사가 이 절의 요건을 갖춘 감사위원회를 설치한 경우를 포함)에는 그러하지 아니하다(§542의10①). 상장회사의 상근감사는 상근감사가 되지 못하는 자격제한이 있다(동조②).

실무상 회사에 상주하여 일상적인 업무를 처리하는 이사나 감사를 상근이사, 상근감사라 하고 그렇지 않고 회사의 요청이 있을 때에만 이사회에 참석하는 등 법상 최소한으로 요구되는 직무만을 수행하는 이사, 감사를 비상근이사, 비상근감사라 구분한다. 전자는 통상의 보수를 받으나 후자는 거마비 정도의 경비만 지급받는 것이 통례이다. 과거 상장법인이 감사를 비상근으로 하는 예가 많았다. 비상근으로 할 경우 감사가 회사의 업무에 대한 정보접근이 어려워 실효적인 감사가 불가능하다.

다만 자본금 총액이 10억원 미만인 주식회사는 감사를 선임하지 아니할 수 있다(§409④).

## 2. 감사의 선임·종임

### (1) 선 임

감사는 주주총회에서 선임한다(§409①, 주주총회의 전속 권한사항). 그러나 주주총회의 결의는 회사의 내부적 절차에 불과하므로, 감사로 피선된 자가 감사취임에 승낙한 때 비로소 감사의 지위를 취득한다. 감사를 선임하는 주주총회 소집통지서에는 감사후보자의 성명 등을 기재해야 하고(§542의4), 주주총회는 그 기재한 자 중에서 선임해야 한다(§542의5).

그 선임방법은 보통결의의 방법에 의하되, 감사의 선임에 있어서 대주주의 의결권을 제한하는 특별규정을 두고 있다. 즉 상법은 1주1의결권의 원칙에 대한 중대한 예외로서 의결권이 없는 주식을 제외한 발행주식 총수의 100분의 3을 초과하는 수의 주식을 가진 대주주는 그 초과하는 주식에 관하여는 감사선임에 있어서 의결권을 행사하지 못한다. 이는 이사를 선임한 대주주가 감사를 다시 선임하는 것을 방지하고 소수주주의 의사가 반영될 수 있도록 하기 위한 것으로서 우리 상법의 특색이다.[1] 그리고 회사는 정관에 의하여 100분의 3보다 낮은 비율을 정하여 의결권제한을 강화할 수는 있어도 높은 비율을 정하여 완화할 수는 없다(§409③).

비상장법인의 경우에는 1인이 소유한 주식수를 기준으로 판단하지만, 상장법인의 경우에는 최대주주와 그 특수관계인 기타 대통령령이 정하는 자가 소유하는 주권상장법인 또는 코스닥상장법인의 의결권 있는 주식의 합계가 당해 법인의 의결권 있는 발행주식 총수의 100분의 3을 초과하는 경우 그 주주는 그 초과하는 주식에 관하여 감사선임에 있어서 의결권을 행사하지 못한다(§542의12③). 그리고 감사선임을 위한 주주총회를 소집할 경우에는 소집통지나 공고에 감사후보의 성명을 기재해야 하고(§542의4) 이 기재한 자 중에서 감사를 선임해야 한다(§542의5).

상장회사의 주주총회가 이사와 감사를 선임하는 경우에는 별도의 의안으로 상정하여야 하며(동조⑤), 비상장회사의 경우에도 당연히 요구된다고 본다.[2] 감사선임결의에 하자가 있는 경우에 그 감사의 직무집행정지와 직무대행자선임의 가처분제도는 이사의 경우와 같다(§415, §407). 감사의 성명과 주민등록번호는 등기사항이다(§317②8호).

---

1) 정동윤, 476면; 정찬형, 상, 1014면.

2) 이철송, 회, 817면.

### (2) 자 격

감사의 자격에는 제한이 없으나, 정관의 규정으로 감사의 자격을 정할 수는 있다.[1] 그러나 감사는 그 직무의 성질상 이사와 마찬가지로 자연인에 한하며, 법인은 감사가 될 수 없다고 본다.[2] 감사의 지위는 독립성이 요구되므로 당해 회사 또는 자회사의 이사 또는 지배인 기타의 사용인의 직무를 겸하지 못한다(§411). 이사는 감사의 감사를 받아야 할 자이고, 사용인은 이사의 지휘감독을 받는 자이므로 감사업무의 객관성을 확보하기 위한 규정이다. '사용인'은 상업사용인보다는 그 개념이 넓고, 회사의 고문, 공장장 등도 포함되는 것으로 본다. 그러나 모회사의 감사가 자회사의 감사를 겸하거나, 모회사의 이사 등이 자회사의 감사를 겸하는 것은 상관이 없다고 본다.[3]

상장법인의 상근감사에 대해서는 상장법인의 사외이사와 유사한 자격제한(§542조의8②)이 있다(§542의10②). 즉 ① 미성년자, 한정치산자, 금치산자, ② 파산선고를 받은 자로서 복권되지 아니한 자, ③ 금고 이상의 형을 선고받고 그 집행이 끝나거나 집행이 면제된 후 2년이 지나지 아니한 자, ④ 대통령령으로 별도로 정하는 법률에 위반하여 해임되거나 면직된 후 2년이 지나지 아니한 자, ⑤ 누구의 명의로 하든지 자기의 계산으로 의결권 없는 주식을 제외한 발행주식총수의 100분의 10 이상의 주식을 소유하거나 이사·집행임원·감사의 선임과 해임 등 상장회사의 주요 경영사항에 대하여 사실상의 영향력을 행사하는 주주(주요주주) 및 그의 배우자와 직계존속·비속, ⑥ 회사의 상무에 종사하는 이사, 집행임원 및 피용자 또는 최근 2년 이내에 회사의 상무에 종사한 이사, 집행임원 및 피용자, 다만 감사위원으로 재직 중이거나 재임하였던 이사는 제외, ⑦ 이상에서 열거한 자 외에 회사의 경영에 영향을 미칠 수 있는 자로서 대통령령으로 정하는 자는 상근감사가 될 수 없다.

### (3) 원 수

이사와 달리 감사의 인원수에 대하여는 상법상 제한이 없다. 감사는 이사회와 같은 회의체를 구성하는 것도 아니므로 1인 이상이면 되고, 2인 이상이 있는 경우에도 각 감사가 독립된 감사기관을 구성하며, 그 직무권한을 단독으로 행사하

1) 정동윤, 476면; 최준선, 회, 521면; 정찬형, 상, 1015면.

2) 동지: 정찬형, 상, 1015면. 반대견해: 임홍근, 555면; 정동윤, 476면.

3) 최준선, 회, 521면; 정동윤, 476면; 정찬형, 상, 1016면.

는 것이지 합의해서 하는 것이 아니다. 대통령령으로 정하는 상장법인(최근 사업년도말 자산총액 1천억원 이상)은 감사위원회를 두지 않는 경우에는 반드시 1인 이상의 상근감사를 두어야 한다(§542의10①).

### (4) 임 기

감사의 임기는 3년이나, 취임 후 3년 내의 최종의 결산기에 관한 정기총회의 종결시(결산기의 말일)까지이다(§410). 그 결과 감사의 임기가 3년을 초과할 수도 있고 미달할 수도 있다. 이 임기는 정관 또는 주주총회의 결의로도 연장 또는 단축할 수 없다.[1] 임기의 시기는 선임결의가 있은 때가 아니라 취임한 때이나(§410), 실제에 있어서는 미리 후보자의 승낙을 받아서 선임결의를 취임의 조건으로 하는 경우가 대부분이다. 감사는 중임할 수 있다.

### (5) 보 수

감사의 보수에 관한 사항은 이사의 경우와 같다(§415, §388). 다만 주권상장법인이 주주총회의 목적사항으로 감사의 보수결정을 위한 의안을 상정하는 경우에는 이사의 보수결정을 위한 의안과는 별도로 상정하여 의결하여야 한다(§542의12⑤).

### (6) 종 임

1) 종임사유 감사의 종임에 관하여서는 대체로 이사의 경우와 같이 임기만료 또는 위임의 종료사유(민 §690)로 인하여 퇴임한다. 감사의 종임도 등기사항이다(§317②8호). 감사의 종임에 의하여 법률 또는 정관에 정한 감사의 인원수를 결한 때에는 지체 없이 주주총회를 소집하여 후임감사를 선임하여야 한다. 다만 임기만료 또는 사임으로 인하여 정원수를 결한 때에는 새로 선임된 감사가 취임할 때가지 전임감사의 권리의무가 계속된다.

그러나 퇴임감사가 감사의 권리의무를 갖지 않거나 또는 이를 가지는 것이 부적당하기 때문에(예컨대 사망, 해임, 질병으로 인한 사임 등) 필요가 있는 때에는 법원은 이해관계인의 청구에 의하여 일시 감사의 직무를 행할 자(임시감사, 가감사)를 선임할 수 있는 것은 이사의 경우와 같다. 주주총회에서 감사의 해임결의를 하는 경우에는 당해 감사 뿐만 아니라 다른 감사도 해임의 부당성에 관하여 의견을 진술할 수 있다(§409의2). 감사의 독립성을 보장하고 그 지위를 강화하기 위하여 도

---

1) 정찬형, 상, 1017면; 최준선, 회, 522면.

입한 제도이다.[1]

2) 해임청구의 소　감사가 그 직무에 관하여 부정행위 또는 법령이나 정관에 위반한 사실이 있음에도 불구하고 주주총회에서 그 해임을 부결한 때에는 소수주주권자가 법원에 감사의 해임청구를 할 수 있다. 비상장법인의 경우에는 발행주식 총수 100분의 3 이상에 해당하는 주식을 가진 주주, 상장법인의 경우는 6월 전부터 계속하여 발행주식 총수의 1만분의 50(대통령이 정하는 자산총액 1천억 이상인 법인의 경우에는 1만분의 25) 이상에 해당하는 주식을 보유한 자는 주주총회 결의일로부터 1개월 내에 본점소재지의 지방법원에 감사의 해임청구의 소를 제기할 수 있다(§415, §385②, ③, §542의6③).

특별결의에 의한 해임, 소수주주에 의한 해임청구의 소, 직무집행정지, 직무대행자 선임의 가처분 등은 모두 이사의 경우와 같은 방법에 의한다(§415, §385, §836, §407).

## 3. 감사의 권한

### (1) 업무 및 회계감사권

1) 이사의 직무집행 감사　감사는 이사의 직무집행을 감사한다(§412①). 직무의 집행을 감사한다는 것은 감사의 범위가 일상적인 업무에 국한되지 않고 이사의 직무에 속하는 일체의 행위가 감사대상임을 의미한다.[2] 이사 개개인의 직무집행은 물론 이사회의 권한사항도 감사대상이며, 당연히 회계감사권도 업무감사에 포함된다. 따라서 감사는 언제든지 이사에게 영업에 관한 보고를 요구하거나 회사의 업무와 재산 상태를 조사할 수 있다(§412②). 이 보고요구 또는 조사는 자의적이거나 권한남용이 아닌 한 이사는 영업비밀 등을 이유로 거부할 수 없다.[3]

감사는 회사의 비용으로 회계사, 변호사, 감정인 등 전문가의 도움을 구할 수 있도록 2011년 개정상법에서 제412조 제3항을 신설하였다. 감사결과에 대한 의견은 이사회에서 의견진술·보고(§391의2), 주주총회에서의 의견진술(§413), 감사록(§413의2), 감사보고서(§447의4) 등에서 나타난다.

그러나 자본금 총액이 10억원 미만으로서 감사를 선임하지 않은 소규모 주식회

1) 정찬형, 상, 1017면.
2) 이철송, 회, 820면.
3) 이철송, 회, 820면.

사의 경우에는 주주총회가 그 권한을 행사한다(§409⑥).

2) 이사회의 감독과 감사의 감사 감사의 감사권의 범위에 대하여 이사회의 감독권과 비교하여 학설상 이견이 있다. 즉 감사가 업무감사를 함에 있어서 이사의 직무집행의 적법성만을 감사하는데 그치는가, 아니면 그 직무집행의 타당성까지도 감사할 수 있는가에 관하여는 한정설과 무한정설로 학설이 나뉜다.

한정설은 감사의 감사권은 이사의 직무집행의 적법성에만 미친다고 하지만, 다시 두 가지로 학설이 나뉜다. 제1설은 명문의 규정이 있는 경우 예컨대 제413조(현저하게 부당한 사항이 있는지의 여부), 제447조의4 제2항 제5호(회계방침의 변경이 타당한지의 여부), 제8호(현저하게 부당한 경우) 등에는 타당성감사도 할 수 있으나 원칙적으로는 적법성 감사에만 한정된다는 견해이다.[1] 제2설은 감사는 명문의 규정으로 상법이 타당성 감사를 인정한 경우(전술한 §413, §447의4②5~8호)는 물론이고, 현저하게 부당한 업무집행에 대해서도 타당성 감사를 할 수 있다는 견해이다.[2]

이에 대하여 무한정설[3]은 감사는 이사의 직무집행의 적법성 뿐만 아니라 타당성도 감사할 권한과 의무를 갖고 있다고 한다. 그리고 이와 같이 해석하는 것이 1984년의 개정상법에서 감사의 업무감사권을 부활시킨 입법취지와도 맞는다고 한다. 이 외에도 우리나라의 이사회가 영미법상의 이사회와 같은 독립성을 유지하지 못하고 있는 실정 하에서 이사회의 완벽한 업무감사권 행사를 기대하기 어려운 점, 이사회도 타당성 감사 뿐만 아니라 적법성 감사까지도 할 수 있는 것이므로 양자의 감사권은 상호 보완적인 것이고 양자의 감사권의 한계를 이론적으로 구분한다는 것은 무의미한 점, 상법에서 타당성 감사를 해야 할 사항을 규정한 것은 타당성 감사의 한계를 명시한 것이 아니라 오히려 감사에게 타당성 감사권이 있음을 전제로 하여 주의적으로 특히 부당한 사항에 대하여 의견을 진술하거나 감사보고서에 기재하도록 정하고 있는 점(§413, §447의4②5~8호) 등으로 미루어 무한정설이 타당하다고 보는 견해이다.

생각건대 상법은 명문으로 제413조, 제477조의4 제2항 제5호, 제8호에서 타당성 감사를 인정하고 있으므로, 이 세 가지의 경우에는 타당성 감사를 할 수 있다고 해야 할 것이다. 그리고 감사의 업무감사는 제3자적 입장에서 이사회와 대표이사 내지 업무담당이사의 업무에 관한 의사결정과 그 집행 및 대표행위를 사후적으로

---

1) 손주찬, 873면; 최준선, 회, 525면; 박상조, 672면; 이철송, 회, 821면; 임홍근, 557면; 정동윤, 479면; 정찬형, 상, 1018~1019면; 김정호, 603면.

2) 채이식, 583면; 서헌제, 453면.

3) 최기원, 회, 953면; 이기수 외, 415면; 권기범, 771면; 강위두, 590면.

음미하여 주주에게 보고하는 것으로서, 적법성의 감사를 주요 내용으로 하고 타당성의 감사는 소극적인 것에 한한다고 볼 수 있다. 왜냐하면 업무집행의 타당성 내지 능률성·경제성에 관한 판단은 업무집행행위 내지 경영에 내재하는 고유의 문제이므로 이사회의 감사대상이라고 보는 것이 타당하기 때문이다.

더욱이 직접 업무집행에 관여하고 있지 않은 감사가 그 타당성에 관하여 적절한 판단을 할 수 있는가가 의문일 뿐 아니라, 그것이 지나치면 주식회사의 기관의 분화와 권한의 분배의 기본적 취지에도 어긋나게 되고, 이사회의 경영에 관한 판단의 자유를 부당하게 구속하게 되어 업무집행기관의 독립성과 자발성을 위축시킬 위험도 있다. 이와 같이 감사의 감사권과 이사회의 감독권은 그 성질과 내용이 다르기 때문에 감사의 감사는 업무집행의 적법성만을 대상으로 할 뿐이고, 그 타당성의 문제에까지는 미치지 않는다고 보아야 할 것이다.

### (2) 기타의 권한

상법은 감사의 그 업무감사권을 명확히 하고 충분히 행사할 수 있도록 하기 위하여 감사에게 다음과 같은 각종의 직무권한을 인정하고 있다.

**1) 이사에 대한 보고요구·조사권** 감사는 언제든지 이사에 대하여 영업에 관한 보고를 요구하거나 회사의 업무와 재산 상태를 조사할 수 있다(§412②). 이 경우의 이사의 보고는 감사의 요구에 따라서 하는 소극적 보고의무이다. 그 외에도 이사는 회사에 현저하게 손해를 미칠 염려가 있는 사실을 발견한 때에는 즉시 감사에게 이를 보고하여야 하는(§412의2) 적극적 보고의무도 있다.

이사가 감사의 요구를 거부하거나 조사를 방해한 때에는 과태료의 제재가 있고(§635①3~4호), 감사는 필요한 조사를 할 수 없었다는 뜻 및 그 이유를 감사보고서에 기재하여야 한다(§447의4 11호).

**2) 임시주주총회와 이사회의 소집청구권** 감사는 회의의 목적사항과 소집의 이유를 기재한 서면을 이사회에 제출하여 임시총회의 소집을 청구할 수 있다(§412의3①). 이 경우에 이사회가 지체 없이 총회소집의 절차를 밟지 아니한 때에는 감사는 법원의 허가를 얻어 직접 총회를 소집할 수 있다(동조②). 감사의 조사나 이사의 보고에 따라 감사가 임시총회를 소집하여 대책을 강구할 수 있도록 하기 위하여 감사의 권한을 강화한 것이다.

감사는 필요하면 회의의 목적사항과 소집이유를 서면에 적어 이사(소집권자가 있는 경우에는 소집권자)에게 제출하여 이사회 소집을 청구할 수 있다(§412의4①).

이 경우에 이사가 지체 없이 이사회를 소집하지 아니하면 그 청구한 감사가 이사회를 소집할 수 있다(동조②). 2011년 개정상법에서 신설한 것이다.

3) **자회사에 대한 보고요구 및 조사권** 모회사의 감사는 그 직무를 수행하기 위하여 필요한 때에는 자회사에 대하여 영업의 보고를 요구할 수 있다(§412의5①). 여기에서 "직무를 수행하기 위하여 필요한 때"라 함은 모회사의 감사로서의 직무를 수행하기 위하여 필요한 때를 가리킨다. 예컨대 모회사가 자회사와 정상적 거래보다 이익 또는 손실을 과장하거나 축소하는 거래를 하거나 분식결산을 행한 경우에는 자회사를 조사하지 않고는 충분히 모회사를 감사할 수 없으므로 감사업무의 실효성을 높이기 위하여 자회사에 관한 제한된 조사를 허용한 것이다.[1)]

이때 자회사가 지체 없이 보고를 하지 아니하거나 또는 그 보고의 진위를 확인할 필요가 있는 때에는 자회사의 업무와 재산 상태를 조사할 수 있다(동조②). 자회사는 정당한 이유가 없는 한 보고 또는 조사를 거부하지 못한다(동조③). 자회사란 상법 제342조의2에서 정한 발행주식총수의 100분의 50 이상이라는 지주비율에 의하여 정하여지며, 정당한 이유의 예로는 기업비밀에 속하는 사항의 조사 또는 보고에 의하여 자회사의 중대한 이익이 침해되는 경우를 들 수 있다. 모회사의 감사에 의한 감사의 실효성을 확보하기 위한 것이므로 그 필요성이 소명되어야 한다.

4) **이사회 출석·의견진술권** 감사는 이사회에 출석하여 의견을 진술할 수 있다(§391의2①). 이사회의 출석을 위하여 이사회의 소집통지는 감사에게도 발송하여야 하며(§390③), 소집통지를 생략하고자 할 때는 이사 및 감사 전원의 동의도 얻어야 한다(동조④). 감사는 이사회에서 의견을 진술할 수 있을 뿐만 아니라 필요한 때에는 이사회에서 설명을 요구할 수도 있으나 의결권은 없다. 이사회에의 출석은 감사의 권한이자 동시에 의무이다. 그러므로 감사가 정당한 이유 없이 이사회에 출석하지 않아서 감사권의 행사를 게을리 하였다면 임무해태가 될 것이다.[2)] 이사회의 의사에 관하여는 의사록을 작성하여야 하는데, 정확성과 진정성을 확보하기 위하여 출석한 이사 및 감사가 기명날인 또는 서명하여야 한다(§391의3①).

자본금 10억원 미만의 소규모주식회사로서 이사가 1인 또는 2인을 둔 회사에는 이사회가 없으므로 이 규정이 적용되지 않는다(§383⑤).

---

1) 이철송, 회, 823면.

2) 동지: 정동윤, 480면; 이철송, 회, 823~824면. 출석권한일 뿐이고 출석의무는 없다는 견해: 최기원, 674면.

**5) 이사의 위법행위유지청구권** 이사가 법령 또는 정관에 위반한 행위를 하여 이로 인하여 회사에 회복할 수 없는 손해가 생길 염려가 있는 때에는 이사에 대하여 소수주주 외에 감사도 유지청구를 할 수 있다(§402). 유지청구의 방법에는 제한이 없으므로 구두 또는 서면으로 할 수도 있고, 필요하면 소에 의할 수도 있다.

**6) 이사와 회사간의 소에 관한 회사대표권** 회사가 이사를 상대로 소를 제기하는 경우 뿐만 아니라, 이사가 회사를 상대로 소를 제기하는 경우에는 감사가 회사를 대표한다(§394①). 이사가 회사를 상대로 소를 제기할 경우에도 이사회 결의 등의 특별한 절차 없이 당연히 감사가 회사를 대표하며, 회사가 이사를 상대로 하여 소를 제기할 것인가의 여부도 감사가 단독으로 결정한다.[1] 따라서 소수주주가 회사에 대하여 이사의 책임을 추궁하는 소의 제기를 청구할 때(§403①)에는 감사에 대하여 청구하여야 한다(§394).

이사가 회사 대표이사를 대표자로 표시하여 소를 제기한 경우에는 대표이사가 회사를 대표하여 한 소송행위와 원고의 소송행위는 모두 무효이다. 즉 상법 제394조는 효력규정이다.[2] 그러나 원고는 감사를 대표자로 하여 소장을 정정함으로써 그 흠결을 보정할 수 있고, 감사는 종전의 소송행위를 추인할 수 있다.[3] 회사와 감사간의 소송에서는 대표이사가 회사를 대표한다.

감사를 선임하지 않은 소규모 주식회사의 경우에는 회사, 이사 또는 이해관계인은 법원에 회사를 대표할 자를 선임하여 줄 것을 청구할 수 있다(§409⑤),

**7) 각종의 소권** 감사는 회사법상 각종의 소를 제기할 권한을 갖는다. 회사설립무효의 소(§328), 총회결의취소의 소(§376①), 신주발행무효의 소(§429), 자본감소무효의 소(§445), 합병무효의 소(§529①), 회사분할·분할합병무효의 소(§530의11) 등을 제기할 수 있다. 감사가 주주총회결의취소의 소, 신주발행무효의 소, 자본감소무효의 소를 제기한 경우에는 이사인 주주가 제소한 경우와 같이 담보제공의무가 면제된다(§377, §430, §466).

---

1) 정찬형, 1020면; 정동윤, 480면; 이철송, 회, 826면; 이기수 외, 416면.

2) 정찬형, 상, 1020면; 이철송, 회, 691면.

3) 대판 1990.5.11, 89다카15199.

## 4. 감사의 의무

### (1) 감사의 선관의무

회사와 감사는 민법상 위임관계(§415, §382②)에 있으므로 감사는 수임인으로서 선량한 관리자의 주의로써 그 위임사무를 처리하여야 한다.[1] 그러나 감사는 업무집행에 관여하지 않기 때문에 충실의무 및 경업금지 의무가 없고, 자기거래 금지 의무는 없다.

### (2) 이사회에 대한 보고의무

감사는 이사가 법령 또는 정관에 위반한 행위를 하거나, 그 행위를 할 염려가 있다고 인정한 때에는 이사회에 이를 보고하여야 한다(§391의②). 그러나 이것을 위한 이사회소집청구권도 인정된다(§412의4 신설).

### (3) 주주총회에 대한 의견진술의무

감사는 이사가 주주총회에 제출할 의안 및 서류를 조사하여, 법령 또는 정관에 위반하거나 현저하게 부당한 사항이 있는지의 여부에 관하여 주주총회에 그 의견을 진술하여야 한다(§413). 의안 등의 조사는 감사의 의무인 동시에 권한이기도 한다.

### (4) 감사록 작성의무

감사는 감사에 관하여 감사록을 작성하여야 하며(§413의2①), 감사록에는 감사의 실시요령과 그 결과를 기재하고, 감사가 기명날인 또는 서명을 하여야 한다(동조②). 감사록 및 감사보고서에 기재할 사항을 기재하지 아니하거나 부실한 기재를 한 때에는 과태료의 제재가 있다(§635①9호).

### (5) 감사보고서의 작성 및 제출의무

감사는 이사로부터 정기총회회일의 6주 전에 재무제표와 그 부속명세서(§447) 및 영업보고서(§447의2)의 제출을 받아 이를 받은 날로부터 4주 내(회일의 2주 전까지)에 감사보고서를 이사에게 제출하여야 한다(§447의4①). 감사보고서에 기재할

---

1) 대판 1988.10.25, 87다카1370; 이철송, 회, 831면; 최준선, 회, 528면.

사항은 상법에 상세히 기재되어 있다(동조②1~11호).

### (6) 비밀유지의무

감사는 이사와 마찬가지로 재임 중 뿐만 아니라 퇴임 후에도 직무상 알게 된 회사의 영업상 비밀을 누설하여서는 안 된다(§415, §382의4).

## 5. 감사의 책임

감사와 회사와의 관계는 위임관계이므로 감사가 그 임무를 해태한 때에는 회사에 대하여 연대하여 손해배상책임을 진다(§414①). 이 책임은 총주주의 동의가 있어야 면제할 수 있으며 책임을 추궁하기 위하여 대표소송을 제기할 수 있는 것은 이사의 경우와 같다(§415, §400, §§403~406). 감사의 임무해태가 동시에 불법행위를 구성하는 경우에는 총주주의 동의가 있더라도 불법행위책임은 면제되지 않는다(이사의 경우와 같음).[1)]

감사가 악의 또는 중대한 과실로 인하여 그 임무를 해태하고 그로 말미암아 제3자에게 손해를 입힌 경우에는 이사의 경우와 같이 제3자에 대하여 직접 연대하여 손해배상책임을 진다(§414②). 감사가 회사 또는 제3자에 대한 손해배상책임을 지는 경우에 이사도 그 책임 있는 때에는 그 감사와 이사는 연대하여 배상책임을 진다(동조③). 감사는 업무집행에 관여하지 않으므로 이사의 경우와 같은 위법행위에 대한 주주의 유지청구제도(§420)는 없다. 그렇더라도 감사가 감사를 게을리 하거나 명의만 빌려주고 일체의 감사업무를 하지 않은 경우에는 중대한 과실에 해당하여 손해를 배상할 책임이 있다.[2)]

감사가 1인인 경우 또는 수인의 감사와 이사의 책임을 동시에 추궁할 경우에는 사전에 대표소송제기의 청구를 누구에게 하며, 누가 그 소송에 관하여 회사를 대표하는가에 관하여는 명문의 규정이 없다. 이 경우에는 상법 제384조 제2항의 규정을 유추적용 하여 대표이사가 법원에 회사를 대표할 자를 선임하여 줄 것을 신청하여야 한다고 본다.[3)]

---

1) 대판 1996.4.9, 95다56316.

2) 대판 2008.2.14, 2006다82601; 동 1988.10.25, 87다카1370.

3) 최준선, 회, 530면; 정찬형, 상, 1024면.

# 제3 감사위원회

## 1. 의 의

상법은 회사는 정관이 정한 바에 따라 감사에 갈음하여 이사회 내의 위원회의 하나로서 감사위원회를 설치할 수 있도록 하였다(§415의2①1문). 즉 이사회의 하위기관으로서 감사위원회를 설치한 경우에는 감사를 둘 수 없다(동항2문). 따라서 이러한 감사위원회는 감사에 갈음하여 이사의 업무집행과 회계를 감사할 권한을 가진 이사회내 위원회의 하나인 필요상설기관이라고 할 수 있다. 감사위원회는 합의체의 의결기관이다.

우리 상법은 제정 이래 계속적으로 감사의 지위와 권한을 강화해 왔으나, 그 실효성을 거두지 못하였다. 1997년 경제위기 이후 감사의 실효성을 확보하고 기업의 투명성을 제고하기 위하여 영미식의 감사위원회제도를 도입하여야 한다는 국제금융기구의 권고에 따라 기존의 감사제도 외에 감사위원회제도를 도입하여 회사가 감사 또는 감사위원회를 선택하여 운영할 수 있도록 한 것이다. 따라서 정관에 정함이 없는 경우에는 감사위원회를 설치할 수 없고 종래와 같은 감사를 두어야 한다. 다만 대통령령으로 정하는 상장회사(자산 총액이 2조원 이상인 상장회사)는 감사위원회를 반드시 설치하여야 하며(§542의11①), 또한 금융기관(은행 §23의2①), 일정규모 이상의 보험사업자(보험 §16) 등의 경우에도 감사위원회를 설치하도록 하였다.

그러나 우리 상법이 이러한 감사위원회제도를 성급하게 도입한 것에 대하여는 많은 문제점이 있다고 본다.[1] 즉 주식회사에서의 감사제도의 운용에 통일을 기할 수 없거나, 의사결정에 참여하는 이사가 다시 이사의 직무를 감사한다는 점,[2] 주식회사의 외부감사에 관한 법률의 적용을 받는 주식회사의 경우에는 유사한 내용에 관하여 유사한 두 기관으로부터 이중으로 감사를 받게 한 점 등이 지적된다.[3]

1) 정찬형, 상, 1025~1026면.

2) 손주찬, "상법(회사법)의 개정과 2000년의 과제", 법조 제50호, 131~132면; 한국상장회사협의회, "사외이사제도의 문제점 및 개선방안", 상장(2001.6), 43면.

3) 정찬형, 상, 1026면 등.

## 2. 감사위원회의 구성

### (1) 위원의 수

감사에 갈음하여 감사위원회를 설치하는 경우 감사위원회는 3인 이상의 이사로 구성한다. 다만 위원의 3분의 2 이상은 사외이사여야 한다(§415의2②). 그러나 이사회내 다른 위원회는 2인 이상의 이사로 구성된다(§393의2③).

### (2) 감사위원의 자격

감사위원회 위원 중 적어도 3분의 2는 사외이사로 선임하도록 규정하고 있다. 그러므로 감사위원회를 임의적으로 설치한 상장회사(§415의2①)의 경우 위원이 사임, 사망 등으로 인하여 그 수가 미달하게 되면, 사유가 발생한 후 처음 소집되는 주주총회에서 그 요건에 합치하도록 하여야 한다(§542의11④2호).

감사위원회 설치가 의무화된 상장회사(동조①)의 경우에는 위의 요건 외에도 1인 이상은 대통령령으로 정하는 회계 또는 재무전문가 이어야 하고 감사위원회 대표는 사외이사여야 한다(동조②). 사외이사가 아닌 감사위원회의 위원은 ① 미성년자·금치산자·한정치산자, ② 파산자로서 복권되지 아니한 자, ③ 금고 이상의 형을 받고 그 집행이 종료되거나 집행을 받지 아니하기로 확정된 후 2년을 경과하지 아니한 자, ④ 이 법에 의하여 해임되거나 면직된 후 2년을 경과하지 아니한 자, ⑤ 당해 회사의 주요주주, ⑥ 당해 회사의 상무에 종사하는 이사 및 피용자 또는 최근 2년 이내에 회사의 상무에 종사한 이사 및 피용자. 다만 이 절에 다른 감사위원회 위원으로 재임중이거나 재임하였던 이사, ⑦ ⑤ 및 ⑥ 외에 당해 회사의 경영에 영향을 미칠 수 있는 자로서 대통령령이 정하는 자가 아니어야 한다(§542의11③, §542의10②).

### (3) 위원의 선임과 해임

감사위원회 위원의 선임과 해임은 대규모 상장회사와 일반상장회사·비상장회사의 경우가 다르다. 일반상장회사·비상장회사의 경우에는 이사회의 결의로 이사 중에서 선임한다(§393의2③, §415의2②). 감사위원을 해임하는 결의는 이사 총수의 3분의 2 이상의 결의로 하여야 한다(§415의2③).

대규모 상장회사의 감사위원은 주주총회의 결의로 선임하고 해임한다(§542의12

①). 이 경우 주주총회는 이사를 선임한 후 선임된 이사 중에서 감사위원회 위원을 선임하여야 한다(동조②). 최대주주, 최대주주의 특수관계인, 그 밖에 대통령령으로 정하는 자가 소유하는 상장회사의 의결권 있는 주식의 합계가 그 회사의 의결권 없는 주식을 제외한 발행주식 총수의 100분의 3을 초과하는 경우 그 주주는 그 초과하는 주식에 관하여 감사 또는 사외이사가 아닌 감사위원회 위원을 선임하거나 해임할 때에는 의결권을 행사하지 못한다. 다만 정관에서 이 보다 낮은 주식보유 비율을 정할 수 있다(§409②, ③, §542의12③). 대통령령으로 정하는 상장회사의 의결권 없는 주식을 제외한 발행주식 총수의 100분의 3을 초과하는 수의 주식을 가진 주주는 그 초과하는 주식에 관하여 사외이사인 감사위원회 위원을 선임할 때에 의결권을 행사하지 못한다. 다만 정관에서 이 보다 낮은 주식보유 비율을 정할 수 있다(§542의12④).

감사위원회를 의무적으로 설치해야 하는 상장회사의 경우에는 위원을 해임할 수 있는 권한이 주주총회에 있다(동조①). 위원의 해임에 관해서는 특별한 규정이 없으므로 보통결의에 의한다. 다만 상근감사위원(사외이사가 아닌 자)의 해임을 위해서는 상장회사에서 감사를 해임할 때와 동일하게 최대주주 등의 의결권이 제한된다(동조③). 감사위원의 지위를 박탈당하여도 이사의 지위에는 영향이 없다.

### (4) 위원의 임기

감사위원회의 위원의 임기에 관하여는 상법에 규정이 없으므로 이에 관하여 정관에 규정이 있으면 이에 의하고, 정관에 규정이 없으면 그 선임기관인 이사회의 정함에 따르거나, 이사회에서도 이를 정하지 아니한 경우에는 이사의 지위의 종료로써 감사위원의 지위도 종료된다.[1)]

회사합병의 경우에는 합병 전에 취임한 감사위원회 위원은 합병계약서에 다른 정함이 있는 경우를 제외하고는 합병 후 최초로 도래하는 결산기의 정기총회가 종료하는 때에 퇴임한다(§415의2⑥, §527의4).

## 3. 감사위원회의 운영

감사위원회는 3인 이상으로 구성되는 회의체이므로 권한행사는 위원회의 결의를 통하여 하게 되며, 그 결의로 위원회를 대표할 자(대표위원)를 선정하여야 한다

1) 손주찬, 전게 상법(회사법)의 개정과 2000년의 과제, 124면; 정찬형, 상, 1028면; 최준선, 회, 535면.

(§415의2④). 이 경우 수인의 위원이 공동으로 위원회를 대표할 것을 정할 수 있다(동항). 따라서 위원회의 결정의 집행은 대표위원이 하는 형식을 취하여야 할 것이다.[1)]

감사위원회는 이사회내의 위원회 중 하나이므로, 이사회내의 위원회의 소집(§393의2⑤, §390), 결의(§393의2⑤, §391), 결의통지(§393의2④), 회의의 연기 또는 속행(§393의2⑤, §392, §372)에 관한 규정과 결의의 하자에 관한 사항 등은 당연히 감사위원회에도 적용된다고 본다.

감사위원회는 그 감독기능을 실질적으로 수행하기 위하여 회사의 비용으로 변호사·공인회계사 등의 전문가의 조력을 구할 수 있다(§415의2⑤). 이러한 규정이 없더라도 해석상 당연히 인정되어야 하는 것이지만 이사회나 대표이사의 비용지출거부를 예방할 수 있도록 하기 위한 것이다.[2)]

## 4. 감사위원회의 권한

회사가 감사위원회제도를 채택하는 경우 감사제도는 폐지하여야 하며, 대신 감사가 행사할 수 있는 모든 권한은 감사위원회가 이를 행사할 수 있게 된다. 따라서 상법은 감사위원회의 권한을 따로 정하지 않고 감사의 권한에 관한 조문을 모두 감사위원회에 준용하도록 하였다(§415의2⑦). 즉 감사위원회에 업무 및 회계감사권이 있음은 당연하고(동조⑥, §412①), 자회사에 대한 조사권도 가지며(§415의2⑥, §412의4), 이사에 대한 보고요구 및 회사의 재산상태 조사권(§415의2⑥, §412②)을 가진다. 따라서 이사는 회사에 현저하게 손해를 미칠 염려가 있는 사실을 발견한 때에는 즉시 감사위원회에 이를 보고하여야 한다(§415의2⑥, §412의2).

감사위원회의 감사권 범위에 관하여 감사와 동일하게 해석해야 할 것이므로 상법에 명문규정이 있는 경우를 제외하고 적법성 감사에 그친다고 본다. 다만 감사위원은 이사회의 구성원인 이사이기 때문에 이사회에서는 타당성 감사를 할 수 있다고 본다.[3)]

---

1) 이철송, 회, 834면.

2) 이철송, 회, 834면.

3) 이철송, 회, 835면; 정찬형, 상, 1029면.

### 5. 감사위원회의 의무

회사와 감사위원회 위원과의 관계는 민법상 위임관계(§382의②)에 있으므로 감사위원회는 선량한 관리자의 주의로써 그 위임사무를 처리하여야 한다. 그 밖에 이사회에 대한 보고의무(§415의2⑥), 주주총회에 대한 의견진술의무, 감사록 및 감사보고서의 작성의무(§415의2, §413, §413의2, §447의4) 등이 있다. 그러나 상법상 감사위원회의 비밀유지의무에 관하여는 아무런 규정이 없다.

### 6. 감사위원회의 책임

감사의 직무와 책임, 책임추궁을 위한 주주의 대표소송, 회사에 대한 책임면제, 감사의 책임해제 등은 감사위원회에도 그대로 준용된다(§415의2⑦, §414①). 그리고 악의 또는 중대한 과실로 임무를 해태한 때에는 그 위원은 제3자에 대해서도 연대하여 손해를 배상할 책임이 있다(§415의2⑥, §414②). 대표소송에 관해서는 이사의 경우와 같다.

## 제 4 준법통제기준 및 준법지원인

### 1. 준법통제제도의 의의

2011년 개정상법은 제542조13을 신설하고 준법통제기준과 준법지원인제도를 규정하였다. 즉 자산규모 등을 고려하여 대통령령으로 정하는 상장회사는 법령을 준수하고 회사경영을 적정하게 하기 위하여 임직원이 그 직무를 수행할 때 따라야 할 준법통제에 관한 기준 및 절차(이하 '준법통제기준'이라 함)를 마련하여야 한다(§542의13①). 그리고 위의 상장회사는 준법통제기준의 준수에 관한 업무를 담당하는 사람(준법지원인)을 1인 이상 두어야 한다(동조②).

준법통제제도에 관하여 은행법 제23조의3 제1항, 보험업법 제17조, 자본시장법 제28조 등에서 이미 제도화 하였으며, 그 개념은 동일하다. 즉 자본시장법에서는 법령을 준수하고, 자산을 건전하게 운용하며 이해상충방지 등 투자자를 보호하기 위하여 그 금융투자업자의 임직원이 직무를 수행함에 있어서 준수하여야 할 적절한 기준 및 절차를 내부통제기준이라 정의하고, 이 기준의 준수여부를 점검하고 내부통제기준을 위반하는 경우 이를 조사하여 감사위원회 또는 감사에게 보고하는 자를 준법감시인이라고 한다(자금 §28).

## 2. 준법통제기준

준법통제기준과 준법지원인에 관하여 필요한 사항은 대통령령으로 정한다(§542의13⑫). 금융관련법은 내부통제기준에 포함되어야 할 내용을 시행령으로 상세히 규정하고 있다. 즉 자본시장법시행령 제31조, 보험업법시행령 제22조, 은행법시행령 제17조의2의 규정은 거의 유사하다.[1)]

## 3. 준법지원인

준법지원인이란 준법통제기준의 준수여부를 점검하고 이사회에 보고하는 업무를 담당하는 자이다. 그러므로 준법지원인의 업무는 준법통제기준의 준수여부를 점검하여 그 결과를 이사회에 보고하는 것이며(§542의13③), 준법지원인을 임면하려면 이사회의 결의를 거쳐야 한다(동조④). 이사회의 결의요건에 대한 규정이 없으므로 이사 과반수 출석과 출석이사 과반수 찬성으로 선임할 수 있을 것으로 보지만, 정관으로 그 요건을 정할 수 있을 것이다.

준법지원인의 자격은 변호사 자격 있는 사람, 고등교육법 제2조에 따른 학교의 법률학 조교수 이상의 직에 5년 이상 근무한 사람, 그 밖에 법률지식과 경험이 풍부한 사람으로서 대통령령으로 정하는 사람일 것을 요구한다(동조⑤). 준법지원인의 임기는 3년으로 하고, 상근으로 한다(동조⑥).

준법지원인은 선량한 관리자의 주의로 그 직무를 수행하여야 하며(동조⑦), 재임 중 뿐만 아니라 퇴임 후에도 직무상 알게 된 회사의 영업상 비밀을 누설하여서는 안 된다(동조⑧). 회사는 준법지원인이 그 직무를 독립적으로 수행할 수 있도록 하여야 하고, 회사의 임직원은 준법지원인이 그 직무를 수행할 때 자료나 정보의 제출을 요구하는 경우 이에 성실하게 응하여야 한다(동법⑨). 회사는 준법지원인이었던 사람에 대하여 그 직무수행과 관련된 사유로 부당한 인사상의 불이익

1) 이에 대하여 대통령령의 규정이 이루어질 것이다.

을 주어서는 안 된다(동법⑩).

준법지원인에 관하여 다른 법률에 특별한 규정이 있는 경우를 제외하고는 이 법에서 정하는 바에 따른다. 다만 다른 법률의 규정이 준법지원인의 임기를 3년(동법⑥) 보다 단기로 정하고 있는 경우에는 제6항(3년)을 다른 법률에 우선하여 적용한다(동법⑪).

## 제 5 외부감사제도

### 1. 외부감사인의 의의

주식회사의 외부감사에 관한 법률에 의하여 일정규모 이상의 회사에 대해서는 회사 내부의 감사나 감사위원이 아닌 독립된 회계전문가의 감사를 받게 한다. 따라서 외부감사란 회사로부터 독립한 외부의 감사인에 의한 감사를 말하고, 외부감사인이란 주식회사의 외부감사에 관한 법률에 의하여 회사로부터 독립하여 회계감사를 행하는 회계법인 등을 말한다(외감 §3①). 단순히 감사인 또는 회계감사인이라고도 한다. 회사자체의 감사에만 의존해서는 정확한 회계와 엄정한 감사를 기대할 수 없으므로 회사로부터 독립된 회계전문가에게 감사를 수행하게 하는 것이다.

### 2. 대상기업

직전사업년도 말의 자산총액이 일정 규모(100억원 이상) 이상인 대규모의 주식회사, 상장회사, 다음 사업년도 중에 상장회사가 되고자 하는 회사는 재무제표(기업집단의 경우 결합재무제표, 종속회사를 가진 주식회사는 연계재무제표 포함)를 작성하여 주식회사의 외부감사에 관한 법률에 따라 감사에 의한 감사 뿐만 아니라 회계법인 등에 의한 감사를 별도로 받아야 한다. 다만 정부투자기관관리기본법의 적용을 받는 주식회사와 기타 대통령령이 정하는 주식회사는 제외된다.

외부감사인이 될 수 있는 자는 회계법인·한국공인회계사회에 등록된 감사반이어야 하며(외감 §3①), 감사의 대상인 회사와 이해관계가 있거나 있었던 자는 감사인이 될 수 없다(동조③).

## 3. 선임·임기·해임

감사대상회사는 매사업년도 개시일로부터 4월 이내에 외부감사인을 선임하여야 한다(외감 §4①). 회사가 감사인을 선임함에 있어서는 대표이사가 집행할 것이나 감사 또는 독립성이 확보된 감사인 선임위원회의 승인을 얻어야 한다(동조②). 회사가 감사인을 선임한 때에는 감사인을 선임한 후 최초로 소집되는 정기총회에 그 사실을 보고하여야 하며(동조③), 감사인의 감사보수 및 감사시간에 관하여 미리 감사 또는 감사인선임위원회의 승인을 얻어야 한다(동조④). 그 밖에 상장회사의 감사인선임 등에 관하여는 동일인을 3개 사업년도의 외부 감사인으로 선임하는 등(외감 §4의2①) 특칙이 있다.

한편 증권선물위원회는 회사가 법정기간 내에 감사인을 선임하지 아니하는 등의 사유가 있는 때에는 증권선물위원회가 지명하는 자를 감사인으로 변경선임하거나 선정할 것을 요구할 수 있다. 이 경우 증권선물위원회가 지명하는 자는 회계법인에 한한다(외감 §4의3). 회사는 감사인을 선임·변경선임 또는 선정한 때에는 대통령령이 정하는 바에 의하여 이를 증권선물위원회에 보고하여야 한다(외감 §4의4).

## 4. 권 한

### (1) 재무제표 등의 제출

회사는 그 사업연도의 재무제표·연결재무제표 또는 결합재무제표를 작성하여 감사인에게 제출하여야 한다(외감 §7).

### (2) 서류열람 및 업무·재산상태감사권

감사인은 언제든지 회사의 회계에 관한 장부와 서류를 열람 또는 등사하거나 회계에 관한 자료의 제출도 요구할 수 있으며, 직무수행을 위하여 특히 필요한 때에는 회사의 업무와 재산 상태를 조사할 수 있다(외감 §6①).

### (3) 관계회사 등에 대한 회계보고요구

감사인은 직무수행을 위하여 감사대상회사의 관계회사 및 계열회사에 대하여서도 회계에 관한 보고를 요구할 수 있다(동조②).

관계회사란 발행주식총수 또는 출자총액의 100분의 20 이상을 소유하거나 소유당하는 관계에 있는 회사들, 동일인이 2개 이상의 회사의 발행주식 총수 또는 출자총액의 100분의 30 이상을 소유할 경우 그 회사들, 기타 감사대상회사와 상당한 이해관계가 있다고 인정되는 회사들이다(동조①). 계열회사란 동일한 기업집단에 속하는 회사이다(외감 §1의3①).

## 5. 외부감사인의 의무

### (1) 감사실시·보고의무

감사인은 일반적으로 공정·타당하다고 인정되는 감사기준에 따라 감사를 실시하여야 한다(외감 §5①). 감사기준은 한국공인회계사회가 정하고, 금융위원회의 승인을 얻어야 한다(동조②). 감사인은 감사보고서를 작성하여 정기총회일 1주일 전에 회사(감사 포함)에 제출하고, 총회 후 2주일 내에 증권선물위원회 및 한국공인회계사회에 제출하여야 한다(외감 §8①, 외감령 §7①).

감사인이 감사과정에서 이사의 직무수행에 관하여 부정행위 또는 법령이나 정관에 위반되는 중대한 사실을 발견한 때에는 이를 감사 또는 감사위원회에 통보하고 주주총회에 보고하여야 한다(외감 §10).

### (2) 주주총회에의 출석·답변의무

감사인 또는 그에 소속된 공인회계사는 주주총회의 요구가 있는 때에는 총회에 출석하여 의견을 진술하거나 주주의 질문에 답변하여야 한다(외감 §11).

### (3) 비밀유지의무

감사인과 그에 소속된 공인회계사 또는 감사업무와 관련된 자는 그 직무상 알게 된 비밀을 누설하여서는 안 된다(외감 §9).

## 6. 감사보고서의 공시

감사대상인 회사가 재무제표를 비치·공시할 때(§448①)에는 감사보고서를 함께 비치·공시하여야 하며(외감 §1①), 대차대조표를 공고할 때(§449③)에는 감사인의 명칭과 감사의견을 병기하여야 한다(외감 §14②).

## 7. 외부감사인의 감독

감사업무의 공정성을 보장하기 위해 증권선물위원회에 감사보고서의 감리 등 외부감사인의 감독권을 부여하였으며(외감 §15), 징계제도(외감 §16)와, 부정을 처벌하기 위하여 벌칙을 두고 있다(외감 §19~21).

## 8. 외부감사인의 손해배상책임

### (1) 회사에 대한 책임

감사인이 그 임무를 해태하여 회사에 대하여 손해를 발생하게 한 때에는 그 감사인은 회사에 대하여 연대하여 손해를 배상할 책임을 진다(외감 §17①). 이 책임은 과실책임이다.

### (2) 제3자에 대한 책임

감사인이 중요한 사항에 관하여 감사보고서에 기재하지 아니하거나 허위의 기재를 함으로써 제3자에게 손해를 발생하게 한 때에는 그 감사인은 제3자에 대해 손해를 배상할 책임이 있다(외감 §1②). 제3자에는 상장법인의 투자자가 포함된다(자금 §170①). 외부감사인의 감사보고서 등은 투자자에게 중요한 투자판단자료가 되기 때문이다.

### (3) 책임이행의 보장

감사인은 손해배상책임의 이행을 보장하기 위하여 손해배상공동기금의 적립 또는 보험가입 등 필요한 조치를 하여야 한다(외감 §17⑥).

### (4) 소속 공인회계사의 책임

감사인에 소속되어 감사를 행한 공인회계사도 연대하여 회사 또는 제3자에게 손해배상책임을 진다(외감 §12①~③). 다만 자신이 임무를 해태하지 아니하였음을 증명한 때에는 책임을 면할 수 있다(외감 §17⑤).

### (5) 이사·감사의 연대책임

외부감사인이 배상책임을 질 경우 감사대상회사의 이사 또는 감사도 책임이 있는 때에는 연대하여 책임을 진다(외감 §7④).

### (6) 책임의 시효

외부감사인 또는 이사, 감사의 책임은 청구권자가 당해 사실을 안 날로부터 1년 이내 또는 감사보고서를 제출한 날로부터 3년 이내에 청구권을 행사하지 아니한 때에는 소멸한다. 다만 이 기간은 외부감사인 선임계약에 의해 연장할 수 있다(외감 §17⑦).

## 제6 검사인

### 1. 검사인의 의의

검사인은 회사의 설립절차나 업무 및 재산상태의 조사 등을 직무로 하는 임시적 감사기관이다. 그 권한은 계산의 정확여부 및 발기인이나 이사·청산인의 직무수행의 적법성 여부의 검사이며, 선임의 목적에 따라 그 임무가 다르다. 회사가 검사인을 선임한 경우, 검사인의 회사와의 관계는 위임관계이므로 검사인은 회사에 대하여 선관주의의무를 진다. 법원에 의하여 선임되는 검사인에 관하여는 회사와의 위임관계에 관한 규정이 없지만, 위임관계가 있는 것으로 유추할 수 있을 것이다. 따라서 그 지위는 감사 또는 감사위원회와 비슷하지만 개별적인 사항에 관해 일시적으로 선임되는 점에서는 외부감사인과 유사하다.[1)]

### 2. 선임기관·직무권한

검사인은 법원 또는 회사의 주주총회에 의하여 선임·해임된다. 법원에서 선임하는 경우로서 변태설립사항을 조사하기 위한 때(§290, §298, §310), 현물출자에 의한 신주발행의 경우(§422), 회사업무집행에 관하여 부정행위 또는 법령·정관에 위

---

1) 이철송, 회, 839면; 최기원, 692면; 최준선, 회, 537~538면.

반한 의심할 만한 사유가 있을 때, 업무와 재산상태를 조사하기 위하여 소수주주권자의 청구가 있는 때(§467), 그리고 신주의 할인발행을 위한 때(§417③) 등이 있다. 법원이 선임한 경우에는 검사인의 보수는 회사로 하여금 지급하도록 법원이 정할 수 있다(비송 §77).

주주총회에서 선임하는 경우로는 소수주주의 청구에 의하여 임시총회에서 회사의 업무와 재산상태를 조사하기 위한 때(§366③), 이사 또는 청산인이 제출한 서류와 감사의 보고서에 대한 조사를 하기 위한 때(§367, §542②) 등이다.

### 3. 자격 · 원수 · 임기

검사인의 자격은 어느 경우에도 법률상 제한이 없다. 그러나 감사의 경우와 마찬가지로 자연인에 한 한다고 볼 것이며,[1] 그 직무의 성질상 당해 회사의 이사·감사·지배인 기타 사용인 등을 겸할 수 없다. 검사인의 원수에 대하여도 법률상 제한이 없으므로 1인 이상으로 보아야 할 것이다.

검사인의 임기는 임시적이므로 특별한 사유가 없는 한 그 직무의 종료시까지이며, 그 식전에도 선임기관(법원 또는 주주총회)에 의하여 해임될 수 있다. 총회가 선임한 검사인은 회사에 대하여 위임관계가 있으므로(민 §680) 위임의 종료사유(민 §689, §690)가 있으면 종임된다.

### 4. 책 임

회사의 설립경과조사를 위하여 법원이 선임한 검사인이 악의 또는 중대한 과실로 인하여 그 임무를 해태한 경우 회사 및 제3자에 대하여 책임을 진다(§325). 검사인의 책임은 '악의 또는 중대한 과실로 인한 임무해태'의 경우에만 발생하는 점에서 이사나 감사의 회사에 대한 손해배상책임이 단순한 임무해태에 의하여 발생하는 것과 차이가 있다.

창립총회에서 검사인을 선임한 경우와 주주총회에서 선임한 경우 검사인의 책임에 대하여는 상법상 명문규정은 없으나, 검사인이 임무를 해태하였을 경우에는 회사에 대하여 채무불이행책임을 질 것이고, 제3자에 대하여는 직접적인 법률관

---

1) 이철송, 회, 839면: 근래 회계법인이 다수 설립되어 외부감사인으로 선임되고 있고, 향후 독일에서와 같이 감사전문법인(Wirtschaftsprüfungsgesellschaft, §163 Abs. 1 AktG)의 출현도 예상할 수 있으므로 굳이 자연인으로 제한할 필요는 없다고 본다.

계가 없으므로 채무불이행책임은 발생하지 않지만, 불법행위 요건을 갖추면 불법행위 책임을 질 것이다.[1] 그리고 검사인에 대하여도 형벌(§625, §630) 또는 과태료의 제재(§635)에 관한 규정이 적용된다.

### 《일본 회사법상 감사제도》

#### 1. 회계참여

**(1) 의 의** 회계참여란 이사와 공동으로 계산서류 및 그 부속명세서, 임시계산서류, 연결재무계산서류를 작성하는 회사의 기관이다(일회 §374①, ⑥). 회사는 그 규모, 공개, 비공개를 불문하고 정관의 정함으로써 임의로 회계참여를 설치할 수 있다(일회 §362②). 위원회설치회사와 대회사를 제외한 이사회설치회사는 감사역을 두어야 하지만(일회 §327②, §328①), 이사회설치회사가 공개회사가 아닌 주식회사인 경우에는 감사역 대신에 회계참여를 설치할 필요가 있다(동항 단서). 회계참여와 회계감사인은 계산서류의 작성과 이를 감사하는 직무가 다르기 때문에 동시에 설치할 수 있다. 그러나 지분회사는 회계참여를 설치할 수 없다.

실무상 세무사가 회계에 관여하는 경우가 많지만 법인세의 납세액 산출을 위하여 작성되는 것이고, 계산서류의 적정성에 대하여 신뢰를 두지 않는다. 따라서 중소기업의 계산의 적정을 도모하기 위하여 회계지식을 갖는 전문가가 계산서류의 작성에 관여하는 회계참여제도를 도입하였다.

**(2) 선임 · 종임 · 자격**

1) 이사의 경우와 같이 주주총회에서 선임하며(일회 §329①, §341), 설립시에는 발기인 또는 창립총회에서 선임한다(일회 §38②1호, §88). 회계참여는 주주총회에서 그 선임, 해임, 사임에 대하여 의견을 진술할 수 있다(일회 §345①). 회사는 주주총회의 결의에 의하여 언제나 회계참여를 해임할 수 있으나(일회 §339①, §341), 정당한 이유 없이 해임된 경우에는 회사에 대하여 손해배상을 청구할 수 있다(일회 §339②).

임기는 이사에 관한 규정이 준용되며(일회 §334①), 정관을 변경하는 경우에는 정관변경 효력발생시까지이다(동조②). 회계참여를 두는 경우에는 성명(명칭)과 계산서류 비치장소를 등기하여야 하며(일회 §911②16호), 공개회사의 경우에는 그 성명(명칭)을 사업보고의 내용으로 한다(시행칙 §121 1호).

2) 회계참여는 공인회계사, 감사법인, 세리사, 세리사법인이어야 한다(일회 §333①). 그리고 업무정지처분을 받고 기간이 경과하지 않은 자, 세리사법에 의하여 업무를 행할 수 없는 자는 회계참여가 될 수 없다(동조③2~3호). 그리고 지위의 독립성을 확보하기 위하여 회사 또는 자회사의 이사, 감사, 집행임원, 지배인 기타 사용인을 겸직할 수 없다(동항1호).

---

1) 이철송, 회, 840~841면.

**(3) 보수·비용부담** 회계참여의 보수(일회 §379①)와 직무집행에 관한 비용(일회 §380)에 대해서는 감사의 이에 관한 규정과 같은 규정이 있다.

**(4) 직무·권한** 회계참여는 이사와 공동으로 계산서류 및 그 부속명세서, 임시계산서류, 연결재무계산서류를 작성한다. 따라서 이사나 집행역은 단독으로 계산서류 등을 작성할 수 없으며, 의견이 다를 경우 이사 등이 단독으로 작성하는 계산서류 등은 무효이다. 이 경우 회계참여는 주주총회에서 의견을 진술할 수 있다(일회 §377). 주주가 특정사항에 관하여 설명을 요구할 때는 필요한 설명을 하여야 한다(일회 §314).

회계참여가 계산서류 등을 작성하는 경우에는 법무성령에서 정하는 사항을 내용으로 하는 회계참여보고서를 작성하여야 한다(일회 §374①). 또 정확한 계산서류를 작성하기 위하여 언제든지 회계장부나 관련자료를 열람·등사할 수 있으며, 이사, 지배인 기타 사용인에게 회계에 관한 보고를 요구할 수 있다(동조②). 그리고 필요한 경우에는 자회사에 대하여 회계에 관한 보고를 요구하고, 업무 및 재산상황을 조사할 수 있다(동조③). 이 경우 자회사는 정당한 사유가 없으면 보고 또는 조사를 거절할 수 없다(동조④).

**(5) 의무와 책임** 회계참여는 이사의 부정행위나 법령·정관에 위반한 중대한 사실을 발견한 때는 지체 없이 주주(감사역 또는 감사역회)에게 보고할 의무(부정행위 등의 보고의무, 일회 §375), 계산서류 등의 승인을 위한 이사회에 출석하고 의견을 진술할 의무(일회 §376), 계산서류 등을 5년간 비치해야 할 의무(일회 §378)를 부담한다. 계산서류 등의 비치장소는 회사의 본점 또는 지점 이외의 장소이어야 한다(시행칙 §103③). 회사채권자는 영업시간 내에는 언제든지 열람, 등사를 청구할 수 있다(시행칙 §104).

회계참여가 임무를 해태한 때는 사외이사의 경우와 같이 회사에 대하여 손해배상책임을 진다(일회 §423①). 이 책임은 주주총회의 특별결의에 의한 일부면제, 정관에 의한 일부면제, 사전의 책임한정계약에 의한 일부면제(일회 §§425~427)가 가능하며, 주주대표소송의 대상이 된다(일회 §847). 회계참여가 직무를 행함에 있어 악의 또는 중대한 과실이 있는 때는 제3자에게 발생한 손해를 배상할 책임이 있다(일회 §429①). 계산서류 등에 허위의 기재를 하여 제3자에게 손해를 발생시킨 경우에도 동일하게 제3자에게 책임을 진다(동조②).

### 2. 감사역·감사역회

#### (1) 신회사법상의 감사제도

일본의 신회사법은 감사제도를 종래와 달리 크게 변화시켰다. 감사제도는 종래의 주식회사에 있어서 독립된 감사감독기구를 갖는 것과 종래 유한회사형 감사의 두 종류가 있다. 전자에는 감사역설치회사, 감사역회설치회사 그리고 감사위원회설치회사가 있다. 그런데 이사회설치회사는 감사역(감사역회 포함) 또는 3위원회의 어느 것을 반드시 설치해야 한다.

대회사 이외의 주식양도제한회사인 경우에는 회계참여를 설치하고, 감사역 또는 3위원회 등을 설치하지 않아도 된다는 선택이 가능하다. 즉 이사회를 설치하는 경우에는 감사역을 설치할 것인가 위원회를 설치할 것인가를 선택할 수 있다. 대회사 이외의 주식양도제한회사는 예외적으로 회계참여설치회사라는 선택지가 인정된다.

또한 회계참여는 모든 주식회사에 대하여 임의적으로 설치할 수 있으므로, 이사회를 설치하는 주식회사가 감사역 또는 3위원회 어느 쪽을 설치한 위에 회계참여를 임의로 설치할 수도 있다.

### (2) 감사역

#### 1) 총 설

감사역은 일반적으로 이사의 직무집행을 감사하는 독임제 기관이다(일회 §381). 업무감사기관으로서는 감사역 외에도 이사회가 설치되어 있다. 그러나 이사회에 의한 업무감사는 업무집행과의 밀접한 관계 가운데 행해진다. 이에 대하여 감사역은 업무집행의 외부에서 별개독립의 입장에서 업무감사를 행한다. 주식회사에서는 경영에 관여하는 이사, 회계참여 등의 감시·감독은 주주총회의 임면을 통하여, 또는 개별적인 주주권의 행사에 의해서도 이루어진다.

일본의 신회사법에서는 감사역이 법정의 필요기관인 경우와 임의기관인 경우가 있다. 즉 정관으로 임의로 설치한 경우의 감사역은 임의기관이고, 이사회설치회사나 회계감사인 설치회사에서는 감사역의 설치가 강제되므로(일회 §327) 필요적 기관이다.

#### 2) 감사역의 선임·종임

① **자격, 원수, 임기** 감사에게는 회계감사인이나 회계참여와 같이 전문적 자격이 요구되지 않는다. 다만 그 성격상 그 회사 또는 자회사의 이사, 지배인, 기타 사용인 또는 자회사의 회계참여, 집행역을 겸할 수 없다(일회 §335②). 결격사유 등은 이사와 같다(일회 §335).

감사역 수에 대해서는 제한이 없으므로 1인 또는 수인이어도 되지만 감사역회설치회사에서는 3인 이상이어야 한다(동조③).

임기는 선임 후 4년 이내에 종료하는 사업년도 중 최종정기총회의 종결시까지로 한다(일회 §336①). 다만 공개회사가 아닌 회사에 있어서는 이사의 경우와 같이 정관으로 정하면 임기를 10년까지 연장할 수 있다(동조②). 공개회사 감사역의 임기는 정관으로 연장하거나 단축할 수 없는 점에서 이사의 임기보다 엄격하다고 할 수 있다. 그러나 임기만료 전에 퇴임한 감사역의 보결로 선임된 자의 임기는 퇴임자의 임기만료 시까지 정할 수 있다(동조③). 또한 일정한 사유에 의하여 정관을 변경하는 경우에는 정관변경의 효력이 발생한 때에 임기가 만료하는 것으로 한다(동조④).

② **선임, 종임** 최초의 감사역은 발기인에 의하여 또는 창립총회에서 선임되며(일회 §38②2호, §88), 성립 후에는 주주총회에서 선임된다(일회 §329①). 선임은 보통결의에 의하지만 정족수의 하한(의결권을 행사할 수 있는 주주의 의결권의 과반수가 출석)이 있고, 결의요건도 과반수를 상회하는 비율로 할 수 있다(일회 §341).

이사가 감사역 선임의 의안을 주주총회에 제출하기 위해서는 감사역의 동의를 받아야 하며(일회 §343①), 감사역은 이사에 대하여 감사역 선임을 주주총회의 목적으로 할 것 또는 감사역 선임에 관한 의안을 주주총회에 제출할 것을 청구할 수 있다(동조②). 감사역은 감사역 선임·해임·사임에 관하여 의문이 있으면 주주총회에서 의견을 진술할 수 있다(일회§ 345①, ④).

종임의 경우는 이사의 경우와 같으나, 해임은 감사의 지위의 안정을 도모하기 위하여 특별결의사항으로 하고 있다(일회 §309 7호). 감사의 해임이 부당하다고 생각한 경우에는 당해감사 또는 다른 감사를 위하여 주주총회에서 의견을 진술할 수 있다(일회 §345①, ④). 사임의 경우에는 사임한 감사역은 그 후 최초로 소집된 주주총회에 출석하여 그 뜻 및 이유를 설명할 수 있도록 하고, 다른 감사도 사임에 관하여 의견을 진술할 수 있는 것으로 하였다(일회 §345②,④).

감사의 선임과 종임은 등기사항이다(일회 §911③17호).

#### 3) 감사역의 직무와 권한

① **감사의 권한** 감사는 이사의 직무집행을 감사하는 동시에 감사보고서를 작성하여야 한다(일회 §381). 감사의 직무는 회계감사에 한하지 않고, 이사, 회계참여, 지배인 기타 사용인에 대하여 사업보고를 요구하고, 회사의 업무 및 재산상황을 조사하는 등 업무전반에 미친다(동조②).

한편 이사에게는 회사에 현저한 손실을 미칠 염려가 있는 사실을 발견한 때는 지체 없이 감사에게 보고하여야 한다(일회 §357①). 그리고 모회사 감사는 그 직무를 집행하기 위하여 필요한 때는 자회사에 대하여 사업보고를 요구하고, 업무 및 재산상황을 조사할 권한이 인정된다(일회 §381③). 다만 자회사는 정당한 이유가 있는 때는 보고 및 조사를 거부할 수 있다(동조④).

② **감사범위의 한정** 공개회사가 아닌 회사(감사역설치회사 및 회계감사인설치회사 제외)는 정관으로써 감사역 감사의 범위를 회계에 관한 것으로 한정할 수 있다(일회 §389①). 직무범위가 회계감사에 관한 것으로 한정된 감사는 감사보고서를 작성해야 하고(동조②), 이사가 주주총회에 제출하려고 하는 의안이나 서류 등을 조사하고 그 결과를 총회에 보고하여야 하며(동조③), 직무수행을 위하여 회계장부 또는 이에 관한 자료의 열람·등사를 하거나, 이사, 회계참여, 지배인 기타 사용인에 대하여 회계에 관한 보고를 요구할 수 있다(동조④).

③ **감사역의 직무** 감사역은 이사회에 출석하여야 하며, 필요한 경우에는 의견을 진술하여야 한다(일회 §383①). 감사역은 이사가 부정한 행위를 하거나 할 염려가 있다고 인정되는 경우, 또는 법령이나 정관에 위반한 사실 또는 현저하게 부당한 사실이 있다고 인정되는 경우에는 이사(이사회)에게 보고하여야 한다(일회 §382). 이 보고를 하기 위하여 이사회 소집을 청구할 수 있다(일회 §383②). 이사(이사회)가 위의 청구를 받고도 5일 내에 이사회를 소집하지 않을 경우에는 감사역 스스로 이사회를 소집할 수 있다(동조③).

감사역도 이사의 위법행위유지청구권을 갖지만, 주주의 경우와는 달리 가처분에 의하여 위법행위의 유지를 구하는 경우에 담보제공이 요구되지 않는다(일회 §385①, ②).

감사역설치회사가 이사에 대하여 또는 이사가 감사역설치회사에 대하여 소를 제기한 경우에는 그 소에 대해서는 감사역이 회사를 대표한다(일회 §386①). 주주가 회사에 대한 이사의 책임을 추궁하는 소의 제기를 청구하는 경우에도 감사가 회사를 대표하여 그 청구를 받고(동조②1호), 제소여부를 결정한다. 그 외에도 주주총회결의취소의 소(일회 §831①), 신주발행무효의 소(일회 §828①, ②), 주식교환·이전무효의 소, 분할무효의 소, 자본감소무효의 소, 합병무효의 소, 설립무효의 소를 제기하고, 특별청산개시(일회 §511①)를 신청할 권한이 있다.

4) **감사역과 회사의 관계**

감사역과 회사와의 관계는 위임에 관한 규정에 따른다(일회 §330). 따라서 감사역은 회사에 대하여 선관주의의무를 부담하지만, 이사와 같은 업무집행권이 없으므로 충실의무, 경업금지의무, 자기거래금지의무 등은 없다. 감사는 회사에 대하여 일반원칙에 따라 채무불이행책임, 불법행위상의 책임을 지지만, 그 임무를 해태한 때는 회사에 대하여 연대하여 손해배상책임을 진다(일회 §423). 제3자에게 손해가 발생한 경우의 책임에 대해서는 이사의 경우와 같다(일회 §429①).

감사의 책임경감제도로서 총회의 특별결의에 의한 책임경감(일회 §425①), 미리 정관에 규정을 두고 이사회의 결의에 의하여 하는 책임경감(일회 §426①), 사외감사에게 인정되는 책임한정계약(일회 §427①)이 있다.

감사는 언제든지 사임할 수 있으며, 회사도 주주총회의 결의로 해임할 수 있다(일회 §399①). 해임된 감사는 정당한 사유가 없는 경우에는 해임에 의하여 발생한 손해의 배상을 청구할 수 있다(동조②).

감사역 보수에 대해서 정관에 정함이 없을 때는 주주총회의 결의에 의하여 정하지만(일회 §387①), 이사의 보수와는 별도로 정해야 한다. 이사회의 영향력을 배제하고 감사역의 독립성을 확보하기 위한 것이다. 수인의 감사가 있는 경우 각자의 보수에 대하여 정관 또는 주주총회의 결의가 없는 때는 총액의 범위 내에서 감사의 협의로 정한다(동조②). 감사역이 직무집행에 대하여 회사에 그 비용의 선불 또는 지출한 비용 및 이자의 상환을 청구한 때는, 회사는 그 비용 등이 직무의 집행에 필요한 것이 아니라는 증명을 하지 않으면 지출을 거부하지 못한다(일회 §388). 입증책임을 전환하여 감사비용을 확보하고 감사역의 독립성을 확보하려는 취지이다.

### (3) 감사역회

공개회사이고 대회사인 경우(다만 위원회설치회사가 아닌 경우)에는 3인 이상의 감사로 구성되는 감사회를 구성하여야 한다(일회 §328①). 그 외의 회사(위원회설치회사 제외)는 임의로 감사회를 설치할 수 있다(감사회설치회사, 일회 §2 10호). 감사역회는 실무적으로 업무에 관한 의사소통을 위하여 임의로 설치되는 것이 통례였으므로 이를 제도화한 것이다. 이로 인하여 복수의 감사인이 조사사항을 분담하고, 정보교환으로 적절한 감사의견을 형성할 수 있으며, 이사(이사회)에 대하여 발언력을 강화하는 등 감사의 실효성을 확보할 수 있게 되었다.

다만 업무감사는 개개의 감사역이 책임을 지고 행해야 할 직무이므로 독임제 기관임은 변함이 없고, 감사회는 감사역에 의한 업무감사권한을 방해하지 않는다.

**1) 감사역의 원수, 상근감사역, 사외감사역** 감사역회의 감사역은 3인 이상이어야 하지만 그 가운데 반수 이상은 사외감사여야 한다(일회 §335③). 사외감사역은 감사역의 독립성 확보를 위하여 감사대상인 회사의 이사나 사용인과 관계가 없는 자가 취임하도록 하는 것으로서, 감사역회제도와 동시에 도입되었다. 즉 취임 전에 회사 또는 자회사의 이사, 지배인, 기타 사용인이 아니었던 자를 의미한다. 그리고 과거의 경력에 관한 제한을 회계참여, 이사에게도 과한다(일회 §33③, §2 16호).

감사역회는 감사역 가운데서 상근감사를 정해야 한다(일회 §390③). 상근감사란 회사의 영업시간 중 그 회사의 감사역의 직무에 전념하는 자이다. 상근과 비상근 감사 사이에 직무권한의 차이는 없다.

**2) 직무와 권한** 감사역회는 ① 감사보고서의 작성, ② 상근감사의 선정, 해직, ③ 감사의 방침, 감사역설치회사의 업무 및 재산상황의 조사방법 기타 감사역의 직무집행에 관한 사항의 결정을 직무로한다(일회 §390②). 그러나 ③에 대해서는 감사역의 권한행사를 방해하지 않는다는 한정이 있다. 그리고 감사역회는 감사역에 대하여 언제든지 직무집행상황의 보고를 요구할 수 있다(동조④).

**3) 운 영** 감사역회는 각 감사역이 소집한다(일회 §391). 그 소집절차로서는 감사역은 회일의 1주간 전까지 각 감사역에게 통지하여야 한다(일회 §392①). 다만 감사역 전원이 동의하면 소집절차를 생략할 수 있다(동조②). 그 결의는 통상 감사역의 과반수에 의한다(일회 §393①). 의사록의 작성, 비치, 열람, 등사 등은 이사회와 길다(일회 §394).

감사역에 의한 감사의 결과는 감사회에 보고되며, 감사보고는 감사회가 정리하지만(일회 §390②1호), 개개의 감사는 독임제이므로 개별적 의견을 부기할 수 있다(동항3호). 감사역과 회계감사인의 의견이 다를 때는 회계감사인은 정기총회에 출석하여 의견을 진술할 수 있다(일회 §398①, ③).

### 3. 회계감사인

#### (1) 의 의

회계감사인은 주식회사의 계산서류 및 부속명세서, 임시계산서 및 연결계산서류를 감사할 것을 직무로 하는 자이다(일회 §396①). 회계감사인설치회사는 위원회설치회사 및 대회사이다(일회 §327⑤, §328①). 대회사는 공개회사인가 여부를 묻지 않고 회계감사인을 설치해야 하며(일회 §328②), 위원회설치회사를 제외하고 감사역(대회사의 경우에는 감사역회)을 두어야 한다(일회 §327③).

대회사 또는 위원회설치회사도 임의로 회계감사인을 설치할 수 있다. 다만 회계감사인의 직무에서 업무감사권을 갖는 자가 설치될 필요가 있으므로 정관으로 감사역의 감사범위를 회계에 관한 것으로 한정하는 공개회사가 아닌 주식회사는 회계감사인을 둘 수 없다(일회 §389①). 회계감사인은 회사의 임원이 아니지만 여러 규정에 있어서 임원과 동일한 취지의 규정이 준용된다.

### (2) 선임 · 종임 · 자격

**1) 선임과 종임** 회계감사인은 주주총회의 결의에 의하여 선임된다(일회 §329①). 설립시에는 발기인 또는 창립총회에 의하여 선임된다(일회 §38②3호, §88). 감사역(회) 설치회사의 이사가 회계감사인 선임에 관한 의안을 주주총회에 제출할 경우, 회계감사인의 해임을 주주총회의 의제로 할 경우에는 감사역(회)의 동의를 얻어야 한다(일회 §344①, ③). 감사역(회)은 이사에 대하여 위의 의안제출, 선임 또는 해임을 의제로 할 것, 재임하지 않을 것을 의제로 할 것을 청구할 수 있다(동조②, ③). 위원회설치회사는 감사위원회가 주주총회에 제출할 회계감사인의 선임 및 해임, 부재임에 관한 의안의 내용을 결정한다(일회§ 404②2호). 회계감사인은 선임, 해임, 부재임 또는 사임에 대하여 주주총회에 출석하여 의견을 진술할 수 있다(일회 §345⑤, ①).

회계감사인의 임기는 선임 후 1년 이내에 종료할 사업년도 중 최종의 것에 관한 정기주주총회의 종결시까지다(일회 §338①). 이 주주총회에서 별도의 결의가 없으면 회계감사인은 재임된 것으로 간주한다(동조②). 회사가 회계감사인을 두는 정관규정을 변경하는 경우에는 변경의 효력이 발생하는 때 회계감사인의 임기는 만료한다(동조③).

주주총회에서 정당한 이유 없이 회계감사인을 해임하는 경우 손해배상을 청구할 수 있는 것은 이사나 감사의 경우와 같다(일회 §339). 회계감사인의 해임에 관하여 특별한 규정이 있다. 회계감사인이 직무상의 의무를 위반하거나 직무를 태만히 한 때, 회계감사인으로서 상응하지 않는 비행이 있는 때, 심신의 장애로 직무집행에 지장이 있거나 지탱할 수 없는 경우에는 감사역(회) 또는 감사위원회는 전원의 동의로써 회계감사인을 해임할 수 있다(일회 §340①, ②, ④, ⑤).

회계감사인이 없거나 정관으로 정한 수에 부족한 경우에는 지체 없이 선임되지 않을 때는 감사역, 감사역회, 감사위원회는 일시회계감사인의 직무를 행할 자를 선임해야 한다(일회 §346④, ⑥, ⑦). 회계감사인이나 일시 회계감사인의 직무를 행할 자의 선임은 등기사항이다(일회 §911③19~20호).

**2) 자 격** 회계감사인은 공인회계사 또는 감사법인이어야 한다(일회 §337①). 감사법인이 회계감사인으로 선임된 경우, 당해 감사법인은 그 사원 중에서 실제로 회계감사인의 직무를 행할 자를 선정하고, 이것을 회사에 통지하여야 한다(동조②). 그리고 동조 제3항에서는 회계감사인이 될 수 없는 자를 구체적으로 규정하고 있다.

### (3) 보 수

이사가 회계감사인 또는 일시 회계감사인의 보수 등을 정하는 경우에는 감사역(회) 또는 감사위원회의 동의를 얻어야 한다(일회 §399). 회계감사인의 대표이사나 대표집행역으로 부터의 경제적 독립성을 확보하기 위한 규정이다.

### (4) 직무·권한

회계감사인은 계산서류 및 부속명세서, 임시계산서류 및 연결계산서류를 감사하고 법무성령으로 정하는 사항을 내용으로 하는 회계감사보고서를 작성한다(일회 §396①). 회계감사보고서의 내용은 별도로 정한다(계산규칙 §154①). 회계감사인은 일정한 날까지 특정감사역 및 특정이사에 대하여 작성한 회계감사보고서의 내용을 통지하여야 한다(계산규칙 §158①).

회계감사인이 계산서류 등을 감사하여 회계감사보고를 작성하기 위해서는 기중, 기말을 불문하고 적시에 필요한 정보를 수집해야 한다. 이를 위하여 회계감사인은 언제든지 회계장부 또는 이에 관한 자료의 열람 및 등사를 할 수 있고, 이사, 집행역, 회계참여 및 지배인 기타 사용인에 대하여 회계에 관한 보고를 요구할 수 있다(일회 §396②, ⑥). 자회사에 대한 권한도 감사역의 경우와 같다(동조③, ④).

### (5) 의무·책임

회계감사인은 그 직무를 행할 때 이사의 직무집행에 부정행위 또는 법령·정관에 위반하는 중대한 사실이 있는 것을 발견한 때는, 지체 없이 감사역(감사역회, 감사위원회)에 보고하여야 한다(일회 §397①, ③, ④). 무엇이 중대한 사실인가 판단은 회계감사인의 선관의무에 따라 행하게 된다. 그리고 회계감사인은 감사역, 감사위원의 지휘·명령에 복종하는 것이 아니고, 독립된 전문적 직업인으로서 자주적으로 감사계획을 세워 감사를 실시한다. 그러므로 감사역(위원)이 새로운 감사를 필요로 하는 사항에 대하여 보고를 요구한 경우, 회계감사인이 당초의 계획을 변경하여 감사역(위원)에게 협조할 것인가 여부는 회계감사인의 선관의무에 따라 판단할 문제이다.[1)]

회계감사인이 임무를 해태하여 주식회사에 대하여 이로 인한 손해를 배상할 책임을 지는 것(일회 §423①), 이에 대하여 대표소송이 인정되는 것(일회 §847①), 사외이사와 동일한 책임의 일부면제(주주총회의 특별결의나 정관규정에 따라 이사의 과반수 동의, 책임한정계약, 일회 §425, §426, §427)가 인정되는 것은 감사역이나 이사의 경우와 같다. 그리고 회계감사인이 그 직무를 행할 때 악의 또는 중대한 과실이 있는 때는 이로 인하여 제3자에게 발생한 손해를 배상할 책임을 진다(일회 §429①). 또 회계감사보고서에 기록 또는 기재하여야 할 중요사항에 대하여 허위의 기재 또는 기록을 한 경우에는 주의를 태만히 하지 않았다는 증명을 한 경우를 제외하고 제3자에 대하여 책임을 진다(동조②4호).

## 4. 감사위원회

### (1) 의 의

이사회와 회계감사인을 두는 회사에 의하여 선택할 수 있는 위원회설치회사는 감사역 또는 감사역회를 두지 않고, 감사위원회에 의하여 감독을 하게 된다. 즉 감

---

1) 酒卷俊雄·尾崎安央, 217面.

사위원회는 집행역 등(집행역 및 이사, 회계참여)의 직무집행 감사, 감사보고서 작성, 회계감사인의 선임, 해임안 및 부재임에 관한 의안결정을 한다(일회 §404).

(이사회의 위원회에서 상술하였음)

### (2) 감사위원회에 의한 조사

감사위원회가 선정한 감사위원이 언제든지 집행역 및 지배인 기타 사용인에 대하여 그 직무집행에 관한 사항의 보고를 요구하고, 또는 위원회설치회사의 업무 및 재산상황을 조사하는 것(일회 §405①), 감사위원이 그 직무집행을 위하여 필요한 경우에는 자회사에 대하여 사업보고를 요구하고 업무 및 재산상황을 조사하는 것(동조②)이 있다. 자회사는 정당한 이유가 없는 때는 보고나 조사를 거부하지 못한다(동조③). 감사위원은 보고의 징수 또는 조사에 관하여 감사위원회의 결의가 있는 때는 그에 따른다(동조④).

감사위원은 집행역 또는 이사가 부정행위를 하거나 할 염려가 있다고 인정하는 때, 또는 법령이나 정관에 위반하는 사실 또는 현저하게 부당한 사실이 있다고 인정하는 때는 지체 없이 그 뜻을 이사회에 보고하여야 한다(일회 §406). 감사위원은 이사나 집행역의 위법행위에 대하여 그 행위의 유지를 청구할 수 있다(일회 §407).

## 《중국 회사법상 감사회》

### 1. 감사회의 의의와 특징

중국 회사법 제2장 제2절과 제4절의 규정에 의하면, 감사회는 회사의 재무와 업무진행을 감독하는 법정의 상설 감독기구이다. 감사는 일반적으로 주주총회의 선거로 선출한다.

감사회가 갖는 특징은 주주대표와 일정비율(3분의 1 이상)의 종업원 대표로 구성되고, 종업원 대표는 회사 종업원 대표대회, 종업원 대회, 기타 형식을 통하여 종업원의 민주선거로 선출된다(중회 §52, §118). 감사회의 감독기능은 이사, 경리의 경영행위에 대한 감독(업무감사)과 재무감독(회계감사)이다. 감사회는 직권행사에 있어서 효과적인 감독을 위하여 독립성을 보장하고 있으며, 경영의 위법, 규칙위반, 주주이익의 침해사실을 발견하기 위하여 개개인의 감사가 평등한 감사권을 갖도록 하였다. 즉 일반적인 감사사항에 관하여 결의를 형성할 필요가 없다.[1]

중국 회사에 있어서 비상장회사의 감사제도는 원래 체제의 기초를 완벽하게 하고, 상장회사의 경우에는 독립이사와 감사회가 공동으로 행사할 수 있게 한다.

### 2. 감사회의 의사규칙

회사법이 감사회의 의사방식 및 표결절차에 대하여 규정하지 않는 것은 회사정관에 의해 자체적으로 확정하려는 것이다. 감사회는 매 6개월마다(유한책임회사의 경우는 매년) 적어도 한 차례 개최되어야 한다. 감사는 임시감사회의 소집을 청구

---

1) 양동석, "중국의 기업법제 개혁과 지배구조의 개선", 상사판례연구 제20집 제13권, 624~625면.

할 수 있다. 결의는 과반수 감사가 찬성하여야 한다. 감사회는 의사결정사항을 회의록으로 작성하여야 하며, 회의에 출석한 감사는 회의록에 서명하여야 한다(중회 §56, §120).

### 3. 감사회 구성

주식회사는 감사회를 설립하며, 감사회는 3인 이상의 감사로 구성한다(중회 §118). 유한책임회사가 감사회를 설립하는 경우도 같다. 그러나 주주의 수가 비교적 적고 규모가 작은 유한책임회사는 감사회를 설치하지 않고 1내지 2인의 감사를 둘 수 있다(중회 §52).

감사회는 주석 1인을 두어야 하며, 부주석을 둘 수 있다. 주석과 부주석은 전체 감사의 과반수로 선출한다. 감사회주석은 회의를 소집, 주재하며, 주석이 직무를 수행할 수 없거나 수행하지 않을 경우 부주석이 감사회를 소집, 주재한다. 부주석도 직무를 수행할 수 없거나 수행하지 않을 경우 과반수 감사가 공동으로 선정한 1인의 감사가 감사회를 소집, 주재한다.

이사, 고위급관리자는 감사를 겸임하지 못한다(중회 §118, §52).

### 4. 감사의 임기

감사의 임기는 3년으로 하며, 연임될 수 있도록 하였다. 감사의 임기가 만료된 후 적시에 새로운 인원을 선임하지 못하였거나, 임기 내에 사직하여 감사회 구성원이 법정최저인수에 미달하게 된 경우에는 새로 선출되는 감사가 취임할 때까지 원래의 감사가 감사의 직무를 계속한다(중회 §53, §118).

### 5. 직 권

감사회(감사)는 아래의 직권을 행사할 수 있다(중회 §54, §55).

즉 감사회는 ① 회사의 재무검사, ② 이사, 고위급 관리자의 직무수행감독 및 법률, 행정법규, 회사정관규정, 주주총회 결의에 위반한 이사 및 고위급관리자의 파면건의, ③ 이사, 고위급 관리자의 행위가 회사에 손해를 끼친 때 그 행위의 시정요구, ④ 임시주주총회 소집청구 및 이사회가 소집, 주재하지 않을 경우 직접 소집, 주재, ⑤ 주주총회 의안제출, ⑥ 대표소송 제기, ⑦ 정관이 정하는 기타의 직권을 수행한다(중회 §54).

감사는 이사회에 참석할 수 있으며, 이사회의 결의사항에 대하여 질의 또는 건의할 수 있다. 감사(감사회)는 회사의 경영상황에 이상이 있음을 발견한 때에는 조사를 진행할 수 있으며, 필요시 회계사무소 등의 협조를 받을 수 있고 그 비용은 회사가 부담한다(중회 §55).

# 제5장 자본금의 변동

## 제1절 총 설

우리나라는 주주유한책임을 담보하기 위하여 채권자보호기능을 할 수 있는 자본금제도와 자본준비금제도를 법정하고 있다. 즉 주식회사의 자본금은 회사에 대하여 성립의 기초가 되며, 주주에 대하여는 출자액 및 책임의 한계를 의미하고 회사채권자에 대하여는 회사의 신용과 그 담보가 되는 것이다.[1] 그러나 이 제도들은 취지와는 달리 채권자보호기능을 할 수 없게 되었으며, 오히려 회사의 업무절차를 번거롭게 하고 재무구조를 경직시키며 비용부담만을 증가시킨다는 비판이 있었다.[2]

주식회사의 자본금제도가 채권자보호를 위하여 두게 된 제도이지만, 채권자인 은행 등의 금융기관들이 기업에 자금대여를 할 때 자본이나 법정준비금에 의존하지 않고, 신용평가기관의 평가나 자기자본비율, 담보 등에 의존한다면 이 제도의 개선은 불가피하게 되었다. 특히 미국이나 일본 등에서는 자본에 대한 규제를 완화하여 기업의 자율성을 보장하고 있다.[3]

우리 상법상 자본금은 회사가 액면주식을 발행한 경우에는 "발행주식의 액면총액"이므로(§451) 자본을 증가하기 위해서는 액면 가액을 높이든가 또는 발행주식수를 늘리는 방법이 있을 수 있고, 자본을 감소하기 위해서는 액면가액을 낮추든가 또는 발행주식수를 감소하는 방법이 있을 수 있다. 회사가 무액면주식을 발행하는 경우에는 자본금 증가를 위하여 발행주식수를 늘려야 하고, 자본금을 감소

---

1) 양동석·서성호, "주식회사 자본관련제도 개선에 관한 연구", 기업법연구 제21권 제3호, 167면.

2) 양동석·서성호, 상게 논문, 167면; 김순석, "주식회사의 법정자본제도의 재검토", 상사법연구 제23권 제3호, 323~324면; 권기범, "주식회사의 자본감소에 관한 연구", 상사법연구 제23권 제1호, 105면.

3) 김건식, "자본제도의 유연한 회사법", 절차적 정의와 법의 지배(박영사, 2003), 129면; 김순석, 상게 논문, 324면; 양동석·서성호, 상게 논문, 167면.

하기 위해서는 발행주식수를 감소하여야 한다. 자본의 변동은 정관변경과는 무관하고 등기사항이다.

증자의 방법으로서 액면가액을 높이는 것은 모든 주주에게 추가납입의무를 발생시키고 이는 주주유한책임의 원칙에 반하므로 실제상 불가능하다. 따라서 증자의 방법으로는 발행주식수를 늘리는 방법인 신주발행의 방법 밖에 없다. 따라서 자본증가는 신주발행과 거의 동일한 말이 되어 있다. 자본증가를 가져오는 신주발행(광의의 신주발행)에는 두 가지가 있는데, 하나는 회사가 자금조달을 목적으로 하여 신주를 발행하는 보통의 신주발행과, 다른 하나는 회사의 재산에는 원칙적으로 변동이 없고 자금이 장부상으로만 이동하는 특수한 신주발행이 있다.

보통의 신주발행의 경우에는 회사의 재산이 증가한다. 이 때 증가되는 재산액은 자본금의 증가와 일치하는 것은 아니다. 왜냐하면 신주의 발행가액을 액면가액과 동일하게 하면 양자는 일치하지만, 발행가액을 액면가액보다 높게 하거나 낮게 정하면 증자액보다 증가하는 재산이 많게 되거나 적게 되는 현상이 발생한다.

특수한 신주발행의 경우 자본은 증가하지만 회사의 재산은 원칙적으로 변동이 없으므로 이를 "명의상 자본증가" 또는 "무상증자"라 한다. 상법이 인정하고 있는 특수한 신주발행에는 준비금의 자본전입에 의한 신주발행(§461), 주식배당에 의한 신주발행(§462의2①), 전환주식(§346 이하) 또는 전환사채(§513 이하)의 전환에 의한 신주발행, 신주인수권부사채의 신주인수권의 행사에 의한 신주발행(대용납입이 인정되는 경우, §516의2②5호, §516의8), 주식의 병합 또는 분할에 의한 신주발행(§§440~444, §329의2), 회사의 흡수합병 또는 분할합병으로 인한 신주발행(§523 3호, §530의6①2호) 등이 있다.

감자의 방법으로서 액면가액을 낮추거나 또는 발행주식수를 줄이는 것은 주주유한책임과 충돌하는 것이 아니므로 어느 방법도 가능하다. 이러한 감자에도 증자의 경우와 같이 실제로 회사의 재산이 감소하는 "실질상 자본감소"와 회사의 재산에 변동이 없는 "명의상 자본감소"가 있다. 어떠한 방법에 의한 감자이든 증자의 경우와는 달리 반드시 채권자보호절차를 밟아야 한다.

# 제 2 절 자본의 증가

## 제 1 보통의 신주발행

### 1. 의 의

보통의 신주발행이란 회사성립 후 회사의 자본조달을 직접적인 목적으로 수권주식총수의 범위 내에서 미발행주식을 발행하는 것이다.

수권자본제를 채용한 상법 하에서는 증자에 의한 자금의 조달은 수권주식총수의 범위 내에서 신주발행의 형식에 의하여 원칙적으로 이사회에서(예외적으로 정관의 규정에 의하여 주주총회에서) 자유로이 할 수 있다. 이것에 의하여 증자절차는 간단하고 회사의 자금조달은 기동성을 갖게 되었다.

그러나 이사회에 이러한 강력한 권한을 주는 반면에 그 권한의 남용을 방지하고 주주의 정당한 이익을 보호하는 방안으로 상법은 ① 수권주식총수의 범위 내에서만 신주를 발행할 수 있도록 제한하여 이사회에 의한 신주의 남발을 억제하고(§289①3호, §416), ② 주주에게 원칙적으로 신주인수권을 인정하며(§418①), ③ 불공정한 신주발행을 예방하기 위하여 각 주주에게 신주발행유지청구권을 인정하고 있다(§424).

보통의 신주발행방법은 누구에게 신주를 인수시킬 것인가(즉 주식의 인수방법)에 따라 주주배정의 방법은 주주에게 신주인수권이 인정된 경우이고, 제3자 배정의 방법은 제3자에게 신주인수권이 인정된 경우이며, 모집의 방법은 신주인수권자가 특정되지 않는 경우이다.

### 2. 신주인수권

#### (1) 의 의

신주인수권(preemptive right)이라 함은 회사가 성립 후에 신주를 발행하는 경우 다른 사람에 우선하여 신주를 인수할 수 있는 권리를 말한다. 신주인수권에는 주주의 신주인수권과 제3자의 신주인수권이 있다. 상법은 기존주주의 이익을 보호하기 위하여 주주의 신주인수권을 법적인 권리로 규정하는 동시에(§418①), 예외적으로 자금조달의 편의를 도모하기 위하여 정관으로 주주의 신주인수권을 제한하거나 제3자에게 신주인수권을 부여할 수 있음을 규정하고 있다(동조②).

### (2) 주주의 신주인수권

**1) 의 의** 주주는 종래 가지고 있던 주식의 수에 비례하여 우선적으로 신주를 배정받을 수 있는 권리를 갖는다. 주주의 이러한 신주인수권은 정관이나 이사회의 결의에 의해서 비로소 생기는 것이 아니라 법률의 규정에 의하여 주주에게 당연히 생기는 권리이다(§418①). 이러한 주주의 신주인수권은 주주권의 한 내용을 이루고 있는 추상적 신주인수권과, 이것을 기초로 하여 이사회의 신주발행의 결의에 의하여 구체화된 권리인 구체적 신주인수권으로 구별된다. 추상적 신주인수권은 주식과 분리하여 양도할 수 없으나 구체적 신주인수권은 주주권과 별개의 구체화된 채권적 권리이므로 주식과 독립하여 양도 할 수 있다. 구체적 신주인수권은 배정일 현재의 주주명부상의 주주에게 귀속하며, 신주인수권증서의 교부로써 양도할 수 있다(§420의2, §420의3).

**2) 신주인수권의 대상주식** 주주는 법률상 신주를 인수할 수 있는 권리자이므로, 원칙적으로 회사가 발행할 모든 신주가 신주인수권의 대상이 된다. 다만 예외적으로 준비금의 자본전입에 의한 신주발행(§461), 주식배당에 의한 신주발행(§462의2), 주식병합·분할에 의한 신주발행(§440 이하) 등의 경우에는 신주인수인이 모든 주주로 미리 정하여져 있으므로 주주의 신주인수권이 문제되지 않는다.

그 외에도 일반주주의 신주인수권의 대상이 되지 않는 경우로는 현물출자자에 대한 신주발행(§416 4호), 전환주식 또는 전환사채의 전환의 경우 신주발행(§346 이하, §513 이하), 신주인수권부사채권자의 신주인수권의 행사에 의한 신주발행(§516의8), 흡수합병의 경우 존속회사가 소멸회사의 주주에게 배정하는 신주발행(§523 3호), 분할합병의 경우 분할합병의 상대방회사(분할 후 회사)가 분할되는 회사의 주주에게 배정하기 위한 신주발행(§530의6①3호) 및 주식의 포괄적 교환의 경우 완전자회사의 주주에게 배정하기 위한 신주발행(§530의6②) 등의 경우가 있다.

**3) 신주인수권의 제한** 주주의 신주인수권은 법률(자금 §165의7①, ②, 파 §265②, §266③) 또는 정관(§418②, §420 5호)에 의하여 제한될 수 있다. 해석상 주주의 신주인수권이 제한되는 경우로는 회사가 취득하고 있는 자기주식(§341 1~5호),

자회사가 취득하고 있는 모회사의 주식(§342의2①1~2호) 및 실권주·단주 등이다.

#### 4) 실기주(失期株)·실권주(失權株) 및 단주(端株)의 처리문제

① **실기주** 광의의 실기주(이사회의 신주발행 결의 전에 이미 주식을 취득하였으나 아직 명의개서를 하지 않은 주식)의 경우에는 주식양수인(실기주주)은 주식양도인이 회사로부터 지급받은 이익배당금·합병교부금 등을 부당이득의 법리에 의하여 반환을 청구할 수 있고(이설 없음), 협의의 실기주(주식양수인이 명의개서를 하지 않음으로써 주주명부상의 주주인 주식양도인이 배정받은 신주)의 경우에는 주식양수인이 추상적 신주인수권 뿐만 아니라 구체적 신주인수권도 가지고 있으므로 주식양수인이 사무관리의 법리에 의하여 주식양도인에 대하여 반환청구할 수 있다고 본다.[1] 이에 대한 학설로는 사무관리설 외에도 부당이득설, 준사무관리설[2]이 있다.

② **실권주·단주의 처리문제** 신주인수권을 갖는 주주(또는 신주인수권 증서를 취득한 자)가 청약기일까지 주식인수의 청약을 하지 않으면 신주인수권을 잃게 되고(§419③) 또 청약기일까지 주식인수의 청약을 하였더라도 납입기일에 납입을 하지 않으면 주식인수인으로서의 지위를 잃게 되어(§423②) 실권주가 발생한다. 또한 신주인수권자에게 신주를 배정하는 과정에서 발생하는 1주 미만의 주식을 단주라 한다.

신주인수권의 대상인 주식에 실권주 또는 단주가 생기더라도 회사는 이것을 방치할 수 있는데, 이 경우에는 수권주식 중 미발행주식으로 남게 된다. 그러나 실제 있어서는 실권주와 단주의 합계수에 해당하는 주식에 관하여 주주를 모집하는 일이 많은데, 이 경우에 실권주나 단주의 처리를 "이사회"에서 임의로 할 수 있음을 미리 공고하는 것이 보통이다. 이 때 실권주나 단주를(경우에 따라서는 이의 발생을 유도하여) 특정인에게 배정함으로써 회사지배권에 변동을 초래하는 것은 허용되지 않으며, 주식의 시가가 당초의 발행가액을 상회하는 경우 그 발행가액은 시세를 감안한 공정한 가액이어야 한다.

#### 5) 신주인수권의 양도

주주가 신주인수권을 양도할 수 있다면 그가 청약이나 납입을 하지 않고도 신주인수권을 양도함으로써 차액을 얻을 수 있는 장점이 있기 때문에 1984년 개정상법은 선진제국의 입법례에 따라 이를 도입하였다. 주주의 신주인수권은 정관 또는 이사회결의(정관상 주주총회의 결의로 신주발행

---

1) 정찬형, 상, 1049면.

2) 정동윤, 508면; 이철송, 회, 355면; 채이식, 696면.

을 할 수 있도록 규정된 경우에는 주주총회결의)로 이를 양도할 수 있음을 정한 경우에만 회사에 대한 관계에서 유효하게 양도할 수 있다(§416 5호). 이에 위반한 신주인수권의 양도는 회사에 대하여는 효력이 없다고 보아야 할 것이다(다수설).[1] 신주인수권의 양도는 신주인수권의 교부에 의해서만 할 수 있다(§420의3①).

### 6) 신주인수권증서

① **의 의** 신주인수권증서는 주주의 신주인수권을 표창하는 유가증권으로서, 기존의 주주에게 발행되는 것이다. 신주인수권부사채권자에게 발행되는 신주인수권증권(§516의5)과 구별된다. 이 증권은 이미 발생한 신주인수권을 표창하는 유가증권이므로 비설권증권·무기명증권이다.

② **발 행** 정관 또는 이사회(또는 주주총회)결의로 주주의 청구가 있는 때에만 신주인수권증서를 발행한다는 것과 그 청구기간을 정한 경우(§416 6호)에는 회사는 그 청구기간 내에 발행을 청구한 주주에 한하여 신주인수권증서를 발행하여야 한다(§420의2① 전단). 청구기간 등의 정함이 없는 경우에는 신주의 청약기일(§419①)의 2주간 전에 모든 주주에게 신주인수권증서를 발행해야 한다(§420의2①후단).

신주인수권에는 신주인수권증서라는 뜻의 표시, 신주인수권의 목적인 주식의 종류와 수, 주식청약서의 기재사항(§420) 등을 기재하여야 한다(§420의2②).

2011년 개정상법은 회사는 신주인수권증서를 발행하는 대신 정관으로 정하는 바에 따라 전자등록기관의 전자등록부에 신주인수권을 등록할 수 있도록(§420의4) 하였다. 이 경우 주식의 전자등록에 관한 제356조의2 제2항부터 제4항의 규정이 준용된다.

주권상장법인이 이사회에서 주주배정 증자방식의 유상증자를 결의하는 경우에는 제416조 제6호에 따르는 신주인수권증서의 발행에 관한 사항을 정하여야 한다.

③ **양도방법** 신주인수권은 반드시 신주인수권증서의 교부에 의해서만 양도된다(§420의3①). 또 신주인수권증서의 유통성을 강화하기 위하여 제336조 제2항, 수표법 제21조에 의한 권리추정력과 선의취득이 인정된다(동조②).

④ **청 약** 신주인수권증서를 발행한 경우에는 신주인수권증서에 의하여 주식인수의 청약을 한다(§420의4①전단). 신주인수권증서를 상실한 자는 회사로부터 주식청약서를 교부받아 주식의 청약을 할 수 있으나(동조②본문), 상실된 신주인수권증서에 의한 주식인수의 청약이 있으면 신주인수권증서에 의한 청약이 우

1) 최준선, 회, 551면; 정찬형, 상, 1051면; 정동윤, 510면; 손주찬, 861면.

선한다(동항 단서).

7) 위반의 효과

회사가 주주의 신주인수권을 무시하고 신주를 발행한 경우에는 주주는 사전에 신주발행유지청구권(§424)을 행사하거나 사후에 신주발행무효의 소(§429 이하)를 제기할 수 있다. 또 주주는 회사에 대하여 불법행위로 인한 손해배상을 청구할 수 있으며(§389, §210), 이사에 대하여는 손해배상을 청구할 수 있다(§401).

## (3) 제3자의 신주인수권

1) 의 의　　제3자의 신주인수권이라 함은 주주 이외의 제3자가 우선적으로 신주를 배정받을 수 있는 권리를 말한다. 제3자의 신주인수권은 법률(§516의2④, 자금 §165의7①) 또는 정관(§418②)의 규정에 의하여 부여된다. 제3자에게 신주인수권을 부여하는 경우에는 회사의 지배관계 등의 변동, 회사가 자금조달을 위하여 제3자에게 지나치게 유리한 조건을 부여한 결과 주주의 이익을 해칠 수 있으므로 법률로 권한을 인정하는 것이다. 따라서 회사가 채권자와 금전소비대차계약을 체결하면서 채권자에게 부여한 채권을 주식으로 전환할 수 있다는 전환권부여조항은 무효이다.[1)]

제3자의 신주인수권이 정관에 의하여 부여되는 경우는 신기술의 도입·재무구조의 개선 등 회사의 경영상 목적을 달성하기 위하여 필요한 경우에 한한다. 제3자 배정의 합리적 기준을 예시하는 규정이다. 이때에도 이러한 제3자는 이러한 정관의 규정만으로는 신주인수권을 취득하지 못하고 회사와 제3자간의 계약이 있어야만 비로소 신주인수권을 취득한다고 본다(통설).

2) 근 거　　법률에 의하여 제3자에게 신주인수권이 인정된 경우(§418①)라도 상법의 규정만으로는 당연히 발생하는 것이 아니고 회사가 제3자에게 전환사채나 신주인수권부사채를 구체적으로 배정하였을 때 비로소 발생한다. 상장법인이 주식을 유상발행하는 경우로는 우리사주조합원에게 우선적으로 주식을 배정받을 권리를 부여하는 경우이다.[2)]

정관의 규정으로써 제3자에게 신주인수권을 부여할 수 있으며(§418②). 정관으로 특정인을 미리 정할 수도 있고 제3자의 범위만을 정해두고 신주를 발행할 때

1) 대판 2007.2.22, 2005다73020.

2) 우리사주조합원(종업원)에게 인정된 신주인수권은 해당 법인이 모집하거나 매출하는 주식총수의 100분의 20 범위에서 갖는다(자금 §165의7①).

이사회에서 구체적으로 확정할 수도 있다. 이 경우에도 정관의 규정만으로써는 제3자의 신주인수권이 발생하지 않고 회사와 제3자간의 계약이 있어야 비로소 발생한다(통설).

3) 양 도 제3자의 신주인수권을 양도할 수 있는가에 대하여 학설이 분기한다. 학설 가운데는 이를 긍정하는 견해, 부정하는 견해, 회사가 승인하는 경우에만 가능하다는 견해가 있다.

생각건대 법률에 의하여 회사와 제3자간에 특별하게 인정되는 신주인수권은 일반적으로 양도할 수는 없다고 본다.[1] 그러나 우리사주조합원에게 인정되는 신주인수권은 입법취지상 우리사주조합원 상호간에는 양도할 수 있으나 조합원 이외의 제3자에게는 양도할 수 없다고 보며, 신주인수권부사채권자에게 인정된 신주인수권은 채권(비분리형인 경우, §516의6①) 또는 신주인수권증권(분리형인 경우, 동항)의 양도방법에 의하여 양도할 수 있을 것이다.[2]

정관에 의하여 제3자에게 신주인수권이 인정된 경우에도 제3자의 이익을 보호하기 위해서나 또는 회사의 자금조달의 편의를 위해서 정관에 반하지 않는 한 신주인수권의 양도를 인정하여야 할 것이다.

4) 위반의 효과 회사가 제3자의 신주인수권을 무시하고 신주를 발행한 경우, 회사는 제3자에 대하여 손해를 배상할 책임을 진다(채무불이행책임, 민 §390). 그러나 그 신주발행이 무효가 되는 것은 아니다. 이 때 이사가 악의 또는 중과실로 그 임무를 해태한 경우에는 그는 제3자에 대하여 연대하여 손해를 배상할 책임을 진다(§401).

### 《일본 회사법상 모집주식인수권》

**1. 모집주식의 발행형태**

발행하는 상대에 따라 ① 기존주주에게 발행하는 방법, ② 특정 제3자에게 발행하는 방법, ③ 일반으로부터 모집하는 방법이 있으며 회사법은 이들 형태에 따라 절차규제를 달리하고 있다.

**2. 기존주주의 이익보호**

회사가 모집주식을 발행하면 기존의 주주는 주가하락에 의한 경제적 손실과 의

---

1) 정동윤, 514면; 이철송, 회, 865면; 이기수 외, 450면.

2) 정찬형, 상, 1055면.

결권비율의 저하라는 경영지배면의 불이익을 받는다. 이 경우 기존의 주주에게 주식배정을 받을 권리를 부여하게 되면 이상의 권리를 보호받게 된다. 그래서 일본에서는 종래 주식양도제한회사의 주주에게는 원칙적으로 신주인수권이 법정되어 있었지만 회사법은 이와 같은 조치를 하지 않았다.

회사법 아래서는 회사가 기존주주의 경제적 이익을 보장하려고 하면 주주에게 주식배당을 받을 권리를 부여하여 모집주식을 발행하든가(일회 §202①), 납입금액을 시가 이상으로 하여 발행하면 된다(발행 후에도 시가하락이 없음). 그러나 회사법은 항상 기존주주의 경제적 이익을 최우선으로 하는 것이 아니고 회사는 시가보다 저가로 모집주식을 발행할 수도 있다. 다만 공개회사의 경우에는 이사회에 주식의 모집사항을 결정하도록 하지만 납입금액이 모집주식을 인수하는 자에게 특히 유리한 금액인 경우에는 주주총회의 특별결의를 거쳐야 한다(일회 §199②, §201①, §309②5호). 비공개회사의 경우에는 특히 유리한 금액이 없더라도 모집신주의 발행사항은 주주총회의 특별결의에서 결정한다(일회 §199②, §309②5호). 특별결의를 요구하고 있으므로 기존주주의 이익을 보호하는 것이 되며, 이 결의에 반대하는 소수주주는 불이익을 감수하며 회사의 자본조달이라는 이익을 중시하게 된다.

회사가 기존주주의 의결권비율을 유지하려고 하는 경우에는 기존의 주주에게 지주수에 따라 주식배당을 받도록 하는 권리를 부여하면 된다. 그래서 회사법은 주주에게 배당하는 경우에는 공개, 비공개를 구별하지 않고 주주총회의 특별결의 없이 모집사항을 결정할 수 있도록 편의를 제공한다(일회 §202⑤).

공개회사가 공모하는 경우, 공개회사의 주주가 갖는 의결권은 총주주의 의결권에 비하여 큰 것이 아니므로 보호해야 할 이익이라고 보지 않는다. 따라서 회사법은 주주의 이익보호보다도 회사의 자금조달의 편의성을 중시하여 이사회가 모집신주의 공모를 결정할 수 있도록 하였다. 비공개회사가 공모하는 경우에는 주주총회의 특별결의가 필요하고 이 한도에서 주주의 이익보호가 있게 된다.

### 《중국 회사법상 신주발행》

중국에서 회사의 자본은 정관의 절대적 기재사항이다. 회사가 성립한 후 회사의 발기인 또는 인수인은 회사의 자본을 정관에 기재할 것을 확정하고 향후 회사자본의 증가 또는 감소를 할 경우에는 정관을 변경하도록 한다. 자본을 증가할 때는 주주총회의 결의를 거쳐야 하며, 반드시 총주주의 3분의 2 이상의 동의를 얻어야 한다(중회 §38, §100). 이와 같은 자본확정의 원칙은 처음 출자해야 할 비율, 출자납부시간, 출자책임의 가중 등의 규정을 두어서 그 실현을 담보하고 있다(중회 §81). 그러나 회사가 자금을 모으고 경영을 확대할 목적으로 법이 정한 규정과 절차에 따라 회사의 자본을 증가할 수 있다. 내부증자는 현재의 주주가 증가되는 회사의 자본을 모두 인수하는 것이고, 외부증자는 주주 이외의 투자자가 이를 인수하는 것이다. 내부증자의 경우에도 각 주주가 지주율에 따라 출자를 증가하는 동비증자와 지주율을 변경하여 출자를 증가하는 비동비증자가 있다.

## 3. 신주발행의 절차

### (1) 신주발행사항의 결정

보통의 신주발행사항은 정관에 의하여 주주총회에서 정하기로 정한 경우를 제외하고는 이사회가 결정한다(§416). 이사회는 이 결정을 대표이사에게 위임할 수 없다. 자본금 총액이 10억원 미만으로서 이사를 1인 또는 2인을 둔 소규모 주식회사는 이사회의 권한을 주주총회가 행사한다(§383④).

상법 제416조 제1호 내지 제4호의 사항은 주주배정·제3자 배정 및 모집에 공통하는 사항이나, 동조 제5호 내지 제6호와 신주배정일(§418②)의 사항은 주주배정의 경우에만 해당하는 사항이다.

① 신주의 종류와 수(1호)

② 신주의 발행가액과 납입기일(액면미달발행은 주주총회의 특별결의사항임, 2호) 무액면주식의 경우에는 신주의 발행가액 중 자본금으로 계상하는 금액(2호의2)

③ 신주의 인수방법(3호) 주주배정, 제3자 배정, 모집 중에서 선택하는 것이며 주주의 신주인수권을 해칠 수 있는 제3자 배정이나 모집은 법률 또는 정관에 정함이 있어야 한다. 따라서 법률이나 정관에 아무런 규정이 없는 경우에는 이사회는 주주배정의 방법으로만 신주를 발행하여야 한다(§418①). 정관에 제3자 배정 또는 모집에 관한 정함이 있는 경우에도 구체적인 내용은 이사회가 결정한다(동조②). 그 외에도 이사회는 청약단위, 납입취급 금융기관, 단주 및 실권주 처리방법 등을 결정한다. 주권상장법인의 경우에는 정관에서 정하는 방법에 따라 이사회의 결의로써 대통령령으로 정하는 일반공모증자방식에 의하여 신주를 발행할 수 있다(자금 §165의6②).

④ 현물출자를 하는 자의 성명과 그 목적인 재산의 종류, 수량, 가액과 이에 대하여 부여할 주식의 종류와 수(4호)

⑤ 주주의 신주인수권 양도에 관한 사항(5호)

⑥ 주주의 청구가 있는 때에만 신주인수권증서를 발행한다는 것과 그 청구기간(6호)

⑦ 신주배정일(§418③)

### (2) 배정기준일 공고 및 청약최고

1) 신주배정기준일 공고 회사는 신주인수권자를 확정하기 위하여 신주

배정기준일은 그 날의 2주간 전에 공고하여야 하고, 그 날이 주주명부의 폐쇄기간 중인 때에는 그 폐쇄기간 초일의 2주간 전에 공고하여야 한다(§418③단서). 이와 같은 공고에도 불구하고 신주배정 기준일까지 명의개서를 하지 않은 주식은 광의의 실기주가 된다.

2) **청약최고** 신주인수권은 권리이지 의무는 아니므로 회사로서는 신주인수권자가 신주인수권을 행사할 것인가의 여부를 알 필요가 있다. 따라서 회사는 신주인수권자에 대하여 실권예고부청약최고를 할 수 있다. 즉 신주인수권을 가진 자(주주 또는 제3자)가 있는 때에는 회사는 그 자가 일정한 기일(청약기일)까지 주식의 청약을 하지 않으면 그 권리를 잃는다는 뜻을 그 기일의 2주간 전에 신주인수권자에게 통지(무기명주권을 발행한 경우에는 공고)를 하여야 한다(§419①~③). 만일 신주인수권자가 그 기일까지 신주인수의 청약을 하지 아니하면 청약기간의 경과로 당연히 실권하게 되는데(동조④), 이러한 주식이 실권주이다.

3) **제3자 배정의 통지·공고** 신주발행 자체 및 제3자 배정에 관하여 기존의 주주들은 중대한 이해를 갖게 되므로 신주의 발행사항을 주주들에게 통지 또는 공고하여야 한다. 그러므로 회사는 신주의 종류와 수 등 제416조의 1호부터 4호의 내용을 그 납입기일의 2주 전까지 주주에게 통지하거나 공고하여야 한다(§418④).

### (3) 신주인수권자가 없는 경우의 모집절차

신주인수권자가 없는 경우의 신주발행, 즉 누구에게도 신주인수권을 부여하지 않고 하는 신주발행을 모집에 의한 신주발행이라고 한다. 이 방법은 주주의 신주인수권을 제한할 수 있으므로 제3자 배정의 경우와 같이 법률 또는 정관에 정함이 있는 경우에만 가능하다. 모집방법에는 모집의 범위를 회사임원·종업원·거래처 등과 같이 연고자로 한정하는 "연고모집"과, 이와 같이 모집의 범위를 한정하지 않고 널리 일반으로부터 주주를 모집하는 "공모"(일반모집)가 있다.

또 모집의 절차를 발행회사 자신이 직접 하는 "직접모집"(자기모집)과, 발행회사로부터 위탁을 받은 증권회사가 하는 "간접모집"(위탁모집)이 있는데, 우리나라의 상장회사는 거의 대부분 공모와 간접모집을 한다. 간접모집도 증권회사가 모집을 주선만 하는 모집주선, 증권회사가 모집을 주선하고 남은 주식을 인수하는 잔액인수(도급인수), 증권회사가 발행회사의 주식을 전부 자기명의로 인수하여 일반에게 매출하는 총액인수의 방법이 있으나 우리나라 상장회사는 일반적으로 총액인수의 방법을 택한다.

신주인수권자에 대한 발행은 발행가액을 액면가액으로 하는 것이 보통이지만 공모에 의한 발행은 시가발행을 하는 것이 보통이다. 구주주의 이익을 보호하기 위해서이다.[1] 따라서 구주주의 이익과 회사의 자금조달을 조화하여 공정한 발행가액을 정하여야 한다. 우리나라의 상장회사는 상장법인 재무관리규정 제11조에 의하여 시가산정방법을 정한다.

**《 자본시장법의 특칙 》**

회사가 신주를 모집에 의하여 발행하는 경우 그 모집가액의 총액이 일정규모 이상인 경우에는 발행회사는 증권신고서를 금융위원회에 제출해야 하며(자금 §§118~122), 신주발행 후에는 증권발행실적보고서를 작성하여 제출해야 한다(자금 §128). 금융위원회는 이와 같은 서류를 3년간 일정한 장소에 비치하고 공시하여야 한다(자금 §129).

### (4) 청약과 배정

**1) 청 약** 신주인수권자가 누구이든 주식인수의 청약을 하고자 하는 자는 주식청약서 2통에 인수할 주식의 수·주소·기타의 법정사항을 기재하고(§420) 기명날인 또는 서명하여야 한다(주식청약서주의, §425, §302①). 그러나 신주인수권증서가 발행된 경우에는 이 증서에 의하여 청약을 한다(§420의4①). 다만 신주인수권증서를 상실한 경우에는 주식청약서에 의하여 청약할 수 있다(동조②).

**2) 배 정** 주식인수와 청약에 대하여 회사가 배정을 함으로써 주식인수가 성립한다. 배정자유의 원칙은 신주인수권이 없는 자에게는 적용되지만, 신주인수권자에게는 적용되지 않는다. 주식인수의 법적 성질은 설립의 경우와 같이 입사계약이다(통설). 회사설립의 경우와는 달리 이사회에서 발행하기로 결정한 주식의 총수 중에서 청약이 있는 부분만 배정한다.

### (5) 납입 및 현물출자의 이행

인수인은 납입기일에 그 인수가액의 전액을 납입하고(§421①), 현물출자를 하는 자는 납입기일에 지체 없이 출자의 목적인 재산을 인도하고 권리의 설정 또는 이전에 등기나 등록을 요하는 것은 그 서류를 완비하여 교부하여야 한다(§425, §305③, §295②). 납입은 현실적으로 하여야 하고, 상계로써 회사에 대항하지 못한다

---

1) 정찬형, 상, 1059~1060면.

(§334). 납입의 절차에 관해서는 모집설립의 경우와 유사하다.

현물출자에 관한 사항은 원칙적으로 법원이 선임한 검사인에 의하여 조사를 받아야 하는데(§422①1문), 예외적으로 공인된 감정인의 감정으로 검사인의 조사에 갈음할 수 있다(동항 2문). 현물출자에 관하여 이와 같은 검사절차를 거치지 않았더라도 신주발행이나 이로 인한 변경등기가 무효가 되는 것은 아니다.[1] 현물출자의 조사에 관하여는 발기설립의 경우와 유사하다. 다만 현물출자의 목적인 재산가액이 자본금의 5분의 1을 초과하지 아니하고 대통령령으로 정한 금액을 초과하지 아니하는 경우 등 제422조 제2항 각호에 해당할 경우에는 제1항의 조사절차를 적용하지 아니한다(동조②).

### (6) 신주발행의 효력발생

신주의 납입기일에 인수인이 납입 또는 현물출자의 이행을 하면 인수인은 "납입기일의 다음 날"로부터 주주가 된다(§423①). 그러나 납입기일까지 납입 또는 현물출자를 이행하지 않으면 그 인수인에게 배정된 신주는 법률상 당연히 실권되고(실권주, 동조②), 인수인은 회사에 대하여 손해배상책임을 진다(동조③). 이 경우 모집설립의 경우와 같은 실권예고부납입최고는 필요가 없다.

신주에 대한 이익이나 이자의 배당에 관하여는 정관이 정하는 바에 따라 그 납입기일이 속하는 영업연도의 직전영업년도 말에 주주가 된 것으로 할 수 있다(§423①, §350③). 이는 신주발행의 경우(§423①2문) 뿐만 아니라, 전환주식의 전환(§350③), 준비금의 자본전입(§461⑥)이나 주식배당(§462의2④2문)의 경우에도 이와 동일하게 규정하여 회사의 선택으로 동액배당 또는 일할배당을 할 수 있게 하였다.

이사회 결의에서 정한 신주의 총수 중에서 그 일부에 관하여 인수 또는 납입이 없는 주식은 미발행주식수로 남게 되며, 인수와 납입이 있는 주식에 관해서만 신주발행의 효력이 생기게 된다. 미발행주식(실권주)은 그대로 둘 수도 있고 다시 주주를 모집할 수도 있다. 실권주에 대하여는 이사의 담보책임도 발생하는 것이 아니다.

### (7) 변경등기

신주발행의 효력이 생기면 발행주식 총수·주식의 종류와 수에 변경이 생기게 되고, 자본의 액도 당연히 증가하므로 소정의 기일 내(본점소재지에서는 납입기일로부터 2주간 내, 지점소재지에서는 납입기일로부터 3주간 내)에 변경등기를 하여야 한다

1) 대판 1980.2.12, 79다509.

(§317④, §183). 할인발행을 한 경우에는 변경등기에 미상각액도 아울러 등기하여야 한다(§426).

이 등기의 본질적 효력은 신주발행 및 자본증가를 공시하는 것이며, 부수적 효력은 변경등기일로부터 1년을 경과하면 신주인수인은 주식청약서 또는 신주인수권증서의 요건흠결을 이유로 하여 인수무효를 주장하거나 착오 사기 강박을 이유로 하여 인수를 취소하지 못한다. 1년을 경과하지 않은 경우에도 주주가 주주권을 행사한 때에는 동일한 제한을 받는다(§427). 그리고 이사의 자본충실책임이 발생한다(§28①).

### 《일본 회사법상 모집주식발행절차》

#### 1. 모집사항 결정

#### (1) 모집사항

주식회사는 신주의 발행 또는 보유하는 자기주식의 처분을 결정할 때는 다음 사항을 정해야 한다(일회 §199①1~5호). 즉 모집주식의 종류와 수, 납입금액 또는 산정방법, 금전 이외의 재산출자를 할 경우에는 그 뜻, 재산의 내용·가액, 납입기일, 증가하는 자본금 및 자본준비금에 관한 사항 등을 결정하여야 한다.

#### (2) 결정기관

모집사항의 결정은 원칙적으로 주주총회의 특별결의사항이다(동조②, §309②5호). 납입금액이 인수인에게 특별히 유리한 금액인 경우에는 이사는 주주총회에서 그 이유를 설명하여야 한다(일회 §199③). 그러나 회사는 주주총회의 특별결의로써 모집사항의 결정을 이사(이사회설치회사의 경우에는 이사회)에게 위임할 수 있다. 이 경우에는 모집주식의 수의 상한, 납입금액의 하한을 정해두어야 한다(일회 §200①, §309②5호). 납입금액의 하한이 인수인에게 특별히 유리한 금액인 경우에는 이사는 주주총회에서 그 이유를 설명하여야 한다(동조②). 이 위임결의는 결의일로부터 1년 이내의 날이 납입기일 또는 납입기간의 말일인 모집에 대해서만 유효하다(동조③).

종류주식발행회사에 있어서 모집주식의 종류가 양도제한주식인 경우에는 종류주주총회의 결의가 있어야 한다. 다만 종류주주총회의 결의가 불필요하다고 정관에서 정하는 경우에는 이에 한하지 않는다. 공개회사가 모집사항을 결정하는 것은 이사회 결의사항이며, 인수인에게 특별히 유리한 금액인 경우에는 총회의 특별결의가 필요하다(일회 §201①). 이사회결의로써 모집사항을 결정할 경우 시장가격이 있는 주식에 대해서는 납입금액 또는 산정방법(일회 §199②) 외에 공정한 납입을 실현하기 위하여 적당한 납입금액결정방법을 정할 수 있다(동조②). 이사회결의로 모집사항을 결정한 경우에는 회사는 납입기일의 2주간 전까지 주주에게 그 내용을 통지하든지 공고하여야 한다(동조③, ④).

인수인에게 특별히 유리한 금액으로 발행하는 때는 공개회사는 주주총회의 특별결의로써 모집을 결정하여야 하고, 공개회사나 비공개회사를 불문하고 주주총회에서 이사는 그 필요성을 설명하여야 한다. 따라서 특별히 유리한 금액의 의의에 관하여 학설과 판례가 관심을 가지고 변천해 왔다.[1)]

## 2. 주주배당

### (1) 의 의

회사가 모집주주를 모집함에 있어서 주주에게 주식배당을 받을 권리를 부여하는 경우에는 상기의 모집사항에 더하여 ① 주주에게 모집에 응하여 인수신청을 하면 모집주식배당을 받을 수 있는 권리를 부여한다는 뜻, ② 인수신청기일을 정해야 한다. 이에 따라 주주는 지주수에 따라 모집주식의 배당을 받을 권리를 갖지만 당해 주식이 단주가 된 때에는 이것은 절삭한다(일회 §202②, ③). 회사는 인수신청기일 2주간 전까지 주주에 대하여 모집사항, 당해 주주가 배당받을 수 있는 주식 수, 인수신청기일을 통지하여야 한다(동조④).

주주배당의 경우에는 회사법 제199조 제2항~제4항, 제200조, 제201조는 적용되지 않는다(동조⑤).

### (2) 결정방법

주주배당의 경우 모집사항과 위의 (1)에 관한 사항은 다음과 같이 결정한다(일회 §202③1~4호). ① 이사가 정하도록 하는 정관의 정함이 있는 경우는 이사가 결정(이사회설치회사의 경우 제외), ② 이사회의 결의로 정하도록 하는 정관의 정함이 있는 경우는 이사회의 결의(다음 ③ 제외), ③ 공개회사인 경우에는 이사회의 결의 ④ 그 외에는 주주총회의 특별결의(일회 §309②5호).

## 3. 모집주식의 신청과 배당

회사는 모집주식의 인수를 신청하려는 자에게 그 내용과 절차를 통지하여야 한다(일회 §203①1~4호, §107항). 회사는 신청자 중에서 모집주식의 배당을 받을 자를 정하고, 그가 인수하려고 하는 수의 범위 내에서 배당할 수를 정한다(일회 §204①). 배당을 결정하는 것은 회사를 대표하는 이사 또는 집행역이지만, 모집주식이 양도제한주식인 경우에는 정관상 별도의 제한이 없는 한 주주총회의 결의에 의한다(동조②). 회사는 납입기일 또는 납입기일 초일 전일까지 신청자에 대하여 배당수를 정하여야 한다(동조③). 인수신청기일까지 인수를 신청하지 않은 주주는 배당받을 권리를 상실한다(동조④). 이것은 인수인이 모집주식의 총수를 인수하는 경우에는 적용되지 않는다(일회 §205).

모집주식의 인수에 관해서는 민법의 심리유보, 허위표시 등에 관한 민법규정이 적용되지 않는다(일회 §211①). 인수인이 주주가 된 날부터 1년을 경과한 후 또는

---

1) 石山卓磨, 328~330面.

그 주식에 대한 권리를 행사한 후에는 착오, 사기, 강박 등을 이유로 무효 또는 취소를 주장할 수 없다(동조②).

#### 4. 출자의 이행

모집주식의 인수인은 납입기일 또는 납입기간 내에 ① 금전출자의 경우에는 회사가 정한 은행 등의 납입취급장소에 납입금액의 전액을 납입해야 하며(전액납입주의, 일회 §208①), ② 현물출자의 경우에는 납입금액의 전액에 상당하는 현물출자재산을 급부하여야 한다(동조②). 인수인은 자기의 회사에 대한 채권을 자동채권으로 하여 회사에 대한 금전의 납입, 현물출자의 급부를 할 채무와 상계할 수 없다(동조③). 인수인은 납입기일 또는 납입기간 내의 출자를 이행한 날에 출자를 이행한 모집주식의 주주가 된다(일회 §209).

모집주식의 발행에 있어서 현물출자가 이루어진 경우에는 회사는 현물출자재산의 가액을 조사시키기 위하여 법원에 검사인의 선임을 청구하여야 하며, 회사 설립의 경우와 같은 조사를 받아야 한다(일회 §207①~③). 그러나 검사인의 선임이 불필요한 경우도 있다(동조⑨1~5호).

### 《중국 회사법상 신주발행》

#### 1. 신주발행시의 결의사항

회사가 신주를 발행하는 경우에는 주주총회는 다음 사항을 결의하여야 한다(중회 §134). ① 신주의 종류 및 액수, ② 발행가액, ③ 개시일자와 마감일자, ④ 원주주에게 발행하는 신주의 종류 및 액수.

#### 2. 신주발행절차

회사가 국무원 증권감독관리기구의 비준을 거쳐 사회에 신주를 공개발행 하는 경우 신주모집설명서와 재무회계보고서를 공고하고 주식인수청약서를 제작하여야 한다. 이 법 제88조(주식위탁판매), 제89조(주식대금대리수납)의 규정은 회사가 신주를 공개발행 하는데도 적용된다(중회 §135).

#### 3. 신주발행가액

회사가 신주를 발행하는 경우 회사의 경영상황과 재무상황에 근거하여 그 가격방안을 확정할 수 있다(중회 §136).

#### 4. 변경등기

회사는 신주를 발행하고 주식대금전액을 모집한 후 회사등기기관에 변경등기를 하고 이를 공고하여야 한다(중회 §137).

## 4. 이사의 책임

### (1) 자본충실책임

신주의 발행은 인수·납입된 주식을 한도로 하여 효력이 발생하지만, 일단 변경등기를 한 이상 그 외관에 따른 자본충실을 기하여 법률관계의 안정을 도모하여야 한다. 그러므로 상법은 신주발행으로 인한 변경등기가 있은 후에 아직 인수하지 아니한 주식이 있거나 주식인수의 청약이 취소된 때에는 이사가 이를 공동으로 인수한 것으로 본다(인수담보책임 인정, §428①). 신주발행의 경우에는 인수만이 있고 납입이 없으면 인수가 당연히 무효가 되므로 납입담보책임은 없다(§423②).

이사는 인수가 의제된 주식에 관하여는 당연히 연대하여 납입할 책임을 진다(§333①). 이사의 자본충실책임은 설립의 경우와 발기인의 책임과 같이 무과실책임이고, 총주주의 동의로도 면제할 수 없다. 이사의 자본충실책임은 공시된 자본에 대한 신뢰보호기능을 하기 때문에 발기인의 자본충실책임이 설립무효를 회피하는 것과 비교된다.[1)]

### (2) 손해배상책임

이사는 자본충실책임(인수담보책임) 외에도 이로 인하여 회사에 손해가 발생한 경우에는 회사에 대하여 손해배상책임을 진다(§428②, §399).

## 5. 신주의 할인발행(액면미달발행)

### (1) 의 의

회사설립의 경우에는 자본충실을 위하여 액면미달발행이 금지되지만(§330), 회사성립 후에도 이 원칙을 고수하면 자금조달의 곤란을 겪을 수 있을 것이다. 상법은 신주발행시 액면초과발행이나 액면발행의 경우에는 별 문제가 없으나 액면미달발행의 경우에는 엄격한 제한을 두고 있다.

---

1) 정찬형, 회, 1064면; 정동윤, 527면; 최준선, 회, 575면.

### (2) 요 건

회사가 신주발행의 경우에 할인발행을 하기 위해서는 ① 성립한 후 2년을 경과하였어야 하고(§417①), ② 할인발행의 여부와 최저발행가액의 결정은 주주총회의 특별결의를 거쳐야 하며(§417①), ③ 법원의 인가를 얻어야 한다(동항, 비송 §86). 다만 법원은 할인발행을 인가할 때 회사의 현황과 제반사정을 참작하여 최저발행가액을 변경하여 인가할 수 있다(§417③). 재산상태 기타 필요한 사항의 조사를 위하여 법원은 검사인을 선임할 수 있다(동조④).

그러나 주권상장법인의 경우에는 할인발행한 주식의 상각을 완료하였으면 법원의 인가를 얻지 아니하고도 주주총회의 특별결의만으로 신주의 할인발행을 할 수 있다(자금 §165의8①), ④ 회사는 법원의 인가를 얻은 날(위의 주권상장법인의 경우에는 주주총회의 결의일)로부터 1월 내에 신주발행을 하여야 한다(§417④, 자금 §165의8③). 법원은 이 기간을 연장하여 인가할 수 있다.

### (3) 채권자보호절차

신주를 할인발행 하는 경우 회사채권자를 보호하기 위하여 액면미달금액의 총액은 대차대조표의 자산의 부에 계상할 수 있으며, 이 금액은 신주발행 후 3년 내의 매 결산기에 균등액 이상을 상각하여야 한다(§455). 또한 할인발행의 조건과 미상각액은 주식청약서와 신주인수권증서에 기재하여야 하며(§420 4호, §420의2②4호), 변경등기에 할인발행으로 인한 미상각액은 등기하여야 한다(§426).

## 6. 신주의 위법·불공정발행에 대한 조치

### (1) 총 설

신주발행은 원칙적으로 이사회의 권한에 속하므로 자금조달에 기동성을 기할 수는 있으나, 그 반면에 이사회의 위법·불공정한 신주발행에 의하여 회사·주주 또는 회사채권자의 이익을 해할 우려가 있다. 따라서 상법은 이에 대하여 세 가지의 구제방법을 규정하고 있는데, 회사에 대한 사전예방조치로서 신주발행유지청구권(§424), 현저하게 불공정한 발행가액으로 주식을 인수한 자에 대한 대표소송(§424의2②), 회사에 대한 사후구제조치로서 신주발행무효의 소(§§429~432)가 있다.

### (2) 주주의 신주발행유지청구권

1) 의 의　　회사의 신주발행이 법령·정관에 위반하거나 또는 현저하게 불공정한 방법(예컨대 회사임원이나 특정인에게 부당하게 많은 주식을 배정을 하거나, 현물출자 재산의 과대평가 등)에 의하여 신주를 발행함으로써 주주가 불이익을 받을 염려가 있는 경우에는 그 주주는 회사에 대하여 신주발행을 유지할 것을 청구할 수 있다(§424). 신주발행유지청구권은 주주 개인의 손해를 방지할 목적으로 행사하는 것(자익권)이고, 청구권자는 단독주주이며 피청구권자는 회사이다.

제3자가 신주인수권을 갖는 경우 회사가 이를 무시하고 신주를 발행하더라도 제3자는 유지청구권을 행사할 수 없고 손해배상청구를 할 수 있을 뿐이다.

2) 요 건　　회사의 신주발행이 법령 또는 정관에 위반하거나 현저하게 불공정한 방법에 의하여 이루어져야 한다(§424). 그리고 이로 인하여 특정 주주에게 직접 불이익이 생겨야 한다. 회사의 손해에 의한 주주의 간접손해는 제402조의 위법행위유지청구권 또는 제399조의 이사의 회사에 대한 손해배상청구권 등에 의하여 구제되어야 한다.[1)]

3) 행사방법　　신주발행유지청구는 납입기일까지 행사하여야 하며(§423①), 행사방법에 관해서는 특별한 규정이 없으므로 소에 의해서도 할 수 있고 소 이외의 방법으로도 할 수 있으나 소에 의할 경우에는 대표소송에 관한 규정을 유추적용 해야 할 것이다. 이 경우 신주발행금지가처분신청이 효과적으로 이용될 것이다. 주주는 이 경우 이사의 위법행위유지청구권(§402)도 행사할 수 있을 것이다.[2)]

4) 효 과　　주주의 신주발행유지청구가 있으면 회사는 법령 또는 정관에 위반 여부, 현저한 불공정 여부를 심사하여 유지여부를 결정하여야 할 것이다. 다만 회사는 위법 또는 불공정 여부를 시정하여 신주발행절차를 속행할 수 있다고 본다.[3)]

회사가 주주의 신주발행유지청구를 무시하고 신주발행절차를 속행한 경우에 그 효력은 소에 의한 경우와 소 이외의 방법에 의한 경우가 다르다. 신주발행유지의 소가 제기되어 이에 기한 유지의 판결이나 가처분이 있음에도 불구하고 이에 위반하여 한 신주발행은 무효가 된다고 본다(통설). 그러나 신주발행유지청구를 소

---

1) 이철송, 회, 882면.

2) 최준선, 회, 580면.

3) 정찬형, 상, 1068면; 이철송, 회, 706면; 최준선, 회, 883면.

이외의 방법(의사표시)으로 한 경우에 이를 무시하고 한 신주발행은 무효원인이 되지 않고, 다만 이사의 손해책임(§401)이 생길 뿐이다(통설).

### (3) 통모인수인의 차액지급책임

**1) 의의 및 성질** 신주의 발행가액이 현저하게 불공정하고 또 이사와 주식 인수인이 통모하여 그렇게 한 경우에는, 회사의 자본충실을 기하고 또한 기존 주주의 이익을 보호하기 위하여 주식인수인에게 공정한 가액과 발행가액과의 차액을 직접 회사에 지급할 의무를 부담시키고 있다(§424의2①). 불공정한 가액으로 신주를 발행함으로써 회사는 공정한 가액으로 발행하였다면 얻을 수 있는 이익을 상실하였고 원래의 주주는 주식가치가 희석되어 주가가 하락함으로써 불이익을 받게 된 것을 사후적으로 구제하려는 취지이다.

통모인수인의 책임은 이사와의 통모를 요건으로 하므로 법률적으로는 회사에 대한 일종의 불법행위에 기한 손해배상책임이라고 할 수 있으나, 책임의 내용은 불공정한 발행가액과 공정한 발행가액과의 차액을 지급하는 것이다. 실질적으로는 회사의 자본충실을 위한 추가출자의무로서의 성질을 가지고 있다. 이에 대하여 주주유한책임 원칙의 예외라고 보는 견해가 있으나,[1] 당연히 출자했어야 하는 것이므로 유한책임원칙의 예외가 아니라고 본다.[2]

**2) 책임발생 요건** 첫째, 발행가액이 현저하게 불공정하여야 하며 둘째, 이사와 주식인수인과 통모가 있어야 하고 셋째, 위의 사실은 원고인 회사 또는 대표소송을 제기하는 주주가 입증하여야 한다.

**3) 책임의 내용과 차액의 처리** 통모인수인의 책임은 신주를 인수한 때 발생하며, 그 주식을 양도하더라도 이 책임은 양수인에게 이전하지 않는다. 이 책임의 내용은 공정한 가액과 실제 인수가액과의 차액을 납입기일에 지급하는 것이다. 이 의무의 소멸시효기간은 10년이다. 이 경우 이사의 회사 또는 주주에 대한 손해배상책임에 영향을 미치지 아니한다(§424③). 통모인수인이 지급한 금액은 실질적으로 추가출자이므로 상계, 면제 등은 인정되지 않으며 이익배당의 재원이 될 수 없다. 상법 제459조 제1호의 액면초과액에 준하는 것으로 보아 자본준비금으로서 적립되어야 할 것으로 본다.[3]

---

1) 정동윤, 535면.

2) 최준선, 회, 576면.

3) 최준선, 회, 579면.

4) **책임추궁** 통모인수인의 이러한 책임은 원래 "회사"가 추궁하여야 할 것이나, 이사와 통모한 자에 대하여 회사가 그 책임을 추궁하는 것은 사실상 기대할 수 없으므로 주주의 대표소송이 인정된다(§424의2②, §542의6⑥).[1] 통모인수인이 이러한 책임을 지는 경우에도, 이사는 회사(§399) 및 주주(§401)에 대한 책임을 면하지 못한다(§424의2③).

### (4) 신주발행의 무효

1) **의 의** 신주발행의 무효란 신주발행이 법령이나 정관에 위반하여 이루어진 경우에 새로 발행되는 주식의 전부를 무효로 하는 것이다. 개개의 주식인수의 무효와 구별된다. 신주발행무효는 법률관계의 안정과 획일적 확정을 위하여 일정한 자가 정해진 기간 내에 소로써만 주장할 수 있도록 하고 그 효력에는 대세적 효력을 인정하고 있다(§430, §190, §431, 민법상 무효의 일반원칙과 다름). 이 소의 법적성질은 형성의 소이다.

2) **신주발행의 무효원인** 신주발행무효의 원인에 관하여는 상법에 규정이 없으므로 학설은 일반적으로 신주발행에 법령 또는 정관에 위반한 하자가 있어야 한다고 한다. 그러나 법령과 정관에 위반한 하자가 있더라도 유지청구의 대상으로 할 수 있거나(§424) 또는 이사의 손해배상책임(§399, §401) 등에 의하여 해결될 수 있는 비교적 가벼운 위법행위는 이를 모두 무효로 할 필요가 없고, 주식회사의 본질에 반하는 중대한 위법행위만을 신주발행의 무효원인으로 보아야 할 것이다.[2]

일반적으로 무효의 원인이 될 수 있는 사유에는 정관이 인정하지 않는 종류의 신주발행, 법정의 절차를 밟지 않고 한 액면미달의 신주발행, 주주의 신주인수권을 무시한 신주발행 등이 이에 속한다고 볼 수 있다.

신주발행을 위한 이사회의 결의, 주주총회의 결의에 하자가 있는 경우 신주발행이 효력을 발생하기 전에는 결의하자의 소를 제기할 수 있지만, 효력을 발생한 후에는 결의하자의 소를 제기할 수 없다. 그러나 신주발행절차가 아니고 그 전제요건을 위한 주주총회결의에 하자가 있는 경우에는 별도의 소를 제기하여야 한다.[3]

---

1) 정찬형, 상, 1072면; 정동윤, 536면; 이철송, 회, 886면; 채이식, 710면.

2) 정동윤, 회, 530면; 정찬형, 상, 1073면; 이철송, 회, 886~891면; 대판 2009.1.30, 2008다50776.

3) 정찬형, 상, 1075면. 이에 대하여 편의상 신주발행무효의 소와 동시에 제기되어 병합심리 될 수 있다고 보는 견해로서 이철송, 회, 891~892면.

**3) 신주발행무효의 소의 절차** 신주발행무효는 주주·이사 또는 감사만이 신주를 발행한 날로부터 6월내에 회사를 피고로 하는 소만으로써 주장할 수 있다(§429, 형성의 소). 관할, 공고, 병합심리, 재량기각, 패소원고의 책임, 판결의 등기 등, 소의 절차에 관하여는 회사의 설립무효의 소에 관한 규정이 준용된다(§430, §§186~189, §190본문, §§191~192). 또한 제소주주의 담보제공의무(§377)는 주주총회결의취소의 소에 관한 규정이 준용된다(§430).

**4) 신주발행무효판결의 효력** 신주발행무효판결이 확정된 때에는 대세적 효력이 인정되고(§430, §190본문), 또한 거래의 안전을 기하기 위하여 그 신주발행은 판결이 확정된 때부터 장래에 대하여만 그 효력이 없게 된다(불소급효, §431①). 따라서 회사는 지체 없이 그 신주무효의 뜻과 3월 이상의 일정기간 내에 주권을 회사에 제출할 것을 공고하고, 주주명부에 기재된 주주와 질권자에 대하여는 각별로 그 통지를 하여야 한다(동조②).

이와 동시에 회사는 신주의 주주에 대하여 납입금액을 환급하여야 한다(§432①). 그러나 납입금액과 무효판결확정시의 회사의 재산상태를 비교하여 환급할 금액이 현저하게 부당한 때에는 회사는 환급금액의 감액을, 신주주는 그 증액을 법원에 청구할 수 있으며, 법원은 사정에 따라 그 증감을 명할 수 있다(동조②). 또 신주주가 환급을 받는 경우 신주의 질권자는 그 환급금액 위에 물상대위 한다(동조③, §399, §340①, ②).

**5) 신주발행부존재확인의 소** 신주발행의 실체가 전혀 없고 다만 신주발행의 변경등기만 있는 경우에는 신주발행의 부존재가 있게 된다. 이 경우에는 누구나 언제든지 또 어떠한 방법으로 그 무효를 주장할 수 있는데, 필요한 경우에는 신주발행부존재확인의 소도 제기할 수 있다.[1]

### 《일본 회사법상 위법한 신주발행에 대한 대응책》

#### 1. 모집주식 발행 등의 유지청구권

당해 주식의 발행 또는 자기주식의 처분이 ① 법령 또는 정관에 위반한 경우, ② 현저하게 불공정한 방법으로 행해진 경우, 주주가 불이익을 받을 염려가 있는 경우에는 주주는 회사에 대하여 신주의 발행 또는 자기주식의 처분을 중지할 것을 청구할 수 있다(일회 §210 1~2호). 법령위반이란 구체적인 법규의 위반을 말하고

1) 정찬형, 상, 1076면; 정동윤, 533면; 이철송, 회, 895~896면; 이기수 외, 460면; 대판 1989.7.25, 87다카2316.

불공정한 발행이란 선관주의의무나 충실의무와 같은 추상적인 법규에 위반하는 경우를 의미한다.[1)]

유지청구의 방법은 반드시 소에 의할 필요는 없고 회사에 대하여 구두 또는 서면으로 직접 청구할 수 있다. 소에 의할 경우에는 발행유지의 가처분을 구할 수도 있다. 유지청구는 신주발행의 효력발생일 이전에 해야 하며, 주주는 위의 요건을 증명하여야 한다.

유지의 원인에 관해서는 상당히 넓게 해석된다. 법령 또는 정관 위반의 경우로서 ① 주주총회나 이사회결의가 없는 경우, ② 제3자에 대한 유리한 가격발행에 관하여 주주총회의 특별결의가 없거나 이를 필요로 하는 이유의 설명이 없던지 불충분한 경우, ③ 모집사항의 불균등, ④ 신주발행의 통지, 공고의 흠결, ⑤ 현물출자재산의 조사절차해태, ⑥ 수권주식 수의 초과발행 등이 있다. 현저하게 불공정한 발행 및 처분이란 이사나 그 연고자의 이익을 도모하거나 특정인의 지배적 지위를 강화하기 위하여 이들에게 부당하게 많은 주식을 배정하는 경우 등이다.

### 2. 불공정한 금액으로 주식을 인수한 자의 책임

모집주식의 인수인은 ① 이사와 통모하여 현저하게 불공정한 납입금액으로 모집주식을 인수한 경우에는 당해 납입금액과 공정한 가액과의 차액, ② 모집주식의 주주가 된 때 급부한 현물출자 재산의 가액이 모집사항으로서 정해진 가액에 현저하게 부족한 경우에는 당해 부족액을 회사에 지불할 의무를 진다(일회 §212①1~2호). 다만 인수인이 이에 대하여 선의이고 중과실이 없는 경우에는 인수청약이나 총액인수계약의 의사표시를 취소할 수 있다(동조②). 이 책임추궁을 위하여 주주의 대표소송이 인정된다(일회 §847①).

①의 책임은 이사와의 통모를 요건으로 하기 때문에 일종의 불법행위에 의한 손해배상책임이라고 해석하는 것이 통설이고, ②의 경우에는 통모를 요건으로 하지 않는다. 두 경우 모두 공정한 발행가액과 차액을 지급하는 의무이므로 추가출자의 성질을 갖는 것이고 주주유한책임원칙의 예외가 된다.[2)] 따라서 회사에 의한 지급면제, 지급금 반환은 불가능하며, 상계로써 회사에 대항할 수도 없다.

통모사실은 주식인수인의 책임을 추궁하는 자가 입증책임을 지며, 주식인수인이 이 책임을 지는 경우에는 이사도 회사에 대하여 임무해태책임을 진다(일회 §423①). 양자의 책임은 부진정연대채무관계이다.

### 3. 신주발행무효의 소

#### (1) 총 설

모집신주의 발행효력이 일단 발생해도 각종의 법적하자로 인하여 이것을 무효로 해야 할 필요도 있으나 주식회사 법률관계의 획일적 확정, 하자주장의 제한, 무효

1) 石山卓磨, 335面; 鈴木·竹內, 423面.

2) 石山卓磨, 339面; 鈴木·竹內, 424面.

의 소급효 저지를 위하여 회사법은 모집주식발행무효의 소를 두고 있다(일회 §828①2~3호). 그리고 어떤 하자가 무효의 원인이 되는가에 대하여 규정하지 않고 신주발행시에 준수해야 할 법령, 정관의 취지를 감안하여 해석에 의하여 결정하도록 한다.

### (2) 무효의 원인

무효의 원인으로서 발행 가능한 주식 수를 초과하여 발행한 경우, 정관에 정함이 없는 종류주식을 발행한 경우, 필요한 결의를 결한 경우, 신주발행사항의 공시를 결한 경우, 신주발행의 유지를 무시한 발행의 경우, 현저하게 불공정한 방법으로 발행한 경우, 주주의 신주인수를 무시한 발행의 경우, 발행주가 미만의 발행의 경우 등은 무효의 소를 제기할 수 있다. 그러나 이미 신주가 발행된 경우에는 거래의 안전을 위하여 될 수 있는 한 무효원인은 적은 것이 바람직할 것으로 본다.

### (3) 소의 절차

모집주식의 발행무효는 효력발생 일부터 6월(비공개회사의 경우는 1년) 이내에 소만으로써 주장할 수 있다(일회 §828①2~3호). 제소권자는 주주, 이사, 청산인, 감사역설치회사의 경우는 감사역, 위원회설치회사의 경우는 집행역에 한정된다(동조②2~3호). 제소권자인 주주는 신주발행 후에 주식을 양수한 주주, 종래의 주주, 무효의 소의 대상이 되는 신주의 주주를 불문하고 제소할 수 있다고 본다.[1]

신주발행무효의 소를 제기한 후, 6개월의 제소기간을 경과한 후에 새로운 무효사유를 추가할 수 있는가에 대하여 의견이 나뉘지만, 판례는 복잡한 법률관계를 조기에 확정짓기 위하여 새로운 무효사유의 추가를 부정한다.[2] 이 소는 피고회사의 본점을 관할하는 지방법원의 관할에 전속한다(일회 §835①).

### (4) 무효판결의 효력

무효판결이 확정되면 법률관계의 획일적 처리를 위하여 당사자 이외의 제3자에게도 효력이 미치며(대세적 효력), 이것을 다시 다툴 수 없게 된다(일회 §838). 또한 거래의 안전을 위하여 소급효가 부정되며, 신주는 장래를 향해서만 효력을 상실한다(일회 §839). 이 결과 판결확정시까지 시행된 잉여금배당, 주주총회의 소집, 총회에서의 의결권 행사, 주식양도 등은 영향을 받지 않는다.

### (5) 무효판결의 처리

무효판결이 확정되면 당해 주식의 주주에 대하여 납입된 금액 또는 급부를 받은 재산의 가액에 상당하는 금전을 지급하여야 한다. 주권발행회사는 당해 주주에게 당해 금전지급과 교환하여 당해 주식에 관한 구주권(효력을 잃은 주식에 관한 주권)의 반환을 청구할 수 있다(일회 §840①). 이 금전의 금액이 판결확정시에 현저

---

1) 石山卓磨, 346面.

2) 日最判 平城 6.7.18, 民集 172号, 967頁.

하게 상당하지 않을 때는 법원은 회사 또는 신청에 의하여 당해 금액의 증감을 명할 수 있다(동조②). 이 신청은 판결확정일부터 6월 이내에 하여야 한다(동조③). 이 금전에 물상대위가 인정되며(동조④), 등록질권자는 회사로부터 금전을 수령하여 자기채권의 우선변제에 충당할 수 있고(동조⑤), 채권변제기가 도래하지 않은 경우에는 회사에 대하여 공탁하게 할 수 있다. 이 공탁금에 질권이 존재한다(동조⑥).

#### 4. 신주발행부존재확인의 소

신주발행무효의 소는 법률상으로는 무효이지만, 외형상 신주발행이라고 인정할 수 있는 사실이 존재하는 경우에 관한 소송이고, 신주발행의 실체가 전혀 존재하지 않고 변경등기가 된 것에 지나지 않은 경우에는 신주발행자체가 부존재 한다. 이 경우에는 일반원칙에 따라 누구든지, 언제든지, 어떤 방법으로든지 이 부존재를 주장할 수 있고 신주발행부존재확인의 소를 제기할 수 있다(일회 §829).

## 제 2 특수한 신주발행

### 1. 준비금의 자본전입에 의한 신주발행

준비금의 자본전입이란 회사의 계산상 법정준비금계정으로 되어 있는 금액의 전부 또는 일부를 자본금계정으로 이체하는 것을 말한다. 상법은 법정준비금을 원칙적으로 자본의 결손에 충당하는 경우에 사용하며(§460), 예외적으로 이를 자본전입에 사용할 수 있게 하고 있다(§461①). 상법상 준비금의 자본전입과 같은 취지의 규정으로 자산재평가법에 의한 재평가적립금의 자본전입이 있다(자평 §28②2호). 이 경우에는 모든 주주에게 그들이 가진 주식 수에 비례하여 무상신주가 교부되므로 신주인수권문제가 발생하지 않는다.

### 2. 주식배당에 의한 신주발행

주식배당은 배당가능이익을 자본으로 전입함으로써 모든 주주에게 그가 가진 주식 수에 비례하여 주식을 배당하기 때문에(§462의2①) 신주인수권 문제는 발생하지 않는다. 주식배당은 이익배당총액의 2분의 1을 초과할 수 없다(동항 단서). 다만 주권상장법인의 경우에는 주식의 시가가 액면금액 이상이면 이익배당총액을 주식배당으로 할 수 있다(자금 §165의13①).

### 3. 전환주식 또는 전환사채의 전환에 의한 신주발행

회사가 전환주식(§346 이하)과 전환사채(§513 이하)를 발행한 경우 전환권자가 전환기간 중에 전환을 청구하면 회사는 신주를 발행하여 전환권자에게 교부하여야 한다. 이 경우에도 정관에 이미 정함이 있으므로 신주인수권 문제는 발생하지 않는다.

### 4. 신주인수권부사채의 신주인수권의 행사에 의한 신주발행

신주인수권부사채란 사채권자에게 신주인수권이 부여된 사채로서, 사채권자는 신주인수권에 의하여 소정의 가액으로 신주의 발행을 기채회사에 청구할 수 있으므로 주주의 신주인수권은 문제되지 않는다.

### 5. 회사의 흡수합병 또는 분할합병으로 인한 신주발행

회사의 흡수합병 또는 분할합병의 경우 존속회사는 소멸회사의 순재산을 승계하고, 이에 해당하는 신주를 발행하여 소멸회사의 주주에게 교부하게 된다. 이때 발행되는 신주는 합병 또는 분할합병의 효력이 발생하는 때에 그 효력이 발생한다. 그러므로 존속회사의 주주에게는 신주인수권의 문제가 발생하지 않는다.

### 6. 주식의 포괄적 교환으로 인한 신주발행

주식의 포괄적 교환에 의하여 완전자회사가 되는 회사의 주주가 가지는 그 회사의 주식은 완전모회사가 되는 회사에 이전하고 그 완전모회사가 되는 회사는 완전자회사가 되는 회사의 주주에게 배정하기 위하여 신주를 발행하는데(§360의2②), 이러한 신주발행의 효력은 주식교환을 한 날(주식교환일)에 발생한다(§360의3③6호, §360의2②). 당연히 완전모회사의 주주에게는 신주인수권이 없다.

### 7. 주식의 병합 또는 분할에 의한 신주발행

주식의 병합은 수 개의 주식을 합하여 종래보다 소수의 주식으로 함으로써 발행주식총수를 감소시키는 것이고, 주식의 분할은 기존의 주식을 세분화하여 발행주식총수를 증가하는 것이다. 이때 발행되는 신주에 대해서는 신주인수권의 문제가 발생하지 않는다.

### 8. 기타 특별법에 의한 신주발행

특별법으로서 우리사주조합원에게 배정되는 주식(자금 §165의7①), 일반공모에 의한 신주발행의 경우(자금 §119)에는 주주의 신주인수권이 미치지 않는다.

# 제 3 절 자본금의 감소(감자)

## 제 1 의 의

자본금의 감소란 회사의 자본의 액을 감소하는 것을 말한다. 자본금이 감소하면 그만큼 회사가 보유하여야 할 현실재산이 감소하게 되므로 대외적으로는 회사채권자에게 불리하게 되고, 대내적으로도 주주의 권리의 존재와 범위에 영향을 주게 된다. 자본금의 감소로 회사의 순재산이 감소하는 실질적인 자본금감소와 자본금은 감소하지만 순자산은 사외로 유출하지 않는 명목적인 자본금감소로 구분할 수 있다. 상법은 자본금감소가 정관변경사항은 아니지만, 이에 관하여 엄격한 요건을 규정하고 있다(자본금감소제한의 원칙).

## 제 2 자본금감소의 방법

### 1. 주금액의 감소

주금액의 감소방법에는 주주의 손실로 주금액을 감소시키는 것으로서 명의상 자본감소(절기)와 회사가 주금액의 일부를 주주에게 반환하는 실질상의 자본감소(환급)의 두 방법이 있다. 어느 방법이든 새로운 주금액은 100원을 하회할 수 없으며(§329④) 균일해야 한다(동조③). 또 1주의 금액은 정관의 절대적 기재사항(§289

①4호)이므로 주금액을 감소하기 위해서는 주주총회의 특별결의에 의한 정관변경 절차(§433, §434)를 거쳐야 한다.

### 2. 주식수의 감소

주식수의 감소에는 주식의 병합과 주식의 소각의 두 가지 방법이 있다. 주식의 병합이란 다수의 주식을 합쳐서 소수의 주식으로 하는 회사의 행위이다. 예컨대 2주를 1주로 하거나, 9주를 7주로 하는 것 등이다. 주식의 병합시에 단주가 발생하는 경우에는 단주의 처리방법도 규정하고 있다(§443, §444).

주식의 소각이란 회사의 존속 중에 특정한 주식을 절대적으로 소멸시키는 회사의 행위이다. 주식의 소각에는 그 주식의 주주의 승낙을 요건으로 하는지 여부에 따라 임의소각과 강제소각, 대가를 주는지 여부에 따라 유상소각과 무상소각으로 분류한다. 임의·유상소각(매입소각)이 보통이다. 어느 경우나 주주평등의 원칙이 지켜져야 한다.

## 제3 자본금감소의 절차

### 1. 주주총회의 특별결의

감자 그 자체는 정관변경을 요하는 사항이 아니지만, 주주에게 중대한 이해관계가 있으므로(즉 주주의 권리감소 또는 소멸초래) 정관변경의 경우와 같이 주주총회의 특별결의를 얻어야 한다(§438①). 그러나 2011년 개정상법은 결손의 보전을 위한 자본금의 감소는 보통결의(동조②)에 의하도록 하였다. 자본감소를 결의하기 위한 주주총회의 소집통지 또는 공고에는 의안의 요령을 기재하여야 하고(동조③), 또 이러한 주주총회의 결의에서는 감자의 방법도 정하여야 한다(§439①).

감자의 방법으로 주금액을 감소하는 경우 감자의 결의 외에 다시 주금액을 변경하는 정관변경을 위한 주주총회의 특별결의는 필요하지 않다고 본다. 그러나 결손보전을 위한 주주총회 감자결의는 보통결의이므로 정관변경을 위한 특별결의가 필요하게 된다. 회사는 특별결의를 피하기 위하여 주식수를 감소하는 방법을 이용할 것이다. 또한 주식수를 감소하는 경우 수권주식총수는 감소되지 않는다.[1]

1) 이철송, 회, 904면; 정찬형, 상, 1089면.

## 2. 채권자보호절차

자본감소는 실질상의 감자나 명의상의 감자를 불문하고 어느 경우에나 직·간접으로 사내유보재산을 감소하게 되어 채권자를 위한 일반적 담보력을 감소시킨다. 따라서 상법은 이에 대한 보호책으로서 회사는 감자결의일로부터 2주간 내에 일정한 기간(1월 이상)을 정하여 그 기간 내에 채권자는 이의를 제출하도록 하는 일반적 공고를 하고, 알고 있는 채권자에 대하여는 개별적으로 최고하도록 하고 있다(§439②, §232①). 다만 결손보전을 위하여 자본금을 감소하는 경우에는 그러하지 아니하다(§439②단서). 사채권자가 이의를 제출하려면 사채권자집회의 결의가 있어야 하는데, 이 경우에 법원은 이해관계인의 청구에 의하여 사채권자를 위하여 이의기간을 연장할 수 있다(§439③).

회사의 채권자가 이의를 제출한 때에는 회사는 그 채권자에게 변제하거나, 상당한 담보를 제공하거나 또는 이를 목적으로 하여 신탁회사에 상당한 재산을 신탁하여야 한다(§439②, §232③). 채권자의 이의는 회사에 대하여 통지하여야 하며, 이의의 방법에는 제한이 없다. 이의는 자본감소 자체 뿐만 아니라 자본감소 방법에 대한 것도 가능하다. 그러나 회사의 채권자가 이의제기기간 내에 이의를 제출하지 아니한 때에는 감자를 승인한 것으로 본다(§439②, §232②).

## 3. 주식에 대한 조치

주식에 대한 조치는 감자방법에 따라 다르다. 상법이 규정하고 있는 감자방법에는 주식의 병합(§§440~444)[1]과 강제소각(§343②)만이 있으므로 이 경우 주식에 대한 조치는 상법에 규정되어 있으나, 그 이외의 경우에는 상법에 규정이 없으므로 해석에 의할 수밖에 없다. 따라서 주금액의 감소방법에 의할 때에는 회사가 주주에게 그 뜻을 통지·공고하고 주주로부터 주권을 제출받아 권면액을 정정한다.

주식수를 감소하기 위하여 주5식을 병합하는 경우에는 회사는 먼저 1월 이상의 기간을 정하여 그 기간 내에 주권을 회사에 제출할 것을 공고하고, 주주명부에 기재된 주주와 질권자에 대하여 각별로 통지하여야 한다(§440). 주권제출기간이 만료하는 때에 주식병합의 효력이 발생한다(§441). 주권을 제출한 주주에게 신주

1) 대판 2005.6.23, 2004다51887.

권을 교부하며, 구주권을 제출할 수 없는 자에게는 회사는 그 자의 청구에 의하여 3월 이상의 기간을 정하고 이해관계인에 대하여 그 주권에 대한 이의가 있으면 그 기간 내에 제출할 것을 공고하고, 그 기간 내에 이의가 없으면 청구자에게 신주권을 교부할 수 있다(§442①). 단주의 금액을 배분할 경우에도 주권을 제출할 수 없는 자가 있는 때에는 같은 절차에 의한다(§443②).

주식소각의 절차에 관해서는 따로 정함이 없고, 주식병합절차에 관한 규정이 준용된다. 따라서 임의소각의 경우에는 회사가 자기주식을 취득하여 지체 없이 실효절차를 받아야 하고(§341①1호, §342), 강제소각의 경우에는 주식병합에 관한 규정이 준용된다(§343②, §440).

### 4. 등 기

자본의 액, 발행주식 총수가 모두 감소하므로 감자의 효력이 발생하면 소정기간 내에 변경등기를 하여야 한다(§317②2~3호, 동조④, §183). 그러나 이 등기는 자본감소의 효력발생요건이 아니다.

## 제 4 자본금감소의 효력

### 1. 감자의 효력발생시기

감자의 효력은 원칙적으로 감자에 관한 모든 절차, 즉 주주총회의 결의·채권자보호절차·주식에 대한 모든 조치가 완료한 때에 발생한다. 그러나 강제소각 및 주식병합의 경우에는 예외적으로 주권제출기간의 만료시(만일 채권자보호절차가 아직 종료하지 아니한 때에는 그 종료시)에 그 효력이 생기며(§343②, §440, §441), 그 후의 절차는 자본금감소의 효력발생과는 관계가 없다. 그러나 1인주주인 경우에는 주식병합에 관한 주주총회의 결의에 따라 그 변경등기의 경료시에 주식병합의 효력이 발생한다.[1] 자본금감소의 효력이 발생할 때까지는 주주총회의 특별결의로 자본금감소의 결의를 철회할 수 있다.[2]

1) 대판 2005.12.9, 2004다40306.

2) 정찬형, 상, 1092면; 정동윤, 회, 666면.

### 2. 감자차익금의 처리

자본금감소에 의하여 감소된 자본금액이 주식의 소각 또는 주금의 반환에 필요한 금액과 결손의 전보에 충당한 금액을 초과하는 경우의 그 초과액(감자차익금)은 자본준비금으로 적립하여야 한다(§459①, 기준 §31, 2호).

## 제 5 자본금감소의 무효(감자무효의 소)

### 1. 무효원인

감자의 절차 또는 그 내용에 하자가 있는 경우에도 법률관계의 획일적 확정을 위하여 소로써만 주장할 수 있다. 무효의 소의 원인이 되는 하자란 주주총회결의에 하자가 있는 경우, 채권자보호절차를 밟지 않은 경우, 주식평등의 원칙에 반하는 경우, 기타 법령·정관에 위반하거나 현저히 불공정한 경우 등이다.

### 2. 소의 요건

감자의 무효원인이 있는 경우에도 회사의 법률관계를 획일적으로 확정하고, 기존상태 보호를 위하여 상법은 감자무효의 주장을 가능한 한 억제하고 있다(§445).

감자무효의 소의 제소권자(원고)는 주주·이사·감사·청산인·파산관재인 또는 자본감소를 승인하지 않은 채권자이고, 제소기간은 변경등기가 있는 날부터 6월내이다(§445). 감자무효의 주장은 소만으로 할 수 있다(형성의 소).

### 3. 감자무효의 소와 총회결의취소의 소 등과의 관계

감자결의의 취소를 구하는 소가 결과적으로 감자의 무효를 생기게 하는 경우 자본감소의 효력발생 전에는 자본감소무효의 소를 제기할 수 없으므로 감자결의의 하자의 주장은 총회결의취소의 소 등에 의하게 된다(이 소를 본안으로 하여 자본감소실행금지의 가처분을 얻을 수 있음). 그러나 자본감소의 효력발생 후에는 자본감소 결의의 효력을 다투기 위한 총회결의취소의 소 등은 자본감소무효의 소에 의하여 흡수된다고 본다(흡수설).

## 4. 소의 절차

소의 전속관할, 소제기의 공고, 원고주주 또는 채권자의 담보제공, 병합심리, 감자무효의 등기, 재량기각 등은 대체로 회사설립무효의 소의 경우와 같다(§446, §377, §176④, §§186~189, §192).

## 5. 판결의 효력

감자무효의 소에서 원고가 승소하면 그 판결의 효력은 회사설립무효의 소의 경우와 같이 대세적 효력은 있으나(§466, §190본문), 회사설립무효의 소의 경우와는 달리 소급효가 있다(§466, §190단서 준용배제). 그러나 소급효를 인정하면 채권자에 대한 변제, 병합된 주권이 유통된 경우 등 처리가 복잡하여 거래의 안전을 기할 수 없으므로 소급효를 제한적으로 해석하는 견해가 있다.[1] 무효판결이 확정되면 본점과 지점 소재지에서는 등기하여야 한다(§466).

원고가 패소하면 원고에게 악의 또는 중과실이 있는 때에는 원고는 회사에 대하여 연대하여 손해배상을 할 책임을 진다(§466, §191).

### 《일본 회사법상 자본감소》

회사는 총회의 결의에 의하여 자본금의 액을 감소시킬 수 있다. 이 결의에서 ① 감소할 자본금액, ② 감소할 자본금액의 전부 또는 일부를 준비금으로 할 때는 그 뜻 및 준비금으로 할 액, ③ 자본감소의 효력발생일에 관하여 정한다(일회 §447① 1~3호). 이 경우 ①의 금액은 자본감소효력발생일에 자본금의 액을 초과해서는 안 된다(동조②).

감자를 위한 총회의 결의는 주주의 이해에 중대한 영향을 미치므로 원칙적으로 특별결의에 의한다. 다만 정기총회에서 감자결의를 하고, 감소액이 법무성령의 소정의 방법으로 산정되는 결손금 이하인 경우에는 보통결의에 의한다(일회 §309② 9호). 또한 신주발행과 동시에 행하는 자본감소이고, 감자발효일 후의 자본금액이 감자발효일 전의 자본금액을 하회하지 않는 경우에는 이사의 결정(이사회설치회사인 경우에는 이사회의 결정)으로 족하다(일회 §447③).

---

1) 최준선, 회, 639면; 이철송, 회, 910~911면; 정동윤, 669면.

감소할 자본액의 전부 또는 일부는 준비금으로 계상할 수 있지만 총회의 특별결의가 필요하다(일회 §309②9호). 회사법에서는 최저자본금제도가 폐지되었으므로 자본금 감소 액의 상한규제는 없다.

### 《중국 회사법상 자본감소》

중국의 회사법도 감자에 대하여 증자보다 엄격한 조건과 절차를 규정하고 있다.[1] 그 조건과 절차는 아래와 같다(중회 §178). ① 주주총회는 감자결의를 하고 상응한 정관을 개정하여야 한다. 유한회사에서 감자결의를 하려면 반드시 의결권 3분의 2 이상의 주주의 결의가 있어야 하며, 주식회사의 경우에는 출석주주 의결권의 3분의 2 이상의 결의가 있어야 한다. 그러나 자본감소 후 등기자본은 법정의 최저자본금보다 낮아서는 안 된다. ② 회사는 반드시 자산대차대조표 및 재산명세표를 작성하여야 한다. ③ 회사는 감자결의 일부터 10일 이내에 채권자에게 통지하고 30일 이내에 신문에 공고하여야 한다. ④ 채권자는 통지를 받은 날부터 30일 내, 통지서를 받지 못하면 공고 일부터 45일 내에 회사에 채무변제 또는 상응한 담보를 제공할 것을 요구할 권리가 있다. ⑤ 자본은 회사등기의 중요한 내용이므로 회사는 감자등기를 하여야 한다. 감자는 등기일부터 효력을 발생한다.

1) 赵旭東, 138~139面.

# 제 6 장 정관의 변경

## 제 1 정관변경의 의의

정관변경이라 함은 회사의 조직과 활동에 관한 근본규칙인 정관(실질적 의의의 정관)을 변경하는 것을 말한다. 즉 정관의 기재사항을 수정, 삭제 또는 추가하여 그 내용을 변경하는 것을 의미한다. 정관변경의 범위에는 제한이 없다. 그러므로 목적이나 상호 등도 변경할 수 있으며 내용 전부를 변경할 수도 있다. 정관변경을 불허하거나 특정조항의 변경을 허용하지 않는 규정을 두는 원시정관은 무효이다. 그러나 사회질서나 강행법규에 위반하는 내용, 주식회사의 본질에 반하는 내용으로 개정하는 것은 허용되지 않는다.

## 제 2 정관변경의 절차

### 1. 주주총회의 결의

정관을 변경하기 위해서는 주주총회의 특별결의가 있어야 하고(§433①, §434), 총회소집의 통지와 공고에는 의안의 요령(정관 변경내용의 중요사항)을 기재하여야 한다(§433②). 결의의 방법은 출석한 주주의 의결권의 3분의 2 이상의 수와 발행주식총수의 3분의 1 이상의 수로써 하여야 한다(§434). 정관이 어떤 사실관계나 법령에 기초하고 있는 경우 그 기초관계가 변경되면 정관도 자동적으로 변경되지만 이는 상법상의 정관변경이라고 할 수 없다.

### 2. 종류주주총회의 결의

회사가 종류주식을 발행한 경우 정관의 변경이 어느 종류주식의 주주에게 손해를 입히게 될 때에는 주주총회 결의 외에 그 종류주식의 주주총회 결의가 있어야 한다(§435①). 이 종류주주총회의 결의는 출석한 주주의 의결권의 3분의 2 이상의 수와 그 종류의 발행주식총수의 3분의 1 이상의 수로써 하여야 하고(§435②), 그 밖의 사항은 주주총회의 규정이 준용된다(§435③).

### 3. 등 기

정관변경 그 자체는 등기를 요하지 아니하나, 정관변경이 등기사항의 변경을 생기게 하는 경우에는 그 변경등기를 하여야 한다(§317④, §183). 등기가 정관변경의 효력발생 요건은 아니다.

## 제 3 정관변경의 효력

정관변경은 원칙적으로 주주총회의 결의시에 즉시 그 효력이 생긴다. 이에 관한 문서화나 변경등기가 정관변경의 효력발생요건이 아니고, 또한 회사설립시의 원시정관(§292)과는 달리 공증인의 인증도 필요 없다.[1] 정관변경에 소급효를 인정할 수도 없을 것이다.[2]

## 제 4 정관변경에서의 특수한 문제

### 1. 수권주식총수의 증감

회사의 수권주식총수(즉 회사가 발행할 주식의 총수)는 정관의 절대적 기재사항이므로(§289①3호), 그것을 증가하거나 감소하는 경우에는 정관을 변경하여야 한다. 따라서 이를 변경하고자 하는 경우에는 위의 정관변경절차를 밟아야 한다.

### 2. 주금액의 변경

주금액을 인상하려면 정관을 변경하는 동시에 주주에게 추가로 납입시키거나

---

1) 대판 1978.12.26, 78누167; 동 2007.6.28, 2006다62362.

2) 이철송, 회, 914면.

주식을 병합하는 방법이 있다. 그러나 추가납입은 주주유한책임의 원칙에 반하며, 주식병합의 경우에는 단주가 생기면 주주평등의 원칙에 반하게 된다. 그러므로 어느 방법에 의하든 이를 위하여 총주주의 동의가 있어야 한다(통설). 그러나 1주의 금액은 정관의 절대적 기재사항이므로(동항 4호), 정관에 기재된 1주의 금액을 인하하기 위해서는 주주총회의 특별결의가 있어야 한다. 주금액의 인하로 자본의 감소가 생기는 경우에는 자본감소의 절차를 별도로 밟아야 한다. 어떤 경우이든 새로운 주금액이 법정된 최저한(100원) 미만이어서는 안 된다(§329).

### 《일본 회사법상 정관변경절차》

정관을 변경하기 위해서는 원칙적으로 주주총회의 특별결의가 필요하지만(일회 §46, §309②11호), 예외적으로 회사가 발행하는 전체 주식에 양도제한을 정하는 정관변경에는 당해 총회에서 의결권을 행사할 수 있는 주주의 과반수와, 당해 주주의 의결권의 3분의 2 이상에 의한 특수결의가 필요하다(일회 §309③1호). 예외적 조치로서 주식회사에 있어서는 주주총회의 결의에 의하지 않고 주식을 분할하고, 분할발효일 회사의 발행가능주식총수를, 전일의 발행가능주식총수에 곱한 수의 범위 내에서 증가하는 정관을 변경할 수 있다(일회 §184②). 그리고 이사의 결정(이사회설치회사의 경우에는 이사회결의)에 의하여 단주를 감소하거나 단주의 수에 관한 정관규정을 폐지할 수 있다(일회 §195①). 정관변경이 어느 종류의 주주에게 손해를 미칠 염려가 있을 때는 주주총회의 결의는 당해 종류주주의 종류주주총회(주식이 2종 이상인 경우에는 종류별로 구분된 종류주주총회)의 결의가 있어야 효력을 발생한다(일회 §322①).

### 《중국 회사법상 정관변경절차》

중국 회사법 제38조와 제100조는 회사정관의 변경 권한은 유한회사의 주주회와 주식회사의 주주총회에 있다고 규정하며, 정관변경에는 주주총회의 특별결의사항으로 하는 등 엄격한 절차를 요구하고 있다. 즉 주식회사에서 정관을 변경하려면 주주총회에 출석한 주주가 소지하는 의결권의 3분의 2 이상의 결의를 필요로 한다. 그리고 회사의 정관변경이 등기사항의 변경에 속하므로 반드시 변경등기를 하여야 하며 그렇지 않으면 제3자에게 대항할 수 없다.

# 제 7 장 회사의 회계

## 제 1 회계규정의 중요성과 그 원칙

주식회사는 영리를 추구하는 단체이므로 이러한 이익을 계획적으로 추구하기 위하여 회계제도가 기술적·조직적으로 제도화되어 있다. 이러한 회계제도를 진실·적정·명확하게 운영하는 것은 경영자, 주주, 채권자 등 회사의 이해관계인을 위하여 필요할 뿐만 아니라, 건전하고 투명한 경영을 통하여 국민경제의 발전을 위해서도 필요한 것이다. 이러한 요구에 부응하기 위하여 회사법은 회사의 회계라는 하나의 절을 두고 있다.

회사의 회계는 상법과 대통령령으로 규정한 것을 제외하고는 일반적으로 공정하고 타당한 회계관행에 따른다(§446의2). 공정하고 타당한 회계관행이란 기업회계기준을 말한다. 상법에서는 회사의 회계에 관하여 이와 같이 원칙규정만을 두고 일반적으로 구체적인 규정은 하지 않는다.

기업회계기준이란 국제회계기준위원회의 국제회계기준을 채택하여 정한 회계처리기준과 그 밖에 외부감사에 관한 법률에 정한 회계처리기준으로 구성된다(외감 §13②). 2011년부터 외부감사대상회사 중 주권상장법인은 국제회계기준을 적용하여야 하고, 그 밖의 기업은 일반기업회계기준을 적용한다(외감령 §7의2). 외부감사대상회사가 아닌 회사도 한국채택 국제회계기준을 적용할 수 있다.

## 제 2 재무제표 및 영업보고서 등의 작성

### 1. 재무제표

(1) 이사는 결산기마다 대차대조표·손익계산서 그 밖에 회사의 재무상태와 경영성과를 표시하는 것으로서 대통령령으로 정하는 서류 및 그 부속명세서를 작성하여 이사회의 승인을 받아야 한다(§447①). 이 세 가지의 회계서류를 재무제표라

고 하며, 정기총회에 제출하여 주주총회의 승인을 받아야 한다(§449①). 대통령령으로 정하는 회사의 이사는 연결재무제표를 작성하여 이사회의 승인을 얻어야 한다(동조②). 영업보고서(§447의2)는 전영업년도의 영업의 경과나 상황의 설명서로서 재무제표가 아니고 주주총회에 보고할 서류이다.

대차대조표는 일정시점의 모든 자산, 부채 및 자본을 차변과 대변의 두 난으로 나누어 표시함으로써 기업의 재무상태를 명시하는 개괄표이다. 회사는 성립한 때와 매 결산기에 회계장부에 의하여 대차대조표를 작성하여야 한다(§30②).

손익계산서는 일정한 영업기간의 경영성과와 그 원인을 명백하게 하기 위하여 그 기간 동안의 모든 수익과 이에 대응하는 모든 비용을 기재하고 그 기간의 순손익을 표시하는 보고서이다. 대차대조표가 주로 기말 현재의 재무구조를 표시하는 반면(靜態的), 손익계산서는 사업년도라는 일정기간의 기업경영성과를 나타내는 결산표이다(動態的).

기타 재무제표는 대차대조표와 손익계산서 외에 회사의 재무 상태나 경영성과를 표시하는 것들이다. 이익잉여금처분계산서(또는 결손금처리계산서)와 자본변동표 등이 해당된다. 이익잉여금 처분계산서는 이익잉여금의 처분사항을 명확히 하기 위하여 이월이익의 총 변동사항을 표시하는 것이고, 결손금처리계산서란 결손금의 처리사항을 명확히 보고하기 위하여 이월결손금의 총 변동사항을 표시하는 보고서이다. 현금흐름표란 기업의 현금변동을 명확히 나타내기 위하여 당해 회계기간에 속하는 현금의 유입과 유출내용을 표시하는 보고서이다. 주식회사의 외부감사에 관한 법률의 적용 회사만 작성하는 것이다.

재무제표부속명세서란 재무제표의 중요항목에 관한 세부사항을 기재한 것으로서 기업회계의 명료성의 원칙, 완전공개의 원칙에 따라 충분히 공시하는 한편, 대차대조표 및 손익계산서의 기재만으로 불충분한 것을 보충하는 역할을 한다.

(2) 연결재무제표란 주식회사의 외부감사에 관한 법률에 의하여 2개 이상의 회사가 지배·종속관계에 있는 경우 연결실체의 재무상태, 경영성과, 자본변동이나 현금흐름을 나타내는 서류로서 지배회사가 작성하는 연결대차대조표, 연결손익계산서, 연결잉여금계산서 및 연결현금흐름표를 말한다. 2011년 개정상법에서도 이를 도입하였다(§447②).

또한 주식회사 외부감사에 관한 법률에 의한 기업집단결합재무제표란 기업집단(독점규제 및 공정거래에 관한 법률에 의한 기업집단) 소속회사의 재무제표를 결합하여 작성하는 것들이다.

## 2. 영업보고서

영업보고서는 당해 영업년도의 영업상태 등 회사현황을 나타내는 보고서이다. 대통령령으로 정하는 영업에 관한 중요한 설명서(§447의2②)이므로 숫자로 표현되지 않으며, 재무제표도 아니다. 대표이사는 매 결산기에 영업보고서를 작성하여 이사회의 승인을 받아(동조①), 감사(감사위원회)에게 제출하여야 한다(§447의3). 그리고 주주총회에 그 내용을 보고 하여야 한다(§449②).

# 제 3 재무제표 등의 감사와 비치·공시

이사(대표이사)는 재무제표와 그 부속명세서(§447) 및 영업보고서(§447의2)를 작성하여 이사회의 승인을 받은 후(§447, §447의2), 정기총회의 회일의 6주간 전에 감사 또는 감사위원회에게 제출하여야 한다(§447의3). 비상장회사의 감사 또는 감사위원회는 위의 서류를 받은 날로부터 4주간 내에(주주총회일의 2주 이상 전까지) 감사를 하여 감사보고서를 이사(대표이사)에게 제출하여야 한다(§447의4①, §415의2⑥).

그러나 상장회사 기타 외부감사를 받아야 할 회사는 상법 제447조의 재무제표 외에 연결재무제표 또는 결합재무제표도 제출하여야 하며, 외부감사인은 정기총회일 1주일 전에 회사에 감사보고서를 제출하여야 한다(§542의12⑥).

이러한 감사보고서에는 법정사항을 기재하여야 한다(§447의4②1~11호, §415의2⑥). 이는 동시에 각 해당사항을 감사해야 함을 의미한다. 이사(대표이사)는 재무제표·그 부속명세서·영업보고서 및 감사보고서를 정기총회 회일의 1주간 전부터 본점과 지점에 비치하여 주주와 회사채권자에게 공시하여야 한다. 재무제표·부속명세서·영업보고서와 감사보고서는 본점에 5년간, 등본을 지점에 3년간 비치하여야 한다(§448①). 주주와 회사채권자는 영업시간 내에 언제든지 위 비치서류를 열람할 수 있으며, 회사가 정한 비용을 지급하고 그 서류의 등본이나 초본의 교부를 청구할 수 있다(§448②).

이사(대표이사)는 재무제표에 대한 주주총회의 승인을 얻은 때에는 지체 없이 대차대조표를 공고하여야 한다(§449③, §289①7호, ③).

## 제 4 재무제표 등의 승인·공고

### 1. 정기총회 및 이사회의 승인

이사(대표이사)는 이사회의 승인과 감사의 감사를 거친 후 재무제표를 정기총회에 제출하여 그 승인을 요구하여야 한다(§449①). 영업보고서는 정기총회에 제출하되 그 내용을 보고하면 된다(동조②). 주주총회는 이사가 제출한 재무제표와 감사 또는 감사위원회가 제출한 보고서의 조사를 위하여 필요하다고 인정하는 경우에는 검사인을 선임할 수 있다(§367).

재무제표의 승인은 주주총회의 보통결의에 의하는데, 주주총회는 그 승인을 가결 또는 부결할 수 있는 뿐만 아니라 그 내용을 수정하여 결의할 수도 있다(통설).

제449조에도 불구하고 회사는 정관으로 정하는 바에 따라 제447조의 각 서류를 이사회의 결의로 승인할 수 있다(§449의2①). 이 경우에는 다음의 요건을 갖추어야 한다. 첫째, 제447조의 각 서류가 법령 및 정관에 따라 회사의 재무상태 및 경영성과를 적정하게 표시하고 있다는 외부감사인의 의견이 있을 것 둘째, 감사(감사위원회) 전원의 동의가 있을 것 등이다. 이사회가 승인한 경우에는 이사는 각 서류의 내용을 주주총회에 보고하여야 한다(§449의2②).

### 2. 재무제표의 승인의 효과

#### (1) 재무제표의 확정

주주총회가 재무제표를 승인하면 그 재무제표는 대내외적으로 확정되고, 이에 따라 이익 또는 손실의 처분안도 확정된다. 따라서 이사는 이에 따라 준비금 적립, 이익배당 등 승인내용을 실행한다. 주주는 확정된 이익배당금청구권을 갖게 된다.

#### (2) 이사·감사 또는 감사위원회의 책임해제

정기총회가 재무제표를 승인한 후 2년 내에 다른 결의(예컨대 임원의 책임추궁의 결의, 승인결의를 철회하는 결의 등)가 없으면 이사와 감사(감사위원회)의 책임은 부정행위가 있는 경우를 제외하고 해제된 것으로 본다(§450). 이사와 감사의 책임은 총주주의 동의로써만 면제할 수 있으나 그들의 책임이 엄중하므로 책임부담의 불안정상태를 신속히 해결하기 위하여 설치한 제도이다.[1]

이러한 책임해제의 법적성질에 대하여 재무제표의 승인결의의 부수적인 법정효과(승인결의효과설, 일본의 다수설)라고 보는 견해도 있으나, 결의시를 기산점으로 하여 2년의 제척기간이 경과한 효과(제척기간설, 우리나라의 다수설)라고 본다.[2]

책임해제의 효력이 미치는 범위는 재무제표에 기재되었거나 또는 기재로부터 알 수 있는 사항에 한한다.[3] 이사나 감사의 부정행위에 대해서는 당연히 책임이 해제될 수 없다. 부정행위란 횡령, 배임 등 회사에 대하여 악의 또는 중과실로 가해행위를 한 경우 뿐만 아니라, 이사의 권한 내의 행위일지라도 당해 사정 하에서 정당시 될 수 없는 모든 행위가 포함된다는 것을 의미한다.[4] 또한 이러한 부정행위에는 원인행위가 부정한 경우(예컨대 밀수를 위한 금전의 차입행위 등)와 승인요구 자체와 관련하여 부정행위를 한 경우(예컨대 사기 또는 강박에 의하여 승인결의를 시킨 경우 등)가 있다.

책임해제 관한 입증책임은 이사·감사(감사위원회)에게 있다. 따라서 이사·감사 또는 감사위원회는 그가 책임질 사항이 재무제표에 기재되어 제출되었고 이러한 재무제표를 주주총회가 승인하였다는 사실을 입증하여야 한다.[5]

### 3. 대차대조표의 공고

이사는 재무제표에 대한 주주총회의 승인을 얻은 때에는 지체 없이 대차대조표를 정관상 공고방법(§289①7호, 동조③)에 따라 일간신문에 공고하여야 한다(§449③).

## 제 5 준비금

### 1. 의 의

준비금이란 회사가 순자산액으로부터 자본액을 공제한 금액(잉여금) 중 일부를

1) 이철송, 회, 929면.

2) 이철송, 회, 929면; 최준선, 회, 646면.

3) 대판 2007.12.13, 2007다60080 등 다수의 판례.

4) 정동윤, 593면; 정찬형, 상, 1108면; 이철송, 회, 932면; 최기원, 875면.

5) 대판 1969.1.28, 68다305.

장래의 필요에 대비하기 위하여 사내에 적립해 두는 금액을 말한다. 따라서 준비금은 실질적으로는 회사의 이익을 유보한 것이며 형식적으로는 대차대조표상 순자산액에서 자본금과 함께 공제되어 적립된 계산상의 수액이다.

이러한 준비금에는 상법의 규정에 의하여 적립하는 법정준비금과 정관 또는 주주총회의 결의에 의하여 적립하는 임의준비금이 있다. 법정준비금에는 자본준비금(§459)과 이익준비금(§458)이 있는데, 상법이 단순히 준비금이라고 규정하는 경우에는(§460①, §470①, ②) 이러한 법정준비금을 의미한다.

법정준비금은 회사재산의 사외유출을 방지하여 경기침체, 영업성적 부진, 재난 등에 대비하고, 장기적 사업도모 및 채권자보호를 위하여 유용한 기능을 한다. 이에 비하여 임의준비금은 사업확장, 배당의 평균화, 사채상환, 주식소각 등을 위하여 회사가 자율적으로 적립하며, 적립율과 한도에 관하여 제한이 없고, 다만 용도는 적립목적에 따라야 한다.

준비금은 자본과 같이 계산상의 수액으로서 그만큼 회사는 순재산을 유지하고 보유하여야 하며, 구속의 정도는 자본보다 약하지만 자본과 함께 대차대조표의 부채항목에 기재되어 이익산출에 있어서 공제항목이 되고 있다(§462①). 따라서 준비금은 자본을 보전 강화하고 이익배당을 규제하는 기능을 한다.[1)]

## 2. 법정준비금

### (1) 의 의

법정준비금이란 자본의 결손을 보충하기 위하여 법률(상법)의 규정에 의해서 그 적립이 강제되어 있는 준비금인데, 적립의 재원에 따라 이익을 재원으로 하여 적립하는 이익준비금과 자본거래에서 발생하는 이익을 재원으로 하여 적립하는 자본준비금으로 구분된다.

### (2) 종류 및 적립

1) 이익준비금 상법은 이익준비금의 적립액과 적립한도에 대하여 매 결산기의 금전에 의한 이익배당액의 10분의 1 이상의 금액을 자본의 2분의 1에 달할 때까지 이익준비금으로 적립하여야 한다고 규정하고 있다. 다만 주식배당의 경우에는 그러하지 아니하다(§458). 상법에서 규정하는 적립한도액을 초과한 이익

---

1) 정동윤, 610면; 정찬형, 상, 1110면; 최준선, 회, 648면.

준비금은 임의준비금이 될 것이다.

2) 자본준비금 회사는 자본거래에서 발생한 잉여금을 대통령령으로 정하는 바에 따라 자본준비금으로 적립하여야 한다(§459①). 2011년 개정상법은 자본준비금의 재원에 대하여 개별적으로 규정하지 않는다. 그러나 자본준비금으로 적립하여야 할 재원이 될 수 있는 것은 주식발행초과금, 주식교환잉여금, 주식이전잉여금, 감자차익금, 합병차익금, 분할차익금, 기타 자본잉여금 등이 있다. 자본준비금은 이상의 재원이 발생한 때 전부 적립하여야 하고 그 한도에는 제한이 없으며 이익배당에 충당할 수 없다. 기업회계기준에서는 자본잉여금과목으로서 주식발행초과금, 감자차익, 기타 자본잉여금에 대해서만 규정한다(기준 §31).

합병이나 제530조의2에 따른 분할 또는 분할합병의 경우 소멸 또는 분할되는 회사의 이익준비금이나 그 밖의 법정준비금은 합병, 분할, 분할합병 후 존속되거나 새로 설립되는 회사가 승계할 수 있다(§459②). 이를 승계할 경우 소멸회사의 준비금을 같은 명목의 준비금으로 승계해야 한다.

### (3) 용 도

1) 결손보전 법정준비금은 원칙적으로 자본의 결손전보에만 충당하여야 하는데(§460), 예외적으로 이를 자본에 전입할 수 있다(§461). 자본의 결손이란 회사의 순자산액이 자본과 법정준비금의 합계액보다 적게 되는 것이며 결산기에 확정된다. 2011년 개정상법에서는 이익준비금과 자본준비금의 사용 순위에 관한 제한을 두지 않는다.

2) 자본전입

① **의 의** 준비금의 자본전입에 관해서는 특수한 신주발행에서 설명하였다. 회사는 이사회(또는 주주총회 결의사항으로 할 수 있음)의 결의에 의하여 대차대조표상의 준비금계정의 금액을 감소시키고 동시에 자본금계정의 금액을 증가시킨다. 이 경우 신주를 발행하여 종전의 주주에게 지주수에 따라 무상으로 교부한다. 이익준비금이나 자본준비금이 자본금에 비해 지나치게 거액이 되어 재무관리 상 균형이 맞지 않으므로 재무구조를 개선하기 위하여 인정하는 제도이다.

② **액면주식을 발행한 회사의 경우** 액면주식을 발행한 회사는 전입액 만큼 자본금이 증가하고 전입액을 1주의 액면가로 나눈 수의 신주가 발행된다. 자본전입은 자본준비금이든 이익준비금이든 직전 결산기의 대차대조표상 확정된 법

정준비금이면 가능하지만, 임의준비금은 원래 주주에게 배당할 금액이기 때문에 자본으로 전입할 수 없다고 본다.[1)]

준비금의 자본전입으로 인해 회사의 순자산에는 변화가 없지만 자본금이 증가하고 발행주식총수가 증가하게 되므로 변경등기를 하여야 한다. 신주발행이나 인수절차 없이 주주가 되고, 단주가 생길 경우에는 그 매각대금을 주주에게 분배한다(§461②). 신주는 액면가로 발행되며, 주주가 소유하는 주식의 종류에 불구하고 보통주식으로 발행된다.

신주의 효력발생 시기는, 이사회에서 자본전입결의를 한 경우 회사가 정한 배정기준일이고, 회사는 그 날의 2주간 전에 주주명부상의 주주에게 공고해야 한다. 다만 배정기준일이 주주명부폐쇄기간 중에 들어 있는 경우에는 폐쇄기간 초일의 2주간 전에 공고하여야 한다(동조③). 주주에게 자본전입을 예고하여 명의개서를 촉진하기 위한 것이다. 주주총회에서 자본전입을 결의한 경우에는 총회소집통지에 의해 주주에게 알려지므로 별도의 배정기준일을 정할 필요가 없고, 주주총회 결의일부터 신주의 주주가 된다(동조④).

신주가 효력을 발생하면 이사는 지체 없이 기명주주 및 등록질권자에게 주주가 받은 주식의 종류와 수를 통지하고, 무기명주주를 위해서는 결의내용을 공고하여야 한다(동조⑤). 그리고 상법 제350조 제3항, 제339조의 규정은 이 경우에 준용된다(동조⑥, ⑦).

③ **무액면주식을 발행한 회사의 경우** 무액면주식을 발행한 회사가 준비금을 자본으로 전입하는 것은 이사회 또는 주주총회의 결의만으로써 가능하고 신주의 발행절차는 거치지 않는 것이 일반적인 경우이다. 그러나 자본전입과 연계하여 신주를 발행한다면 제461조가 적용된다고 본다.

④ **신주발행의 하자** 준비금의 자본전입에 의한 신주발행이 위법하게 된 경우 등의 하자가 있는 경우에는 신주발행무효에 관한 제429조가 유추적용될 것이다.

## 3. 임의준비금

임의준비금(임의적립금)이란 법률에 의하여 그 적립이 강제되지 않고 정관의 규정 또는 주주총회의 결의에 의하여 적립되는 준비금이다. 상법은 임의준비금을

1) 이철송, 회, 937면.

규정하지 않으나 기업회계기준은 사업확장적립금·감채적립금·배당평균적립금·결손보전적립금 및 세법상 적립하여 일정기간이 경과한 후 환입될 준비금 등이 있는데(기준 §32 3호), 그 적립률이나 한도에는 제한이 없다.

## 4. 법정준비금의 감소

2011년 개정상법은 회사는 자본준비금 및 이익준비금의 총액이 자본금의 1.5배를 초과하는 경우에 주주총회의 결의에 따라 그 초과한 금액의 범위에서 자본준비금과 이익준비금을 감액할 수 있도록 하였다(§461의2). 따라서 감액된 금액은 주주총회의 결의에 의하여 자본결손이나 자본전입 이외의 목적으로 사용할 수 있게 되었다. 이에 따라 배당가능이익이 증가하게 될 것이다.

준비금의 자본감소는 주주총회의 보통결의에 의하게 될 것이며, 감소할 준비금의 종류와 금액, 감소의 효력발생일 등을 결정하게 된다. 이 결의에서 결손보전과 동시에 감소하는 결의도 가능할 것이다.

### 《일본 회사법상 회계장부, 계산서류》

#### 1. 회계의 원칙

회사법은 주식회사의 회계는 일반적으로 공정타당하다고 인정되는 기업회계의 관행에 따르는 것으로 한다(일회 §431)고 규정하고 있다. 이 규정은 회사법제의 입법취지에 반하지 않는 한 실무상 인정되고 있는 공정타당한 회계관행도 존중되어야 한다는 취지이다.[1] 일반적으로 공정타당하다고 인정되는 기업회계의 관행이란 기업회계심의회가 공표한 기업회계원칙과 기업회계기준이 일응 이에 해당된다고 추정되지만 이것이 유일한 관행이라고 보아야 할 이유는 없다. 회계참여설치회사의 경우에는 중소기업 회계에 관한 지침도 있으며, 결국 공정타당한가 여부는 법원이 최종적으로 결정한다.[2]

#### 2. 회계장부와 계산서류

##### (1) 회계장부의 작성과 보존

주식회사는 법무성령에 따라 정확한 회계장부를 작성하고(일회 §432①), 이 장부와 그 사업에 관한 중요한 자료를 회계장부의 폐쇄 때부터 10년간 보존하여야

---

1) 石山卓磨, 297~298面; 彌永眞生,「コンメンタ~ル會社計算規則·改正商法施行規則」, 商事法務(2006), 91面.

2) 石山卓磨, 298面; 江頭, 559面.

한다(동조②). 회계장부란 일정한 시기에 있어서 회사의 거래 기타 재산에 영향을 미치는 사항을 계속적, 조직적으로 기재 또는 기록한 장부를 말한다.

### (2) 계산서류의 작성과 보존

주식회사는 법무성령의 정함에 따라 그 성립일에 대차대조표를 작성하고 각 사업년도의 계산서류와 사업보고 및 이들의 부속명세서를 작성하여야 한다(일회 §435①, ②). 이러한 서류는 전자적 기록으로 작성할 수 있으며(동조③), 작성시부터 10년간 보존하여야 한다(동조④). 계산서류의 종류로서는 대차대조표, 손익계산서, 기타 주식회사의 재산 및 손익상황을 나타내기 위하여 필요하고 적당한 것으로서 법무성령에서 정하는 것을 포함한다(회사계산 §91①).

## 3. 회계장부 열람청구권

총주주 의결권의 100분의 3 이상의 의결권을 갖는 주주 또는 자기주식을 제외한 발행주식의 100분의 3 이상을 갖는 주주는 영업시간 내에 회계장부의 열람청구권을 갖는다. 즉 ① 회계장부 또는 이에 관한 자료가 서면으로 작성된 때는 당해 서면의 열람·등사의 청구 또는 ② 회계장부 또는 이에 관한 자료가 전자적 기록으로 작성된 때는 법무성령 소정의 방법으로 표시된 것의 열람과 등사를 청구할 수 있다. 이 경우에는 청구의 이유를 명백히 표시해야 한다(일회 §433①). 특례유한회사의 경우에는 총주주의 의결권의 10분의 1 이상의 의결권을 갖는 주주로 되어 있다(정비법 §26①).

모회사 사원이 권리행사를 위하여 필요한 때는 법원의 허가를 얻어 회계장부 또는 이에 관한 자료에 관하여 청구이유를 명백히 하고 열람 및 등사를 청구할 수 있다(일회 §433③). 특례유한회사의 경우 모회사 사원에 의한 회계장부열람청구권의 요건은 총주주 의결권의 10분의 1 이상을 소유하여야 한다(정비법 §26①).

주주가 열람청구를 하지 않은 경우에도 법원은 신청에 의하여 또는 직권으로 소송당사자에 대하여 회계장부의 전부 또는 일부의 제출을 명할 수 있다(일회 §434).

## 4. 회계장부의 제출 거절 사유

회사는 주주의 회계장부 열람 등의 청구에 대하여 이하의 사유에 해당되는 경우에는 이것을 거절할 수 있다(일회 §433②1~5호).

① 청구자가 그 권리의 확보 또는 행사에 관한 조사 이외의 목적으로 청구를 한때
② 청구자가 당해 회사의 업무수행을 방해하고 주주 공동의 이익을 해할 목적으로 청구한 때
③ 청구자가 당해 회사의 업무와 실질적으로 경쟁관계에 있는 사업을 운영하거나 이에 종사할 때
④ 청구자가 회계장부 또는 이에 관한 자료의 열람·등사에 의하여 지득한 사실을 이익을 얻고 제3자에게 통보하기 위하여 청구한 때
⑤ 청구자가 과거 2년 이내에 회계장부 또는 이에 관한 자료의 열람·등사에 의하여 지득한 사실을 제3자에게 통보한 사실이 있는 때

### 5. 계산서류 확정절차

#### (1) 계산서류 등의 감사

① 감사역설치회사의 경우 계산서류, 사업보고 이들의 부속명세서는 법무성령에서 정함에 따라 감사역의 감사를 받아야 된다(일회 §436①).
② 회계감사설치회사의 경우 a. 계산서류 기타 부속명세서는 감사역과 회계감사인, b. 사업보고와 그 부속명세서는 감사역의 감사를 받아야 된다(동조②1~2호).
③ 이사회설치회사의 경우 계산서류, 사업보고 이들의 부속명세서는 이사회 승인을 받아야 한다(동조③).

#### (2) 계산서류 등의 주주에 대한 제공

이사회설치회사의 경우 이사는 정기 주주총회의 소집통지시에 법무성령의 정함에 따라 주주에 대하여 이사회 승인을 받은 계산서류와 사업보고를 제공하여야 한다(일회 §437).

#### (3) 계산서류 등의 정기총회 제출

이사는 계산서류와 사업보고를 정기총회에 제출, 제공하여야 한다(일회 §438①1~4호).
① 감사역설치회사의 경우에는 감사역의 감사를 받은 계산서류와 사업보고
② 회계감사설치회사의 경우 감사를 받은 계산서류 및 사업보고
③ 이사회 승인을 받은 계산서류 및 사업보고
④ 그 외의 경우에는 계산서류와 사업보고(일회 §435②).

#### (4) 정기총회 승인

**① 정기총회에 대한 보고**

상기 (3)에서 정기총회에 제출, 제공된 계산서류는 당해 정기총회의 승인을 받아야 하며(일회438②), 이사는 정기총회 제출, 제공된 사업보고의 내용을 이 정기총회에 보고하여야 한다(동조③).

**② 회계감사의 설치회사의 특징**

회계감사인설치회사의 경우 이사회의 승인을 받은 계산서류, 법령·정관에 따라 회사의 재산·손익상황을 정확히 표시하고 있는 것으로써 법무성령 소정의 요건에 해당하는 경우에는 정기총회의 승인을 받을 필요가 없다. 이 경우 이사는 당해 계산서류 내용을 정기총회에 보고하여야 한다(일회 §439).

### 5. 계산서류 공고·비치·열람

#### (1) 공 고

주식회사는 법무성령의 정함에 따라 정기총회의 종결후 지체 없이 대차대조표를 공고하여야 한다(일회 §440①). 공고방법이 관보 또는 일간신문지에 의하는 경우

회사는 대차대조표의 요지를 공고할 수 있다(동조②).

### (2) 비치와 열람

주식회사는 이하의 계산서류를 소정의 기간 본점에 비치하여야 한다(일회 §442 ①1~2호). ① 각 사업년도의 계산서류, 사업보고 이들의 부속명세서의 경우에는 정기총회의 개시일 부터 5년간, ② 임시계산서류에 대해서는 작성일로부터 5년간, 주식회사는 계산서류를 등사하여 소정의 기간 그 지점에 비치하여야 한다(동조② 1~2호).

주주 및 채권자는 회사의 영업시간 내에 언제든지 계산서류의 열람, 등사를 청구할 수 있다(동조③1~4호). 모회사의 사원은 권리행사를 위하여 필요한 때는 법원의 허가를 얻어 당해 회사의 계산서류에 대하여 이상의 청구를 할 수 있다(동조④).

### (3) 계산서류 등의 제출명령

법원은 신청에 의하여 또는 직권으로 소송당사자에 대하여 계산서류 및 부속명세서 전부 또는 일부 제출을 명할 수 있다(일회 §443).

## 《중국 회사법상 재무회계》

회사재무회계보고는 정기적으로 기업의 재무상황과 경영성과를 반영하는 종합적인 서면문서이다. 그것은 장부기록을 근거로 하며 통일적인 화폐의 계량단위를 이용하여 통일적인 격식, 내용과 편집방법에 따라 정기적으로 작성하는 것을 말한다. 회계법 제20조의 규정에 의하면 재무회계보고는 재무제표, 재무제표의 부속명세서와 재무상황설명서로 구성된다. 국무원이 2000년에 공포한 기업재무회계보고 제2장 제6조, 제7조 및 제8조의 규정에 근거하면 기업의 재무회계보고는 연도, 반년도, 계도와 월간재무회계보고로 나눈다. 연도, 6개월 재무회계보고에는 재무제표, 재무제표부속명세서와 재무상황설명서가 포함되어야 한다. 그중 재무제표는 반드시 자산의 대차대조표, 손익계산서, 현금유용계산서 및 관련 부속명세서를 포함한다. 분기, 월간재무회계보고는 재무제표만 말하는데 재무제표는 적어도 자산의 대차대조표와 손익계산서를 포함해야 한다.

### 1. 재무제표의 작성요구

중국 회사법 제165조는 회사는 반드시 매 회계년도가 끝날 때 재무제표를 작성해야 하고 법에 의해 회계사무소의 심사를 거쳐야 한다고 규정하였다. 기타의 재무회계제도의 규정에 근거하면 회사의 반년도, 분기, 월간재무회계보고도 반드시 제때에 작성하여야 한다.

그 외 중국 회사법 제172조는 "회사는 법정회계장부 외에 다른 장부를 개설하면 안된다. 회사의 자산에 대하여 그 어떤 개인의 명의로든지 계좌를 개설하고 저금할 수 없다."고 규정하였다.

### 2. 작성 전의 준비업무

#### (1) 조사, 확인

기업이 연도재무회계보고를 작성하기 전에 반드시 전면적으로 자산을 조사하고 채무를 확인해야 한다. 기업은 조사하고 확인하는 것을 통하여 재산물자의 실존수량과 장부상의 수량이 일치한가, 각 항 결산금액의 미결산 부분 및 그 원인, 자료물자의 실제저장상황, 각 항 투자가 예상목적에 도달했는가의 여부, 고정자산의 사용상황 및 그 실존형태 등을 조사한다.

#### (2) 기타 업무

기업은 재무제표를 작성하기 전에 자산을 조사하고 채무를 확인하는 외에도 아래 업무를 완성해야 한다. 첫째, 각 회계장부의 기록과 회계증명서의 내용, 금액이 일치한가, 장부기록방향이 부합되는가 하는 것을 확인해야 한다. 둘째, 법률, 법규가 규정한 계산일에 계산을 하고 회계장부의 관련 잔액과 발생금액을 계산하여야 하며 각 회계장부간의 잔액을 맞추어야 한다. 셋째, 회계결산이 국가의 통일적인 회계제도의 규정에 따라 진행되었는가를 검사한다. 넷째, 국가의 통일적인 회계제도가 통일적인 계산방법을 규정하지 않은 거래, 사항, 검사가 회계계산의 일반원칙에 따라 진행하였는가를 학인하고 또 관련 장부처리가 합리적인가 하는 것을 검사한다. 다섯째, 회계의 오차, 회계정책의 변경 등 원인으로 인하여 전기 또는 본기의 관련항목을 조절할 필요가 있는가를 검사한다.

### 3. 회사재무회계보고의 감사

중국 회사법 제165조는 "회사는 반드시 영업년도가 끝날 때 재무회계보고를 작성하여야 하고 법에 의해 회계사무소의 감사를 통과해야 한다."고 규정하였다 이로 인해 중국 회사법은 회사재무회계보고에 대한 강제감사제도를 규정하였다. 동시에 회사법 제171조는 회사에게 반드시 초빙한 회계사무소에 진실하고 완전한 회계증명과 회계장부, 재무회계보고서 및 기타 회계자료를 제공할 것을 요구하며 거절, 은닉, 거짓보고를 할 수 없게 하고 있다.

### 4. 회사의 재무회계정보제공

#### (1) 회사의 주주 또는 사회공중에 대한 재무회계정보제공

회사는 반드시 법에 의해 정한 시기에 회사의 주주에게 재무회계정보를 제공하여야 한다. 기업재무회계보고조례 제32조의 규정에 의하면 기업은 반드시 기업정관의 규정에 근거하여 투자자에게 재무회계정보를 제공해야 한다. 회사법 제166조의 규정에 근거하면 유한회사는 반드시 회사정관에 근거하여 규정된 기간에 재무회계보고를 각 주주에게 보내야 한다. 주식회사의 재무회계보고는 반드시 정기주주총회를 소집하기 20일전에 본사에 비치하여 주주에게 열람하게 해야 한다. 주권을 공개발행 하는 주식회사는 반드시 그 재무회계보고를 공고해야 한다. 그 외 상장회사는 반드시 법률, 행정법규의 규정에 근거하여 정기적으로 그 재무상황과 경영상황을 공개해야 하며 매 회계연도 내에 6개월에 한 번씩 재무회계 보고를 공표해야 한다.

#### (2) 관련부문 또는 기관에 재무회계보고 및 관련 숫자 제공

회사는 관련부문 또는 기관의 요구에 따라 반드시 부분 또는 전부의 재무회계보고 및 관련 숫자를 제공해야 한다. 그러나 관련 부문 또는 기관은 반드시 법률, 행정법규 또는 국무원의 규정에 근거하여 요구하여야 하고 기업에 근거를 제시해야 하며, 기업이 보고한 회계내용을 변경하도록 요구해서는 안 된다.

#### (3) 종업대표대회에 재무회계보고 공표

기업은 적어도 매년 한차례씩 본 기업의 종업원대표대회에 재무회계보고를 공표해야 하는데 중점적으로 아래 사항을 설명해야 한다.

①종업원의 이익과 밀접히 관련되는 정보를 반영해야 하는데 주로 관리비용의 구성상황, 기업관리임원의 봉급·복리와 종업원의 봉급·복리비용의 발급, 자금의 사용과 결여상황, 공익금의 인출과 사용상황, 이윤분배의 상황 및 기타 종업원이익과 관련된 정보 포함, ②내부감사에서 발견된 문제 및 시정상황, ③등기회계사가 감사한 상황, ④국가감사기관이 발견한 문제 및 그 시정상황, ⑤중대한 투자, 융자와 자산처리의 정책결정 및 그 원인의 설명, ⑥설명해야 하는 기타 중요사항, ⑦회사가 여러 방면에 제공한 재무회계보고의 작성기초, 작성근거, 작성원칙과 방법은 반드시 일치해야 하며 작성기초, 의거원칙과 방법이 다른 재무회계정보를 제공해서는 안 된다.

### 《일본 회사법상 준비금 증가와 감소》

#### 1. 준비금의 증가

주식회사는 설립 또는 주식발행시에 주주가 될 자가 회사에 납입 또는 급부한 재산액 가운데서 자본금으로 계상하지 않기로 한 액(납입잉여금)을 자본준비금으로 계상하여야 한다(일회 §445③). 그리고 회사는 잉여금의 액을 감소시켜 준비금을 증가시킬 수 있다. 이 경우에는 ①감소할 잉여금의 액, ②준비금액의 증가발효일을 주주총회의 보통결의로 결정하여야 한다(일회 §451①, ②). ①의 액은 ②의 발효일에 잉여금액을 초과해서는 안된다(동조③).

#### 2. 준비금의 감소

회사는 주주총회의 보통결의로 준비금을 감소시킬 수 있다. 그 때 ①감소할 액, ②감소할 준비금의 전부 또는 일부를 자본으로 할 때는 그 뜻 및 자본금의 액, ③

준비금 감소가 효력을 발생하는 날을 정하여야 한다(일회 §448①1~3호). 개정전 상법 아래서는 회사는 총회결의로써 자본준비금과 이익준비금의 합계액으로부터 자본의 4분의 1에 상당하는 액을 공제한 액을 한도로 하여 자본준비금이나 이익준비금을 감소할 수 있었다(개정전 §289②). 그러나 회사법은 이 자본금 4분의 1이라고 하는 준비금 감소액의 상한규제를 폐지하였다.

#### 3. 채권자보호절차

주식회사가 자본금 또는 준비금을 감소할 경우 당해 회사의 채권자는 회사에 대하여 이의를 제출할 수 있다. 다만 준비금을 감소할 경우 이하의 어느 것에 해당할 경우에는 그렇지 않다. 즉 ① 정기총회에서 준비금의 감소에 관한 사항을 정하는 것, ② 감소할 준비금액이 ①의 정기총회일에 결손액으로서 법무성령에서 정하는 방법에 따라 산정된 액을 넘지 않을 것이다(일회 §449①).

이 경우 준비금감소에 대한 이의신청제도는 회사법이 신설한 것이다. 감소할 준비금 전부를 자본금으로 할 경우에는 준비금의 자본전입이고 채권자보호절차는 필요하지 않다(동항). 이의제출을 위하여 회사는 이 사실을 공고하거나 알고 있는 채권자에게는 각별로 통지하여야 한다(동조②1~3호). 관보 외에 일간신문이나 전자공고를 할 경우에는 각별로 통지할 필요가 없다(동조③).

이의를 제출하지 않은 채권자는 자본감소 등을 승인한 것으로 보며(동조④), 이의를 제출한 경우에는 회사는 변제, 담보제공, 상당한 재산의 신탁을 하여야 한다. 다만 감소를 해도 당해 채권자를 해할 염려가 없는 때는 이에 한하지 않는다(동조⑤).

## 제 6 이익배당

### 1. 총 설

#### (1) 의 의

주식회사는 영속적으로 존재하는 성질을 갖기 때문에 잔여재산의 분배를 기대할 수 없으므로 영업으로 얻은 이익을 주주에게 분배하는 이익배당은 주식회사의 본질에 해당한다. 그러므로 주주의 이익배당청구권은 주주의 자익권이며 고유권에 속한다.[1] 그러나 회사의 업무집행기관이 이익이 없는데도 배당을 하여 회사채권자를 해할 수 있는가 하면, 이미 총회에서 결의된 배당금지급을 고의로 지연시켜 주주를 해할 수도 있다. 그러므로 상법은 회사채권자의 이익보호를 위하여 이

1) 정찬형, 상, 1114면; 정희철, 564면.

익배당의 요건을 엄격하게 규정하는 동시에(§462, §464), 주주의 이익을 보호하기 위하여 배당금지급시기 등을 규정하고 있다(§465의2).

### (2) 이익배당의 방법

이익배당의 방법으로 우리 상법은 현금배당 및 주식배당만을 인정하고 있었으나, 2011년 개정상법은 현물배당(재산배당)을 도입하고 있다(§462의4). 그러나 협의의 이익배당이란 현금배당만을 의미한다. 한편 상법은 연 1회의 결산기를 정한 회사가 정관의 규정에 의하여 영업년도 중 1회에 한하여 이익배당을 할 수 있는 중간배당을 인정하고 있다(§462의3). 종래의 건설이자배당에 관한 규정은 2011년 개정상법은 폐지하였다.

## 2. 이익배당(현금배당)

### (1) 의 의

광의의 이익배당이란 회사의 이익을 현금, 재산, 주식 등으로 주주에게 분배하는 것이고, 협의의 이익배당이란 회사의 이익을 주주에게 현금(금전)으로 분배하는 것을 말한다. 주주의 이익배당청구권은 주주의 지위와 불가분한 것이고 주주권의 내용을 이루는 것이므로 그것만을 분리하여 양도, 압류하거나 질권의 대상으로 할 수 없고 시효에도 걸리지 않는 추상적 권리이다. 주주총회에서 이익잉여금처분결의가 있은 후의 구체적 배당금청구권은 주주권과 분리하여 양도 등의 처분을 할 수 있고 시효에도 걸리게 되므로 양자는 구별된다.

### (2) 이익배당의 요건

회사는 대차대조표상의 순 재산액으로부터 자본의 액과 그 결산기까지 적립된 법정준비금(자본준비금과 이익준비금) 및 그 결산기에 적립하여야 할 준비금, 대통령령으로 정하는 미실현이익을 공제한 액(배당가능이익)을 한도로 하여 이익배당을 할 수 있다(§462①). 상법은 회사채권자를 보호하기 위하여 배당가능이익의 산출방법을 엄격히 규정하고 있다. 그 외에도 법인세, 자산재평가적립금, 임의준비금 등을 공제하여야 한다. 제462조 제1항을 위반하여 이익을 배당한 경우에 회사 채권자는 배당한 이익을 회사에 반환할 것을 청구할 수 있으며, 그 소송에는 제186조를 준용한다(동조③, ④).

### (3) 이익배당의 확정

이사는 매 결산기에 재무제표를 작성하여 이사회의 승인과 감사(감사위원회)의 감사를 받은 뒤 주주총회에 제출한다. 주주총회가 대차대조표와 손익계산서를 승인함으로써 이익을 확정하고, 이익잉여금 처분계산서를 승인하여 배당액을 확정한다.

주주총회가 재무제표를 승인하면 회사의 이익배당이 확정되고 주주는 회사에 대하여 구체적인 이익배당청구권을 갖는다. 이와 같이 이익배당의 결정은 주주총회의 전권사항이다. 다만 2011년 개정상법은 일정한 경우 이익배당을 이사회가 승인할 수 있는 경우를 도입하고 있다(동조②).

### (4) 이익배당의 기준

1) **주주평등의 원칙** 이익배당은 원칙적으로 주주평등의 원칙에 의하여 각 주주가 가진 주식의 수에 따라 지급되어야 한다(§464본문). 그러나 예외적으로 회사가 정관의 규정에 따라 우선주·후배주 등 이익배당 내용이 다른 종류주식을 발행한 경우에는(§344①), 회사는 차등배당을 할 수 있다(§464단서). 또한 자본시장법에 의하면 공공적 법인의 경우 대통령령으로 정하는 방법에 따라 차등배당을 할 수 있다(자금 §165의14①).

2) **일할배당·동액배당** 영업년도의 중간에 신주의 발행이 있는 경우에는 그 연도의 결산기에 배당을 함에 있어 신주에 대하여 구주와 동액의 배당을 하지 않고, 신주의 효력발생일로부터 결산일까지의 일수를 따져 계산한 액을 배당하는 것이 보통이다. 이것을 일할배당이라고 하며, 주주의 실질적 평등에 합치하는 것이므로 위법이 아니다.[1]

이 경우 신주에 대한 이익이나 이자의 배당에 관하여 정관이 정하는 바에 따라 그 청구를 한 때가 속하는 영업년도의 직전영업년도 말에 주주가 되는 것으로 할 수 있는데(§423①2문, §461⑥), 이 경우에는 동액배당을 하는 것이다. 따라서 일할배당으로 할 것인가 동액배당으로 할 것인가 하는 결정은 회사정관의 정함에 의한다.

### (5) 이익배당금의 지급

주주총회에서 배당결의를 하고도 배당금 지급을 고의로 지연시키게 되면 투자

1) 일할배당 적법설: 최준선, 회, 660면; 정찬형, 상, 1117면; 정동윤, 624~625면; 손주찬, 936면.

자인 주주는 손해를 보는 일이 발생하게 된다. 그러므로 상법은 주주총회 또는 이사회에 의한 재무제표의 승인(§462②)이 있은 날로부터 1월 내에 회사는 배당금을 지급하여야 하는 것으로 규정하고 있다. 그러나 총회에서 배당금의 지급시기를 따로 정한 경우에는 그에 의한다(§464의2①단서). 이 기간이 준수되지 않으면 이사는 과태료의 제재를 받게 되며(§635①22호의2), 회사는 지연배상금을 지급할 수 있게 된다(민 §379).

### (6) 위법한 이익배당

**1) 위법배당의 의의** 위법배당이란 배당가능이익이 없음에도 불구하고 자산을 부당 평가하는 등의 방법으로 이익배당을 하거나, 배당가능이익을 초과하여 이익배당을 하는 것이다. 이러한 위법배당은 당연히 무효이다.

**2) 위법배당의 반환청구** 위법배당은 위에서 본 바와 같이 당연무효이므로 위법배당을 받은 주주는 배당받은 이익을 회사에 반환하여야 한다(부당이득, 민 §741, §748). 이 때 주주가 반환하지 않거나 회사에서 반환청구를 하지 않는 경우에는 회사채권자가 직접 주주에 대하여 위법배당액을 회사에 반환할 것을 청구할 수 있다(§462③). 회사채권자의 이러한 반환청구는 소의 방법으로도 가능하고 소이외의 방법(의사표시)으로도 가능하며, 청구금액은 채권액이 아니라 위법배당한 전액이다.[1]

위법배당을 결의한 주주총회의 결의는 무효확인의 소를 거칠 필요 없이 위법배당액 반환을 청구하는 소송을 제기할 수 있다고 본다.[2] 회사 또는 회사의 채권자가 위법배당액의 반환을 청구하는 경우에는 주주의 선의·악의를 불문한다.[3]

**3) 이사·감사 등의 책임** 위법배당안을 작성하고 정기주주총회에 제출한 이사, 이사회에서 이 안에 찬성한 이사(§447) 등은 회사에 대하여 연대하여 손해배상책임을 부담한다(§399). 이러한 이사 등이 악의 또는 중과실이 있는 경우에는 회사채권자 및 주주 등에 대하여도 손해배상책임을 부담한다(§401). 감사 또는 감사위원회위원도 재무제표를 감사하여 감사보고서를 제출하고(§447의4, §415의2⑥), 또 주주총회에 그 의견을 보고할 의무가 있으므로(§413, §415의2⑥) 재무제표에 부정이나 허위가 있음에도 불구하고 이를 정당한 것으로 보고한 때에는 그 임무 해태가

1) 최준선, 회, 663면; 정찬형, 상, 1119면; 정동윤, 627면; 이기수 외, 599면.
2) 최준선, 회, 663면; 이철송, 회, 966면.
3) 정찬형, 상, 1119면.

있다고 볼 수 있으므로 회사 또는 제3자에 대하여 연대하여 손해배상책임을 부담한다(§414, §415의2⑥). 이사나 감사의 책임은 과실책임이다.[1]

4) 벌 칙 위법배당을 한 이사 등은 5년 이하의 징역 또는 1,500만원 이하의 벌금에 의한 처벌을 받는다(§625 3호).

## 3. 주식배당

### (1) 주식배당의 의의

주식배당이란 이익배당의 일부를 새로이 발행하는 주식으로써 주주에게 그 지분비율에 따라 무상으로 배당하는 것을 말한다. 이익배당으로서 현금배당만을 인정하게 되면 이익이 발생하여 배당을 하고자 할 때 회사에 현금이 없으면 회사는 자금압박을 받는 악순환을 겪어야 한다. 주식배당제도는 배당가능이익을 사내에 유보할 수 있도록 하여 회사의 자금압박을 피하는 기능, 주가가 높을 경우 주식수를 증가 시키거나 주주에게 더 유리한 배당기능을 한다는 장점이 있다. 반면에 주주의 이익배당청구권을 침해할 우려가 있는 등(특히 주식의 시가가 액면가에 미달하는 경우)의 단점이 있다.[2]

따라서 상법은 이러한 주식배당제도의 단점을 보완하기 위하여 주식배당의 한도를 배당가능이익의 2분의 1로 제한하고 있다(§462의2①단서). 그러나 주권상장법인은 주식의 시가가 액면금액 이상이면 이익배당 총액을 주식배당으로 할 수 있다(자금 §165의13①).

### (2) 주식배당의 본질

주식배당의 본질에 관하여 우리나라의 학설은 이익배당설과 주식분할설로 나뉘어 있다. 이익배당설은 주식배당을 이익배당의 한 경우로 보며(다수설),[3] 주식분할설(또는 자본전입설)은 주식배당을 준비금 또는 배당가능이익의 자본전입으로 파악하여 주식분할이라고 본다(소수설).[4]

생각건대 우리 상법은 주식배당을 이익배당에서 규정하고 있고(§462의2), (법정)

---

1) 정동윤, 628면; 정찬형, 상, 1119면.

2) 최준선, 회, 664면

3) 손주찬, 944면; 최기원, 869면; 최준선, 165면; 정찬형, 상, 1123면; 이철송, 회, 959~960면.

4) 정동윤, 631면; 양명조, "개정상법과 주식회사의 이익배당", 월간고시(1984. 5), 63~64면.

준비금은 주주에게 이익으로 배당하지 못하고 원칙적으로 자본의 결손전보에만 충당할 수 있도록 규정하고 있는 점(§460) 등에서 볼 때, 우리나라에서의 주식배당은 주식분할이나 준비금의 자본전입으로 볼 수는 없고 이익배당의 일종으로 보아야 할 것이다.

상법이 회사가 종류주식을 발행한 때에는 각각 그와 같은 종류주식으로 주식배당을 할 수 있다고 규정하고 있는데(§462의2②), 이 규정에서 같은 종류주식으로 주식배당할 수 있는 점에서만 보면 상법이 주식분할설의 입장을 취한 것 같이 보이지만, 이 규정이 임의규정인 점에 착안하면 결과적으로 이익배당설을 취한 다고 할 수 있다.[1)]

### (3) 주식배당의 요건

**1) 배당가능이익의 존재** 배당가능이익이란 상법 제462조 제1항에 의하여 산출된 이익을 말하며, 이월이익을 포함한다. 주식배당은 배당가능이익만을 재원으로 하는 점에서 준비금의 자본전입과 구별된다(§460). 임의준비금은 정관 또는 주주총회의 결의에 따라 배당가능이익으로 환원시킨 후 주식배당절차를 밟을 수 있다. 주식배당의 경우는 금전배당과는 달리 이사회 승인규정은 적용되지 않는다.

**2) 배당가능이익의 제한** 배당가능이익으로써 주식배당을 하더라도 그 전부를 할 수는 없고, 2분의 1까지만 가능하다(§462의2①단서). 주주들에게 현금배당을 받을 수 있는 권리를 보장하여 주주의 이익배당청구권을 보호하기 위한 것이다.

**3) 미발행수권주식의 존재** 주식배당의 경우에도 신주가 발행되므로 이렇게 발행될 신주는 미발행수권주식의 범위 내이어야 한다. 만일 미발행수권주식수가 주식배당에 의하여 발행하여야 할 주식수에 부족한 경우에는 먼저 정관을 변경하여 발행예정주식총수를 증가시켜야 한다.

### (4) 주식배당의 절차

**1) 주식배당의 결정** 주식배당을 하기 위해서는 먼저 이익잉여금 처분계산서에 그 내용을 기재하여 이사회의 승인을 받고, 주주총회의 결의가 있어야 한다(§462의2①본문). 이때 주주총회의 결의는 보통결의이며(통설), 정기주주총회 또는 임시주주총회를 불문하고 이를 결정할 수 있다.

---

1) 정찬형, 상, 1124면.

주주총회는 배당가능이익의 일부를 주식으로써 배당할 수 있다는 것과, 배당가능이익의 총액 중 2분의 1을 초과하지 않는 범위 내에서 실제로 얼마를 주식배당으로 할 것인가, 또 어느 종류의 주식을 몇 주 발행할 것인가에 대하여 결정한다(§462①).

주주총회가 주식배당을 함에 있어서는 주주평등의 원칙에 따라서 하여야 한다. 따라서 일부 주식에는 현금배당을 하고 다른 주식에는 주식배당을 하거나, 지주수에 따라 차별을 하거나 또는 주식의 종류에 따라 현금배당과 주식배당의 비율에 차이를 두는 경우 등은 모두 위법이다.[1]

**2) 주식배당의 통지·공고** 주식배당이 주주총회에서 결의된 때에는 이사는 지체 없이 배당을 받을 주주와 주주명부에 기재된 질권자에게 그 주주가 받을 주식의 종류와 수를 통지하고, 무기명식의 주권이 발행된 때에는 주식배당에 관한 주주총회의 결의내용을 공고하여야 한다(§462의2⑤).

**3) 신주의 발행** 주주총회의 주식배당결의가 있는 경우에는 회사는 그 결의에 따라 배당가능이익을 자본전입하고, 그에 해당하는 신주를 발행하여야 한다. 이 때 신주발행가액은 권면액으로 하고, 회사가 종류주식을 발행한 때에는 각각 그와 같은 종류의 주식으로 할 수 있다(동조②). 따라서 액면미달 또는 액면초과의 발행가액을 정할 수 없다.[2]

배당받은 신주의 주주가 되는 시기는 주주총회의 종결시이다(동조④). 이것은 보통의 신주발행의 경우에는 납입기일의 다음날부터 주주가 되고(§423①), 준비금의 자본전입의 경우에는 이사회에서 정한 신주배정 기준일부터 주주가 되는 것과 다르다(§461③, ④). 그러나 신주에 대한 이익이나 이자의 배당에 관하여는 보통의 신주발행(§423①)과 같이 정관이 정하는 바에 따라 그 주주총회가 있는 영업년도의 직전영업년도 말부터 주주가 되는 것으로 할 수 있다(§462의2④). 주식배당에 의한 신주발행의 경우에 단주가 생기는 경우에는 그 부분에 대하여 단주처리에 관한 상법 제443조 제1항에 의한다(동조③).

회사가 주권발행 시기에 관하여 특별한 정함을 두고 있지 않지만 제355조 제1항을 유추적용하여 지체 없이 주권을 발행해야 할 것이다.

**4) 등 기** 주식배당에 의하여 신주를 발행하게 되면 자본의 총액(§317②2호)이 증가하게 됨은 물론, 회사의 발행주식의 총수·그 종류와 각종 주식의 내용과 수

1) 정찬형, 상, 1128면; 정동윤, 643면; 이철송, 회, 962면.

2) 정찬형, 상, 1128면; 정동윤, 633면; 이철송, 회, 962면; 이기수 외, 532면.

(동항 3호)에 변경이 있게 된다. 따라서 회사는 주주총회 종결일로부터 본점소재지에서는 2주 내, 지점소재지에서는 3주 내에 변경등기를 하여야 한다(§317④, §183).

### (5) 주식배당의 효과

주식배당을 통하여 배당가능이익을 자본전입 하므로 당연히 자본금이 증가하게 되고, 그만큼 신주가 발행되므로 발행주식총수가 증가하게 된다. 그리고 주식배당의 전후에 있어 주주의 회사자산에 대한 지분은 원칙적으로 변동이 없으나, 단주가 발생하여 이를 단주처리방법(§443①)에 따라 배당한 경우(§462의2③)에는 예외적으로 주주의 회사자산에 대한 지분이 달라질 수 있다.

주식배당의 경우에 등록질권자의 권리는 주주가 받을 신주에 미치는 물상대위권이 인정된다(동조⑥). 질권자는 회사에 대하여 질권의 효력이 미치는 신주에 대한 주권의 교부를 청구할 수 있다(동항, §340③). 그러나 약식질의 효력은 주식배당에 의하여 발행되는 신주에는 미치지 않는다고 본다.[1]

### (6) 위법한 주식배당

#### 1) 이익배당의 요건을 위반한 경우

① 상법 제462조 제1항에 의한 배당가능이익이 없음에도 불구하고 주식배당을 하여 신주를 발행한 경우에 그 신주발행의 효력에 대하여 학설은 무효설과 유효설로 나뉘어 있다. 즉, 배당가능이익 없이 주식배당을 하면 액면미달의 신주발행이 되거나 납입이 없는 신주발행이 될 것이기 때문에 이러한 신주발행은 신주발행무효의 소의 원인이 된다고 하는 견해(무효설[2])와, 배당가능이익이 없음에도 불구하고 주식배당을 하고 이에 따른 신주발행을 한 경우에 이를 무효로 하더라도 무효의 소를 제기할 수 있는 자는 주주·이사 또는 감사이기 때문에 채권자를 보호할 수 없고, 이러한 경우의 신주발행은 자본이 증가하였을 뿐 구체적인 회사재산이 감소된 것이 아니므로 유효라고 보는 견해로 나뉘어 있다.[3]

생각건대 배당가능이익이 없음에도 불구하고 주식배당에 의하여 증자하고 신주를 발행하는 것은 결과적으로 납입이 없는 신주발행과 같게 되어 자본금충실의 원칙에 반하므로 무효라고 본다. 다만 자본금의 결손이 경미한 경우에는 무효로

---

1) 동지: 이철송, 회, 964면. 반대견해: 최준선, 회, 667면.

2) 정동윤, 636면; 이철송, 회, 967면; 이기수 외, 533면; 정찬형, 상, 1130면.

3) 이범찬, "주식배당제도의 연구", 상장협 제1호, 21면.

하는 대신 이사의 자본금충실책임이 적용되거나, 법원의 재량기각이 적용될 수 있다(§430, §189).

② 배당가능이익이 없음에도 불구하고 주식배당을 한 경우에 현금배당을 한 경우와 같이 회사채권자가 그 이익을 회사에 반환할 것을 주주에 대하여 청구할 수 있는가(§462②)에 대하여 학설은 긍정설과 부정설로 나뉘어 있다. 긍정설의 입장은 주식배당도 일종의 이익배당이므로 위법배당의 경우 회사채권자는 직접 주주에 대하여 위법배당 한 주식을 회사에 반환할 것을 청구할 수 있다고 본다(§462② 유추적용).[1] 부정설의 입장은 주식배당에 의하여 신주를 배당받은 주주는 신주를 스스로 인수한 것도 아니고 또 납입을 한 것도 아닌데 회사채권자의 주주에 대한 반환청구권을 인정하면 주주에 대하여 신주의 출자의무를 강요하는 것이 되어 결과적으로 주주유한책임의 원칙에 반하므로 회사채권자의 반환청구는 인정될 수 없다고 본다.[2]

생각건대 배당가능이익이 없음에도 불구하고 주식배당을 한 것이 자본충실의 원칙에 반하는 것으로 본다면, 회사채권자는 신주발행무효의 판결이 확정되기 전에 자기의 이익을 보호하기 위하여 주주에 대하여 배당된 신주를 회사에 반환할 것을 청구할 수 있는 권리를 갖는다고 보아야 할 것이다. 신주발행무효의 판결이 확정된 후에는 무효인 주식이 유통되는 것을 방지하기 위하여 주주에 대하여 배당된 신주를 회사에 반환할 것을 청구할 수 있는 권리를 갖는다고 보아야 할 것이다(§462② 유추적용). 따라서 긍정설이 타당하다고 본다.[3]

③ 배당가능이익이 없음에도 불구하고 주식배당을 한 경우에 이사·감사(감사위원) 등은 회사 또는 제3자에 대하여 어떠한 책임을 부담하는가에 대하여 학설이 나뉘어져 있다. 이사의 책임을 긍정하는 입장[4]과 이를 부정하는 입장[5]이 있다.

생각건대 이 경우 이사는 분명히 법령위반행위를 한 것이고(§462①, §462의2①에 위반) 감사는 그 임무를 해태한 것이므로 이들은 회사에 대하여 연대하여 손해배상책임을 진다고 본다. 그리고 악의 또는 중대한 과실이 있는 경우에는 제3자에 대하여도 손해배상책임을 부담한다고 본다(§399, §414①, ③).[6] 이사·감사 등은 위

1) 채이식, 792면.

2) 정동윤, 636~637면; 이철송, 회, 967면; 최기원, 회, 874~875면; 정찬형, 상, 1131면.

3) 정찬형, 상, 1131면.

4) 정동윤, 673면; 이기수 외, 534면.

5) 이범찬, 전게 주식배당제도의 연구, 21면.

6) 정찬형, 상, 1132면.

와 같은 손해배상책임을 부담하는 외에 5년 이하의 징역 또는 1,500만원 이하의 벌금의 형사책임도 부담할 수 있다(§625 3호).

2) 신주발행의 요건을 위반한 경우 주식배당에 관한 주주총회 결의에 하자가 있는 경우, 정관소정의 수권주식총수의 한도를 넘어 신주를 발행한 경우, 정관에서 정하지 않은 종류의 주식을 발행한 경우 등이 이에 속한다. 이 경우에는 신주발행무효의 소에 관한 규정(§429 이하)을 유추적용 하여 주주·이사 또는 감사는 신주를 발행한 날로부터 6월내에 소로써만 신주발행의 무효를 주장할 수 있다고 할 것이다. 또한 이 때 신주발행을 하기 전이면 신주발행유지청구권에 관한 규정(§424)을 유추적용 할 수 있을 것이다.

## 4. 중간배당

### (1) 의의 및 성질

중간배당이란 연 1회의 결산기를 정한 회사가 정관의 규정에 의하여 영업년도 중 1회에 한하여 이사회의 결의(소규모 주식회사의 경우는 §383①, ④에 의함)로 일정한 날을 정하여 금전으로 이익을 배당하는 것을 말한다(§462의3①). 이익배당이란 결산기에 이익을 주주에게 분배하는 것이므로 결산기 이전에는 주주에게 이익배당을 할 수가 없다. 그러나 연 1회의 결산기를 정한 회사는 영업년도 중간에 배당을 할 경제적 필요성이 있게 된다. 그러므로 상법은 회사의 선택에 의하여(정관의 규정) 영업년도 말의 이익배당 외에 영업년도 중간에 1회에 한하여 금전으로 배당할 수 있게 하였다.

중간배당은 결의기관이 이사회이고, 금전배당만 가능하며 배당재원이 당해 연도의 이익이 아니라는 점에서 이익배당과 차이가 있다. 따라서 중간배당의 법적 성질은 이익배당이 아니고 영업년도 중의 금전의 분배라고 볼 수 있다.[1] 왜냐하면 중간배당은 영업년도의 도중에 이사회의 결의만으로 주주에게 금전을 분배하는 것이므로 이익배당의 요건을 갖추지 않았기 때문이다. 그러나 경제적으로는 이익배당과 유사하므로 이를 중간배당이라고 부르고 이익배당에 관한 많은 규정을 준용하고 있다(§462의3⑤, ⑥).

중간배당의 성질을 그의 재원과 관련하여 전기이익후급설[2](§462의3② 참조)과 당

1) 정찬형, 상, 1134면; 정동윤, 637면; 손주찬, 943면; 이철송, 회, 950~951면.

2) 정동윤, 638면; 정찬형, 상, 1134면; 이철송, 회, 950면.

기이익배당선급설[1](§462의3③ 참조)이 있는데, 중간배당의 재원을 상법 제462조의3 제2항에서 규정하고 있으므로 전기에 발생한 이익의 후급으로 보는 전기이익후급설이 타당하다고 해야 할 것이다.

### (2) 중간배당의 요건

1) **형식적 요건** 중간배당은 연 1회의 결산기를 정한 회사에 있어서(§462의3①) 중간배당에 관한 정관규정이 있어야 하며, 이 규정의 범위 내에서 이사회의 결의로써 하는 것이다(동항). 주권상장법인의 경우 분기배당을 위한 이사회의 결의는 배당기준일로부터 45일 이내에 하여야 한다(자금 §165의12①).

2) **실질적 요건**(배당의 한도) 중간배당을 하기 위하여 다음 요건을 갖추어야 한다. ① 직전 결산기의 대차대조표상 이익이 현존하여야 한다. 즉 중간배당은 직전 결산기의 대차대조표상의 순자산액에서 직전 결산기의 자본금의 액, 직전 결산기까지 적립된 자본준비금과 이익준비금의 합계액, 직전 결산기의 정기총회에서 이익으로 배당하거나 또는 지급하기로 정한 금액 및 중간배당에 따라 당해 결산기에 적립하여야 할 이익준비금을 공제한 액을 한도로 한다(§462의3②).

② 당해 결산기에 이익이 예상되어야 한다. 즉 회사는 당해 결산기의 대차대조표상의 순자산액이 제462조 제1항 각호의 금액의 합계액에 미치지 못할 우려가 있는 때, 즉 당기손실이 예상되는 경우에는 중간배당을 하여서는 아니 된다(동조③). 이사가 이에 위반하여 중간배당을 한 경우에는 그가 당해 결산기에 이익이 발생할 것으로 판단함에 있어 주의를 게을리 하지 아니하였음을 증명하지 못하는 한 그 이사는 회사에 대하여 연대하여 그 차액(배당액이 그 차액보다 적을 경우에는 배당액)을 배상할 책임을 진다(동조④).

### (3) 중간배당의 확정

이사회가 정관의 규정에 따라 중간배당을 결정(동조①)하면 배당기준일의 주주는 회사에 대하여 구체적인 중간배당청구권을 취득한다.

### (4) 중간배당의 방법

1) **주주평등의 원칙** 중간배당도 이익배당과 같이 주주평등의 원칙에 의하

---

1) 최준선, 회, 672면; 손주찬, 941면.

여 각 주주가 가진 주식의 수에 따라 지급하여야 한다(§462의3⑤, §464본문). 그러나 회사가 정관의 규정에 따라 배당내용이 다른 종류주식을 발행한 경우에는(§344①) 정관의 규정에 따라 회사는 차등배당을 할 수 있다(§462의3⑤, §464단서).

2) **일할배당·동액배당** 영업년도의 중간에 신주가 발행된 경우에는 납입기일의 다음 날로부터 주주의 권리의무가 있으므로(§423①) 일할배당을 할 수 있으나, 정관의 규정에 의하여 직전영업년도 말에 주주의 권리의무가 있는 것으로 하면 동액배당을 하여야 한다(§462의3⑤, §423①).

또한 전환주식이 전환된 경우, 전환사채가 전환된 경우, 신주인수권부사채에서 신주인수권의 행사가 있은 경우에는 원칙적으로 신주에 대하여 중간배당을 할 수 없으나, 예외적으로 정관의 규정에 의하여 직전영업년도 말에 전환 또는 신주발행의 효력이 발생하는 것으로 하면 동액배당을 하여야 한다(§462의3⑤, §350③, §516②, §516의9).

### (5) 중간배당의 지급

이사회에서 중간배당을 결의하면 배당기준일의 주주는 회사에 대하여 구체적인 중간배당청구권을 취득하게 된다. 이 권리는 독립하여 양도·압류할 수 있고 또 5년의 시효에도 걸린다(§464의2②). 기명주식의 등록질권자도 중간배당청구권을 갖는다(§462의3⑤, §340①).

상법은 중간배당에 관한 이사회의 결의가 있은 날부터 1월 이내에 중간배당금을 지급하도록 규정하고 있다(§464의2①). 회사가 중간배당금의 지급을 지연한 경우 회사의 주주에 대한 책임은 이익배당금의 지급지연의 경우와 같다.

### (6) 위법한 중간배당

1) **위법한 중간배당의 효력** 위법한 중간배당이란 회사가 중간배당의 요건에 위반하여 금전을 배당하는 것을 말한다. 즉 직전결산기의 대차대조표상에 이익이 없거나 또는 당해 결산기에 이익이 예상되지 않음에도 불구하고 중간배당을 하는 것을 말한다. 이와 같이 위법한 중간배당도 위법한 이익배당과 같이 무효가 될 것이다.

그러므로 위법한 중간배당을 받은 주주는 배당받은 금전을 부당이득으로 회사에 반환할 의무를 부담한다(민 §741, §748). 이 때 주주가 스스로 반환하지 않거나 회사가 반환청구를 하지 않는 경우에는 회사채권자가 직접 주주에 대하여 위법배당액을 회사에 반환할 것을 청구할 수 있다(§462의3⑥, §462②). 그 밖의 사항은 위법한 이익배당의 경우와 같다(§462의3⑥, §462④).

2) 이사 등의 책임　　이사는 당해 결산기에 이익이 예상되지 않을 경우 중간배당을 하여서는 안되지만(§462의3③), 이사가 이에 위반하여 중간배당을 한 경우에는 그 이사는 회사에 대하여 연대하여 그 차액(배당액이 그 차액보다 적을 경우에는 배당액)을 배상할 책임을 진다(동조④본문). 다만 이사가 당해 결산기에 이익이 발생할 것으로 판단함에 있어 주의를 게을리 하지 아니하였음을 증명한 때에는 이사는 이러한 책임을 면한다(동항 단서).

중간배당에 관하여 이사회의 결의에 찬성한 이사의 연대책임, 이의를 한 기재가 의사록에 없는 이사의 책임, 총주주의 동의로 이들의 책임면제 등에 관한 규정이 준용된다. 이사·감사 등의 회사 및 제3자에 대한 책임(§399, §401)과 위법한 중간배당을 한 이사 등의 형벌(§462의3⑤, §625 3호)은 위법한 이익배당의 경우와 같다.

## 5. 현물배당

### (1) 의 의

2011년 개정상법은 이익배당을 현물배당으로 할 수 있다는 규정을 신설하였다(§462의4). 현물배당이란 회사의 결정에 의해 처음부터 배당의 목적이 현물로 정해지는 것이다. 개정상법은 상환주식의 상환, 합병교부금의 지급도 현물로 할 수 있도록 같은 취지의 규정을 도입하였다.

현물이란 경제적 가치가 있는 재산으로서 그 종류를 특정할 수는 없으나, 가분적 존재이어야 하고 평가가 용이하여야 하므로 모회사나 자회사 등의 주식이나 사채 등이 해당할 것이다. 회사가 보관 중이던 자기주식이나 사채도 해당된다고 보지만, 현물배당을 위해서 신주를 발행할 수는 없을 것이다.

### (2) 요 건

현물배당을 하기 위해서는 정관의 정함이 있어야 하고(§462의4①), 주주총회 또는 이사회의 결의(§462②)로 현물배당을 정해야 한다.

### (3) 예 외

현물배당을 결정한 회사는 다음의 예외사항을 정할 수 있다(§462의4②). ① 주주가 현물배당 되는 재산 대신 금전의 지급을 회사에 청구할 수 있도록 한 경우에는 그 금액 및 청구할 수 있는 기간과 ② 일정 수 미만의 주식을 보유한 주주(소액주주)에게 금전 외의 재산 대신 금전을 지급하기로 한 경우에는 그 일정 수 및 금액이다.

#### 《일본 회사법상 잉여금 처분과 배당》

**1. 회사재산의 환불에 대한 통일적·횡단적 규제**

**(1) 총 설**

종래 회사재산 반환방법으로서 이익배당, 중간배당, 자본감소에 따른 반환, 이익처분에 의한 금전 등의 지급이 있었으나, 최근 이사회결의에 의한 자기주식의 취득, 준비금 감소에 따르는 반환 등이 있다. 회사의 채권자의 입장에서 보면 주주에 대하여 회사의 재산이 반환되어 책임재산이 감소하고 있는 점에서 이러한 행위는 동일한 의미를 갖는다. 그래서 회사재산의 반환이라고 하는 공통점에 착안하여 회사채권자와 주주의 이해의 조정을 통일적으로 도모하는 취지에서 횡단적으로 잉여금배당을 정리하고, 통일적으로 재원을 규제하고 있다.

**(2) 분배 가능한 금액의 초과지급금지**

주식회사는 이하의 행위에 의하여 주주에게 교부하는 금전 등의 장부가액의 총액은 당해 행위가 그 효력을 발생한 날의 분배 가능한 금액을 초과해서는 안 된다.

① 양도승인이 청구된 주식을 회사가 매수하는 경우(일회 §461①1호), ② 회사가 법 제156조 제1항의 결정에 의하여 자회사 또는 시장거래 등에서 자기주식을 취득하는 경우(동항 2호), ③ 회사가 주주와의 합의로 자기주식을 취득하는 경우(동항 3호), ④ 회사가 전부 취득조항부 종류주식을 취득하는 경우(동항 4호), ⑤ 회사가 상속인에게 매도청구를 하여 자기주식을 매수한 경우(동항 5호), ⑥ 회사가 소재불명 주주의 주식을 취득하는 경우(동항 6호), ⑦ 단주처리를 위하여 자기주식을 취득하는 경우(동항 7호), ⑧ 회사가 취득청구권부주식을 취득하는 경우(일회§ 166①), ⑨ 회사가 취득조항부주식을 취득하는 경우(일회 §170⑤), ⑩ 회사가 잉여금을 배당하는 경우(일회 §461①8호).

**(3) 초과지급이 금지되지 않는 경우**

① 반대주주의 주식매수청구에 응하여 자기주식을 취득하는 경우, ② 초과액 지급의무를 지지 않는 경우: 합병, 회사분할, 주식교환이전, 영업의 양도·양수 등 회사의 기초를 변경하는 때 반대주주가 주식매수를 청구하는 경우에는 상기의 재

원규제가 없다. 또한 당초부터 주주의 권리로서 매수청구권이 인정되고 있는 단원미만주식의 매수청구에 대해서도 재원규제는 없다(일회 §192).

### 2. 분배가능금액의 산정방법

회사법은 분배재원의 구체적인 범위에 관하여 종래와 그 실질을 달리하지 않고, 분배가능금액은 종래의 순자산액을 기준으로 해서 증감하는 방식이 아니고 유보이익을 기준으로 한 적립방식으로 계산하는 것으로 하고 있다. 그래서 분배가능금액의 산정기준시에 관해서도 종래의 결산기 기준에서 계산 서류의 확정시 기준으로 옮기고 있다.

### 3. 잉여금배당 등의 절차

회사는 원칙적으로 언제든지 주주총회의 보통결의로써 잉여금배당을 할 수 있다(일회 §§453~454). 회사는 금전 이외의 재산으로 배당할 수도 있지만 주주에게 금전분배청구권을 부여하지 않을 경우에는 총회의 특별결의가 필요하다(일회 §454①4호). 회사는 ① 회계감사인과 감사역회를 설치하는 회사이고, ② 이사회의 임기가 선임 후 1년 이내에 종료하는 사업년도 중 최종의 것에 관한 정기총회의 종결일까지인 경우에는 정관으로 이사회가 회사법 제459조 제1항 제1호부터 제4호까지를 결정할 수 있다는 뜻을 정할 수 있다.

그리고 시장거래, 공개매수에 의한 자기주식의 취득에 대해서는 정관의 수권에 의하여 이사회의 결의로써 이것을 결정할 수 있다(일회 §165②). 또 이사회설치회사에서는 1사업년도 도중에 1회에 한하여 이사회결의로써 잉여금배당을 할 수 있다는 뜻을 정관으로 정할 수 있다(일회 §454⑤).

### 4. 위법배당관련이사, 주주 등의 책임

회사가 회사법 제461조 제1항에 위반하여 분배가능금액의 초과지급을 한 경우 ① 당해 행위로 금전지급을 받은 자(주주), ② 당해 행위에 관한 직무를 행한 업무집행자(이사), ③ 당해행위가 제462조 제1항 제1호부터 제6호에 해당하는 경우에는 각 소정의 자(기타)가, 회사에 대하여 연대하여 금전 등의 교부를 받은 자가 받은 금전 등의 장부가액에 상당하는 금전지급의무를 진다(일회 §462①본문). 위법한 잉여금배당에 관하여 법무성령이 정한 책임을 지는 자는 회사계산 제187조 제8호에서 정하고 있다.

## 《중국 회사법상 이익배당》

### 1. 이익배당안의 작성과 비준

회사의 세후 이윤의 배당은 회사의 경영과 발전에 관계되고 주주의 투자이익도 여기에서 나오므로 이윤의 배당은 권력기관인 주주총회가 결정한다. 그러나 이익배당안은 이사회가 책임을 지고 제정한다. 이사회는 회사법상의 이윤배당에 관한 규정에 근거하여 당해 연도의 이익과 지난 연도의 영업상황에 따라 당해 연도의 납세 후 이윤배당 안을 작성하고 주주총회에 제출하여 심의비준을 받는다.

## 2. 이익배당의 순서

### (1) 결손보충

회사에 결손이 발생하면 회사자산의 질과 양이 감소하여 자본의 허구를 조성할 수 있으며, 이로 인하여 회사발전과 채권자의 이익 및 사회공중의 이익을 위협할 수 있다. 그러므로 회사의 법정준비금이 전년도의 결손을 보충할 수 없을 때는 전항의 규정에 따라 법정준비금을 보충하기 전에 당해 연도의 이익으로 결손을 보충해야 한다(중회 §167). 그러나 자본준비금은 회사의 결손을 보충하는데 쓰이지 못한다.

### (2) 법정준비금과 이익준비금의 적립

준비금은 자본준비금과 잉여준비금의 구별이 있다. 자본준비금이란 회사자본으로 형성한 준비금을 말하며 액면초과금액, 법정자산평가 증가금액 및 증여받은 재산 등이다. 잉여준비금이란 회사의 잉여에서 적립한 준비금을 말하며 적립한 금액에 근거하여 법정잉여준비금과 임의잉여준비금으로 구분한다. 법정준비금은 회사법규정에 근거하여 강제로 적립하는 준비금이다. 회사가 당해 연도의 납세후 이익을 배당할 때 이윤의 10%를 법정준비금으로 적립해야 한다. 법정준비금의 누계액이 회사등기자본의 50% 이상이 되면 더 적립하지 않아도 된다. 임의준비금은 법률에 의하여 강제되지 않고 회사가 상황을 보면서 자유롭게 적립을 결정하는 것이다. 회사는 납세 후 이윤에서 법정준비금을 적립한 후 주주총회의 결의를 거쳐 임의준비금을 적립할 수 있다.

### (3) 이익배당

이익배당은 주주가 회사로부터 취득하는 이익의 주요방식이고 그 지급은 법정조건에 따라해야 한다. 이익배당에 관하여 일반적으로 이익이 없으면 배당하지 않는다는 원칙을 실행한다. 자본충실을 관찰하여 회사와 회사채권자의 이익을 보호하려는 취지이다. 중국 회사법 규정에 근거하여 회사는 결손을 보충하고 준비금을 적립한 후 나머지의 납세 후의 이윤에 대해서만 주주에게 배당할 수 있다. 주주총회 또는 이사회가 법률의 규정을 위반하여 회사가 결손을 보충하기 전 또는 법정준비금을 적립하기 전에 주주에게 이익배당을 할 때에는 주주는 배당받은 이익을 회사에 반환하여야 한다.

회사법 제167조의 규정에 의하면 주식회사는 주주가 소지하는 주식수에 비례하여 배당하여야 하지만 주식회사의 정관규정으로 소지하는 주식수에 비례하지 않을 수도 있다고 규정하였다. 그리고 회사가 소지하는 자기주식에 대하여는 이익배당을 하지 못한다. 또 회사법 제35조의 규정에 의하면 주주는 실제로 출자한 자본의 비율에 따라 이윤을 배당받으며 회사가 자본을 새로 증가할 때 주주는 실제 출자한 비율에 따라 우선적으로 주식을 인수할 권리가 있다. 다만 전체 주주가 출자비율에 따라 이익을 분배하지 않는다고 약정했거나 출자비율에 따라 우선적으로 출자를 인수할 수 없다고 규정한 것은 제외한다. 이익배당에는 현금배당, 주식배당이 있다. 중국에서 신주발행은 회사자본의 증가를 의미하기 때문에 회사의 정관을 개정해야 한다.

## 제 7 주주의 회계감독

### 1. 재무제표 등의 공시

기업의 내용을 공시(disclosure)하는 것은 주주에게는 투자의 수익성과 투하자본 회수여부를 판단하는 자료로, 채권자에게는 채권회수를 위한 자료로 활용될 것이며, 또한 임원을 감시 감독하는 자료로도 활용될 수 있을 것이다. 기업공시를 통하여 합리적 경영을 유도하며, 유가증권 거래질서를 유지할 수도 있다.

이사는 정기총회 회일의 1주간 전부터 재무제표와 그 부속명세서·영업보고서 및 감사보고서를 본점에서는 정기총회일 1주간 전부터 5년간 비치하고, 그 등본을 지점에서는 3년간 비치하여야 한다(§448①). 상장법인 등 외부감사인의 감사를 받는 회사는 외부감사인의 감사보고서도 비치, 공시하여야 한다. 주주와 회사채권자는 영업시간 내에는 언제든지 이를 열람하고, 그 등본이나 초본의 교부를 청구할 수 있다(§448②).

공시를 게을리 한 경우 이로 인하여 손해를 입은 주주, 채권자 등 이해관계인은 이사에게 손해배상책임을 물을 수 있을 것이다(§401). 이 밖에 외부감사를 받은 회사와 상장법인은 부실공시로 인한 손해배상에 관해 외감법 제17조, 자금법 제125조부터 제127조까지, 동법 제162조의 특칙이 있으며, 상장법인의 공시의무불이행에 대하여는 각종의 제재가 따른다(자금 §444).

### 2. 회계장부열람권(소수주주권)

주주가 재무제표와 그 부속명세서·영업보고서 및 감사보고서를 가지고도 충분히 진상을 알 수 없을 때에는 주주는 다시 그 기재가 진실하고 정확한 기재인가를 알기 위하여 그 기초 기록인 회계의 장부와 서류의 열람·등사를 청구할 수 있는 권리를 갖는다. 즉 발행주식 총수의 100분의 3 이상에 해당하는 주식을 가진 소수주주, 그리고 상장회사의 경우는 6개월 전부터 계속하여 상장회사 발행주식 총수의 10,000분의 10(대통령령으로 정하는 상장회사의 경우에는 10,000분의 5) 이상에 해당하는 주식을 보유한 소수주주(§542의6④, 시행령 §11)는 이유를 붙인 서면으로 회계장부와 서류의 열람 또는 등사를 청구할 수 있다(§466①). 소수주주의 회계장부열람청구가 있을 때에는 회사는 주주의 청구가 부당함을 증명하지 않으면 이를 거부하지 못한다(§466②).[1)]

### 3. 검사인을 통한 회계의 업무·재산상태조사권(소수주주권)

회사의 업무집행에 관하여 부정행위 또는 법령이나 정관에 위반한 중대한 사실이 있음을 의심할 만한 사유가 있는 경우에는 상법은 주주에게 법원이 선임한 검사인을 통하여 회사의 업무와 재산상태를 조사할 수 있는 권리를 인정하고 있다. 법원에 검사인의 선임을 청구할 수 있는 주주의 권리는 소수주주권으로 하였다. 즉 비상장회사의 경우는 발행주식 총수의 100분의 3 이상에 해당하는 주식을 가진 주주이고(§467①), 상장회사의 경우는 6개월 전부터 계속하여 상장회사 발행주식 총수의 1,000분의 15 이상에 해당하는 주식을 보유한 주주이다(§542의6①).

소수주주의 청구에 의하여 법원이 검사인을 선임하면, 그 검사인은 단순히 회계의 장부와 서류 뿐만 아니라 널리 회사의 업무와 재산 상태를 조사하여 그 결과를 법원에 보고하여야 한다(§467①, ②). 법원은 그 조사보고에 의하여 필요하다고 인정한 때에는 대표이사에게 주주총회의 소집을 명할 수 있고(동조③1문), 주주총회가 소집되는 경우 검사인은 그 조사보고서를 주주총회에도 제출하여야 한다(동조③2문, §310②). 이 때 이사와 감사는 검사인의 조사보고서의 정확여부를 조사하여 주주총회에 보고하여야 한다(§467④).

법원의 명령에 의하여 소집된 주주총회에서는 소집목적과 관계 없이 이사의 해임과 선임을 결의할 수 있다.[2)]

---

1) 소수주주의 청구가 부당한 경우로 인정한 판례로는 대법원 2004.12.24, 2003마1575 결정.

2) 이철송, 회, 975면.

## 《일본 회사법상 계산서류의 공고, 비치, 열람 등》

### 1. 계산서류의 공고

주식회사는 정기총회의 종결 후 지체 없이 대차대조표(대회사의 경우는 대차대조표와 손익계산서)를 공고하여야 한다(일회 §440①). 관보 또는 일간신문에 공고하는 경우에는 대차대조표의 요지를 공고하면 된다(동조②). 5년간 전자적 방법으로 불특정 다수자가 받을 수 있도록 할 수 있으며, 이 경우에는 전항의 공고를 하지 않아도 된다(동조③). 유가증권 보고서를 내각총리대신에게 제출해야 하는 회사에게는 이상의 공고규제를 적용하지 않는다(동조④).

### 2. 임시결산제도

회사법은 사업년도마다 하는 통상의 결산제도 외에 임시결산제도를 도입하였다. 회사는 사업년도에 속하는 일정한 날에 재산상태를 파악하기 위하여 대차대조표와 손익계산서를 작성하여야 한다(일회 §441①). 감사역설치회사와 회계감사인설치회사는 임시계산서류도 감사인 또는 회계감사인의 감사를 받아야 한다(동조②). 이사회설치회사에서는 소정의 감사를 받은 임시계산서류는 이사회의 승인을 받아야 한다(동조③). 그리고 임시계산서류는 주주총회의 승인을 받아야 한다. 다만 법무성령이 정하는 요건에 해당하는 경우에는 이에 한하지 않는다(동조④).

### 3. 계산서류의 비치·열람

#### (1) 비치의무

주식회사는 각 사업년도의 계산서류, 사업보고, 이들의 부속명세서에 대해서는 정기주주총회일 1주간 전부터 5년간, 임시계산서류에 대해서는 그 작성일부터 5년간 본점에 비치해야 하며, 이들이 법무성령으로 정하는 것을 갖추고 있는 경우에는 3년간 본점에 비치해야 하며, 그 사본을 지점에 비치해야 한다(일회 §442①, ②).

#### (2) 열람 및 교부청구

주주 및 채권자는 계산서류와 그 사본의 열람청구, 그 서류의 등본 또는 초본의 교부청구, 그 서류가 전자적 기록으로 작성된 경우에는 그 기록의 열람 및 그 기재서면의 교부를 청구할 수 있다(동조③). 모회사의 사원도 권리행사를 위하여 필요할 경우 이상의 권리를 행사할 수 있다(동조④).

### 4. 계산서류 등의 제출명령

법원은 신청에 의하여 또는 직권으로 소송당사자에 대하여 계산서류 및 부속명세서의 전부 또는 일부를 제출하도록 명할 수 있다(일회 §443).

## 《중국 회사법상 재무제표의 작성과 보고》

### 1. 작성의무

중국 회사법 제165조는 회사는 매 회계년도 종료시에 재무제표를 작성해야 하고 회계사무소의 감사를 거치도록 하였다. 재무회계제도의 규정에 의하면 회사의 반년도, 계도, 월간재무회계보고도 제때에 작성하여야 한다. 그리고 동법 제172조는 회사는 법정회계장부 외에는 다른 장부를 개설하지 못하도록 규정하며, 회사의 자산에 대하여 어떤 개인의 명의로든지 계좌를 개설할 수 없다고 규정하고 있다.

### 2. 재무회계보고의 감사

중국 회사법은 전술한 바와 같이 회계사무소의 강제감사를 규정하고 있다(중회 §165). 이것은 회사의 감사비용을 증가시킬 수 있지만, 주주와 사회공중의 이익을 보호하고 정상적인 시장질서와 회사의 신용을 수호하기 위하여 필요한 것이라고 본다. 주주와 채권자 등이 자기의 이익을 보호하는 방법의 하나로서 회사의 재무회계보고를 통하여 경영상황을 이해하는 것은 진실한 재무회계보고만이 그 작용을 할 수 있기 때문에 강제감사는 이를 담보하기 위한 것이다.

회계사무소는 재무회계보고의 감사를 책임지는 기관이다. 회계사무소는 반드시 법에 의해 독립적이고, 공정하게 회사의 재무회계보고의 진실성에 대하여 평가해야 하며, 감사결과에 근거하여 결론을 내려야 한다. 따라서 동법 제171조는 회사는 초빙한 회계사무소에 진실하고 완전한 회계증명과 회계장부, 재무회계보고서 및 기타 회계자료를 제공하도록 요청하며, 이에 대하여 거절, 은닉, 거짓보고를 할 수 없도록 한다.

### 3. 재무회계보고의 제공

유한책임회사의 경우에는 정관에서 정한 시기에 주주에게 재무회계보고를 보내야 하며, 주식회사의 경우에는 정기주주총회를 소집하기 20일 전에 본사에 비치하여 주주가 열람할 수 있도록 해야 한다. 그리고 주권을 공개발행 하는 회사는 재무회계보고를 공고하여야 한다. 그 외 상장회사는 법률과 행정법규의 규정에 근거하여 정기적으로 그 재무상황과 경영상황을 공개하여야 하며, 매 회계년도 내에 6개월마다 재무회계를 공표해야 한다(중회 §166).

회사는 관련부문 또는 기관의 요구에 따라 재무회계의 전부 또는 일부 및 관련 숫자를 제공해야 한다. 그리고 국유기업, 국유지배주 또는 주도적 지위를 차지하는 기업은 매년 한 차례씩 종업원대표대회에 재무회계를 보고하여야 한다(기업재무회계보고조례).

## 제 8 회사사용인의 우선변제권

주식회사와 고용관계가 있는 사용인은 고용관계로 인하여 회사에 대하여 여러 가지 채권(예컨대 신원보증금반환채권·직장예금반환채권·급료채권·퇴직금채권 등)을 갖는 경우가 많은데, 사용인의 이러한 채권은 회사의 재산상태가 악화된 경우에 채권자에 의하여 희생될 염려가 있다. 따라서 상법은 이러한 고용관계로 인한 채권을 가진 사용인에게 회사의 총재산으로부터 우선변제를 받을 수 있는 권리를 인정하였다(§468). 이 우선변제권은 상법이 사회정책적인 입장에서 특별히 인정한 '법정담보물권'이다.

# 제8장 사 채

## 제1절 일반사채

### 제1 사채의 개념

#### 1. 사채의 의의

사채란 주식회사가 일반공중(투자자)으로부터 비교적 장기의 자금을 집단적·대량적으로 조달하기 위하여 채권발행의 형식에 의하여 부담하는 채무이다. 사채는 회사의 채무이므로 집단적 성질로 인하여 개인법상의 채무와는 구별되는 점이 많다. 주식회사에 있어서의 장기자본조달형식으로서는 첫째, 소극적인 방법으로서 회사의 이익을 주주에게 분배하지 않고 준비금 적립 또는 주식배당을 통하여 회사에 유보하는 방법과 둘째, 적극적인 방법으로서 신주발행, 사채발행 등을 통하여 외부자금을 유입하는 방법이 있다.

특히 신주를 발행하는 것과 사채를 발행하는 것은 투자자의 호응에 따라 무제한의 신규자금을 유치하여 회사의 총자산을 증가시킬 수 있는 자금조달 방법이다. 그런데 신주발행이 적당하지 않거나(조만간 회수될 자금을 조달하는 경우), 신주발행이 곤란하거나(구주주에 대한 이익배당에 영향이 있는 경우), 신주발행이 불리한 경우에는(금융시장의 상황) 사채에 의하여 자금을 조달할 수밖에 없다. 증권시장을 통한 자금조달에서 사채와 주식의 비율은 항상 역의 관계에 있다. 즉 주식시장의 경기가 침체되면 사채발행의 비율이 높고, 주식시장의 경기가 호황이면 사채발행의 비율이 낮다.[1]

---

1) 이철송, 회, 980~981면; 정찬형, 상, 1147~1148면; 양동석, "회사채의 발행제도", 조선대 법학논총 제6집, 79면 이하.

## 2. 사채와 주식의 비교

사채는 회사의 채무라는 점에서 자기자본을 구성하는 주식과 근본적으로 구별된다.

### (1) 양자의 공통점

① 주식이나 사채는 모두 장기자금조달의 목적으로 발행된다. ② 모두 균등한 비례적 단위로 분할되고, 이 단위에는 최저액이 정하여지며, 또 유가증권화(주권이나 채권) 하여 유통성을 조장한다. ③ 그 발행을 원칙적으로 이사회가 결정하며(§416, §469), ④ 모두 인수에 일정한 형식을 갖춘 청약서에 의하도록 한다(§420, §474). 그리고 ⑤ 주식이나 사채는 모두 기명식과 무기명식으로 발행할 수 있는데, 기명식으로 발행한 경우에는 그의 이전에 소정의 대항요건을 갖추어야 하며(§337, §479), ⑥ 모두 공모를 하는 경우로 모집액이 일정한 금액을 초과하는 경우에는 자본시장과 금융투자업에 관한 법률상 일정한 제한을 받는다(자금 §§119~120, §123).

### (2) 양자의 차이점

① 주식발행에 의하여 조달된 금액은 회사의 자기자본을 형성하여 회사는 이를 반환할 채무를 부담하지 않으나, 사채발행에 의하여 조달된 금액은 회사의 타인자본이 되어 회사는 이를 반환할 채무를 부담한다. ② 주식의 발행에는 액면주식을 발행하는 경우 수권주식총수(§289①3호)와 액면가액(§330)에 의한 제한이 있으나, 사채에는 발행총액 및 발행요건에 의한 제한이 없다(개정법은 §470, §471 삭제). ③ 주식에는 현물출자가 인정되나, 사채에는 금전납입만이 인정된다(§476 참조). ④ 주식의 납입에는 전액납입이 요구되나(상§295, §305, §421), 사채의 납입에는 분할납입이 인정된다(§476①). ⑤ 주식에 대하여는 주주권을 표창하는 주권(株券)이 발행되나, 사채에 대하여는 채권(債券)이 발행된다. ⑥ 주식에 대하여는 이익이 있는 경우에만 이익배당이 있으나, 사채에 대하여는 이익의 유무에 불구하고 확정이자가 있다. ⑦ 주주는 회사의 사원으로서 회사의 관리·운영에 참여하지만 사채권자는 채권자이므로 참여하지 못한다. ⑧ 주식은 원칙적으로 회사의 존속 중에 상환(출자의 환급)되지 않으나(예외: 상환주식), 사채는 상환기가 되면 상환된다. 또한 회사해산의 경우에 사채가 주식에 우선하므로 회사는 사채권자에게 변제한 후에 주

주에게 잔여재산을 분배할 수 있다(§542②, §260). ⑨ 주식에 있어서는 자기주식의 취득이 원칙적으로 금지되나(§441), 사채에 있어서는 이러한 금지가 없다. ⑩ 주식의 입질(入質)에 관하여는 특별규정이 있으나(§338, §340), 사채의 입질에 관하여는 특별규정이 없다.

### (3) 양자의 접근

주식과 사채는 위와 같은 법률상의 차이가 있으나 경제적으로는 매우 유사한 면이 많다. 또한 회사의 자금조달의 편의를 위하여 법률상으로도 주식의 사채화와 사채의 주식화 현상이 발생하여, 양자의 중간적 성질을 가지는 증권이 많이 생기고 있다. 이러한 예로 주식의 사채화 현상으로 발생한 주식에는 고정적 이익배당을 받는 무의결권주식·비참가적 우선주식·상환주식 등이 있다. 사채의 주식화 현상으로 발생한 사채에는 상법이 인정하는 전환사채·신주인수권부사채와 종래 자본시장법이 인정하던 것으로서 개정상법이 도입한 이익참가부사채, 교환사채, 상환사채, 파생결합사채 등(§469②)이 있다.

## 3. 사채의 종류

사채는 여러 가지 표준에 의하여 분류된다. ① 사채권자에게 부여된 권리의 내용에 따라 일반(보통)사채·특수사채로 분류되고, 특수사채에는 전환사채, 신주인수권부사채, 이익참가부사채, 교환사채, 담보부사채 등이 있다. ② 사채권에 사채권자의 성명이 기재되는지 여부에 따라 기명사채·무기명사채로 분류되며, ③ 사채를 위하여 물상담보가 설정되어 있는지 여부에 따라 무담보사채·담보부사채로 분류되고, ④ 사채의 등록여부에 따라 현물사채·등록사채로 분류되고 있다. 등록사채란 공사채등록법에 의하여 일정한 등록기관(한국예탁결제원, 일정한 금융기관 등)에 등록한 사채이다.

## 4. 사채계약의 법적 성질

사채의 성립의 원인이 되는 사채계약의 법적 성질에 관하여는 소비대차설, 소비대차에 유사한 무명계약설, 채권매매설, 매출발행의 경우는 채권매매이고 그 밖의 경우에는 소비대차에 유사한 무명계약이라고 하는 절충설(구분설) 등이 있다. 소비대차설은 사채의 발행과 목적이 경제적으로나 법적으로 금전채권과 채무의 발생에 있다고 본다. 이를 비판하는 견해에 의하면 사채의 분할납입, 액면이하 발행이나 액면초과상환 등을 이유로 회사가 받은 금액과 상환할 금액이 일치하지 않으므로 소비대차라고 할 수 없다고 한다. 그러나 소비대차를 낙성계약으로 보는 우리 민법 아래서는 분할납입이라고 하여 소비대차 성질에 반한다고 볼 수 없다. 그리고 소비대차에도 대물변제와 같은 예외가 있어서 동종, 동질, 동량의 반환만을 이유로 소비대차를 부정할 이유가 되지 못한다. 그러므로 소비대차설이 타당하다고 본다.[1] 사채계약은 집단성, 정형성이 있으므로 부합계약이다.

## 제 2 사채의 모집(발행)

### 1. 사채모집의 제한삭제

2011년 개정상법은 상법 제470조, 제471조, 제472조, 제473조를 삭제함으로써 종래의 사채발행을 위하여 두고 있던 총액제한, 사채모집의 제한, 사채금액 및 권면액 제한이 없어지게 되었다.[2] 따라서 회사는 종래 사채를 통한 자금조달에서 부담이 되었던 규제들이 삭제되었으므로, 그러한 제한 없이 필요에 따라 다양한 사채를 발행할 수 있게 되었다.

종래 이러한 제한들은 사채의 대중채권자를 보호하기 위해 회사가 변제능력을 초과하여 사채를 발행하는 것을 방지하기 위한 조치였다. 그러나 최근 사채권자 보호를 위해서는 기업의 공시와 기업가치의 평가가 오히려 중요하고, 종래의 제한방법은 의미가 없다는 비판이 제기되었기 때문이었다.[3]

다만 사채의 모집가액 또는 매출가액이 일정액 이상인 경우에는 기채회사는 금융위원회에 증권신고서를 제출하여야 하고, 사채의 모집 또는 매출 전에 투자설명서를 작성하여 비치하여야 한다(자금 §119, §120, §123).

### 2. 사채모집의 방법

사채모집의 경우에는 신주발행시의 주주배정이나 제3자 배정의 방법은 있을 수

---

1) 양동석, "회사채의 발행제도", 조선대 법학논총 제6집, 81면.
2) 종래의 사채모집 제한에 관하여 양동석, 상게 논문, 81면에 상세히 설명함.
3) 이철송, 회, 983면.

없고, 언제나 모집에 의한 방법에 의한다. 이러한 모집의 방법에는 총액인수(§475)와 공모(§474)가 있다.

첫째, 총액인수는 기채회사와 특정인 간의 계약으로 특정인(인수인)에게 사채총액을 일괄하여 인수시키는 방법으로서(§475) 공모에 관한 규정은 적용하지 않는다. 사채모집의 위탁을 받은 회사가 사채의 일부를 인수하는 경우에도 같다. 이때 특정인은 금융위원회로부터 금융투자업의 인가를 받은 자(자금 §12)로서 그 인수한 사채를 매출하여 그 차액을 얻게 된다.

둘째, 공모는 기채회사가 일반공중으로부터 사채를 모집하는 방법이며, 직접모집·위탁모집(간접모집, §476②)·도급모집(위탁인수모집, 간접모집, §474②14호) 및 매출발행이 있다.

① 직접모집은 기채회사가 직접 일반공중으로부터 사채를 모집하는 방법이다. 상법은 이 방법을 중심으로 규정하고 있으며, 중개자에 대한 수수료 등을 절감할 수 있는 장점이 있으나 기채회사가 자본시장에 어둡거나 투자자의 호응이 없으면 실패의 우려가 크므로 거의 이용되지 않는다.[1]

② 위탁모집은 간접모집의 방법으로서 수탁회사가 사채모집의 업무를 단순히 수임하는데 불과한 것이다. 수탁회사의 명의로 기채회사의 계산으로 사채발행에 관한 모든 행위를 한다(§476②). 수탁회사가 될 수 있는 자는 은행, 신탁회사, 증권회사이지만 자본시장법은 투자매매업자(증권회사)만으로 한정하고 있다.

③ 도급모집(위탁인수모집)은 응모액이 사채총액에 미달하는 경우 수탁회사가 그 부족액을 스스로 인수하는 모집방법이다(§474②14호). 현재 가장 많이 이용되고 있는 방법이다.[2] 발행회사는 일반적으로 증권회사를 인수모집자인 수탁회사로 하면서 인수되지 않은 사채의 모집잔액을 인수하기로 하는 인수모집방식을 택한다. 이 때 증권회사는 투자신탁, 보험회사, 은행 등의 금융기관과 연기금 등으로 인수단을 구성하고, 인수책임량을 분담하여 총액인수를 달성한다.

4) 매출발행이란 사채총액을 확정하지 않고 일정한 매출기간을 정하여 그 기간 내에 이미 완성된 채권을 공중에 대하여 개별적으로 매출하는 방법이다. 채권은 사채금액 납입 후에만 발행할 수 있으므로 일반회사에는 인정되지 않고 은행에만 인정된다(은행령 §19③).

사채의 모집에 응하고자 하는 자는 사채청약서 2통에 인수할 사채의 수와 주소를 기재하고 기명날인 또는 서명하여야 한다. 사채청약서는 이사가 작성하며, 기

1) 이철송, 회, 984면; 정찬형, 상, 1154면; 양동석, 전게 회사채의 발행제도, 81면.

2) 수탁회사가 금융투자업자인 경우 전형적인 금융투자업자에 의한 도급모집방법이다. 정동윤, 546면; 정찬형, 상, 1154~1155면.

재할 사항은 법정되어 있다(§474②1~15호). 2011년 개정상법은 채권발행에 대신하여 전자등록부에 등록하는 내용(동항10의2호)과, 사채관리회사가 있는 경우의 처리(동항13의2호) 등에 관하여 그 내용을 추가하고 있다.

## 3. 사채모집의 절차

### (1) 이사회의 결의

사채를 발행하기 위해서는 이사회의 결의가 있어야 한다(§469①). 이것은 신주발행의 경우와 같이 회사의 자금조달의 신속을 위하여 이사회의 결의사항으로 한 것이다. 이사회는 사채총액, 각 사채의 금액, 이율, 상환방법 및 기한, 발행가액 등을 정하여야 한다. 사채에는 이익배당에 참가할 수 있는 사채, 주식이나 그 밖의 다른 유가증권으로 교환 또는 상환할 수 있는 사채, 유가증권이나 통화 또는 그 밖에 대통령령으로 정하는 자산이나 지표 등의 변동과 연계하여 미리 정하여진 방법에 따라 상환 또는 지급금액이 결정되는 사채를 포함한다(동조②). 제2항의 내용 및 발행방법 등에 관해서는 대통령령으로 정한다(동조③). 이사회가 없는 소규모 회사의 경우에는 주주총회가 권한을 행사한다(상§383④).

2011년 개정상법은 제1항의 정함에도 불구하고 정관으로 정하는 바에 따라 이사회는 대표이사에게 사채의 금액 및 종류를 정하여 1년을 초과하지 않는 범위 내에서 사채발행을 위임할 수 있도록 하였다(동조④). 사채발행의 특수성을 감안하여 사채발행의 효율화를 최대화 하기 위한 것이다.[1] 그러나 이사회의 권한사항을 집행임원에게 위임할 수는 없다(§408③4호).

이사회결의 없이 대표이사가 사채를 모집한 경우에도 사채의 발행은 단순한 업무집행행위이고, 사채권자인 공중을 보호하고 그 유통을 보호할 필요가 있으므로 유효하다고 본다.[2]

### (2) 사채계약의 성립

1) 청 약  사채의 청약방법은 사채의 모집방법에 따라 다르다. 즉 직접모집과 위탁모집의 방법에 의하는 경우에는 일반공중을 보호하기 위하여 사채청약서주의에 의하고 있다(§474①, §476②). 사채청약서는 전술한 바와 같이 기채회사가

---

1) 이철송, 회, 986면.

2) 양동석, 전게 회사채의 발행제도, 85면.

작성하는 것이 원칙이지만 예외적으로 수탁회사가 작성하는 경우도 있다. 따라서 청약서에 의하지 않는 사채청약이나 중요한 법정사항을 기재하지 않은 청약서에 의한 사채청약은 무효라고 볼 것이다.[1)]

그러나 총액인수(§475 1문)·도급인수(동조 2문) 및 매출발행의 경우에는 사채청약서에 의한 청약을 요하지 않는다. 이 경우에는 일반공중을 상대로 하지 않기 때문이다.

2) 배 정 청약에 대하여 기채회사 또는 수탁회사가 배정을 하면 사채계약이 성립하고, 사채의 인수가 있게 된다. 사채는 주식의 경우와 달리 사채인수권자가 따로 있는 것이 아니므로 청약자에게 자유롭게 배정할 수 있다. 이 때 응모총액이 사채총액에 미달한 경우에는 응모총액에 대하여만 사채발행의 효력이 생긴다고 본다.[2)]

### (3) 납 입

사채모집이 완료되면 기채회사의 이사 또는 수탁회사는 지체 없이 사채인수인에 대하여 사채의 전액 또는 제1회의 납입을 시켜야 한다(§476①). 납입지체에 대하여는 회사설립에 있어서의 주식모집과 같은 실권절차는 인정되지 않는다. 또한 주금납입의 경우와는 달리 분할납입이 인정되며, 상계금지의 제한(§334)도 없고 납입장소의 제한(§295 2문, §302②9호)도 없다.

### (4) 등 기

전환사채 및 신주인수권부사채, 이익참가부사채를 제외하고는 일반사채의 경우는 등기를 요하지 않는다.

## 제 3 채권과 사채원부·사채등록부

### 1. 채 권

채권(사채권, bond certificate)이란 사채를 표창하는 유가증권으로서, 사채총액에

---

1) 정동윤, 547면; 이기수 외, 476면; 정찬형, 상, 1156면; 손주찬, 966면.

2) 정동윤, 547~548면; 이기수 외, 477면; 정찬형, 상, 1157면; 채이식, 722면; 이철송, 회, 986~987면; 양동석, 전게 회사채발행제도, 86면.

대한 분할채무증서이다. 사채권의 유가증권으로서의 특성은 채권(債權)증권·상환증권·요식증권(§478②)·문언증권이며, 무인증권라고 보는 견해(사채계약의 법적 성질을 채권매매로 보는 입장)와 요인증권이라고 보는 견해(사채계약의 법적성질을 소비대차 또는 소비대차와 유사한 무명계약이라고 보는 입장) 및 절충설이 대립한다.[1]

채권의 종류에는 기명채권과 무기명채권이 있다. 사채권자는 원칙적으로 언제든지 양자간의 상호전환을 회사에 대하여 청구할 수 있다(§480본문). 그러나 채권을 기명식 또는 무기명식에 한하여 발행할 것을 발행조건으로 정한 때에는 그러하지 아니하다(동조 단서).

채권은 사채전액의 납입이 완료된 후가 아니면 이를 발행하지 못한다(§478①). 채권에는 법정기재사항을 적고 대표이사가 기명날인 또는 서명하여야 한다(동조②). 회사는 채권을 발행하는 대신 정관으로 정하는 바에 따라 전자등록기관의 전자등록부에 채권을 등록할 수 있다. 이 경우에는 주권의 전자등록발행과 같다(동조③). 공사채등록법은 등록기관에 등록한 사채에 대하여 채권을 발행하지 않고, 이미 발행한 사채는 등록기관이 그 채권을 회수하도록 한다(주권불소지제도와 같음, 공등 §5).

## 2. 사채원부

사채원부란 사채·채권(債券) 및 사채권자에 관한 사항을 명백하게 하기 위하여 작성되는 장부이다. 사채원부는 (대표)이사가 작성·보존의 의무를 부담하고, 본점 또는 명의개서대리인의 영업소에 비치하여 주주와 회사채권자의 열람에 제공하여야 한다(§396). 사채원부의 기재사항은 상법에 규정되어 있는데(§488 각 호), 이 사채원부의 기능은 기명사채이전의 대항요건이고(§479), 사채권자에 대한 통지·최고의 근거가 된다(§489①). 그러나 실제로는 무기명채권이 대부분이므로 사채원부의 의미는 거의 없다.[2]

## 3. 사채등록부

사채등록부란 공사채등록법에 의한 사채의 등록을 위하여 등록기관이 비치하여야 할 장부인데(공등 §9), 등록기관은 등록사채권자 기타 이해관계인의 열람·등초

1) 요인증권이라고 보는 견해가 다수설이다(최기원, 783면; 정찬형, 상, 1158면; 강위두, 421면). 절충설로는 정동윤, 549면.

2) 정찬형, 상, 1159면; 정동윤, 550면.

본의 교부 또는 청구에 응하여야 한다(공등 §12). 사채등록부는 등록채권(무기명식이든 기명식이든)의 이전·입질·신탁의 대항요건을 갖추는 것이다(공등 §6).

## 제 4 사채의 양도와 입질

### 1. 무기명사채의 양도와 입질

무기명사채의 양도와 입질에 관하여 상법에 아무런 규정이 없으므로 민법의 규정에 따라야 한다. 즉 무기명사채의 양도는 양수인에게 채권(債券)을 교부함으로써 그 효력이 있고(민 §533), 무기명사채의 입질은 질권자에게 채권(債券)을 교부함으로써 그 효력이 생긴다(민 §351). 그리고 계속 점유함으로써 제3자에게 대항할 수 있다. 등록사채의 경우에는 사채등록부에 등록하여야 기채회사와 제3자에게 대항할 수 있다(사등 §6①).

### 2. 기명사채의 양도와 입질

#### (1) 기명사채의 양도

기명사채의 양도방법에 대하여도 상법에 특별한 규정이 없다(기명주식의 양도방법에 관하여는 상법 제36조에 규정이 있음). 따라서 기명사채의 양도는 지명채권의 양도방법에 의한다. 즉 기명채권의 양도는 양도의 의사표시에 의하여 그 효력이 발생하는데, 기명채권은 기명증권으로서 권리가 증권에 화체된 유가증권이므로 의사표시 외에 증권의 교부가 있어야 양도의 효력이 발생한다고 본다(효력요건). 이 점에서 민법상 지명채권의 양도방법과 구별된다.

또한 기명사채의 양도는 그 효력을 회사나 제3자에게 대항하기 위하여 취득자의 성명과 주소를 사채원부에 기재하고 그 성명을 채권(債券)에 기재하여야 한다(대항요건). 이점에서 민법상 지명채권의 양도의 대항요건과 구별된다(§479①). 명의개서 대리인이 있으면 명의개서 대리인으로 하여금 이 절차를 밟게 할 수 있다(동조②). 기명채권(記名債券)은 법률상 당연한 지시증권이 아니므로 배서에 의하여 양도할 수는 없다(통설).

### (2) 기명사채의 입질

기명사채의 입질방법에 대하여도 상법에 특별한 규정이 없다. 따라서 기명사채의 입질방법은 (기명주식의 약식질에 관한 상법 제338조가 이것에 준용되어야 할 것으로 생각될 수도 있지만) 민법의 권리질의 입질방법(민 §§346~347) 의하여야 한다고 본다.

그러므로 기명사채의 입질은 질권설정의 의사표시와 채권을 질권자에게 교부함으로써 질권설정의 효력이 발생한다(효력요건).[1] 또한 기명사채의 입질의 대항요건도 민법의 권리질의 대항요건(민 §349) 의하여야 한다고 본다. 따라서 질권설정자가 입질을 제3채무자인 기채회사에 대하여 통지하거나 또한 기채회사의 승낙이 있어야 기채회사 또는 기타 제3자에게 대항할 수 있다(대항요건). 주식의 경우와는 달리 발행회사의 자기사채의 취득 또는 질취의 제한은 없다.

## 제 5 사채의 이자지급과 상환

### 1. 사채의 이자지급

사채에 이자를 붙이지 않는 경우에는 이자 상당액을 할인하여 발행하며, 이자부사채인 경우에는 선급일 수도 있고 후급일 수도 있다. 이율은 확정금리일 수도 있고 연동금리방식도 가능하다. 사채의 이자지급은 기명채권인 경우에는 사채원부에 기재된 사채권자에게 지급되고, 무기명채권인 경우에는 이권(利券)의 소지인에게 이 이권과 상환하여 지급된다. 우리나라에서는 거의 무기명채권이 발행되고 있으며, 그 채권에 이권을 붙여 발행한다.

이권(利券)은 이자지급청구권을 표창하는 무기명의 유가증권인데, 지급기가 도래하지 않은 이권이다. 이권 있는 무기명식의 사채를 지급하는 경우에 이권이 흠결된 경우에는 흠결된 이권의 권면액에 상당한 금액을 사채상환액에서 공제하여 사채의 지급을 하고(§486①), 그 후 이권소지인은 언제든지 이권과 상환하여 이 공제금액의 지급을 청구할 수 있다(§486②).

이자지급청구권(흠결된 이권소지인의 공제금액 지급청구권)의 소멸시효기간은 5년이다(§487③).

---

1) 정찬형, 상, 1161; 정동윤, 551면; 손주찬, 970면; 이기수 외, 479면. 이에 대하여 상법 479조를 유추적용해야 한다는 견해로는 이철송, 회, 988면.

## 2. 사채의 상환

사채의 상환이란 기채회사가 사채권자에 대하여 부담하는 채무를 변제하는 것이다. 상환의 방법과 기한은 사채발행조건에서 정하여지고, 또 사채청약서·채권 및 사채원부에 기재된다(§474②8호, §478②, §488 3호).

사채의 상환금액은 채권의 권면액인 것이 보통이다. 그러나 사채권자 평등의 원칙에 반하지 않는 한 프리미엄을 붙일 수도 있고(할증상환), 상환시에 지급하는 금액을 권면액으로 하고 발행시부터 상환시까지의 이자합계액을 차감한 금액으로 사채를 발행할 수도 있다(할인발행).

사채의 상환기한에 관하여는 사채발행 후 일정한 거치기간을 정하고, 그 후 일정한 기일까지 수시로 상환하든가, 또는 정기적으로 일정액을 상환하거나(정기분할상환) 또는 그 이상의 금액을 추첨에 의하여 상환하여 일정한 기일까지 전부의 상환을 할 것을 정할 수 있다. 이 거치기간 중에는 사채권자의 의사에 반하여 상환할 수 없지만(민 §153②), 만기 전에 상환하려면 잔존기간에 대한 이자를 지급해야 할 것이다. 이자를 지급하지 않고 만기 이전에 상환하려면 사채발행시에 상환조건으로 정해두고, 사채청약서와 채권에 기재해야 한다(§474②8호, §478②).

사채권자의 기채회사에 대한 상환청구권과 수탁회사에 대한 상환액지급청구권은 10년간 행사하지 않으면 소멸시효가 완성한다(§487①, ②).

# 제 6 사채권자의 단체성

회사는 장기적으로 사채를 차입하고, 회사와 채권자의 관계는 장기적으로 지속된다. 사채는 작은 단위로 세분되어 대량으로 발행되지만, 일반적으로 사채권자는 비교적 소수 밖에 보유하지 않는다. 그러므로 다수의 사채를 집단적으로 처리하여 회사의 사무처리상의 편의와 사채권자의 이익을 도모할 필요가 있다. 사채권자는 기채회사를 통하여 간접적으로 공동 단체성을 갖고 있다.

따라서 상법은 기채회사의 편의를 위하여 종래 수탁회사제도를 두고 있었으나, 2011년 상법개정을 통하여 사채관리회사 제도를 도입하고, 사채권자의 이익을 위하여 사채권자집회제도를 정비하였다.

## 1. 사채관리회사

### (1) 선임과 자격

회사가 사채를 발행하는 경우에 사채관리회사를 정하여 변제의 수령, 채권의 보전, 그 밖에 사채의 관리를 위탁할 수 있다(§480의2). 은행, 신탁회사 그 밖에 대통령령으로 정하는 자가 아니면 사채관리회사가 될 수 없다(§480의3①). 다만 관리의 공정을 위하여 사채의 인수인이나 기채회사와 특수한 이해관계가 있는 자로서 대통령령으로 정하는 자는 사채관리회사가 될 수 없다(동조②, ③).

### (2) 사임과 해임, 사무승계자

사채관리회사는 기채회사와 위임계약에 의하여 선임되고, 그 위임계약의 종료로 해임된다. 그러나 사채권자와는 아무런 관계가 없다. 그리고 사채관리회사는 사채를 발행한 회사와 사채권자집회의 동의를 받아 사임할 수 있다. 부득이한 사유가 있는 경우에는 법원의 허가를 받아 사임할 수도 있다(§481). 사채관리회사가 그 사무를 처리하기에 적임이 아니거나 그 밖에 정당한 사유가 있을 때에는 법원은 사채를 발행하는 회사 또는 사채권자 집회의 청구에 의하여 사채관리회사를 해임할 수 있다(§482).

사채관리회사의 사임 또는 해임으로 인하여 사채관리회사가 없게 된 경우에는 사채를 발행한 회사는 그 사무를 승계할 사채관리회사를 정하여 사채권자를 위하여 사채관리를 위탁하여야 한다. 이 경우 회사는 지체 없이 사채권자 집회를 소집하여 동의를 받아야 한다(§483①). 부득이한 사유가 있는 때에는 이해관계인은 사무승계자의 선임을 법원에 청구할 수 있다(동조②).

### (3) 권 한

사채관리회사는 사채권자를 위하여 사채에 관한 채권을 변제 받거나 채권의 실현을 보전하기 위하여 필요한 재판상·재판외의 모든 행위를 할 수 있다(§484①). 사채관리회사는 위의 변제를 받으면 지체 없이 그 뜻을 공개하고 알고 있는 사채권자에게 통지하여야 한다(동조②). 사채권자는 사채관리회사에 사채상환액 및 이자의 지급을 청구할 수 있다. 이 경우 사채권이 발행된 때는 사채권과 상환하여 상환액 지급을 청구하고, 이권과 상환하여 이자의 지급을 청구하여야 한다(동조③).

사채관리회사가 ① 해당 사채 전부에 대하여 지급을 유예하거나 그 채무의 불이행으로 발생한 책임을 면제 또는 화해를 하는 경우이거나, ② 해당사채 전부에 관한 소송행위 또는 채무자 회생 및 파산에 관한 절차에 속하는 행위를 할 경우에는 사채권자 집회의 결의에 의하여야 한다. 다만 사채를 발행하는 회사는 ②의 행위를 사채관리회사가 사채권자집회의 결의에 의하지 아니하고 할 수 있음을 정할 수 있다(동조④). 사채관리회사가 사채권자집회의 결의에 의하지 아니하고 위의 ②에 해당하는 행위를 할 경우에는 지체 없이 그 뜻을 공고하고 알고 있는 사채권자에게는 따로 통지하여야 한다. 공고하는 방법에 대해서는 사채발행회사가 따로 정한다(동조⑤, ⑥).

사채관리회사는 그 관리를 위탁받은 사채에 관하여 변제의 수령, 채권의 보전, 기타의 관리를 위하여 필요하면 법원의 허가를 받아 사채를 발행한 회사의 업무와 재산 상태를 조사할 수 있다(동조⑦).

### (4) 의무 및 책임

사채관리회사는 사채권자를 위하여 선량한 관리자의 주의로써 공평하고 성실하게 사채를 관리하여야 한다(§484의2①, ②). 사채관리회사가 이 법이나 사채권자집회의 결의를 위반한 때에는 사채권자에 대하여 이로 인하여 발생한 손해를 연대하여 배상할 책임이 있다(동조③).

사채관리회사가 둘 이상 있을 때에는 그 권한에 속하는 행위는 공동으로 하여야 하며, 제484조 제1항의 변제를 받은 경우에는 사채관리회사는 사채권자에 대하여 연대하여 변제액을 지급할 책임이 있다(§485①, ②).

### (5) 보수와 비용

사채관리회사, 대표자 또는 집행자에게 줄 보수와 그 사무 처리에 필요한 비용은 사채를 발행한 회사와의 계약에 약정된 경우 외에는 법원의 허가를 받아 사채를 발행한 회사로 하여금 부담하게 할 수 있다(§507①). 사채관리회사, 대표자 또는 집행자는 사채에 관한 채권을 변제받은 금액에서 사채권자보다 우선해서 보수와 비용을 변제받을 수 있다(§507②).

### (6) 취소의 소

회사가 사채권자에게 한 변제, 화해 그 밖의 행위가 현저하게 불공정한 때에는 사채관리회사는 소만으로 그 행위의 취소를 청구할 수 있다(§511①). 그 소는 사채관리회사가 취소의 원인인 사실을 안 때부터 6개월, 행위가 있은 때부터 1년 내에 제기해야 한다(동조②). 사채권자집회의 결의가 있는 때에는 대표자 또는 집행자도 취소의 소를 제기할 수 있다. 그러나 행위가 있는 때부터 1년 내에 한한다(§512①).

## 2. 사채권자집회

### (1) 의 의

사채권자집회는 같은 종류의 사채권자로 구성되고, 상법에서 규정하고 있는 사항 및 사채권자의 이해관계가 있는 사항에 관해서 의결하는 사채권자 단체의 임시기관이다. 사채권자집회는 사채권자의 이익을 단체적, 공동적으로 보호하기 위하여 인정된 제도이나, 기채회사를 위하여도 분산된 사채권자와 개별적으로 절충하는 불편을 덜고 단일한 상대방이 있게 하기 때문에 매우 편리한 제도이다.

이것은 회의체이고 다수결원칙으로 총사채권자를 구속하므로 주주총회에 관한 규정(§363, §368③④, §369②, §§371~373)이 준용되기도 한다(§510). 사채권자집회의 의사결정은 사채관리회사나 사채권자집회의 대표자 또는 집행자가 하는 점, 회사가 종류사채를 발행한 경우에는 각 종류의 사채별로 사채권자집회가 있는 특징이 있다.

### (2) 소 집

사채권자집회의 소집권자는 사채를 발행한 회사 또는 사채관리회사이다(§491①). 그리고 사채의 종류별로 해당종류의 사채총액(상환받은 액 제외)의 10분의 1 이상에 해당하는 사채를 가진 사채권자는 회의의 목적인 사항과 소집 이유를 적은 서면 또는 전자문서를 사채를 발행한 회사 또는 사채관리회사에 제출하여 사채권자집회의 소집을 청구할 수 있다(동조②). 이러한 청구를 받은 회사가 지체 없이 소집절차를 밟지 않는 경우에는 법원의 허가를 얻어 직접 사채권자집회를 소집할 수 있다(§491③, §366②). 이 때 무기명채권을 가진 사채권자는 그 채권을 공탁하여야 이러한 권리를 행사할 수 있다(§491④). 수종의 사채를 발행한 경우에는 사채권자 집회를 각종의 사채에 관하여 따로 정하여야 한다(§509). 소집절차는 주주총회에 관한 규정을 준용한다(§510①, §363).

### (3) 의결권 · 결의사항

각 사채권자는 그가 가지는 해당 종류의 사채 금액의 합계액(상환받은 액 제외)에 따라 의결권을 갖는다(§492①). 개정 전에는 사채의 최저액마다 한 개의 의결권을 갖도록 하였으나 2011년 개정상법에 의하여 변경되었다. 무기명채권을 가진 자는 회일로부터 1주간 전에 그 채권을 공탁하여야 의결권을 행사할 수 있다(동조②). 의결권대리행사, 자기사채의 의결권행사제한, 특별이해관계인 의결권행사제한, 정족수 및 의결권 수의 계산 등은 주주총회에 관한 규정이 준용된다(§510①).

사채권자집회의 결의사항은 법률로 정해진 것이거나 사채권자의 이해관계가 있는 사항이다(§490). 법정사항에는 자본감소의 이의(§439③), 합병의 이의(§530②), 사채권자집회의 대표자 및 결의집행자의 선임 및 해임(§500①, §501), 발행회사의 불공정행위를 취소하는 소의 제기(§512), 사채관리회사의 사임동의(§481), 해임동의(§482), 사무승계자 결정(§483), 해당 사채의 지급유예, 그 채무불이행으로 발생한 책임의 면제 또는 화해, 해당 사채 전부에 관한 소송행위 또는 채무자 회생 및 파산에 관한 절차에 속하는 행위(§484④1~2호) 등이다.

그 외에도 이율의 인하 등 사채권자의 이해관계가 있는 사항이다(§490).

### (4) 결의방법

사채권자집회의 결의의 방법은 원칙적으로 주주총회의 특별결의의 방법에 의하지만(§495①, §434), 예외적으로 경미한 사항, 예컨대 사채관리회사의 사임, 해임, 사무승계자의 동의(§§481~483), 사채발행회사의 대표자의 출석청구(§494)는 출석한 사채권자 의결권의 과반수로 결정할 수 있다(§495②).

사채권자집회에 출석하지 않은 사채권자는 서면에 의하여 의결권을 행사할 수 있다(동조③). 서면에 의한 의결권 행사는 의결권행사 서면에 필요한 사항을 적어 사채권자집회 전일까지 서면을 소집자에게 제출하여야 한다(동조④). 서면에 의하여 행사한 의결권의 수는 출석한 의결권자의 수에 포함한다(동조⑤).

### (5) 결의의 효력

사채권자집회의 결의는 결의 그 자체만으로는 효력이 없고, 법원의 인가에 의하여 그 효력이 생긴다. 다만 그 종류의 사채권자 전원이 동의한 결의는 법원의 인가가 필요하지 아니하다(§498①). 이러한 법원의 인가가 있으면 사채권자집회의 결의는 그 종류의 사채를 가진 모든 사채권자에게 그 효력이 있다(§498②).

사채권자집회의 소집자는 결의한 날로부터 1주간 내에 결의의 인가를 법원에 청구하여야 한다(§496). 이와 같이 사채권자집회의 결의에 법원의 인가를 얻도록 한 것은 결의하자의 문제를 법원의 인가절차에 흡수시키고, 사채권자를 보호하기 위한 것이다.

법원은 다음의 경우에는 사채권자 집회의 결의를 인가하지 못한다(§497①). 즉 ① 사채권자집회의 절차 또는 결의방법이 법령이나 사채모집계획서의 기재에 위반한 때, ② 결의가 부당한 방법에 의하여 성립한 때, ③ 결의가 현저하게 불공정한 때, ④ 결의가 사채권자의 일반의 이익에 반하는 때는 인가를 얻을 수 없다. 따라서 사채권자집회결의의 하자를 다투는 소는 없다. 다만 법원은 위의 ①과 ②의 경우에는 결의의 내용 기타 모든 사정을 참작하여 결의를 인가할 수 있다.

사채권자집회의 결의에 대하여 법원이 인가 또는 불인가의 결정을 내린 때는 사채를 발행한 회사는 지체 없이 그 뜻을 공고하여야 한다(§499).

사채권자집회의 결의를 집행할 필요가 있는 경우에는 집회의 결의로써 따로 집행자를 정하였을 때에는 그 집행자, 이를 정하지 않았을 때에는 사채관리회사, 사채관리회사도 없는 때에는 그 집회의 대표자(§500)가 이것을 집행한다(§501).

### (6) 사채권자집회의 대표

사채권자집회는 사채총액의 500분의 1 이상을 가진 사채권자 중에서 1인 또는 수인의 대표자를 선임하여 사채권자집회가 결의할 사항의 결정을 그 대표자에게 위임할 수 있다(§500①).

### (7) 비용의 부담

사채권자집회에 관한 비용은 원칙적으로 기채회사가 부담한다(§508①). 법원에 대한 결의인가청구의 비용도 원칙적으로 기채회사가 부담하여야 한다. 그러나 법원은 이해관계인의 신청 또는 직권으로 이러한 비용의 부담자를 따로 정할 수 있다(§508②).

# 제 2 절 특수사채

특수사채는 종래 상법이 인정하고 있던 특수사채와 특별법이 인정하고 있었으나 2011년 상법개정을 통하여 도입하게 된 특수사채, 담보부사채신탁법에 의한 사채 등이 해당된다. 상법이 인정하고 있는 특수사채로는 전환사채의 신주인수권부사채가 있고, 특별법이 인정하거나 새로 도입된 특수사채로는 담보부사채(담보사§17)·이익참가부사채·교환사채·연동사채 등이 있다.

## 제 1 전환사채

### (1) 의 의

전환사채란 발행회사의 주식으로 전환할 수 있는 권리(전환권)가 인정된 사채이다. 투자자로서는 사채의 안전성과 주식의 투기성을 함께 갖고 있으므로 비교하여 선택할 수 있고(잠재적 주식), 회사로서는 보통의 사채보다 유리한 모집조건으로 사채의 모집을 원활하게 할 수 있게 된다.[1]

전환사채는 사채의 성격을 갖지만, 주식으로 전환할 때는 주주의 신주인수권을 침해하게 되므로 상법은 원칙적으로 전환사채의 발행을 이사회가 결정하도록 하지만 주주에게 인수권을 부여하고 있다. 이를 발행하는 것은 사실상 신주발행으로서의 의미를 갖는다.[2] 주주가 아닌 자에게 전환사채를 발행할 경우에는 주주총회의 특별결의를 요함으로써 이사회의 결정권과 주주의 신주인수권을 조화시키고 있다.

### (2) 발 행

전환사채의 발행방법에는 주주배정·제3자 배정 및 모집의 세 가지 방법이 있는데, 제3자 배정 및 모집에 의한 전환사채의 발행을 상법은 주주 외의 자에 대

1) 양동석, 전게 회사채의 발행제도, 98면 이하(전환사채와 신주인수권부사채에 관한 연구).

2) 대판 1999.6.25, 99다18435.

하여 전환사채를 발행하는 경우로 규정하고 있다(§513③, ④). 따라서 전환사채의 발행은 크게 주주배정에 의한 전환사채의 발행의 경우와 주주 외의 자에 대하여 전환사채를 발행하는 경우로 나눌 수 있다.

1) 주주발행 주주배정에 의한 전환사채를 발행하는 경우에는 정관으로 주주총회에서 결정하기로 정한 경우를 제외하고, 이사회에서 ① 전환사채의 총액(§513②1호), ② 전환의 조건(동항 2호), ③ 전환으로 인하여 발행할 주식의 내용(동항 3호), ④ 전환을 청구할 수 있는 기간(동항 4호) 및 ⑤ 주주에게 전환사채의 인수권을 준다는 뜻과 인수권의 목적인 전환사채의 액(동항 5호)을 결정하여야 한다.

주주는 그가 가진 주식 수에 따라서 전환사채를 배정받을 권리가 있다. 그러나 각 전환사채의 금액 중 최저액에 미달하는 단수에 대하여는 그러하지 아니하다(§513의2①). 회사는 배정일을 정하고 그 2주간 전에 공고하고(동조②, §418③), 청약일 2주 전에 인수권을 가진 주주에게 전환사채의 액 등을 통지하여야 한다(§513의3①). 그리고 무기명주식을 발행하는 경우에는 같은 내용을 공고하여야 한다(동조②).

2) 제3자 발행 주주 외의 자에 대하여 전환사채를 발행하는 경우에는 위 ① 내지 ④의 사항 및 ⑤ 주주 외의 자에게 전환사채를 발행하는 것과, 발행할 전환사채의 액에 대하여 (정관에 다른 규정이 없으면) 이사회의 결의(§513②) 외에 다시 주주총회의 특별결의가 있어야 한다(동조③1문).

이 경우에는 신기술의 도입, 재무관리의 개선 등 회사의 경영상 목적을 달성하기 위하여 필요한 경우에 한 한다(동항 2문). 이때에는 주주 외의 자에게 전환사채를 발행한다는 내용의 의안의 요령을 주주총회의 소집에 관한 통지 또는 공고에 기재하여야 한다(동조④). 회사가 이러한 주주총회의 특별결의 없이 주주 외의 자에 대하여 발행한 전환사채는 법률에 의하여 주주총회의 (특별)결의를 요하는 경우로서 그러한 결의 없이 한 대표이사의 대표행위는 위법한 대표행위에 해당할 것이다.

3) 발행절차와 등기 전환사채의 발행절차는 일반사채의 발행절차(§469 이하)와 크게 다를 바 없으나, 이와 다른 점은 사채청약서·채권(債券)과 사채원부에 이에 관한 사항을 기재하여 공시하여야 하고(§514), 또 전환사채의 등기를 하여야 하는 점이다(§514의2). 주주배정에 의한 전환사채의 발행의 경우 전환사채의 인수권을 가진 주주는 그가 가진 주식의 수에 따라 전환사채를 배정받을 권리가 있는 점(§513의2), 실권예고부청약최고를 하여야 하는 점(§513의3) 등은 주주배정에 의한 신주발행을 하는 경우와 유사하다.

주주 외의 자에게 전환사채를 발행하는 경우는 주주 외의 제3자에게 전환사채 인수권을 주는 제3자 배정의 경우와 모집에 의하여 전환사채를 발행하는 경우가 있는데, 제3자 배정의 경우에는 제3자에게 소정의 전환사채를 배정하고 모집의 경우에는 일반사채와 동일한 방법으로 배정한다.

4) 발행의 하자 회사가 법령 또는 정관에 위반하거나 현저하게 불공정한 방법에 의하여 전환사채를 발행함으로써 주주가 불이익을 받을 염려가 있는 경우 주주는 전환사채의 효력이 생기기 전(즉 전환사채의 납입기일까지)에 회사에 대하여 그 발행을 유지할 것을 청구할 수 있다(§516①, §424).[1]

이사와 통모하여 현저하게 불공정한 가액으로 전환사채를 인수한 자는 회사에 대하여 공정한 발행가액과의 차액에 상당한 금액을 지급할 의무가 있다(§516①, §424의2①). 통모인수의 경우에는 주주의 대표소송이 인정되고(§516①, §424의2②), 이사는 회사 또는 주주에 대하여 손해배상책임을 진다(§516①, §424의2③).

그런데 상법상 신주발행무효의 소에 대응하는 전환사채발행무효의 소의 제도는 없다. 그러나 우리 대법원판례는 이에 대하여 신주발행무효의 소에 관한 상법 제429조를 유추적용하고 있으므로 이사회의 결의의 하자나 주주총회 결의의 하자를 다투는 소가 아니라 전환사채발행무효의 소에 의하여 다투어야 한다.[2] 그러므로 전환사채발행무효의 소는 발행일로부터 6월 내에 주주, 이사, 감사에 한하여 회사를 상대로 제소할 수 있을 것이다.[3]

### (3) 전환의 절차

전환사채권자가 전환을 청구하는 경우에는 전환기간 중 소정의 청구서 2통에 채권(債券)을 첨부하여 이것을 회사에 제출하여야 한다. 다만 제478조 제3항에 따라 채권을 발행하는 대신 전자등록기관의 전자등록부에 채권을 등록한 경우에는 그 채권을 증명할 수 있는 자료를 회사에 제출하여야 한다(§515①). 청구서에는 전환하고자 하는 사채의 청구의 연월일을 기재하고 기명날인 또는 서명을 하여야 한다(동조②). 전환의 청구는 주주명부의 폐쇄기간 중에도 할 수 있는데, 다만 이 경우에 전환된 주식의 주주는 주주명부폐쇄기간 중의 총회의 결의에 관하여는 의결권을 행사할 수 없다(§516②, §350②).

---

1) 대판 2004.8.16, 2003다9636.

2) 대판 2007.2.22, 2005다73020.

3) 대판 2004.6.25, 2000다37326; 동 2004.8.20, 2003다20060.

전환사채의 발행가액총액은 전환에 의하여 발행하는 주식의 발행가액총액과 동액이어야 하므로(§516②, §384), 전환청구가 있으면 회사는 사채의 발행가액총액과 동액의 주식을 발행하여(즉 발행하는 주식의 발행가액총액과 일치시켜) 전환가액(시가전환방식 또는 액면전환방식 등)으로 나눈 수의 주식을 전환사채권자에게 배정해야 한다.

## (4) 전환의 효력

전환청구권은 일종의 형성권이므로, 전환은 전환사채권자가 전환을 청구한 때에 효력이 생긴다(§516②, §350①). 즉 이 때 전환사채는 소멸하므로 전환사채권자는 사채권자로서의 지위를 잃고 새로이 발행된 주식의 주주가 되다. 다만 사채의 이자지급 또는 주식의 이익이나 이자의 배당에 관하여는 전환에 의하여 신주가 발행된 때가 아니라 그 청구한 때가 속하는 영업년도 말에 전환된 것으로 보는데, 이 경우 신주에 대한 이익이나 이자의 배당에 관하여는 정관이 정하는 바에 따라 그 청구를 한 때가 속하는 영업년도의 직전 영업년도 말에 전환된 것으로 할 수 있다(§516②, §350③).

또 전환사채를 목적으로 하는 질권에는 전환으로 인하여 발행된 신주에 물상대위가 인정된다(§516②, §339).

전환사채의 전환에 의하여 신주가 발행되므로 회사는 전환기간 중 전환에 의하여 발행될 주식의 수(수종의 주식이 발행된 경우에는 정관에서 정한 종류의 주식의 수)를 미발행주식 중에 유보하여(§516①, §346②), 전환이 있으면 유보되었던 미발행주식수 중에서 신주를 발행하여야 한다.

전환사채의 전환에 의하여 회사의 경우에는 전환청구를 받은 전환사채의 금액만큼 사채가 감소하고, 이에 상당하는 자본이 증가한다. 전환사채의 전환이 있으면 등기사항(§514의2②1호, §317②2, 3호 등)이 변경되므로 이에 관한 변경등기를 하여야 한다(§516②, §351). 그러나 사채권자가 전환청구기간 중에 전환권을 포기한 경우에는 전환사채는 전환권이 없는 일반사채와 동일한 사채로 확정된다고 보아야 할 것이다.[1])

1) 서울지판 1999.2.4, 98가합69295.

## 제 2 신주인수권부사채

### 1. 의 의

신주인수권부사채(bond with warrant)란 사채권자(또는 신주인수권증권의 정당한 소지인)에게 기채회사에 대하여 신주의 발행을 청구할 수 있는 사채이다. 신주인수권이란 발행된 신주에 대하여 다른 사람보다 우선적으로 배정받을 수 있는 권리(§418①)를 의미하는 것이 아니라, '기채회사에 대하여 신주발행을 청구하고 이에 따라 기채회사가 신주를 발행하면 그 신주에 대하여 당연히 주주가 되는 권리'를 의미한다.

따라서 신주인수권부사채는 신주발행청구권부사채라고 할 수 있다. 이러한 신주인수권은 전환사채에서의 전환권과 같은 형성권이다.

신주인수권부사채의 채권자는 사채의 안정성을 유지하면서 주가가 상승하면 신주인수권을 행사하여 주식의 양도차익을 얻는 이점을 누릴 수 있다. 회사는 이율을 낮추고 자금조달의 비용을 절감할 수 있다.[1)]

이러한 신주인수권부사채에는 사채권을 표창하는 유가증권인 채권(債券)과 신주인수권을 표창하는 유가증권인 신주인수권증권을 별도로 발행하는 분리형 신주인수권부사채와, 사채권과 신주인수권을 동일한 유가증권인 사채권(社債券)에 표창하여 발행하는 비분리(결합)형 신주인수권부사채가 있다.

분리형에는 신주인수권을 표창하는 신주인수권증권과 신주인수권증서가 있다. 전자는 무기명의 유가증권으로서 신주인수권의 행사나 양도는 증권에 의하며, 권리추정력이 있고 선의취득이 인정된다. 후자는 통상의 신주발행절차에 의하여 이미 구체화된 신주인수권을 표창하며, 신주발행 때 주금납입의 여력이 없는 주주가 주식의 시가와 발행가의 차액을 취득할 수 있도록 하여 종전의 지분의 비례적 이익을 향유하게 하는 것이다.

**〈신주인수권부사채와 전환사채의 비교〉**

신주인수권부사채와 전환사채는 사채권자가 주주로 될 수 있다는 점에서 유사성이 있으나, 신주인수권부사채의 경우에는 신주인수권을 행사하여도 사채는 소멸하지 않고 사채

---

1) 이철송, 회, 1014~1015면.

권자의 지위가 유지되며, 신주인수의 대가로 새로운 출자의무가 발생하고, 신주의 발행가액의 합계액이 각 신주인수권부사채의 금액을 초과할 수 없고, 사채권과 별도로 신주인수권증권이 무기명 증권으로 발행되어 유통될 수 있는 점들이 전환사채와 다르다.

## 2. 발 행

### (1) 주주배정

신주인수권부사채의 발행사항은 정관에 정함이 없거나 주주총회에서 결정하기로 한 경우 외에는 주주의 이익을 해하지 않으므로, 이사회의 결의만으로 정할 수 있다(§516의2②). 이사회가 정할 발행사항은 ① 신주인수권부사채의 총액, ② 각 신주인수권부사채에 부여된 신주인수권의 내용, ③ 신주인수권을 행사할 수 있는 기간, ④ 신주인수권을 양도할 수 있는 것에 관한 사항, ⑤ 신주인수권을 행사하려는 자의 청구가 있는 때에는 신주인수권부사채의 상환에 갈음하여 그 발행가액으로 납입이 있는 것으로 본다는 뜻, ⑥ 주주에게 신주인수권부사채의 인수권을 준다는 뜻과 인수권의 목적인 신주인수권부사채의 액, ⑦ 주주 외의 자에게 신주인수권부사채를 발행하는 것과 이에 대하여 발행할 신주인수권부사채의 액 등이다(§516의2② 각 호).

### (2) 제3자 배정 및 모집

주주 외의 자에 대하여 신주인수권부사채를 발행하는 경우(제3자 배정 및 모집)에는 주주의 이익을 보호하기 위하여 신주인수권부사채의 액, 그 내용, 행사기간에 관하여 정관 또는 주주총회의 특별결의로써 이를 정하여야 한다(§516의2④1문). 그런데 이 경우에는 신기술의 도입, 재무구조의 개선 등 회사의 경영상 목적을 달성하기 위하여 필요한 경우에 한한다(동항 2문).

이때에 주주총회소집의 통지와 공고에는 신주인수권부사채의 발행에 관한 의안의 요령을 기재하여야 한다(§516의2⑤, §513④, §363). 회사가 이러한 주주총회의 특별결의 없이 주주 외의 자에 대하여 발행한 신주인수권부사채는 법률에 의하여 주주총회의 (특별)결의를 요하는 경우에 그러한 결의 없이 한 대표이사의 대표행위에 해당한다.

이 경우 발행절차에 대하여 상법은 특별히 규정하고 있지 않으므로, 일반사채의 발행에 관한 규정과 주주 외의 자에 대한 전환사채의 발행에 관한 규정을 유추적용 하여 발행할 수 있다(§516의4, §516의7). 주주 외의 자에 대하여 신주인수권부사채를 발행하는 경우에는 제3자 배정에 의한 경우와 모집에 의한 경우가 있는데, 제3자 배정의 경우에는 주주배정에 의한 발행절차와 유사하나 모집의 경우에는 일반사채의 모집에 의한 발행절차에 의한다. 그 밖의 사항은 주주배정에 의한 신주발행 또는 전환사채를 발행하는 경우와 같다(§516의3, §516의10, §513의2).

### (3) 신주인수권의 전자등록

회사는 신주인수권증권을 발행하는 대신 정관으로 정하는 바에 따라 전자등록기관의 전자등록부에 신주인수권을 등록할 수 있다. 이 경우 주식의 전자등록에 관한 규정을 준용한다(§516의7, §356의2②~④).

### (4) 불공정발행

불공정한 신주인수권부사채의 발행에 대하여 주주는 회사에 대하여 그 발행을 유지할 것을 청구할 수 있다(§516의10, §516①, §424). 또한 이사와 통모하여 현저하고 불공정한 발행가액으로 신주인수권부사채를 인수한 자가 있는 경우에는 신주발행 및 전환사채의 경우와 같이 그는 회사에 대하여 공정한 발행가액과의 차액에 상당한 금액을 지급할 의무를 부담하며(§516의10, §516①, §424의2①), 주주는 이에 관하여 대표소송을 제기할 수 있다(§516의10, §516①, §424의2②). 그러나 신주발행의 경우와는 달리 발행무효의 소의 제도는 인정되지 않는다.

## 3. 양 도

(1) 비분리형 신주인수권부사채의 경우에는 채권(債券)이 사채권 및 신주인수권을 표창하고 있으므로 채권(債券)의 양도에 의하여 두 권리가 동시에 양수인에게 이전한다. 채권(債券)의 양도방법은 기명채권과 무기명채권에 따라 상이하다.

(2) 분리형 신주인수권부사채의 경우에는 채권(債券) 외에 신주인수권을 표창하는 신주인수권증권이 별도로 발행되므로, 두 증권을 분리하여 양도할 수 있다. 즉 사채권을 표창하는 채권(債券)의 양도방법은 앞에서 본 바와 같고, 신주인수권을 표창하는 신주인수권증권의 양도방법은 양도인의 의사표시와 이 증권의 교부에 의한다(§516의6①).

## 4. 행 사

### (1) 행사방법

신주인수권부사채에 부여된 신주인수권을 행사하려는 자는 청구서 2통을 회사에 제출하고 신주의 발행가액 전액을 납입하여야 한다(§516의9①). 이 청구서에는 인수할 주식의 종류 및 수와 주소를 기재하고 기명날인 또는 서명하여야 한다(§516의9④, §302①). 이 때 신주인수권부사채가 분리형인 경우(즉 신주인수권증권이 발행된 경우)에는 신주인수권증권을 첨부하고, 비분리형인 경우에는 채권(債券)을 제시하여야 한다(§516의9②).

신주인수권의 행사는 그 행사기간 중에 하여야 한다. 그 행사기간 중에 주주명부폐쇄기간이 포함된 경우에는 이 폐쇄기간 중에도 신주인수권을 행사할 수 있는데, 다만 신주인수권을 행사한 주주는 그 기간 중의 주주총회의 결의에 관하여는 의결권을 행사할 수 없다(§516의10, §350②).

### (2) 발행가액 제한

회사는 신주인수권의 행사기간 동안은 신주인수권의 행사로 인하여 발행될 주식 수만큼 수권주식총수 중 미발행주식수에 유보하여야 한다(§516의11, §516①, §346④). 신주인수권의 행사로 인하여 발행될 주식의 발행가액총액은 신주인수권부사채의 금액(발행가액총액)을 초과할 수 없다(§516의2③).

### (3) 납 입

신주인수권을 행사한 자는 원칙적으로 신주의 발행가액의 전액을 납입하여야 한다(§516의9①후단). 이때의 납입은 채권(債券) 또는 신주인수권증권에 기재된 은행 기타 금융기관의 납입장소에 하여야 하고(동조③), 이러한 납입금보관은행의 변경 및 증명과 책임에 관하여는 회사설립의 경우와 같다(동조④, §306, §318). 그러나 예외적으로 신주인수권을 행사하려는 자의 청구가 있는 때에는 신주인수권부사채의 상환에 갈음하여 그 발행가액으로 신주인수권의 행사에 의한 신주의 발행가액의 납입이 있는 것으로 본다(대용납입 인정, §516의2②5호). 사채의 상환기간이 도래하지 않았더라도 가능하다.

### (4) 효력발생시기

신주인수권의 행사로 인하여 발행되는 신주의 효력발생 시기는 원칙적으로 대용납입이 인정되지 않으므로, 신주인수권을 행사한 자가 신주의 발행가액의 전액을 납입한 때이다(§516의10). 다만 주주명부폐쇄기간 중에 신주인수권을 행사한 경우에는 그 행사에 의하여 발행된 주식의 주주는 그 폐쇄기간 중의 주주총회의 결의에 관하여는 의결권을 행사할 수 없고, 신주인수권을 행사하여 발행된 주식의 이익이나 이자의 배당에 관하여는 원칙적으로 그 청구를 한 때가 속하는 영업년도 말에 신주의 효력이 있는 것으로 본다. 예외적으로 정관의 규정에 의하여 직전영업연도 말에 신주의 효력이 있는 것으로 할 수 있다(§516의10단서, §350②, ③).

### (5) 등 기

신주인수권을 행사하면 등기사항인 신주인수권부사채의 총액(§516의8①5호, §516의2②1호)이 감소하는 경우가 있고(대용납입이 있는 경우), 또한 발행주식총수와 자본의 총액(§317②2~3호)이 증가하므로 이에 관한 변경등기를 하여야 한다(상§516의11, §351).

## 5. 신주인수권부사채발행의 무효

법정절차를 위반하여 신주인수권부사채를 발행하거나 합리적인 이유 없이 제3자에게 신주인수권부사채를 발행하여 주주의 권리를 침해한 경우에는 전환사채의 경우와 같이 신주인수권부사채발행무효의 소를 제기할 수 있을 것이다.

## 제 3 기타 특수사채

2011년 상법개정을 통하여 도입한 특수한 사채에는 이익참가부사채, 교환사채 및 파생결합사채가 있다. 그리고 담보부사채신탁법에서 정하는 담보부사채가 있다.

이익참가부사채란 사채권자가 사채의 이율에 의한 이자를 받는 외에 이익배당에 참가할 수 있는 사채이다. 교환사채란 사채권자에게 당해 주권상장법인이 소유하고 있는 주식이나 그 밖의 다른 증권과의 교환을 청구할 수 있는 권리가 부여된 사채이다. 그리고 파생결합사채란 유가증권이나 통화 또는 그 밖에 대통령령으로 정하는 자산이나 지표 등의 변동과 연계하여 미리 정하여진 방법에 따라 상환 또는 지급액이 결정되는 사채이다.

이들 각종의 사채는 종래 자본시장과 금융투자업에 관한 법률에 도입되어 있던 것을 2011년 상법개정으로 도입하였다(§469②1~3호). 이들의 내용 및 발행방법 등은 지금까지는 자본시장과 금융투자업에 관한 법률에 정함이 있었으나, 앞으로 발행에 필요한 구체적인 사항은 대통령령으로 정하도록 하였다(동조③).

담보부사채란 사채권을 담보하기 위하여 물상담보가 붙어 있는 사채로서 담보부사채신탁법상의 사채이다.

## 1. 담보부사채

### (1) 의 의

담보부사채란 일정한 회사재산을 담보로 하여 모집하는 사채이다. 각 사채권자에게 따로따로 담보를 제공하는 것은 사실상 불가능하므로 기채회사와 사채권자 사이에 신탁회사를 두고, 신탁회사가 각 사채권자를 위하여 물상담보를 취득하여 보존, 실행하게 한다. 기채회사와 신탁회사는 신탁계약을 체결하며, 각 사채권자는 채권액에 따라 평등하게 담보이익을 향수한다.

상법상의 사채는 무담보사채를 예정하는 것이고, 담보부사채에 대해서는 담보부사채신탁법이 있다. 이 담보권은 법률상 신탁회사에 귀속된다(담신 §60①).

### (2) 신탁회사

신탁회사가 될 수 있는 자는 자본시장법상의 신탁회사와 은행법상의 금융기관으로서 금융위원회에 등록하여야 한다(담신 §5①). 신탁회사는 총사채권자를 위하여 담보권의 보존과 실행, 모집, 사채권자 집회의 소집과 결의의 집행, 담보권 실행 기타 변제의 수령에 필요한 행위를 한다.

### (3) 발 행

기채회사는 동일한 담보로서 담보된 사채의 총액을 수회로 분할하여 발행할 수 있다. 이 경우 각 회의 사채는 그 담보권에 대하여 동일순위에 있다(담신 §§14~17). 다만 최종회의 발행은 신탁증서 작성일부터 5년 내여야 한다(담신 §26). 담보부사채를 모집하는 경우에는 사채청약서 대신 공고에 의한다.

### (4) 사채권자집회

일반사채의 경우는 상법에 정해진 것과 사채권자의 이해관계가 있는 사항에 관하여 결의할 수 있으나 담보부사채의 경우에는 담보부사채신탁법에서 정한 것과 신탁계약에서 정한 것을 결의할 수 있다(담신 §51조). 그 외에도 의결정족수, 법원의 인가불요 등 일반사채권자의 집회와 다른 내용들이 다수 있다.

## 2. 이익참가부사채

### (1) 의 의

이익참가부사채란 사채권자가 일정한 원리금을 받을 권리 외에 이익배당에도 참가할 수 있는 사채이다(§§469②1호). 이익참가부사채의 발행은 주주의 이익배당 청구권을 침해할 수 있다. 주식과 사채의 혼합형태이다.

### (2) 발행사항

주주에게 배정하는 이익참가부사채의 발행에 관하여 정관에 규정이 없는 경우에는 이사회가 ① 이익참가부사채의 총액, ② 이익배당참가조건 및 내용, ③ 주주에게 이익참가부사채의 인수권을 준다는 뜻과 인수권의 목적이 되는 이익참가부사채의 액 등을 결정한다. 그러나 정관의 정함으로 주주총회에서 결정하도록 할 수 있다(자금령 §176의12②).

주주 이외의 자에게 이익참가부사채를 발행하는 것에 관하여 정관의 규정이 없으면, 이사회는 위의 ①, ②의 발행사항 및 ③ 주주 이외의 자에게 이익참가부사채를 발행하는 것과 이에 대하여 발행할 이익참가부사채의 액에 관하여 결의가 있어야 한다. 주주 이외의 자에게 발행할 수 있는 이익참가부사채의 가액과 이익배당참가의 내용에 관하여 정관에 규정이 없으면 주주총회의 특별결의로써 정한다(자금령 §176의12③). 회사가 자본시장과 회사의 사정을 참작하여 자유롭게 정한다.

### (3) 발행절차

이익참가부사채를 발행하는 경우에는 사채청약서, 채권, 사채원부에 이익배당에 참가할 수 있다는 뜻과 이익배당참가조건 및 내용을 기재해야 한다(자금령 §176의12⑦). 주주가 이익참가부사채의 인수권을 갖는 경우 그 권리의 내용은 상법 제513조의2를 준용하고, 실권예고부청약최고에 관하여는 상법 제513조의3을 준용한다.

### (4) 등 기

이익참가부사채를 발행하는 경우에는 상법 제476조에 의한 납입완료일부터 2주 내에 본점소재지에서 이익참가부사채의 총액, 각 이익참가부사채의 금액, 납입금액, 이익배당에 참가할 수 있다는 뜻, 이익참가의 조건 및 내용 등을 등기하여야 한다(자금령 §176의12⑧).

### (5) 불공정한 발행

불공정한 방법으로 이익참가부사채를 발행한 경우에는 주주의 유지청구권과 인수자의 책임에 관한 상법 제424조의2가 준용된다(동조⑥).

## 3. 교환사채

### (1) 의 의

교환사채는 기채회사가 보유하고 있는 주식 기타의 유가증권으로 교환 또는 상환할 수 있는 권리가 부여된 사채이다(§469②2호).

### (2) 발 행

교환사채의 발행은 이사회가 결정한다. 정관에 규정이 없으면 주주 외의 자에게 발행하는 경우 주주총회의 특별결의를 필요로 하는 전환사채 등에 관한 규정은 준용되지 않는다. 이사회는 ① 상장증권과 교환을 청구할 수 있는 권리가 부여되어 있다는 뜻, ② 교환할 상장증권의 내용, ③ 교환조건, ④ 교환청구기간 등을 결정하고 사채청약서, 채권, 사채원부에 기재하여 공시하여야 한다(자금령 §17613②). 교환사채발행가액에 대해서는 규정이 없지만 교환할 주식의 액면가 이상이어야 할 것이다.[1)]

### (3) 교환절차

교환청구는 청구기간 내에 청구서 2통에 기명날인 또는 서명하고, 채권을 첨부

---

1) 정찬형, 상, 1196면; 최준선, 회, 628면.

하여 회사에 제출하여야 한다(§349①, 자금령 §176의13④). 주주명부 폐쇄기간의 영향도 받지 않는다. 청구기간의 정함이 없는 경우에는 사채권자는 언제든지 청구할 수 있다고 본다.

### (4) 교환의 효력

교환청구에 대해서는 전환주식의 전환청구에 관한 상법 제350조를 준용하므로, 교환의 효력은 그 청구를 한 때 발생한다. 그러나 교환청구와 동시에 교환대상 유가증권이 사채권자에게 귀속된다고 볼 수 없으므로, 교환청구가 있으면 회사는 별도의 승인절차 없이 교환대상 유가증권을 사채권자에게 인도하여야 할 의무가 발생한다고 본다.

교환권을 행사한 주식에 대한 이익배당은 전환사채에 관한 규정을 준용한다(상 §350③, 자금령 §176③).

## 《일본 회사법상 사채》

### 1. 사채의 종류

#### (1) 보통사채

발행회사와 채권자 사이에 정기적으로 이식을 지불하고 기한까지 원본을 상환할 뜻을 약정하는 사채이다. 권면액에서 얼마를 할인하는 할인발행과 할증하여 상환하는 할증상환, 이율 등이 사채발행조건으로서 약정된다. 보통사채에는 무담보사채와 담보사채가 있다. 무담보사채의 발행에 있어서는 원리금지불을 확보하기 위하여 주주에게 잉여금지불을 하지 않는 등 각종의 약정이 붙게 된다. 일본에서는 종래 담보부사채가 일반적이었으나 그 비용이 크므로 최근 우량기업부터 서서히 무담보사채 발행을 증가하고 있다.

#### (2) 신주예약권부사채

이것에는 ① 신주예약권을 행사하여 납입을 하고 주식을 교부받는 한편, 사채가 만기까지 존속하는 것(사채존속형)과, ② 신주예약권을 행사할 때 사채의 만기가 앞당겨지고 그 상환금이 주식의 납입에 충당되는 것(사채소멸형 또는 전환사채형)이 있고 ②의 쪽이 보급되고 있다.

신주예약권부사채는 신주예약권과 사채의 어느 한편이 소멸할 때까지 일체로서 존속한다. 따라서 한쪽만을 양도하거나 질권을 설정할 수 없다(일회 §254②, ③, §267②, ③). 무기명식의 사채권이 발행된 신주예약권부사채를 증권발행신주예약권부사채라고 한다(일회 §249 2호). 이 경우 증권의 교부는 양도와 입질의 효력요건이고(일회 §255②, §267⑤), 증권의 계속점유가 대항요건이다(일회 §268③). 이 경우 신주예약권의 행사방법은 사채존속형의 경우는 동 증권을 회사에 제시하고 회사는 신주예약권이 소멸된 뜻을 기재한다(일회 §280③). 사채소멸형의 경우 신주예약권의 행사에 의하여 사채도 동시에 소멸하지만, 사채권자는 권리가 소멸하는 동 증권을 회사에 제출하여야 한다(동조④). 사채권이 발행되지 않은 신주예약권부사채는 대체신주예약권부사채라고 하며, 그 양도나 입질은 대체구좌부(對替口座簿)에 의한다.

최근 자금조달능력에 한계가 있는 기업이 자금조달수단으로써 채용하고 있는 것으로 전환가격수정조항부신주예약권부사채(moving strike convertible bond, MSCB)가 있다.[1)]

### (3) 담보부사채

담보부사채란 사채에 물상담보가 붙어 있는 것을 말한다. 사채의 규제는 기본적으로 회사법이 적용되지만, 담보가 붙어 있으므로 필요한 특칙을 정하는 담보부사채신탁법이 특별법으로써 적용된다. 사채에 물상담보가 있는 경우에는 신탁회사와 신탁계약을 체결해야 하고, 신탁회사는 사채관리자의 역할을 담당하며 선관주의의무로써 신탁사무를 처리해야 한다.

그 밖에 물상담보 이외의 담보가 붙어 있는 사채로서는 제3자가 인적보증을 하는 보증사채, 특수회사가 발행하고 정부가 보증하는 보증사채, 공공사업을 하는 특수회사에 인정된 일반담보부사채 등이 있으나 이것들은 담보부사채신탁법상의 담보부사채는 아니다.

### (4) 단기사채

신용 있는 기업이 단기자금을 시장에서 직접 모집하기 위하여 CP(commercial paper)의 무권화 실현수단(사채권 발행금지)으로 이용된다. 사채주식진체법에 의하여 발행된다.

### (5) 기타의 사채

① 利付債 : 만기까지 일정기간(보통 반년)마다 이자가 지불되는 사채
② 割引債 : 사채발행가액을 사채금액보다 저가로 하고 이자를 지급하지 않는 사채
③ 劣後債 : 일반채권보다 채무변제의 순위가 열후한 사채
④ Index채, Link채 : 주식지표나 환율, 원유 등의 상품상장의 변동에 의하여 상환액이나 이율이 변동하는 사채 등이 있다.

---

1) 石山卓磨, 368面. 신주로 전환가격이 수정하기 전의 주식시가에 대하여 일정한 할인율로써 하향 수정되는 신주예약권부사채. 주가하락시에는 전환가격이 하향 수정되기 때문에 전환주 수가 증대하고 주식의 희박화가 촉진된다. 자본조달목적이라든가 임직원에 대한 인센티브 부여목적으로 또는 적대적 기업매수에 대한 대항책으로 활용된다.

## 2. 사채의 발행

### (1) 각종 제한의 폐지와 발행방법

일본에서는 사채의 발행에 관하여 종래의 사채발행총액제한, 사채권면액 하한규제, 재모집 제한, 할증상환 동율 등 각종 제한을 이미 폐지하였고, 사채관리회사의 설치를 강제하고 있다. 사채의 모집방법에는 총액인수와 공모가 있고 공모에는 직접모집과 간접모집이 있어서 우리나라와 유사하다. 총액인수는 금융할인업자 뿐만 아니라 특정인이 투자목적으로 총액인수를 하는 것이 가능하다.

사채는 복수의 회사가 합동하여 발행할 수 있고, 각 회사는 합동 발행한 사채의 총액에 대하여 연대채무를 진다(일회 §503①, §511①). 사채를 합동 발행하는 경우에는 사채신청서에 합동 발행의 사실과 각 회사의 부담부분을 기재해야 한다(일회칙 §162 2호).

### (2) 모집절차

회사가 발행하는 사채의 인수자를 모집하고자 할 경우 그 때마다 회사법 제676조 제1호부터 제12호 및 회사부칙 제162조 제1호부터 제6호에 규정된 사항을 결정해야 한다. 이러한 모집에 응하여 당해 사채의 인수신청을 한 자에 대하여 배당하는 사채를 모집사채라고 한다.

회사는 모집사채의 모집에 응하여 인수를 신청하려는 자에 대하여 회사의 상호, 위의 결정사항, 사채관리자, 사채원부관리인 등을 통지하여야 한다(동조①). 그리고 인수신청자는 성명, 인수하려는 사채의 금액과 수 등을 기재한 서면을 회사에 교부하여야 한다(일회 §677②). 회사의 승낙을 얻어 전자적 방법으로 제공할 수도 있다(동조③).

회사는 신청자 중에서 배당받을 자를 정하고, 그 자에게 배당할 사채의 금액과 금액마다의 수를 정해야 하며, 이 경우 신청자가 인수하려는 금액과 수를 감소할 수 있다(일회 §678①). 회사는 금전의 납입기일 전날까지 위 내용을 통지하여야 한다(동조②). 이상의 제677조, 678조의 규제는 총액인수계약을 체결할 경우에는 적용하지 않는다(일회 §679).

## 3. 사채의 유통

### (1) 사채권

사채에는 사채권이 발행되는 것과 발행되지 않는 것이 있고, 사채권에는 기명식과 무기명식이 있다. 사채권은 사채의 모집사항에 정함이 있는 경우에만 발행되지만(일회 §676 6호), 대체사채의 경우에는 발행되지 않는다. 사채권에는 상호, 사채금액, 사채종류 등을 기재하고 대표이사가 기명날인 또는 서명하여야 한다(일회 §697①1~3호). 사채권에는 이권을 붙일 수 있다(동조②). 기명사채와 무기명사채의 상호전환 청구가 가능하다(일회 §698, §676 7호). 사채권의 상실은 공시최고와 제권판결을 받아야 하며, 재발행 청구가 인정된다(일회§ 699).

### (2) 사채원부

회사는 사채발행일 이후 지체 없이 사채원부를 작성하고, 회사법 제681조 제1호~제7호, 부칙 제166조 제1호~제2호의 사채원부기재사항을 기재 또는 기록하여야 한다. 회사는 회사를 대신하여 사채원부의 작성, 비치 기타의 사무를 담당할 자로서 사채원부관리인을 둘 수 있다(일회 §683). 사채권자는 이상의 기재 또는 기록을 한 서면의 교부 또는 전자기록의 제공을 청구할 수 있다(일회 §682①).

사채발행회사는 사채원부를 본점(원부관리인이 있는 경우에는 그의 영업소)에 비치여야 한다(일회 §684①). 채권자, 주주, 사원은 영업시간 내에는 언제든지 사채원부가 ① 서면의 경우에는 그의 열람·등사를, ② 전자적 기록의 경우는 이 기록사항을 법무성령 소정방법에 의하여 표시한 것의 열람 등사를 청구할 수 있다(동조②). 사채발행회사가 주식회사인 경우 모회사의 사원은 그의 권리행사를 위하여 필요한 경우에는 법원의 허가를 얻어 사채원부의 열람과 등사를 청구할 수 있다(동조④).

그러나 회사는 ① 청구자가 권리의 확보 또는 행사에 관한 조사 이외의 목적으로 청구를 행한 때, ② 청구자가 사채원부의 열람 또는 등사로 알게 된 사실을 이익을 얻고 제3자에게 통보하기 위하여 청구한 때, ③ 청구자가 과거 2년 이내에 이러한 사실을 이익을 얻고 제3자에게 통보한 적이 있는 경우에는 열람과 등사를 거부할 수 있다(동조③1~3호).

## 4. 사채의 관리

### (1) 사채관리자

1) **설치와 자격** 회사가 사채를 발행하는 경우에는 사채관리자를 정하고 사채권자를 위하여 변제의 수령, 채권의 보전 기타의 관리를 하도록 위탁하여야 한다(일회 §702). 은행, 신탁회사 기타 이에 준하는 자가 사채관리회사가 될 수 있다(일회 §703). 그러나 각 사채의 금액(최저권면액)이 1억엔 이상인 경우, 기타 사채권자보호에 결함이 없고 법무성령이 정하는 경우에는 자력보호가 가능한 전문적 투자기관일 것이므로 이에 한하지 않는다(일회 §702).

2) **권 한** 사채권자를 위하여 사채에 관한 채권을 받고, 채권의 실현을 보전하기 위하여 필요한 일체의 재판상 또는 재판 외의 행위를 할 권한을 갖는다(일회 §705①). 사채관리자가 위의 변제를 받는 경우 사채권자는 사채관리자에 대하여 사채의 상환액 및 이식의 지불을 청구할 수 있다, 이 청구권의 시효는 10년이다(동조③). 사채권이나 이권을 발행한 경우에는 이들을 교환하여 지급을 청구한다(동조②).

사채관리자는 사채권자집회의 결의 없이는 ① 당해 사채 전부에 대해서 하는 지불의 유예, 그 채무의 불이행에 의하여 발생한 책임의 면제, 화해, ② 당해사채 전부에 대한 소송행위, 파산절차, 재생절차, 갱생절차, 특별청산절차에 속하는 행위를 하지 못한다(일회 §706①1~2호). 사채관리자는 관리의 위탁을 받은 사채에 관하여 제705조 제1항, 제706조 제1항의 행위를 할 필요가 있을 때는 법원의 허가를 얻어 사채발행회사의 업무 및 재산의 상황을 조사할 수 있다(일회 §705④, §706④).

3) **의무와 책임**　　사채관리자는 사채권자를 위하여 공평하고 성실하게 사채를 관리하여야 하고(일회 §704①), 사채권자에 대하여 선량한 관리자의 주의로써 사채를 관리하여야 한다(동조②). 사채관리자가 회사법 또는 사채권자집회의 결의에 위반한 행위를 한 때는 사채권자에 대하여 연대하여 이로 인하여 발생한 손해의 배상책임을 진다(일회 §710①). 사채관리자는 사채발행회사가 사채의 상환이나 이식의 지불을 해태하거나 사채발행회사에 대한 지급정지가 내려진 후 또는 그 3개월 이내에 제710조 제2항 각 호의 행위를 한 때는 사채권자에 대하여 손해배상책임을 진다(동조②1~4호).

사채권자와 사채관리자간에 이익이 상반하는 경우 사채권자를 위하여 재판상 또는 재판 외의 행위를 할 필요가 있는 때는 법원은 사채권자집회의 신청에 의하여 특별대리인을 선임하여야 한다(일회 §707).

4) **사채관리자가 2인 이상인 경우**　　2인 이상의 사채관리자가 있는 때는 공동으로 그 권한을 행사하여야 한다(일회 §709①). 사채에 관한 채권의 변제를 받은 때는 사채관리자는 사채권자에 대하여 연대하여 당해 변제액을 지불할 의무를 진다(동조②).

5) **사임과 해임**　　사채관리자는 사채발행회사와 사채권자의 동의를 얻어 사임할 수 있다. 사채권자는 미리 사채관리자를 정할 수 있다(일회 §711①). 또한 사채관리위탁계약(일회 §702)에 정한 사유가 있는 때에도 사임할 수 있다. 다만 이 계약에 사무를 승계할 사채관리자에 관한 정함이 없는 때는 이에 한하지 않는다(동조②). 불가피한 사유가 있는 때도 사임할 수 있다(동조③).

법원은 사채관리자가 의무위반, 사무처리 부적임, 기타 정당한 이유가 있는 때는 사채발행회사 또는 사채권자집회의 청구에 의하여 사채관리회사를 해임할 수 있다(일회 §713).

6) **사무의 승계**　　사채관리자가 제714조 각 호(제703조 각 호의 은행 등이 없어진 때, 제711조의 사임, 제713조의 해임, 해산 등)에 해당하고, 다른 사채관리자가 없는 때는 사채발행회사는 사무를 승계할 사채관리자를 정하고 사채권자를 위하여 사채관리 사무를 위탁해야 한다. 이 경우 회사는 사채권자집회의 동의를 얻기 위하여 지체 없이 회의를 소집해야 하고, 동의를 얻을 수 없는 때는 법원의 허가를 신청해야 한다(일회 §714 1~4호).

사채발행회사는 위의 각 항에 해당하게 된 날 이후 2개월 내에 사채권자집회의 소집을 하지 않고, 법원에 신청도 하지 않은 경우에는 당해 사채총액에 대한 기한의 이익을 상실한다(동조 2호). 사채발행회사가 사채권자집회의 동의 없이 사채관리자를 정한 경우 또는 이해관계인의 신청에 의하여 사무의 승계자를 선임한 경우에는(동조③), 지체 없이 그 뜻을 공고하고 알고 있는 채권자에게 각별로 통지하여야 한다(동조④).

### (2) 사채권자집회

1) **의 의** 사채권자 집회는 사채의 종류마다 조직하며(일회 §715), 회사법 소정사항 및 사채권자의 이해에 관한 사항을 결의한다(일회 §716). 회사법 제718조 제3항에 의하여 소집되는 경우를 제외하고 사채발행회사나 사채관리자는 언제든지 필요할 경우에는 회의를 소집할 수 있다(일회 §717). 어느 종류의 사채총액의 10분의 1 이상(발행회사가 갖는 자기사채 제외)을 갖는 사채권자는 발행회사 또는 사채관리자에 대하여 목적사항과 이유를 제시하고 집회소집을 청구할 수 있다(일회 §718 1~2호). 이 청구를 한 사채권자는 ① 청구 후 지체 없이 소집절차를 행하지 않는 경우, ② 청구일로부터 8주간 이내의 날을 사채권자 집회일로 하는 소집통지가 발송되지 않는 경우 법원의 허가를 얻어 집회를 소집할 수 있다(동조③ 1~2호).

2) **소집결정·통지** 집회를 소집하는 자는 집회의 일시와 장소, 목적사항, 전자투표, 기타 법무성령 소정사항을 결정하여야 한다(일회 §719 1~4호).

집회를 소집하는 자는 회일의 2주간 전까지 사채권자, 발행회사, 관리자에 대하여 서면으로 제719조 각 호의 내용을 통지하여야 한다(일회 §720①, ③). 통지를 받을 자의 동의가 있으면 전자적 방법으로 통지할 수 있다(동조②). 그리고 무기명식사채권을 발행하고 있는 경우에는 소집하는 뜻을 공고하여야 한다(동조④).

소집하는 자가 통지할 때, 채권자에 대하여 참고서류 및 의결권 행사를 위한 서면을 교부해야 하며(일회 §721①), 전자적 방법으로 통지할 때도 같다(동조②). 공고를 할 때는 집회일의 1주간 전까지, 무기명 사채권자의 청구가 있는 때는 즉시 참고서류와 의결권행사서면을 교부해야 한다(동조③, ④).

3) **의결권의 액 등** 사채권자는 집회에서 그가 갖는 당해 종류의 사채금액의 합계액에 따라 의결권을 갖는다(일회 §723①). 그러나 발행회사는 자기사채에 대해서는 의결권을 행사할 수 없다(동조②). 무기명사채의 사채권자는 회일의 1주간 전까지 사채권을 소집자에게 제시하여야 한다(동조③).

4) **결 의** 사채권자집회의 결의는 출석한 의결권의 총액의 과반수 의결권을 갖는 자의 동의에 의한다(일회 §724①). 다만 회사법 제706조 제1항 각 호와 제736조 제1항, 제737조 제1항 단서, 제738조의 규정에 의하여 사채권자집회의 결의를 필요로 하는 사항에 대해서는 의결권 총액의 5분의 1 이상, 출석의결권의 3분의 2 이상의 동의로써 결의한다(동조②1~2호). 사채권자집회에서는 목적사항 이외의 사항은 결의할 수 없다(동조③).

5) **의결권 행사와 대표자의 출석** 사채권자는 대리인에 의하여 의결권을 행사할 수 있으며, 서면에 의하여 의결권을 행사할 수도 있고, 전자적 방법에 의하여 의결권을 행사할 수도 있다(일회 §§725~726). 또한 의결권을 불통일행사할 수도 있다. 이 경우 사채권자는 회일의 3일 전까지 소집자에게 통지하여야 하며, 소집자는 이 불통일 행사를 거부할 수 있다(일회 §728①, ②).

사채발행회사 및 관리자는 그 대표자 또는 대리인을 사채권자집회에 출석 시키고 서면으로 의견을 진술할 수 있다(일회 §729①). 사채권자집회 또는 소집자는 사채발행회사에 대하여 그 대표자, 대리인의 출석을 요구할 수 있다(동조②).

6) **의사록** 집회의 소집자는 법무성령이 정하는 바에 따라 의사록을 작성하고(일회 §731①), 사채발행회사는 10년간 의사록을 본점에 비치하여야 한다(동조②). 사채관리자 및 사채권자는 영업시간 내에는 언제든지 열람 또는 등사를 청구할 수 있다(동조③).

7) **법원의 인가와 효력** 사채권자집회의 결의가 있으면 소집자는 1주간 이내에 법원에 대하여 당해결의의 인가를 신청해야 한다(일회 §732). 법원은 소집절차, 결의방법 등이 법령 등에 위반한 때, 결의가 부정한 방법으로 행해진 때, 결의가 불공정한 때, 결의가 사채권자 일반의 이익에 반한 때에는 인가해서는 안 된다(일회 §733 1~4호). 사채발행회사는 법원의 인가, 불인가의 결정을 지체 없이 공고하여야 한다(일회 §735).

결의는 법원의 인가를 받으면 효력을 발생하며, 이 효력은 모든 사채권자에게 미친다(일회 §734).

8) **대표사채권자** 사채권자집회는 그 결의에 의하여 당해 종류의 사채총액의 1,000분의 1 이상의 사채를 갖는 사채권자 중에서 1인 또는 2인 이상의 대표자를 선임하고, 사채권자집회에서 결의할 사항에 대한 결정을 위임할 수 있다(일회 §736①, ②). 사채권자집회는 언제든지 그 대표자 또는 결의집행자를 해임하거나 위임사항을 변경할 수 있다(일회 §738).

## 5. 기 타

### (1) 기한의 이익의 상실

발행회사가 이익의 지급이나 상환을 태만히 한 때는 사채권자집회의 결의로써, 사채발행회사에 대하여 일정한 기한 내에 변제를 하지 않으면 당해 총액에 대하여 기한의 이익을 상실한다는 뜻을 통지할 수 있다(일회 §739①). 결의의 집행자는 서면통지 대신 발행회사의 승낙을 얻어 전자적 방법으로 제공할 수 있다(동조②).

### (2) 채권자이의절차

주식회사의 자본금액의 감소, 지분회사의 자본금액 감소, 합동회사의 지분반환, 청산지분회사의 재산처분, 주식회사의 조직변경, 주식회사와 지분회사의 합병(흡수, 신설 포함) 등의 경우에는 사채권자의 이의신청이 인정된다. 사채권자의 이의신청은 사채권자집회의 결의에 의하여야 하며, 사채관리자는 사채권자를 위하여 이의를 진술할 수 있다(일회 §740).

## 《중국 회사법상 사채제도》

### 1. 사채의 종류

#### (1) 회사법상의 분류

1) **기명사채와 무기명사채** 사채는 기명채권으로 할 수도 있고, 무기명채권으로 할 수도 있다(중회 §157). 회사가 사채를 발행하는 경우에는 반드시 사채원부를 작성하여야 한다. 사채의 원부에는 채권소지인의 성명(명칭)과 주소, 채권을 취득한 일자 및 채권번호, 채권총액, 채권금액, 이율, 상환기한과 방식, 채권발행일자를 기재하여야 한다. 무기명사채를 발행하는 경우에는 위의 기재사항 중 채권소지인의 성명과 주소 외에는 모든 사항을 기재하여야 한다(중회 §158).

2) **전환사채** 상장회사는 주주총회의 결의를 거쳐 주권으로 전환할 수 있는 사채를 발행할 수 있으며, 그 구체적인 전환방법은 사채모집방법에 규정한다. 상장회사가 전환가능한 사채를 발행할 경우 국무원 증권감독관리기구에 보고하여 심사, 승인을 받아야 한다. 주권으로 전환할 수 있는 사채를 발행하는 경우 채권에 전환가능사채라는 문자를 표시하고 사채원부에 전환가능사채의 액수를 명기하여야 한다(중회 §162). 전환회사채권관리잠행법 제3조에서는 본법에서 말하는 전환사채권이란 일정한 기한 내에 약정한 조건에 근거하여 주식으로 전환할 수 있는 회사의 채권이라고 정의하고 있다. 전환회사채권은 광의와 협의의 두 종류가 있는데, 협의의 전환회사채란 발행회사의 주식으로 전환할 수 있는 권리가 있는 채권이고, 광의의 전환회사채는 발행회사의 주식에 한하지 않고 다른 종류의 증권으로 전환할 권리가 부여된 사채이다.[1)]

#### (2) 기타 분류

① 담보사채와 무담보사채 : 발행회사가 담보를 제공하는가에 따라 분류한다.
② 상장사채와 비상장사채 : 증권시장에서 공개적으로 거래할 수 있는가에 의한 분류이다.
③ 일반사채와 이익사채 : 일반사채란 이율을 확정하고 이에 근거하여 이자를 지급하며, 원금을 변제하는 기한이 있다. 이에 대하여 이익사채란 확정이자 없이 회사의 이익유무에 채권자의 수익의 유무 및 다소가 결정되는 사채이다.
④ 등록사채와 실물사채 : 등록사채는 실물을 발행하지 않고 등록만 하고 발행하며, 실물사채는 실제로 채권을 발행하는 사채이다.

### 2. 사채의 발행

종래의 중국 회사법은 사채의 발행주체, 조건, 절차 등에 관하여 상세한 규정을 두고 있었으나 개정된 신회사법은 원칙적인 규정만 두고 구체적인 내용은 증권법 등 다른 법규에서 정하고 있다.

---

1) 양동석, 전게 중국회사법, 199~201면.

### (1) 발행 주체

회사가 발행하는 사채는 중화인민공화국 증권법에서 규정하는 발행조건에 부합되어야 한다(중회 §154). 증권법 제10조에서는 증권을 공개발행 할 때는 법률, 행정법규가 규정한 조건에 부합되어야 하며, 법에 따라 국무원 증권감독관리기관 또는 국무원이 수권한 부문의 심사와 비준을 받아야 한다고 정하고 있다. 종래 사채발행주체가 회사유형에 따라 제한을 받던 것을 취소함으로써 주식회사나 유한회사를 불문하고 채권발행조건에 부합하면 심사를 거쳐 채권을 발행할 수 있게 하였다.

### (2) 발행 조건

1) **일반조건** ① 회사가 채권을 공개발행 할 때 주식회사의 순자산은 인민폐 3,000만원 이상, 유한회사의 경우 6,000만원 이상이어야 한다. ② 회사가 채권을 발행할 때 채권액의 합계가 순자산의 40%를 초과할 수 없다. ③ 사채를 발행하려면 최근 3년간의 평균배당이윤이 채권의 연간 이자를 지불할 수 있어야 한다. ④ 모집자금은 국가의 산업정책에 부합되게 투자하여야 한다. ⑤ 채권의 이율은 국무원에서 정한 수준을 초과하지 못한다.[1] ⑥ 국가가 사채를 관리하고 규범화하기 위하여 국무원이 규정하는 기타의 조건을 구비해야 한다.

2) **재발행 조건** 중국의 신증권법은 사회공중의 이익을 보호하기 위하여 채권재발행을 제한하고 있다. ① 전에 발행한 회사채권의 모집이 아직 완료되지 않는 것, ② 이미 공개발행한 회사의 채권 또는 기타의 채무에 대하여 계약위반의 사실이나 연체사실이 있고, 여전히 계속상태에 처해 있는 것, ③ 공개 발행하여 모집한 자금의 용도를 증권법 규정에 반하여 변경하는 것 등이다.

3) **전환사채발행 조건** ① 최근 3년간 연속 이득이 있었으며, 순자산의 이윤율이 평균 10% 이상이고, 에너지, 원자재, 기초시설에 관한 영업을 하는 회사는 7%를 하회해서는 안 된다. ② 부채비율이 70%를 상회해서는 안 된다. ③ 채권잔여액 누계가 40%를 초과할 수 없고, 전환사채가 발행된 후 채권이 80%를 초과해서는 안 된다. ④ 자금모집의 투자가 국가 산업정책에 부합하여야 한다. ⑤ 전환사채 이율은 은행의 예금이율을 초과할 수 없으며, ⑥ 발행액은 인민폐 1억원을 초과할 수 없고, ⑦ 기타 국무원이 정한 조건에 부합하여야 한다.

### (3) 발행절차

첫째, 회사가 사채를 발행하기 위해서는 주주총회 또는 주주회의 결의가 있어야 한다(중회 §100, §38(8)). 국유독자회사가 채권을 발행하기 위해서는 국유자산 감독관리기관에서 결정을 한다. 둘째, 회사법과 증권법은 회사의 채권발행을 심사비준제에서 심사허가제로 변경하였다. 따라서 발행회사는 회사채권의 공개발행을 신청하려면 국무원이 수권한 부문 또는 국무원 증권감독관리기관에 회사의 영업허가

1) 국무원의 기업채권관리조례 제18조에 의하면 기업채권의 이율은 은행의 동 기간 정기예금 이자율 40%를 상회할 수 없다고 규정하였다.

서, 정관, 채권모집방법, 자산평가보고 및 검사보고, 기타 위의 기관이 정한 문건을 제출해야 한다. 위의 기관은 증권발행 신청서류를 접수한 날부터 3개월 내에 법정조건과 법정절차에 따라 허가여부를 결정해야 한다. 발행인이 기관의 요구에 의하여 신청서류를 보충하고 수정한 시간은 계산에 넣지 않는다. 조건에 부합되면 허가하여야 하며, 허가하지 않을 경우에는 이유를 명시하여야 한다(중증 §24). 셋째, 사채발행의 비준을 받으면 발행회사는 공개발행문건을 만들어 지정장소에 비치하고 공중이 열람하게 하여야 한다. 사채모집방법에는 다음 사항이 명시되어야 한다. ① 회사의 명칭, ② 모집자금의 용도, ③ 채권총액과 액면금액, ④ 이율, ⑤ 상환기한과 방식, ⑥ 담보상황, ⑦ 발행가격, 발행개시일 및 마감일, ⑧ 순자산액, ⑨ 이미 발행하였으나 기한이 만료되지 않은 사채총액, ⑩ 위탁판매기관 등이다.

### 3. 사채의 양도와 상장

#### (1) 사채의 양도와 양도방식

사채는 유가증권으로서 양도할 수 있다. 양도가격은 양도인과 양수인의 약정에 의하며, 상장된 경우에는 거래소의 규칙에 따른다(중회 §160).

기명사채는 채권의 소지인이 배서 또는 법률, 행정법규가 정하는 방식으로 양도할 수 있다. 양도 후 회사는 양수인의 성명 또는 명칭, 주소를 사채원부에 기재한다. 무기명사채의 양도는 양수인에게 교부함으로써 양도의 효력이 발생한다(중회 §160).

#### (2) 채권의 상장조건

증권법에 의하면 회사채권의 상장거래는 다음 조건에 부합하여야 한다. ① 회사채권의 기한이 1년 이상일 것, ② 채권의 실제 발행액이 인민폐 5,000만원 이상일 것, ③ 상장신청을 할 때 여전히 법정의 회사채권 발행조건에 부합되어야 한다.

그리고 상장신청회사는 ① 상장보고서, ② 이사회결의, ③ 정관, ④ 영업허가서, ⑤ 채권모집방법, ⑥ 채권의 실제발행가액 등의 문건을 제출하여야 한다.

#### (3) 상장거래의 정지

1) **임시정지**  증권거래법에 의하면 상장된 후 다음 상황이 발생하면 증권거래소는 상장거래를 임시로 정지할 수 있다. ① 회사에 중대한 위법행위가 있을 때, ② 회사에 중대한 변화가 발생하여 상장조건에 부합하지 않을 때, ③ 모집된 자금이 허가받은 용도에 사용되지 않을 때, ④ 모집방법에 따라 의무를 이행하지 않을 때, ⑤ 최근 2년간 연속 결손 할 때 등이다.

2) **상장의 폐지**  상장된 후 회사에 다음 상황이 발생하면 증권거래소는 상장거래를 폐지한다. ① 회사에 중대한 위법행위가 있거나 회사채권모집방법에 따라 의무를 이행하지 않아 그 효과가 엄중할 때, ② 회사에 중대한 변화가 발생하여 회사채권의 상장조건에 부합하지 않거나 모집자금이 허가받은 용도에 사용되지 않은 경우 그리고 최근 2년간 연속 결손이 나타나고 기한 내에 제거하지 못할 때, ③ 해

산, 폐업을 명령 받았거나 파산선고를 받은 경우에는 상장거래를 폐지한다.

### 4. 사채의 전환과 상환

#### (1) 전 환

상장회사는 주주총회의 결의를 거쳐 주권으로 전환할 수 있는 사채를 발행할 수 있다. 그 구체적인 전환방법은 사채모집방법에 의한다. 상장회사가 전환사채를 발행할 경우 국무원 증권감독관리기구에 보고하여 심사, 승인을 받아야 한다. 주권으로 전환할 수 있는 사채를 발행하는 경우 사채에 전환가능사채라는 문자표시를 하고 사채원부에 전환가능사채의 액수를 명기하여야 한다(중회 §162). 전환사채를 발행한 경우 회사는 전환방법에 따라 채권소지인에게 주권으로 교환해 주어야 한다. 그러나 교환여부의 선택권은 채권소지인에게 있다(중회 §163). 상장회사발행 전환사채권 실행방법 제41조는 전환사채권 소지인은 약정조건에 따라 정한 기간 내에 언제든지 전환할 수 있으며, 주식으로 전환한 다음날부터 발행자의 주주로 된다고 한다.

전환의 시기에 관하여 전환사채관리임시법 제26조는 전환사채의 소지인은 발행 완료 6개월 이후에는 약정조건에 근거하여 언제든지 주식으로 전환할 수 있다고 규정하고 있다. 구체적 전환시기는 발행회사가 사채의 존속시기 및 회사의 재무상황에 근거하여 확정한다. 전환기 내에 소지인은 언제든지 약정한 전환가격 및 관련조건으로 그 소지하는 채권을 주권으로 전환할 수 있다. 전환사채관리임시법 제31조는 전환사채 소지인이 전환을 청구할 때 소지하는 채권액면이 1주의 주식이 되지 않을 때는 현금으로 상환하도록 하고 있다.

상장회사발행 전환사채권 실행방법 제19조는 전환가격은 모집설명서에서 약정하도록 하였다. 가격의 확정은 모집설명서를 확정하기 전 30 거래일의 회사주식 평균시장가격을 기초로 하여 그보다 조금 높게 정한다.

#### (2) 상 환

중국의 회사법은 사채의 기한에 관하여 명확한 규정을 두지 않았지만 전환사채관리임시법에서는 전환사채권의 행사기한을 3년에서 5년으로 정하고 있다.

사채의 상환방식에는 전부상환과 분할상환의 두 종류가 있다. 전부상환은 사채기한이 만기가 된 후 회사는 약정한 이자율에 따라 일차적으로 이자율에 따라 발행한 회사채권의 원금전체와 상응한 이자를 상환한다. 분할상환은 사채발행 후 회사가 약정한 일자와 이율에 따라 수차례에 나누어 원금과 이자를 채권소지인에게 상환하는 방식이다. 실제로는 전부 상환하는 방식 많이 채택되고 있다.

# 제 9 장 기업조직의 재편

## 제 1 절 조직변경

### 1. 총 설

#### (1) 의 의

회사의 조직변경이란 회사가 그 법인격의 동일성을 유지하면서 그 법률상의 조직을 변경하여 성질이 유사한 다른 종류의 회사로 변경 되는 것을 말한다. 회사가 영업에 부적합하여 다른 종류의 회사로 변경하고자 할 때 기존회사를 해산하고 다른 회사를 신설한다면 불편하고 경제적, 시간적으로 뿐만 아니라, 조세문제도 있어서 매우 불리할 것이다. 그러므로 회사의 조직변경은 이러한 불편과 불리를 제거하기 위하여 인정되는 제도이다. 조직변경은 회사가 다른 종류의 회사로 변경되는 것이지만 인격의 동일성이 그대로 유지되어 권리의무의 포괄승계가 발생하지 않으므로 합병과 다르고, 또 법률상 새로운 회사가 창설되는 것이 아니므로 설립과도 다르다.[1)]

#### (2) 허용범위

상법은 조직변경이 남용되는 것을 막고 법률관계를 명확히 처리하기 위하여 그 조직이 비교적 비슷한 회사 사이에서만 조직변경을 인정하고 있다. 그리하여 인적회사인 합명회사와 합자회사 사이 및 물적회사인 주식회사와 유한책임회사, 유한회사 사이에서만 조직변경이 가능하다(§242①, §286①, §287의43①, §604①, §607①).

---

1) 대판 1985.11.12, 85누69(주식회사를 신설하여 기존의 합자회사와 합병한 경우 사실상 기존의 합자회사를 주식회사로 변경하였더라도 조직변경이라고 할 수 없다).

## 2. 인적회사 상호간의 조직변경

### (1) 합명회사로부터 합자회사로의 조직변경

합명회사는 총사원의 동의로 합자회사로 조직변경을 할 수 있다. 이 경우에는 일부 사원을 유한책임사원으로 하거나 유한책임사원을 새로 가입시켜야 한다(§242①). 합명회사의 사원이 1인이 되어 해산사유가 발생한 경우 새로 사원을 가입시켜 회사를 계속하는 경우에도 동시에 합자회사로 조직변경을 할 수 있다(동조②, §229②).

합명회사를 합자회사로 조직변경하면서 일부 사원을 유한책임사원으로 하는 것은 회사채권자에 대하여 그만큼 담보가치가 감소되는 것이므로, 채권자를 보호하는 조치가 필요하다. 그리하여 조직변경으로 유한책임사원이 된 자는 본점소재지에서 조직변경등기를 하기 전에 생긴 회사의 채무에 대하여 등기 후 2년 내에는 무한책임사원으로서의 책임을 면하지 못한다(§244).

그리고 합명회사를 합자회사로 조직변경한 때에는 본점소재지에서는 2주간 내에, 지점소재지에서는 3주간 내에, 합명회사의 해산등기와 합자회사의 설립등기를 각각 하여야 한다(§243).

### (2) 합자회사로부터 합명회사로의 조직변경

합자회사는 총사원(유한책임사원을 포함한다)의 동의로 유한책임사원을 무한책임사원으로 변경하여 합명회사로 조직변경을 할 수 있다(§286①). 유한책임사원 전원이 퇴사한 경우에도 무한책임사원은 그 전원의 동의로 합명회사로 조직변경을 할 수 있다(동조②).

합자회사를 합명회사로 조직변경 하는 경우에는 유한책임사원이 무한책임사원으로 변경되어 회사채권자에게 유리하므로 채권자보호를 고려할 필요는 없다. 그러나 유한책임사원은 책임이 무거워지므로 그 동의를 얻도록 하고, 다른 한편 유한책임사원이었던 자도 업무집행권을 가지게 되므로 무한책임사원의 동의를 얻도록 한 것이다.

이 경우에 합자회사의 해산등기와 합명회사의 설립등기가 필요한 것은(§286③) 앞의 경우와 같다.

## 3. 물적회사 상호간의 조직변경

### (1) 주식회사로부터 유한책임회사·유한회사로의 조직변경

주식회사는 총주주의 동의에 의한 총회의 결의로 유한책임회사(§287의3①) 또는 유한회사(§604①본문)로 조직변경을 할 수 있다. 다만 유한회사에서는 사채발행이 금지되므로 사채의 상환을 완료하지 아니한 경우에는 조직변경을 할 수 없다(동항 단서). 위 결의에 있어서는 정관 기타 조직변경에 필요한 사항을 정하여야 한다(§604③).

이 경우 회사에 현존하는 순재산액보다 많은 금액을 자본금으로 할 수 없다(§604②). 이것은 자본충실의 원칙을 구현하기 위한 것이다. 이에 위반하여 회사에 현존하는 순재산액이 자본금에 부족한 때에는 결의당시의 이사와 주주는 회사에 대하여 연대하여 그 부족액을 지급할 전보책임을 진다(§605①). 이사의 책임은 총사원의 동의로 면제할 수 있으나, 주주의 책임은 면제하지 못한다(동조②, §550②, §551②, ③).

주식회사를 유한회사로 조직변경 할 때는 합병의 경우와 같은 채권자보호절차를 밟아야 하며(§608, §232), 종전의 주식을 목적으로 한 질권을 위하여 물상대위가 인정된다(§605④, §601). 주식회사를 유한회사로 조직변경한 때에는 본점소재지에서는 2주간 내, 지점소재지에서는 3주간 내에 주식회사의 해산등기 및 유한회사의 설립등기를 하여야 한다(§606).

주식회사를 유한책임회사로 조직변경 하는 경우에는 유한회사로 조직변경 하는 규정을 준용한다(§287의44).

### (2) 유한회사로부터 주식회사로의 조직변경

유한회사는 총사원의 일치에 의한 총회의 결의로 주식회사로 조직을 변경할 수 있다. 다만 회사는 그 결의를 정관으로 정하는 바에 따라 제585조의 결의(정관변경의 특별결의: 총사원의 과반수이며 총사원의 의결권 3분의 2 이상)로 할 수 있다(§607①). 이 조직변경은 법원의 인가를 받지 아니하면 그 효력이 없다(동조③). 이것은 주식회사 설립의 엄격한 절차를 피하는 것을 막기 위한 것이다.[1] 이 결의에 있어서는 정관 기타 조직변경에 필요한 사항을 정하여야 한다(동조⑤, §604③).

---

1) 이철송, 회, 129면; 정찬형, 상, 481면.

조직변경시에 발행하는 주식의 발행가액의 총액은 회사에 현존하는 순재산액을 초과하지 못한다(동조②). 이것도 자본충실의 원칙을 지키기 위한 것이다. 만일 회사에 현존하는 순재산액이 조직변경시에 발행하는 주식의 발행가액의 총액에 부족할 때에는 결의당시의 이사·감사와 사원은 회사에 대하여 연대하여 그 부족액을 지급할 전보책임이 있다. 이사·감사의 책임은 총주주의 동의로 면제할 수 있으나, 주주의 책임은 면제할 수 없다(동조③, §550②, §551②, ③).

조직변경을 함에는 채권자보호절차를 밟아야 한다. 종전의 지분을 목적으로 하는 질권의 효력은 새로이 발행되는 주식에 미치며, 지분의 등록질권자는 회사에 대하여 주권의 교부를 청구할 수 있다(§607⑤, §340③, §601①). 유한회사를 주식회사로 조직변경한 때에는 본점소재지에서는 2주간 내, 지점소재지에서는 3주간 내에 유한회사의 해산등기 및 주식회사의 설립등기를 하여야 한다(§606).

### (3) 유한책임회사와 주식회사간의 조직변경

주식회사는 총회에서 총주주의 동의로 결의한 경우에는 그 조직을 변경하여 유한책임회사로 할 수 있으며, 유한책임회사도 총사원의 동의에 의하여 주식회사로 변경할 수 있다(§287의43①, ②). 유한책임회사의 조직변경에는 제232조, 제604조부터 제607조까지 규정을 준용한다.

## 4. 효 력

### (1) 조직변경의 효력발생시기

회사의 조직변경이 있는 때에는 회사의 인격의 동일성은 유지되나 회사가 다른 종류의 회사로 변경되며, 따라서 회사의 형태와 사원의 종류가 달라지고 그에 따라 사원의 책임도 달라지며 또 회사나 기관구성도 달라진다.

조직변경의 효력발생시기에 관하여는 조직변경의 등기(변경 전의 회사는 해산등기, 변경 후 회사는 설립등기)를 한 때에 효력이 발생한다는 견해[1]와 등기를 한 때가 아니라 현실로 조직이 변경되었을 때에 그 효력이 발생한다는 견해가 대립하고 있다. 생각건대 조직변경에 의하여 회사인격의 동일성은 변하지 아니한다고 하더라도, 새로운 회사형태에 관한 한 그러한 회사가 새로 설립되는 것이나 다름없다. 종전의 사원 전원의 동의를 요하게 하는 것도 바로 그 때문이다. 그런데 회사는 본

1) 정찬형, 상, 482면; 이철송, 회, 130면; 정동윤, 803면; 최기원, 1147면.

점소재지에서 설립등기를 함으로써 성립하는 것이므로, 조직변경의 효력은 본점소재지에서 조직변경등기를 한 때에 발생한다고 보아야 할 것이다. 합명회사가 합자회사로 조직변경을 할 때에 유한책임사원으로 된 자의 유한책임이 조직변경등기 이후에 발생한 채무로부터 발생하는 점도 위 해석을 뒷받침하여 준다.[1)]

## (2) 조직변경의 무효

조직변경의 무효에 관하여 상법상 규정이 없다. 그러나 조직변경에 관한 법률관계는 획일적으로 처리해야 할 필요가 있고 또 조직변경의 경우에는 회사형태에 관한 한 새로 회사가 설립되는 것과 같이 설립등기를 요하므로, 조직변경에 무효·취소의 원인이 있는 경우에는 설립무효나 취소에 관한 소의 규정을 유추적용 하여야 한다.[2)] 다만 조직변경의 무효나 취소가 확정되면 청산절차를 밟는 것이 아니라 조직변경 전의 회사로 복귀한다.

### 《일본 회사법상 회사의 조직변경》

#### 1. 의 의

조직변경은 회사가 동일한 법인격을 유지하고 다른 종류의 회사가 되는 것을 말한다. 회사가 해산하여 소멸한 후 다시 다른 종류의 회사를 설립하는 것보다 법률상 법인격의 동일성이 유지되므로 기업유지의 원칙상 더 적합하다. 일본 회사법은 주식회사가 지분회사로 되는 조직변경과 지분회사가 주식회사로 되는 조직변경을 인정하고 있다(일회 §2 26호). 그리고 지분회사 내의 변경은 조직변경에 포함되지 않는다. 조직변경의 등기에 대해서는 회사법 제920조가 규정하고 있다.

#### 2. 주식회사의 조직변경

##### (1) 주식회사 조직변경계획에 있어서 결의사항

주식회사가 조직변경을 하는 경우 조직변경계획에 정해야 할 일반적 사항을 규정하고 있다(일회 §744①1~9호). 그리고 조직변경 후 지분회사가 합명회사인 경우에는 사원 전부를 무한책임사원으로 하는 뜻을, 합자회사인 경우에는 사원의 일부를 무한책임사원으로 하고 기타의 사원을 유한책임사원으로 하는 뜻을, 합동회사인 경우에는 사원 전부를 유한책임사원으로 하는 뜻을 정하여야 한다(동조②~④).

---

1) 동지: 이철송, 회, 128면.

2) 최기원, 1148면; 정동윤, 803면; 이기수 외, 142면; 정찬형, 상, 482면; 이철송, 회, 130면; 강위두, 123면; 최준선, 회, 77면.

### (2) 조직변경절차

**1) 조직변경계획에 관한 서면 등의 비치열람 등** 조직변경을 하는 주식회사는 조직변경계획비치 개시일부터 조직변경 효력발생일까지 변경계획의 내용 기타 법무성령 소정사항(회사칙 §180)을 기재한 서면 또는 전자적 기록을 본점에 비치하여야 한다(일회 §775①). 조직변경계획비치 개시일은 조직변경을 하는 주식회사의 총주주의 동의를 얻은 날, 이 회사가 신주예약권을 발행하고 있는 때는 신주예약권자에 대한 통지, 공고(일회 §777③,④)를 한 날, 채권자이의절차에 있어서 공고, 최고의 날 중에서 빠른 날을 말한다(동조②1~3호).

조직변경을 하는 주식회사의 주주 및 채권자는 회사에 대하여 그 영업시간 내에는 언제든지 위의 서면의 열람청구, 등본·초본의 교부청구, 전자적 기록사항의 열람청구, 회사가 정한 방법에 의한 기재사항 제공 및 교부청구를 할 수 있다. 다만 비용은 청구자가 부담한다(일회 §775③).

**2) 조직변경계획의 승인** 조직변경을 하는 주식회사는 효력발생일 전날까지 조직변경계획에 대하여 총주주의 동의를 얻어야 한다(일회 §776①). 회사는 효력발생일 20일 전까지 등록주식질권자·등록신주예약권질권자에 대하여 조직변경을 하는 뜻을 통지하여야 한다(공고로 대신할 수 있음, 동조②, ③).

**3) 신주예약권의 매수청구** 신주예약권자는 회사에 대하여 자기가 가지고 있는 신주예약권을 공정한 가격으로 매수할 것을 청구할 수 있다(일회 §777①). 신주예약권부사채에 있어서 신주예약권자가 매수청구를 하는 경우에는 모두 합하여 신주예약권부사채에 대한 사채의 매수를 청구하여야 한다. 다만 이 신주예약권에 관하여 별도의 정함이 있는 경우에는 이에 한하지 않는다(동조②).

회사는 효력발생일 20일 전까지 신주예약권자에 대하여 조직변경의 뜻을 통지하여야 한다(공고로 대신할 수 있음, 동조③, ④). 신주예약권매수청구는 효력발생일 20일 전부터 효력발생일 전날까지 이 청구와 관련된 신주예약권의 내용, 수를 명백히 하여야 한다(동조⑤). 매수청구를 한 신주예약권자는 회사의 승낙을 얻은 경우에 한하여 이 청구를 철회할 수 있다(동조⑥). 조직변경을 중지한 때는 신주예약권매수청구는 실효한다(동조⑦).

**4) 신주예약권의 가격결정** 신주예약권매수청구가 있는 경우, 신주예약권(신주예약권부사채에 관하여 사채의 매수청구가 있는 때는 당해 사채 포함)의 가격결정에 관하여 신주예약권자와 조직변경 하는 회사 사이에 협의가 된 때는 회사는 효력발생일부터 60일 이내에 이를 지불하여야 한다(일회 §778조①). 가격결정에 관하여 효력발생일부터 30일 이내에 협의가 되지 않은 때는 신주예약권자 또는 변경 후 지분회사는 이 기간만료일 후 30일 이내에 법원에 대하여 가격결정을 신청할 수 있다(동조②). 효력발생일부터 60일 이내에 신청이 없는 때는 신주예약권자는 제777조 6항에도 불구하고 이 기간만료 후에는 언제든지 신주예약권의 매수청구를 철회할 수 있다(동조③). 신주예약권의 매수는 효력발생일에 효력을 발생한다(동조⑤).

조직변경을 하는 회사는 신주예약권 증권이나 신주예약권부사채권이 발행되고 있는 신주예약권에 관하여 매수청구가 있는 때는 이 증권과 교환하여 대금을 지급하여야 한다(동조 ⑥,⑦).

5) **채권자 이의절차** 조직변경을 하는 회사의 채권자는 당해 회사에 대하여 조직변경에 관한 이의를 제기할 수 있다(일회 §779①). 회사는 제779조 제3항의 사항을 관보에 공고하고, 알고 있는 채권자에게는 개별적으로 최고하여야 한다. 다만 회사가 관보 이외에 공고에 관한 정관의 정함에 따라(일회 §939조①) 시사에 관한 사항을 게재하는 일간신문 또는 전자공고로 공고한 경우에는 개별적 최고는 요하지 않는다(일회 §779조③).

회사채권자가 이의를 제기하지 않은 경우에는 이를 승인한 것으로 간주하고(동조④), 이의를 제기한 경우에는 변제, 담보제공 또는 상당한 재산을 신탁해야 한다. 다만 조직변경을 해도 채권자를 해할 염려가 있는 경우에는 이에 한하지 않는다(동조⑤).

6) **효력발생과 효력발생일** 조직변경을 하는 주식회사는 효력발생일에 지분회사가 되고, 그 날 정관을 변경하는 것이 된다(일회 §745①, ②). 따라서 주주는 변경 후 지분회사의 사원(동조③), 사채권자(동조④)가 된다. 조직변경을 하는 주식회사의 신주예약권은 조직변경계획에서 정하는 바에 따라 소멸한다(동조⑤). 그리고 이러한 효력은 채권자보호절차가 종료하지 않은 때나 조직변경을 중지한 경우에는 발생하지 않는다(동조⑥).

회사는 효력발생일을 변경할 수 있지만, 변경전의 효력발생일 전날까지 변경 후의 효력발생일을 공고하여야 한다(일회 §780①, ②).

### 3. 지분회사의 조직변경

1) **결의사항** 지분회사의 조직변경의 경우에는 제746조의 제1호부터 제9호에서 정한 사항을 조직변경계획에서 정하여야 한다(일회 §746 1~9호).

2) **절 차** 지분회사는 정관에 다른 정함이 없는 한 효력발생의 전날까지 조직변경계획에 대하여 당해 지분회사의 총사원의 동의를 얻어야 한다(일회 §781①). 조직변경을 하는 주식회사에 관한 채권자이의절차 규정(일회 §779) 및 효력발생일의 변경에 관한 규정은 지분회사의 경우에도 준용된다(일회 §781②).

3) **효력발생** 지분회사는 효력발생일에 주식회사가 되고(일회 §747①), 정관을 변경한 것으로 간주된다(동조②). 지분회사의 사원은 효력발생일에 조직변경계획에서 정한 바에 따라 변경 후 주식회사의 주주(동조③)·사채권자·신주예약권자·신주예약권부사채권자가 된다(동조④1~3호). 이상의 효력은 채권자보호절차가 종료하지 않은 경우 또는 조직변경을 중지한 경우에는 발생하지 않는다(일회 §745⑤).

### 《중국 회사법상 조직변경》

유한책임회사를 주식회사로 변경하는 경우 회사법에 규정된 주식회사의 조건에 부합하여야 한다. 주식회사를 유한책임회사로 변경하는 경우 이 법에 규정된 유한

책임회사의 조건에 부합하여야 한다. 유한책임회사가 주식회사로 변경되거나 주식회사가 유한책임회사로 변경되는 경우 회사변경 전의 채권, 채무는 변경 후의 회사로 계승된다(중회 §9).

## 제 2 절 합 병

### 1. 총 설

#### (1) 의 의

합병이라 함은 2개 이상의 회사가 상법상의 규정에 의하여 하나로 합쳐져서 새로운 회사를 설립하거나(신설합병), 그 중의 한 회사가 다른 회사를 흡수하여(흡수합병) 소멸회사의 권리의무가 신설회사 또는 존속회사에 법률상 포괄적으로 이전하는 법률요건이다. 소멸회사의 주주에게 신설회사 또는 존속회사의 신주를 발행하게 된다. 합병은 당사회사 사이에 먼저 합병계약이 체결되고 그 이행으로서 행하여지므로, 합병계약은 합병을 이루는 절차 중의 하나에 불과하고 따라서 합병과 합병계약은 구별되어야 할 개념이다.

자본주의 경제의 발전에 따라 기업은 점차 결합·집중하는 현상이 나타나고, 이러한 기업결합 및 집중의 형태 하나가 회사의 합병이다. 이러한 합병은 경제적으로는 경쟁의 회피, 비용의 절약, 시장의 독점, 영업의 합리화, 도산 직전의 회사의 구제, 국제경쟁력의 강화 등 여러 가지 목적을 가지고 있고, 법률적으로는 합병에 의하여 해산하는 회사에 대하여 청산절차를 생략하고, 재산의 이전에 따르는 세법상의 부담을 회피하며, 영업권 등의 상실을 방지하는 등의 목적을 달성할 수 있다.

상법상 합병에 관한 규정은 회사편 제1장에서 합병의 가능성과 그 제한, 신설합병시의 설립위원에 관한 규정을 두고(§§174~175), 각 회사별로 합병절차를 규정하고 있다. 특히 합명회사의 경우에 관하여 상세한 규정을 두고 각 회사의 경우에 이를 준용한다.

#### (2) 종 류

1) 신설합병과 흡수합병 　　합병은 당사회사의 소멸여부에 따라 흡수합병

과 신설합병으로 나누어진다. 흡수합병은 당사회사 중의 하나가 존속(존속회사)하고 다른 하나는 소멸(소멸회사)하여 흡수되는 경우이고, 신설합병은 당사회사가 모두 해산(소멸회사)하고 이와 동시에 신회사가 설립(신설회사)되는 경우이다.

우리나라에서는 실제로는 흡수합병의 방법이 압도적으로 많이 이용된다. 그 이유는 신설합병의 경우에는 설립위원의 직무권한에 관한 규정이 명확하지 않고, 영업에 관하여 주무관청의 허가·인가를 다시 받아야 하며 주식의 상장절차를 다시 반복하여야 하고, 모든 당사회사의 주주에게 주권을 발행하기 위하여 인력과 재력이 대량으로 소비되기 때문이다.[1] 어느 합병의 경우든 소멸회사의 재산은 청산절차를 거치지 않고 신설회사 또는 존속회사로 포괄승계 된다.

2) **간이합병과 소규모합병** 합병에는 보통 당사회사의 주주총회 특별결의에 의한 승인을 요하는데(§522①, ③), 절차를 간소화하기 위하여 일방 당사회사의 주주총회 승인결의를 요하지 않고 이사회결의만으로 하는 간이합병과 소규모합병이 있다. 간이합병은 주식회사의 흡수합병에서 소멸회사의 주주총회 승인결의를 요하지 않는 합병(short-form merger)이다(§527의2).[2] 이에 반하여 소규모합병은 존속회사의 주주총회의 승인결의를 요하지 않고 이사회의 결의만으로 하는 합병을 말한다(§527의3). 간이합병과 소규모합병은 주식회사의 흡수합병에 한하여 인정되고, 유한회사에 대하여는 허용되지 않는다.

### (3) 합병과 구별되는 개념

1) **사실상의 합병** 당사회사의 전부 또는 일부가 해산하여 청산절차를 거쳤다면 이는 합병이라고 볼 수 없다. 즉 당사회사의 전부 또는 일부가 해산하여 청산절차를 거쳐 회사재산을 사원에 분배하고 각 사원이 그 재산을 다시 출자하여 회사를 새로 설립하는 경우, 당사회사의 전부 또는 일부가 그 회사의 영업 전부를 현물출자의 목적으로 하여 새로 회사를 설립하고, 그 신설회사로부터 주식을 발행받거나 또는 존속회사로부터 신주발행을 받은 다음에, 당사회사를 해산하여 청산절차를 거친 경우 등은 실질적으로 합병을 하는 것과 동일한 효과를 얻게 된다. 그러나 이러한 방법은 청산절차를 거치게 되는 것이므로 청산절차를 거치지 않고 합쳐지는 합병이 아니다. 이를 법률상의 합병과 구별하여 사실상의 합병

---

1) 정찬형, 상, 485면; 정동윤, 804~805면; 이철송, 회, 115면.

2) 소규모합병은 미국 회사법상의 제도를 도입한 것이다. 델러웨어 일반회사법)(DGCL) §251(f), 개정 모범사업회사법(RMBCA) §11.03(g) 등 참조. 미국법은 발행주식총수의 20%를 초과하지 않는 경우까지 소규모합병을 인정하고 있다. 또한 일본 회사법 §784, §796③ 참조.

이라고 한다.

2) **영업양도와 구별** 합병과 영업양도는 기업의 집중이나 합동 등 경제적으로 동일한 목적을 위하여 존재하는 제도이고, 양자는 모두 주주총회의 특별결의가 필요하며(§522③, §374) 반대주주의 주식매수청구권이 인정된다는 점(§522의3, §374의2)에서는 같으나, 양자 사이에는 다음과 같은 차이가 있다.

합병의 경우에는 소멸회사의 사원에게 원칙적으로 존속회사 또는 신설회사의 신주가 발행되어 그 사원이 되며 소멸회사는 청산절차를 거치지 않고 곧 소멸한다. 이에 반하여 영업양도의 경우에는 재산양도의 대가가 양도회사에 귀속되므로 양도회사의 사원이 당연히 양수회사의 사원이 되는 것은 아니고, 양도회사가 당연히 소멸하지 않고 양도 후의 존속도 가능하며, 또 해산을 하려면 주주총회의 특별결의와 청산절차가 요구된다.

합병의 경우에는 소멸회사의 모든 권리·의무가 당연히 존속회사 또는 신설회사에 포괄적으로 승계되므로 재산의 일부를 제외할 수 없고, 각개 재산의 개별적 이전행위를 요하지 않음에 반하여, 영업양도의 경우에는 계약에서 정한 범위 내의 양도회사의 재산만이 양수회사에 이전되므로 재산의 일부를 양도대상에서 제외할 수 있지만, 개별적 이전행위를 요하고 또 채무는 별도의 합의가 없는 한 승계되지 아니한다.

합병은 회사법상의 특별한 제도로서 당사자는 회사에 한하고 합병무효의 소에 의하여만 그 무효를 주장할 수 있음에 반하여, 영업양도는 당사자의 제한이 없으며 채권계약이므로 민법의 일반원칙에 따라 그 무효·취소를 주장할 수 있다. 합병의 절차는 법정되어 있으나 영업양도에는 특별한 방식이 정하여 있지 않고, 또 합병의 경우에는 채권자보호 절차가 필요하나 영업양도의 경우에는 필요가 없다.

## 2. 합병의 법적성질

합병에 의하여 소멸회사의 재산이 신설회사 또는 존속회사로 포괄승계 되고, 소멸회사의 사원에게 신설회사 또는 존속회사의 신주가 발행되는데, 이러한 현상을 어떻게 법률적으로 설명할 것인가에 관하여 인격합일설과 현물출자설이 대립하고 있다.

### (1) 인격합일설

인격합일설에 의하면 합병은 두 개 이상의 회사가 하나의 회사로 되는 조직법상의 특별한 계약이며, 합병에 의하여 합병되는 것은 법인격 자체이고 회사재산의 포괄승계는 그 결과에 지나지 않는다고 본다. 이 견해는 합병의 효과 가운데 사단법인적 요소를 강조하는 것으로서 회사합일설, 사원합일설이라고 할 수 있다.[1)]

### (2) 현물출자설

현물출자설에 의하면 합병은 소멸하는 회사의 영업전부를 현물출자 하여 존속회사의 자본증가 또는 회사의 설립이라고 한다. 목적이 회사의 전재산이라는 점이 보통의 현물출자와 다를 뿐이라고 한다. 현물출자설은 합병의 효과 가운데 재산법적 요소를 강조하는 견해이다.[2)] 이 견해는 다시 소멸회사의 전 사원이 그 지분을 현물출자 하는 것이라는 사원현물출자설과, 소멸회사의 재산이 신설회사나 존속회사에 포괄적으로 합일되는 것이라는 재산합일설이 있다.

### (3) 검 토

인격합일설에 대하여는 그것은 합병의 성질이 어떠한 것인지 그 내용을 밝히지 못하고 있고, 합병의 효과를 외면적으로 표현한 것에 불과하다는 비판이 가하여지고 있다.[3)]

현물출자설에 대하여는 ① 현물출자를 하는 자는 소멸회사 자체임에도 불구하고, 합병의 결과로 존속·신설회사의 주주로 되는 것은 소멸회사가 아니라 소멸회사의 주주인데, 이 점을 설명할 수 없다는 비판이 가하여지고 있고, ② 현물출자설에 의하면 현물출자의 대상이 되는 것은 적극재산 뿐이고 채무는 그 대상이 될 수 없는 것이므로 자본의 증가가 없는 회사의 합병은 불가능하고, 따라서 모회사가 100% 자회사를 흡수합병하거나 채무초과의 회사를 소멸회사로 하는 합병을 인정할 수 없게 된다.

현물출자설에 대한 비판을 회피하기 위하여 이른바 사원현물출자설[4)]과 재산합

---

1) 손주찬, 457면; 최기원, 110면; 정동윤, 811면; 이철송, 회, 117면; 정찬형, 상, 485면; 서헌제, 58면; 강위두, 91면; 최준선, 회, 686면.

2) 서돈각, 61면.

3) 정동윤, 808면.

4) 服部榮三,「民商法雜誌」39卷 1~3号 合併号, 294面.

일설[1]이 주장되기에 이르렀다. 생각건대 합병을 복수의 회사가 청산절차를 거치지 않고 하나의 회사로 되는 것이라고 이해하는 한 합병은 법인격으로서의 회사의 합체라고 보고[2] 소멸회사의 재산의 포괄적 승계는 그 당연한 효과라고 보아야 한다. 따라서 회사합병의 본질은 당사회사의 인격의 합일이라고 보아야 할 것이다(인격합일설).

## 3. 합병의 자유와 제한

### (1) 합병의 자유

상법상 회사는 종류가 다른 회사와도 자유로 합병할 수 있는 것이 원칙이다(§174①). 따라서 물적회사와 물적회사간, 인적회사와 인적회사간은 물론, 물적회사와 인적회사간의 합병도 인정된다.[3] 그러나 실제에 있어서 물적회사와 인적회사간의 합병은 그 법률관계가 복잡하여 실용성이 적고 또 인적회사에는 간편한 임의청산이 인정되고 있으므로 인적회사 상호간의 합병도 그 실용성이 크지 않다. 그러므로 합병은 주로 주식회사 상호간 또는 주식회사와 유한회사 간에 행하여지고 있으며, 앞으로는 유한책임회사와도 행해질 것으로 기대된다.

### (2) 합병의 제한

**1) 상법상의 제한** 첫째, 합병을 하는 회사의 일방 또는 쌍방이 주식회사, 유한회사 또는 유한책임회사인 경우에는 합병 후 존속하는 회사나 합병으로 설립되는 회사는 주식회사, 유한회사 또는 유한책임회사이어야 한다(§174②). 이것은 존속회사 또는 신설회사가 합명회사 또는 합자회사일 경우에는 사원의 책임을 가중하는 결과가 되기 때문이다.

둘째, 유한회사와 주식회사가 합병하는 경우에 존속회사 또는 신설회사가 주식회사인 때에는 법원의 인가를 받지 않으면 안 된다(§600①). 이것은 주식회사의 설립 또는 신주발행에 관한 엄중한 규정을 피해가는 것을 막기 위한 것이다.

셋째, 유한회사와 주식회사가 합병하는 경우에 존속회사 또는 신설회사가 유한회사인 때에는 주식회사가 사채의 상환을 완료하지 아니하면 안 된다(동조②). 이

1) 정희철, 회, 304면.
2) 정찬형, 상, 487면: 현물출자설은 회사가 법인인데 법인격 소멸을 간과하고 있다고 함.
3) 이철송, 회, 120면; 정찬형, 상, 487~488면; 손주찬, 458면.

것은 유한회사에서는 사채의 발행이 인정되지 않기 때문이다.

끝으로 해산 후의 회사는 존립중의 회사를 존속회사로 하는 경우에 한하여 합병을 할 수 있다(§174③). 이것은 기업유지의 이념에 의한 것이다.

### 2) 특별법상의 제한

① **독점규제 및 공정거래에 관한 법률** 독점규제 및 공정거래에 관한 법률에 의하면 일정한 거래분야에 있어서 경쟁을 실질적으로 제한하는 결과를 초래하는 다른 회사와 합병을 하지 못한다(공정 §7①3호). 공정거래위원회의 인정에 의하여 합병을 하는 경우는 공정거래위원회에 신고하여야 하며(공정 §12①3호), 신고는 합병계약을 체결한 날로부터 30일 이내에 하여야 하고(동항 4호), 신고 후 30일이 경과할 때까지 합병등기를 해서는 안 된다(동항 5호).

② **자본시장법** 자본시장과 금융투자업에 관한 법률상 주권상장법인이 다른 법인과 합병하려면 대통령령으로 정하는 요건, 방법 등의 기준에 따라야 한다(자금§165의4 1호). 그리고 사업보고서 제출대상법인은 합병사실이 발생한 날 다음 날까지 그 내용을 기재한 보고서를 금융위원회에 보고하여야 한다(자금 §161①6호). 주권상장법인의 소액주주를 보호하기 위한 제도이다.

③ **기타 특별법** 파산절차가 진행 중인 회사는 합병을 할 수 없고(파 §329①), 회사회생절차가 진행 중인 회사는 채무자회생 및 파산에 관한 법률에 의하여만 합병이 가능하다(파 §193②),

기타 은행·신탁회사·보험회사 등은 금융위원회의 인가를 받지 아니하면 합병을 할 수 없다(은행 §55①, 보험 §139).

## 4. 합병의 절차

합병의 절차는 각종의 회사규정에서 정하고 있으며, 상법은 합명회사와 주식회사의 합병절차에 관하여 상세한 규정을 두고 있다. 먼저 당사회사의 대표기관이 합병계약서를 작성하여 합병계약을 체결하고, 사원총회에서 합병계약의 승인결의를 하여야 하며, 채권자보호절차를 취한 후 그 밖에 필요한 부수절차를 거친다. 그리고 합병등기를 함으로써 합병의 효력이 발생한다. 이러한 합병절차는 모든 종류의 회사에 공통적으로 필요한 것이지만, 주식회사에 관하여는 그 밖에도 몇 가지 절차가 더 요구되고 있다.

### (1) 합병계약

#### 1) 합병계약서

① **의의·성질** 합병을 함에는 합병결의가 있기 전에 당사회사의 대표자들이 합병의 조건, 합병의 기일, 존속회사와 신설회사 정관의 내용 등에 관하여 합병계약을 체결한다. 그러나 합병계약이 반드시 합병결의보다 선행하여야 하는 것은 아니고, 그 어느 것이 앞서도 상관이 없다.[1] 합병계약은 특별한 방식을 필요로 하지 않지만, 합병계약서를 작성하여 상호 교환하는 것이 보통이다. 다만 물적회사에 관하여는 법정사항을 기재한 합병계약서의 작성이 반드시 필요하다(§523, §524, §603).

합병계약을 체결할 권한은 회사의 대표자에게 있다고 본다. 다만 주식회사에서는 이사회의 결의를 거쳐야 한다. 이 합병계약을 가계약(예약)으로 보는 견해에 의하면 뒤의 사원총회의 승인결의에 의하여 본계약으로서의 효력을 발생하는 것으로 볼 수 있고, 이를 본계약으로 보는 견해에 의하면 사원총회의 승인결의를 정지조건으로 하여 효력을 발생한다고 볼 수 있다.[2] 이에 대하여 합병계약이 아무런 조건이 없는 본계약이고 조직법상의 특수한 채권계약이라고 보는 견해도 있다.[3]

이 가운데서 정지조건설이 우리나라의 다수설이다. 그러나 합병계약은 단체법상의 특별한 채권계약으로서 계약당사회사는 이 계약에 따라 합병절차를 진행시킬 채무를 부담한다.

② **물적회사의 합병계약서** 주식회사와 유한회사가 합병계약을 체결함에 있어서는 법정된 일정한 사항을 기재한 합병계약서를 작성하여야 한다. 합병계약서에 기재할 법정사항은 흡수합병과 신설합병에 있어서 각각 다르다(§523, §524, §603).

(가) **흡수합병의 경우** 흡수합병의 경우에는 ① 존속회사가 합병으로 인하여 그 발행할 주식총수를 증가하는 때에는 그 증가할 주식의 총수, 종류와 수(§523 1호, §603), ② 존속하는 회사의 증가할 자본금과 준비금의 총액(동조 2호, §603), ③ 존속하는 회사가 합병 당시에 발행하는 신주의 총수, 종류와 수 및 소멸하는 회사의 주주에 대한 신주의 배정에 관한 사항(동조 3호, §603), ④ 존속회사가 합병으로 소멸회사의 주주에게 제3호에도 불구하고 그 대가의 전부 또는 일부로

---

1) 정동윤, 814면.

2) 최준선, 회, 689면; 손주찬, 478면; 최기원, 843면.

3) 정희철, 307면; 이철송, 회, 120~121면; 정찬형, 상, 487면.

서 금전이나 그 밖의 재산을 제공하는 경우에는 그 내용 및 배정에 관한 사항(동조 4호, §603), ⑤ 각 회사에서 합병의 승인결의를 할 사원 또는 주주의 총회의 기일(동조 5호, §603), ⑥ 합병을 할 날(동조 6호, §603), ⑦ 존속하는 회사가 합병으로 인하여 정관을 변경하기로 정한 때에는 그 규정(동조 7호, §603), ⑧ 각 회사가 합병으로 이익배당을 할 때에는 그 한도액(동조 8호, §603), ⑨ 합병으로 인하여 존속하는 회사에 취임할 이사와 감사 또는 감사위원회의 위원을 정한 때에는 그 성명 및 주민등록번호 등이다.

합병대가가 모회사의 주식인 경우에는 자회사에 의한 모회사의 주식취득 금지에 관한 제342조의2에도 불구하고 위의 제4호에 따라 소멸하는 회사의 주주에게 제공하는 재산이 존속하는 회사의 모회사의 주식을 포함하는 경우에는 존속하는 회사는 그 지급을 위하여 모회사의 주식을 취득할 수 있다(§523의2). 소규모합병의 경우에는 존속하는 회사의 합병계약서에 주주총회의 승인을 얻지 않고 합병을 한다는 뜻을 기재하여야 한다(§527의3②).

**《2011년 개정상법상 합병대가의 유연화》**

**1. 합병대가의 유연화**

종래 우리 상법에서는 교부금합병이 금지되었고, 합병대가로는 존속회사 주식을 분배하는 것을 원칙으로 하며 합병비율의 단수조정을 위해서만 교부금을 지급할 수 있었다. 따라서 모회사 주식을 교부하여 할 수 있는 삼각합병은 불가능 하였으며, 합병 후에는 소수주주문제가 남는 형태였다.

그러나 2011년 개정상법은 소멸회사의 주주에게 그 대가의 전부 또는 일부로서 금전이나 기타의 재산을 제공하는 것을 허용하고(§523 4호), 또 소멸회사의 주주에게 제공하는 재산이 존속하는 회사의 모회사 주식을 포함하는 경우에는 존속회사는 그 지급을 위하여 모회사 주식을 취득할 수 있게 하였다(§523의2). 합병대가의 유연화를 위하여 존속회사 주식대신 현금이나 모회사의 주식 등을 자유롭게 지급할 수 있도록 하였다(현금지급합병, cash-out merger).

**2. 소수주주보호문제**

합병에 반대하는 소수주주들은 주식매수청구권을 행사할 수 있으나 이 권리를 행사하지 않은 주주들은 존속회사의 신주를 교부받고 회사에 남아 있게 된다. 그러나 2011년 개정상법에 의하면 존속회사는 합병에 반대하는 소멸회사의 주주들에게 합병대가로서 존속회사 주식대신 현금을 지급하여 그들을 회사에서 축출할 수 있게 되었다. 현금합병제도는 소멸회사의 소수주주들을 그들의 의사와 상관없이 축출할 수 있게 하는 것이므로 소수주주보호문제가 대두될 수 있다. 향후 현금합병제도는 공정성 및 대가의 적절성을 기준으로 그 남용의 예방과 소수주주 보호문제가 예견된다.

### 3. 삼각합병 가능성

삼각합병이란 한 모회사(甲)의 자회사(乙)가 흡수합병으로 다른 회사(丙)와 합병하며, 소멸되는 다른 회사(丙)의 주주들에게 존속회사인 자회사(乙)는 모회사(甲)의 주식을 교부하는 형태의 합병이다. 삼각합병제도를 이용하면 부실기업 재건이나 그룹 내 구조조정 및 그룹 경영의 효율화를 위한 수단이 될 것으로 기대된다. 모회사는 자회사에 대한 출자를 한도로 하여 책임을 지고, 소멸회사의 권리, 의무, 책임은 승계하지 않으면서도 경제통합 및 합병목적을 달성할 수 있다. 삼각합병은 모회사의 주주총회특별결의도 거칠 필요가 없으므로 그 절차도 매우 간편하다.

삼각합병을 위하여 자회사는 모회사의 주식을 취득할 수 있게 되었다. 자회사는 모회사의 주식을 취득할 수 없다는 원칙에 대한 예외가 법률적으로 허용된 것이다. 그러므로 예외는 삼각합병의 범위 내에서만 엄격하게 허용되어야 할 것이다. 합병의 결과 모회사의 주식을 교부받는 소멸회사의 주주들을 위하여 모회사에 관한 충분한 정보가 공시되어야 할 것이다.

(나) 신설합병의 경우 　신설합병의 경우에는 새로운 회사가 설립되는 것이므로 보통의 회사설립의 경우와 마찬가지로 ① 회사의 목적, 상호, 회사가 발행할 주식의 총수, 액면주식을 발행한 경우 1주의 금액, 종류주식을 발행할 때에는 그 종류, 수와 본점소재지(§524 1호, §603), ② 설립되는 회사가 합병당시에 발행하는 주식의 총수와 종류, 수 및 각 회사의 주주에 대한 주식의 배정에 관한 사항(§524 2호, §603), ③ 설립되는 회사의 자본금과 준비금의 총액(§524 3호, §603), ④ 각 회사의 주주에게 지급할 금액을 정한 때에는 그 규정(§524 4호, §603), ⑤ 각 회사에서 합병의 승인결의를 할 사원 또는 주주의 총회의 기일(§524 5호, §603), ⑥ 합병을 할 날(§524 6호, §603), ⑦ 합병으로 인하여 신설회사의 이사와 감사 또는 감사위원회의 위원을 정한 때에는 그 성명 및 주민등록번호 등이다(§524 6호, §603).[1)]

**③ 인적회사의 합병계약서** 　인적회사 상호간에 합병하는 경우에는 총사원의 동의에 의한 합병의 결의만 있으면 되고(§230, §269) 합병계약서의 작성은 요하지 않는다. 그러나 당사회사의 일방 또는 쌍방이 인적회사라도 존속회사 또는 신설회사가 주식회사인 경우에는 총사원의 동의를 얻어 합병계약서를 작성하고 위의 물적회사의 합병계약서에 기재할 사항을 기재하지 않으면 안 된다(§525①). 원래 인적회사의 합병에는 합병계약서를 작성할 필요가 없지만, 위 경우에는 주식회사의 특성을 고려하여 특히 그 작성을 요구하고 있는 것이다. 신설되는 유한

1) 법문에는 "정한 때에는"이라고 규정되어 있으나, 신설합병의 경우에 창립총회를 생략하는 때에는 반드시 이를 정하여야 한다.

책임회사의 합병에 관해서는 합명회사에 관한 규정을 준용한다(§287의41).

2) 합병계약의 하자 합병계약이 유효하게 성립하기 위해서는 합병당사회사의 대표자간에 합병계약이 체결되고, 그 합병계약은 기재사항을 기재한 합병계약서에 의하여야 하며(§523, §524, §603), 주주총회(사원총회)의 합병결의가 있어야 한다(§522, §603).

합병계약서의 작성이 필요한 경우에 이를 전혀 작성하지 않거나 또는 법정의 필수적 기재사항을 기재하지 않고 합병한 때에는 합병은 원칙적으로 무효이고, 합병무효의 소의 원인이 된다.[1] 다만 합병계약서의 법정사항 중 합병의 내용 그 자체가 아니고 합병의 진행시기에 관한 사항, 예컨대 합병승인총회의 기일을 기재하지 아니한 때에는 합병무효의 원인으로 되지 않고 이사의 손해배상책임이 생길 뿐이라고 본다.[2]

### (2) 합병결의

1) 총회의 소집통지 합병계약은 회사대표들간의 계약체결만으로 효력이 발생하는 것이 아니고 사원을 보호하기 위하여 인적회사는 총사원의 동의, 물적회사는 주주총회(사원총회)의 특별결의(§522①, ③, §598)가 있어야 한다. 합병계약서의 승인을 위한 주주총회의 소집의 통지나 공고에는 합병계약의 요령을 기재하여야 하고(§363②, ③, §522②, §603), 주식매수청구권의 내용 및 행사방법을 명시하여야 한다(§530②, §374②).

2) 결의의 방법

① **특별결의(인적회사의 총사원의 동의)** 주식회사의 합병결의는 주주총회의 특별결의에 의한다(상§522③). 이에 반하여 합명회사·합자회사에서는 총사원의 동의에 의하고, 유한회사에서는 사원총회의 특별결의에 의한다(§523③, §434, §598, §585, §230, §269). 신설되는 유한책임회사의 합병에 관해서는 합명회사에 관한 규정을 준용한다(§287의41).

② **종류주주총회** 주식회사에서 합병으로 인하여 어느 종류의 주주에게 손해를 미치게 되는 경우에는 그 종류의 주주로 구성되는 종류주주총회의 승인결의를 추가로 얻어야 한다(§436, §435).

---

1) 최기원, 93면.

2) 정동윤, 823면.

**3) 결의의 예외** 주식회사가 합병하는 경우에 주주총회의 소집·개최로 인한 합병절차의 번잡과 지연을 방지하고 간소화하기 위하여 상법은 간이합병(§527의2)과 소규모합병(§527의3)의 제도를 두고 있는데, 이때에는 이사회의 승인으로 주주총회의 합병결의에 갈음할 수 있게 하고 있다.

**① 간이합병** 주식회사에서 흡수합병을 하는 경우에 소멸회사의 총주주의 동의가 있거나 또는 그 회사의 발행주식 총수의 100분의 90 이상을 존속회사가 소유하고 있는 경우에는 소멸회사의 주주총회결의를 이사회의 승인으로 갈음할 수 있다(§527의2①). 전자의 경우에는 이미 특별결의보다 더 많은 수의 찬성이 있기 때문이고, 후자의 경우에는 모회사의 주식만으로 자회사의 주주총회의 승인결의를 확보할 수 있으므로, 굳이 주주총회를 개최하여 승인결의를 얻을 필요가 없기 때문이다.

간이합병을 하는 경우에 소멸하는 회사는 합병계약서를 작성하는 날부터 2주 내에 주주총회의 승인을 얻지 아니하고 합병을 한다는 뜻을 공고하거나 주주에게 통지하여야 한다. 다만 총주주의 동의가 있는 때는 그러하지 아니하다(동조②).

다만 자본금 총액이 10억원 미만으로서 이사를 1인 또는 2인을 둔 소규모주식회사는 이사회가 없으므로 간이합병에 관한 이러한 규정이 적용되지 않는다(§383⑤).

**② 소규모합병** 합병 후 존속회사가 합병으로 인하여 발행하는 신주의 총수가 그 회사의 발행주식 총수의 100분의 10을 초과하지 아니한 때에는 그 존속하는 회사의 주주총회의 승인은 이사회의 승인으로 갈음할 수 있다(§527의3①본문). 소규모합병은 존속회사의 입장에서 보면 자본의 10분의 1 이하가 증가되는데 지나지 않고 이것은 수권자본의 범위 내에서는 이사회가 자유로 결정할 수 있는 것이며 기존주주에게 미치는 영향이 미미하므로 주주총회의 결의를 생략할 수 있도록 한 것이다.

이 경우 존속회사의 합병계약서에는 주주총회의 승인을 얻지 아니하고 합병한다는 뜻을 기재 하여야 하고(동조②), 존속회사는 합병계약서 작성일로부터 2주 내에 소멸회사의 상호, 본점소재지, 합병을 할 날, 주주총회의 승인을 얻지 않고 합병한다는 뜻을 공고하거나 주주에게 통지하여야 한다(동조③).

다만 다음 두 가지 경우에는 소규모합병이 불가능하다. 하나는 합병으로 인하여 소멸하는 회사의 주주에게 지급할 금액을 정한 경우에 그 금액이 존속하는 회사의 최종 대차대조표 상으로 현존하는 순자산액의 100분의 5를 초과하는 때이고

(동조①단서), 다른 하나는 합병 후 존속하는 회사의 발행주식 총수의 100분의 20 이상에 해당하는 주식을 소유한 주주가 주주총회를 열지 않는다는 공고 또는 통지를 받은 날부터 2주간 내에 서면으로 합병에 반대하는 의사를 통지한 때이다(동조④). 이것은 주주의 이익을 보호하기 위한 것이다.

소규모합병의 경우에는 제522조의3에 의한 합병반대주주의 주식매수청구권은 인정되지 않는다(동조⑤).

#### 4) 기타 관련사항

**① 종류주주총회의 결의와 총주주의 동의** 합병으로 인하여 어느 종류의 주주에게 손해를 미치게 되는 경우에는 그 종류의 종류주주총회결의를 얻어야 하고(§436), 합병의 결과 주주의 책임이 무거워지는 경우에는 총주주의 동의를 받아야 한다.[1]

**② 합병결의의 부결 또는 변경결의** 합병결의가 부결되면 본계약이 성립하지 않거나(예약으로 보는 경우), 합병계약의 효력이 발생하지 않는다(정지조건부계약으로 보는 경우). 이 경우 특약이 없는 한 부결된 회사에 대하여 손해배상청구를 할 수 없다.[2]

변경결의가 있는 경우에는 회사의 대표자간에 변경된 내용에 관하여 다시 계약을 체결하여야 할 것이다.

### (3) 합병관련서류의 공시

**1) 사전공시** 합병승인총회 회일 이전의 사전공시로서 합병당사회사가 주식회사 또는 유한회사인 경우에는 이사는 합병승인총회 회일의 2주 전부터 합병을 한 날 이후 6월이 경과하는 날까지 ① 합병계약서, ② 합병으로 인하여 소멸하는 회사의 주주에게 발행하는 주식의 배정에 관하여 그 이유를 기재한 서면, ③ 회사의 최종의 대차대조표와 손익계산서를 본점에 비치하고, 주주 및 회사채권자의 열람에 제공하여야 한다(§522의2①, ②).

이것은 주주 또는 사원에게 합병승인총회에서 합병을 승인할 것인가 아닌가를 판단하는 자료를 제공함과 동시에, 회사채권자에게 합병에 대하여 이의를 제출할 것인가의 여부를 결정하는 자료를 제공하기 위한 것이다. 소멸회사의 주주에 대

---

1) 정찬형, 상, 491면.

2) 정찬형, 상, 491면.

한 주식배정의 비율은 합병의 공정성을 판단하는데 가장 중요한 자료이므로 상법은 이를 포함하여 사전공시의 자료를 강화한 것이다.

또한 간이합병과 소규모합병의 경우에는 주주총회가 열리지 아니하여 주주에 대한 공시가 더욱 요청되므로, 소규모합병의 경우에는 주주총회의 승인을 얻지 아니하고 합병을 한다는 뜻을 합병계약서에 기재하도록 하고(§527의3②), 간이합병과 소규모합병 모두 이를 공고 또는 통지하도록 하였다(§527의2②, §527의3③).

2) **사후공시** 합병을 한 날 이후의 사후공시로서 이사는 채권자보호절차의 경과, 합병을 한 날, 합병으로 인하여 소멸하는 회사로부터 승계한 재산의 가액과 채무액 기타 합병에 관한 사항을 기재한 서면을 합병을 한 날로부터 6월간 본점에 비치하고, 주주 및 회사채권자의 열람에 제공하여야 한다(§527의6).

### (4) 합병반대주주의 주식매수청구권

1) **의 의** 합병에 반대하는 주주가 회사에 대하여 그가 소유하는 주식의 매수를 청구할 수 있는 권리이다. 주주의 주식매수청구권이 행사되면 당연히 회사는 이 절차를 진행하여야 하지만, 이 절차의 불이행이 합병무효의 원인이 되는 것은 아니다. 결의에 반대하는 주주의 이익을 보호하기 위한 것이지 합병자체의 효력을 좌우하게 하는 것은 아니기 때문이다.

2) **주식매수청구권의 행사** 보통의 합병과 간이합병의 경우 합병에 반대하는 주주에게 주식매수청구권이 인정된다. 즉 보통합병의 경우에는 합병에 반대하는 주주는 이사회의 합병결의 후 주주총회 전에 회사에 대하여 서면으로 반대의 의사를 통지하고 주주총회의 결의일로부터 20일 이내에 주식의 종류와 수를 기재한 서면으로 자기소유의 주식매수를 청구할 수 있다(§522의3①).

또 간이합병의 경우에는 주주총회가 없으므로 합병에 반대하는 주주는 합병의 공고 또는 통지를 한 날로부터 2주 내에 회사에 대하여 서면으로 반대의 의사를 통지하고 위 2주가 경과한 날로부터 20일 이내에, 각각 주식의 종류와 수를 기재한 서면으로 회사에 대하여 자기가 소유하고 있는 주식의 매수를 청구할 수 있다(동조②). 소규모합병의 경우에는 반대주주의 주식매수청구권이 인정되지 않는다(§527의3⑤).

주식매수가액 결정 등 주식매수청구권의 행사에 관한 다른 사항은 영업양도 등의 승인결의시의 주식매수청구권에 관한 규정이 준용된다(§530②, §374②, 374의2②~⑤).

3) **주권상장법인의 주식매수청구권** 주권상장법인의 주주가 주식매수청구권을 행사한 경우에는 ① 회사는 청구기간 종료일부터 1월 이내에 당해 주식을 매수해야 하며(자금 §165의5②), ② 매수가격 결정에 관하여 당사자 간의 협의가 이루어지지 않는 경우 법원에 그 결정을 청구하기 전에 증권시장에서 거래된 해당 주식의 가격에 의할 수 있도록 한다(동조③).

### (5) 채권자보호절차

합병은 회사의 소멸 또는 회사의 조직변경을 가져오므로 회사채권자의 이익에 중대한 영향을 미친다. 그러므로 주식회사의 자본감소의 경우와 같이 회사채권자를 보호하기 위한 절차가 마련되어 있다.

합병당사회사가 물적회사인 경우에는 합병결의일 2주간 전부터 합병을 한 날 이후 6월이 경과하는 날까지 합병계약서, 소멸회사의 주주에게 발행하는 주식배정에 관하여 그 이유를 기재한 서면, 각 회사의 최종대차대조표, 손익계산서 등을 본점에 비치하고 주주 또는 채권자의 열람 및 등사에 응하여야 한다(§522의2①, §603). 이에 따라 주주는 합병에 찬성할 것인지 이의를 제공할 것인지 사전에 판단하게 된다.

주주총회에서 합병의 결의를 한 때에는 그 결의가 있은 날로부터 2주 내에 회사는 회사채권자에 대하여 합병에 이의가 있으면 일정한 기간 내에 이의를 제출할 것을 공고하고, 또 알고 있는 채권자에 대하여는 따로따로 이를 최고하여야 한다(§232①, §269, §527의5①, §603). 간이합병 및 소규모합병의 경우에는 이사회의 승인결의가 있은 날로부터 공고 및 최고의 기간을 기산한다(§527의5②).

채권자가 이의신청기간 내에 이의를 제출하지 아니한 때에는 합병을 승인한 것으로 보고, 이의를 제출한 채권자가 있는 때에는 회사는 그 채권자에 대하여 변제 또는 상당한 담보를 제공하거나 이를 목적으로 하여 상당한 재산을 신탁회사에 신탁하여야 한다(§232②·③, §269, §527의5③, §603). 주식회사에서 사채권자가 이의를 제출함에 있어서는 사채권자집회의 결의에 의하여야 하며, 이 경우 법원은 이해관계인의 청구에 의하여 이의신청기간을 연장할 수 있다(§530②, §439③). 합병당사회사가 이 채권자 보호를 위한 절차를 위반하면 합병무효의 원인이 된다.[1])

---

1) 정찬형, 상, 493면.

### (6) 기타 절차

**1) 회사의 설립** 신설합병의 경우에는 각 회사에서 선임한 설립위원이 공동으로 정관을 작성하고, 기타 설립에 관한 행위를 한다(§175①). 설립위원의 선임은 합명회사·합자회사에서는 총사원의 동의에 의하고(§175②, §230), 신설되는 유한책임회사의 합병에 관해서는 합명회사에 관한 규정을 준용한다(§287의41). 주식회사·유한회사에서는 주주총회·사원총회의 특별결의에 의하여 선임한다(§175②, §434, §585). 설립위원의 책임은 발기인의 책임과 같다(§635).

**2) 주식의 병합·분할**

① 주식회사와 주식회사가 합병하는 경우 당사회사의 재산 상태에 차이가 있어서 소멸회사의 주식 1주에 대하여 존속·신설회사의 신주 1주를 배정할 수 없는 때에 동수의 주식을 배정할 수 있도록 미리 소멸회사가 주식의 병합 또는 분할절차에 따라 주식의 병합 또는 분할을 하여야 한다(§530②, ③, §§440~443, §329의2).

② 회사는 1월 이상의 기간을 정하여 합병으로 주식의 병합 또는 분할을 한다는 뜻과 그 기간 내에 주권을 회사에 제출할 것을 공고하고, 주주명부에 기재된 주주와 질권자에 대하여는 따로따로 그 통지를 하여야 한다(§440).

③ 주식의 병합 또는 분할은 주권제출기간이 만료한 때에 그 효력이 생기는 것이 원칙이지만, 채권자보호절차가 아직 종료하지 아니한 때에는 그 종료시에 효력이 생긴다(§441). 다만 합병의 경우의 주식의 병합 또는 분할은 위에 말한 때에 확정적으로 효력을 발생하는 것이 아니라, 합병등기에 의한 합병의 효력발생을 조건으로 한다(§530②, §234).

④ 주식의 병합 또는 분할이 있는 경우에는 신주권은 합병등기 후에 존속회사 또는 신설회사가 교부하여야 한다. 그러나 회사에 주권을 제출할 수 없는 자가 있는 경우에 그 자의 청구가 있는 때에는 회사는 3월 이상의 일정한 기간을 정하고 이해관계인에 대하여 그 주권에 관한 이의가 있으면 그 기간 내에 이의를 제출할 뜻을 공고하고, 그 기간 내에 이의를 제출하는 자가 없는 때에는 그 기간의 경과 후에 존속회사 또는 신설회사가 소멸회사의 주주에게 신주권을 교부할 수 있다(§530③, §442).

**3) 특별법상의 절차** 독점규제 및 공정거래에 관한 법률에 의하면 누구든지 직접 또는 특수관계인을 통하여 일정한 거래분야에서 경쟁을 실질적으로 제한하는 다른 회사와의 합병을 할 수 없다. 다만 산업합리화 또는 국제경쟁력의 강

화를 위하여 공정거래위원회가 인정하는 경우는 예외이다(공정 §7③3호).

자산총액 또는 매출액의 규모가 대통령령이 정하는 기준에 해당하는 회사(기업결합신고대상회사) 또는 기업결합신고대상회사의 특수관계인이 다른 회사와 합병을 함에 있어서는 공정거래위원회에 신고하여야 하고(공정 §12①4호), 신고를 한 후 30일이 경과할 때까지 합병등기를 하여서는 아니된다(동조⑤). 이것은 공정거래위원회로 하여금 합병을 제한할 것인가 여부를 결정할 기회를 가지게 하기 위한 것이다.

채무자 회생 및 파산에 관한 법률은 회생회사가 회생계획의 일환으로 합병할 경우 회생계획에서 정해야 할 사항을 규정하고 있다(회파 §210). 그리고 일정한 특별법의 적용을 받는 업종을 영위하는 법인간의 합병에는 주무관청의 인가를 받도록 한다(보험 §139 등).

4) **합병의 실행** 합병을 할 날(§523 6호, §524 5호)에 소멸회사는 그 재산 및 주주관계의 서류 일체(주주명부, 신주배정원부)를 존속회사 또는 신설회사의 설립위원에게 인도하여야 한다. 그리고 보통 이 날 소멸회사의 주주는 존속회사 또는 신설회사의 주식을 배정받게 되어 그 주식 인수인이 된다. 그리하여 합병기일에 당사회사는 실질적으로 합체하지만, 이 합체는 확정적인 것이 아니고 합병등기에 의한 합병의 효력발생을 조건으로 하는 것이다.

### (7) 합병보고총회 · 창립총회(물적회사의 특칙)

존속회사 또는 신설회사가 주식회사 또는 유한회사인 경우에는 합병보고총회 또는 창립총회를 소집하여야 한다.

1) **합병보고총회** 합병보고총회는 흡수합병의 경우에 존속회사의 대표이사가 채권자보호절차(§527의5)의 종료 후, 주식병합이 있을 때에는 그 효력이 생긴 후, 병합에 적당하지 아니한 주식이 있을 때에는 합병 후, 존속하는 회사에 있어서는 단주처리 후(§443), 소규모합병의 경우에는 그 뜻의 공고나 통지의 절차를 종료한 후 지체 없이 소집하는 주주총회로서, 여기에서 합병에 관한 사항을 보고하여야 한다(§526①, §603). 이사회는 공고로써 주주총회에 대한 보고에 갈음할 수 있다(§526③). 합병당시에 발행하는 신주의 인수인은 합병보고총회에서 존속회사의 주주와 동일한 권리를 가진다(§526②).

2) **창립총회** 합병으로 인하여 회사를 설립하는 경우에는 설립위원이 채권자보호절차의 종료 후, 주식병합이 있을 때에는 그 효력이 생긴 후, 병합에 적당하지 않은 주식이 있을 때에는 단주처리 후, 지체 없이 창립총회를 소집하여야 한다

(§527①, §603). 창립총회에서는 설립위원이 합병의 경과를 보고하는(§527③, §311) 외에 이사와 감사를 선임하고(§527③, §312), 합병계약의 취지에 위반하지 않는 정관변경의 결의를 할 수 있으나(§527②), 합병폐지의 결의는 할 수 없다(§316①). 정관변경의 결의는 소집통지서에 그 뜻의 기재가 없는 경우에도 할 수 있다(§527③, §316②). 창립총회에 관하여는 보통의 회사설립의 경우에 있어서의 창립총회에 관한 여러 규정이 준용되고 있다(§527②). 이사회는 공고로써 주주총회에 대한 보고에 갈음할 수 있다(§526③).

### (8) 합병등기

합병의 마지막 절차는 합병등기이다. 주식회사와 유한회사의 경우에는 합병보고총회 또는 창립총회가 종결한 날, 합명회사와 합자회사, 유한책임회사의 경우에는 채권자보호절차 기타 합병에 필요한 절차가 종료한 날로부터 각각 본점소재지에서 2주 내, 지점소재지에서는 3주 내에, 존속회사에 있어서는 변경의 등기를, 소멸회사에 있어서는 해산의 등기를, 신설회사에 있어서는 설립의 등기를 하여야 한다(§233, §269, §528, §602). 다만 존속회사 또는 신설회사가 주식회사인 경우에 합병으로 인하여 전환사채 또는 신주인수권부사채를 승계한 때에는 합병등기와 동시에 사채의 등기를 하야여 한다(§528②).

존속회사의 변경등기 또는 신설회사의 설립등기에 의하여 합병은 비로소 그 효력이 발생하므로 합병등기는 대항요건이 아니라 효력발생 요건이다(§234, §269, §530②, §603).

## 5. 합병의 효력

### (1) 당사회사의 전부 또는 일부의 소멸

합병등기가 있는 때에는 흡수합병의 경우에는 존속회사 이외의 당사회사가, 신설합병의 경우에는 당사회사의 전부가 소멸되고, 합병과 동시에 청산절차를 거치지 않고 해산한다(§227 4호, §269, §517 1호, §609①1호). 다만 여기에서 소멸한다고 하는 것은 해산 등기에 의하여 회사법인격이 소멸한 것으로 취급되는 현상을 가리키는 것이지 회사의 실체가 없어진다는 뜻은 아니다. 합병으로 소멸하는 것처럼 보이는 회사의 실체는 합병 후 존속하거나 신설되는 회사로 이전하는 것이다.[1]

1) 정동윤, 831면; 이철송, 회, 124면; 정찬형, 상, 495면.

### (2) 정관의 변경 또는 신회사의 설립

합병등기가 있으면 흡수합병의 경우에는 존속회사의 정관변경이 생기고, 신설합병의 경우에는 신회사가 설립된다. 그 정관의 내용은 합병계약 및 합병결의에 의하여 정하여진다.

### (3) 소멸회사의 주주의 수용

1) 존속회사·신설회사의 신주발행 　합병등기가 있은 때에는 존속회사 또는 신설회사는 원칙적으로 소멸회사의 주주에게 그가 가진 주식의 수(출자좌수)에 따라 신주를 발행하거나 합병교부금을 지급할 수도 있다(§523 3, 4호, §524 4호, §603). 사원수용의 구체적인 조건은 합병계약의 내용에 의하여 정하여 지는 것이므로 사원의 일부만을 수용할 수 있으나 일부도 수용하지 않는 것은 합병이라고 할 수 없었다. 그러나 2011년 개정상법은 현금합병제도를 도입함으로써 종래의 입장은 변경되었다.

합병에 의하여 소멸회사로부터 존속회사 또는 신설회사에 이전되는 것은 소멸회사의 단순한 계산상의 수액인 자본이나 준비금이 아니고 순재산액이므로 존속회사 또는 신설회사의 자본증가액 또는 자본액은 소멸회사의 순재산액을 한도로 하며, 따라서 존속회사 또는 신설회사의 자본증가액 또는 자본금액은 소멸회사의 자본금액과 일치하는 것이 아니다.

2) 예 외

**① 소멸회사의 주주가 주식매수청구권을 행사한 경우** 　소멸회사의 주주가 합병에 반대하여 주식매수청구권을 행사한 때에는 존속회사의 주주로 되지 않는다(§522의3①).

**② 존속회사가 소멸회사의 주식을 보유하고 있는 경우** 　존속회사가 소멸회사의 주식을 가지고 있는 경우에 그 보유주식에 대하여 신주를 배정하면 존속회사의 자기주식의 원시취득을 인정하게 되어 신주를 배정할 수 없으므로 존속회사가 소멸회사의 주식을 가지고 있더라도 존속회사의 주주로 될 수 없는 것이다.

**③ 소멸회사가 자기주식을 보유하고 있는 경우** 　합병에 의하여 포괄승계되는 것이 소멸회사의 재산이고 소멸회사의 자기주식은 승계될 수 없고 합병과 동시에 소멸되므로, 소멸회사가 자기주식을 가지고 있는 경우에도 신주의 배정을

받지 못하여 존속회사의 주주로 될 수 없다.

### (4) 소멸주식에 대한 물상대위

합병의 경우에 소멸회사의 주주는 그가 가지는 소멸회사의 주식에 갈음하여 존속회사 또는 신설회사의 주식을 취득하므로, 소멸회사의 주식에 설정된 질권은 소멸회사의 주주가 받을 존속회사 또는 신설회사의 주식 또는 금전 위에 존재하고 또 등록질권자는 존속회사 또는 신설회사에 대하여 소멸회사의 주주가 받을 주권의 교부를 청구할 수 있다(§530④, §339, §340③).

### (5) 권리·의무의 포괄적 이전

합병에 의하여 존속회사 또는 신설회사는 소멸회사의 모든 권리·의무를 포괄적으로 승계한다(§530②, §235, §269, §603). 의무를 승계시키는 규정은 소멸회사의 채권자를 보호하기 위한 공익규정이므로 합병결의에 채무불승계의 결의를 하여도 무효이다.[1)]

**〈소멸회사의 권리의무가 존속회사에 승계되는 범위〉**

소멸회사의 권리의무의 포괄승계에 관하여 판례는 상법 제235조에서 흡수합병의 경우에 존속회사는 소멸회사의 권리의무를 승계한다고 규정하고 있고, 또 국세기본법 제23조에 법인이 합병한 경우에 존속하는 법인은 소멸된 법인에 부과되었거나 그 법인이 납부하여야 할 국세가산금과 체납처분비를 납부하여야 할 의무가 있다고 규정하고 있다. 이러한 규정들과 합병의 법리에 비추어 보아 합병의 경우에 소멸회사의 권리의무는 사법상의 관계나 공법상의 관계를 불문하고 그 성질상 이전을 허용하지 않는 것을 제외하고는 모두 합병으로 인하여 존속한 회사에 승계된다고 하였다.[2)]

이 경우의 권리의무의 승계는 법률상 당연히 이루어지는 것이므로 각개의 권리의무에 관하여 개별적 이전행위를 요하지 아니하며[3)] 이 점이 영업양도와 다르다. 즉 부동산, 동산, 유가증권 등에 관하여 등기, 인도, 교부 등의 이전행위가 없어도 권리이전의 효력이 발생한다. 또 특약에 의하여 그 일부의 이전을 제외할 수 없다. 다만 대항요건을 필요로 하는 권리에 관하여는 제3자 대항요건을 갖추어야 한다.

---

1) 日大判 1917.9.26, 民集 23卷, 1498頁.

2) 대판 1980.3.25, 77누265.

3) 정동윤, 831면.

그러나 대항요건을 필요로 하는 권리는 매우 드물다. 기명주식에 관하여는 회사에 대하여 주주권을 행사하려면 명의개서라는 대항요건이 필요하지만(§337①), 회사 이외의 제3자에 대한 관계에서는 주권을 교부받아 점유하고 있으면 권리자로 추정되므로(§336②) 특별한 대항요건이 필요 없다.[1]

이전되는 권리의무에는 공법상의 권리의무도 포함되므로 소멸회사의 납세의무는 존속회사 또는 신설회사가 승계한다.[2] 소송당사자인 회사가 합병에 의하여 소멸한 때는 소송절차가 중단되고, 존속회사 또는 신설회사가 이 소송을 승계하여야 한다(민소 §234).

### (6) 이사·감사의 퇴임

흡수합병의 경우에 존속회사의 이사 및 감사로서 합병 전에 취임한 자는 합병계약서에 다른 정함이 있는 경우를 제외하고는 합병 후 최초로 도래하는 결산기의 정기총회가 종료할 때에 퇴임한다(§527의4). 이것은 합병보고총회를 생략하는 경우에 합병계약서에서 이사·감사를 정하지 아니한 때에 대비하기 위한 것이다. 신설합병의 경우에는 신설회사의 이사 및 감사로서 설립이전에 취임한 자는 있을 수 없으므로, 위와 같은 보충규정은 필요가 없고 해산되는 회사의 이사 등은 자연히 그 지위를 잃는다.

## 6. 합병의 무효

### (1) 서 설

합병이 법정의 요건을 결여하거나 또는 그 절차에 하자가 있는 경우에는 그 합병의 효력이 문제된다. 이것을 민법의 일반원칙에 맡겨 합병의 무효·취소를 허용하는 것은 이해관계인이 많은 회사에 있어서 법률관계의 혼란과 불안정을 초래하여 거래의 안전을 오히려 해치게 된다. 그리하여 상법은 설립무효의 경우와 비슷하게 일정한 제소권자가 일정한 기간 내에 합병무효의 소의 방법에 의하여서만 합병의 무효를 주장할 수 있도록 규정하고, 판결의 효력을 획일적으로 처리하며 소급효를 배제하고 있다.

---

1) 정동윤, 832면; 정찬형, 상, 496면; 서돈각, 62면.

2) 이태로, "기업합병에 따르는 세법상의 제문제", 상법논집, 183면; 이철송, 회, 124면; 정찬형, 상, 496면.

### (2) 무효의 원인

합병의 무효원인에 관하여 상법에는 아무런 규정이 없으나 그 전형적인 예로서 합병당사회사·존속회사 또는 신설회사의 적격성을 결여하는 경우(§174②, ③), 합병비율의 불공정[1](합병비율은 사적자치의 문제이므로 불공정의 경우는 합병무효 원인이 될 수 없다는 견해가 있음), 합병계약에 하자가 있는 경우, 물적회사에서 합병계약서를 작성하지 않거나 법정기재사항을 기재하지 아니한 경우, 합병승인결의에 무효 또는 취소원인이 있는 경우, 종류주주총회가 없는 경우, 채권자 보호절차의 불이행, 물적회사가 합병보고총회를 소집하지 않거나 공고를 하지 아니한 경우 또는 창립총회를 소집하지 아니한 경우 등 법규위반이나 절차상의 하자가 있는 경우 등을 들 수 있다. 그리고 독점규제 및 공정거래에 관한 법률의 합병제한에 위반하는 경우, 은행업 등에 있어서 주무관청의 합병인가를 받지 못한 경우 등도 무효의 원인이 된다.

### (3) 합병무효의 소

합병무효의 주장은 소만으로 주장할 수 있고(§236①, §269, §529①, §603), 합병무효의 소는 합병의 효력을 소멸시키는 것이므로 형성의 소이다.[2]

**1) 제소권자** 합병무효의 소를 제기할 수 있는 자는 인적회사에서는 각 회사의 사원, 청산인, 파산관재인 또는 합병을 승인하지 아니한 회사채권자 등이고(§236①, §269), 물적회사에서는 그 밖에 각 회사의 이사·감사 등도 포함된다(§529①, §603). 독점규제 및 공정거래에 관한 법률에 위반하여 합병한 때에는 공정거래위원회가 합병무효의 소를 제기할 수 있다(공정 §16②).

회사채권자가 소를 제기한 때는 법원은 채권자의 제소가 악의임을 소명한 회사의 청구에 의하여 채권자에게 상당한 담보를 제공하도록 명할 수 있다(§237, §176③·④, §269, §530②, §603). 악의는 회사채권자가 회사를 해할 것을 알고 소를 제기한 경우이다. 이러한 법원의 담보제공명령은 회사채권자의 남소로 인한 회사의 손해를 방지하고, 원고패소의 경우에 원고의 손해배상책임(§240, §191, §269, §530②, §603)을 담보하기 위한 것이다. 법원이 담보제공명령을 하는 경우에는 담보액과 담보제공기간을 정하여야 하고(민소 §117, §110①), 담보제공명령을 신청한 회사는

1) 대판 2008.1.10, 2007다64136; 동 2009.4.23, 2005다22701.

2) 손주찬, 464면; 이철송, 회, 125면; 정동윤, 834면; 이기수 외, 574면; 정찬형, 상, 498면.

회사채권자가 담보를 제공할 때까지 응소를 거부할 수 있다(동법 §117, §109).

여기에서 각 회사가 어떤 회사를 뜻하는가에 관하여는 다툼이 있다. 여기에 해산회사를 포함시키지 않는다는 견해가 있고,[1] 존속회사·신설회사는 물론 해산회사도 포함된다는 견해가 있으나,[2] 소멸회사의 이해관계인이 합병무효의 소를 제기할 수 없다면 그 구제방법이 없어 불합리할 것이며, 청산인, 파산관재인도 제소할 수 있다는 것은 소멸회사를 전제로 하는 규정이므로 여기에는 소멸회사의 주주(사원), 이사, 감사, 회사채권자도 포함된다고 본다.[3]

합병무효의 소의 피고는 존속회사 또는 신설회사이다.

2) 제소기간·관할 제소기간은 합병의 등기가 있는 날로부터 6월 이내에 한정된다(§236②, §269, §529②, §603). 그러나 독점규제 및 공정거래에 관한 법률에 위반하여 합병한 때에는 공정거래위원회가 이 소를 제기하는 경우에는 제소기간의 제한이 없다.

3) 소의 절차 합병무효의 소는 성질상 획일적으로 결정되어야 하므로 관할, 공고, 병합심리, 하자의 보완과 청구의 기각 등에 관하여 설립무효의 소에 관한 규정을 준용한다(§240, §§186~190, §269, §530②, §603).

### (4) 무효판결의 효과

#### 1) 원고승소의 경우

**① 대세적 효력** 합병무효의 판결이 확정된 때에는 대세적 효력이 있어서 그 판결은 당사자 외에도 제3자에 대하여도 그 효력이 있다(§240, §190본문, §269, §530②, §603). 이것은 합병을 둘러싼 다수의 법률관계를 획일적으로 확정하기 위한 것이다. 그리하여 합병무효의 판결이 확정된 때에는 존속회사는 변경등기, 해산회사는 회복등기, 신설회사는 해산등기를 하여야 한다.

**② 효력불소급** 합병무효의 판결은 판결확정 전에 생긴 회사와 사원 및 제3자간의 권리의무에 영향을 미치지 아니한다(§240, §190단서, §269, §530②, §603). 따라서 합병 후 무효판결 확정시까지 이익배당, 지분 또는 주식양도, 회사와 제3자간의 거래 등은 유효하다.

---

1) 손주찬, 319면.
2) 정동윤, 835면; 서헌제, 651면; 강위두, 113면; 최기원, 1240면; 정찬형, 상, 499면.
3) 강위두, 113면; 정찬형, 상, 499면.

이것은 합병의 유효성을 전제로 하여 형성된 법률관계를 번복함으로써 초래될 수 있는 번잡을 피하기 위한 것이다. 그러므로 판결확정시까지 합병을 전제로 하여 행한 존속회사 또는 신설회사의 주주총회의 소집과 결의, 이익배당, 합병시에 발행된 주식의 양도 등은 모두 유효하다.

2) **원고패소의 경우** 무효의 소를 제기한 원고가 패소한 경우 그 원고에게 악의 또는 중과실이 있는 때에는 그 원고는 회사에 대하여 연대하여 손해배상책임을 진다(§240, §191, §269, §530②, §603).

### 3) 무효판결 후의 재산의 귀속

합병무효판결의 효력은 기왕에 소급하지 않지만, 장래에 향하여는 종전의 회사들로 환원되는 효력이 발생한다. 따라서 존속회사 또는 신설회사는 장래에 향하여 합병 전의 당사회사로 분할된다. 즉 합병으로 소멸한 해산회사는 부활하고 존속회사가 해산회사의 주주에게 발행한 주식은 무효가 되며, 신설회사는 소멸한다.

재산관계에 있어서는 합병 당시에 합병당사회사가 소유하고 있던 재산과 부채로서 존속회사 또는 신설회사에 남아 있는 것은 각각 본래의 회사로 복귀하고, 합병 후에 존속회사 또는 신설회사가 취득한 재산은 당사회사의 공유로 되며 그들이 부담한 채무는 당사회사의 연대채무로 한다(§239①, ②, §269, §530②, §603). 이 경우에 그 부담부분 또는 지분은 각 회사의 협의로 정하고, 협의가 이루어지지 않을 때에는 법원이 그 청구에 의하여 합병 당시의 각 회사의 재산상태 기타 사정을 참작하여 이를 인정한다(§239③, §269, §530②, §603).

## (5) 합병의 부존재

합병의 절차를 전혀 밟지 않고 단지 합병의 등기만을 마친 경우에는 합병이 존재한다고 할 수 없다. 이 경우에는 일반원칙에 따라 누구든지 언제든지 어떠한 방법에 의하던지 그 부존재를 주장할 수 있고, 필요한 경우 합병부존재확인의 소를 제기할 수 있다.

**《일본 회사법상 합병》**

**1. 서 설**

종래의 합병에 있어서는 소멸회사의 사원에게 존속회사·신설회사의 주식이 교부되어 소멸회사의 사원이 당연히 존속회사·신설회사의 사원이 되는 효과를 가져

왔었다. 그러나 회사법은 합병대가의 유연화를 도모한 결과 존속회사의 주식이외의 것(금전 등)을 소멸회사의 주주에게 교부할 수 있게 되어 당연히 주주의 지위의 승계는 발생하지 않는다. 회사법상 회사는 다른 회사와 합병할 수 있다(일회 §748)고 규정하고 있으므로, 주식회사끼리의 합병은 물론 주식회사와 지분회사와의 합병도 가능하다.

합병의 태양으로서는 ① 모자회사간·계열기업간의 합병, ② 동일시장에서 동종의 상품·역무를 제공하고 있으므로 경쟁관계에 있는 회사 간의 수평적 합병, ③ 원료나 제품을 공급하는 회사와 이 원료로 제조를 하든가 이 제품의 판매를 하는 회사 간의 수직합병, ④ 수평, 수직 어떤 것에도 속하지 않는 다각적 합병 등이 있다. 그리고 회사갱생법에 의하여 갱생회사가 합병에 의하여 회사의 조직·구조를 변경하여 재건을 도모하는 경우도 있다(회갱 §§180~181).

개정 전 상법에서는 합병·회사분할·주식교환·주식이전시에 소멸회사의 주주·분할회사 또는 그 주주·완전자회사가 되는 회사의 주주에 대하여 교부되는 대가는 원칙적으로 존속회사·설립되는 회사·승계회사·완전모회사가 될 회사의 주식에 한정되어 있었다. 그러나 최근 조직재편에 따른 사업의 재구축 필요성이나 기업매수·사업통치를 포함한 기업 활동의 국제화가 요구되는 가운데 조직재편행위의 대가를 존속회사 등의 주식에 한정하지 않고 금전, 기타의 재산을 대가로 할 수 있는 법제도로의 전환이 국내외로부터 요구되어져 왔다. 회사법은 이 요청에 따라 합병대가의 유연화·다양화를 목적으로 하는 입법을 실현하고 있다. 그러므로 합병대가로서 금전이나 사채를 교부받은 자는 주주의 지위를 완전히 잃게 된다. 금전을 대가로 하는 합병은 cash out merger라고 부른다.

### 2. 합병의 절차

#### (1) 합병계약서의 내용결정

합병계약은 당사회사의 대표자가 행하며, 합병계약서는 대표자에 의해서 작성되지만(일회 §748, §749, §753), 그 내용의 결정은 이사회설치회사의 경우에는 중요한 업무집행의 결정 또는 중요재산의 처분 및 양수에 해당하므로, 이사회의 승인결의가 필요하다. 위원회설치회사의 경우에는 집행역이 합병계약서를 작성하지만, 내용의 결정은 약식합병과 간이합병을 제외하고는 이사회가 행한다(일회 §416 ④16호).

#### (2) 합병계약에 관한 서면 등의 비치·열람

1) 흡수합병 소멸주식회사는 비치개시일부터 합병의 효력발생일까지, 존속주식회사는 동 개시일부터 효력발생 후 6개월을 경과하는 날까지 계약내용 기타 법무성령 소정사항을 기재·기록한 서면 또는 전자적 기록을 각각의 본점에 비치하여야 한다(일회 §782①, §794①).

신설합병 소멸주식회사는 비치개시일부터 설립회사의 성립일까지 합병계약의 내용 기타 법무성령 소정사항을 기재·기록한 서면 또는 전자적 기록을 각각의 본점에 비치하여야 한다(일회 §803①).

존속회사나 신설회사는 합병의 효력발생일 또는 성립 후 지체 없이 그가 승계한 소멸회사의 권리의무와 합병에 관한 사항으로서 법무성령이 정하는 사항을 기재·기록한 서면 또는 전자적 기록을 6개월간 본점에 비치하여야 한다(일회 §801③, §815③1호).

2) 합병당사회사의 주주 및 채권자는 각각의 회사에 대하여 영업시간 내에는 언제든지 열람 또는 등사를 청구할 수 있고, 전자기록사항의 열람과 제공을 청구할 수 있다(일회 §782③, §794③, §803③, §815④).

### (3) 합병계약서 기재사항

1) 존속회사가 주식회사인 경우의 흡수합병계약의 일반적인 법정기재사항(일회 §749①1~6호), 금전배당(동조②), 주식의 종류마다 다른 취급을 할 때 취급 내용(동조③).

2) 존속회사가 지분회사인 경우 흡수합병계약의 일반적인 법정기재사항(일회 §751①17호), 소멸주식회사가 종류주식 발행회사인 경우(동조②1~2호).

3) 신설합병계약의 일반적인 법정기재사항(일회 §753①1~11호), 소멸주식회사가 종류주식발행회사인 경우(동조②, ④).

4) 지분회사를 설립하는 신설합병계약의 법정기재사항(일회 §755①1~9호).

### (4) 합병승인 주주총회

1) 의 의 　합병계약서는 합병당사회사의 대표자 간에 체결된 후, 당사회사의 합병승인총회에서 특별결의에 의한 승인을 받아야 한다. 합병승인총회는 법적으로 일반 다른 주주총회와 다름이 없다.

2) **흡수합병 소멸회사의 경우** 　흡수합병 소멸주식회사는 효력발생일 전일까지 주주총회의 특별결의로써 흡수합병계약의 승인을 받아야 한다(일회 §783①, §309②12호). 다만 소멸주식회사가 종류주식발행회사가 아니고, 주주에 대하여 교부하는 금전 등의 전부 또는 일부가 지분 등인 때는 소멸주식회사 총주주의 동의를 얻어야 한다(일회 §783②).

소멸주식회사가 종류주식발행회사이고, 합병대가 등의 전부 또는 일부가 양도제한주식 등인 때는 할당받은 종류주식의 주주총회의 결의가 없으면, 흡수합병의 효력은 발생하지 않는다. 다만 당해 종류주주총회에서 의결권을 행사할 수 있는 주주가 존재하지 않는 경우는 이에 제한되지 않는다(동조③). 소멸주식회사가 종류주식발행회사이고, 합병대가 등의 전부 또는 일부가 지분 등인 때는 당해 지분 등의 배당을 받는 종류주주 전원의 동의가 없으면 흡수합병의 효력은 발생하지 않는다(동조④).

흡수합병으로 지분회사가 소멸하는 경우 정관에 별도의 정함이 없으면 효력발생일 전날까지 당해 지분회사의 총사원에 의한 흡수합병계약의 동의를 받아야 한다(일회 §793①1호).

3) **흡수합병 존속회사의 경우** 　흡수합병 존속주식회사는 효력발생일 전일까지 주주총회의 특별결의로써 흡수합병계약의 승인을 받아야 한다(일회 §795①,

§309②12호). 제795조 제2항 제1~2호의 합병차손이 발생한 경우에는 주주총회에서 그 뜻을 설명하여야 한다. 승계하는 소멸회사의 자산에 존속주식회사의 주식이 포함되는 경우에는 이사는 존속주식회사의 합병승인총회에서 당해 주식에 관한 사항을 설명하여야 한다(동조③).

존속주식회사가 종류주식발행회사인 경우 소멸주식회사의 주주에게 존속주식회사의 주식을 교부하는 때는 당해 종류주주총회의 결의가 있어야 한다(일회 §795④1호). 존속회사가 될 지분회사는 정관에 다른 정함이 없는 한 효력발생일 전일까지 총사원에 의한 흡수합병계약의 동의를 얻어야 한다(일회 §802①1호).

4) **신설합병 소멸회사의 경우** 신설합병 소멸주식회사는 주주총회의 특별결의 또는 특수결의로써 신설합병계약의 승인을 받아야 한다(일회 §804①, 309②12호). 다만 신설합병 설립회사가 지분회사인 경우에는 소멸주식회사의 총주주의 동의를 얻어야 한다(일회 §804②). 소멸주식회사가 종류주식발행회사인 경우, 소멸회사 주주에게 교부하는 설립회사의 주식 등의 전부 또는 일부가 양도제한주식인 때는 당해 종류주주를 구성원으로 하는 종류주주총회의 결의가 없으면, 그 효력은 발생하지 않는다(동조③).

### (5) 합병의 통지·공고

흡수합병의 소멸주식회사는 효력발생일 20일 전까지, 또는 신설합병의 소멸주식회사는 합병승인 총회의 결의일로부터 2주간 이내에 그의 등록주식질권자 및 등록신주예약권질권자에 대하여 흡수합병 또는 신설합병을 하는 뜻을 통지하든지 또는 공고하여야 한다(일회 §783⑤, ⑥, §804④, ⑤).

### (6) 반대주주의 주식매수청구권

1) **흡수합병 소멸회사의 경우** 합병반대주주는 소멸주식회사에 대하여 자기가 갖는 주식을 공정한 가격으로 매수할 것을 청구할 수 있다. 다만 소멸회사가 종류주식 발행회사가 아닌 경우 주주에게 교부하는 합병대가 등의 전부 또는 일부가 지분 등인 때는 이에 한하지 않는다(일회 §785①1호).

소멸회사는 합병효력 발생일 20일 전까지 주주에게 흡수합병의 취지 및 존속회사의 상호, 주소를 통지하여야 한다. 다만 소멸회사가 종류주식발행회사가 아닌 경우 주주에게 교부하는 합병대가 등의 전부 또는 일부가 지분 등인 때는 이에 한하지 않는다(일회 §785①3호). 이 통지는 소멸회사가 공개회사인 경우 또는 합병승인총회의 승인을 받은 경우에는 공고로써 갈음할 수 있다(동조④1~2호).

이 주식매수의 청구는 합병 후 효력발생일 20일전부터 효력발생일 전일까지의 사이에 주식매수청구에 관한 주식의 수를 명백히 하여야 한다(동조⑤). 주식매수청구를 한 주주는 회사의 승인을 얻은 경우에 한하여 이 청구를 철회할 수 있다(동조⑥). 흡수합병을 중지할 때는 주식매수청구는 그 효력을 상실한다(동조⑦).

매수가격 결정은 주주와 회사간의 협의가 있는 때는 당해 회사는 효력발생일로부터 60일 이내에 지불을 하여야 한다(일회 §786①). 주식가격 결정에 관하여 효력발생일부터 30일 이내에 협의가 이루어지지 않은 때는 주주 또는 소멸회사는 기간만료일 후 30일 이내에 법원에 대하여 가격 결정을 신청할 수 있다(동조②). 효력발생일로부터 60일 이내에 신청이 없는 때에는 이 기간의 만료 후는 주주는 언제든지 주식매수청구를 철회할 수 있다(동조③).

2) **흡수합병 존속회사·신설합병의 경우** 흡수합병의 존속회사 및 신설합병의 경우에도 반대주주의 매수청구에 관해서는 위와 같은 취지가 규정되어 있다(일회 §§797~798, §§806~807).

### (7) 신주예약권의 매수청구

합병을 하는 경우 소멸회사의 신주예약권자에 대하여 당해 신주예약권 대신 존속·신설회사의 신주예약권 또는 금전 등을 교부하는 합병계약상의 정함(일회 §749①4~5호, §753①10~11호)이 당해 신주예약권발행시의 조건(일회 §236①8호)에 합치하고 있는 신주예약권 이외의 신주예약권의 신주예약권자는 소멸회사에 대하여 자기가 갖는 신주예약권을 공정한 가격으로 매수할 것을 청구할 수 있다(일회 §787②, §808①1호).

신주예약권부사채에 있어서 신주예약권자가 이 매수청구를 하는 경우에는 함께 사채의 매수도 청구하여야 한다. 다만 이 신주예약권에 관하여 별도의 정함이 있는 경우에는 이에 한하지 않는다(일회 §787③, §808②).

흡수합병의 소멸회사는 모든 신주예약권자에 대하여 합병효력발생일의 20일 전까지 흡수합병의 취지, 존속회사의 상호, 주소를 통지하여야 한다(공고로 대신할 수 있음, 일회 §787③, ④). 신설합병의 소멸주식회사는 모든 신주예약권자에 대하여 합병계약의 승인총회의 결의일로부터 2주간 이내에 신설합병을 하는 취지 및 다른 소멸회사, 설립회사의 상호, 주소를 통지하여야 한다(공고가능, 일회 §808③, ④).

신주예약권매수청구는 ① 흡수합병의 경우에는 효력발생일 20일 전부터 효력발생일 전일까지, ② 신설합병의 경우에는 상기 통지, 공고를 한 날부터 20일 이내에, 그 매수청구에 관한 신주예약권의 내용, 수를 명백히 하여야 한다(일회 §787⑤, §808⑤). 이 청구를 한 신주예약권자는 소멸회사의 승인을 얻은 경우에 한하여 이 청구를 철회할 수 있다(일회 §787⑥, §808⑥). 합병을 중지한 때는 이 매수청구는 효력을 잃는다(일회 §787⑦, §808⑦).

### (8) 채권자보호절차

흡수합병의 경우 소멸회사가 주식회사 또는 지분회사 어떤 경우라도 그 채권자는 소멸회사에 대하여 이의를 제기할 수 있다(일회 §789①1호, §793②). 채권자들이 이의를 제기한 경우, 소멸회사는 이를 공고하고 알고 있는 채권자에게는 각별로 최고하여야 한다(일회 §789②1~4호). 다만 소멸회사가 정관의 정함에 따라 일간신문 또는 전자공고를 하는 경우에는 각별의 최고는 할 필요가 없다(동조③).

기간 내에 채권자가 이의를 제기하지 않는 경우에는 당해 채권자는 흡수합병을 승인한 것으로 간주한다(동조④). 채권자가 이의를 제기한 때는 소멸주식회사는 변제를 하든지, 상당한 담보의 제공 또는 신탁회사에 상당한 재산을 신탁하여야 한다. 다만 이 합병을 해도 당해 채권자를 해할 염려가 없는 경우에는 이에 한하지 않는다(동조⑤).

흡수합병 존속회사 및 신설합병 소멸회사의 채권자에 관해서도 위와 동일한 채권자보호규정이 있다(일회 §799, §802②, §810, §813②).

### (9) 총회결의가 불필요한 경우

1) **약식합병** 흡수합병의 경우 ① 존속회사가 소멸주식회사의 특별지배회사인 경우에는 소멸주식회사에서 그리고 ② 소멸회사가 존속주식회사의 특별지배회사인 경우에는 존속주식회사에서 주주총회의 합병계약 승인결의는 필요하지 않다(일회 §748①, §796①). 다만 ①에 있어서 합병대가의 전부 또는 일부가 양도제한주식이고, 소멸회사가 공개회사이며 종류주식발행회사가 아닌 때 또는 ②에 있어서 합병대가의 전부 또는 일부가 존속주식회사의 양도제한주식이고 존속주식회사가 공개회사가 아닌 때는 그러하지 아니하다(일회 §748①단서, §796①단서).

상기 ①의 약식합병에서 a. 당해흡수합병이 법령, 정관에 위반한 경우, b. 존속주식회사가 소멸회사의 주주 또는 사원에 대하여 금전 등을 교부할 때 현저하게 부당한 경우에는 소멸주식회사의 주주는 소멸주식회사에 대하여 합병을 중지하도록 청구할 수 있다(일회§ 784②1~2호). 상기 ②의 약식합병에서 a. 당해흡수합병이 법령, 정관에 위반한 경우, b. 존속주식회사가 소멸회사의 주주 또는 사원에 대하여 금전 등을 교부할 때 현저하게 부당한 경우에는 존속주식회사의 주주는 존속주식회사에 대하여 합병을 중지하도록 청구할 수 있다(일회 §796②1~2호).

2) **간이합병** 흡수합병의 존속회사에 있어서 합병대가 금액이 존속회사 순재산액의 5분의 1을 넘지 않는 경우에는 총회의 결의를 요하지 않는다(일회 §796③). 다만 ① 합병차손이 발생한 경우, ② 소멸회사의 주주, 사원에 대하여 교부하는 금전 등의 전부 또는 일부가 존속주식회사의 양도제한주식이고, 존속주식회사가 공개회사가 아닌 경우에는 주주총회가 필요하다(동항 단서).

간이합병에 해당하더라도 법무성령으로 정하는 수의 주식을 갖는 주주가 합병통지, 공고일로부터 2주 내에 합병반대의 뜻을 회사에 통지한 경우에는 존속회사는 효력발생일 전까지 주주총회의 승인을 받아야 한다(동조④).

### (10) 지분회사의 절차

지분회사가 신설합병을 하는 경우 정관에 별도의 정함이 없는 한 신설합병계약에는 당해지분회사의 총사원의 동의가 필요하다(일회 §813①1호). 채권자보호절차의 규정은 신설합병 소멸지분회사에 준용된다(동조②).

## 3. 합병의 효과

흡수합병 존속회사는 효력발생일에 소멸회사의 권리의무를 승계하고(일회 §750①, §752①), 신설합병 설립회사는 성립일에 소멸회사의 권리의무를 승계한다(일회 §754①, §756①).

합병에 있어서 자본금, 준비금, 잉여금을 어떻게 취급할 것인가에 관하여 회사법은 합병뿐만 아니라 흡수분할, 신설분할, 주식교환, 주식이전에 대해서도 자본금, 준비금으로서 계상해야 할 액에 대해서 법무성령으로 정하도록 하였다(일회 §445⑤). 존속회사, 설립회사가 소멸회사의 권리의무를 승계하는 경우의 회계처리 방법으로서는 종래는 풀링 방식(pooling of interest method)이 많이 채택되었으나, 최근에는 시가로 재평가하여 계상하는 퍼처스 방식(purchase method)이 주로 채택되고 있다.[1]

#### 4. 합병의 무효

합병무효의 소와 그 주장방법, 제소권자와 제소기간, 무효의 효력 등은 우리나라와 거의 같다. 합병무효의 원인에 관해서도 회사법은 직접규정하지 않는 것도 우리나라의 경우와 같다.

### 《중국 회사법상 합병》

#### 1. 합병의 종류

중국 회사법의 규정에 의하면 합병에는 흡수합병과 신설합병이 있다(중회 §173).

#### 2. 합병의 절차

##### (1) 합병계약의 체결

합병에 참가하는 각 회사는 우선 합병계약을 체결한다. 외상투자기업의 합병과 분리에 관한 규정은 합병계약의 내용에 대하여 구체적인 규정을 두고 있다(중회 §21). 즉 ① 합병계약 각 주체의 명칭, 주소, 법정대표자, ② 합병 후 회사의 명칭, 주소, 법정대표자, ③ 합병 후 회사의 투자총액과 등기자본, ④ 합병형식, ⑤ 각 주체의 채권, 채무의 승계방안, ⑥ 종업원 배치방법, ⑦ 계약위반책임, ⑧ 분쟁해결방식, ⑨ 계약체결일과 장소, ⑩ 계약주체가 필요하다고 여기는 기타사항 등이다.

##### (2) 합병계약의 승인

회사의 합병은 주주총회의 특별결의를 거쳐야 한다. 그리고 유한회사의 합병은 3분의 2 이상의 의결권을 대표하는 주주의 찬성을 얻어야 하며, 국유독자회사의 합병은 국유자산 감독관리기관에서 결정한다. 주식회사의 경우는 주주총회에 출석한 주주가 소유하는 의결권의 3분의 2 이상의 찬성으로 합병을 승인한다.

##### (3) 대차대조표의 작성과 재산명세서

합병하는 회사의 자산상황을 명확히 하여 채권자로 하여금 확실하게 알게 하며, 합병 당사자 간에 회사자산을 이해하게 하고 합병절차의 진행에 필요한 정보를 제

---

1) 石山卓磨, 491面.

공하기 위하여 대차대조표와 재산명세서를 작성하여야 한다(중회 §174 1문).

### (4) 채권자에 대한 통지 및 공고

회사는 합병을 의결한 날부터 10일 이내에 채권자에게 이를 통지하고 30일 이내에 신문에 공고하여야 한다. 채권자는 통지를 받은 날부터 30일 이내에, 통지서를 받지 못한 채권자는 공고일로부터 45일 이내에 회사에 채무를 상환하거나 상응한 담보를 제공할 것을 요구할 수 있다(동조 2문).

### (5) 회사의 변경 또는 설립등기

회사는 합병 후 공상관리부문과 기타 관리부문에 합병에 상응하는 변경 또는 설립등기를 하여야 한다.

### 3. 합병의 효과

합병의 효과로서 일방회사 또는 쌍방회사의 소멸과 존속회사의 변경, 신설회사의 설립이 있게 되는 것은 우리나라의 경우와 같다. 회사가 합병할 때, 합병당사회사의 채권, 채무는 합병 후 존속하는 회사 또는 신설된 회사가 승계한다(중회 §175). 합병이 완성된 후 피흡수회사의 소멸등기를 하지 않았더라도 존속회사는 피흡수회사의 민사채무를 부담해야 한다(기업개편과 관련된 민사 분쟁심사에 관한 최고인민법원규정 §34).

# 제 3 절 회사의 분할

## 1. 분할의 의의

회사의 분할이라 함은 하나의 회사를 두 개 이상의 회사로 분리하는 현상이다. 이것은 회사의 합병의 반대현상이라고 할 수 있다. 피분할회사의 재산의 일부가 분할 후 회사로 포괄승계 되고, 재산을 넘겨받는 회사가 그 반대급여로 지분을 발행하여 교부한다. 분할의 개념요소로 재산 일부의 양도, 포괄승계의 양도방법 및 지분의 교부를 들 수 있다.[1)]

양도하는 재산에는 부채 등 소극재산이 포함되고, 완전분할의 경우에도 재산을 넘겨받는 각 회사는 피분할회사 재산의 일부만을 양수한다. 재산이전의 대가로서

1) 정동윤, 838면.

는 지분이 교부되어야 하고, 금전만을 대가로 지급하는 것은 회사의 분할이 아니다. 다만 지분을 교부하고 부족분을 현금으로 지급하는 것은 상관이 없다.

상법은 주식회사에 대하여만 회사의 분할을 인정하고 있으며, 이러한 분할을 통하여 1개 또는 수 개의 회사를 설립하거나(단순분할, §530의2①), 1개 또는 수개의 존립 중의 회사와 합병하는 것(분할합병, 동조②)이라고 규정하고 있다. 그리고 단순분할과 분할합병을 겸할 수 있다는 것도 규정하고 있다(동조③).

회사의 분할은 여러 가지 경제적 목적을 달성하기 위하여 행하여진다. 회사의 분할은 복합적이고 다각화된 대기업이 그 일부분을 분리하여 특정사업부분을 전문화 하거나, 부진한 사업이나 적자사업의 분리에 의하여 경영의 효율을 높이기 위하여 또는 자재부문·신제품개발부문을 독립시켜 영업노력을 경주하기 위하여도 행하여진다.[1)]

## 2. 법적 성질

회사의 분할은 회사가 분할하여 2개 이상의 회사로 되는 조직법상의 특별한 계약이고, 그 결과 회사재산이 포괄승계 되고 분할 전 회사의 주주가 분할 후 회사의 주주가 되는 것이다. 회사의 합병을 인격의 합일로 보는 것과 같이 회사의 분할을 인격의 분할로 보는 것이 타당하다(인격분할설).[2)] 다만 물적분할은 예외적인 현상이다.

## 3. 분할의 종류

### (1) 완전분할과 불완전분할

분할은 분할에 의하여 재산을 이전하는 회사를 기준으로 그것이 분할 후에 소멸하는가 존속하는가에 따라 완전분할과 불완전분할로 나누어진다. 완전분할은 양도회사가 그 전 재산을 일부씩 분할하여 다른 회사에 넘겨주고 자신은 청산절차 없이 해산하는 형태이다. 전부분할 또는 소멸분할이라고도 한다. 불완전분할은 분할전회사가 그 재산의 일부만을 분할하여 이전해주고 자신도 영업재산의 일부를 보유하면서 독립된 회사로 존속하는 형태이다. 일부분할 또는 존속분할이라고도 한다.

---

1) 정찬형, 상, 502면; 이철송, 회, 1058면.

2) 정찬형, 상, 506면; 강위두, 793면; 최준선, 회, 702면; 이철송, 회, 1067면.

우리 상법은 단순분할의 경우, 분할 전 회사의 존속유무를 불문하므로(§530의2①) 완전분할과 불완전분할을 모두 인정한다(§530의5①·②).

### (2) 신설분할과 흡수분할

분할은 분할에 의하여 자산을 양수하는 회사가 신설회사인가 기존의 회사인가를 기준으로 하여 신설분할과 흡수분할로 나누어진다. 신설분할은 분할 부분이 독립된 신설회사를 형성하는 형태이며, 신설합병에 대응하는 형태이다. 흡수분할은 분할된 부분이 기존의 회사에 양도되는 형태이며, 흡수합병에 대응하는 형태이다.

신설분할과 흡수분할의 결합형도 가능하므로 분할된 일부는 신설회사로 되고, 다른 일부는 존속중의 회사에 이전되는 경우도 가능하다. 그리고 완전분할·불완전분할과 신설분할·흡수분할은 서로 결합될 수 있다. 즉 완전신설분할·완전흡수분할, 불완전신설분할·불완전흡수분할이 모두 가능하다.

### (3) 인적분할과 물적분할

분할은 양수회사가 발행하는 지분을 양도회사의 사원에게 교부하는가 또는 양도회사 자체에게 교부하는가에 따라 인적분할과 물적분할로 나누어진다. 인적분할은 양수회사가 그 발행하는 지분을 양도회사의 사원에게 교부하는 형태이며, 이 경우에는 양도회사의 사원은 양수회사의 사원이 된다. 그리하여 완전신설분할의 경우에는 동일한 사원이 각 신설회사의 사원이 되는 자매회사가 설립되고, 불완전신설분할의 경우에는 동일한 사원이 동시에 양도회사와 양수회사의 사원이 된다. 이 경우 각 회사는 동열에 있으므로 인적분할을 수평적 분할 또는 횡적분할이라고도 한다. 완전분할의 경우에는 양도회사가 소멸하여 양도회사에 지분을 교부하는 물적분할은 불가능하므로 완전분할은 모두 인적분할이다.

물적분할은 양수회사가 그 발행지분을 양도회사 자체에게 교부하는 형태이며, 이 경우에는 양수회사가 양도회사의 100% 자회사가 된다. 그리하여 이를 수직적 분할 또는 종적분할이라고도 한다. 불완전분할의 경우에는 양도회사가 존속하므로 인적분할과 물적분할이 모두 가능하다. 물적분할에 관하여는 인적분할에 관한 상법의 규정이 준용된다(§530의12).

### (4) 단순분할과 분할합병

분할은 분할 후에 분할된 부분이 독립한 회사로 남아있는가 아니면 분할된 부분이 다른 회사 또는 다른 회사의 분할된 부분과 합병하는가에 따라 단순분할과 분할합병으로 나누어진다. 단순분할은 분할된 부분이 독립하여 신설회사로 남아 있는 경우로 신설분할과 일치한다. 분할합병은 분할된 부분이 다른 존속중의 회사에 흡수합병 되거나 또는 다른 존속중의 회사의 분할된 부분과 신설합병을 하는 경우이다.

상법은 단순분할과 분할합병의 모두를 인정함과 동시에 회사는 이를 선택적으로 행사하거나 결합하여 행사할 수 있게 하고 있다(§530의2①~③).

### (5) 보통분할과 간이분할·소규모분할

분할의 경우에도 합병의 경우와 같이 당사회사의 주주총회 특별결의에 의한 승인을 필요로 한다. 이를 보통분할이라 한다(§530의3①, ②). 예외적으로 분할절차를 간소화하기 위하여, 분할 전 회사의 주주총회 승인결의를 요하지 않을 경우를 간이분할이라 하고(§530의11②, §527의2), 분할 후 회사의 주주총회 승인결의를 요하지 않는 경우를 소규모분할이라 한다(§530의11②, §527의3).

## 4. 분할의 자유와 제한

주식회사는 원칙적으로 자유로이 분할할 수 있고(§530의2①~③, §530의12), 다만 청산 중의 회사는 존립 중의 회사를 존속회사로 하거나 새로 회사를 신설하는 경우에만 회사분할 또는 분할합병을 할 수 있다(§530의2④). 즉 불완전분할이나 신설합병분할은 불가능하고, 완전분할 또는 흡수분할합병만이 가능하다.[1]

## 5. 분할의 절차

### (1) 서 설

분할의 절차는 분할에 의하여 자산을 양도하는 회사와 이를 양수하는 회사에서 동시 또는 전후에 진행된다. 양도회사에 있어서는 처음에 이사가 분할계획서 또는 분할합병계약서를 작성한 후 분할의 공시를 하고, 이어 주주총회에서 분할계획서 또는 분할합병계약서의 승인결의를 얻고, 채권자보호절차를 거쳐 양도회사가 소멸하는 경우에는 해산의 등기를, 존속하는 경우에는 변경의 등기를 마침으

1) 정찬형, 상, 506면; 이철송, 회, 1066면.

로써 분할의 절차가 종료된다.

양수회사가 기존의 회사인 경우에는 자본의 증가를 수반하는 흡수합병의 절차가 진행되고, 마지막으로 변경의 등기를 마침으로써 분할합병의 절차가 종료된다. 양수회사가 신설회사인 경우에는 회사설립 또는 합병의 절차를 거치게 되고, 마지막으로 제317조에 따라 설립등기를 마침으로써 설립 또는 분할합병의 절차가 종료된다.

### (2) 분할계획서 및 분할합병계약서의 작성

단순분할의 경우에는 피분할회사 밖에 없으므로 분할계획서를 작성하면 되나, 분할합병의 경우에는 피분할회사와 상대방 회사간에 분할합병계약서를 작성하여야 한다. 분할의 법률관계를 명확히 하기 위하여 분할계획서나 분할합병계약서에 기재할 사항은 상법에서 상세하게 규정하고 있다(§530의5, §530의6).

**1) 단순분할의 분할계획서** 분할에 의하여 회사를 설립하는 경우에는 신설회사에 관하여 분할계획서를 작성하고 다음의 사항을 기재하여야 한다. ① 설립되는 회사의 상호, 목적, 본점의 소재지 및 공고의 방법, ② 설립되는 회사가 발행할 주식의 총수 및 액면주식, 무액면주식의 구분, ③ 설립되는 회사가 분할 당시에 발행하는 주식의 총수, 종류 및 종류주식의 수, 액면주식, 무액면주식의 구분, ④ 분할되는 회사의 주주에 대한 설립되는 회사의 주식의 배정에 관한 사항 및 배정에 따른 주식의 병합 또는 분할을 하는 경우에는 그에 관한 사항, ⑤ 분할되는 회사의 주주에게 지급할 금액을 정한 때에는 그 규정, ⑥ 설립되는 회사의 자본금과 준비금에 관한 사항, ⑦ 설립되는 회사에 이전될 재산과 그 가액, ⑧ 설립되는 회사가 양수한 재산에 관한 채무만을 부담하는 경우에는 그 내용, ⑨ 설립되는 회사의 이사와 감사를 정한 경우에는 그 성명과 주민등록번호, ⑩ 설립되는 회사의 정관에 기재할 그 밖의 사항 등이다(§530의5①).

분할후 회사가 존속하는 경우에는 존속하는 회사에 관하여도 분할계획서를 작성하고 다음 사항을 기재하여야 한다. 이 경우 분할된 부분으로 새 회사를 설립하는 때에는 신설회사에 관하여 분할계획서를 작성하여야 함은 물론이다. 즉 ① 감소할 자본금과 준비금의 액, ② 자본감소의 방법, ③ 분할로 인하여 이전할 재산과 그 가액, ④ 분할 후의 발행주식의 총수, ⑤ 회사가 발행할 주식의 총수를 감소하는 경우에는 그 감소할 주식의 총수, 종류 및 종류별 주식의 수, ⑥ 정관변경을 가져오게 하는 그 밖의 사항 등이다(§530의5②).

### 2) 분할합병의 분할합병계약서

① 분할되는 회사의 일부가 다른 회사와 합병하여 그 다른 회사(분할합병의 상대방회사)가 존속하는 경우에는 분할계약서를 작성하여야 하며, 다음 사항을 기재하여야 한다. a. 분할합병의 상대방회사가 분할합병으로 인하여 발행할 주식의 총수를 증가하는 경우에는 증가할 주식의 총수, 종류 및 종류별 주식의 수, b. 분할합병의 상대방회사가 분할합병을 함에 있어서 발행하는 신주의 총수, 종류 및 종류별 주식의 수, c. 분할되는 회사의 주주에 대한 분할합병 상대방회사의 주식의 배정에 관한 사항 및 배정에 따른 주식의 병합 또는 분할을 하는 경우에는 그에 관한 사항, d. 분할되는 회사의 주주에 대하여 분할합병의 상대방회사가 지급할 금액을 정한 때에는 그 규정, e. 분할합병 상대방회사의 증가할 자본금의 총액과 준비금에 관한 사항, f. 분할되는 회사가 분할합병 상대방회사에 이전할 재산과 그 가액, g. 분할합병 상대방회사가 이전받은 재산에 관하여만 책임을 부담하는 경우에는 그 내용, h. 각 회사에서 분할승인결의를 할 주주총회의 기일, i. 분할합병을 할 날, j. 분할합병 상대방회사의 이사와 감사를 정한 때에는 그 성명과 주민등록번호, k. 분할합병 상대방회사의 정관변경을 가져오게 하는 그 밖의 사항 등이다(§530의6①).

② 분할되는 회사의 일부가 다른 회사 또는 다른 회사의 일부와 분할합병을 하여 회사를 설립하는 경우에도 분할계약서를 작성하여야 하며, 다음 사항을 기재하여야 한다. a. 신설회사의 상호, 목적, 본점의 소재지 및 공고의 방법, 신설회사가 발행할 주식의 총수 및 1주의 금액, 신설회사의 자본과 준비금에 관한 사항, 신설회사에 이전될 재산과 그 가액, 신설회사가 양수한 재산에 관한 채무만을 부담하는 경우에는 그 내용, 신설회사의 이사와 감사를 정한 경우에는 그 성명과 주민등록번호, 신설회사의 정관에 기재할 그 밖의 사항, b. 설립되는 회사가 분할합병을 함에 있어서 발행하는 주식의 총수, 종류 및 종류별 주식의 수, c. 각 회사의 주주에 대한 주식의 배정에 관한 사항과 배정에 따른 주식의 병합 또는 분할을 하는 경우에는 그 규정, d. 각 회사가 설립되는 회사에 이전할 재산과 그 가액, e. 각 회사의 주주에게 지급할 금액을 정한 때에는 그 규정, f. 각 회사에서 분할합병 승인결의를 할 주주총회의 기일, g. 분할합병을 할 날 등이다(동조②).

위 ①과 ②의 경우에 각 회사의 분할합병을 하지 아니하는 부분에 관하여는 분할계획서를 작성하고 여기에 다음 사항을 기재하여야 한다. a. 감소할 자본과 준비금의 액, b. 자본감소의 방법, c. 분할로 인하여 이전할 재산과 그 가액, d. 분할

후의 발행주식의 총수, e. 회사가 발행할 주식의 총수를 감소하는 경우에는 그 감소할 주식의 총수, 종류 및 종류별 주식의 수, f. 정관변경을 가져오게 하는 그 밖의 사항 등이다(동조③).

### (3) 분할대차대조표 등의 공시

회사의 분할과 분할합병은 주주와 회사채권자 등 회사관련자에게 중대한 이해관계가 있으므로, 이에 관한 중요한 정보를 공시하도록 규정하였다. 즉 분할되는 회사의 이사는 분할계획서 및 분할합병계약서의 승인을 위한 주주총회의 회일의 2주전부터 분할의 등기를 한 날 또는 분할합병을 한 날 이후 6월간 ① 분할계획서 또는 분할합병계약서, ② 분할되는 부분의 대차대조표, ③ 분할합병의 경우 분할합병의 상대방회사의 대차대조표, ④ 피분할회사의 주주에게 발행할 주식의 배정에 관하여 그 이유를 기재한 서면 등의 서류를 본점에 비치하여야 한다(§530의7①).

분할합병 상대방회사의 이사는 분할합병을 승인하는 주주총회의 회일의 2주 전부터 분할합병의 등기를 한 후 6월간 ① 분할합병계약서, ② 피분할회사의 분할되는 부분의 대차대조표, ③ 피분할회사의 주주에게 발행할 주식의 배정에 관하여 그 이유를 기재한 서면 등의 서류를 본점에 비치하여야 한다(동조②).

주주 및 회사채권자는 영업시간 내에는 언제든지 위 서류의 열람을 청구하거나 회사가 정한 비용을 지급하고 그 등본 또는 초본의 교부를 청구할 수 있다(동조③, §522의2②).

### (4) 주주총회의 분할승인결의(대내적 절차)

**1) 소 집** 주주총회의 소집통지와 공고에는 분할계획 또는 분할합병계약의 요령을 기재하여야 한다(§530의3④). 또한 분할합병에 반대하는 경우에 주주에게 부여되는 주식매수청구권의 내용과 행사방법을 명시하여야 한다(§530의11②, §374②).

**2) 결 의** 분할계획서와 분할합병계약서의 승인결의는 주주총회의 특별결의에 의하여야 한다(상§530의3①, ②). 위 승인결의에 있어서는 제344조의3 제1항에 따라 의결권이 배제되는 주주도 의결권이 있다(동조③).

상법은 분할합병의 경우에 간이합병에 관한 제527조의2와 소규모합병에 관한 제527조의3을 준용하기로 하여(§530의11②), 이에 해당하는 경우에는 주주총회의 특별결의 없이 이사회의 결의만으로 분할합병을 할 수 있게 하였다. 이것은 기업의 구조조정을 간편하게 하기 위한 것이다.

회사의 분할 또는 분할합병으로 인하여 분할 또는 분할합병에 관련되는 각 회사의 주주의 부담이 가중되는 경우에는 위 제1항(주주총회의 승인결의) 및 제5항(종류주주총회, §436)의 결의 외에 그 주주 전원의 동의가 있어야 한다(동조⑥). 부담이 가중되는 경우란 주주의 추가출자를 받고자 하는 경우 등으로서 이것은 주주유한책임의 원칙을 지키기 위함이다.[1)]

분할합병에 반대하는 주주는 주식매수청구권을 행사할 수 있다(§530의11②, §522의3). 그러나 단순분할의 경우에는 주식매수청구권이 인정되지 않는다. 주권상장법인이 분할 또는 분할합병 하는 경우에는 대통령령으로 정하는 요건과 방법에 의한다(자금 §165의4 4호).

### (5) 회사채권자보호절차(대외적 절차)

**1) 신설회사·존속회사의 연대책임** 분할 또는 분할합병으로 인하여 설립되는 신설회사 또는 존속하는 회사는 분할 또는 분할합병 전 회사의 채무에 관하여 연대하여 변제할 책임을 진다(§530의9①). 이것은 제1차적으로 채권자를 보호하는 기능을 가진다.

**2) 채권자보호절차** 단순분할의 경우(§530의9②)에는 양수회사가 양도 전의 채무에 관하여 연대책임을 지므로 채권자가 손해를 볼 염려는 원칙적으로 없으므로 채권자보호절차가 필요하지 않다고 할 수 있다.[2)] 그러나 이 경우라도 신설회사가 분할되는 회사의 채무 중에서 출자한 재산에 관한 채무만을 부담할 것으로 정한 경우에는 연대책임이 아니므로 채권자가 불이익을 입을 염려가 있다.

분할합병의 경우에는 다른 회사와 합병을 하는 것이 포함되므로 당연히 채권자에게 영향이 있다. 그리하여 회사는 분할계획서 또는 분할계약서의 승인결의가 있은 날부터 2주 내에 채권자에 대하여 분할 또는 분할합병에 이의가 있으면 1월 이상의 기간 내에 이를 제출할 것을 공고하고 알고 있는 채권자에 대하여는 따로 따로 이를 최고하여야 한다(§530의11②, §527의5).

채권자가 위 기간 내에 이의를 제출하지 아니한 때에는 분할 또는 분할합병을 승인한 것으로 본다(§527의5③, §232②). 이의를 제출한 채권자가 있는 때에는 회사는 그 채권자에 대하여 변제 또는 상당한 담보를 제공하거나 이를 목적으로 하여

---

1) 이철송, 회, 1072~1073면; 정찬형, 상, 508면.
2) 이철송, 회, 1085면.

상당한 재산을 신탁회사에 신탁하여야 한다(§527의5③, §232③). 사채권자가 이의를 함에는 사채권자집회의 결의가 있어야 한다(§530의11②, §439③).

### (6) 보고총회 또는 창립총회

존립중의 회사가 분할된 부분을 흡수하여 존속하는 경우에는 합병보고총회를 개최하여야 하고, 분할 또는 분할합병에 의하여 새 회사가 설립되는 경우에는 창립총회를 개최하여야 하는 것이 원칙이나, 이들 총회는 이사회의 공고로써 갈음할 수 있음은 합병에 관하여 설명한 바와 같다(§530의11①, §526, §527).

### (7) 등 기

분할의 마지막 절차는 등기이다. 분할의 경우에는 신설회사의 창립총회가 종결한 날, 분할합병의 경우에는 합병보고총회 또는 창립총회가 종료한 날로부터 본점소재지에서는 2주, 지점소재지에서는 3주 내에 분할 후 존속하는 회사에 있어서는 변경의 등기, 분할로 인하여 소멸하는 회사에 있어서는 해산의 등기, 분할 또는 분할합병으로 인하여 설립된 회사에 있어서는 제317조에 정하는 설립등기를 하여야 한다(§530의11①, §528①). 분할 후 존속하는 회사 또는 설립된 회사가 전환사채 또는 신주인수권부사채를 승계한 때에는 그와 동시에 사채의 등기를 하여야 한다(§530의11①, §528②). 이상의 등기에 의하여 분할은 그 효력이 발생한다(§530의11①, §234).

## 6. 분할의 효과

### (1) 분할회사의 해산 또는 변경

완전분할의 경우에는 분할되는 회사는 해산되고(§517), 신설회사의 설립등기 또는 합병등기시에 청산절차 없이 소멸한다(§530의11①, §234). 불완전분할의 경우에는 양도회사는 위 등기시에 분할된 부분만큼 자본과 영업목적이 감소된 회사로 변경된다. 합병의 경우에는 법인격이 하나가 되어 합병전 회사의 법인격은 합병 후의 회사에서 그 동일성이 유지된다. 그러나 분할의 경우에는 인격의 승계는 이루어지지 않는다.[1)]

---

1) 이철송, 회, 1089면.

### (2) 신회사의 성립 또는 회사의 변경

신설분할의 경우에는 분할된 부분만으로 신회사가 성립한다. 흡수분할의 경우에는 분할된 부분과 다른 존립중의 회사의 분할된 부분이 합치면 신회사가 성립되고, 분할된 부분이 다른 존립중의 회사에 흡수되면 그 다른 회사는 그 만큼 자본과 영업목적이 증가된 회사로 변경되어 존속한다.

### (3) 권리의무의 이전

합병의 경우와 달리 회사분할의 경우에는 포괄승계가 없으므로, 분할 또는 분할합병으로 인하여 신설회사 또는 존속하는 회사는 분할하는 회사의 권리와 의무를 분할계획서 또는 분할합병계약서가 정하는 바에 따라 승계한다(§530의10). 분할의 효력은 등기를 한 때 발생하므로 분할로 인한 재산의 이전은 법률의 규정에 의한 이전으로 보아야 할 것이다.

그러므로 분할회사의 재산은 별도의 이전행위를 필요로 하지 않고 등기한 때 이전된다. 분할 후 회사가 분할 전 회사의 주주에게 주식을 배정하는 인적분할의 경우에는 사원의 이전이 있으나(§530의5①4호, §530의6①, ②), 분할 전 회사가 분할 후 회사의 주식의 총수를 취득하는 물적분할의 경우에는 사원의 이전이 없다(§530의12).

분할로 이전되는 영업재산에 관한 소송은 신설회사나 분할합병의 상대회사가 인수할 수 있다.[1]

### (4) 분할 후 회사의 책임

분할로 인하여 설립되는 회사 또는 존속하는 회사는 분할전 회사의 채무를 원칙적으로 연대하여 변제할 책임이 있다(§530의9①).[2] 그러나 분할승인 주주총회에서 분할후 회사는 출자한 재산에 관한 채무만을 부담할 것(§530의9②, ③본문)을 정할 수 있다. 이 경우 분할전 회사는 분할후 회사가 부담하지 아니하는 채무만을 부담하므로(동항 단서), 분할전 회사의 채권자를 보호하기 위하여 단순분할의 경우에도 채권자이의제출권(§530의9④, §527의5, §439③)이 인정된다.

따라서 분할전 회사가 자신이 알고 있는 채권자에게 개별적으로 최고절차를 거치지 않는 등 채권자보호를 태만히 한 경우에는 분할무효의 소(§530의11①)의 원

---

1) 대판 2002.11.26, 2001다44352.

2) 이 채무는 분할당시에 변제기가 도래하였는지 여부를 불문 한다(대판 2008.2.14, 2007다73321).

인이 될 수 있으며, 분할회사와 신설회사가 연대책임을 진다고 본다.[1)]

### (5) 회사분할에 관한 계산

단순분할의 경우 설립되는 회사 또는 분할 합병의 경우 분할합병의 상대방 회사(분할 후 회사)가 영업권을 취득한 경우에는 이는 이연자산으로 계상된다. 따라서 분할로 인하여 설립되는 회사 또는 분할 합병의 경우 분할합병의 상대방 회사(분할 후 회사)는 그 취득가액을 대차대조표의 자산의 부에 계상하여 설립등기 또는 분할합병의 등기를 한 후 5년 내의 매 결산기에 균등액 이상을 상각하여야 한다(§530의8). 이러한 영업권은 유상으로 승계취득한 경우가 아니어도 이연자산으로 계상될 수 있다.[2)]

## 7. 분할의 무효

### (1) 분할·분할합병무효의 소

분할 또는 분할합병의 요건이 흠결되거나 그 절차에 하자가 있는 경우에는 그 효력이 문제된다. 상법은 법률관계의 혼란과 불안정을 막고 거래의 안전을 도모하기 위하여 분할 및 분할 합병의 효력을 다투기 위한 유일한 방법으로 합병무효의 소에 관한 규정을 준용하여 분할 또는 분할합병무효의 소를 규정하고 있고, 그 판결의 효력에 관하여도 특칙을 두고 있다(§530의11①, §529).

분할 또는 분할합병의 무효원인에 관하여 상법은 합병의 경우와 같이 아무런 규정을 두고 있지 않다. 전형적인 무효원인으로서는 분할 또는 분할당사회사의 적격성이 흠결된 경우, 분할계획서 또는 분할합병계약서를 작성하지 않거나 중요한 법정기재사항을 기재하지 아니한 경우, 승인결의에 무효 또는 취소사유가 있는 경우, 종류주주총회가 없는 경우, 채권자보호절차를 밟지 않은 경우, 특별법상의 분할 또는 분할합병에 관한 강행규정에 위반한 경우, 양도회사의 주주 또는 양도회사에 교부하는 주식의 배정비율이 현저하게 불공정한 경우 등을 들 수 있다.

분할 또는 분할합병의 무효는 소만으로 주장할 수 있으므로 형성의 소이다.[3)] 무효의 소를 제기할 수 있는 자는 각 회사의 주주, 이사, 감사, 청산인, 파산관재

---

1) 대판 2004.8.30, 2003다25973.

2) 정찬형, 상, 514면.

3) 이철송, 회, 1103면.

인 또는 분할을 승인하지 아니한 채권자에 한한다. '각 회사'에는 해산회사도 포함된다고 본다. 제소하는 자가 회사채권자인 때에는 법원은 회사의 청구에 의하여 상당한 담보를 제공할 것을 명할 수 있다. 이 경우에 회사는 회사채권자의 청구가 악의임을 소명하여야 한다(§530의11①, §237).

피고는 분할로 인해 신설되는 회사 또는 존속회사가 모두 판결의 효력을 받고 또 그 효력은 획일적으로 확정되어야 하므로 분할과 관련된 모든 회사를 공동피고로 하여야 한다. 이 소는 분할 또는 분할합병의 등기가 있는 날로부터 6월 이내에 제기하여야 한다(§530의11①, §529②).

소의 절차와 승인결의 취소·무효확인·부존재확인의 소와의 관계는 합병무효의 소에 관하여 설명한 바와 같으며 그 밖의 절차는 설립무효의 소의 규정을 준용한다(§530의11①, §240, §§186~190).

### (2) 분할무효판결의 효력

분할무효의 소에서 원고승소판결이 확정된 때에는 그 판결은 제3자에 대하여도 그 효력이 있고(대세적 효력), 판결확정 전에 생긴 사원 및 제3자간의 권리의무에 영향을 미치지 아니하는 것은 합병무효 확인의 소에 있어서와 같다(불소급효, §539의11①, §240, §190).

분할무효의 판결이 확정되면 그에 따라 장래에 향하여 분할 또는 분할합병은 효력을 잃으므로, 이에 따른 원상회복을 하여야 한다. 따라서 본점과 지점 소재지에서 존속회사는 변경등기, 신설회사는 해산등기, 소멸회사는 회복등기를 하여야 한다(§539의11①, §238).

분할 또는 분할합병무효의 소에서 원고가 패소한 때에는 일반원칙에 따라 그 판결의 효력은 당사자 사이에만 미친다(민소 §204①). 패소한 원고에 악의 또는 중과실이 있는 때에는 회사에 대하여 연대하여 손해를 배상할 책임이 있다(§530의11①, §240, §191) 분할 또는 분할합병무효의 소가 심리 중에 원인이 된 하자가 보완되거나 회사의 현황과 제반사정을 참작하여 분할 또는 분할합병을 무효로 하는 것이 부적당하다고 인정한 때에는 법원은 그 청구를 기각할 수 있다.

분할 또는 분할합병의 절차를 전혀 밟지 않고 단지 그 등기만을 마친 경우에는 분할 또는 분할합병이 아예 없는 것이므로 이 경우에는 누구든지, 언제든지, 어떠한 방법에 의하여서도 그 효력이 없음을 주장할 수 있고, 필요가 있으면 그 부존재확인의 소를 제기할 수 있다.

분할 후 무효판결의 확정시까지 존속회사 또는 신설회사가 부담한 채무와 취득한 재산의 처리에 대하여 단순분할의 경우에는 분할후 회사가 취득한 재산 및 부담한 채무는 분할전 회사에 귀속한다. 분할합병의 경우에는 분할후 회사의 부담채무에 대해서는 분할당사회사의 연대채무로 하고, 취득재산에 대해서는 공유로 한다(§530의11①, §239①, ②). 이 경우 부담부분 또는 지분은 협의로 정하지만, 협의가 불가능할 경우에는 각 회사의 청구에 의하여 법원이 분할당시의 각 회사의 재산상태 기타의 사정을 참작하여 정한다(§530의11①, §239③).[1)]

### 《일본 회사법상 회사분할》

일본에서도 시장상황에 기동성 있게 대응하기 위한 기업재편성의 촉진, 경영의 효율성 및 감사의 실효성 확보, 각 사업의 적절한 평가를 위하여 분할제도를 도입하였다. 회사분할이란 주식회사합동회사에 관하여 기존회사의 사업상 권리의무의 전부 또는 일부를 다른 회사에 승계시키는 행위를 말하며, 흡수분할과 신설분할이 있다.

#### (1) 분할의 종류와 절차

**1) 흡수분할과 신설분할 및 그 절차** 흡수분할은 주식회사 또는 합동회사(분할회사 A)는 그 사업에 관한 권리의무의 전부 또는 일부를 분할 후 다른 회사(승계회사 B)에 승계시키는 것이다. 이 절차는 당사회사 사이에 분할계약을 체결하고(일회 §757), 양사의 주주총회(사원총회)의 특별결의로 이를 승인하게 된다. 모든 회사는 승계회사가 될 수 있다(일회 §758 1~8호, 승계회사가 지분회사일 경우 일회 §760 1~7호). 흡수분할은 예컨대 지주회사 아래 있는 복수의 자회사에 있어서 중복되는 사업부분을 특정자회사에 집중시켜 조직의 재편성을 의도하는 경우 등에 이용된다. 또한 합병회사가 분할회사로서 영업의 전부를 원래의 각 회사에 흡수시켜 흡수분할을 행하고, 합병회사 자체는 해산할 수도 있다.

신설분할은 1 또는 2 이상의 주식회사 또는 합동회사가 그 사업에 관하여 갖는 권리의무의 전부 또는 일부를 분할에 의하여 설립하는 회사에 승계시키는 것이다(일회 §763 1~12호, 지분회사를 설립하는 신설분할 일회 §65 1~8호). 분할회사가 분할계획서를 작성하고 주주총회가 특별결의로써 승인하지만, 모든 종류의 회사가 신설회사가 될 수 있다. 신설분할은 복수의 사업부분을 갖는 회사가 각 사업부분을 독립한 회사로 함으로써 경영의 효율성을 향상시킬 목적으로 이용된다.

흡수분할과 신설분할의 등기에 대해서는 각각 회사법 제923조와 제924조가 규정되어 있다.

**2) 물적분할과 인적분할** 현행 회사법 시행 전에는 물적분할과 인적분할이 나누어져 규정되어 있었으나, 현행 회사법은 승계회사, 설립회사는 분할시에 주식 등을 분할회사에 대해서만 교부하게 되어 있고, 인적분할은 물적분할과 잉여금의 배당을 합친 것으로서 구성되어지고 있다. 즉 회사법 상에는 물적분할만 규정되어

---

1) 정찬형, 상, 514~515면; 이철송, 회, 1105면.

있다. 그러나 물적분할에 의하여 분할회사가 대가로서 취득한 승계회사, 신설회사의 주식, 지분 등을 잉여금배당 또는 전부취득조항부종류주식의 취득절차에 의하여 분할회사의 주주에게 분배하는 경우에는 재원규제는 미치지 않는다(일회 §792, §812). 그러므로 인적분할이 실질적으로 유지되고 있다.

### (2) 분할의 대상

회사분할의 대상은 분할회사의 사업의 전부 또는 일부이다. 영업양도의 경우에는 영업목적을 위하여 조직화된 유기적 일체로서 기능하는 재산(경제적 가치가 있는 사실관계 포함)이 양도되고, 양도회사는 법률상 경업피지의무를 진다고 보는 것이 판례의 태도이다.[1] 그러나 회사분할의 경우에는 분할대상이 된 사업에 관하여 분할회사가 경업피지의무를 질 것인가에 대하여 규정이 없다. 그러므로 분할회사가 경업피지의무를 지지 않은 채 사업의 전부 또는 일부를 설립회사 또는 승계회사에 승계시키는 경우도 포함된다고 해석할 수 있다.[2]

### (3) 노동계약승계법의 제정

회사분할제도의 도입에 대해서 기업의 경쟁력 강화를 통하여 장기적으로는 고용안정에 이바지 할 것이 기대된다. 그러나 기업측의 일방적인 결정에 의하여 그 재편성이 실현되게 되므로, 노동관계의 승계에 관하여 노동자의 이익보호를 도모하여야 한다. 그러므로 일본에서는 회사의 분할에 수반되는 노동관계의 승계 등에 관한 법률(노동계약승계법)이 제정되었다.

### (4) 분할의 효력발생

흡수분할승계주식회사는 효력발생일에 흡수분할계획에서 정하는 바에 따라 흡수분할회사의 권리의무를 승계한다(일회 §759①). 흡수분할회사는 분할계획의 정함에 따라 교부된 대가의 종류에 의하여 승계주식회사의 주주, 사채권자, 신주예약권자, 신주예약권부사채에 대하여 사채권자 및 신주예약권자가 된다(동조④).

신설분할설립주식회사에 있어서는 그 성립일(설립등기일)에 분할효력이 발생하고 신설분할계획의 정함에 따라 신설분할회사의 권리의무를 승계한다(일회 §764①). 신설분할회사는 설립주식회사의 성립일에 신설분할계획의 정함에 따라 교부된 대가의 종류에 의하여 설립주식회사의 주주, 사채권자, 신주예약권자, 신주예약권부사채에 대하여 사채권자 및 신주예약권자가 된다(동조④, ⑤).

### (5) 분할의 무효

분할의 무효는 회사분할무효의 소에 의해서만 주장할 수 있다(일회 §828①9~10호). 이 소의 제소권자는 ① 당사회사의 주주(사원) 등, ② 파산관재인, ③ 분할을 승인하지 않은 채권자(동조②9~10호). 피고는 흡수분할계약을 한 회사 및 신설분할이 있어서 분할회사와 설립회사이다(일회 §834 9~10호).

---

1) 日最判 昭和 40.9.22, 民集 19卷 6号, 1600頁.

2) 石山卓磨, 500面.

이 소는 본점소재지 지방법원 관할에 전속하며, 분할의 효력발생일부터 6월 이내에 제기하여야 한다(일회 §828①9~10호). 무효원인에 관한 규정은 없지만, 분할계약서·분할계획서를 작성하지 않은 경우, 필요적 기재사항을 기재하지 않는 경우, 총회결의의 부존재, 서류의 비치를 해태한 경우 등이 있다. 그 외에도 담보제공명령제도(일회 §836), 분할무효의 확정판결의 효력에 대하여 대세적 효력(일회 §838)과 불소급효(일회 §839)에 관한 정함이 있다.

## 《중국 회사법상 회사의 분립》

### (1) 분립의 방식

회사의 분립에는 파생분립과 신설분립 두 종류가 있다. 파생분립은 존속분립이라고도 하며, 한 회사가 두 개 이상으로 분리되고 본 회사가 존재하며, 하나 이상의 새로운 회사를 설립하는 것이다. 신설분립이란 해산분립이라고도 하며, 한 회사가 두 개 이상의 회사로 분리하여 본 회사는 해산하고 두 개 이상의 새로운 회사를 설립하는 것이다.

### (2) 분립의 절차

1) **결 의** 회사의 분립은 주주(총)회의 특별결의를 거쳐야 하고(유한책임회사의 경우는 3분의 2 이상의 의결권을 가진 주주의 동의), 국유독자기업의 경우는 국가가 수권한 투자기구 또는 부문이 결정한다.

2) **분립계약의 체결** 회사법은 분립계약의 내용에 대하여 규정을 두고 있지 않으나 외상투자기업 합병과 분립의 규정 제24조는 구체적인 정함을 두고 있다. 그 내용은 ① 당사회사의 명칭, 주소, 법정대표인, ② 분립 후 회사의 투자총액과 등기자본, ③ 분립형식, ④ 당사회사가 분립하려고 하는 회사재산에 대한 분할방안, ⑤ 당사회사가 분립하려고 하는 회사의 채권, 채무에 대한 승계방안, ⑥ 종업원 배치방법, ⑦ 계약위반의 책임, ⑧ 분쟁해결방식, ⑨ 계약날짜, 장소, ⑩ 각 당사회사가 규정할 필요가 있다고 보는 사항 등이다.

3) **대차대조표와 재산명세서** 회사가 분립하기 전에 대차대조표와 재산명세서를 작성해야 한다(중회 §176). 분립전 회사의 자산, 부채, 수익 등 정황을 잘 정리하여 회사가 분립한 후 원래 회사의 장부를 찾을 수 없는 상황에 대처하기 위한 것이다. 또한 회사의 채권자가 회사의 분립전 자산상황을 잘 아는 것은 중요한 것이므로 채권자의 知情權을 보호하고 있다.

4) **채권자에게 통지** 회사의 분립은 그 재산을 상응하게 분할하는 것이므로, 회사가 분립할 때 위의 대차대조표와 재산명세서를 작성해야 한다. 그리고 회사는 분립결의를 한 날로부터 10일 내에 채권자에게 통지하여야 하며, 30일 내에 신문에 공고해야 한다(중회 §176).

5) **등 기** 파생분립의 경우 원회사는 등기자본 등이 변하기 때문에 반드시 변경등기를 해야 하고 분립하여 파생된 회사는 설립등기를 해야 한다. 신설분립에서는 원회사는 해산등기를 하고, 파생된 회사는 설립등기를 한다.

### (3) 분립의 법률효과

파생분립의 경우에는 원회사의 등기자본 등은 변경되고 새로운 회사가 설립된다. 신설분립의 경우에는 원회사는 해산하고 두 개 이상의 새로운 회사가 설립된다.

회사의 분립은 회사자산의 분립을 초래할 뿐만 아니라 주주와 주권의 변동도 초래한다. 파생분립의 경우에는 원회사의 주주는 원회사에서 분리되어 신회사의 주주가 될 수 있고 원회사에 대한 주권은 감소하고 신회사의 상응한 주권을 얻을 수 있다. 신설분립의 경우에는 원회사에 대한 주권은 원회사의 소멸에 의해 소멸하고 상응한 신회사의 주권을 얻는다.

분립후 회사는 분립계약과 법률에 의하여 원회사의 채권과 채무를 승계한다. 회사가 분립하기 전의 채무는 분립후의 회사가 연대책임을 진다. 그러나 분립하기 전에 채권자와 채무상환에 관한 서면계약을 체결하여 별도의 약정을 한 경우에는 예외로 한다(중회 §177).

## 제 4 절 주식의 포괄적 교환과 이전

### 1. 서 설

독점규제 및 공정거래에 관한 법률은 지주회사의 설립을 허용하고(공정 §8), 상법도 지주회사 설립 등을 통한 구조조정을 원활히 할 수 있도록 주식의 포괄적 교환 및 이전제도를 도입하였다(§§360의2~23).[1] 주식의 포괄적 교환과 포괄적 이전은 어느 회사의 발행주식총수를 소유하는 완전모회사를 만들기 위한 방법이다.

상법상 지주회사의 설립방법에는 현물출자 등에 의한 자회사의 설립방법, 지주회사에 의한 사업회사의 주식의 매수방법, 지주회사가 제3자 배정방식에 의하여 신주를 발행하는 경우에 사업회사의 주주가 자기회사 주식을 현물출자의 방법으로 참여하는 방법, 회사의 물적분할 방법 등이 있는데 모두 절차상 또는 비용상 문제들이 많다. 그러나 주식의 교환과 주식의 이전제도는 이러한 문제점을 극복하고, 지주회사 설립을 용이하게 하여 기업의 구조조정을 원활히 할 수 있다. 지주회사란 일반적으로 주식의 소유를 통해 타 회사의 사업내용을 지배하는 것을 주된 목적으로 하는 회사를 지칭한다.

---

1) 독점규제 및 공정거래에 관한 법률은 1999년 개정을 통하여 지주회사의 설립 또는 전환을 허용하였고, 금융지주회사의 설립에 관하여는 금융지주회사법이 2000년 제정되었다. 그리고 2001년 상법은 지주회사의 설립 등을 통하여 회사구조조정을 촉진하였다.

## 2. 주식의 포괄적 교환

### (1) 의 의

주식의 포괄적 교환(이하 '주식교환')이란 기존의 회사 사이에서 법정의 절차를 거쳐 완전자회사로 되는 회사(B회사)의 주식 전부를 완전모회사로 되는 회사(A회사)에 이전하고, B회사의 주주는 A회사가 주식교환을 위하여 발행하는 신주의 배정을 받아 A회사의 주주로 되어, 완전모자회사관계를 창설하는 행위를 말한다(§360의2). 즉 완전모회사로 되는 회사의 주식과 100% 자회사로 되는 회사의 주주가 가지는 주식과를 교환하는 방법으로 기업결합을 이루는 것이며, 흡수합병에 대응하는 형태이다.

이 주식교환은 우호적인 기업매수(M&A)의 한 수단이며, 현금 없이 다른 기업을 매수할 수 있는 장점이 있다.[1] 주식교환제도는 지주회사를 설립하는 방법이므로 주식이전과 유사하다. 전자는 기존회사 사이에서 지주회사를 신설하는 제도이나 후자는 어느 회사가 스스로 자회사가 되어 지주회사를 새로이 설립하는 제도라는 점에서 양자는 구별된다.[2]

### (2) 법적 성질

주식교환의 법적 성질에 관하여는 완전자회사로 되는 회사의 주식에 대하여 완전모회사로 되는 회사의 신주가 배정되는 점에 착안하여 이를 현물출자로 보는 견해와 강제적인 현물출자와 신주발행으로 구성되는 행위라고 보는 견해, 합병에 유사한 조직법상의 행위로 보는 견해, 완전모자회사관계를 형성하는 조직법 내지 단체법상의 행위로 보는 견해 등 크게 현물출자적 구성을 하는 견해와 조직법적 구성을 하는 견해가 대립하고 있다. 생각건대 합병과는 많은 점에서 다르기 때문에 주식교환의 법적 성질은 완전모회사를 형성하는 조직법상의 행위로 보는 것이 타당하다고 본다.[3]

---

1) 정찬형, 상, 782면.

2) 정찬형, 상, 783면.

3) 이철송, 회, 1110; 최기원, 1191면; 정동윤, 869면; 권기범, 125면.

### (3) 절 차

**1) 총 설** 먼저 각 당사회사는 각기 이사회의 승인을 얻어 주식교환계약을 체결한다. 그리고 각 회사는 주식교환계약서 등을 비치하여야 하고(§360의4), 주주총회의 특별결의에 의한 승인결의가 있어야 한다(§360의3①, ②). 이후 주권제출절차(§360의8①)를 거쳐 주식교환을 할 날에 완전자회사가 되는 회사의 주주의 주식에는 완전모회사가 되는 회사의 주식이 배정되어 주식교환의 효력이 생기게 된다.

**2) 주식교환계약서의 작성** 주식교환의 당사회사 간에 주식교환계약이 체결되면 각 회사는 다음과 같은 법정기재사항을 적은 주식교환계약서를 작성하여야 한다(§360의3③). 이것은 계약의 내용을 명확하게 하는 동시에 주주에게 이를 알리기 위한 목적으로서 대체로 흡수합병의 계약서와 같다.

주식교환계약서에는 ① 정관의 변경하는 경우에는 그 규정, ② 신주의 발행과 배정(완전모회사가 되는 회사가 주식교환을 위하여 발행하는 신주의 총수·종류와 종류별 주식의 수 및 완전자회사가 되는 회사의 주주에 대한 주식의 배정에 관한 사항), ③ 완전모회사가 되는 회사의 증가할 자본금의 액과 자본준비금에 관한 사항, ④ 완전자회사가 되는 회사의 주주에게 지급할 주식교환교부금, ⑤ 총회기일(각 회사가 주식교환계약서의 승인결의를 할 주주총회의 기일), ⑥ 주식교환을 할 날, ⑦ 각 회사가 주식교환을 할 날까지 이익배당을 할 때에는 그 한도액, ⑧ 제360조의6의 규정에 의하여 회사가 자기의 주식을 이전하는 경우에는 이전할 주식의 총수, 종류 및 종류별 주식의 수, ⑨ 완전모회사가 되는 회사에 취임할 이사와 감사 또는 감사위원회의 위원을 정한 때에는 그 성명 및 주민등록번호 등을 적어야 한다(동항).

**3) 사전공시** 이사는 위 주주총회의 회일의 2주 전부터 주식교환의 날 이후 6월이 경과하는 날까지 주식교환계약서, 완전자회사가 되는 회사의 주주에 대한 주식의 배정에 관하여 그 이유를 기재한 서면, 위 주주총회의 회일 전(간이주식교환의 경우에는 총회를 생략하고 주식교환을 한다는 공고 또는 통지를 한 날) 6월 내에 작성한 완전모회사와 완전자회사의 대차대조표 및 손익계산서 또는 최종대차대조표 및 손익계산서 등을 본점에 비치하여야 한다. 주식교환의 날은 주식교환을 할 날을 가리킨다(§360의4①).

이상의 서류에 관하여는 제391조의3 제3항(열람 또는 등사 청구권)의 규정을 준용한다.

4) 주주총회의 결의 주식교환은 완전모회사가 되는 회사와 완전자회사가 되는 회사 양쪽의 주주에게 매우 중요한 영향을 미치므로, 각 회사는 주식교환계약서를 작성하여 주주총회의 승인을 얻어야 하며, 위 승인결의는 특별결의에 의하여야 한다(§360의3①, ②). 그러나 완전모회사가 되는 회사는 자본이 증가하고, 완전자회사가 되는 회사는 주주만의 변동이 있어 회사채권자를 해할 염려가 없기 때문에 채권자보호절차는 필요 없다.[1]

주주총회소집통지와 공고에는 주식교환계약서의 내용, 반대주주의 주식매수청구권의 내용 및 행사방법, 주식양도제한에 관한 정관내용 등을 기재하여야 한다(동조④).

간이주식교환(§360의9①, ②)과 소규모주식교환(§360의10)의 경우에는 주주총회의 승인결의 대신 이사회의 승인결의로 족하다. 간이주식교환이란 완전자회사가 되는 회사의 총주주의 동의가 있거나 그 발행주식 총수의 100분의 90 이상을 완전모회사가 되는 회사가 소유하고 있는 때로서 이 경우에는 완전자회사가 되는 회사의 주주총회의 승인은 이사회의 승인으로 갈음할 수 있다(§360의9①).

간이주식교환은 간이합병 및 간이분할합병에 대응하는 형태이다. 간이주식교환의 경우에는 완전자회사가 되는 회사는 주식교환계약서를 작성한 날부터 2주 내에 주주총회의 승인을 얻지 않고 주식교환을 한다는 뜻을 공고하거나 주주에게 통지하여야 한다. 다만 총주주의 동의가 있는 때에는 공고 또는 통지를 생략할 수 있다(동조②).

소규모주식교환이란 완전모회사가 되는 회사가 주식교환을 위하여 발행하는 신주의 총수가 그 회사의 발행주식 총수의 100분의 5를 초과하지 아니하고, 또 완전자회사가 되는 회사의 주주에게 지급할 금액이 최종대차대조표상 완전모회사가 되는 회사에 현존하는 순자산액의 100분의 2를 초과하지 아니하는 경우이다. 이 경우에는 완전모회사가 되는 회사에서 주식교환계약서에 대한 주주총회의 승인은 이를 이사회의 승인으로 갈음할 수 있다(§360의10①). 완전자회사가 되는 회사의 주주에게 이전하는 주식은 위의 규정을 적용함에 있어서 이를 주식교환을 위하여 발행하는 신주로 본다(동조②).

완전모회사가 되는 회사는 주식교환계약서를 작성한 날부터 2주 내에 완전자회사가 되는 회사의 상호와 본점, 주식교환을 한 날, 자기회사의 주주총회의 승인을 얻지 아니하고 주식교환을 한다는 뜻을 공고하거나 주주에게 통지하여야 한다(동

---

1) 정찬형, 상, 784면.

조④). 그러나 완전모회사가 되는 회사의 발행주식총수의 100분의 20 이상에 해당하는 주식을 가지는 주주가 위의 제4항에 의한 공고 또는 통지를 한 날로부터 2주 내에 회사에 대하여 서면으로 주식교환에 반대하는 통지를 한 경우에는 소규모주식교환을 할 수 없다(동조⑤).

주식교환에 의하여 완전모회사가 되는 회사 또는 완전자회사가 되는 회사의 어느 종류의 주주에게 손해를 미치게 될 경우에는 주주총회의 특별결의 외에 종류주주총회의 결의를 얻어야 한다(§436).

5) **주권의 실효절차** 주식교환에 의하여 완전자회사가 되는 회사는 주주총회에서 주식교환계약서의 승인결의를 한 때에는 ① 주주총회가 주식교환계약서를 승인한 뜻, ② 주식교환의 날의 전날까지 주권을 회사에 제출하여야 한다는 뜻, ③ 주식교환의 날 주권이 무효로 된다는 뜻을 주식교환의 날 1월 전에 공고하고, 주주명부에 기재된 주주와 질권자에 대하여 따로따로 그 통지를 발송하여야 한다(§360의8①).

주권을 제출할 수 없는 주주가 있는 경우에 회사는 그 자의 청구에 의하여 3월 이상의 기간을 정하고 이해관계인에 대하여 그 주권에 대한 이의가 있으면 그 기간 내에 제출할 뜻을 공고하고, 그 기간이 경과한 후에 신주권을 청구자에게 교부할 수 있다. 위 공고의 비용은 청구자의 부담으로 한다. 무기명식의 주권으로서 소정기간 내에 주권을 회사에 제출하지 않는 경우에도 같다(동조②, §444).

6) **사후공시** 당사회사의 이사는 주식교환의 날(주식교환의 효력이 발생하는 날, 구체적으로 주권실효절차에서 주권제출기간이 만료한 날의 다음 날)부터 6월간 본점에 ① 주식교환의 날, ② 주식교환의 날에 완전자회사가 되는 회사에 현존하는 순자산액, ③ 주식교환으로 인하여 완전모회사에 이전한 완전자회사의 주식의 수, ④ 그 밖의 주식교환에 관한 사항 등을 기재한 서면을 비치하여야 한다(§360의12①). 주주는 영업시간 내에 위 서면의 열람 또는 등사를 청구할 수 있다(동조②). 채권자에게는 주주에게 인정되는 열람청구권이 없다.

7) **반대주주의 주식매수청구권** 주식교환계약에 관하여 이사회의 결의가 있는 때에 그 결의에 반대하는 주주는 주주총회 전에 회사에 대하여 서면으로 그 결의에 반대하는 의사를 통지하고, 그 총회의 결의일로부터 20일 이내에 주식의 종류와 수를 기재한 서면으로 회사에 대하여 자기가 소유하고 있는 주식의 매수를 청구할 수 있다(§360의5①). 주식교환에 반대하는 주주에게 주식매수청구권을 인정한 것이다.

간이주식교환의 경우에는 완전자회사가 되는 회사의 주주총회가 열리지 아니하므로, 주식교환에 반대하는 주주는 주주총회의 승인을 얻지 않고 주식교환을 한다는 뜻의 공고 또는 통지를 한 날로부터 2주 내에 회사에 대하여 서면으로 주식교환에 반대하는 의사를 통지하고, 그 기간(2주)이 경과한 날로부터 20일 이내에 주식의 종류와 수를 기재한 서면으로 회사에 대하여 자기가 소유하고 있는 주식의 매수를 청구할 수 있다(동조②).

완전모회사가 되는 회사의 주주나 완전자회사가 되는 회사의 주주는 주식매수청구권을 행사할 수 있으며, 반대사유에 대해서는 특정되어 있지 않지만 상대방 회사의 재산상황, 주식교환조건, 교환비율 등 불이익을 받을 염려가 있는 경우일 것이다.

매수가액의 결정은 영업양도에 반대하는 주주가 주식매수청구권을 행사한 경우와 같다. 즉 주식의 매수가액은 제1차로 주주와 회사간의 협의에 의하여 결정하고, 매수청구를 받은 날부터 30일 이내에 위 협의가 이루어지지 아니한 경우에는 제2차로 회사 또는 주주는 법원에 대하여 매수가액의 결정을 청구할 수 있다. 법원이 주식의 매수가액을 결정하는 경우에는 회사의 재산상태 그 밖의 사정을 참작하여 공정한 가액으로 이를 산정하여야 한다(동조③, §374의2②~④).

### (4) 주식교환의 효과

**1) 완전모회사가 되는 회사** 완전모회사가 되는 회사는 완전자회사가 되는 회사의 주주에게 교환비율에 따라 신주를 발행하여 교부하므로 자본금은 이를 위하여 발행하는 신주의 액면만큼 증가한다. 이 때 자본금증가의 한도액은 주식교환의 날에 완전자회사가 되는 회사에 현존하는 순자산액에서 ① 완전자회사가 되는 회사의 주주에게 지급할 금액(주식교환교부금), ② 완전모회사가 신주발행에 갈음하여 자기주식을 이전하는 경우 완전자회사가 되는 회사의 주주에게 이전하는 주식의 회계장부가액의 합계액을 뺀 금액이다(§360의7①).

완전모회사가 되는 회사가 주식교환 이전에 완전자회사가 되는 회사의 주식을 이미 소유하고 있는 경우에는 자본금은 주식교환의 날에 완전자회사가 되는 회사에 현존하는 순자산액에 그 회사의 발행주식총수에 대한 주식교환으로 인하여 완전모회사가 되는 회사에 이전하는 주식수의 비율을 곱한 금액에서 제1항 각호의 금액을 뺀 금액의 한도를 초과하여 이를 증가시킬 수 있다(동조②).

**2) 완전자회사의 설립 및 구주권의 실효** 완전자회사가 되는 회사의 발행

주식총수는 기존의 주주에 갈음하여 완전모회사가 소유하게 되므로, 완전자회사가 설립되어 완전모회사관계가 새로 발생한다. 완전자회사가 되는 회사의 기존주권은 실효된다(§360의8).

### (5) 주식교환무효의 소

1) 무효의 소의 절차　　주식교환의 무효는 다수의 이해관계자에게 영향을 미치므로 법률관계의 획일적 확정 및 안정을 도모하기 위하여 소만으로서 주장할 수 있도록 하였는데(§360의14①), 이는 무효의 주장을 가급적 억제하는 동시에 무효판결에는 대세적 효력을 부여하였다. 주식교환은 법정의 요건을 갖추지 못하거나 법정절차를 준수하지 않으면 무효로 된다. 예컨대 주식교환계약서를 작성하지 않거나, 계약서의 기재사항의 누락, 주주총회의 승인결의의 취소, 무효 또는 부존재 등이 무효의 원인이 될 수 있다.

주식교환의 무효는 각 회사의 주주·이사·감사·감사위원회의 위원 또는 청산인에 한하여 주식교환의 날부터 6월내에 소만으로써 주장할 수 있다. 원고적격, 제소기간, 무효주장의 방법을 엄격히 제한하여 무효의 주장을 억제하려고 한 것이다. 주식교환무효의 소에 관한 관할, 공고, 병합심리, 재량기각, 주주가 원고인 경우 담보제공 등의 기타 절차는 설립무효의 소에 관한 규정을 준용한다(§360의14, §§187~189, §377).

2) 무효판결의 효력

① **대세적 효력**　　원고가 승소한 경우, 즉 주식교환무효의 판결은 제3자에 대하여도 그 효력이 있다. 주식교환무효의 판결이 확정된 때에는 본점과 지점의 소재지에서 등기하여야 한다(§360의14④, §192). 주식교환무효의 판결이 확정된 때에는 주식교환을 위하여 발행된 신주는 장래에 대하여 그 효력을 잃는다. 이 경우에 회사는 지체 없이 그 뜻과 일정한 기간 내에 신주의 주권을 회사에 제출할 것을 공고하고 주주명부에 기재된 주주와 질권자에 대하여는 따로따로 그 통지를 하여야 한다. 그러나 그 기간은 3월 이상으로 하여야 한다(§360의14④, §431).

주식교환을 무효로 하는 판결이 확정된 때에는 완전모회사가 된 회사는 주식교환을 위하여 발행한 신주 또는 신주에 갈음하여 이전한 주식의 주주에 대하여 그가 소유하였던 완전자회사가 된 회사의 주식을 이전하여야 한다. 이 때 질권자는 완전자회사가 된 회사의 주주가 이전받는 주식에 대한 질권을 행사할 수 있고, 주권의 교부를 청구할 수 있다(§360의14④, §339, §340③).

② **불소급효** 원고가 패소한 경우 즉, 주식교환무효의 청구를 기각한 판결은 일반원칙에 따라 당사자 사이에만 효력이 미친다. 주식교환무효의 소를 제기한 자가 패소한 경우에 악의 또는 중대한 과실이 있는 때에는 나아가 회사에 대하여 연대하여 손해를 배상할 책임이 있다(§360의14④, §191).

## 3. 주식의 포괄적 이전

### (1) 의 의

주식의 포괄적 이전(이하 주식이전)이란 기존의 회사(B회사)가 단독 또는 공동으로 완전자회사가 되어, 완전모회사(A회사)를 설립하고 B 등 회사의 주식 전부를 A회사에 이전하고, B 등 회사의 주주는 A회사가 주식이전을 위하여 발행하는 주식의 배정을 받아 A회사의 주주로 되어 완전모자회사관계를 창설하는 행위를 말한다(§360의15).

주식이전은 기존의 기업그룹을 재편성하거나 합병의 대체로서 공동지주회사설립을 위하여 이용될 수 있다.[1] 주식이전은 합병이나 분할과 같이 조직법적인 행위이고, 어느 회사가 스스로 자회사가 되어 지주회사를 새로이 설립하는 제도라는 점에서 기존회사간에 완전모자회사관계를 창설하는 주식교환제도와 구별된다.

주식이전의 경우에는 모회사가 신설되므로, 모회사가 이미 존재하는 것을 전제로 하는 간이주식이전이나 소규모주식이전은 있을 수 없다.

### (2) 법적 성질

주식이전의 법적 성질에 관하여도 주식교환의 경우와 같이 현물출자로 이해하려는 견해와 완전모자회사관계를 창설하는 조직법 내지 단체법상의 행위로 보는 견해가 대립하고 있으나, 주식교환에서 설명한 바와 같은 이유로 조직법적인 행위라고 보는 후자의 견해가 타당하다고 본다.[2]

### (3) 절 차

1) **주식이전계획서의 작성** 주식이전을 하고자 하는 회사는 우선 이사회

---

1) 정찬형, 상, 791면.

2) 이철송, 회, 1125면.

의 승인을 얻어 주식이전을 결정하고, 일정한 기재사항이 법정되어 있는 주식이전계획서를 작성하여야 한다. 이것은 계획의 내용을 명확하게 하는 동시에 주주에게 이를 알려주기 위함이다.

주식이전계획서에는 ① 설립하는 완전모회사의 정관의 규정, ② 설립하는 완전모회사가 주식이전에 있어서 발행하는 주식의 종류와 수 및 완전자회사가 되는 회사의 주주에 대한 주식의 배정에 관한 사항, ③ 설립하는 완전모회사의 자본금 및 자본준비금에 관한 사항, ④ 완전자회사가 되는 회사의 주주에 대하여 지급할 금액을 정한 때는 그 규정, ⑤ 주식이전을 할 시기, ⑥ 완전자회사가 되는 회사가 주식이전의 날까지 이익배당을 할 때는 그 한도액, ⑦ 설립하는 완전모회사의 이사·감사·감사위원의 성명 및 주민등록번호, ⑧ 회사가 공동으로 완전모회사를 설립하는 때에는 그 뜻 등을 적어야 한다(§360의16①).

2) **사전공시** 이사는 주식이전계획서의 승인을 위한 주주총회 회일의 2주 전부터 주식이전의 날 이후 6월을 경과하는 날까지 주식이전계약서, 완전자회사가 되는 회사의 주주에 대한 주식의 배정에 관하여 그 이유를 기재한 서면, 위 주주총회의 회일 전 6월 내의 날에 작성한 완전자회사가 되는 회사의 최종대차대조표 및 손익계산서 등을 본점에 비치하여야 한다(§360의17①). 주주는 이 서류의 열람 또는 등사를 청구할 수 있다(동조②). 주식이전의 날이란 주식이전의 효력이 발생한 날을 가리키며, 설립된 완전모회사 본점소재지에서 주식이전의 등기를 한 날을 가리킨다(상§360의21).

3) **주식이전계획서의 승인결의** 주식이전계획서의 승인을 위한 주주총회의 소집통지와 공고에는 ① 주식이전계획서의 주요내용, ② 반대주주의 주식매수청구권의 내용 및 행사방법, ③ 완전자회사가 되는 회사의 정관에 주식의 양도에 관하여 이사회의 승인을 요한다는 뜻의 규정이 있고 완전모회사의 정관에 그 규정이 없는 경우 그 뜻을 기재하여야 한다(§360의16③, ④).

주식이전은 완전자회사가 되는 회사의 주주에게 매우 중요한 영향을 미치므로 그 주주총회의 특별결의에 의한 승인을 받아야 한다(§360의16①, ②). 반대주주에게는 주식매수청구권이 부여되어 있다(§360의22, §360의5). 주식이전은 회사의 주주의 구성에 변동이 있을 뿐 재산이나 자본에 아무런 변동을 가져오지 아니하므로 채권자보호절차는 규정되어 있지 않다.

주식이전에 의하여 어느 종류주주에게 손해를 미치게 될 경우에는 주주총회의 특별결의를 얻어야 하고, 주주의 책임이 가중되는 경우에는 총주주의 동의를 얻어야 한다.

4) **주권실효의 절차** 주식이전에 의하여 완전자회사가 되는 회사는 주주총회에서 주식이전계획서의 승인결의를 한 때에는 ① 주주총회의 특별결의로 주식이전계획서를 승인한 뜻, ② 1월을 초과하여 정한 기간 내에 주권을 회사에 제출하여야 한다는 뜻, ③ 주식이전의 날에 주권이 무효로 된다는 뜻을 공고하고, 주주명부에 기재된 주주와 질권자에 대하여 따로 따로 그 통지를 발송하여야 한다(§360의19①).

이 때 주권을 제출할 수 없는 주주가 있는 경우에는 회사는 그 자의 청구에 의하여 3월 이상의 기간을 정하고 이해관계인에 대하여 그 주권에 대한 이의가 있으면 그 기간 내에 제출할 뜻을 공고하고 그 기간이 경과한 후에 신주권을 청구자에게 교부할 수 있다. 위 공고의 비용은 청구자의 부담으로 한다(동조②, §442). 무기명식의 주권으로서 소정기간 내에 제출이 없는 것에 대하여도 같다(동항, §444).

5) **주식이전의 등기** 주식이전을 한 때에는 설립한 완전모회사의 본점 소재지에서는 2주 내에, 지점의 소재지에서는 3주 내에 주식이전의 등기를 하여야 한다. 등기사항은 주식회사의 설립등기의 경우와 같다(§360의20, §317②). 주식이전의 효력은 설립한 완전모회사가 그 본점소재지에서 위 주식이전의 등기를 함으로써 발생한다(§360의21).

6) **사후공시** 사후의 공시는 주식교환의 경우와 같다(§360의22). 즉 이사는 주식이전의 날부터 6월간 본점에 ① 주식이전의 날, ② 주식이전의 날에 완전자회사가 되는 회사에 현존하는 순자산액, ③ 주식이전으로 인하여 완전모회사에 이전한 완전자회사의 주식의 수, ④ 그 밖의 주식이전에 관한 사항 등을 기재한 서면을 비치하여야 한다(§360의22, §360의12①). 주주는 영업시간 내에 위 서면의 열람 또는 등사를 청구할 수 있다(§360의22, §360의12②). 채권자에게는 열람청구권이 없다.

7) **반대주주의 주식매수청구권** 주식이전계획서에 관하여 이사회의 결의가 있는 때에 그 결의에 반대하는 주주는 주주총회 전에 회사에 대하여 서면으로 그 결의에 반대하는 의사를 통지하고, 그 총회의 결의일로부터 20일 이내에 주식의 종류와 수를 기재한 서면으로 회사에 대하여 자기가 소유하고 있는 주식의 매수를 청구할 수 있다. 이것은 주식이전에 반대하는 주주에게 주식매수청구권을 인정한 것이다(§360의22, §360의5③, §374의2②~⑤). 이에 관하여는 주식의 포괄적 교환에 관하여 설명한 바와 같다.

### (4) 주식이전의 무효

주식이전은 여러 원인으로 무효로 될 수 있으나, 상법은 주식이전무효의 소의 제도를 두어 무효의 주장을 가급적 억제하는 동시에 무효판결에는 대세적 효력을 부여하였다.

1) **무효원인** 주식이전은 법정의 요건을 갖추지 못하면 무효로 된다. 예컨대 주식이전계획서를 작성하지 않은 경우, 위 계약서의 기재사항의 누락, 주주총회의 승인결의의 취소·무효 또는 부존재 등이 이에 해당한다.

2) **무효의 소의 제소권자** 주식이전의 무효는 각 회사의 주주·이사·감사·감사위원회의 위원 또는 청산인에 한하여 주식이전의 날부터 6월내에 소만으로 주장할 수 있다(§360의23①). 각 회사란 모회사와 자회사 쌍방을 말한다. 원고적격, 제소기간, 무효주장의 방법을 엄격히 제한하여 무효의 주장을 억제하려고 한 것이다.

3) **소의 절차** 주식이전무효의 소는 완전모회사가 되는 회사의 본점소재의 지방법원의 관할에 전속한다. 이 소가 제기되면 회사는 지체 없이 공고하여야 하고, 수개의 소가 제기된 때에는 병합심리 하여야 하며, 소의 심리 중에 원인이 된 하자가 보완되고 회사의 현황과 제반사정을 참작하여 주식이전을 무효로 하는 것이 부적당하고 인정한 때에는 법원은 그 청구를 기각할 수 있다. 주주가 주식이전무효의 소를 제기한 때에는 법원은 회사의 청구에 의하여 상당한 담보를 제공할 것을 명할 수 있다(§360의23④, §377).

4) **무효판결의 효과** 원고가 승소한 경우, 즉 주식이전무효의 판결은 제3자에 대하여도 그 효력이 있으나, 판결확정 전에 생긴 회사와 주주 및 제3자간의 권리의무에 영향을 미치지 아니한다. 주식교환무효의 판결의 경우에는 제431조에 의하여 해결되므로 소급효의 배제에 관한 규정을 준용하지 아니하였으나, 주식이전무효의 판결에는 소급효배제의 규정을 준용하고 있음을 유의하여야 한다.

주식이전무효의 판결이 확정된 때에는 본점과 지점의 소재지에서 등기하여야 하며, 완전모회사가 된 회사는 주식이전을 위하여 발행한 주주에 대하여 그가 소유하였던 완전자회사가 된 회사의 주식을 이전하여야 한다. 이때 질권자는 완전자회사가 된 회사의 주주가 이전받는 주식에 대하여 질권을 행사할 수 있고, 주권의 교부를 청구할 수 있다(§360의14④, §339, §340③). 완전모회사는 아무런 자산도 없고 사원도 없는 실체가 되어버리므로, 해산의 경우에 준하여 청산하여야 한다. 이 경우에 법원은 사원 기타의 이해관계인의 청구에 의하여 청산인을 선임할 수 있다(§360의3, §193②).

원고가 패소한 경우, 즉 주식이전무효의 청구를 기각한 판결은 일반원칙에 따라 당사자 사이에만 효력이 미치며(민소 §204), 패소한 원고는 악의 또는 중대한 과실이 있는 경우에만 회사에 대하여 연대하여 손해를 배상할 책임이 있다(§360의23④, §191). 기타의 사항은 주식교환무효의 소의 경우와 같다.

### 《일본 회사법상 주식의 교환이전제도》

일본 회사법은 지주회사의 원활한 설립을 위하여 주식교환제도와 주식이전제도를 도입하고 있다. 주식교환제도는 기존의 복수회사간에 완전모자회사관계를 창설하는 제도이고, 주식이전제도는 기존의 회사가 단독 또는 공동으로 완전모회사를 설립하는 제도이다.

두 제도가 모두 완전자회사의 입장에서 보면 그의 주주가 개별적인 의사와 관계없이 그의 지위를 잃고, 대신에 완전모회사의 주주가 되는 점에서 소멸회사의 주주가 존속회사나 신설회사의 주주가 되는 합병과 유사하다. 그리고 완전모회사의 입장에서 보면 완전자회사가 되는 회사의 주식의 전부의 이전을 받는 것과 동시에, 주식을 가지고 있던 주주에게 자사의 주식을 배당하는 점에서 존속 또는 신설회사가 소멸회사의 권리의무를 포괄적으로 승계하고 소멸회사의 주주에게 자사의 주식을 배당하는 합병의 경우와 유사하다. 특히 주식교환제도는 흡수합병과 유사하고 주식이전제도는 신설합병과 유사하지만, 완전자회사는 어떤 경우에도 소멸하지 않고 존속하는 점에서 그리고 완전모회사는 완전자회사가 될 회사의 권리의무를 포괄적으로 승계하는 것은 아니라는 점에서 합병과 다르다.

개정 전 상법에서는 주식교환, 주식이전에 있어서 완전자회사, 완전모회사는 주식회사만 될 수 있었다. 그러나 현행 회사법 아래서는 완전자회사는 성질상 주식회사만 될 수 있지만, 주식교환에 있어서 완전모회사는 합동회사도 될 수 있다(일회 §2 31호). 다만 합동회사는 주식이전에 있어서 완전모회사가 될 수 없다(동조 32호). 또한 합명회사, 합자회사도 주식교환 또는 주식이전에 있어서 완전모회사가 될 수 없다. 실제로 그것을 인정할 필요성이 없기 때문이다.[1)]

완전자회사의 주주에게 교부되는 대가의 비율이 완전모주식회사의 순자산액의 5분의 1을 넘지 않은 경우에는 완전모주식회사의 총회결의는 필요하지 않다(간이주식교환, 일회 §796③). 다만 법무성령으로 정하는 일정 수의 주식을 갖는 주주가 일정기간 내에 반대의 뜻을 완전모회사에 통지한 경우에는 주주총회의 승인을 얻어야 한다(동조④).

그리고 완전모회사가 완전자회사의 특별지배회사인 경우에는 완전자회사 주주총회의 승인결의는 필요 없다(약식주식교환). 다만 합병대가의 전부 또는 일부가 양

1) 石山卓磨, 513~514面.

도제한주식 등이고, 완전자회사가 공개회사이고 종류주식발행회사인 경우에는 이에 따르지 않는다(일회 §784①). 완전자회사가 완전모회사의 특별지배회사인 경우에는 완전모회사 주주총회의 승인결의는 필요 없다(약식주식교환). 다만 완전자회사의 주주에게 교부하는 금전 등의 전부 또는 일부가 완전모회사의 양도제한주식 등이고, 완전모회사가 비공개회사인 때에는 이에 한정되지 않는다.

# 제 5 절 기업의 인수·합병

## 1. 총 설

### (1) 의 의

기업의 인수·합병(M&A, merger & acquisition)은 법률상의 용어라기보다는 경영학상의 용어이며 정확한 개념정의 없이 다의적으로 사용된다. 법학자들은 M&A라는 말 대신에 takeover, merger, combination 또는 acquisition 등의 용어를 즐겨 사용하기도 한다. 본서에서는 기업의 인수가 널리 대상회사의 지배권 취득을 목적으로 하는 거래를 뜻하는 것으로 이해하기로 한다.

대상회사에 대한 지배권은 대상회사의 경영권을 장악함으로써 가능하고, 경영권은 이사회가 가지고 있으므로 경영권의 장악은 이사회를 장악함으로써 가능하다. 그리고 이사회의 장악은 이사의 선임권을 확보함으로써 가능하고 이사선임권의 확보는 이사의 선임에 필요한 주주총회에서의 의결권을 확보로 실현된다.

상장법인의 경영권은 공개적인 경쟁대상이 된다. 누구든지 증권시장을 통하여 다량의 주식을 취득함으로써 주주총회의 다수의결권을 장악하여 자기 또는 자기의 세력 하에 있는 자를 이사로 선임하여 경영권을 획득하는 것이다. 그런데 의결권을 확보하는 방법에는 주식 자체를 매수하여 보유하는 것과 주식을 매수하지 않고 그 의결권의 위임을 받는 것의 두 가지가 있다. 따라서 주식의 매수와 의결권대리행사의 위임장의 취득이 기업인수(M&A)의 가장 전형적인 수단이다. 기업인수·합병의 수단은 보통은 합병, 상대방회사의 주식의 매수 및 의결권대리행사의 위임장의 쟁탈이지만, 넓은 의미로 영업의 양수도 포함된다.

### (2) M&A의 분류

M&A는 경제적 기능을 기준으로 하여 수평적 인수, 수직적 인수 및 복합적 인수로 나누어진다. 수평적 인수는 서로 경쟁관계에 있는 동종업종의 기업간에 이루어지는 기업인수로서, 규모의 경제에 따른 생산비용의 절감, 중복설비의 제거 및 경쟁의 제한 등을 목적으로 한다. 수직적 인수는 원자재공급회사와 제조회사 또는 제품의 생산과 판매회사와 같이 동일한 상품 또는 서비스의 생산, 공급에 종사하지만 상이한 공급단계에 있는 회사간에 이루어지는 기업인수로서, 지속적인 공급의 확보, 유통경로의 단축과 관리비용의 절감을 통한 경영효율의 증진 및 시장의 과점 등을 목적으로 한다. 복합적 인수는 수직적으로도 수평적으로도 관련이 없는 이종업종의 회사간에 이루어지는 기업인수로서, 사업다각화를 목적으로 한다.

M&A는 대상회사의 대응방법에 따라 우호적 인수, 중립적 인수 및 적대적 인수로 나누어진다. 우호적 인수는 대상회사의 경영진과의 합의에 따라 그들의 협조를 얻어 하는 기업인수이고, 적대적 인수는 상대회사의 경영진이 반대하는 상황에서 행하는 기업인수이며, 중립적 인수는 대상회사의 경영진이 협력도 반대도 하지 않는 상황에서 행하는 기업인수이다. 우호적 기업인수의 방법으로서는 영업양도, 합병, 지배주주로부터의 프리미엄부 지배권매수 등이 있고, 적대적 기업인수의 수단으로서는 증권시장을 통한 주식의 매집, 공개매수, 제3자 배정에 의한 신주의 인수 및 의결권대리행사를 위한 위임장쟁탈 등이 있다.

**〈적대적 인수의 방어수단〉**

최근 외국 자본가가 증권시장에 다수 진출하면서 유망한 한국 기업을 인수·합병하려는 시도를 흔히 볼 수 있다. 이에 따라 적대적 인수·합병의 방어수단의 확대와 관련하여 논란이 많다. 우리나라에서는 적대적 인수·합병의 방어에 대하여 상법에서는 정관에 의한 주식양도제한 규정(§335①)을 두어 이를 경영권 방어의 수단으로 활용할 수 있는 근거를 제공하기는 하였지만 전반적으로 경영권의 변동에 대하여 중립적인 지위를 취하고 있다고 볼 수 있다. 자본시장 및 금융투자업에 관한 법률도 상장기업에 대한 적대적 인수·합병으로부터 경영권을 보호할 수 있는 종래의 법제도를 폐지함과 아울러 적대적 인수·합병에 대한 방어규제에 대하여도 개입하지 않는 방향으로 변천되어 왔다고 할 수 있다.

최근 들어 국내기업간 또는 국내기업에 대한 외국인 M&A가 증가함에 따라 경영권 방어를 위한 다양한 수단의 도입을 논의하고 있고, 종류주식 등 새로운 제도들을 도입하고 있다. M&A는 지배권의 취득방법 내지 수단에 따라 영업양도, 합병, 주식취득 및 의결권 대리행사의 위임장취득 등으로 나누어진다. 주식의 취득은 증권시장을 통한 매집, 지배주주로부터의 매수, 신주의 인수 및 공개매수 등의 방법으로 할 수 있다.

### (3) 기업인수에 대한 규제

기업인수·합병이 불공정하게 행하여진다면 주주들의 이익이 침해되고, 회사의 건전한 운영을 저해할 수 있기 때문에 기업인수가 공정하게 이루어지도록 이를 규제하는 여러 조치를 입법화하였다. 특히 적대적 인수·합병을 둘러싼 법적분쟁에 대하여 자본시장과 금융투자업에 관한 법률은 주식대량보유 보고의무(자금 §147), 공개매수제도(자금 §133)를 두고 있으며, 상법은 주식취득통지의무(§342의3)를 두고 있다.

## 2. 주식의 대량보유보고의무

(1) 주식의 양도는 원칙적으로 자유롭게 인정되므로(§335①) 특정인이 특정회사의 주식을 대량보유하게 되는 일이 생길 수 있다. 그러나 상장법인의 주식을 기습적으로 대량취득 하는 소유의 집중에 관한 정보는 경영권의 향방에 영향을 주는 중요한 정보라고 할 수 있다. 특히 단시간에 주식을 매집하는 것은 공개매수의 사전단계인 경우가 많기 때문이다. 그리고 일반주주나 투자자에게도 주식의 집중에 관한 정보는 당해 주식의 시장가격에 커다란 영향을 줄 수 있기 때문에 이러한 정보는 매우 중요하다.

주식의 대량보유보고제도는 투자자에게 이러한 정보를 제공함으로써 주식가치의 판단에 도움을 주고(정보제공기능), 경영진에게는 방어의 시간을 부여하는 동시에, 잠재적인 인수기업에는 인수에 나설 시간을 부여하는 의미가 있다(경쟁촉진기능).

이러한 주식보유상황에 관한 정보를 얻을 수 있는 일차적인 수단은 주주명부이다. 주주명부는 주주와 회사채권자라면 언제나 열람할 수 있게 되어 있다(§296). 그러나 주주명부만으로는 실제의 주식보유상황을 정확히 알기 어렵다. 우선 주식을 양수하였더라도 양수인이 반드시 주주명부의 명의를 변경해야 할 의무가 있는 것은 아니다. 물론 명의개서를 하지 않고서는 양수인이 주주권을 행사할 수 없는 것이 사실이다(§337①). 그러나 권리행사에 나서기 전에 명의개서를 하기만 하면 양수인의 권리행사는 가능하다.

이처럼 주주명부와 상법상의 10% 취득시의 통지의무만으로는 주식보유상황에 대한 정보를 얻는데 충분하지 않다. 그리하여 1992년 증권거래법 개정 당시 대량보유의 보고제도를 도입하였다. 즉 어느 상장법인의 발행주식총수의 100분의 5 이상(신주인수권증서, 전환사채, 신주인수권부사채 등 포함, 자금 §133①)을 보유하게 된

자는 취득일로부터 5일 이내에 보유상황, 보유목적, 보유주식 등을 금융위원회와 거래소에 보고하여야 한다(자금 §147①). 이 제도를 5% 룰(Rull)이라고 한다.

또한 그 보유주식비율이 당해법인의 발행주식 총수의 100분의 1 이상의 변동이 있을 때에도 역시 5일 이내에 같은 요령으로 보고하여야 한다(동항). 이 경우 그 보유목적이 발행인의 경영권에 영향을 주기 위한 것이 아닌 경우와 전문투자자 중 대통령령으로 정하는 자의 경우에는 그 보고내용 및 보고시기 등을 달리 정할 수 있다(동항 2문). 금융위원회와 거래소는 이 보유현황을 일반인이 열람할 수 있도록 비치, 공시하여야 한다(자금 §149). 보고의무를 게을리 할 경우 벌칙이 적용되며, 일정기간 의결권이 제한된다(자금 §444 18호, §150).

(2) 보고의무를 부담하는 대량보유자는 의결권 있는 주식을 5% 이상 보유하는 자이다. 보유주식수를 계산함에 있어서는 본인이 직접 보유하는 주식은 물론이고 이른바 '특별관계자'가 보유하는 주식도 합산한다. 특별관계자는 공개매수에서의 정의를 따르도록 되어 있는바, 그 자세한 내용은 시행령으로 정하게 되어 있다. 시행령은 특별관계자를 '특수관계인' 및 '공동보유자'로 나누어 규정하고 있다(자금 §147①).

## 3. 주식의 공개매수제도

### (1) 공개매수의 의의

일반적으로 공개매수(takeover bid: tender offer)란 신문 등을 통해서 대상기업의 불특정 주주들을 상대로 일정한 매수가액을 제시하고 그에 응하여 매도의사를 표시한 주주들의 주식을 증권시장 외에서 매수함으로써 단기간 내에 대상기업의 경영권을 장악하는 일련의 행위를 말한다.

우리나라 자본시장과 금융투자업에 관한 법률에 의하면 공개매수란 불특정다수인에 대해서 주식 그 밖에 대통령령으로 정하는 증권의 매수의 청약을 하거나 매도의 청약을 권유하고 증권시장 밖에서 그 주식 등을 매수하는 것을 말한다(자금 §133①).

### (2) 공개매수의 강제

자본시장과 금융투자업에 관한 법률은 과거와는 달리 주식의 매수가 일정한 규모에 달하는 경우에는 공개매수의 방식으로 할 것을 강제하고 있다. 즉 주식 등을 대통령령으로 정하는 기간 동안 증권시장 밖에서 대통령령으로 정하는 수 이상의 자로부터 매수 등을 하고자 하는 자는 그 매수 등을 한 후에 본인과 그 특별관계자가 보유하게 되는 주식 등의 수의 합계가 그 주식 등의 총수의 100분의 5 이상이 되는 경우에는 공개매수를 하여야 한다. 다만 매수의 목적, 유형, 그 밖에 다른 주주의 권익침해 가능성 등을 고려하여 대통령령으로 정하는 매수 등의 경우에는 공개매수 외의 방법으로 매수 등을 할 수 있다(자금 §133①). 이처럼 증권시장 외에서의 일정규모 이상의 거래를 원칙적으로 공개매수에 의하도록 한 것은 거래가 보다 투명하게 이루어지도록 하고 주주들에게 공평한 매각기회를 주기 위한 것으로 볼 수 있다.

### 《일본 회사법상 기업매수》

**1. 기업의 인수합병(M&A)**

현대는 비지니스 자체가 매매되는 시대이고, 타사의 경영지배권을 획득하기 위하여 다양한 방법이 거론되어진다. 특히 M&A라고 하는 용어는 다의적이어서, 광의로는 기업 간의 제휴라는 의미와 협의의 M&A라고 하는 의미를 포함하고 있다. 그리고 협의의 M&A에는 합병, 회사분할, 영업양도에 의한 영업의 취득이라는 의미와 주식양도, 주식이전, 주식교환, 신주의 제3자 배당에 의한 주식취득이라는 의미가 포함되어 있다.

대상회사의 주주로부터 주식의 양도를 받고 그 지배권을 획득하는 M&A에는 적대적 기업매수와 우호적 기업매수가 있다. 전자는 대상회사 경영진의 동의를 받지 않고 지배권을 획득하는 것이고, 후자는 이 동의를 얻어서 경영권을 획득하는 것이다. 적대적 기업매수가 시도되면 대상회사의 경영자는 이것을 저지하기 위하여 각종의 대응을 하게 된다. 대상회사는 어떤 대응책을 채택해야 하는 가에 대해서는 특별한 규정이 없고, 실제로 채택되는 각종 매수방어책의 유효성에 대해서는 회사법상의 일반적인 규정의 해석론으로서 다투어지는 경우가 많다. 원래 매수방어책은 주식의 자유매매를 저지·방해하려는 시도가 있고, 이것은 공개회사에는 허락되지 않는다.

**2. 적대적 기업매수**

M&A는 우선 목표로 하는 상대회사를 찾고, 상대회사가 정해지면 매수제한을 받아들일 것인가 어프로치가 시도된다. 그리고 기본적 합의가 성립하면 타켓의 조사를 행하며, 매수방법이나 가격 등을 결정하게 된다. 최종적으로 쌍방의 합의가 성립하면 우호적 기업매수가 되지만 절충과정에서 상대회사의 동의를 얻지 못하면 적대적 기업매수에 착수하게 된다. 즉 상대회사의 주주에게 매수제안을 하고 현 경영진이든지 매수자이든지 선택을 하도록 한다. 이 경우에는 일반적으로 금융상품거래법상 주식공개매수의 방법이 취해진다. 이에 대하여 타켓 회사의 경영진이 채택하는 매수방어책은 유사도입형과 평시도입, 유사발동형으로 대별된다. 유사도

입형이란 기업매수자가 출현한 이후, 기업은 ① 우호적인 제3자(white knight)에게 신주나 신주인수권의 제3자 배당발행을 실시하거나, ② 매수자의 매수의욕을 저해하기 위하여 매력적인 중요자산(crown jewel)을 소멸시키는 방어책이다. 이에 비하여 평시도입, 유사발동형은 적대적 매수자의 출현 이전부터, 출현이 있는 경우를 상정하여 기업이 정해둔 주된 방어책으로서는 포이즌 필(poison pill)이나 사전경고형 방어책 등이 있다.

일본에서는 신주예약권을 이용하는 테크닉이 유용한 방어수단으로 사용되고 있다. 주주전체의 이익보호라는 관점에서 신주예약권발행을 정당화하는 특단의 사정이 있는 경우에는 예외적으로 경영지배권의 유지, 확보를 주요한 목적으로 하는 발행도 불공정한 발행에 해당하지 않는다.[1] 미리 기존의 주주에게 신주예약권을 받을 권리를 부여해 두고 적대적 매수자가 대상회사 주식을 일정비율 취득하든지 공개매수를 실시할 경우, 그 시점에서 주주에게 신주예약권이 교부되지만 적대적 매수자는 신주예약권을 행사할 수 없는(차별적 취급) 방어책이다.

1) 石山卓磨, 528面.

# 제10장 해산·청산

## 제1절 총 설

회사의 해산이란 회사의 법인격을 소멸시키는 법률사실로서 해산사유는 각 회사마다 다르다. 해산의 원인은 존립기간의 만료 기타 정관으로 정한 해산사유의 발생, 총사원의 동의, 사원이 1인으로 된 때(인적회사에만 해당), 합병, 파산, 법원의 해산명령 또는 해산판결이 있다. 위의 원인이 발생하면 합병과 파산의 경우를 제외하고 해산회사는 존립 중에 발생한 일체의 대내적 또는 대외적 법률관계를 종국적으로 처리하기 위하여 청산절차에 들어간다. 그러므로 회사의 법인격은 해산에 의하여 곧 소멸하지 않고, 청산절차의 종결에 의하여 소멸한다.

따라서 청산은 회사가 합병이나 파산 이외의 원인으로 해산하는 경우와 설립무효판결이 확정된 경우, 주식이전무효판결이 확정된 경우 등에 회사의 법률관계를 종국적으로 마무리하기 위하여 하는 절차이다. 청산의 목적은 회사의 모든 권리의무를 처리하여 남은 재산을 주주에게 분배하는 것이다. 그러나 다수주주의 횡포를 방지하고, 회사채권자의 이익을 해치지 않기 위하여 반드시 법정절차에 따라 행하여야 한다(법정청산). 다만 해산 후에도 책임을 질 사원이 있고 인적신뢰관계가 있는 인적회사의 경우에는 임의청산이 인정된다(인적회사 임의청산). 청산회사는 영업활동을 계속할 수 없으며, 종전의 회사와 동일한 인격자이지만 권리능력의 범위는 청산의 목적범위 내로 축소된다.

# 제 2 절 해산제도의 비교

## 1. 해산사유

합명회사의 해산사유는 존립기간의 만료 기타 정관으로 정한 해산사유의 발생, 총사원의 동의, 사원이 1인으로 된 때, 합병, 파산, 법원의 해산명령 또는 해산판결이 있다(§227). 그리고 합자회사의 경우는 합명회사와 같으나, 무한책임사원과 유한책임 사원으로 구성되는 회사이므로 어느 한편의 사원이 모두 퇴사하면 당연히 해산한다(§285①). 이 가운데 모든 회사에 공통적으로 인정되는 것은 해산명령과 해산판결이 있다. 사원이 1인으로 된 때는 주식회사와 유한책임회사, 유한회사의 경우에는 1인회사가 인정되므로 해산사유로 규정하지 않지만, 합명회사와 합자회사의 경우에는 해산사유로 규정하고 있다.

물적회사는 회사재산이 채무초과인 경우 파산원인이 되지만, 인적회사는 무한책임사원이 있기 때문에 채무초과라도 존립 중에는 파산원인이 되지 않고 지급불능이 되어야 파산한다(회파 §306②). 합병과 파산의 경우를 제외하고 회사가 해산하면 청산절차를 개시하고, 청산절차의 종결까지 회사의 권리능력은 청산의 목적범위 내로 제한된다(§245, 동일한 회사 존속).

주식회사의 해산사유는 존립기간의 만료 기타 정관으로 정한 사유의 발생, 합병, 회사분할, 파산, 법원의 해산명령, 해산판결, 주주총회의 해산결의이다(§517). 그리고 휴면회사는 일정한 절차를 밟아 해산한 것으로 의제할 수 있다(§520의2). 회사는 이상의 해산사유의 발생으로 해산하고 해산등기 기타의 절차를 요하지 않으며,[1] 해산에 의하여 청산절차가 종료한 때 권리능력이 소멸한다.[2]

유한회사의 해산사유는 존립기간의 만료 기타 정관으로 정한 사유의 발생, 합병, 파산, 법원의 해산명령, 해산판결, 사원총회의 해산결의이다(§609). 그러나 존립기간의 만료 기타 정관으로 정한 사유의 발생 또는 사원총회의 해산결의의 경우에는 사원총회의 특별결의로써 회사를 계속할 수 있다(§610).

유한책임회사의 해산사유는 존립기간의 만료 기타 정관으로 정한 해산사유의

1) 대판 1981.9.8, 80다2511.

2) 대판 1985.6.25, 64다카1954.

발생, 총사원의 동의, 합병, 파산, 법원의 해산명령 또는 해산판결(§287의38①)과 사원이 없게 된 경우이다(동조②).

### 《일본 회사법상 해산사유》

주식회사의 해산사유는 ① 정관으로 정한 존립기간의 만료, ② 기타 정관으로 정한 해산사유의 발생(강행법규나 주식회사의 본질에 반하지 않는 한 정관으로 존립기간이나 해산사유를 정할 수 있으며, 이들 사유는 객관적이고 구체적이어야 하며 등기사항임), ③ 주주총회의 해산결의(특별결의), ④ 합병(당해회사가 소멸하는 경우에 한함), ⑤ 파산절차의 개시결정(지급불능이나 채무초과에 의한 파산선고), ⑥ 해산을 명하는 재판의 경우이다(일회 §471 1~6호).

특별법에 의하여 영업면허 취소가 해산의 원인이 되는 경우가 있다(일은행 §40, 일보험 §152③2호).

### 《중국 회사법상 해산사유》

주식회사의 해산사유는 자발적인 해산사유, 강제적인 해산사유로 분류할 수 있다. 자발적인 해산사유로서는 회사 정관에 규정된 영업기간이 만료되었거나 기타 해산사유가 발생했을 경우, 주주총회가 해산을 의결한 경우, 회사 합병 또는 분립으로 해산해야 할 경우이다. 강제적인 해산사유로는 회사가 법에 의하여 영업허가증이 말소되었거나 명령에 의해 패쇄 되었거나 영업취소를 당하였을 경우, 파산의 경우, 인민법원이 중국 회사법 제183조 규정(해산판결)에 따라 해산을 결정한 경우이다.

영업허가서가 말소되는 상황은 등기자본의 허위보고, 허위증명 또는 기타 사기수단으로 회사의 법인자격을 얻은 경우, 변경등기 말소 후 일정한 기한 내에 공고를 하지 않거나 공고내용이 부실한 경우, 규정에 따라 연도 감사를 하지 않은 경우, 영업 허가서를 위조·변조·양도하거나 세를 주거나 빌려준 경우, 경영범위를 초과하여 경영한 경우, 회사성립 후 정당한 이유 없이 6개월 동안 영업하지 아니한 경우 또는 영업 후 스스로 6개월 이상 휴업한 경우 등이 포함된다.

영업허가서 말소는 회사의 영업자격을 취소한 것이기 때문에 그 법인격은 계속 존재하며 등기말소 절차를 경과해야만이 회사의 법인격이 소멸한다. 회사가 실제로 회사법 및 회사등기관리 조례 등 규정을 위반하여 영업허가서가 말소되거나 허가취소를 당하는 경우 보통 등기기관의 직권에 의해 직접 등기말소 된다. 회사가 법에 따라 폐업명령을 받은 것도 회사해산원인의 하나이다. 폐업명령을 받은 것은 행정처벌의 성질이 있으며 회사 경영이 공상, 세무, 노동, 시장, 환경보호 등의 법규와 규정을 엄중하게 위반하였을 때 사회질서를 유지하기 위하여 관련기관은 그 회사의 주체자격을 정지하는 결정을 하여 경영을 할 수 없게 하는 처벌을 내릴 수 있다. 회사법은 폐업명령과 법에 따라 영업허가를 말소하는 것과 허가취소를 동일한 항의 해산사유에 규정하고 있다.[1)]

---

1) 양동석, 중국회사법, 269면.

## 2. 해산명령과 해산판결

### (1) 해산명령

**1) 의 의** 해산명령은 법원이 이해관계인 또는 검사의 청구에 의해서나 법원의 직권에 의해서 회사의 해산을 명하는 제도이다. 이 제도는 공익적 차원에서 회사의 존속을 허용할 수 없는 경우에 해산을 명하는 것으로서 회사설립에 관한 준칙주의의 폐해를 보완하기 위한 제도이다.[1] 민법상 법인의 설립허가취소제도(민 §38)나 회사의 설립면허주의에 있어서 면허취소에 해당된다고 볼 수 있다.[2]

회사의 해산명령제도는 해산판결제도와 함께 법원에 의하여 회사의 법인격을 전면적으로 박탈하는 제도라는 점에서 공통되지만, 전자는 공익목적을 위한 제도로서 그 원인도 회사의 대외적 문제이고 청구권자도 이해관계인 또는 검사이다. 이에 비하여 후자는 사원 또는 주주의 이익을 보호하기 위한 제도이고 청구권자도 사원 또는 주주뿐이라는 점에서 비교된다. 또 해산명령은 비송사건절차에 의한 결정으로 하지만, 해산판결은 소송사건이므로 판결로 하게 되는 차이가 있다.

해산명령제도는 법인격의 남용을 시정하기 위한 제도로서 법인격부인이론과 같지만 전자는 법인격을 전면적으로 박탈하는 제도이고, 후자는 법인격이 남용된 특정한 경우에만 법인격을 제한하여 그 남용을 시정하는 차이가 있다.[3]

**2) 사 유** 해산명령의 사유는 회사의 설립목적이 불법한 것인 때(§176①1호), 회사가 정당한 사유 없이 설립 후 1년 이내에 영업을 개시하지 아니하거나 1년 이상 영업을 휴지한 때(동항2호), 이사 또는 회사의 업무를 집행하는 사원이 법령 또는 정관에 위반하여 회사의 존속을 허용할 수 없는 행위를 한 때(동항3호)이다.

첫째, 회사의 목적이 불법인 때(1호)란 정관상의 회사의 목적이 불법인 경우 뿐만 아니라 형식적으로 정관상 기재된 목적은 불법이 아니지만 실질적으로 회사설립목적이 불법인 경우에도 포함된다.

둘째, 회사가 정당한 사유 없이 설립 후 1년 이내에 영업을 개시하지 아니하거나 1년 이상 영업을 휴지한 때(2호)란 휴면회사를 의미하는 것으로서, 회사가 설립된 후 장기간 영업을 하지 않은 경우에는 법인격이 남용될 여지가 크고 그러한

---

1) 이철송, 회, 131면.

2) 정찬형, 상, 524면.

3) 정동윤, 673면.

회사에게 계속 법인격을 유지하게 할 가치가 없기 때문이다. 다만 정당한 사유가 있으면 해산명령을 내릴 수 없다. 영업의 성질상 개업을 준비하는데 많은 시간이 걸리거나, 외부적 장애로 인하여 영업을 하지 못하였으나 영업을 위한 의지와 능력이 객관적으로 표현된 경우에는 정당한 사유가 있다고 보아야 할 것이다.[1]

법원은 정당한 사유에 대하여 "시장을 경영하는 회사가 상인들과의 사이에 시장건물의 소유권에 관한 분쟁에 말려 수년간 정상적인 활동을 못하였으나 결국 승소판결을 얻어 건물을 회복하고 정상적인 가동을 하게 된 때"는 정당한 사유가 있다고 보았다.[2] 그러나 유사한 사건에서 회사가 패소한 경우에는 정당한 사유가 없다고 보았다.[3]

셋째, 이사 또는 회사의 업무를 집행하는 사원이 법령 또는 정관에 위반하여 회사의 존속을 허용할 수 없는 행위를 한 때(3호)란 이사 등이 기관자격에서 행위를 한 것뿐만 아니라 그 지위를 남용하여 법령이나 정관에 위반한 경우가 이에 해당한다. 법원은 주금납입을 가장하고 회사자산 및 공사보증금을 횡령하거나 제3자에게 사기하는 것 등은 회사의 존속을 허용할 수 없다고 보았다.[4]

3) 절 차  법원은 이해관계인, 검사의 청구에 의하여 또는 직권으로 회사의 해산을 명할 수 있다(§176①). 이해관계인이란 회사의 존립에 직접 법률상의 이해를 가진 자로서 사원, 임원, 채권자 등이며 이사 등의 위법행위로 피해를 입은 자도 포함된다. 이 경우 회사는 이해관계인의 악의를 소명하여(동조④), 상당한 담보를 제공할 것을 청구할 수 있다(동조③, 비송 §97). 악의란 해산청구요건이 구비되지 않았다는 것을 알면서도 청구에 의해 회사를 해할 것을 아는 것이다.[5]

해산명령청구는 비송사건으로서 이에 관한 재판절차는 비송사건절차법에 따른다. 본점소재지의 지방법원 합의부관할에 속하며(비송 §72①). 법원은 결정전에 이해관계인의 진술을 들어야 하고 검사의 의견을 들어야 하며(비송 §90②), 재판은 이유를 붙인 결정으로 한다(비송 §90①).

법원은 회사의 해산을 명하기 전이라도 이해관계인, 검사의 청구에 의하여 또는 직권으로 관리인의 선임 기타 회사재산의 보전에 필요한 처분을 할 수 있다(비송 §176②, §94).

---

1) 이철송, 회, 132면; 정찬형, 상, 525면; 판례: 대법원 2002.8.28, 2001마6947 결정.
2) 대법원 1978.7.26, 78마106 결정.
3) 대법원 1979.1.31, 78마56 결정.
4) 대법원 1987.3.6, 87마1 결정.
5) 이철송, 회, 113면.

4) **해산명령의 효과** 회사는 해산명령재판이 확정되면 해산한다(§227 6호, §269, §517 1호, §609①1호). 그 이후의 절차는 다른 해산사유의 경우와 같다. 해산명령에 대하여 회사, 이해관계인, 검사는 즉시항고 할 수 있다(비송 §91). 이 항고는 집행정지 효력이 있으며, 항고인에게 변론의 기회를 부여하지 않을 수 있다.[1]

**《일본 회사법상 해산명령》**

일본의 해산명령은 법원이 공익을 확보하기 위하여 당해 회사의 존립을 허용할 수 없다고 인정되는 때 법무대신 또는 주주(지분회사의 경우는 사원)·채권자 기타의 이해관계인의 청구에 의하여 해산시키기로 결정하는 명령이고 이하의 경우에 인정된다(일회 §824조①1~3호). 즉 회사 설립이 불법 목적인 경우(정관 소정의 목적이 적법하여도 실질적 목적이 불법인 경우 포함), 회사가 정당한 이유 없이 성립일부터 1년 이내에 그 사업을 개시하지 않거나 또는 계속하여 1년 이상 사업을 휴지한 때, 업무집행이사·집행임원·업무집행사원이 법령·정관에서 정한 회사 권한을 일탈하거나 또는 남용행위 또는 형벌법령에 저촉되는 행위를 한 경우에 법무대신으로부터 서면에 의한 경고를 받았음에도 불구하고 계속적으로 또는 반복하여 당해 행위를 한 때이다.

### (2) 해산판결

1) **의 의** 해산판결이란 사원의 이익을 보호하기 위하여 회사의 존속이 사원의 이익을 해하는 경우에 사원의 청구에 의하여 법원이 판결로써 회사의 해산을 명하는 재판이다. 해산명령은 회사법 통칙에서 규정하지만(§176), 해산판결은 각종의 회사에 관한 규정에서 개별적으로 규정하고 있다(§241, §287의38 1호, §269, §520, §613①).

2) **청구사유**

① **인적회사의 경우** 합명회사와 합자회사의 경우에는 '부득이한 사유'가 있을 때 각 사원은 법원에 회사의 해산을 청구할 수 있다(§241①, §269). '부득이한 사유란' 예컨대 사원간의 불화가 심각하여 회사의 존속이 곤란하지만, 사원의 제명·퇴사·지분양도 또는 총사원의 동의에 의한 해산이 곤란한 경우를 말한다.[2]

② **물적회사의 경우** 주식회사와 유한회사에서는 회사의 업무가 현저한 정

---

1) 대법원 1987.3.6, 87마1 결정.

2) 정찬형, 상, 526~527면; 이철송, 회, 134~135면; 손주찬, 472면; 이기수 외, 116면.

돈상태를 계속하여 회복할 수 없는 손해가 생긴 때 또는 생길 염려가 있는 때, 회사재산의 관리 또는 처분의 현저한 실당으로 인하여 회사의 존립을 위태롭게 한 때로서, 부득이한 사유가 있는 때에는 발행주식 총수의 100분의 10 이상(유한회사의 경우에는 100분의 10 이상의 출자좌수를 가진 사원)은 법원에 회사의 해산을 청구할 수 있다. 유한책임회사의 경우에는 합명회사에 관한 규정을 준용한다(§287의38①).

이사간에 분쟁이 심하여 업무가 교착상태에 빠졌으나 이사의 개선 등으로는 주주의 이익을 보호할 수 없게 되거나, 이사의 회사재산 유용, 처분 등이 있었으나 위법행위유지청구 등으로는 주주를 보호할 방법이 없게 된 경우이다.[1] 회사의 해산판결의 사유와 해산명령의 사유가 중복되는 경우에는 선택적으로 청구할 수 있다.[2]

**3) 청구권자** 해산판결은 사원을 보호하기 위한 제도이므로 사원에 한하여 청구할 수 있다. 인적회사의 경우에는 각 사원이 청구할 수 있으며, 물적회사의 경우에는 발행주식 총수의 100분의 10 이상을 가진 사원(유한회사의 경우에는 100분의 10 이상의 출자좌수를 가진 사원)은 법원에 회사의 해산을 청구할 수 있다. 해산청구의 사유에 책임 있는 사원도 해산판결을 청구할 수 있다.[3]

**4) 절 차** 회사의 해산판결은 해산명령과 달리 소송사건이며, 그 성격은 형성의 소이다. 이 소는 본점 소재지 지방법원에 전속한다(§241②, §520② 등).

**5) 효 과** 해산판결이 확정되면 회사는 해산하여 청산절차를 밟아야 하고, 원고가 패소하면 원고에게 악의 또는 중과실이 있는 때에는 회사에 대하여 연대하여 손해배상책임을 진다(§241②, §520② 등).

**《일본 회사법상 해산판결》**

일본의 경우에도 해산판결은 불가피한 사유가 있는 때에 법원이 총주주(의결권 없는 주주 제외)의 의결권의 10분의 1 이상의 의결권을 갖는 주주 또는 발행주식 총수(자기주식 제외)의 10분의 1 이상의 주식을 갖는 주주가 회사의 해산을 청구한 경우 회사를 해산시키는 판결이다(일회 §833①1~2호). 즉 회사가 업무집행에 있어서 현저하게 곤란한 상황에 이르고, 당해 회사에 회복할 수 없는 손해가 생기거나 또는 생길 염려가 있는 때, 회사 재산의 관리 또는 처분의 현저한 실당으로 회사의 존립을 위태롭게 하는 때이다. 주주는 회사를 피고로 하여 회사 본점 소재지를 관할하는 지방법원에 대하여 청구한다(일회 §835①).

---

1) 정동윤, 675면; 이철송, 회, 135면; 정찬형, 상, 527면.

2) 손주찬, 473면; 정찬형, 상, 527면.

3) 대판 1993.2.9, 92다21098.

**《중국 회사법상 해산판결》**

중국의 경우 회사가 경영관리 과정에 막심한 곤란에 봉착하여 계속 존속하면 주주의 이익에 중대한 손실을 조성하게 되고 다른 경로로도 해결이 불가능한 경우 회사의 전체 주주의 의결권의 10% 이상을 보유한 주주는 인민법원에 회사해산을 청구할 수 있다(중회 §183).

## 3. 휴면회사의 해산

주식회사 가운데 실제로는 영업을 폐지하였으나 해산과 청산절차를 밟지 않고 상업등기부를 방치하여 두고 있는 회사가 상당량 있다. 이러한 회사는 사기적 수법으로 악용될 우려가 있고, 타인의 상호선정의 자유를 부당하게 침해하거나(§22) 등기부관리에 부담을 주게 된다. 1984년 개정상법은 이러한 휴면회사를 정리하여 거래의 안전을 보호하고 주식회사제도에 대한 일반 신뢰를 회복하기 위하여 제529조의2를 신설하였다.[1]

법원행정처장이 최후의 등기 후 5년을 경과한 회사는 본점 소재지를 관할하는 법원에 아직 영업을 폐지하지 아니하였다는 뜻의 신고를 할 것을 관보로써 공고한 경우에, 그 공고한 날에 이미 최후의 등기 후 5년을 경과한 회사로서 공고한 날부터 2월 이내에 대통령령이 정하는 바에 의하여 신고를 하지 아니한 때에는 그 회사는 그 신고기간이 만료된 때에 해산한 것으로 본다. 그러나 그 기간 내에 등기를 한 회사에 대하여는 그러하지 아니하다(§520①). 정상적으로 영업을 하는 회사는 그 동안에 이사 또는 감사의 선임, 해임등기를 1회 이상 하였을 것이다.[2] 이 공고가 있는 때에는 법원은 해당 회사에 대하여 그 공고가 있었다는 뜻의 통지를 발송하여야 한다(동조②).

해산이 의제된 회사는 그 후 3년 이내에 주주총회의 특별결의에 의하여 회사를 계속할 수 있다(동조③). 해산이 의제된 회사가 3년 이내에 회사를 계속하지 아니한 경우에는 그 회사는 3년이 경과한 때에 청산이 종결된 것으로 본다(동조④). 그러나 현실적으로 정리해야 할 권리관계가 남아 있다면 그 범위 내에서 법인격은 소멸하지 않는다.[3]

---

1) 정동윤, 675~676면; 정찬형, 상, 1210면.

2) 이철송, 회, 1029~1030면.

3) 대법원 1991.4.30, 90마672 결정.

일본의 경우 주식회사에 있어서 당해 회사에 관한 등기가 최후로 된 날부터 12년을 경과한 것이라고 한다(일회§472①). 법무대신이 휴면회사에 대하여 2개월 이내에 법무성령으로 정함에 따라 그 본점 소재지를 관할하는 등기소에 사업을 폐지하지 않았다는 뜻의 신고를 할 것을 관보에 공고한 경우에, 이 신고를 하지 않은 때에는 휴면회사는 이 2개월의 만료시에 해산한 것으로 간주된다. 다만 이 기간 내에 당해 휴면회사에 관한 등기가 된 때에는 이에 한하지 않는다(일회 §472①). 이 공고가 있는 경우 등기소는 휴면회사에 대하여 그 뜻의 통지를 하여야 한다(동조②).

중국의 경우 회사성립 후 정당한 이유 없이 6개월 동안 영업하지 아니한 경우 또는 영업 후 스스로 6개월 이상 휴업한 경우 등이 포함된다. 영업허가서 말소는 회사의 영업자격을 취소한 것이기 때문에 그 법인격은 계속 존재하며 등기말소 절차를 경과해야만이 회사의 법인격이 소멸한다. 회사가 실제로 회사법 및 회사등기관리조례 등 규정을 위반하여 영업허가서가 말소되거나 허가취소를 당하는 경우 보통 등기기관의 직권에 의해 직접 등기말소 된다.[1)]

## 4. 해산의 공시 및 효과

파산의 경우를 제외하고 해산한 경우에는 이사는 지체 없이 주주에 대하여 해산의 통지를 하고, 무기명주권을 발행한 경우에는 이를 공고하여야 한다(§521). 그리고 합병과 파산의 경우 외에는 해산사유가 있는 날부터 본점에서는 2주간 내, 지점에서는 3주간 내에 해산 등기를 하여야 한다(§228, §521의2 등).

해산에 의하여 회사의 권리능력은 청산의 목적범위 내에서 존속하는 것으로 보며(§542①, §245), 사실상 청산절차가 종료하는 때 회사의 권리능력은 소멸하는 것으로 본다. 주식회사는 채권자보호를 위하여 해산등기와 아울러 법정의 청산절차를 밟아야 하며 청산중에는 청산인이 청산사무를 집행하고 회사를 대표한다.

**《일본 회사법상 해산》**

일본의 경우 주식회사가 해산한 경우에는 합병·파산의 경우를 제외하고 회사는 청산절차에 들어간다. 이 경우 본점 소재지에서 2주간 이내에 해산등기를 하여야 한다(일회 §926). 해산에 의하여 회사의 권리능력의 범위는 축소되고 청산목적의 범위내에서만 존속한다. 영업능력은 상실되며 그때까지의 회사의 대표·업무집행사

---

1) 양동석, 중국회사법, 269면.

원은 권한을 상실하고 대신에 청산인이 회사의 대표집행자가 된다.

회사가 해산한 경우 당해 회사는 합병(당해 회사가 존속회사가 되는 경우에 한함), 흡수분할에 의하여 다른 회사가 그 사업에 관하여 갖는 권리 의무의 전부 또는 일부를 승계하는 행위는 불가능하다(일회 §474①2호).

**《중국 회사법상 해산》**

해산등기는 협의의 해산등기와 광의의 해산등기로 분류할 수 있다. 협의의 해산등기란 해산후에 반드시 청산을 거쳐야 하는 해산등기이고 광의의 해산등기는 협의의 해산등기를 포함하는 외에 해산하지만 청산할 필요가 없는 해산등기를 포함하는 것이다. 협의의 해산등기사유로는 기업존속기간의 만료, 정관에 규정한 해산사유 발생, 해산명령과 해산판결 등이고 광의의 해산등기 사유로는 기업합병, 분립과 조직변경으로 인한 해산등기이다. 중국의 회사법은 해산등기제도를 구체적으로 규정하지 않았지만 중국 증권감독관리위원회가 1997년 12월 16일에 발표한 상장회사 정관지도 제171조에서 해산등기 또는 변경등기를 해야 한다고 규정하고 있다.

회사의 합병 분립으로 인한 해산 외의 해산이 초래하는 직접적 법률효과는 회사의 청산이다. 그러나 회사의 법인자격은 회사의 해산으로 소멸하는 것이 아니며 회사가 청산을 끝낸 후 등기기관에 말소등기를 한 후에 회사의 법인격은 소멸한다.[1]

## 제 3 절 회사의 청산

### 1. 청산의 의의

회사가 해산하면 존립 중에 발생한 모든 대내적·대외적 법률관계를 종국적으로 처리하기 위해 청산을 해야 한다. 그러므로 회사는 해산 후에도 청산의 목적범위 내에서 권리능력이 있고(§245), 사실상 청산절차의 종결로써 법인격이 소멸한다. 다만 합병과 파산의 경우에는 상법의 청산절차가 적용되지 않는다. 왜냐하면 합병의 경우에는 해산회사의 권리의무가 존속회사 또는 신설회사에 포괄적으로 승계되므로 청산이 요구되지 않으며, 파산의 경우에는 파산법에 의거하여 파산관재인이 처리하기 때문이다.

합명회사의 경우에는 정관의 규정이나 총사원의 동의에 의한 청산방법(임의청산)과 법률이 정한 절차에 따르는 청산방법(법정청산)이 있다. 그러나 주식회사에 있어

---

1) 양동석, 중국회사법, 276~277면.

서는 회사재산만이 회사채권자의 유일한 담보이고 다수의 이해관계인이 있기 때문에 청산방법을 회사의 임의에 맡길 수 없어서 법정청산만을 인정하고 있다.[1)]

주식회사의 청산에 관한 사건은 회사 본점소재지 지방법원의 합의부 관할에 속하고 청산은 그 감독을 받는다(비송 §117②, §118).

## 2. 합명회사의 청산

### (1) 임의청산

합명회사의 청산방법은 임의청산을 원칙으로 한다. 즉 해산회사의 재산처분방법은 정관 또는 총사원의 동의로 정할 수 있다(§247①). 다만 사원이 1인이 되어 해산한 경우, 법원의 해산명령 또는 해산판결에 의하여 해산한 경우에는 임의청산을 할 수 없다(동조②). 따라서 임의청산 할 수 있는 경우는 정관에 정한 사유의 발생(§227 1호) 또는 총사원의 동의에 의하여 해산한 경우(동조 2호)에 한한다.

회사는 해산사유가 있는 날부터 2주간 내에 재산목록과 대차대조표를 작성하여야 하며(§247①), 채권자에 대하여 이의가 있으면 1월 이상의 일정한 기간 내에 이의를 제출할 것을 공고하고 회사가 알고 있는 채권자에 대하여는 각별로 이를 최고하여야 한다(동조③, §232①). 채권자가 그 기간 내에 이의를 제출하지 않는 경우에는 임의청산을 승인한 것으로 보며, 이의를 제출한 채권자에게는 변제 또는 상당한 담보를 제공하거나 상당한 재산을 신탁하여야 한다(§247③, §232③). 회사가 이러한 절차를 위반하여 회사채권자를 해한 때에는 회사의 채권자는 그 위반을 안 날로부터 1년 내, 재산의 처분이 있는 날로부터 5년 내에 재산처분의 취소를 법원에 청구할 수 있다(§248①). 처분취소판결의 효력은 모든 회사채권자의 이익을 위하여 효력이 있으나, 이득을 받은 자나 전득한 자가 처분 또는 전득 당시에 회사채권자를 해함을 알지 못한 경우에는 취소가 허용되지 않는다(§248②, 민 §§406~407). 이 취소의 소의 관할은 본점소재지의 지방법원에 속한다(§248②, §186).

사원의 지분을 압류한 채권자가 있는 경우에는 임의청산은 압류채권자의 동의를 얻어야 하며(§247④), 동의 없이 회사가 재산을 처분한 때는 압류채권자는 회사에 대하여 그 지분에 상당하는 금액의 지급을 청구하거나 제248조의 취소청구권을 행사할 수 있다(§249). 임의청산의 경우에는 회사재산을 공정하게 처분할 수 있도록 하기 위하여 채권자보호절차가 엄격하게 요구된다.

---

1) 정동윤, 679면; 정찬형, 상, 1210면.

### (2) 법정청산

전술한 바와 같이 사원이 1인으로 된 때, 해산명령이나 해산판결을 받은 때 그리고 총사원의 동의로 해산하면서 재산의 처분방법을 정하지 아니한 때는 법정청산에 의한다(§250).

**1) 청산인** 청산인은 법정청산절차에 있어서 청산사무를 집행하고, 청산중의 회사를 대표하는 자이다. 회사와 청산인간에는 위임에 관한 규정이 준용되며(§265, §382②), 청산인은 자기거래가 제한되지만(§265, §199), 경업피지의무는 지지 않는다.[1] 청산인은 주식회사의 이사와 같이 회사 또는 제3자에 대하여 임무해태로 인한 손해배상책임을 진다(§265, §399, §401).

청산인은 총사원의 과반수 결의로 선임(§251①)하지만, 사원들이 선임하지 않은 경우에는 업무집행사원이 청산인이 된다(동조②). 사원이 1인으로 되어 해산한 경우나 해산명령 또는 해산판결에 의하여 해산한 때에는 법원이 청산인을 선임해야 한다. 이 경우 법원은 이해관계인이나 검사의 청구 또는 직권으로 청산인을 선임한다(§252). 청산인의 자격에는 제한이 없다. 사원이 선임한 청산인은 총사원의 과반수 결의로써 해임할 수 있으며(§261), 청산인이 직무를 집행함에 현저하게 부적임하거나 중대한 임무에 위반한 행위를 한 때에는 법원은 사원 기타 이해관계인의 청구에 의하여 청산인을 해임할 수 있다(§262).

**2) 청산사무** 청산인은 취임 후 지체 없이 회사의 재산상태를 조사하고 재산목록과 대차대조표를 작성하여 각 사원에게 교부하여야 한다(§256①). 그리고 청산인은 사원의 청구가 있는 때에는 언제든지 청산상황을 보고하여야 한다(동조②). 청산인의 직무는 현존사무의 종결(§254①1호), 채권의 추심과 채무의 변제(동항 2호), 재산의 환가처분(동항 3호), 잔여재산의 분배(동항 4호), 출자의 청구(§258)이다.

현존사무의 종결이란 영업행위 뿐만 아니라 청산사무 이외의 모든 사무를 종결지어야 하는 것이며 새로운 법률관계를 형성하는 행위를 할 수 없다는 것이다.[2] 청산인은 변제기에 이르지 아니한 회사채무도 변제할 수 있다(§259①). 채권의 추심과 채무의 변제에 있어서 회사가 기한의 이익을 잃는 것은 아니므로, 이자가 없는 채무를 변제할 때는 기한의 이익을 회사가 포기하는 것이어서 회사가 변제할 금액은 변제기까지의 이자를 법정이자를 가산하여 그 채무액에 달할 금액을

1) 정찬형, 상, 567면; 이철송, 회, 171면.

2) 이철송, 회, 173면.

변제하여야 한다(동조②). 이자가 있는 채권으로서 그 이율이 법정이율에 달하지 못한 것에도 변제기까지의 그 차액에 해당하는 이자를 가산하여 채무액과 같아지는 금액을 변제한다(동조③). 조건부채무, 존속기간이 불확정한 채무 기타 가액이 불확정한 채무는 법원이 선임한 감정인의 평가에 의하여 변제하여야 한다(동조④).

회사의 현존재산이 채무를 변제하기에 부족한 때에는 청산인은 변제기에 불구하고 각 사원에 대하여 각 사원의 지분의 비율로 출자를 청구할 수 있다(§258). 다만 사원은 회사채권자에 대하여 연대·무한책임을 지므로 자기 지분비율에 따른 출자를 하여도 회사 채무자에 대한 책임이 곧 소멸하는 것은 아니다. 그리고 청산인은 채무변제와 잔여재산분배를 위하여 회사재산을 환가처분 하여야 하며, 영업의 전부 또는 일부를 양도할 때에는 총사원의 과반수 결의를 얻어야 한다(§257). 청산인은 회사의 채무를 완제한 후가 아니면 회사재산을 사원에게 분배하지 못한다. 그러나 다툼이 있는 채무에 대하여는 그 변제에 필요한 재산을 보류하고 잔여재산을 분배할 수 있다(§260). 분배는 각 사원의 지분에 비례하여야 하며, 노무나 신용을 출자한 사원도 지분에 따라 분배를 받는다.[1]

### (3) 청산의 종결

청산이 종결된 때는 청산인은 지체 없이 계산서를 작성하여 각 사원에게 교부하고 승인을 얻어야 한다(§263①). 계산서를 받은 사원이 1월 이내에 이의를 하지 않은 때는 그 계산을 승인한 것으로 본다. 다만 청산인에게 부정행위가 있는 경우에는 그러하지 아니한다(동조②). 계산서에 관하여 총사원이 승인한 때에는 청산인은 본점 소재지에서는 2주간 내, 지점소재지에서는 3주간 내에 청산종결의 등기를 하여야 한다(§264). 회사의 법인격은 청산종결등기를 한 때가 아니라 사실상 청산절차를 종결한 때이다.[2]

청산종결등기 후 회사의 장부와 중요서류는 본점 소재지에서 10년간 보존해야 하며, 전표 또는 이와 유사한 서류는 5년간 보존하여야 한다(§266①). 이 경우에는 총사원의 과반수결의로 보존인과 보존방법을 정하여야 한다(동조②).

---

1) 이철송, 회, 173면.

2) 대판 1968.6.18, 67다2528.

## 《일본 회사법상 지분회사의 청산》

### 1. 임의청산

지분회사가 정관소정의 존속기간 만료, 정관소정의 해산사유 발생, 총사원의 동의에 의하여 해산한 경우에는 회사는 정관 또는 총사원의 동의에 의하여 당해 회사의 재산처분 방법을 정할 수 있다(일회 §668①). 이것을 임의청산이라 하고 이 재산처분 방법을 정한 회사에는 이하에 설명하는 회사법 제646조부터 제667조 규정은 적용되지 않는다(동조②).

재산처분 방법을 정한 지분회사가 해산한 경우에는 청산지분회사는 해산날로부터 2주간 이내에 법무성령의 정함에 따라 해산날의 재산목록과 대차대조표를 작성하여야 한다(일회 §666①). 이 재산처분 방법을 정하지 않는 지분회사가 위의 사유로 해산하고 해산후에 재산의 처분방법을 정하는 때는 청산지분회사는 이 결정의 날로부터 2주간 이내에 법무성령의 정함에 의하여 해산날의 재산목록과 대차대조표를 작성하여야 한다(동조②).

상기의 재산처분 방법이 결정된 경우 해산후 청산지분회사의 채권자는 당해 회사에 대하여 당해 재산처분 방법에 대한 이의를 제기할 수 있다(일회 §670①). 또한 상기의 재산처분 방법을 정한 경우 사원의 지분을 압류한 채권자가 있는 때는 해산후의 청산지분회사가 그 재산을 처분하기 위해서 채권자의 동의를 얻어야 한다(일회 §671①).

### 2. 법정청산

**(1) 청산개시원인** 지분회사는 해산한 경우, 설립무효의 소 및 설립취소의 소의 청구인용판결이 확정된 경우에는 청산하여야 한다(일회 §644①~③). 청산지분회사는 청산목적 범위내에서 청산이 종결할 때까지 존속하는 것으로 간주된다(일회 §645).

**(2) 청산인**

**1) 선임·해임** 청산지분회사에는 1인 또는 2인 이상의 청산인을 두어야 하고(일회 §646), 이하의 자가 청산인이 된다(일회 §647①). 즉, 업무를 집행하는 사원, 정관으로 정한 자, 사원의 과반수 동의에 의하여 결정된 자이다. 이들이 없는 때는 법원은 이해관계인의 신청에 의하여 청산인을 선임한다(동조②).

사원이 없게 된 경우나 해산을 명하는 재판에 의하여 해산한 청산지분회사에 대해서는 법원은 이해관계인 또는 법무대신의 신청에 의하여 또는 직권으로 청산인을 선임한다(일회 §647③). 설립무효, 취소의 소의 청구인용 판결의 확정에 의한 경우에는 법원은 이해관계인의 청구에 의하여 청산인을 선임한다(동조③). 법원은 청산인을 선임한 경우 회사가 그자에게 지불할 보수액을 정할 수 있다(일회 §657). 청산인은 언제든지 정관에 별도의 정함이 있는 경우를 제외하고 사원의 과반수로서 해임할 수 있다(일회 §648①, ②). 법원은 중요한 사유가 있는 때는 사원 기타 이해관계인의 청구에 의하여 청산인을 해임할 수 있다(동조③).

2) **직무·대표** 청산인은 청산지분회사의 업무집행권을 갖고(일회 §650①), 직무로써 현존사무의 종결, 채권의 추심·채무의 변제, 잔여재산의 분배를 행한다(일회 §649①~③). 청산인이 2인 이상인 경우 청산지분회사의 업무는 정관에 별도에 정함이 있는 경우를 제외하고 청산인의 과반수로서 결정한다(일회 §650②). 그러나 사원이 2인 이상인 경우는 회사 사업의 전부 또는 일부의 양도는 사원의 과반수 결의로써 결정한다(동조③).

청산인은 청산지분회사를 대표한다. 다만 회사를 대표할 청산인 기타 회사를 대표할 자를 정한 경우에는 이에 한하지 않는다. 청산인이 2인 이상 있는 경우에는 각자 회사를 대표한다(동조②). 청산지분회사는 정관 또는 정관의 정함에 의하여 청산인의 호선으로서 청산인 중에서 회사를 대표할 청산인을 정할 수 있다(동조③).

업무집행사원이 청산인이 되어 지분회사를 대표할 사원을 정한 경우는 당해 대표사원이 대표청산인이 된다(일회 §655④).

청산지분회사의 사원이 그 채무를 완재하기에 부족한 것이 명백하게 된 경우에는 청산인은 지체 없이 파산절차 개시신청을 하여야 한다(일회 §656①).

3) **청산인과 회사·제3자와의 관계** 청산인과 청산지분회사와의 관계는 위임에 관한 규정에 따른다(일회 §651①). 청산인이 그 임무를 해태한 때는 회사에 대하여 연대하여 손해를 배상할 책임을 진다(일회 §652).

청산인이 그 직무를 행함에 있어서 악의 또는 중대한 과실이 있는 때는 당해 청산인은 연대하여제 3자에게 발생한 손해를 배상할 책임을 진다(일회 §653).

4) **청산사무**

① **재산목록 등의 작성·제출의무** 청산인은 취임후 지체 없이 청산지분회사의 재산현황을 조사하고 법무성령으로 정하는 바에 따라 청산개시 원인의 각 경우에 해당된 날의 재산목록과 대차대조표를 작성하고 각 사원에게 그 내용을 통지하여야 한다(일회 §658①). 회사는 이 재산목록을 그 작성시부터 본점소재지에 청산종결등기시까지 보존하여야 한다(동조②). 회사는 사원의 청구에 의하여 매월 청산상황을 보고하여야 한다(동조③).

② **채무변제와 채권자에 대한 공고** 청산지분회사(합동회사에 한함)는 청산개시원인의 각 경우에 해당하게 된 이후 지체 없이 회사채권자에 대하여 2월 이상의 일정한 기간 내에 그 채권을 신청할 뜻을 관보에 공고하고 알고 있는 채권자에 대하여 개별적으로 이것을 최고하여야 한다(일회 §666①). 이 공고에는 당해 채권자가 당해기간 내에 신청하지 않으면 청산으로부터 제외된다는 뜻을 부기하여야 한다(동조②). 청산지분회사는 이 신청기간 내에는 채무의 변제를 할 수 없고 그 채무불이행에 의하여 발생한 책임을 면할 수 없다(일회 §661①).

회사는 이 신청기간 내에도 법원의 허가를 얻어 소액의 채권, 회사의 재산에 관하여 존재하는 담보권에 의하여 담보된 채권 기타 이것을 변제해도 다른 채권자를 해할 염려가 없는 채권에 관한 채무에 대해서는 변제할 수 있다. 이 허가의 신청은 청산인이 2인 이상인 때는 전원의 동의에 의하여 행한다(동조②).

**③ 잔여재산의 분배** 청산지분회사는 회사채무를 변제한 후가 아니면 그 재산을 사원에게 분배할 수 없다. 다만 그 존부 또는 액에 대해서 다툼이 있는 채권에 관한 채무에 대해서 그 변제를 하기 위하여 필요하다고 인정되는 재산을 유보한 경우에는 이에 한하지 않는다(일회 §664). 잔여재산 분배의 비율에 대하여 정관의 정함이 없는 때는 그 비율은 각 사원의 출자의 대가에 따라 정한다(일회 §666).

**④ 청산사무의 종료** 청산지분회사는 청산사무가 종료한 때는 지체 없이 청산에 관한 계산을 하여 사원의 승낙을 받아야 한다(일회 §667①). 사원이 1개월 이내에 이 계산에 대하여 이의를 제기하지 않은 때에는 사원은 당해 계산을 승인한 것으로 간주한다. 다만, 청산인의 직무집행에 부정행위가 있는 때는 그러하지 아니한다(동조②).

5) 청산종결 등기

청산이 종결한 때는 청산지분회사는 이하에 정하는 날부터 2주간 이내에 본점소재지에서 청산종결 등기를 하여야 한다(일회 §929②~③). 즉, ① 합명·합자회사의 경우는 청산에 관한 계산을 사원이 승인한 날(일회 §667①). ② 합동회사의 경우는 청산에 관한 계산을 사원이 승인한 날(일회 §667①)부터 2주간이다.

청산인은 청산지분회사의 본점소재지에서 청산종결 등기시부터 10년간 회사장부 및 그 사업과 청산에 관한 중요 자료를 보존하여야 한다(일회 §672①). 정관 또는 사원의 과반수로서 장부자료를 보존할 자를 정한 경우에는 그 자는 회사의 본점소재지에서부터 청산종결시부터 10년간 장부자료를 보존하여야 한다(동조②). 법원은 이해관계인의 신청에 의하여 이상의 자에 대신하여 장부자료를 보존할 자를 선임할 수 있다(동조③).

6) 사원의 책임 소멸시효

사원의 책임(일회 §580)은 청산지분회사의 본점소재지에서 해산등기를 한 후 5년 이내에 청구 또는 청구의 예약을 하지 않은 회사채권자에 대해서는 그 등기후 5년을 경과한 때에 소멸한다(일회 §673①). 이 기간 경과후에도 사원에게 분배하지 않은 잔여재산이 있는 때는 회사채권자는 회사에 대하여 변제를 청구할 수 있다(동조②).

## 3. 주식회사의 청산

### (1) 청산의 의의 및 회사의 권리능력

주식회사의 청산의 의의 및 성질, 그 절차는 합명회사와 같다(§542①). 다만 인적회사의 경우와 달리 주주는 유한책임을 지므로 회사 채권자를 보호하기 위하여 임의청산은 인정되지 않는다.

청산회사의 권리능력은 청산의 목적범위 내로 한정된다. 따라서 청산목적 외의 행위를 한 경우에는 권리능력 없는 자의 행위로서 당연히 무효가 된다. 그러나 청산중의 회사라도 해산 전부터 계속된 소송 및 새로 시작되는 소송의 당사자 능력은 인정된다.1)

## (2) 청산인

**1) 의 의** 청산인은 청산중 회사의 청산사무를 담당하고, 청산인회의 구성원이며 대표청산인이 될 수 있는 전제자격이다. 청산인회와 대표청산인은 존립 중 회사의 이사회와 대표이사에 대응하는 개념이다.2) 다만 자본금이 10억 미만인 회사의 경우로서 이사가 1인 또는 2인인 경우에는 청산인회나 대표청산인이 별도로 없고, 주주총회나 정관에서 다른 정함이 없으면 각 이사가 청산인이 된다. 청산중의 회사에도 영업을 전제로 하지 않는 규정은 그대로 적용되므로 주주총회나 감사 등은 그대로 존속하며, 검사인 선임도 가능하다.

청산인과 회사와의 관계는 위임에 관한 규정이 준용된다(§542②, §382②). 청산인의 보수, 청산인과 회사와의 소, 자기거래, 제3자에 대한 책임, 유지청구, 대표소송 등에 관해서는 이사에 관한 규정이 준용된다(§542②). 다만 법원이 선임한 청산인의 보수는 법원이 정하여 회사로 하여금 지급하게 한다(비송 §123).

**2) 선임·해임** 주식회사의 청산인은 원칙적으로 이사가 되지만 합병, 분할, 분할합병 또는 파산의 경우에는 그러하지 않으며, 정관이나 주주총회에서 이사 이외의 자를 청산인으로 선임할 수 있다. 청산인이 되는 이사에는 법원이 선임한 일시이사 또는 대표이사의 직무를 행하는 자도 포함된다.3) 이와 같은 방법으로 회사가 청산인을 정하지 않을 경우 법원은 이해관계인의 청구에 의하여 청산인을 선임한다(§531②). 해산명령이나 해산판결에 의하여 해산하는 경우에는 이사가 청산인이 되는 것이 아니고 이해관계인, 검사의 청구에 의하여 또는 직권으로 법원이 청산인을 선임한다(§542①, §252). 감사는 청산인이 될 수 없다(§542②).

청산인은 사망·파산·금치산 등의 위임관계의 종료사유, 자격상실(비송 §121), 사임 등으로 퇴임한다. 그리고 법원이 청산인을 선임한 경우 외에는 주주총회의 보통결의로 언제든지 해임할 수 있으며(§539①), 청산인을 주주총회에서 선임했거나

1) 대법원 1959.5.6 결정, 4292민재항8; 대판 1982.3.23, 81도1450.

2) 정찬형, 상, 1211면.

3) 대판 1981.9.8, 80다2511; 동 1991.12.24, 91다4355.

법원이 선임했거나 그 청산인이 업무를 집행함에 현저히 부적임하거나 중대한 임무에 위반한 경우에는 소수주주(발행주식 총수의 100분의 3 이상, 상장회사는 6개월 전부터 계속하여 발행주식 총수의 10,000분의 50 이상, 최근사업년도 말 자본금이 1,000억원 이상인 상장회사는 10,000분의 25 이상)는 법원에 청산인의 해임을 청구할 수 있다(§539②, §54의6③, 상시 §11).

청산인의 선임과 종임은 등기사항이다(§542①, §253). 청산인은 취임한 날부터 2주간 내에 해산의 사유와 그 연월일, 청산인의 성명과 주민등록번호 및 주소를 법원에 신고하여야 한다(§532).

3) **원수 및 임기** 청산인은 이사와 달리 법률상의 정원이나 임기가 없다. 그러므로 1인의 청산인도 가능하며, 이 경우에는 1인인 경우에는 당연히 대표청산인이 된다.1) 정관 또는 주주총회에서 정한 원수를 결한 경우의 퇴임청산인의 권리의무 및 직무를 행할 자를 선임하는 것은 제386조에서 정하는 이사의 경우와 같다(§542②).

### (3) 청산인의 직무

청산인은 현존사무의 종결, 채권의 추심과 채무의 변제, 재산의 환가처분, 잔여재산의 분배 등을 직무로 한다(§542①, §254①). 이 내용은 합명회사의 경우와 같으나, 채무의 변제와 잔여재산의 분배에 관하여 특별한 규정을 두고 있다.

1) **채권자에 대한 통지** 청산인은 취임한 날로부터 2월 이내에 회사채권자에 대하여 일정한 기간 내에 채권을 신고할 것과 그 기간 내에 신고하지 아니하면 청산에서 제외된다는 뜻을 2회 이상 공고로써 최고하여야 하며, 신고기간은 2월 이상으로 하여야 한다(§535①). 그리고 회사가 알고 있는 채권자에 대하여는 각별로 채권신고를 최고하여야 하며, 그 채권자가 신고하지 아니한 때에도 이를 청산에서 제외하지 못한다(동조②). 따라서 소송계속 중에 있는 채권자는 당연히 알고 있는 채권자로서 신고가 없더라도 청산에서 제외할 수 없다.2)

2) **신고기간 내의 변제금지** 청산인은 신고기간 내에는 채권자에 대하여 변제를 하지 못한다. 그러나 회사는 변제의 지연으로 인한 손해배상의 책임을 면하지 못한다(§536①). 회사의 재산이 모든 채무의 변제에 부족할 수도 있기 때문에 채

---

1) 대판 1989.9.12, 87다카2691.

2) 대판 1968.6.18, 67다2528.

권자들이 모두 공평하게 변제받을 수 있게 하기 위해서이다.[1] 예외적으로 청산인은 소액의 채무, 담보 있는 채권, 기타 변제로 인하여 다른 채권자를 해할 염려가 없는 채권에 대하여는 법원의 허가를 얻어 이를 변제할 수 있다(동조②).

이상과 같이 채권신고의 최고에도 불구하고 신고를 하지 않아 청산에서 제외된 채권자는 분배되지 않은 잔여재산에 대하여서만 변제를 청구할 수 있다(§537①). 일부의 주주에 대하여만 재산의 분배를 한 경우에는 그와 동일한 비율로 다른 주주에게 분배할 재산은 전 항의 잔여재산에서 제외한다(동조②). 일단 분배가 개시되면 주주가 청산에서 제외되는 채권자보다 우선한다. 청산에서 제외된 채권자는 권리를 상실할 위험이 크다.

청산인은 변제기에 이르지 아니한 회사채무도 변제에는 제259조를 준용한다(§542①). 회사의 채무를 변제하기에 부족한 때에는 제254조 제4항을 준용하여 청산인은 지체 없이 파산선고를 신청하여야 한다(§542①, 민 §93).

**3) 잔여재산의 분배** 채무를 변제하고 남은 잔여재산은 주주에게 분배한다(§542①, §260). 잔여재산은 각 주주가 가진 주식 수에 따라 주주에게 평등하게 분배하여야 한다. 그러나 제344조(내용이 다른 종류주식)의 규정을 적용하는 경우에는 그러하지 아니하다(§538).

**4) 청산재산보고 및 감사보고서 제출의무** 청산인은 취임한 후 지체 없이 회사의 재산상태를 조사하여 재산목록과 대차대조표를 작성하고 이를 주주총회에 제출하여 그 승인을 얻어야 한다. 청산인은 위의 승인을 얻은 후 지체 없이 재산목록과 대차대조표를 법원에 제출하여야 한다(§533).

청산인은 정기총회 회일로부터 4주간 전에 대차대조표 및 그 부속명세서와 사무보고서를 작성하여 감사에게 제출하고(§534①), 감사는 정기총회 회일로부터 1주간 전에 이에 관한 감사보고서를 청산인에게 제출한다(동조②). 청산인은 정기총회 회일로부터 1주간 전부터 제1항, 제2항의 감사보고서를 본점에 비치하여야 하며(동조③), 주주 및 채권자는 동 서류를 열람하거나 등본과 초본의 교부를 청구할 수 있다(동조④, §448②). 그리고 청산인은 대차대조표 및 사무보고서를 정기총회에 제출하여 그 승인을 요구하여야 한다(동조④).

### (4) 청산인회·대표청산인

청산인회는 이사회의 경우와 같이 청산사무에 관한 의사결정기관이며, 대표청

1) 이철송, 회, 868면.

산인이 대표이사와 같이 재판상 또는 재판외의 모든 청산사무를 집행하고 청산회사를 대표한다(§542②, §393, §389③, §209). 청산전 회사의 이사가 청산인이 된 경우에는 대표이사가 대표청산인이 되고, 법원이 청산인을 선임할 경우에는 법원이 대표청산인을 결정한다(§542②, §255). 기타의 경우에는 청산인회의 결의로 정한다(§542②, §389①). 그 외에도 이사회 및 대표이사에 관한 규정이 청산인회와 대표청산인에 준용된다(§542②).

### (5) 청산의 종결

**1) 결산보고서의 제출 등의 절차** 청산사무가 종결한 때는 청산인은 지체없이 결산보고서를 작성하고 이를 주주총회에 제출하여 승인을 얻어야 한다(§540①). 주주총회의 승인이 있는 때에는 회사는 청산인에 대하여 그 책임을 해제한 것으로 본다. 그러나 청산인의 부정행위에 대하여는 그러하지 아니하다(동조②).

이 승인이 있은 날부터 본점소재지에서는 2주간 내, 지점소재지에서는 3주간 내에 청산종결등기를 하여야 한다(§542①, §264).

회사의 장부 기타 영업과 청산에 관한 중요한 서류는 본점소재지에서 청산종결의 등기를 한 후 10년간 이를 보존하여야 한다. 다만 전표 또는 이와 유사한 서류는 5년간 이를 보존하여야 한다(§541①). 이 보존에 관하여 청산인 기타 이해관계인의 청구에 의하여 법원이 보존인과 보존방법을 정한다(동조②).

해산이 의제된 휴면회사는 주주총회의 특별결의에 의하여 회사를 계속(§520의2③)하지 않는 한 그 3년이 경과하는 때에 청산이 종결되는 것으로 의제한다(동조④). 해산의제만으로는 휴면회사를 정리할 수 없으므로 실질적으로 청산사무가 종결되지 아니한 경우에도 이 기간의 경과로 청산종결을 의제하는 것이다.[1]

**2) 청산의 실질적 종결** 청산종결등기를 하였더라도 청산사무가 실질적으로 종결되지 않고 남아 있는 경우, 예컨대 채권추심, 채무변제, 잔여재산분배 등이 종결되지 않은 경우에는 청산은 종결되지 않는다. 이 범위에서 법인격은 소멸되지 않고 존속함은 당연하다.[2]

---

1) 정찬형, 상, 1214면.

2) 대판 2001.7.13, 2000두5333.

## 《일본 회사법상 주식회사의 청산》

### 1. 청산의 개시원인

주식회사는 이하의 경우 일본 회사법 제9장 청산의 정함에 의하여 청산하여야 한다(일회 §475①). 즉 해산한 경우, 설립무효판결이 확정된 경우, 주식이전 무효판결이 확정된 경우이다.

### 2. 청산중의 회사

#### (1) 청산중 회사의 법적성질과 능력

청산하는 주식회사는 청산의 목적범위 내에서 청산이 종결할 때까지 존속하는 것으로 간주된다(일회 §476). 청산중의 법적성질에 관해서는 ① 청산회사라는 일종의 특별한 회사가 발생한다는 설, ② 회사는 해산에 의하여 소멸하지만 법의 의제에 의하여 존속한다고 하는 설, ③ 해산전의 회사와 동일한 법인격을 갖는 회사가 존속한다고 하는 설(동일회사설)이 있으나 동일회사설이 다수설이다.

동일회사설은 청산중 회사의 권리능력의 범위에 관하여 해석이 나누어진다. 즉 ① 동일회사설에 입각하여 청산중 회사의 권리능력의 범위는 청산의 목적범위에 제한·축소되고 청산중 회사는 완전히 회사의 법률관계를 종결하고 재산을 정리하여 주주에게 잔여재산을 분배하게 된다고 해석하는 입장(다수설)과, ② 청산중의 회사에 청산의 목적에 의한 능력제한을 인정하지 않은 입장이 있다.[1)]

청산회사는 사업을 존재로 하지 않는 것이므로 사업을 존재로 하는 제도는 인정되지 않고 이사는 지위를 상실하고 청산인이 이에 대신한다.

#### (2) 주주총회 이외의 기관의 설치

청산주식회사는 1인 또는 2인 이상의 청산인을 두어야 한다(일회 §477①). 그리고 정관의 정함에 따라 청산인회·감사 또는 감사회를 둘 수 있으며(동조②), 감사회를 둘 경우에는 청산인회를 두어야 한다(동조③). 청산개시원인에 해당하는 때에는 공개회사 또는 대회사는 감사를 두어야 하며(동조④), 이 경우 위원회설치회사에서는 감사위원이 감사가 된다(동조⑤).

### 3. 청산인

#### (1) 청산인의 선임과 해임

1) 선 임

청산인은 원칙적으로 이사(위원회설치회사의 경우에는 감사위원 이외의 이사)가

---

1) 판례는 동일회사설에 입각하여 청산회사의 권리능력의 범위에 관해서도 다수설에 입각하고 있다. 따라서 청산회사는 해산전과 같이 당연히 대부를 계속행할 수 없고 신주발행, 사채발행, 지점신설 등과 같은 영업을 확대할 수 없다고 한다.

청산인이 되지만(일회 §478①1호), 정관으로 정하거나(동항 2호) 주주총회의 결의로 정할 수 있다(동항 3호). 이상의 방법으로 청산인이 될 자가 없는 경우에는 법원은 이해관계인의 청구에 따라 청산인을 선임할 수 있다(동조②).

해산을 명하는 재판에 의하여 해산하는 경우에는 법원이 이해관계인 또는 법무대신의 청구에 의하여, 또는 직권으로 청산인을 선임한다(동조③). 설립무효판결 또는 주식이전무효판결이 확정된 경우는 법원이 이해관계인의 청구에 의하여 청산인을 선임한다(동조④). 이와 같이 법원이 청산인을 선임한 경우에는 청산인의 보수액도 정할 수 있다(일회 §485①).

회사와 임원의 관계(일회 §330), 이사의 자격 및 원수 등(일회 §331) 등은 청산인과 청산인설치회사에 준용된다(일회 §478⑥).

2) 해 임

청산인은 언제든지 주주총회의 보통결의에 의하여 해임될 수 있다(일회 §479①). 중요한 사유가 있는 때는 법원은 이하의 주주의 청구에 의하여 청산인을 해임할 수 있다(동조②1~2호). 즉 ① 총주주의 의결권의 100분의 3 이상의 의결권을 6개월 전부터 계속 보유하는 주주, ② 발행된 주식총수의 100분의 3 이상의 주식을 6개월 전부터 계속 보유하는 주주이다. 다만 공개회사가 아닌 청산주식회사의 경우에는 주식보유기간의 제한은 없이 지주수의 조건을 충족한 경우에는 곧 청산인의 해임을 법원에 청구할 수 있다(동조③).

### (3) 청산인의 직무

#### 1) 청산인의 직무내용

일본 회사법은 청산인의 직무로서 현존사무의 종결, 채권의 추심과 채무의 변제, 잔여재산의 분배를 들고 있으며(일회 §481 1~3호), 그 외에 당연히 재산의 환가도 할 수 있다고 본다.[1] 재산의 환가방법으로서 사업의 전부 또는 중요한 일부의 양도를 하기 위해서는 주주총회의 특별결의를 얻어야 한다(일회 §467①).

#### 2) 업무의 집행

청산인은 청산주식회사의 업무를 집행한다(일회 §482①). 청산인이 2인 이상인 경우에는 청산주식회사의 업무는 정관에 다른 정함이 있는 경우를 제외하고 청산인의 과반수로서 결정한다(동조②). 위 경우 청산인은 제482조 제3항에 정한 사항을 각 청산인에게 위임할 수 없다.

그리고 회사법 제353조(회사·이사간의 소에 있어서 회사의 대표), 제354조(표현대표이사), 제335조(충실의무), 제356조(경업·이익상반거래의 제한), 제357조(이사의 보고의무), 제360조(주주에 의한 이사행위의 유지), 제361조(이사의 보수)는 청산인에 대하여 준용된다.

#### 3) 청산주식회사의 대표

청산인은 청산주식회사를 대표하지만 그 외에 대표청산인 기타 이 회사를 대표

1) 石山卓磨, 397面.

할 자를 정한 경우는 이에 한하지 않는다(일회 §483①). 청산인이 2인 이상 있는 경우에는 각자가 청산주식회사를 대표한다(동조②).

청산주식회사는 정관·정관의 정함에 의하여 청산인의 호선 또는 주주총회의 결의에 의하여 청산인 가운데서 대표청산인을 정할 수 있다(동조③). 이사가 청산인이 된 경우에 있어서 대표이사를 정하고 있던 때는 당해 대표이사가 대표청산인이 된다(동조④). 법원이 청산인을 선임하는 경우에는 그 청산인 중에서 대표청산인을 정할 수 있다(동조⑤).

대표이사의 대표권에 관한 규정 및 대표이사의 결원이 생긴 경우의 조치 규정은 대표청산인 또는 대표이사 직무대행자의 권한에 관한 규정은 청산인 직무대행자에게 각각 준용된다(동조⑥).

### (4) 청산주식회사에 대한 파산절차 개시

청산주식회사의 재산이 그 채무를 변제하기에 부족함이 명백하게 된 때는 청산인은 곧 파산절차 개시 신청을 하여야 한다(일회 §484①). 청산인은 청산주식회사가 파산절차 개시결정을 받은 경우에 파산관재인에게 그 사무를 인계한 때는 그 임무를 종료하게 된다(동조②). 이 경우 청산주식회사가 이미 채권자에게 지불하였거나 또는 주주에게 분배한 것이 있는 때는 파산관재인은 이것을 환수할 수 있다(동조③).

### (5) 청산인의 손해배상책임

#### 1) 청산주식회사에 대한 손해배상책임

청산인은 그 임무를 해태한 때는 청산주식회사에 대해 이에 의하여 발생된 손해를 배상할 책임을 진다(일회 §486①). 청산인이 위법하게 경업거래를 하여 청산인 또는 제3자가 얻은 이익은 손해의 액으로 추정된다(동조②). 청산인이 위법하게 청산주식회사와 자기거래 또는 이익상반거래를 하여 회사에 손해가 생긴 때에는 당해 거래를 한 청산인, 청산주식회사가 당해 거래를 할 것을 결정한 청산인, 당해 거래에 관한 청산인회의 승인거래에 찬성한 청산인에게는 임무해태가 추정된다(동조③1~3호).

#### 2) 제3자에 대한 손해배상 책임

청산인이 그 직무를 행함에 있어서 악의 또는 중대한 과실이 있는 때는 당해 청산인은 이에 따라 제3자에게 발생한 손해를 배상할 책임을 진다(일회 §487①). 청산인이 이하의 행위를 한 때에도 같지만, 당해 청산인이 당해 행위를 함에 있어 주의를 태만이 하지 않았다는 것을 증명한 때에는 이에 한하지 않는다(동조②). 즉 ① 주식·신주예약권·사채·신주예약권부 사채를 인수할 자의 모집을 하는 때에 통지하여야 할 중요사항에 관하여 허위의 통지 또는 당해 모집을 위한 당해 청산주식회사의 사업 기타 사항에 관한 설명에 사용된 자료에 대하여 허위의 기재·기록, ② 재산목록·대차대조표·사업보고·이들의 부속명세서에 기재·기록해야 할 중요한 사항에 관하여 허위의 기재·기록, ③ 허위의 등기, ④ 허위의 공고이다.

3) 청산인·감사의 연대책임

청산인 또는 감사가 청산주식회사 또는 제3자에게 발생한 손해의 배상책임을 질 경우 다른 청산인 또는 감사도 당해 손해의 배상책임을 질 때는 이들은 연대채무자가 된다(일회 §488①).

### 4. 청산인회

#### (1) 청산인회의 권한

청산인회는 모든 청산인으로 조직되고(일회 §489①), ① 청산인회설치회사 업무집행의 결정, ② 청산인의 직무집행의 감독, ③ 대표청산인의 선정과 해임을 행한다(동조②). 청산인회는 대표청산인이 없는 때는 청산인 가운데서 대표청산인을 선정하여야 한다(동조③). 그리고 선정한 대표청산인 및 회사법 제483조 제4항에 의하여 대표청산인이 된 자를 해직할 수 있다(동조④). 다만 회사법 제483조 제5항에 의하여 법원이 대표청산인을 정한 때는 청산인회는 대표청산인을 선정하거나 해직할 수 없다(동조⑤).

아래의 청산인은 청산인회설치회사의 업무를 집행한다(동조⑦1호~2호). 즉 ① 대표청산인, ② 대표청산 이외의 청산인으로서 청산인회의 결의에 의하여 청산인회설치회사의 업무를 집행할 청산인으로 선정된 자이다.

회사법 제363조 제2항(이사의 이사회의 보고), 제364조(회사와 이사간의 소에 있어서 회사의 대표), 제365조(이사회에 의한 이사의 경업·이익상반거래의 승인)는 청산인회설치회사에 준용된다(일회 §489⑧).

#### (2) 청산인회의 운영

청산인회는 각 청산인이 소집하지만 청산인회를 소집할 청산인을 정관 또는 청산인회에서 정한 때는 그 자가 소집한다(일회 §490①). 이 소집권자 이외의 청산인은 소집권자에 대하여 청산인회의 목적사항을 개시하여 청산인회의 소집을 청구할 수 있다(동조②). 이 청구가 있는 날부터 5일 이내에 그 청구가 있는 날부터 2주간 이내의 날을 청산회일로 하는 청산인회의 소집통지가 발송되지 않는 경우에는 청구를 한 청산인은 청산인회를 소집할 수 있다(동조③). 회사법 제367조(주주에 의한 이사회의 소집청구), 제368조(이사회의 소집절차)는 청산인회 설치회사에서 청산인회의 소집에 대하여 준용된다(동조④).

#### (3) 이사 등에 관한 규정의 적용

청산주식회사에 대해서는 회사법 제2편 제2장, 제3장, 제4장, 제7장의 규정 중 이사·대표이사·이사회·이사회설치회사에 관한 규정은 각각 청산인·대표청산인·청산인회·청산인회설치회사에 관한 규정으로서 적용된다(일회 §491).

### 5. 재산목록 등

#### (1) 재산목록 등의 작성

청산인은 그 취임후 지체 없이 청산주식회사의 재산현황을 조사하고 법무성령에서 정하는 바에 따라 청산개시원인사유(일회 §475 각 호)에 해당하게 된 날 재산목록과 대차대조표를 작성하여야 한다(일회 §492①). 청산인회설치회사에서는 재산목록 등은 청산인회의 승인을 받아야 한다(동조②). 청산인회는 재산목록 등을 주주총회에 제출하고 그 승인을 받아야 한다(동조③). 청산주식회사는 재산목록 등을 작성한 때부터 본점소재지에 청산종결 등기시까지의 사이에 당해 재산목록을 보존하여야 한다(동조④).

법원은 청구에 의하여 또는 직권으로 소송당사자에 대하여 재산목록 등의 전부 또는 일부의 제출을 명할 수 있다(일회 §493).

#### (2) 대차대조표 등의 작성·보존

청산주식회사는 법무성령으로 정하는 바에 따라 각 청산사무년도에 관계되는 대차대조표·사무보고 및 이들의 부속명세서를 작성하여야 한다(일회 §494①). 청산주식회사는 이 대차대조표를 작성한 때부터 본점소재지에서 청산종결등기시까지의 사이에 대차대조표와 그 부속명세서를 보존하여야 한다(동조③).

#### (3) 대차대조표 등의 감사

감사역설치회사에 있어서는 상기의 대차대조표·사무보고·이들의 부속명세서는 법무성령으로 정하는 바에 따라 감사를 받아야 한다(일회 §495①). 청산인회설치회사의 경우는 이 대차대조표·사무보고·이들의 부속명세서는 청산인회의 승인을 받아야 한다(동조②).

#### (4) 대차대조표 등의 비치 및 열람

청산주식회사는 각 청산사업년도의 대차대조표·사무보고·이들의 부속명세서를 정기주주총회의 1주간 전부터 청산종결등기일까지 본점에 비치하여야 한다(일회 §409①). 주주 및 채권자는 청산주식회사의 영업시간 내에는 언제든지 아래의 청구를 할 수 있다(동조②1~4호). ① 대차대조표 등이 서면으로 작성된 때는 당해서면의 열람청구, ② 이 서면의 등본·초본의 교부청구, ③ 대차대조표 등이 전자적 기록으로 작성된 때는 당해 전자적 기록에 기록된 사항을 법무성령에 따라 표시된 것의 열람청구, ④ 이 전자적 기록의 제공 또는 교부청구 등이다.

청산주식회사의 모회사의 사원은 그 권리를 행사하기 위하여 필요한 때에는 법원의 허가를 얻어 이 회사의 대차대조표 등에 대하여 상기 ①부터 ④의 청구를 할 수 있다. 그리고 ②와 ④의 경우에는 회사에서 정한 비용을 지급하여야 한다(동조③).

### (5) 대차대조표의 정기주주총회의 제출 등

청산인은 이하의 대차대조표 및 사무보고를 정기주주총회에 제출 또는 제공하여야 한다(일회 §497①제1~3호). 즉 ① 회사법 제495조 제1항의 감사설치회사에서는 감사를 받은 대차대조표, 사무보고, ② 청산인회 설치회사 회사법 제495조 제2항의 승인을 받은 대차대조표, 사무보고, ③ 이상의 ①와 ② 이외의 청산주식회사는 회사법 제494조 제1항의 대차대조표, 사무보고 등이다.

제출 또는 제공된 대차대조표는 정기주주총회의 승인을 받아야 하며(동조②), 청산인은 제출 또는 제공된 사무보고의 내용을 정기주주총회에 보고하여야 한다(동조③).

### (6) 대차대조표 등의 제출명령

법원은 신청에 의하여 또는 직권으로 소송의 당사자에 대하여 회사법 제494조 제1항의 대차대조표 및 부속명세서의 전부 또는 일부의 제출을 명할 수 있다(일회 §498).

## 6. 채무의 변제

### (1) 채권자에 대한 공고

청산주식회사는 청산개시원인에 해당하는 경우에는 지체 없이 당해 회사의 채권자에 대하여 일정한 기간 내에 채권을 신고할 뜻을 관보에 공고하고, 알고 있는 채권자에게는 각별로 최고하여야 한다(일회 §499①). 이 공고에는 당해 채권자가 이 신고를 하지 않은 때에는 청산으로부터 제척된다는 뜻을 부기하여야 한다(동조②).

### (2) 채무변제의 제한

청산주식회사는 상기의 일정한 기간 내에는 채무를 변제할 수 없다. 이 경우 청산주식회사는 그 채무의 불이행으로 생긴 책임을 면할 수 없다(일회 §500①). 이 규정에도 불구하고 청산주식회사는 상기의 일정한 기간 내에도 법원의 허가를 얻어 소액의 채권, 담보된 채권 기타 변제를 해도 다른 채권자를 해할 염려가 없는 채권에 관한 채무에 대해서는 변제할 수 있다. 당해 허가의 신청은 청산인이 2인 이상 있는 경우에는 전원의 동의로써 하여야 한다(동조②).

### (3) 조건부채권 등에 관한 채무의 변제

청산주식회사는 조건부채권·존속기간이 불확정한 채권 기타 그 액이 불확정한 채권에 관한 채무를 변제할 수 있지만, 이 경우에는 이들 채권을 평가받기 위하여 법원에 감정인의 선임을 신청하여야 한다(일회 §501①). 이 선임절차에 관한 비용 및 당해 감정인의 호출·질문에 관한 비용은 회사의 부담으로 한다(동조③).

당해 회사는 그 감정인의 평가에 따라 이 채권에 관한 채무를 변제하여야 한다(동조②).

### (4) 채무변제전 잔여재산분배금지

청산주식회사는 그 채무의 변제후가 아니면, 그 재산을 주주에게 분배할 수 없다. 다만 그 존부 또는 액에 대하여 다툼이 있는 채권에 관한 채무에 대하여 그 변제를 위하여 필요한 재산을 유보한 경우에는 그에 한하지 않는다(일회 §502).

### (5) 청산으로부터의 배제

청산주식회사의 채권자로서 일정기간 내에 채권을 신청하지 않은 자(알고 있는 채권자는 제외됨)는 청산에서 배제된다(일회 §503①). 배제된 채권자는 분배되지 않은 잔여재산에 대해서만 변제를 청구할 수 있다(동조②). 이 회사가 잔여재산을 주주의 일부에게 분배한 경우, 당해 주주가 받은 분배와 동일한 비율의 분배를 다른 주주에게 하기 위하여 필요한 재산은 이 잔여재산에서 공제된다(동조③).

## 7. 잔여재산의 분배

### (1) 잔여재산분배에 관한 사항의 결정

청산주식회사는 잔여재산을 분배할 경우 청산인의 결정에 의하여 ① 잔여재산의 종류, ② 주주에 대한 잔여재산의 비율에 관한 사항을 정해야 한다(일회 §504①). 잔여재산분배의 내용이 다른 2종류 이상의 종류주식을 발행하고 있는 때는 청산주식회사는 당해 종류주식의 내용에 따라 위의 ②에 관하여 다른 취급의 내용을 정할 수 있다(동조②). 이 잔여재산의 배당에 관한 사항의 결정은 주주가 보유하는 주식의 수에 따라 배당하여야 한다(동조③).

### (2) 잔여재산이 금전 이외의 재산인 경우

이 경우 주주는 금전분배청구권을 갖는다(일회 §505①). 회사는 청산인의 결정에 따라 ① 금전분배청구권의 행사기간, ② 일정한 수 미만의 주식을 갖는 주주에 대하여 잔여재산을 배당하지 않기로 하는 경우에는 그 뜻과 수를 정하여야 한다(동항 1~2호). 회사는 ① 기간의 말일까지 주주에 대하여 ①을 통지하여야 한다(동조②).

청산주식회사는 금전분배청구권을 행사한 주주에 대하여 당해 주주가 배당을 받은 잔여재산에 대신하여 당해 잔여재산의 가액에 상당하는 금전을 지급하여야 한다. 이 경우 ① 당해 잔여재산이 시장가격 있는 재산인 경우에는 당해 재산의 시장가격으로서 법무성령으로 정하는 방법에 의하여 산정된 액이, ② 이 이외의 경우에는 청산주식회사의 신청에 의하여 법원이 정한 액이 당해 잔여재산의 가액이 된다(동조③).

### (3) 기준주식수를 정한 경우의 처리

기준주식수를 정한 경우에는, 기준주식 수에 미달된 주식을 갖는 주주에 대하여 기준주식수를 갖는 주주가 분배를 받는 액에 비율을 곱하여 얻은 금액에 상당하는 금전을 지급하여야 한다(일회 §506).

### 8. 파산절차·특별청산개시의 신청

청산주식회사의 재산이 그 채무를 완제하기에 부족한 것이 명백한 경우 청산인은 곧 파산절차개시신청을 하여야 한다(일회 §484①). 청산인은 청산주식회사에 관하여 파산절차개시결정이 있고, 파산관재인에게 그 사무를 인계한 때에는 그 임무를 종료하게 된다(동조②). 파산절차개시결정이 있는 경우에 청산주식회사가 이미 채권자에게 지급 또는 주주에게 분배한 것이 있는 때는 파산 관재인은 이것을 환수할 수 있다(동조③).

청산인은 청산주식회사에 채무초과의 의심이 있는 때는 특별청산개시의 신청을 하여야 한다(일회 §511②).

### 9. 청산사무의 종료 등

#### (1) 결산보고의 승인

청산주식회사는 청산사무가 종료하는 때 청산은 종결되고 법인격이 소멸된다. 청산사무가 종결되어도 주주총회에 의한 결산보고의 승인이 없으면 회사의 법인격은 소멸하지 않는다. 청산주식회사는 주주총회가 결산보고 승인을 한 날부터 2주간 이내에 본점 소재지에서 청산종결등기를 하여야 한다(일회 §929). 청산종결등기는 설립등기와 달리 회사등기의 일반적 효력 밖에 없고 창설적 효력은 없다. 따라서 청산종결등기가 되어도 현존사무가 종결되지 않으면 회사의 법인격은 소멸하지 않는다.

#### (2) 장부자료의 보존

청산인은 본점소재지에서 청산종결등기를 한 때부터 10년간 청산주식회사의 장부와 그 사업 및 청산에 관한 중요한 자료를 보존하여야 한다(일회 §508①). 법원은 이해관계인의 청구에 의하여 청산인 대신 장부자료를 보존할 자를 선임할 수 있다(동조②~④). 이 자료에 대한 등사 또는 열람청구권은 없다. 청산종료 후에도 당해 회사나 제3자의 영업비밀 등을 보호하여야 하기 때문에 이를 인정하지 않는다.[1)]

### 10. 특별청산

특별청산이란 청산중의 주식회사에서 청산수행에 현저한 지장을 초래하는 사정 또는 채무초과의 의심이 있는 경우, 법원의 엄중한 감독아래 행해지는 특수한 청산절차를 말한다. 이 청산절차는 재산상태가 불량한 회사에 대하여 파산절차에 필요한 비용과 시산을 절약하기 위하여 원칙적으로 채권자의 다수결에 의한 청산방법이 정해지고 종래의 청산인이 자치적이고 간이·신속한 절차를 진행하는 합리적인 방법이라고 할 수 있다.

1) 石山卓磨, 409面.

### (1) 신청인

특별청산을 신청할 수 있는 자는 채권자·청산인·감사역 또는 주주이다(일회 §511①). 청산인은 채무초과의 의심이 있는 경우에는 특별청산을 신청하여야 하며(동조②), 이를 태만한 경우에는 과태료의 제재를 받는다(일회 §976 27호).

### (2) 특별청산개시전의 처분

법원은 청구에 의하거나 또는 직권으로 특별청산 개시의 신청에 관하여 결정하기 이전에 파산절차, 강제집행, 가압류, 가처분 절차 등을 중지시킬 수 있다(일회 §512① 1~2호). 그리고 청산주식회사 재산의 처분금지가처분 기타 필요한 보전처분(일회 §540②). 주주명부 기재사항의 기재, 기록에 관한 금지 등의 처분을 할 수 있다(일회 §541②).

### (3) 개시명령

법원은 청산주식회사에 청산수행에 현저한 지장이 있든지, 채무초과의 의심이 있는 경우 채권자·청산인·감사인·주주의 청구에 의하여 특별청산개시를 명한다(일회 §510, §511①). 실무에서는 해산시 대차대조표 상에 채무초과라면 특단의 사정이 없는 한 채무초과로 취급된다.[1]

다만 특별청산 절차비용의 예납이 없는 경우, 특별청산에 의해서도 청산종결의 가능성이 없는 경우(예컨대 협정이나 화해의 가능성이 없거나 세금 또는 공과금 변제에도 부족한 경우), 특별청산에 의하는 것이 채권자 일반의 이익에 반하는 것이 명백한 경우, 부당한 목적으로 특별청산개시신청이 된 때에는 법원은 특별청산개시를 명할 수 없다(일회 §514 1~4호).

### (4) 특별청산개시의 효력

특별청산개시명령이 있는 경우 청산주식회사에게 협정채권자에 대하여 그 채권액의 비율에 따라 변제의무가 발생한다(일회 §537①). 또한 파산절차개시신청으로 청산주식회사의 재산에 대한 강제집행, 가압류, 가처분 또는 재산개시절차의 신청을 할 수 없게 되고, 파산절차, 이미 진행되고 있는 재산에 대한 강제집행, 가압류, 가처분 또는 재산개시절차는 중지된다. 다만 일반적인 선취특권 기타 우선권 있는 채권에 의한 강제집행, 가압류, 가처분 또는 재산개시절차에 대해서는 이에 해당되지 않는다(일회 §515①).

법원은 특별청산개시명령이 있는 경우 채권자의 일반적인 이익에 적합하고 담보권의 실행절차 등의 신청인에게 부당한 손해를 미칠 염려가 없다고 인정되는 때는 청산인·감사역·채권자 또는 주주의 신청에 의하여 또는 직권으로 상당한 기간을 정하여 담보권의 실행절차 등의 중지를 명할 수 있다(일회 §516).

그리고 협정채권자는 특별청산개시 후에 청산주식회사에 대하여 채무를 부담하는 때 등 일정한 경우에는 상쇄를 금지시킬 수 있다(일회 §517① 1~4호).

---

1) 石山卓磨, 411面.

## 《중국 회사법상 청산제도》

### 1. 청산제도의 의의

중국 회사법 제10장 회사의 청산에 관한 규정은 중국 법률제도에 있어서 비교적 완전하고 일반적인 규정이다. 중외합작경영기업법과 외자기업법 등의 관련법률·법규 등에는 구체적인 청산절차에 관한 규정이 없고 다만 "반드시 법정절차에 따라 청산을 진행해야 한다."고만 규정하고 있고, 민법통칙의 법인에 관한 규정에서도 청산절차에 관한 일반적 규정을 두지 않기 때문이다.[1)]

중국 회사법상 청산제도도 해산 후의 회사사무를 처리하는 제도로서 청산활동의 질서, 채권자 이익의 보호, 투자자 이익과 기타 이해관계인의 이익을 보호하는데 중점을 두고 있다. 특히 채권자보호를 위하여 중국 회사법은 명문규정을 두고 있다. 청산조는 구성된 날로부터 10일 이내에 채권자에게 통지하여야 하며, 60일 이내에 신문에 공고하여야 한다. 채권자는 통지서를 받은 날부터 30일 이내에, 통지서를 받지 못하였을 경우 공고일부터 45일 이내에 청산조에 그 채권을 신고하여야 한다. 채권자는 채권을 신고할 때 채권의 관련사항을 설명하고 증명자료를 제공하여야 한다. 청산조는 채권을 등록하여야 한다. 채권신고기간에 청산조는 채권자에게 채무를 상환하지 못한다(중회 §186). 그 외에도 회사에 해산사유가 발생하여 기한이 지났음에도 불구하고 청산조를 구성하여 청산하지 않을 경우 채권자는 인민법원에 관련인원을 지정하여 청산조를 구성하고 청산을 진행하도록 청구할 수 있다(중회 §184후문).

채권자 보호 이외에도 회사 내부의 각 주체간의 이익의 형평을 보호하기 위하여 회사재산으로 청산비용, 종업원의 임금과 사회보험비용, 미납부세금, 그리고 잉여재산으로 주주가 소지하는 주식에 비례하여 분배할 것을 규정하고 있다(중회 §185 각 호).

### 2. 청산의 종류

회사의 청산은 기준에 따라 여러 가지로 분류할 수 있는데 일반적으로 임의청산과 법정청산으로 분류하고, 동시에 법정청산은 보통청산과 특별청산으로 나눈다. 중국 회사법은 다만 법정청산만을 규정하고 있다.

보통청산은 회사가 해산한 후 법률에 따라 자체적으로 청산기관을 구성하고 법정절차에 따라 청산을 진행하는 것을 말하고, 특별청산이란 회사가 어떤 특수한 사유로 해산한 후 또는 파산선고를 받은 후 또는 보통청산이 현저한 장애를 받아 계속될 수 없을 때 정부의 관련부문 또는 법원이 개입하여 진행하는 청산이다. 회사는 본법 제181조에서 규정하는 ① 회사정관에 규정된 영업기간의 만료 기타 정관에서 정하는 해산사유의 발생(1호), ② 주주회 또는 주주총회가 해산을 의결한 경우(2호), ③ 법에 의하여 영업허가증이 말소·폐지 또는 취소된 경우(4호), ④ 인민법원이 이 법 제183조의 규정에 따라 해산을 결정한 경우(5호)에 해당하여 해산하는 경우에는 해산사유가 발생한 날부터 15일 이내에 청산조를 구성하여 청산을

---

1) 양동석, 중국회사법, 278면.

진행하여야 한다(중회 §184전문).

회사에 해산사유가 발생하여 기한이 지났음에도 불구하고 청산조를 구성하여 청산하지 않을 경우 채권자는 인민법원에 관련인원을 지정하여 청산조를 구성하고 청산을 진행하도록 청구할 수 있다(동조 후문). 이것은 특별청산에 관한 규정이며, 그 외에도 파산청산은 특별청산에 해당한다. 청산조가 회사의 재산을 정리하고 대차대조표, 재산명세서를 작성한 후, 회사재산이 채무를 상환하는데 부족하다는 것을 발견하면 즉시 인민법원에 파산선고를 신청하여야 한다(중회 §191).

### 3. 청산조

#### (1) 청산조의 법률상 지위

회사의 청산조는 회사에 청산원인이 발생한 이후 법에 따라 구성된 회사의 채권과 채무를 처리하는 조직이고 청산사무를 집행하며 회사를 대표하는 법정기관이다. 해산 이전의 이사회와 유사하다. 회사는 제181조에서 규정하는 해산사유가 발생한 날부터 15일 이내에 청산조를 구성하여 청산을 시작하여야 한다. 유한회사의 청산조는 주주로 구성하며, 주식회사의 청산조는 이사 또는 주주총회에서 확정한 인원으로 구성한다(중회 §184중문).

#### (2) 청산조의 권한

청산조는 청산기간에 다음의 권한을 행사한다. 즉 회사의 재산정리 및 대차대조표·재산명세서 작성, 채권자에 대한 통지와 공고, 청산관련 미해결사항 처리, 미납세금 등 납세, 채권·채무정리, 채무상환 후의 잔여재산처리, 회사를 대표하여 민사소송참여 등의 권한을 갖는다(중회 §185 각 호).

#### (3) 청산조의 의무

청산조의 구성원은 직무에 충실하여야 하며, 법에 따라 청산의무를 이행하여야 한다. 청산조의 구성원은 직권을 이용하여 뇌물 기타 불법한 이득을 수취하거나 회사재산을 침해해서는 안 된다. 청산조의 구성원이 고의 또는 중대한 과실로 회사의 채권자에게 손실을 초래한 경우 배상책임을 져야 한다(중회 §190).

회사가 청산기간에 청산과 무관한 경영활동을 전개하는 경우 회사등기기관이 경고를 주고 불법소득을 몰수한다(중회 §206). 청산조가 본 법의 규정을 위반하여 회사등기기관에 청산보고를 제출하지 않거나 또는 제출한 청산보고에 중요한 사실을 은닉하였거나 중대한 누락이 있는 경우 회사등기기관은 정정을 명한다. 이 경우 회사의 등기기관이 회사재산의 반환을 명하고 불법소득을 몰수하며 불법소득의 1배 이상 5배 이하에 해당하는 벌금을 병과할 수 있다(중회 §207).

### 4. 청산절차

#### (1) 청산조의 구성

회사는 제181조에서 규정하는 해산사유가 발생한 날부터 15일 이내에 청산조를 구성하여 청산을 시작하여야 한다. 위의 기한이 지났음에도 불구하고 청산조를 구성하여 청산하지 않을 경우 채권자는 인민법원에 관련인원을 지정하여 청산조를 구성하고 청산을 진행하도록 청구할 수 있다(중회 §184). 파산청산은 민사소송법과 파산법에서 정하는 바에 따라 청산조를 조직해야 한다.

#### (2) 채권자에게 통지, 공고, 채권등기

청산조는 구성된 날로부터 10일 이내에 채권자에게 통지하여야 하며 60일 이내에 신문에 공고하여야 한다. 채권자는 통지서를 받은 날부터 30일 이내에, 통지서를 받지 못하였을 경우 공고일부터 45일 이내에 청산조에 그 채권을 신고하여야 한다. 채권자는 채권을 신고할 때 채권관련사항을 설명하고 증명자료를 제공하여야 한다. 청산조는 채권을 등록하여야 한다. 채권신고기간에는 채무를 상환하지 못한다.

#### (3) 회사의 재산정리·대차대조표·재산명세서 작성

청산조는 회사의 재산을 정리하고 대차대조표와 재산명세서를 작성하여야 한다(중회 §187 1문).

#### (4) 청산방안제정 및 관련부문의 확인

청산조는 청산방안을 제정하여 주주회, 주주총회 또는 인민법원의 확인을 받아야 한다(중회 §187 1문). 파산절차의 경우에는 채권자회의의 결의를 거쳐야 한다.

#### (5) 파산신청

청산조가 회사의 재산을 정리하고 대차대조표, 재산명세서를 작성한 후, 회사재산이 채무를 상환하는데 부족하다는 것을 발견하면 즉시 인민법원에 파산선고를 신청하여야 한다. 회사가 인민법원의 재결에 따라 파산을 선고받은 후 청산조는 청산사무를 인민법원에 이관하여야 한다(중회§188). 회사가 법에 따라 파산선고를 받은 경우에는 기업파산에 관한 법률(파산법, 민사소송법 등)에 따라 파산청산을 진행하여야 한다(중회§191).

#### (6) 재산배당

회사의 청산방안이 확인을 거친 후 청산조는 법에 따라 청산방안에 근거하여 재산을 배당할 수 있는데 회사법의 관련규정에 의하면 재산의 법정배당순서는 다음과 같다. 즉 청산비용, 종업원의 임금, 사회보험료 및 법정보상금, 미납세금, 회사의 채무 순으로 상환하고, 잔여재산에 대해서는 유한책임회사의 경우에는 출자비율에 따라서 그리고 주식회사의 경우에는 지주율에 따라 배당한다(중회 §187 2, 3문).

#### (7) 청산문서 작성

청산이 종결된 후에는 청산조는 청산보고와 청산기간의 수입·지출표 및 각종 회계장부를 작성해야 한다.

### (8) 보고의 승인

회사의 청산이 종결되면 청산조는 상기의 청산보고서를 작성하여 주주회, 주주총회 또는 인민법원의 확인을 받아야 한다.

### (9) 등기의 말소

청산보고는 관련부문과 조직의 승인 후, 회사등기기관에 보고하여 회사등기말소를 신청하며 회사의 종결을 공고하여야 한다. 이로써 회사의 청산은 전면적으로 종료되며 회사의 법인격은 소멸한다. 그러므로 청산기간동안 회사는 존속하지만 새로운 경영활동은 할 수 없다. 이 경우 회사는 여전히 법인이며 다만 회사의 권리능력과 행위능력은 청산의 목적의 범위 내로 제한된다.

# 사 항 색 인

## 【ㅅ】

【ㅈ】

**梁 東 錫**

〈약　　력〉

朝鮮大學校 法學科 卒
成均館大學校 大學院(法學博士)
美國 The University of Michigan Law School(1986, 조선대학교 지원)
日本 立命館大學(1994, 한국 학술진흥재단 지원), 獨逸 함부르크大學(1996, 조선대학교 지원)
日本 早稻田大學(2002, 일본 학술진흥재단 지원)
美國 The University of Washington Law School(2008, SBS문화재단 지원) 客員硏究員
BK21 1차 핵심분야 기업지배구조개선 전문연구인력 양성팀장(학술진흥재단, 1999-2001)
BK21 2차 핵심분야 경영환경변화에 따른 기업관련법제 연구팀장(학술진흥재단, 2003-2005)
조선대학교 대외협력부장
조선대학교 법과대학장
한국기업법학회 회장

〈주요 저서〉

대소회사구분입법론(법문사, 1995)
법과 현대사회(조선대출판부, 1997, 공저)
여성과 법률(조선대출판부, 1998, 공저),
어음·수표법 강의(고시연구사, 2000)
東アジアの會社法(日本 法律文化史, 2003, 공저)
기업의 지배구조와 기관조직(조선대학교 출판부, 2006)
中國會社法(진원사, 2007)
유가증권법리와 어음·수표법(개정판)(법영사, 2011)

〈주요 논문〉

大小會社區分立法論
企業支配構造改善, 執行任員制度導入
韓國における企業支配構造に關する最近の動向(Ⅰ-Ⅱ)
Current Corporate Governance Structure in Korea(Ⅰ-Ⅳ)
중국의 기업법제개혁과 지배구조의 개선
한·중 회사법상 이사의 책임과 대표소송에 관한 비교연구
한·중·일 회사법제의 비교연구
2011년 개정상법상의 이사의 의무와 손해배상책임 등 70편


# 한·중·일 비교회사법


2012년 8월 15일 초판인쇄
2012년 8월 20일 초판발행
저　　자 양 동 석
발 행 인 고 준 영
발 행 처 **법 영 사**
135-835 서울시 강남구 대치동 611
전화 (501)8898(대) Fax (501)8895
등록 1987. 5. 11. 제3-125호(윤)
Homepage : www.bubyoungsa.co.kr
E-mail : bypuco@chol.com

※ 파본은 교환해 드립니다.　　**정가 35,000원**





이 저서는 2009년 정부(교육과학기술부)의 재원으로 한국학술진흥재단의 지원을 받아 수행된 연구임(KRF-2009-812-B00053).

ISBN 978-89-7032-282-7